Misal
Católico
2025

**Misal Católico con Ordinario de la Misa y las
Principales celebraciones del año litúrgico 2025**

Grupo Editorial Juan Pablo

Publicado por Grupo Editorial Juan Pablo
(en colaboración con)
Publicaciones Leccionario Católico

ISBN: 9798338034743

Contenido

Contents

SECCIÓN A

PRINCIPALES CELEBRACIONES DEL AÑO LITÚRGICO 2025

Miércoles de ceniza	5 de marzo de 2025
Domingo de pascua	20 de abril de 2025
La ascensión del señor	29 de mayo de 2025
Domingo de pentecostés	8 de junio de 2025
Solemnidad del cuerpo y la sangre de cristo	22 de junio de 2025
Primer domingo de adviento	30 de noviembre de 2025

SECCIÓN B

ORDINARIO DE LA MISA

Ritos Iniciales

*Reunido el pueblo (**C**), el sacerdote (**P**) con los ministros va al altar mientras se entona el canto de entrada. Cuando llega al altar, el sacerdote con los ministros hace la debida reverencia, besa el altar y, si se juzga oportuno, lo inciensa. Después se dirige con los ministros a la sede. Terminado el canto de entrada, el sacerdote y los fieles, de pie, se santiguan mientras el sacerdote, de cara al pueblo, dice:*

P: En el nombre del Padre, y del Hijo, y del Espíritu Santo.

C: Amén.

El sacerdote, extendiendo las manos, saluda al pueblo con una de las fórmulas siguientes:

P: El Señor esté con vosotros.

O bien:

P: La gracia de nuestro Señor Jesucristo, el amor del Padre y la comunión del Espíritu Santo esté con todos vosotros.

O bien:

P: La gracia y la paz de Dios, nuestro Padre, y de Jesucristo, el Señor, esté con todos vosotros.

C: Y con tu espíritu.

Acto Penitencial

P: Hermanos: para celebrar dignamente estos sagrados misterios reconozcamos nuestros pecados.

Se hace una breve pausa en silencio. Después, hacen todos en común la confesión de sus pecados:

Yo confieso ante Dios todopoderoso y ante ustedes (vosotros), hermanos, que he pecado mucho de pensamiento, palabra, obra y omisión:

Golpeándose el pecho, dicen:

Por mi culpa, por mi culpa, por mi gran culpa.

Luego prosiguen:

Por eso ruego a santa María, siempre Virgen, a los ángeles, a los santos y a ustedes (vosotros), hermanos, que intercedan por mí ante Dios, nuestro Señor.

P: Dios todopoderoso tenga misericordia de nosotros, perdone nuestros pecados y nos lleve a la vida eterna.

C: Amén.

O bien:

P: Hermanos: para celebrar dignamente estos sagrados misterios reconozcamos nuestros pecados.

Se hace una breve pausa en silencio.

P: Señor, ten misericordia de nosotros.

C: **Porque hemos pecado contra ti.**

P: Muéstranos, Señor, tu misericordia.

C: **Y danos tu salvación.**

P: Dios todopoderoso tenga misericordia de nosotros, perdone nuestros pecados y nos lleve a la vida eterna.

C: **Amén.**

O bien:

P: Hermanos: para celebrar dignamente estos sagrados misterios reconozcamos nuestros pecados.

Se hace una breve pausa en silencio.

P: Tú que has sido enviado a sanar los corazones afligidos: Señor, ten piedad. (*O bien:* Kyrie, eléison).

C: **Señor, ten piedad.** (*O bien:* **Kyrie, eléison**).

P: Tú que has venido a llamar a los pecadores: Cristo ten piedad. (*O bien:* Christe, eléison).

C: **Cristo ten piedad.** (*O bien:* **Christe, eléison**).

P: Tú que estás sentado a la derecha del Padre para interceder por nosotros: Señor, ten piedad. (*O bien:* Kyrie, eléison).

C: **Señor, ten piedad.** (*O bien:* **Kyrie, eléison**).

P: Dios todopoderoso tenga misericordia de nosotros, perdone nuestros pecados y nos lleve a la vida eterna.

C: **Amén.**

Gloria

Gloria a Dios en el cielo,

Y en la tierra paz a los hombres

Que ama el Señor.

Por tu inmensa gloria

Te alabamos,

Te bendecimos,

Te adoramos,

Te glorificamos,

Te damos gracias,

Señor Dios, Rey celestial,

Dios Padre todopoderoso.

Señor, Hijo único, Jesucristo.

Señor Dios, Cordero de Dios, Hijo del Padre;

Tú que quitas el pecado del mundo, ten piedad de nosotros;

Tú que quitas el pecado del mundo, atiende nuestra súplica;

Tú que estás sentado a la derecha del Padre, ten piedad de nosotros;

Porque sólo tú eres Santo,

Sólo tú Señor,

Sólo tú Altísimo, Jesucristo,

Con el Espíritu Santo, en la Gloria de Dios Padre.

Amén.

Oración Colecta

Acabado el himno, el sacerdote, con las manos juntas, dice:

P: Oremos.

Y todos, junto con el sacerdote, oran en silencio durante unos momentos. Después el sacerdote, con las manos extendidas, dice la oración colecta. La colecta termina con la conclusión: ••• por lossiglos de lossiglos.

C: Amén.

Liturgia de la Palabra

*El lector (**R**) va al ambón y lee la primera lectura, que todos escuchan sentados. Para indicar el fin de la lectura, el lector dice:*

R: Palabra de Dios.

Todos aclaman:

C: Te alabamos, Señor.

El salmista o el cantor proclama el salmo, y el pueblo intercala la respuesta, a no ser que el salmo se diga seguido sin estribillo del pueblo. Si hay segunda lectura, se lee en el ambón, como la primera. Para indicar el fin de la lectura, el lector dice:

R: Palabra de Dios.

Todos aclaman:

C: Te alabamos, Señor.

*Sigue el **Aleluya** o, en tiempo de Cuaresma, el canto antes del Evangelio.*

*Mientras tanto, si se usa incienso, el sacerdote lo pone en el incensario. Después el diácono (**D**) (o el concelebrante que ha de proclamar el Evangelio, en la misa presidida por el Obispo), inclinado ante el sacerdote, pide la bendición, diciendo en voz baja:*

D: Padre, dame tu bendición.

El sacerdote en voz baja dice:

P: El Señor esté en tu corazón y en tus labios, para que anuncies dignamente su Evangelio; en el nombre del Padre, y del Hijo, y del Espíritu Santo.

El diácono o el concelebrante responde:

D: Amén.

Si el mismo sacerdote debe proclamar el Evangelio, inclinado ante el altar, dice en secreto:

P: Purifica mi corazón y mis labios, Dios todopoderoso, para que anuncie dignamente tu Evangelio.

Después el diácono (o el sacerdote) va al ambón, acompañado eventualmente por los ministros que llevan el incienso y los cirios; ya en el ambón dice:

P: El Señor esté con ustedes (vosotros).

C: Y con tu espíritu.

El diácono (o el sacerdote):

Lectura del santo Evangelio según san N.

Y mientras tanto hace la señal de la cruz sobre el libro y sobre su frente, labios y pecho. El pueblo aclama:

C: Gloria a ti, Señor.

Palabra del Señor.

C: Gloria ti, Señor Jesús.

Credo

Niceno-Constantinopolitano

Creo en un solo Dios,

Padre Todopoderoso, Creador del cielo y de la tierra.

De todo lo visible y lo invisible.

Creo en un solo Señor, Jesucristo, Hijo único de Dios,

Nacido del Padre antes de todos los siglos:

Dios de Dios, Luz de Luz,

Dios verdadero de Dios verdadero,

Engendrado, no creado,

De la misma naturaleza del Padre,

Por quien todo fue hecho;

Que por nosotros, los hombres,

Y por nuestra salvación bajó del cielo,

Y por obra del Espíritu Santo

Se encarnó de María, la Virgen,

Y se hizo hombre;

Y por nuestra causa fue crucificado

En tiempos de Poncio Pilato;

Padeció y fue sepultado,

Y resucitó al tercer día, según las Escrituras,

Y subió al cielo, y está sentado a la derecha del Padre;

Y de nuevo vendrá con gloria

Para juzgar a vivos y muertos,

Y su reino no tendrá fin.

Creo en el Espíritu Santo, Señor y dador de vida,

Que procede del Padre y del Hijo,

Que con el Padre y el Hijo

Recibe una misma adoración y gloria,

Y que habló por los profetas.

Creo en la Iglesia,

Que es una, santa, católica y apostólica.

Confieso que hay un solo Bautismo

Para el perdón de los pecados.

Espero la resurrección de los muertos

Y la vida del mundo futuro.

Amén.

Para utilidad de los fieles, en lugar del símbolo niceno-constantinopolitano, la profesión de fe se puede hacer, especialmente en el tiempo de Cuaresma y en la Cincuentena pascual, con el siguiente símbolo llamado «de los apóstoles»:

Credo De Los Apóstoles

Creo en Dios, Padre todopoderoso,

Creador del cielo y de la tierra.

Creo en Jesucristo, su único Hijo, nuestro Señor,

En las palabras que siguen, hasta María Virgen, todos se inclinan.

Que fue concebido por obra y gracia del Espíritu Santo,

Nació de santa María Virgen,

Padeció bajo el poder de Poncio Pilato,

Fue crucificado, muerto y sepultado,

Descendió a los infiernos,

Al tercer día resucitó de entre los muertos,

Subió a los cielos y está sentado a la derecha de Dios,

Padre todopoderoso.

Desde allí ha de venir a juzgar a vivos y muertos.

Creo en el Espíritu Santo,

La santa Iglesia católica,

La comunión de los santos,

El perdón de los pecados,

La resurrección de la carne

Y la vida eterna.

Amén.

Liturgia Eucarística

El sacerdote se acerca al altar, toma la patena con el pan y, manteniéndola un poco elevada sobre el altar, dice en secreto:

P: Bendito seas, Señor, Dios del universo, por este pan, fruto de la tierra y del trabajo del hombre, que recibimos de tu generosidad y ahora te presentamos; él será para nosotros pan de vida.

Después deja la patena con el pan sobre el corporal.

Todos aclaman:

C: **Bendito seas por siempre, Señor.**

El diácono, o el sacerdote, echa vino y un poco de agua en el cáliz, diciendo en secreto:

P: El agua unido al vino sea signo de nuestra participación en la vida divina de quien ha querido compartir nuestra condición humana.

Después el sacerdote toma el cáliz y, manteniéndolo un poco elevado sobre el altar, dice en secreto:

P: Bendito seas, Señor, Dios del universo, por este vino, fruto de la vid y del trabajo del hombre, que recibimos de tu generosidad y ahora te presentamos; él será para nosotros bebida de salvación.

Después deja el cáliz sobre el corporal.

Todos aclaman:

C: **Bendito seas por siempre, Señor.**

Después, de pie en el centro del altar y de cara al pueblo, extendiendo y juntando las manos, dice una de las siguientes fórmulas:

P: Oren (Orad), hermanos, para que este sacrificio, mío y de ustedes (y vuestro), sea agradable a Dios, Padre todopoderoso.

O bien:

P: En el momento de ofrecer el sacrificio de toda la Iglesia, oremos a Dios, Padre todopoderoso.

O bien:

P: Oren (Orad), hermanos, para que, llevando al altar los gozos y las fatigas de cada día nos dispongamos a ofrecer el sacrificio agradable a Dios, Padre todopoderoso.

C: El Señor reciba de tus manos este sacrificio, para alabanza y gloria de su nombre, para nuestro bien y el de toda su santa Iglesia.

Luego el sacerdote, con las manos extendidas, dice la oración sobre las ofrendas. Al final el pueblo aclama:

C: Amén.

Plegaria Eucarística II

P: El Señor esté con ustedes (vosotros).

C: Y con tu espíritu.

P: Levantemos el corazón.

C: Lo tenemos levantado hacia el Señor.

P: Demos gracias al Señor, nuestro Dios.

C: Es justo y necesario.

P: En verdad es justo y necesario, es nuestro deber y salvación darte gracias, Padre santo, siempre y en todo lugar, por Jesucristo, tu Hijo amado.

Por él, que es tu Palabra, hiciste todas las cosas; tú nos lo enviaste para que, hecho hombre por obra del Espíritu Santo y nacido de María, la Virgen, fuera nuestro Salvador y Redentor

Él, en cumplimiento de tu voluntad, para destruir la muerte y manifestar la resurrección, extendió sus brazos en la cruz, y así adquirió para ti un pueblo santo.

Por eso, con los ángeles y los santos, proclamamos tu gloria, diciendo:

Santo, Santo, Santo es el Señor, Dios del universo.

Llenos están el cielo y la tierra de tu gloria.

Hosanna en el cielo.

Bendito el que viene en nombre del Señor.

Hosanna en el cielo.

El sacerdote, con las manos extendidas, dice:

Santo eres en verdad, Señor, fuente de toda santidad;

Junta las manos y, manteniéndolas extendidas sobre las ofrendas, dice:

Por eso te pedimos que santifiques estos dones con la efusión de tu Espíritu, de manera que sean para nosotros Cuerpo y Sangre de Jesucristo, nuestro Señor.

Junta las manos.

En esta misma noche, cuando iba a ser entregado a su Pasión, voluntariamente aceptada,

Toma el pan y, sosteniéndolo un poco elevado sobre el altar, prosigue:

Tomó pan, dándote gracias, lo partió y lo dio a sus discípulos, diciendo:

Se inclina un poco.

TOMAD Y COMED TODOS DE ÉL,

PORQUE ÉSTO ES MI CUERPO

QUE SERÁ ENTREGADO POR VOSOTROS.

Muestra el pan consagrado al pueblo, lo deposita luego sobre la patena y lo adora haciendo genuflexión

Después prosigue:

Del mismo modo, acabada la cena,

Toma el cáliz y, sosteniéndolo un poco elevado sobre el altar, dice:

Tomó este cáliz glorioso en sus santas y venerables manos; dando gracias te bendijo, y lo dio a sus discípulos diciendo:

Se inclina un poco.

TOMAD Y BEBED TODOS DE ÉL,

PORQUE ÉSTE ES EL CÁLIZ DE MI SANGRE,

SANGRE DE LA ALIANZA NUEVA Y ETERNA,

QUE SERÁ DERRAMADA POR VOSOTROS

Y POR MUCHOS

PARA EL PERDÓN DE LOS PECADOS.

HACED ESTO EN CONMEMORACIÓN MÍA.

Muestra el cáliz al pueblo, lo deposita luego sobre el corporal y lo adora haciendo genuflexión.

Luego dice una de las siguientes fórmulas:

P: Éste es el Misterio de la fe.

O bien:

P: Éste es el Sacramento de nuestra fe.

Y el pueblo prosigue, aclamando:

C: Anunciamos tu muerte, proclamamos tu resurrección. ¡Ven, Señor Jesús!

P: Así, pues, Padre, al celebrar ahora el memorial de la muerte y resurrección de tu Hijo, te ofrecemos el pan de vida y el cáliz de salvación, y te damos gracias porque nos haces dignos de servirte en tu presencia.

Te pedimos humildemente que el Espíritu Santo congregue en la unidad a cuantos participamos del Cuerpo y Sangre de Cristo.

Acuérdate, Señor, de tu Iglesia extendida por toda la tierra; y con el Papa N., con nuestro Obispo N. y todos los pastores que cuidan de tu pueblo, llévala a su perfección por la caridad.

Acuérdate también de nuestros hermanos que se durmieron en la esperanza de la resurrección, y de todos los que han muerto en tu misericordia; admítelos a contemplar la luz de tu rostro.

Ten misericordia de todos nosotros, y así, con María, la Virgen Madre de Dios, los apóstoles y cuantos vivieron en tu amistad a través de los tiempos, merezcamos, por tu Hijo Jesucristo, compartir la vida eterna y cantar tus alabanzas.

Toma la patena con el pan consagrado, y el cáliz y, sosteniéndolos elevados, dice:

P: Por Cristo, con él y en él, a ti, Dios Padre omnipotente, en la unidad del Espíritu Santo, todo honor y toda gloria por los siglos de los siglos.

C: Amén.

Rito de Comunión

Una vez que ha dejado el cáliz y la patena, el sacerdote, con las manos juntas, dice:

P: Fieles a la recomendación del Salvador y siguiendo su divina enseñanza, nos atrevemos a decir:

Extiende las manos y, junto con el pueblo, continúa:

Padre nuestro, que estás en el cielo,

Santificado sea tu nombre;

Venga a nosotros tu reino;

Hágase tu voluntad en la tierra como en el cielo.

Danos hoy nuestro pan de cada día;

Perdona nuestras ofensas,

Como nosotros perdonamos

A los que nos ofenden;

No nos dejes caer en la tentación,

Y líbranos del mal.

El sacerdote, con las manos extendidas, prosigue él solo:

P: Líbranos de todos los males, Señor, y concédenos la paz en nuestros días, para que, ayudados por tu misericordia, vivamos siempre libres de pecado y protegidos de toda perturbación, mientras esperamos la gloriosa venida de nuestro Salvador Jesucristo.

Junta las manos.

El pueblo concluye la oración aclamando:

C: Tuyo es el reino, tuyo el poder y la gloria por siempre, Señor.

Después el sacerdote, con las manos extendidas, dice en voz alta:

P: Señor Jesucristo, que dijiste a tus Apóstoles: "La paz os dejo, mi paz os doy", no tengas en cuenta nuestros pecados, sino la fe de tu Iglesia, y conforme a tu palabra, concédele la paz y la unidad. Tú que vives y reinas por los siglos de los siglos.

C: Amén.

El sacerdote, extendiendo y juntando las manos, añade:

P: La paz del Señor esté siempre con vosotros.

C: Y con tu espíritu.

P: Dense fraternalmente la paz.

Después toma el pan consagrado, lo parte sobre la patena, y deja caer una parte del mismo en el cáliz, diciendo en secreto:

P: El Cuerpo y la Sangre de nuestro Señor Jesucristo, unidos en este cáliz, sean para nosotros alimento de vida eterna.

Mientras tanto se canta o se dice:

C: Cordero de Dios que quitas el pecado del mundo, ten piedad de nosotros.

C: Cordero de Dios que quitas el pecado del mundo, ten piedad de nosotros.

C: Cordero de Dios que quitas el pecado del mundo, danos la paz.

El sacerdote hace genuflexión, toma el pan consagrado y, sosteniéndolo un poco elevado sobre la patena, lo muestra al pueblo, diciendo:

P: Éste es el Cordero de Dios, que quita el pecado del mundo. Dichosos los invitados a la cena del Señor.

Y, juntamente con el pueblo, añade una vez:

Señor, no soy digno de que entres en mi casa, pero una palabra tuya bastará para sanarme.

Después toma la patena o la píxide, se acerca a los que quieren comulgar y les presenta el pan consagrado, que sostiene un poco elevado, diciendo a cada uno de ellos:

P: El Cuerpo de Cristo.

El que va a comulgar responde:

Amén.

Oración después de la comunión

Luego, de pie en la sede o en el altar, el sacerdote dice:

P: Oremos.

Después el sacerdote, con las manos extendidas, dice la oración después de la comunión. El pueblo aclama:

C: Amén.

Rito de Conclusión

El sacerdote extiende las manos hacia el pueblo y dice

P: El Señor esté con vosotros.

C: Y con tu espíritu.

P: La bendición de Dios todopoderoso, Padre, Hijo y Espíritu Santo, descienda sobre vosotros.

C: Amén.

Luego el diácono, o el mismo sacerdote, con las manos juntas, despiden al pueblo con una de las fórmulas siguientes:

P: Pueden ir en paz.

O bien:

P: La alegría del Señor sea nuestra fuerza. Pueden ir en paz.

O bien:

P: Glorifiquen al Señor con su vida. Pueden ir en paz.

O bien:

P: En el nombre del Señor, pueden ir en paz.

C: Demos gracias a Dios.

SECCIÓN C

Solemnidad De María Santísima, Madre De Dios

Primera Lectura: Números 6, 22-27

En aquel tiempo, el Señor habló a Moisés y le dijo: "Di a Aarón y a sus hijos: 'De esta manera bendecirán a los israelitas: El Señor te bendiga y te proteja, haga resplandecer su rostro sobre ti y te conceda su favor. Que el Señor te mire con benevolencia y te conceda la paz'. Así invocarán mi nombre sobre los israelitas y yo los bendeciré".

Salmo Responsorial: Salmo 66, 2-3. 5. 6 y 8

R. (2a) Ten piedad de nosotros, Señor, y bendícenos.

Ten piedad de nosotros, y bendícenos; vuelve, Señor, tus ojos a nosotros. Que conozca la tierra tu bondad y los pueblos tu obra savadora. **R.**

Las naciones con júbilo te canten, porque juzgas al mundo con justicia; con equidad tú juzgas a los pueblos y riges en la tierra a las naciones. **R.**

Que te alaben, Señor, todos los pueblos, que los pueblos te aclamen todos juntos. Que nos bendiga Dios y que le rinda honor el mundo entero. **R.**

Segunda Lectura: Gálatas 4, 4-7

Hermanos: Al llegar la plenitud de los tiempos, envió Dios a su Hijo, nacido de una mujer, nacido bajo la ley, para rescatar a los que estábamos bajo la ley, a fin de hacernos hijos suyos. Puesto que ya son ustedes hijos, Dios envió a sus corazones el Espíritu de su Hijo, que clama "¡Abbá!", es decir, ¡Padre! Así que ya no eres siervo, sino hijo; y siendo hijo, eres también heredero por voluntad de Dios.

Aclamación antes del Evangelio: Hebreos 1, 1-2

R. Aleluya, aleluya.

En distintas ocasiones y de muchas maneras habló Dios en el pasado a nuestros padres, por boca de los profetas. Ahora, en estos tiempos, nos ha hablado por medio de su Hijo. **R.**

Evangelio: Lucas 2:16-21

En aquel tiempo, los pastores fueron a toda prisa hacia Belén y encontraron a María, a José y al niño, recostado en el pesebre. Después de verlo, contaron lo que se les había dicho de aquel niño, y cuantos los oían quedaban maravillados. María, por su parte, guardaba todas estas cosas y las meditaba en su corazón. Los pastores se volvieron a sus campos, alabando y glorificando a Dios por todo cuanto habían visto y oído, según lo que se les había anunciado. Cumplidos los ocho días, circuncidaron al niño y le pusieron el nombre de Jesús, aquel mismo que había dicho el ángel, antes de que el niño fuera concebido.

Jueves 2 de enero de 2025

Memoria de San Basilio Magno y san Gregorio Nacianzeno, Obispos y doctores de la Iglesia

Primera Lectura: 1 Juan 2, 22-28

Hijos míos: ¿Quién es el mentiroso, sino aquel que niega que Jesús es Cristo? Ése es el anticristo, porque niega al Padre y al Hijo. Nadie que niegue al Hijo posee al Padre; pero quien reconoce al Hijo, posee también al Padre. Que permanezca, pues, en ustedes lo que desde el principio han oído. Si permanece en ustedes lo que han oído desde el principio, también ustedes permanecerán en el Hijo y en el Padre. Ésta es la promesa que él mismo nos hizo: la vida eterna. Les he escrito esto, pensando en aquellos que tratan de inducirlos al error. Recuerden que la unción que de él han recibido, permanece en ustedes y no necesitan enseñanzas de nadie; esta unción, que es verdad y no mentira, los ilustra a través de todas las cosas; permanezcan, pues, en él, como la unción les enseña. Así pues, hijos míos, permanezcan en él, para que, cuando él se manifieste, tengamos plena confianza y no nos veamos confundidos por él en el día de su venida.

Salmo Responsorial: Salmo 97:1, 2-3ab, 3cd-4
R. (3a) Cantemos la grandeza del Señor.

Cantemos al Señor un canto nuevo, pues ha hecho maravillas. Su diestra y su santo brazo le han dado la victoria. **R.**

El Señor ha dado a conocer su victoria y ha revelado a las naciones su justicia. Una vez más ha demostrado Dios su amor y su lealtad hacia Israel. **R.**

La tierra entera ha contemplado la victoria de nuestro Dios. Que todos los pueblos y naciones aclamen con júbilo al Señor. **R.**

Aclamación antes del Evangelio: Hebreos 1, 1-2
R. Aleluya, aleluya.

En distintas ocasiones y de muchas maneras habló Dios en el pasado a nuestros padres, por boca de los profetas. Ahora, en estos tiempos, nos ha hablado por medio de su Hijo. **R.**

Evangelio: Juan 1, 19-28

Éste es el testimonio que dio Juan el Bautista, cuando los judíos enviaron desde Jerusalén a unos sacerdotes y levitas para preguntarle: "¿Quién eres tú?" Él reconoció y no negó quién era. Él afirmó: "Yo no soy el Mesías". De nuevo le preguntaron: "¿Quién eres, pues? ¿Eres Elías?" Él les respondió: "No lo soy". "¿Eres el profeta?" Respondió: "No". Le dijeron: "Entonces dinos quién eres, para poder llevar una respuesta a los que nos enviaron. ¿Qué dices de ti mismo?" Juan les contestó: *"Yo soy la voz que grita en el desierto: 'Enderecen el camino del Señor',* como anunció el profeta Isaías". Los enviados, que pertenecían a la secta de los fariseos, le preguntaron: "Entonces ¿por qué bautizas, si no eres el Mesías, ni Elías, ni el profeta?" Juan les respondió: "Yo bautizo con agua, pero en medio de ustedes hay uno, al que ustedes no conocen, alguien que viene detrás de mí, a quien yo no soy digno de desatarle las correas de sus sandalias". Esto sucedió en Betania, en la otra orilla del Jordán, donde Juan bautizaba.

Viernes 3 de enero de 2025

Martes del tiempo de Navidad

Primera Lectura: 1 Juan 2, 29-3, 6

Queridos hijos: Si ustedes saben que Dios es santo, tienen que reconocer que todo el que practica la santidad ha nacido de Dios. Miren cuánto amor nos ha tenido el Padre, pues no sólo nos llamamos hijos de Dios, sino que lo somos. Si el mundo no nos reconoce, es porque tampoco lo ha reconocido a él. Hermanos míos, ahora somos hijos de Dios, pero aún no se ha manifestado cómo seremos al fin. Y ya sabemos que, cuando él se manifieste, vamos a ser semejantes a él, porque lo veremos tal cual es. Y todo el que tiene puesta en él esta esperanza, procura ser santo, como Jesucristo es santo. Todo el que comete pecado quebranta la ley, puesto que el pecado es quebrantamiento de la ley. Y si saben ustedes que Dios se manifestó para quitar los pecados, es porque en él no hay pecado. Todo el que permanece en Dios, no peca. Todo el que vive pecando, es como si no hubiera visto ni conocido a Dios.

Salmo Responsorial: Salmo 97, 1. 3cd-4. 5-6
R. Aclamemos con júbilo al Señor.

Cantemos al Señor un canto nuevo, pues ha hecho maravillas. Su diestra y su santo brazo le han dado la victoria. **R.**

La tierra entera ha contemplado la victoria de nuestro Dios. Que todos los pueblos y naciones aclamen con júbilo al Señor. **R.**

Cantemos al Señor al son del arpa, suenen los instrumentos. Aclamemos al son de los clarines al Señor, nuestro rey. **R.**

Aclamación antes del Evangelio: Juan 1, 14. 12
R. Aleluya, aleluya.

Aquel que es la Palabra se hizo hombre y habitó entre nosotros. A todos los que lo recibieron les concedió poder llegar a ser hijos de Dios. **R.**

Evangelio: Juan 1, 29-34
Al día siguiente, vio Juan el Bautista a Jesús, que venía hacia él, y exclamó: "Éste es el Cordero de Dios, el que quita el pecado del mundo. Éste es aquel de quien yo he dicho: 'El que viene después de mí, tiene precedencia sobre mí, porque ya existía antes que yo'. Yo no lo conocía, pero he venido a bautizar con agua, para

que él sea dado a conocer a Israel". Entonces Juan dio este testimonio: "Vi al Espíritu descender del cielo en forma de paloma y posarse sobre él. Yo no lo conocía, pero el que me envió a bautizar con agua me dijo: 'Aquel sobre quien veas que baja y se posa el Espíritu Santo, ése es el que ha de bautizar con el Espíritu Santo'. Pues bien, yo lo vi y doy testimonio de que éste es el Hijo de Dios".

Sábado 4 de enero de 2025
Memoria de Santa Isabel Ana Seton, religiosa

Primera Lectura: 1 Juan 3, 7-10

Hijos míos: No dejen que nadie los engañe. Quien practica la santidad es santo, como Cristo es santo. Quien vive pecando, se deja dominar por el diablo, ya que el diablo es pecador desde el principio. Pues bien, para eso se encarnó el Hijo de Dios: para deshacer las obras del diablo. Ninguno que sea hijo de Dios sigue cometiendo pecados, porque el germen de vida que Dios le dio permanece en él. No puede pecar, porque ha nacido de Dios. En esto se distinguen los hijos de Dios de los hijos del diablo: todo aquel que no practica la santidad, no es de Dios; tampoco es de Dios el que no ama a su hermano.

Salmo Responsorial: Salmo 97, 1. 7-8. 9
R. (3a) Toda la tierra ha visto al Salvador.

Cantemos al Señor un canto nuevo, pues ha hecho maravillas. Su diestra y su santo brazo le han dado la victoria. **R.**

Alégrense el mar y el mundo submarino, el orbe y todos los que en él habitan. Que los ríos estallen en aplausos y las montañas salten de alegría. **R.**

Regocíjese todo ante el Señor, porque ya viene a gobernar el orbe. Justicia y rectitud serán las normas con las que rija a todas las naciones. **R.**

Aclamación antes del Evangelio: Hebreos 1, 1-2
R. Aleluya, aleluya.

En distintas ocasiones y de muchas maneras habló Dios en el pasado a nuestros padres, por boca de los profetas. Ahora, en estos tiempos, nos ha hablado por medio de su Hijo. **R.**

Evangelio: Juan 1, 35-42

En aquel tiempo, estaba Juan el Bautista con dos de sus discípulos, y fijando los ojos en Jesús, que pasaba, dijo: "Éste es el Cordero de Dios". Los dos discípulos, al oír estas palabras, siguieron a Jesús. Él se volvió hacia ellos, y viendo que lo seguían, les preguntó: "¿Qué buscan?" Ellos le contestaron: "¿Dónde vives, Rabí?" (Rabí significa 'maestro'). Él les dijo: "Vengan a ver". Fueron, pues, vieron dónde vivía y se quedaron con él ese día. Eran como las cuatro de la tarde. Andrés, hermano de Simón Pedro, era uno de los dos que oyeron lo que Juan el Bautista decía y siguieron a Jesús. El primero a quien encontró Andrés, fue a su hermano Simón, y le dijo: "Hemos encontrado al Mesías" (que quiere decir 'el Ungido'). Lo llevó a donde estaba Jesús y éste, fijando en él la mirada, le dijo: "Tú eres Simón, hijo de Juan. Tú te llamarás Kefás" (que significa Pedro, es decir, 'roca').

Domingo 5 de enero de 2025

Solemnidad de la Epifanía del Señor

Primera Lectura: Isaías 60, 1-6

Levántate y resplandece, Jerusalén, porque ha llegado tu luz y la gloria del Señor alborea sobre ti. Mira: las tinieblas cubren la tierra y espesa niebla envuelve a los pueblos; pero sobre ti resplandece el Señor y en ti se manifiesta su gloria. Caminarán los pueblos a tu luz y los reyes, al resplandor de tu aurora. Levanta los ojos y mira alrededor: todos se reúnen y vienen a ti; tus hijos llegan de lejos, a tus hijas las traen en brazos. Entonces verás esto radiante de alegría; tu corazón se alegrará, y se ensanchará, cuando se vuelquen sobre ti los tesoros del mar y te traigan las riquezas de los pueblos. Te inundará una multitud de camellos y dromedarios, procedentes de Madián y de Efá. Vendrán todos los de Sabá trayendo incienso y oro y proclamando las alabanzas del Señor.

Salmo Responsorial: Salmo 71, 1-2. 7-8. 10-11. 12-13

R. (11) Que te adoren, Señor, todos los pueblos.

Comunica, Señor, al rey tu juicio y tu justicia, al que es hijo de reyes; así tu siervo saldrá en defensa de tus pobres y regirá a tu pueblo justamente. **R.**

Florecerá en sus días la justicia y reinará la paz, ere tras era. De mar a mar se extenderá su reino y de un extremo al otro de la tierra. **R.**

Los reyes de occidente y de las islas le ofrecerán sus dones. Ante el se postrarán todos los reyes y todas las naciones. **R.**

Al débil librará del poderoso y ayudara al que se encuentra sin amparo; se apiadará del desvalido y pobre y salvará la vida al desdichado. **R.**

Segunda Lectura: Efesios 3, 2-3a. 5-6

Hermanos: Han oído hablar de la distribución de la gracia de Dios, que se me ha confiado en favor de ustedes. Por revelación se me dio a conocer este misterio, que no había sido manifestado a los hombres en otros tiempos, pero que ha sido revelado ahora por el Espíritu a sus santos apóstoles y profetas: es decir, que por el Evangelio, también los paganos son coherederos de la misma herencia, miembros del mismo cuerpo y partícipes de la misma promesa en Jesucristo.

Aclamación antes del Evangelio: Mateo 2,2
R. Aleluya, aleluya.

Hemos visto su estrella en el oriente y hemos venido a adorar al Señor. **R.**

Evangelio: Mateo 2, 1-12

Jesús nació en Belén de Judá, en tiempos del rey Herodes. Unos magos de oriente llegaron entonces a Jerusalén y preguntaron: "¿Dónde está el rey de los judíos que acaba de nacer? Porque vimos surgir su estrella y hemos venido a adorarlo". Al enterarse de esto, el rey Herodes se sobresaltó y toda Jerusalén con él. Convocó entonces a los sumos sacerdotes y a los escribas del pueblo y les preguntó dónde tenía que nacer el Mesías. Ellos le contestaron: "En Belén de Judá, porque así lo ha escrito el profeta: *Y tú, Belén, tierra de Judá, no eres en manera alguna la menor entre las ciudades ilustres de Judá, pues de ti saldrá un jefe, que será el pastor de mi pueblo, Israel*". Entonces Herodes llamó en secreto a los magos, para que le precisaran el tiempo en que se les había aparecido la estrella y los mandó a Belén, diciéndoles: "Vayan a averiguar cuidadosamente qué hay de ese niño y, cuando lo encuentren, avísenme para que yo también vaya a adorarlo". Después de oír al rey, los magos se pusieron en camino, y de pronto la estrella que habían visto surgir, comenzó a guiarlos, hasta que se detuvo encima de donde estaba el niño. Al ver de nuevo la estrella, se llenaron de inmensa alegría. Entraron en la casa y vieron al niño con María, su madre, y postrándose, lo adoraron. Después, abriendo sus cofres, le ofrecieron regalos: oro, incienso y mirra. Advertidos durante el sueño de que no volvieran a Herodes, regresaron a su tierra por otro camino.

Lunes después de Epifania
Primera Lectura: 1 Juan 3, 22-4, 6

Queridos hijos: Puesto que cumplimos los mandamientos de y hacemos lo que le agrada, ciertamente obtendremos de él todo lo que le pidamos. Ahora bien, éste es su mandamiento: que creamos en la persona de Jesucristo, su Hijo, y nos amemos los unos a los otros, conforme al precepto que nos dio. Quien cumple sus mandamientos permanece en Dios y Dios en él. En esto conocemos, por el Espíritu que él nos ha dado, que él permanece en nosotros. Hermanos míos, no se dejen llevar de cualquier espíritu, sino examinen toda inspiración para ver si viene de Dios, pues han surgido por el mundo muchos falsos profetas. La presencia del Espíritu de Dios la pueden conocer en esto: Todo aquel que reconoce a Jesucristo, Palabra de Dios, hecha hombre, es de Dios. Todo aquel que no reconoce a Jesús, no es de Dios, sino que su espíritu es del anticristo. De éste han oído decir que ha de venir; pues bien, ya está en el mundo. Ustedes son de Dios, hijitos míos, y han triunfado de los falsos profetas, porque más grande es el que está en ustedes que el que está en el mundo. Ellos son del mundo, enseñan cosas del mundo y el mundo los escucha. Pero nosotros somos de Dios y nos escucha el que es de Dios. En cambio, aquel que no es de Dios no nos escucha. De esta manera distinguimos entre el espíritu de la verdad y el espíritu del error.

Salmo Responsorial: Salmo 2, 7-8. 10-11

R. (8a) Yo te daré en herencia las naciones.

Anunciar el decreto del Señor. He aquí lo que me dijo: "Hijo mío eres tú, yo te he engendrado hoy. Te daré en herencia las naciones, y como propiedad, toda la tierra". **R.**

Escuchen y comprendan estas cosas, reyes y gobernantes de la tierra. Adoren al Señor con reverencia, sírvanlo con temor. **R.**

Aclamación antes del Evangelio: Mateo 4, 23

R. Aleluya, aleluya.

Predicaba Jesús la buena nueva del Reino y sanaba toda enfermedad en el pueblo. **R.**

Evangelio: Mateo 4, 12-17. 23-25

Al enterarse Jesús de que Juan había sido arrestado, se retiró a Galilea, y dejando el pueblo de Nazaret, se fue a vivir a Cafarnaúm, junto al lago, en territorio de Zabulón y Neftalí, para que así se cumpliera lo que había anunciado el profeta Isaías: *Tierra de Zabulón y Neftalí, camino del mar, al otro lado del Jordán, Galilea de los paganos; el pueblo que caminaba en tinieblas vio una gran luz. Sobre los que vivían en tierra de sombras una luz resplandeció.* Desde entonces comenzó Jesús a predicar, diciendo: "Conviértanse, porque ya está cerca el Reino de los cielos". Y andaba por toda Galilea, enseñando en las sinagogas y proclamando la buena nueva del Reino de Dios y curando a la gente de toda enfermedad y dolencia. Su fama se extendió por toda Siria y le llevaban a todos los aquejados por diversas enfermedades y dolencias, a los poseídos, epilépticos y paralíticos, y él los curaba. Lo seguían grandes muchedumbres venidas de Galilea, Decápolis, Jerusalén, Judea y Transjordania.

Martes después de Epifania

Primera Lectura: 1 Juan 4, 7-10

Queridos hijos: Amémonos los unos a los otros, porque el amor viene de Dios, y todo el que ama ha nacido de Dios y conoce a Dios. El que no ama, no conoce a Dios, porque Dios es amor. El amor que Dios nos tiene se ha manifestado en que envió al mundo a su Hijo unigénito, para que vivamos por él. El amor consiste en esto: no en que nosotros hayamos amado a Dios, sino en que él nos amó primero y nos envió a su Hijo, como víctima de expiación por nuestros pecados.

Salmo Responsorial: Salmo 71, 2. 3-4ab. 7-8
R. (11) Que te adoren, Señor, todos los pueblos.
Comunica, Señor, al rey tu juicio, y tu justicia al que es hijo de reyes, así tu siervo saldrá en defensa de tus pobres y regirá a tu pueblo justamente. **R.**
Justicia y paz ofrecerán al pueblo las colinas y los montes. El rey hará justicia al oprimido y salvará a los hijos de los pobres. **R.**
Florecerá en sus días la justicia y reinará la paz, era tras era. De mar a mar se extenderá su reino y de un extremo al otro de la tierra. **R.**

Aclamación antes del Evangelio: Lucas 4, 18
R. Aleluya, aleluya.
El Señor me ha enviado para llevar a los pobres la buena nueva y anunciar la liberación a los cautivos. **R.**

Evangelio: Marcos 6, 34-44
En aquel tiempo, al desembarcar Jesús, vio una numerosa multitud que lo estaba esperando, y se compadeció de ellos, porque andaban como ovejas sin pastor, y se puso a enseñarles muchas cosas. Cuando ya atardecía, se acercaron sus discípulos y le dijeron: "Estamos en despoblado y ya es muy tarde. Despide a la gente para que vayan por los caseríos y poblados del contorno y compren algo de comer". Él les replicó: "Denles ustedes de comer". Ellos le dijeron: "¿Acaso vamos a ir a comprar doscientos denarios de pan para darles de comer?" Él les preguntó: "¿Cuántos panes tienen? Vayan a ver". Cuando lo averiguaron, le dijeron: "Cinco panes y dos pescados". Entonces ordenó Jesús que la gente se sentara en grupos sobre la hierba verde y se acomodaron en grupos de cien y de cincuenta.

Tomando los cinco panes y los dos pescados, Jesús alzó los ojos al cielo, bendijo a Dios, partió los panes y se los dio a los discípulos para que los distribuyeran; lo mismo hizo con los dos pescados. Comieron todos hasta saciarse, y con las sobras de pan y de pescado que recogieron llenaron doce canastos. Los que comieron fueron cinco mil hombres.

Miércoles después de Epifanía

Primera Lectura: 1 Juan 4, 11-18

Queridos hijos: Si Dios nos ha amado tanto, también nosotros debemos amarnos los unos a los otros. A Dios nadie lo ha visto nunca; pero si nos amamos los unos a los otros, Dios permanece en nosotros y su amor en nosotros es perfecto. En esto conocemos que permanecemos en él, y él en nosotros: en que nos ha dado su Espíritu. Nosotros hemos visto, y de ello damos testimonio, que el Padre envió a su Hijo como Salvador del mundo. Quien confiesa que Jesús es Hijo de Dios, permanece en Dios y Dios en él. Nosotros hemos conocido el amor que Dios nos tiene y hemos creído en ese amor. Dios es amor, y quien permanece en el amor permanece en Dios y Dios en él. En esto llega a la perfección el amor que Dios nos tiene: en que esperamos con tranquilidad el día del juicio, porque nosotros vivimos en este mundo en la misma forma que Jesucristo vivió. En el amor no hay temor. Al contrario, el amor perfecto excluye el temor, porque el que teme, mira al castigo, y el que teme no ha alcanzado la perfección del amor.

Salmo Responsorial: Salmo 71, 2. 10-11. 12-13

R. (11) Que te adoran, Señor, todos los pueblos.

Comunica, Señor, al rey tu juicio y tu justicia, al que es hijo de reyes, así tu siervo saldrá en defensa de tus pobres y regirá a tu pueblo justamente. **R.**

Los reyes de occidente y de las islas le ofrecerán sus dones. Ante él se postrarán todos los reyes y todas las naciones. **R.**

Al débil librará del poderoso y ayudará al que se encuentra sin amparo; se apiadará del desvalido y pobre y salvará la vida al desdichado. **R.**

Aclamación antes del Evangelio: 1 Timoteo 3, 16

R. Aleluya, aleluya.

Gloria a ti, Cristo Jesús, que has sido proclamado a las naciones. Gloria a ti, Cristo Jesús, que has sido anunciado al mundo. **R.**

Evangelio: Marcos 6, 45-52

En aquel tiempo, después de la multiplicación de los panes, Jesús premió a sus discípulos a que subieran a la barca y se dirigieran a Betsaida, mientras él despedía a la gente. Después de despedirlos, se retiró al monte a orar. Entrada la noche, la barca estaba en medio del lago y Jesús, solo, en tierra. Viendo los trabajos con que avanzaban, pues el viento les era contrario, se dirigió a ellos caminando sobre el agua, poco antes del amanecer, y parecía que iba a pasar de largo. Al verlo andar sobre el agua, ellos creyeron que era un fantasma y se pusieron a gritar, porque todos lo habían visto y estaban espantados. Pero él les habló enseguida y les dijo: "¡Ánimo! Soy yo; no teman". Subió a la barca con ellos y se calmó el viento. Todos estaban llenos de espanto y es que no habían entendido el episodio de los panes, pues tenían la mente embotada.

Jueves 9 de enero de 2025

Jueves después de Epifanía

Primera Lectura: 1 Juan 4, 19-5, 4

Queridos hijos: Amamos a Dios, porque él nos amó primero. Si alguno dice: "Amo a Dios" y aborrece a su hermano, es un mentiroso, pues quien no ama a su hermano, a quien ve, no puede amar a Dios, a quien no ve. Además, Jesús nos ha dado este mandamiento: El que ama a Dios, que ame también a su hermano. Todo el que cree que Jesús es el Mesías, ha nacido de Dios. Todo el que ama a un padre, ama también a los hijos de éste. Conocemos que amamos a los hijos de Dios en que amamos a Dios y cumplimos sus mandamientos, pues el amor de Dios consiste en que cumplamos sus preceptos. Y sus mandamientos no son pesados, porque todo el que ha nacido de Dios vence al mundo. Y nuestra fe es la que nos ha dado la victoria sobre el mundo.

Salmo Responsorial: Salmo 71, 2. 14 y 15bc. 17

R. (11) Que te adoren, Señor, todos los pueblos.

Comunica, Señor, al rey tu juicio y tu justicia, al que hijo de reyes; así tu siervo saldrá en defensa de tus pobres y regirá a tu pueblo justamente. **R.**

De la opresión rescatará a los pobres, pues estima su vida muy valiosa. Por eso rogarán por él sin tregua y lo bendecirán a todas horas. **R.**

Que bendigan al Señor eternamente y tanto como el sol, viva su nombre. Que sea la bendición del mundo entero y lo aclamen dichoso las naciones. **R.**

Aclamación antes del Evangelio: Lucas 4, 18

R. Aleluya, aleluya.

El Señor me ha enviado para llevar a los pobres la buena nueva y anunciar la liberación a los cautivos. **R.**

Evangelio: Lucas 4, 14-22

En aquel tiempo, con la fuerza del Espíritu, Jesús volvió a Galilea. Iba enseñando en las sinagogas; todos lo alababan y su fama se extendió por toda la región.Fue también a Nazaret, donde se había criado. Entró en la sinagoga, como era su costumbre hacerlo los sábados, y se levantó para hacer la lectura. Se le dio el volumen del profeta Isaías, lo desenrolló y encontró el pasaje en que estaba escrito: *El Espíritu del Señor está sobre mí, porque me ha ungido para llevar a los pobres la buena nueva, para anunciar la liberación a los cautivos y la curación a los ciegos, para dar libertad a los oprimidos y proclamar el año de gracia del Señor.* Enrolló el volumen, lo devolvió al encargado y se sentó. Los ojos de todos los asistentes a la sinagoga estaban fijos en él. Entonces comenzó a hablar, diciendo: "Hoy mismo se ha cumplido este pasaje de la Escritura que acaban de oír". Todos le daban su aprobación y admiraban la sabiduría de las palabras que salían de sus labios.

Viernes 10 de enero de 2025

Viernes después de Epifanía

Primera Lectura: 1 Juan 5, 5-13

Queridos hijos: ¿Quién es el que vence al mundo? Sólo el que cree que Jesús es el Hijo de Dios. Jesucristo es el que vino por medio del agua y de la sangre; él vino, no sólo con agua, sino con agua y con sangre. Y el Espíritu es el que da testimonio, porque el Espíritu es la verdad. Así pues, los testigos son tres: el Espíritu, el agua y la sangre. Y los tres están de acuerdo. Si aceptamos el testimonio de los hombres, el testimonio de Dios vale mucho más y ese testimonio es el que Dios ha dado de su Hijo. El que cree en el Hijo de Dios tiene en sí ese testimonio. El que no le cree a Dios, hace de él un mentiroso, porque no cree en el testimonio que Dios ha dado de su Hijo. Y el testimonio es éste: que Dios nos ha dado la vida eterna y esa vida está en su Hijo. Quien tiene al Hijo, tiene la vida; quien no tiene al Hijo, no tiene la vida. A ustedes, los que creen en el nombre del Hijo de Dios, les he escrito estas cosas para que sepan que tienen la vida eterna.

Salmo Responsorial: Salmo 147, 12-13. 14-15. 19-20
R. (12a) Demos gracias y alabemos al Señor.

Glorifica al Señor, Jerusalén; a Dios ríndele honores, Israel. El refuerza el cerrojo de tus puertas y bendice a tus hijos en tu casa. **R.**

El mantiene la paz en tus fronteras, con su trigo mejor sacia tu hambre. El envía a la tierra su mensaje y su palabra corre velozmente. **R.**

Le muestra a Jacob su pensamiento, sus normas y designios a Israel. No ha hecho nada igual con ningún pueblo, ni le ha confiado a otros sus proyectos. **R.**

Aclamación antes del Evangelio: Mateo 4, 23
R. Aleluya, aleluya.

Predicaba Jesús la buena nueva del Reino y sanaba toda enfermedad en el pueblo. **R.**

Evangelio: Lucas 5, 12-16
En aquel tiempo, estando Jesús en un poblado, llegó un leproso, y al ver a Jesús, se postró rostro en tierra, diciendo: "Señor, si quieres, puedes curarme". Jesús extendió la mano y lo tocó, diciendo: "Quiero. Queda limpio". Y al momento

desapareció la lepra. Entonces Jesús le ordenó que no lo dijera a nadie y añadió: "Ve, preséntate al sacerdote y ofrece por tu purificación lo que Moisés prescribió. Eso les servirá de testimonio". Y su fama se extendía más y más. Las muchedumbres acudían a oírlo y a ser curados de sus enfermedades. Pero Jesús se retiraba a lugares solitarios para orar.

Sábado después de Epifanía

Primera Lectura: 1 Juan 5, 14-21

Queridos hijos: La confianza que tenemos en Dios consiste en que, si le pedimos algo conforme a su voluntad, él nos escucha. Si estamos seguros de que escucha nuestras peticiones, también lo estamos de poseer ya lo que le pedimos. Si alguno ve que su hermano comete un pecado de los que no llevan a la muerte, que pida por él y le obtendrá la vida. Esto vale para los que cometen pecados que no llevan a la muerte, porque hay un pecado que sí lleva a la muerte (por ése no digo que se pida). Toda mala acción es pecado, pero hay pecados que no llevan a la muerte. Sabemos que todo el que ha nacido de Dios no peca, sino que el Hijo de Dios lo protege, y no lo toca el demonio. Sabemos que somos de Dios, mientras que el mundo entero yace en poder del demonio. También sabemos que el Hijo de Dios ha venido ya y que nos ha dado inteligencia para conocer al Dios verdadero. Nosotros permanecemos fieles al único verdadero, porque permanecemos en su Hijo Jesucristo. Él es el verdadero Dios y la vida eterna. Hijos míos, no adoren a los ídolos.

Salmo Responsorial: Salmo 149, 1-2. 3-4. 5 y 6a y 9b
R. (4a) El Señor es amigo de su pueblo.

Entonen al Señor un canto nuevo, en la reunión litúrgica proclámenlo. En su creador y rey, en el Señor, alégrese Israel, su pueblo santo. **R.**

En honor de su nombre, que haya danzas, alábenlo con arpa y tamboriles. El Señor es amigo de su pueblo y otorga la victoria a los humildes. **R.**

Que se alegren los fieles en el triunfo, que inunde el regocijo sus hogares, que alaben al Señor con sus palabras, porque en esto su pueblo se complace. **R.**

Aclamación antes del Evangelio: Mateo 4, 16
R. Aleluya, aleluya.

El pueblo que habitaba en tinieblas vio una gran luz. Sobre los que vivían en tierra de sombras una luz resplandeció. **R.**

Evangelio: Juan 3, 22-30

En aquel tiempo, fue Jesús con sus discípulos a Judea y permaneció allí con ellos, bautizando. También Juan estaba bautizando en Enón, cerca de Salim, porque ahí había agua abundante. La gente acudía y se bautizaba, pues Juan no había sido encarcelado todavía. Surgió entonces una disputa entre algunos de los discípulos de Juan y unos judíos, acerca de la purificación. Los discípulos fueron a decirle a Juan: "Mira, maestro, aquel que estaba contigo en la otra orilla del Jordán y del que tú diste testimonio, está ahora bautizando y todos acuden a él". Contestó Juan: "Nadie puede apropiarse nada, si no le ha sido dado del cielo. Ustedes mismos son testigos de que yo dije: 'Yo no soy el Mesías, sino el que ha sido enviado delante de él'. En una boda, el que tiene a la novia es el novio; en cambio, el amigo del novio, que lo acompaña y lo oye hablar, se alegra mucho de oír su voz. Así también yo me lleno ahora de alegría. Es necesario que él crezca y que yo venga a menos".

Domingo 12 de enero de 2025
Fiesta del Bautismo del Señor
Primera Lectura: Isaías 42, 1-4. 6-7

Esto dice el Señor: "Miren a mi siervo, a quien sostengo, a mi elegido, en quien tengo mis complacencias. En él he puesto mi espíritu para que haga brillar la justicia sobre las naciones. No gritará, no clamará, no hará oír su voz por las calles; no romperá la caña resquebrajada, ni apagará la mecha que aún humea. Promoverá con firmeza la justicia, no titubeará ni se doblegará hasta haber establecido el derecho sobre la tierra y hasta que las islas escuchen su enseñanza. Yo, el Señor, fiel a mi designio de salvación, te llamé, te tomé de la mano, te he formado y te he constituido alianza de un pueblo, luz de las naciones, para que abras los ojos de los ciegos, saques a los cautivos de la prisión y de la mazmorra a los que habitan en tinieblas".

O bien:

Isaías 40, 1-5. 9-11

"Consuelen, consuelen a mi pueblo, dice nuestro Dios. Hablen al corazón de Jerusalén y díganle a gritos que ya terminó el tiempo de su servidumbre y que ya ha satisfecho por sus iniquidades, porque ya ha recibido de manos del Señor castigo doble por todos sus pecados". Una voz clama: "Preparen el camino del Señor en el desierto, construyan en el páramo una calzada para nuestro Dios. Que todo valle se eleve, que todo monte y colina se rebajen; que lo torcido se enderece y lo escabroso se allane. Entonces se revelará la gloria del Señor y todos los hombres la verán". Así ha hablado la boca del Señor. Sube a lo alto del monte, mensajero de buenas nuevas para Sión; alza con fuerza la voz, tú que anuncias noticias alegres a Jerusalén. Alza la voz y no temas; anuncia a los ciudadanos de Judá: "Aquí está su Dios. Aquí llega el Señor, lleno de poder, el que con su brazo lo domina todo. El premio de su victoria lo acompaña y sus trofeos lo anteceden. Como pastor apacentará su rebaño; llevará en sus brazos a los corderitos recién nacidos y atenderá solícito a sus madres".

Salmo Responsorial: Salmo 28, 1a y 2. 3ac-4. 3b y 9b-10
R. (11b) Te alabamos, Señor.
Hijos de Dios, glorifiquen al Señor, denle la gloria que merece. Postrados en su templo santo, alabemos al Señor. **R.**
La voz del Señor se deja oír sobre las aguas torrenciales. La voz del Señor es poderosa, la voz del Señor es imponente. **R.**
El Dios de majestad hizo sonar el trueno de su voz. El Señor se manifestó sobre las aguas desde su trono eterno. **R.**

O bien:
Isaías 103, 1-2a. 2b-4. 24-25. 27-28. 29-30

R. (1) Bendice, al Señor, alma mía.

Bendice al Señor, alma mía: Señor y Dios mío, inmensa es tu grandeza. Te vistes de belleza y majestad, la luz te envuelve como un manto. **R.**

Por encima de las aguas construyes tu morada. Las nubes son tu carro; los vientos, tus alas y mensajeros; y tus servidoras, las ardientes llamas. **R.**

¡Que numerosas son tus obras, Señor, y todas las hiciste con maestría! La tierra está llena de tus creaturas. y tu mar, enorme a lo largo y a lo ancho, está lleno de animales pequeños y grandes. **R.**

Todos los vivientes aguardan que les des de comer a su tiempo: les das el alimento y lo recogen, abres tu mano y se sacian de bienes. **R.**

Se retiras tu aliento, toda creatura muere y vuelve al polvo. Pero envías tu espíritu, que da vida, y renueva el aspecto de la tierra. **R.**

Segunda Lectura: Hechos 10, 34-38

En aquellos días, Pedro se dirigió a Cornelio y a los que estaban en su casa, con estas palabras: "Ahora caigo en la cuenta de que Dios no hace distinción de personas, sino que acepta al que lo teme y practica la justicia, sea de la nación que fuere. Él envió su palabra a los hijos de Israel, para anunciarles la paz por medio de Jesucristo, Señor de todos. Ya saben ustedes lo sucedido en toda Judea, que tuvo principio en Galilea, después del bautismo predicado por Juan: cómo Dios ungió con el poder del Espíritu Santo a Jesús de Nazaret, y cómo éste pasó haciendo el bien, sanando a todos los oprimidos por el diablo, porque Dios estaba con él".

O bien:

Tito 2, 11-14; 3, 4-7

Querido hermano: La gracia de Dios se ha manifestado para salvar a todos los hombres y nos ha enseñado a renunciar a la vida sin religión y a los deseos mundanos, para que vivamos, ya desde ahora, de una manera sobria, justa y fiel a Dios, en espera de la gloriosa venida del gran Dios y Salvador, Cristo Jesús, nuestra esperanza. Él se entregó por nosotros para redimirnos de todo pecado y purificarnos, a fin de convertirnos en pueblo suyo, fervorosamente entregado a practicar el bien. Al manifestarse la bondad de Dios, nuestro salvador, y su amor a los hombres, él nos salvó, no porque nosotros hubiéramos hecho algo digno de merecerlo, sino por su misericordia. Lo hizo mediante el bautismo, que nos regenera y nos renueva, por la acción del Espíritu Santo, a quien Dios derramó abundantemente sobre nosotros, por Cristo, nuestro salvador. Así, justificados por su gracia, nos convertiremos en herederos, cuando se realice la esperanza de la vida eterna.

Aclamación antes del Evangelio: Marcos 9, 7
R. Aleluya, aleluya.
Se abrió el cielo y resonó la voz del Padre, que decía: "Éste es mi Hijo amado; escúchenlo". **R.**

O bien:
Juan 1, 29
R. Aleluya, aleluya.
Ya viene otro más poderoso que yo, dijo Juan el Bautista; él los bautizará con el Espíritu Santo y con fuego. **R.**

Evangelio: Lucas 3, 15-16. 21-22
En aquel tiempo, como el pueblo estaba en expectación y todos pensaban que quizá Juan el Bautista era el Mesías, Juan los sacó de dudas, diciéndoles: "Es cierto que yo bautizo con agua, pero ya viene otro más poderoso que yo, a quien no merezco desatarle las correas de sus sandalias. Él los bautizará con el Espíritu Santo y con fuego". Sucedió que entre la gente que se bautizaba, también Jesús fue bautizado. Mientras éste oraba, se abrió el cielo y el Espíritu Santo bajó sobre él en forma sensible, como de una paloma, y del cielo llegó una voz que decía: "Tú eres mi Hijo, el predilecto; en ti me complazco".

Lunes 13 de enero de 2025
Lunes de la I semana del tiempo ordinario
Primera Lectura: Hebreos 1, 1-6

En distintas ocasiones y de muchas maneras habló Dios en el pasado a nuestros padres, por boca de los profetas. Ahora, en estos tiempos, nos ha hablado por medio de su Hijo, a quien constituyó heredero de todas las cosas y por medio del cual hizo el universo. El Hijo es el resplandor de la gloria de Dios, la imagen fiel de su ser y el sostén de todas las cosas con su palabra poderosa. Él mismo, después de efectuar la purificación de los pecados, se sentó a la diestra de la majestad de Dios, en las alturas, tanto más encumbrado sobre los ángeles, cuanto más excelso es el nombre que, como herencia, le corresponde. Porque, ¿a cuál de los ángeles le dijo Dios: *Tú eres mi Hijo; yo te he engendrado hoy?* ¿O de qué ángel dijo Dios: *Yo seré para él un padre y él será para mí un hijo?* Además, en otro pasaje, cuando introduce en el mundo a su primogénito, dice: *Adórenlo todos los ángeles de Dios.*

Salmo Responsorial: Salmo 96, 1 y 2b. 6 y 7c. 9
R. (7c) Ángeles de Señor, adórenlo.

Reina el Señor, alégrese la tierra; cante de regocijo el mundo entero. El trono del Señor se asienta en la justicia y el derecho. **R.**

Los cielos pregonan su justicia, Su inmensa gloria ven todos los pueblos. Que caigan ante Dios todos los dioses. **R.**

Tú, Señor altísimo, estás muy por encima de la tierra y mucho más en alto que los dioses. **R.**

Aclamación antes del Evangelio: Marcos 1, 15
R. Aleluya, aleluya.

El Reino de Dios ya está cerca, dice el Señor; arrepiéntanse y crean en el Evangelio. **R.**

Evangelio: Marcos 1, 14-20

Después de que arrestaron a Juan el Bautista, Jesús se fue a Galilea para predicar el Evangelio de Dios y decía: "Se ha cumplido el tiempo y el Reino de Dios ya está cerca. Arrepiéntanse y crean en el Evangelio". Caminaba Jesús por la orilla del lago de Galilea, cuando vio a Simón y a su hermano, Andrés, echando las redes en el lago, pues eran pescadores. Jesús les dijo: "Síganme y haré de ustedes pescadores de hombres". Inmediatamente dejaron las redes y lo siguieron. Un poco más adelante, vio a Santiago y a Juan, hijos de Zebedeo, que estaban en una barca, remendando sus redes. Los llamó, y ellos, dejando en la barca a su padre con los trabajadores, se fueron con Jesús.

Martes de la I semana del tiempo ordinario

Primera Lectura: Hebreos 2, 5-12

Hermanos: Dios no ha sometido a los ángeles el nuevo orden de la salvación, del cual estamos hablando. Un salmo lo atestigua solemnemente diciendo: *¿Qué es el hombre, para que de él te acuerdes, ese pobre ser humano, para que de él te preocupes? Sin embargo, lo hiciste un poquito inferior a los ángeles, lo coronaste de gloria y dignidad. Todo lo sometiste bajo sus pies.* Al decir aquí la Escritura que Dios le sometió todo, no se hace ninguna excepción. Es verdad que ahora todavía no vemos el universo entero sometido al hombre; pero sí vemos ya al que *por un momento Dios hizo inferior a los ángeles*, a Jesús, que por haber sufrido la muerte, *está coronado de gloria y honor.* Así, por la gracia de Dios, la muerte que él sufrió redunda en bien de todos. En efecto, el creador y Señor de todas las cosas, quiere que todos sus hijos tengan parte en su gloria. Por eso convenía que Dios consumara en la perfección, mediante el sufrimiento, a Jesucristo, autor y guía de nuestra salvación. El santificador y los santificados tienen la misma condición humana. Por eso no se avergüenza de llamar hermanos a los hombres, cuando dice: *Hablaré de ti a mis hermanos; en medio de la asamblea te alabaré.*

Salmo Responsorial: Salmo 8, 2ab y 5. 6-7. 8-9

R. (7) Diste a tu Hijo el mando sobre las obras tus manos.

¡Que admirable es Señor y Dios nuestro, tu poder en toda la tierra! ¿Qué es el hombre, para que de él acuerdes; ese pobre ser humano, para que de él te preocupes? **R.**

Sin embargo, lo hiciste un poquito inferior a los ángeles, lo coronaste de gloria y dignidad, le diste el mando sobre las obras de tus manos y todo lo sometiste bajo sus pies. **R.**

Pusiste a su servicio los rebaños y las manadas, todos los animales salvajes, las aves del cielo y los peces del mar, que recorren los caminos de las aguas. **R.**

Aclamación antes del Evangelio: 1 Tesalonicenses 2, 13
R. Aleluya, aleluya.

Reciban la palabra de Dios, no como palabra humana, sino como palabra divina, tal como es en realidad. **R.**

Evangelio: Marcos 1, 21-28

En aquel tiempo, llegó Jesús a Cafarnaúm y el sábado siguiente fue a la sinagoga y se puso a enseñar. Los oyentes quedaron asombrados de sus palabras, pues enseñaba como quien tiene autoridad y no como los escribas. Había en la sinagoga un hombre poseído por un espíritu inmundo, que se puso a gritar: "¿Qué quieres tú con nosotros, Jesús de Nazaret? ¿Has venido a acabar con nosotros? Ya sé quién eres: el Santo de Dios". Jesús le ordenó: "¡Cállate y sal de él!" El espíritu inmundo, sacudiendo al hombre con violencia y dando un alarido, salió de él. Todos quedaron estupefactos y se preguntaban: "¿Qué es esto? ¿Qué nueva doctrina es ésta? Este hombre tiene autoridad para mandar hasta a los espíritus inmundos y lo obedecen". Y muy pronto se extendió su fama por toda Galilea.

Miércoles de la I semana del tiempo ordinario
Primera Lectura: Hebreos 2, 14-18

Hermanos: Todos los hijos de una familia tienen la misma sangre; por eso, Jesús quiso ser de nuestra misma sangre, para destruir con su muerte al diablo, que mediante la muerte, dominaba a los hombres, y para liberar a aquellos que, por temor a la muerte, vivían como esclavos toda su vida. Pues como bien saben ustedes, Jesús no vino a ayudar a los ángeles, sino a los descendientes de Abraham; por eso tuvo que hacerse semejante a sus hermanos en todo, a fin de llegar a ser sumo sacerdote, misericordioso con ellos y fiel en las relaciones que median entre Dios y los hombres, y expiar así los pecados del pueblo. Como él mismo fue probado por medio del sufrimiento, puede ahora ayudar a los que están sometidos a la prueba.

Salmo Responsorial: Salmo 104, 1-2. 3-4. 6-7. 8-9
R. (8a) El Señor nunca olvida sus promesas.

Aclamen al Señor y denle gracias, relaten sus prodigios a los pueblos. Entonen en su honor himnos y cantos, celebren sus portentos. **R.**

Del nombre del Señor enorgullézcanse y siéntase feliz el que lo busca. Recurran al Señor y a su poder y a su presencia acudan. **R.**

Descendientes de Abraham, su servidor, estirpe de Jacob, su predilecto, escuchen: el Señor es nuestro Dios y gobiernan la tierra sus decretos. **R.**

Ni aunque transcurran mil generaciones se olvidará pactada con Abraham, del juramento a Isaac, que un día le hiciera. **R.**

Aclamación antes del Evangelio: Juan 10, 27
R. Aleluya, aleluya.

Mis ovejas escuchan mi voz, dice el Señor; yo las conozco y ellas me siguen. **R.**

Evangelio: Marcos 1, 29-39
En aquel tiempo, al salir Jesús de la sinagoga, fue con Santiago y Juan a casa de Simón y Andrés. La suegra de Simón estaba en cama, con fiebre, y enseguida le avisaron a Jesús. Él se le acercó, y tomándola de la mano, la levantó. En ese momento se le quitó la fiebre y se puso a servirles. Al atardecer, cuando el sol se ponía, le llevaron a todos los enfermos y poseídos del demonio, y todo el pueblo se apiñó junto a la puerta. Curó a muchos enfermos de diversos males y expulsó a muchos demonios, pero no dejó que los demonios hablaran, porque sabían quién era él. De madrugada, cuando todavía estaba muy oscuro, Jesús se levantó, salió y se fue a un lugar solitario, donde se puso a orar. Simón y sus compañeros lo fueron a buscar, y al encontrarlo, le dijeron: "Todos te andan buscando". Él les dijo: "Vamos a los pueblos cercanos para predicar también allá el Evangelio, pues

para eso he venido". Y recorrió toda Galilea, predicando en las sinagogas y expulsando a los demonios.

Jueves de la I semana del Tiempo ordinario

Primera Lectura: Hebreos 3, 7-14

Hermanos: Oigamos lo que dice el Espíritu Santo en un salmo: *Ojalá escuchen ustedes la voz del Señor, hoy. No endurezcan su corazón, como el día de la rebelión y el de la prueba en el desierto, cuando sus padres me pusieron a prueba y dudaron de mí, aunque habían visto mis obras durante cuarenta años. Por eso me indigné contra aquella generación y dije: "Es un pueblo de corazón extraviado, que no ha conocido mis caminos". Por eso juré en mi cólera que no entrarían en mi descanso.* Procuren, hermanos, que ninguno de ustedes tenga un corazón malo, que se aparte del Dios vivo por no creer en él. Más bien anímense mutuamente cada día, mientras dura este "hoy", para que ninguno de ustedes, seducido por el pecado, endurezca su corazón; pues si nos ha sido dado el participar de Cristo, es a condición de que mantengamos hasta el fin nuestra firmeza inicia

Salmo Responsorial: Salmo 94, 6-7c. 8-9. 10-11

R. (8) Señor, que no seamos sordos a tu voz.

Venga, y puestos de rodillas, adoremos y bendigamos al Señor, que nos hizo, pues él es nuestro Dios y nosotros, su pueblo; él es nuestro pastor y nosotros, sus ovejas. **R.**

Hagámosle caso al Señor, que nos dice: "No endurezcan su corazón, como el día de le rebelión en el desierto; cuando sus padres dudaron de mí, aunque habían vista mis obras. **R.**

Durante cuarenta años asentí hastío de esta generación. Entonces dije: 'Este es un pueblo de corazón extraviado que no ha conocido mis caminos'. Por eso juré, lleno de cólera, que no entrarían en mi descanso". **R.**

Aclamación antes del Evangelio: Mateo 4, 23

R. Aleluya, aleluya.

Jesús predicaba el Evangelio del Reino y curaba toda clase de enfermedades en el pueblo. **R.**

Evangelio: Marcos 1, 40-45

En aquel tiempo, se le acercó a Jesús un leproso para suplicarle de rodillas: "Si tú quieres, puedes curarme". Jesús se compadeció de él, y extendiendo la mano, lo tocó y le dijo: "¡Sí quiero: sana!" Inmediatamente se le quitó la lepra y quedó limpio. Al despedirlo, Jesús le mandó con severidad: "No se lo cuentes a nadie; pero para que conste, ve a presentarte al sacerdote y ofrece por tu purificación lo prescrito por Moisés". Pero aquel hombre comenzó a divulgar tanto el hecho, que Jesús no podía ya entrar abiertamente en la ciudad, sino que se quedaba fuera, en lugares solitarios, a donde acudían a él de todas partes.

Viernes 17 de enero de 2025
Memoria de San Antonio, abad

Primera Lectura: Hebreos 4, 1-5. 11

Hermanos: Mientras está en pie la promesa de entrar en el descanso de Dios, tengamos cuidado, no sea que alguno se quede fuera. Porque a nosotros también se nos ha anunciado este mensaje de salvación, lo mismo que a los israelitas en el desierto; pero a ellos no les sirvió de nada oírlo, porque no lo recibieron con fe. En cambio, nosotros, que hemos creído, ciertamente entraremos en aquel descanso, al que se refería el Señor, cuando dijo: *Por eso juré en mi cólera que no entrarían en mi descanso*. Los trabajos de Dios terminaron con la creación del mundo, ya que al hablar del séptimo día, la Escritura dice que *Dios descansó de todos sus trabajos el día séptimo*; y en el pasaje de que estamos hablando, afirma que *no entrarían en su descanso*. Apresurémonos, pues, a entrar en ese descanso; no sea que alguno caiga en la infidelidad, como les sucedió a los israelitas.

Salmo Responsorial: Salmo 77, 3 y 4bc. 6c-7. 89

R. (7c) No olvidemos las hazañas del Señor.

Cuanto hemos escuchado y conocemos del poder del Señor y de su gloria, cuanto nos han narrado nuestros padres, nuestras hijos lo oirán de nuestra boca. **R.**

Que ellos también lo cuenten a sus hijos para que en Dios coloquen su esperanza, cumplan los mandamientos del Señor y no echen al olvido sus hazañas. **R.**

Que no vayan a ser, como sus padres, generación rebelde y obstinada, inconstante de corazón e infiel a Dios, de alma. **R.**

Aclamación antes del Evangelio: Lucas 7, 16
R. Aleluya, aleluya.

Un gran profeta ha surgido entre nosotros. Dios ha visitado a su pueblo. **R.**

Evangelio: Marcos 2, 1-12

Cuando Jesús volvió a Cafarnaúm, corrió la voz de que estaba en casa, y muy pronto se aglomeró tanta gente, que ya no había sitio frente a la puerta. Mientras él enseñaba su doctrina, le quisieron presentar a un paralítico, que iban cargando entre cuatro. Pero como no podían acercarse a Jesús por la cantidad de gente, quitaron parte del techo, encima de donde estaba Jesús, y por el agujero bajaron al enfermo en una camilla. Viendo Jesús la fe de aquellos hombres, le dijo al paralítico: "Hijo, tus pecados te quedan perdonados". Algunos escribas que estaban allí sentados comenzaron a pensar: "¿Por qué habla éste así? Eso es una blasfemia. ¿Quién puede perdonar los pecados sino sólo Dios?" Conociendo Jesús lo que estaban pensando, les dijo: "¿Por qué piensan así? ¿Qué es más fácil, decirle al paralítico: 'Tus pecados te son perdonados' o decirle: 'Levántate, recoge tu camilla y vete a tu casa'? Pues para que sepan que el Hijo del hombre tiene poder en la tierra para perdonar los pecados–le dijo al paralítico–: Yo te lo mando: levántate, recoge tu camilla y vete a tu casa". El hombre se levantó inmediatamente, recogió su camilla y salió de allí a la vista de todos, que se quedaron atónitos y daban gloria a Dios, diciendo: "¡Nunca habíamos visto cosa igual!"

Sábado de la I semana del Tiempo ordinario

Primera Lectura: Hebreos 4, 12-16

Hermanos: La palabra de Dios es viva, eficaz y más penetrante que una espada de dos filos. Llega hasta lo más íntimo del alma, hasta la médula de los huesos y descubre los pensamientos e intenciones del corazón. Toda creatura es transparente para ella. Todo queda al desnudo y al descubierto ante los ojos de aquel a quien debemos rendir cuentas. Puesto que Jesús, el Hijo de Dios, es nuestro sumo sacerdote, que ha entrado en el cielo, mantengamos firme la profesión de nuestra fe. En efecto, no tenemos un sumo sacerdote que no sea capaz de compadecerse de nuestros sufrimientos, puesto que él mismo ha pasado por las mismas pruebas que nosotros, excepto el pecado. Acerquémonos, por lo tanto, con plena confianza, al trono de la gracia, para recibir misericordia, hallar la gracia y obtener ayuda en el momento oportuno.

Salmo Responsorial: Salmo 18, 8. 9. 10. 15

R. (Juan 6, 63c) Tú tienes, Señor, palabras de vida eterna.

La ley del Señor es perfecta del todo y reconforta el alma; inmutables son las palabras del Señor y hacen sabio al sencillo. **R.**

En los mandamientos del Señor hay rectitud y alegría para el corazón; son luz los preceptos del Señor para alumbrar el camino. **R.**

La voluntad del Señor es santa Y para siempre estable; los mandamientos del Señor son verdaderos y enteramente justos. **R.**

Que te sean gratas las palabras de mi boca, y los anhelos de mi corazón. Haz, Señor, que siempre te busque, pues eres mi refugio y salvación. **R.**

Aclamación antes del Evangelio: Lucas 4, 18

R. Aleluya, aleluya.

El Señor me ha enviado para llevar a los pobres la buena nueva y proclamar la liberación a los cautivos. **R.**

Evangelio: Marcos 2, 13-17

En aquel tiempo, Jesús salió de nuevo a caminar por la orilla del lago; toda la muchedumbre lo seguía y él les hablaba. Al pasar, vio a Leví (Mateo), el hijo de Alfeo, sentado en el banco de los impuestos, y le dijo: "Sígueme". Él se levantó y lo siguió. Mientras Jesús estaba a la mesa en casa de Leví, muchos publicanos y pecadores se sentaron a la mesa junto con Jesús y sus discípulos, porque eran muchos los que lo seguían. Entonces unos escribas de la secta de los fariseos, viéndolo comer con los pecadores y publicanos, preguntaron a sus discípulos: "¿Por qué su maestro come y bebe en compañía de publicanos y pecadores?" Habiendo oído esto, Jesús les dijo: "No son los sanos los que tienen necesidad del médico, sino los enfermos. Yo no he venido para llamar a los justos, sino a los pecadores".

Domingo 19 de enero de 2025
Segundo Domingo Ordinario

Primera Lectura: Isaías 62, 1-5

Por amor a Sión no me callaré y por amor a Jerusalén no me daré reposo, hasta que surja en ella esplendoroso el justo y brille su salvación como una antorcha. Entonces las naciones verán tu justicia, y tu gloria todos los reyes. Te llamarán con un nombre nuevo, pronunciado por la boca del Señor. Serás corona de gloria en la mano del Señor y diadema real en la palma de su mano. Ya no te llamarán "Abandonada", ni a tu tierra, "Desolada"; a ti te llamarán "Mi complacencia" y a tu tierra, "Desposada", porque el Señor se ha complacido en ti y se ha desposado con tu tierra. Como un joven se desposa con una doncella, se desposará contigo tu hacedor; como el esposo se alegra con la esposa, así se alegrará tu Dios contigo.

Salmo Responsorial: Salmo 95, 1-2a. 2b-3. 7-8a. 9-10a y c
R. (3) Cantemos la grandeza del Señor.

Cantemos al Señor un nuevo canto, que le canten al Señor toda la tierra; cantemos al Señor y bendigámoslo. **R.**

Proclamemos su amor día tras día, su grandeza anunciemos a los pueblos; de nación en nación, sus maravillas. **R.**

Alaben al Señor, pueblos del orbe, reconozcan su gloria y su poder y tribútenle honores a su nombre. **R.**

Caigamos en su templo de rodillas. Tiemblen ante el Señor los atrevidos. "Reina el Señor", digamos a los pueblos, gobierna a las naciones con justicia. **R.**

Segunda Lectura: 1 Corintios 12, 4-11

Hermanos: Hay diferentes dones, pero el Espíritu es el mismo. Hay diferentes servicios, pero el Señor es el mismo. Hay diferentes actividades, pero Dios, que hace todo en todos, es el mismo. En cada uno se manifiesta el Espíritu para el bien común. Uno recibe el don de la sabiduría; otro, el don de la ciencia. A uno se le concede el don de la fe; a otro, la gracia de hacer curaciones, y a otro más, poderes milagrosos. Uno recibe el don de profecía, y otro, el de discernir los espíritus. A uno se le concede el don de lenguas, y a otro, el de interpretarlas. Pero es uno solo y el mismo Espíritu el que hace todo eso, distribuyendo a cada uno sus dones, según su voluntad.

Aclamación antes del Evangelio: 2 Tesalonicenses 2, 14
R. Aleluya, aleluya.

Dios nos ha llamado, por medio del Evangelio, a participar de la gloria de nuestro Señor Jesucristo. **R.**

Evangelio: Juan 2, 1-11

En aquel tiempo, hubo una boda en Caná de Galilea, a la cual asistió la madre de Jesús. Éste y sus discípulos también fueron invitados. Como llegara a faltar el vino, María le dijo a Jesús: "Ya no tienen vino". Jesús le contestó: "Mujer, ¿qué podemos hacer tú y yo? Todavía no llega mi hora". Pero ella dijo a los que servían: "Hagan lo que él les diga". Había allí seis tinajas de piedra, de unos cien litros cada una, que servían para las purificaciones de los judíos. Jesús dijo a los que servían: "Llenen de agua esas tinajas". Y las llenaron hasta el borde. Entonces les dijo: "Saquen ahora un poco y llévenselo al mayordomo". Así lo hicieron, y en cuanto el mayordomo probó el agua convertida en vino, sin saber su procedencia, porque sólo los sirvientes la sabían, llamó al novio y le dijo: "Todo el mundo sirve primero el vino mejor, y cuando los invitados ya han bebido bastante, se sirve el corriente. Tú, en cambio, has guardado el vino mejor hasta ahora". Esto que hizo Jesús en Caná de Galilea fue el primero de sus signos. Así manifestó su gloria y sus discípulos creyeron en él.

Lunes 20 de enero de 2025

Lunes de la II semana del tiempo ordinario
Primera Lectura: Hebreos 5,1-10

Hermanos: Todo sumo sacerdote es un hombre escogido entre los hombres y está constituido para intervenir en favor de ellos ante Dios, para ofrecer dones y sacrificios por los pecados. Él puede comprender a los ignorantes y extraviados, ya que él mismo está envuelto en debilidades. Por eso, así como debe ofrecer sacrificios por los pecados del pueblo, debe ofrecerlos también por los suyos propios. Nadie puede apropiarse ese honor, sino sólo aquel que es llamado por Dios, como lo fue Aarón. De igual manera, Cristo no se confirió a sí mismo la dignidad de sumo sacerdote; se la otorgó quien le había dicho: *Tú eres mi Hijo, yo te he engendrado hoy.* O como dice otro pasaje de la Escritura: *Tú eres sacerdote eterno, como Melquisedec.* Precisamente por eso, durante su vida mortal, ofreció oraciones y súplicas, con fuertes voces y lágrimas, a aquel que podía librarlo de la muerte, y fue escuchado por su piedad. A pesar de que era el Hijo, aprendió a obedecer padeciendo, y llegado a su perfección, se convirtió en la causa de la salvación eterna para todos los que lo obedecen y fue proclamado por Dios sumo sacerdote, como Melquisedec.

Salmo Responsorial: Salmo 109, 1.2. 3. 4
R. (4bc) Tú eres sacerdote para siempre.

Esta ha dicho el Señor a mi Señor: "Siéntate a mi derecha; yo haré de tus contrarios el estrado donde pongas los pies". **R.**

Extenderá el Señor desde Sión tu cetro poderoso y tú dominarás al enemigo. **R.**

Es tuyo el señorio; el día en que naciste, en los montes sagrados, te consagró el Señor antes del alba. **R.**

Juró el Señor y no ha de retractarse: "Tú eres sacerdote para siempre, como

Melquisedec". **R.**

Aclamación antes del Evangelio: Hebreos 4, 12
R. Aleluya, aleluya.

La palabra de Dios es viva y eficaz y descubre los pensamientos e intenciones del corazón. **R.**

Evangelio: Marcos 2, 18-22

En una ocasión en que los discípulos de Juan el Bautista y los fariseos ayunaban, algunos de ellos se acercaron a Jesús y le preguntaron: "¿Por qué los discípulos de Juan y los discípulos de los fariseos ayunan, y los tuyos no?" Jesús les contestó: "¿Cómo van a ayunar los invitados a una boda, mientras el esposo está con ellos? Mientras está con ellos el esposo, no pueden ayunar. Pero llegará el día en que el esposo les será quitado y entonces sí ayunarán. Nadie le pone un parche de tela nueva a un vestido viejo, porque el remiendo encoge y rompe la tela vieja y se hace peor la rotura. Nadie echa vino nuevo en odres viejos, porque el vino rompe los odres, se perdería el vino y se echarían a perder los odres. A vino nuevo, odres nuevos".

Martes 21 de enero de 2025

Memoria de santa Inés, virgen y mártir

Primera Lectura: Hebreos 6,10-20

Hermanos: Dios no es injusto para olvidar los trabajos de ustedes y el amor que le han mostrado al servir a sus hermanos en la fe, como lo siguen haciendo hasta hoy. Deseamos, sin embargo, que todos y cada uno de ustedes mantenga hasta el fin el mismo fervor y diligencia, para alcanzar la plenitud de su esperanza. Así, lejos de volverse negligentes, serán ustedes imitadores de aquellos que, por la fe y la paciencia, heredan lo prometido por Dios. En efecto, cuando Dios hizo la promesa a Abraham, como no había nada superior por lo cual jurar, juró por sí mismo, diciendo: *Te colmaré de bendiciones y te daré una descendencia innumerable.* Por este motivo, Abraham perseveró en la paciencia y alcanzó lo prometido por Dios. Cuando los hombres juran, lo hacen por alguien superior a ellos, y el juramento pone fin a toda discusión. También Dios, cuando quiso mostrar con plenitud a los herederos de la promesa lo irrevocable de su decisión, se comprometió con un juramento. Así pues, mediante estos dos actos irrevocables, promesa y juramento, en los cuales Dios no puede mentir, tenemos un consuelo poderoso los que buscamos un refugio en la esperanza de lo prometido. Esta esperanza nos mantiene firmes y seguros, porque está anclada en el interior del santuario, ahí donde Jesús entró, precediéndonos, *constituido sumo sacerdote, como Melquisedec.*

Salmo Responsorial: Salmo 110, 1. 2. 4-5. 9 y 10c
R. (5b) El Señor se recuerda siempre de su alianza.

Quiero alabar a Dios, de corazón, en las reuniones de los justos. Grandiosas son las obras del Señor, y para todo fiel, dignos de estudio. **R.**

Ha hecho inolvidables sus prodigios. El Señor es piadoso y es clemente. Acordándose siempre de su alianza, Él la da de comer al que lo teme **R.**

El redimió a su pueblo, y estableció su alianza para siempre. Dios es santo y terrible y su gloria perdura eternamente. **R.**

Aclamación antes del Evangelio: Efesios 1, 17-18
R. Aleluya, aleluya.

Que el Padre de nuestro Señor Jesucristo ilumine nuestras mentes, para que podamos comprender cuál es la esperanza que nos da su llamamiento. **R.**

Evangelio: Marcos 2, 23-28

Un sábado, Jesús iba caminando entre los sembrados, y sus discípulos comenzaron a arrancar espigas al pasar. Entonces los fariseos le preguntaron: "¿Por qué hacen tus discípulos algo que no está permitido hacer en sábado?" Él les respondió: "¿No han leído acaso lo que hizo David una vez que tuvo necesidad y padecían hambre él y sus compañeros? Entró en la casa de Dios, en tiempos del sumo sacerdote Abiatar, comió de los panes sagrados, que sólo podían comer los sacerdotes, y les dio también a sus compañeros". Luego añadió Jesús: "El sábado se hizo para el hombre, y no el hombre para el sábado. Y el Hijo del hombre también es dueño del sábado".

Día de oración por la protección legal de los niños no nacidos

Primera Lectura: Hebreos 7, 1-3. 15-17

Hermanos: Melquisedec, rey de Salem y sacerdote del Dios altísimo, salió al encuentro de Abraham, cuando éste volvía de derrotar a los reyes, y lo bendijo. Abraham le dio entonces la décima parte de todo el botín. El nombre de Melquisedec, significa rey de justicia y el título rey de Salem, significa rey de paz. No se mencionan ni su padre ni su madre, y aparece sin antepasados. Tampoco se encuentra el principio ni el fin de su vida. Es la figura del Hijo de Dios, y como él, permanece sacerdote para siempre. En efecto, como Melquisedec, Jesucristo ha sido constituido sacerdote, en virtud de su propia vida indestructible y no por la ley, que señalaba que los sacerdotes fueran de la tribu de Leví. La palabra misma de Dios lo atestigua, cuando dice: *Tú eres sacerdote para siempre, como Melquisedec.*

Salmo Responsorial: Salmo 109, 1.2. 3. 4

R. (4bc) Tú eres sacerdote para siempre.

Esta ha dicho el Señor a mi Señor: "Siéntate a mi derecha; yo haré de tus contrarios el estrado donde pongas los pies". **R.**

Extenderá el Señor desde Sión tu cetro poderoso y tú dominarás al enemigo. **R.**

Es tuyo el señorío; el día en que naciste, en los montes sagrados, te consagró el Señor antes del alba. **R.**

Juró el Señor y no ha de retractarse: "Tú eres sacerdote para siempre, como Melquisedec". **R.**

Aclamación antes del Evangelio: Mateo 4, 23

R. Aleluya, aleluya.

Jesús predicaba la Evangelio del Reino y curaba las enfermedades y dolencias del pueblo. **R.**

Evangelio: Marcos 3, 1-6

En aquel tiempo, Jesús entró en la sinagoga, donde había un hombre que tenía tullida una mano. Los fariseos estaban espiando a Jesús para ver si curaba en sábado y poderlo acusar. Jesús le dijo al tullido: "Levántate y ponte allí en medio". Después les preguntó: "¿Qué es lo que está permitido hacer en sábado, el bien o el mal? ¿Se le puede salvar la vida a un hombre en sábado o hay que dejarlo morir?" Ellos se quedaron callados. Entonces, mirándolos con ira y con tristeza, porque no querían entender, le dijo al hombre: "Extiende tu mano". La extendió, y su mano quedó sana. Entonces se fueron los fariseos y comenzaron a hacer planes con los del partido de Herodes, para matar a Jesús.

Jueves 23 de enero de 2025
Jueves de la II semana del Tiempo ordinario
Primera Lectura: Hebreos 7, 23-8, 6

Hermanos: Durante la antigua alianza hubo muchos sacerdotes, porque la muerte les impedía permanecer en su oficio. En cambio, Jesucristo tiene un sacerdocio eterno, porque él permanece para siempre. De ahí que sea capaz de salvar, para siempre, a los que por su medio se acercan a Dios, ya que vive eternamente para interceder por nosotros. Ciertamente que un sumo sacerdote como éste era el que nos convenía: santo, inocente, inmaculado, separado de los pecadores y elevado por encima de los cielos; que no necesita, como los demás sacerdotes, ofrecer diariamente víctimas, primero por sus pecados y después por los del pueblo, porque esto lo hizo de una vez para siempre, ofreciéndose a sí mismo. Porque los sacerdotes constituidos por la ley eran hombres llenos de fragilidades; pero el sacerdote constituido por las palabras del juramento posterior a la ley, es el Hijo eternamente perfecto. Ahora bien, lo más importante de lo que estamos diciendo es que tenemos en Jesús a un sumo sacerdote tan excelente, que está sentado a la derecha del trono de Dios en el cielo, como ministro del santuario y del verdadero tabernáculo, levantado por el Señor y no por los hombres. Todo sumo sacerdote es nombrado para que ofrezca dones y sacrificios; por eso era también indispensable que él tuviera algo que ofrecer. Si él se hubiera quedado en la tierra, ni siquiera sería sacerdote, habiendo ya quienes ofrecieran los dones prescritos por la ley. Pero éstos son ministros de un culto que es figura y sombra del culto celestial, según lo reveló Dios a Moisés, cuando le mandó que construyera el tabernáculo: Mira, le dijo, lo harás todo según el modelo que te mostré en el monte. En cambio, el ministerio de Cristo es tanto más excelente, cuanto que él es el mediador de una mejor alianza, fundada en mejores promesas.

Salmo Responsorial: Salmo 39, 7-8a. 8b-9. 10. 17

R. (8a y 9a) Aquí estoy, Señor, para hacer tu voluntad.

Sacrificios y ofrendas no quisiste, abriste, en cambio, mis oídos a tu voz. No exigiste holocaustos por la culpa, así que dije: "Aquí estoy". **R.**

En tus libros se me ordena hacer tu voluntad.; esto es Señor, lo que deseo tu ley en medio de mi corazón. **R.**

He anunciado tu justicia en la gran asamblea; no he cerrado mis labios: tú lo sabes, Señor. **R.**

Que se gocen en ti y que se alegren Todos los que te buscan. Cuantos quieren de ti la salvación repiten sin cesar: "¡Qué grande es Dios!" **R.**

Aclamación antes del Evangelio: 2 Timoteo 1, 10

R. Aleluya, aleluya.

Jesucristo, nuestro Salvador, ha vencido la muerte y ha hecho resplandecer la vida por medio del Evangelio. **R.**

Evangelio: Marcos 3, 7-12

En aquel tiempo, Jesús se retiró con sus discípulos a la orilla del mar, seguido por una muchedumbre de galileos. Una gran multitud, procedente de Judea y Jerusalén, de Idumea y Transjordania y de la parte de Tiro y Sidón, habiendo tenido noticias de lo que Jesús hacía, se trasladó a donde él estaba. Entonces rogó Jesús a sus discípulos que le consiguieran una barca para subir en ella, porque era tanta la multitud, que estaba a punto de aplastarlo. En efecto, Jesús había curado a muchos, de manera que todos los que padecían algún mal, se le echaban encima para tocarlo. Cuando los poseídos por espíritus inmundos lo veían, se echaban a sus pies y gritaban: "Tú eres el Hijo de Dios". Pero Jesús les prohibía que lo manifestaran.

Viernes 24 de enero de 2025

Memoria de San Francisco de Sales, obispo y doctor de la Iglesia
Primera Lectura: Hebreos 8, 6-13

Hermanos: Jesucristo, nuestro sumo sacerdote, ha obtenido un ministerio tanto más excelente, cuanto que él es el mediador de una mejor alianza, fundada en mejores promesas. Si aquella primera alianza hubiera sido perfecta, no habría habido lugar para una segunda. Pero de hecho, Dios la encuentra imperfecta, cuando reprendiendo a los israelitas, les dice: *Se acerca el tiempo en que haré con la casa de Israel y con la casa de Judá una alianza nueva, dice el Señor. No será como la alianza que hice con los padres de ustedes cuando los tomé de la mano para sacarlos de Egipto, porque ellos rompieron mi alianza y yo tuve que hacer un escarmiento con ellos. Ésta es la alianza nueva que voy a hacer con la casa de Israel: Voy a poner mi ley en lo más profundo de su mente y voy a grabarla en sus corazones. Yo seré su Dios y ellos serán mi pueblo. Ya nadie tendrá que instruir a su prójimo ni a su hermano, diciéndole: "Conoce al Señor", porque todos me van a conocer, desde el más pequeño hasta el mayor de todos, cuando yo les perdone sus culpas y olvide para siempre sus pecados.* Conforme a esto, al hablar de una alianza nueva, Dios declara anticuada la primera, y lo que es anticuado y envejecido está próximo a la desaparición.

Salmo Responsorial: Salmo 84, 8 y 10. 11-12. 13-14
R. (11a) Muéstranos, Señor, tu misericordia.

Muéstranos, Señor, tu misericordia, y danos tu salvación. Está ya cerca nuestra salvación y la gloria del Señor habitará en la tierra. **R.**

La misericordia y la verdad se encontraron, la justicia y la paz se besaron, la fidelidad brotó en la tierra, y la justicia vino del cielo. **R.**

Cuando el Señor nos muestre su bondad, nuestra tierra producirá su fruto. La justicia le abrirá camino al Señor e irá siguiendo sus pisadas. **R.**

Aclamación antes del Evangelio: 2 Corintios 5, 19
R. Aleluya, aleluya.

Dios reconcilió consigo al mundo, por medio de Cristo, y nos ha encomendado a nosotros el mensaje de la reconciliación. **R.**

Evangelio: Marcos 3, 13-19

En aquel tiempo, Jesús subió al monte, llamó a los que él quiso, y ellos lo siguieron. Constituyó a doce para que se quedaran con él, para mandarlos a predicar y para que tuvieran el poder de expulsar a los demonios. Constituyó entonces a los Doce: a Simón, al cual le impuso el nombre de Pedro; después, a Santiago y a Juan, hijos de Zebedeo, a quienes dio el nombre de Boanergues, es decir "hijos del trueno"; a Andrés, Felipe, Bartolomé, Mateo, Tomás, Santiago el de Alfeo, Tadeo, Simón el Cananeo y a Judas Iscariote, que después lo traicionó.

Sábado 25 de enero de 2025
Fiesta de la Conversión de San Pablo, Apóstol
Primera Lectura: Hechos 22, 3-16

En aquellos días, Pablo dijo al pueblo: "Yo soy judío, nací en Tarso de Cilicia, pero me crié aquí, en Jerusalén; fui alumno de Gamaliel y aprendí a observar en todo su rigor la ley de nuestros padres y estaba tan lleno de celo por las cosas de Dios, como lo están ustedes ahora. Perseguí a muerte al camino cristiano, encadenando y metiendo en la cárcel a hombres y mujeres, como pueden atestiguarlo el sumo sacerdote y todo el consejo de los ancianos. Ellos me dieron cartas para los hermanos de Damasco y me dirigí hacia allá en busca de creyentes para traerlos presos a Jerusalén y castigarlos. Pero en el camino, cerca ya de Damasco, a eso del mediodía, de repente me envolvió una gran luz venida del cielo; caí por tierra y oí una voz que me decía: 'Saulo, Saulo, ¿por qué me persigues?' Yo le respondí: 'Señor, ¿quién eres tú?' Él me contestó: 'Yo soy Jesús de Nazaret, a quien tú persigues'. Los que me acompañaban vieron la luz, pero no oyeron la voz del que me hablaba. Entonces yo le dije: '¿Qué debo hacer, Señor?'

El Señor me respondió: 'Levántate y vete a Damasco; allá te dirán todo lo que tienes que hacer'. Como yo no podía ver, cegado por el resplandor de aquella luz, mis compañeros me llevaron de la mano hasta Damasco. Allí, un hombre llamado Ananías, varón piadoso y observante de la ley, muy respetado por todos los judíos que vivían en Damasco, fue a verme, se me acercó y me dijo: 'Saulo, hermano, recobra la vista'. Inmediatamente recobré la vista y pude verlo. Él me dijo: 'El Dios de nuestros padres te ha elegido para que conocieras su voluntad, vieras al Justo y escucharas sus palabras, porque deberás atestiguar ante todos los hombres lo que has visto y oído. Y ahora, ¿qué esperas? Levántate, recibe el bautismo, reconoce que Jesús es el Señor y queda limpio de tus pecados' ".

O bien:
Hechos 9, 1-22

En aquellos días, Saulo, amenazando todavía de muerte a los discípulos del Señor, fue a ver al sumo sacerdote y le pidió, para las sinagogas de Damasco, cartas que lo autorizaran para traer presos a Jerusalén a todos aquellos hombres y mujeres que seguían el nuevo camino. Pero sucedió que, cuando se aproximaba a Damasco, una luz del cielo lo envolvió de repente con su resplandor. Cayó por tierra y oyó una voz que le decía: "Saulo, Saulo, ¿por qué me persigues?" Preguntó él: "¿Quién eres, Señor?" La respuesta fue: "Yo soy Jesús, a quien tú persigues. Levántate. Entra en la ciudad y allí se te dirá lo que tienes que hacer". Los hombres que lo acompañaban en el viaje se habían detenido, mudos de asombro, pues oyeron la voz, pero no vieron a nadie. Saulo se levantó del suelo, y aunque tenía abiertos los ojos, no podía ver. Lo llevaron de la mano hasta Damasco y allí estuvo tres días ciego, sin comer ni beber. Había en Damasco un discípulo que se llamaba Ananías, a quien se le apareció el Señor y le dijo: "Ananías". Él respondió: "Aquí estoy, Señor". El Señor le dijo: "Ve a la calle principal y busca en casa de Judas a un hombre de Tarso, llamado Saulo, que está orando". Saulo tuvo también la visión de un hombre llamado Ananías, que entraba y le imponía las manos para que recobrara la vista. Ananías contestó: "Señor, he oído a muchos hablar de ese individuo y del daño que ha hecho a tus fieles en Jerusalén. Además, trae autorización de los sumos sacerdotes para poner presos a todos los que invocan tu nombre". Pero el Señor le dijo: "No importa. Tú ve allá, porque yo lo he escogido como instrumento, para que me dé a conocer a las naciones, a los reyes y a los hijos de Israel. Yo le mostraré cuánto tendrá que padecer por mi causa". Ananías fue allá, entró en la casa, le impuso las manos a Saulo y le dijo: "Saulo, hermano, el Señor Jesús, que se te apareció en el camino, me envía para que recobres la vista y quedes lleno del Espíritu Santo". Al instante, algo como escamas se le desprendió de los ojos y recobró la vista. Se levantó y lo bautizaron. Luego comió y recuperó las fuerzas. Se quedó unos días con los discípulos en Damasco y se puso a predicar en las sinagogas, afirmando que Jesús era el Hijo de Dios. Todos los que lo oían quedaban sorprendidos y decían: "¿No es este hombre el que andaba persiguiendo en Jerusalén a los que invocan el nombre de Jesús y que ha venido aquí para llevarlos presos y entregarlos a los sumos sacerdotes?" Pero Saulo, cada vez con más vigor, refutaba a los judíos que vivían en Damasco, demostrándoles que Jesús era el Mesías.

Salmo Responsorial: Salmo 116, 1bc. 2
R. (Mc 16, 15) Vayan por todo el mundo y prediquen el Evangelio.
Que alaben al Señor todas las naciones, que lo aclamen todos los pueblos. **R.**
Porque grande es su amor hacia nosotros y su fidelidad dura por siempre. **R.**

Aclamación antes del Evangelio: Juan 15, 16
R. Aleluya, aleluya.
Yo los he elegido del mundo, dice el Señor, para que vayan y den fruto, y su fruto permanezca. **R.**

Evangelio: Marcos 16, 15-18
En aquel tiempo, se apareció Jesús a los Once y les dijo: "Vayan por todo el mundo y prediquen el Evangelio a toda creatura. El que crea y se bautice, se salvará; el que se resista a creer, será condenado. Éstos son los milagros que acompañarán a los que hayan creído: Arrojarán demonios en mi nombre, hablarán lenguas nuevas, cogerán serpientes en sus manos, y si beben un veneno

mortal, no les hará daño; impondrán las manos a los enfermos y éstos quedarán sanos".

Tercer Domingo Ordinario

Primera Lectura: Nehemías 8, 2-4a. 5-6. 8-10

En aquellos días, Esdras, el sacerdote, trajo el libro de la ley ante la asamblea, formada por los hombres, las mujeres y todos los que tenían uso de razón. Era el día primero del mes séptimo, y Esdras leyó desde el amanecer hasta el mediodía, en la plaza que está frente a la puerta del Agua, en presencia de los hombres, las mujeres y todos los que tenían uso de razón. Todo el pueblo estaba atento a la lectura del libro de la ley. Esdras estaba de pie sobre un estrado de madera, levantado para esta ocasión. Esdras abrió el libro a la vista del pueblo, pues estaba en un sitio más alto que todos, y cuando lo abrió, el pueblo entero se puso de pie. Esdras bendijo entonces al Señor, el gran Dios, y todo el pueblo, levantando las manos, respondió: "¡Amén!", e inclinándose, se postraron rostro en tierra. Los levitas leían el libro de la ley de Dios con claridad y explicaban el sentido, de suerte que el pueblo comprendía la lectura. Entonces Nehemías, el gobernador, Esdras, el sacerdote y escriba, y los levitas que instruían a la gente, dijeron a todo el pueblo: "Éste es un día consagrado al Señor, nuestro Dios. No estén ustedes tristes ni lloren (porque todos lloraban al escuchar las palabras de la ley). Vayan a comer espléndidamente, tomen bebidas dulces y manden algo a los que nada tienen, pues hoy es un día consagrado al Señor, nuestro Dios. No estén tristes, porque celebrar al Señor es nuestra fuerza".

Salmo Responsorial: Salmo 18, 8. 9. 10. 15

R. (Jn 6, 63c) Tú tienes, Señor, palabras de vida eterna.

La ley del Señor es perfecta del todo y reconforta el alma; inmutables son las palabras del Señor y hacen sabio al sencillo. **R.**

En los mandamientos del Señor hay rectitud y alegría para el corazón; son luz los preceptos del Señor para alumbrar el camino. **R.**

La voluntad de Dios es santa y para siempre estable; los mandamientos del Señor son verdaderos y eternamente justos. **R.**

Que sean gratas las palabras de mi boca, y los anhelos de mi corazón. Haz, Señor, que siempre te busque, pues eres mi refugio y salvación. **R.**

Segunda Lectura: 1 Corintios 12:12-30

Hermanos: Así como el cuerpo es uno y tiene muchos miembros y todos ellos, a pesar de ser muchos, forman un solo cuerpo, así también es Cristo. Porque todos nosotros, seamos judíos o no judíos, esclavos o libres, hemos sido bautizados en un mismo Espíritu, para formar un solo cuerpo, y a todos se nos ha dado a beber del mismo Espíritu. El cuerpo no se compone de un solo miembro, sino de muchos. Si el pie dijera: "No soy mano, entonces no formo parte del cuerpo", ¿dejaría por eso de ser parte del cuerpo? Y si el oído dijera: "Puesto que no soy ojo, no soy del cuerpo", ¿dejaría por eso de ser parte del cuerpo? Si todo el cuerpo fuera ojo, ¿con qué oiríamos? Y si todo el cuerpo fuera oído, ¿con qué oleríamos? Ahora bien, Dios ha puesto los miembros del cuerpo cada uno en su lugar, según lo quiso. Si todos fueran un solo miembro, ¿dónde estaría el cuerpo? Cierto que los miembros son muchos, pero el cuerpo es uno solo. El ojo no puede decirle a la mano: "No te necesito"; ni la cabeza, a los pies: "Ustedes no me hacen falta". Por el contrario, los miembros que parecen más débiles son los más necesarios. Y a los más íntimos los tratamos con mayor decoro, porque los demás no lo necesitan. Así formó Dios el cuerpo, dando más honor a los miembros que carecían de él, para que no haya división en el cuerpo y para que cada miembro se preocupe de los demás. Cuando un miembro sufre, todos sufren con él; y cuando recibe honores, todos se alegran con él. Pues bien, ustedes son el cuerpo de Cristo y cada uno es un miembro de él. En la Iglesia, Dios ha puesto en primer lugar a los apóstoles; en segundo lugar, a los profetas; en tercer lugar, a los maestros; luego, a los que hacen milagros, a los que tienen el don de curar a los enfermos, a los que ayudan, a los que administran, a los que tienen el don de lenguas y el de interpretarlas. ¿Acaso son todos apóstoles? ¿Son todos profetas? ¿Son todos maestros? ¿Hacen todos milagros? ¿Tienen todos el don de curar? ¿Tienen todos el don de lenguas y todos las interpretan?

O bien:

1 Corintios 12, 12-14. 27

Hermanos: Así como el cuerpo es uno y tiene muchos miembros y todos ellos, a pesar de ser muchos, forman un solo cuerpo, así también es Cristo. Porque todos nosotros, seamos judíos o no judíos, esclavos o libres, hemos sido bautizados en un mismo Espíritu, para formar un solo cuerpo, y a todos se nos ha dado a beber del mismo Espíritu. Ustedes son el cuerpo de Cristo y cada uno es un miembro de él.

Aclamación antes del Evangelio: Lucas 4, 18

R. Aleluya, aleluya.

El Señor me ha enviado para anunciar a los pobres la buena nueva y proclamar la liberación a los cautivos. **R.**

Evangelio: Lucas 1, 1-4; 4, 14-21

Muchos han tratado de escribir la historia de las cosas que pasaron entre nosotros, tal y como nos las trasmitieron los que las vieron desde el principio y que ayudaron en la predicación. Yo también, ilustre Teófilo, después de haberme informado minuciosamente de todo, desde sus principios, pensé escribírtelo por orden, para que veas la verdad de lo que se te ha enseñado. (Después de que Jesús fue tentado por el demonio en el desierto), impulsado por el Espíritu, volvió a Galilea. Iba enseñando en las sinagogas; todos lo alababan y su fama se extendió por toda la región. Fue también a Nazaret, donde se había criado. Entró en la sinagoga, como era su costumbre hacerlo los sábados, y se levantó para hacer la lectura. Se le dio el volumen del profeta Isaías, lo desenrolló y encontró el pasaje en que estaba escrito: *El espíritu del Señor está sobre mí, porque me ha ungido para llevar a los pobres la buena nueva, para anunciar la liberación a los cautivos y la curación a los ciegos, para dar libertad a los oprimidos y proclamar el año de gracia del Señor.* Enrolló el volumen, lo devolvió al encargado y se sentó. Los ojos de todos los asistentes a la sinagoga estaban fijos en él. Entonces comenzó a hablar, diciendo: "Hoy mismo se ha cumplido este pasaje de la Escritura que acaban de oír".

Lunes de la III semana del tiempo ordinario

Primera Lectura: Hebreos 9, 15. 24-28

Hermanos: Cristo es el mediador de una alianza nueva. Con su muerte hizo que fueran perdonados los delitos cometidos durante la antigua alianza, para que los llamados por Dios pudieran recibir la herencia eterna que él les había prometido. Porque Cristo no entró en el santuario de la antigua alianza, construido por mano de hombres y que sólo era figura del verdadero, sino en el cielo mismo, para estar ahora en la presencia de Dios, intercediendo por nosotros. En la antigua alianza, el sumo sacerdote entraba cada año en el santuario para ofrecer una sangre que no era la suya; pero Cristo no tuvo que ofrecerse una y otra vez a sí mismo en sacrificio, porque en tal caso habría tenido que padecer muchas veces desde la creación del mundo. De hecho, él se manifestó una sola vez, en el momento culminante de la historia, para destruir el pecado con el sacrificio de sí mismo. Y así como está determinado que los hombres mueran una sola vez y que después de la muerte venga el juicio, así también Cristo se ofreció una sola vez para quitar los pecados de todos. Al final se manifestará por segunda vez, pero ya no para quitar el pecado, sino para la salvación de aquellos que lo aguardan y en él tienen puesta su esperanza.

Salmo Responsorial: Salmo 97, 1. 2-3ab. 3cd-4. 5-6

R. (1a) Cantemos al Señor un canto nuevo.

Cantemos al Señor un canto nuevo, pues ha hecho maravillas. Su diestra y su santo brazo le han dado la victoria, **R.**

El Señor ha dado a conocer su victoria, y ha revelado a las naciones su justicia. Una vez más ha demostrado Dios su amor y su lealtad hacia Israel. **R.**

La tierra entera ha contemplado la victoria de nuestro Dios. Que todos los pueblos y naciones aclamen con júbilo al Señor. **R.**

Cantemos al Señor al son del arpa, suenen los instrumentos. Aclamemos al son de los clarines al Señor, nuestro rey. **R.**

Aclamación antes del Evangelio: 2 Timoteo 1, 10

R. Aleluya, aleluya.

Jesucristo, nuestro Salvador, ha vencido la muerte y ha hecho resplandecer la vida por medio del Evangelio. **R.**

Evangelio: Marcos 3, 22-30

En aquel tiempo, los escribas que habían venido de Jerusalén, decían acerca de Jesús: "Este hombre está poseído por Satanás, príncipe de los demonios, y por eso los echa fuera". Jesús llamó entonces a los escribas y les dijo en parábolas: "¿Cómo puede Satanás expulsar a Satanás? Porque si un reino está dividido en bandos opuestos no puede subsistir. Una familia dividida tampoco puede subsistir. De la misma manera, si Satanás se rebela contra sí mismo y se divide, no podrá subsistir, pues ha llegado su fin. Nadie puede entrar en la casa de un hombre fuerte y llevarse sus cosas, si primero no lo ata. Sólo así podrá saquear la casa. Yo les aseguro que a los hombres se les perdonarán todos sus pecados y todas sus blasfemias. Pero el que blasfeme contra el Espíritu Santo nunca tendrá perdón; será reo de un pecado eterno". Jesús dijo esto, porque lo acusaban de estar poseído por un espíritu inmundo.

Martes 28 de enero de 2025

Memoria de Santo Tomás de Aquino, presbítero y doctor de la Iglesia

Primera Lectura: Hebreos 10, 1-10

Hermanos: Puesto que la ley de la antigua alianza no contiene la imagen real de los bienes definitivos, sino solamente una sombra de ellos, es absolutamente incapaz, por medio de los sacrificios, siempre iguales y ofrecidos sin cesar año tras año, de hacer perfectos a quienes intentan acercarse a Dios. Porque si la ley fuera capaz de ello, ciertamente tales sacrificios hubieran dejado de ofrecerse, puesto que los que practican ese culto, de haber sido purificados para siempre, no tendrían ya conciencia de pecado. Por el contrario, con esos sacrificios se renueva cada año la conciencia de los pecados, porque es imposible que pueda borrarlos la sangre de toros y machos cabríos. Por eso, al entrar al mundo, Cristo dijo, conforme al salmo: *No quisiste víctimas ni ofrendas; en cambio, me has dado un cuerpo. No te agradaron los holocaustos ni los sacrificios por el pecado;*

entonces dije–porque a mí se refiere la Escritura–: *"Aquí estoy, Dios mío; vengo para hacer tu voluntad".* Comienza por decir: *No quisiste víctimas ni ofrendas, no te agradaron los holocaustos ni los sacrificios por el pecado*–siendo así que eso es lo que pedía la ley–; y luego añade: *"Aquí estoy, Dios mío; vengo para hacer tu voluntad".* Con esto, Cristo suprime los antiguos sacrificios, para establecer el nuevo. Y en virtud de esta voluntad, todos quedamos santificados por la ofrenda del cuerpo de Jesucristo, hecha una vez por todas.

Salmo Responsorial: Salmo 39, 2 y 4ab. 7-8a. 10. 11
R. (8a y 9a) Aquí estoy, Señor, para hacer tu voluntad.

Esperé en el Señor con gran confianza; él se inclinó hacia mí y escuchó mis plegarias. El me puso en la boca un canto nuevo, un himno a nuestro Dios. **R.**

Sacrificios y ofrendas no quisiste, abriste, en cambio, mis oídos a tu voz. No exigiste holocaustos por la culpa, así que dije: "Aquí estoy". **R.**

He anunciado tu justicia en la gran asamblea; no he cerrado mis labios: tú lo sabes, Señor. **R.**

No callé tu justicia, antes bien, proclamé tu lealtad y tu auxilio. Tu amor y tu lealtad no los he ocultado a la gran asamblea. **R.**

Aclamación antes del Evangelio: Mateo 11, 25
R. Aleluya, aleluya.

Te doy gracias, Padre, Señor del cielo y de la tierra, porque has revelado los misterios del Reino a la gente sencilla. **R.**

Evangelio: Marcos 3, 31-35
En aquel tiempo, llegaron a donde estaba Jesús, su madre y sus parientes; se quedaron fuera y lo mandaron llamar. En torno a él estaba sentada una multitud, cuando le dijeron: "Ahí fuera están tu madre y tus hermanos, que te buscan". Él les respondió: "¿Quién es mi madre y quiénes son mis hermanos?" Luego, mirando a los que estaban sentados a su alrededor, dijo: "Éstos son mi madre y mis hermanos. Porque el que cumple la voluntad de Dios, ése es mi hermano, mi hermana y mi madre".

Miércoles de la III Semana del Tiempo ordinario

Primera Lectura: Hebreos 10, 11-18

Hermanos: En la antigua alianza los sacerdotes ofrecían en el templo, diariamente y de pie, los mismos sacrificios, que no podían perdonar los pecados. Cristo, en cambio, ofreció un solo sacrificio por los pecados y se *sentó para siempre a la derecha de Dios*; no le queda sino aguardar a que *sus enemigos sean puestos bajo sus pies*. Así, con una sola ofrenda, hizo perfectos para siempre a los que ha santificado. Lo mismo atestigua el Espíritu Santo, que dice en un pasaje de la Escritura: *La alianza que yo estableceré con ellos, cuando lleguen esos días, palabra del Señor, es ésta: Voy a poner mi ley en lo más profundo de su mente y voy a grabarla en sus corazones.* Y prosigue después: *Yo les perdonaré sus culpas y olvidaré para siempre sus pecados.* Ahora bien, cuando los pecados han sido perdonados, ya no hacen falta más ofrendas por ellos.

Salmo Responsorial: Salmo 109, 1.2. 3. 4

R. (4bc) Tú eres sacerdote para siempre.

Esta ha dicho el Señor a mi Señor: "Siéntate a mi derecha; yo haré de tus contrarios el estrado donde pongas los pies". **R.**

Extenderá el Señor desde Sión tu cetro poderoso y tú dominarás al enemigo. **R.**

Es tuyo el señorio; el día en que naciste, en los montes sagrados, te consagró el Señor antes del alba. **R.**

Juró el Señor y no ha de retractarse: "Tú eres sacerdote para siempre, como Melquisedec". **R.**

Aclamación antes del Evangelio

R. Aleluya, aleluya.

La semilla es la palabra de Dios y el sembrador es Cristo; todo aquel que lo encuentra vivirá para siempre. **R.**

Evangelio: Marcos 4, 1-20

En aquel tiempo, Jesús se puso a enseñar otra vez junto al lago, y se reunió una muchedumbre tan grande, que Jesús tuvo que subir en una barca; ahí se sentó, mientras la gente estaba en tierra, junto a la orilla. Les estuvo enseñando muchas cosas con parábolas y les decía: "Escuchen. Salió el sembrador a sembrar. Cuando iba sembrando, unos granos cayeron en la vereda; vinieron los pájaros y se los comieron. Otros cayeron en terreno pedregoso, donde apenas había tierra; como la tierra no era profunda, las plantas brotaron enseguida; pero cuando salió el sol, se quemaron, y por falta de raíz, se secaron. Otros granos cayeron entre espinas; las espinas crecieron, ahogaron las plantas y no las dejaron madurar. Finalmente, los otros granos cayeron en tierra buena; las plantas fueron brotando y creciendo y produjeron el treinta, el sesenta o el ciento por uno". Y añadió Jesús: "El que tenga oídos para oír, que oiga". Cuando se quedaron solos, sus acompañantes y los Doce le preguntaron qué quería decir la parábola. Entonces Jesús les dijo: "A ustedes se les ha confiado el secreto del Reino de Dios; en cambio, a los que están fuera, todo les queda oscuro; *así, por más que miren, no verán; por más que oigan, no entenderán; a menos que se arrepientan y sean perdonados*". Y les dijo a continuación: "Si no entienden esta parábola, ¿cómo van a comprender todas las demás? 'El sembrador' siembra la palabra. 'Los granos de la vereda' son aquellos en quienes se siembra la palabra, pero cuando la acaban de escuchar, viene Satanás y se lleva la palabra sembrada en ellos. 'Los que reciben la semilla en terreno pedregoso', son los que, al escuchar la palabra, de momento la reciben con alegría; pero no tienen raíces, son inconstantes, y en cuanto surge un problema o una contrariedad por causa de la palabra, se dan por vencidos. 'Los que reciben la semilla entre espinas' son los que escuchan la palabra; pero por las preocupaciones de esta vida, la seducción de las riquezas y el deseo de todo lo demás, que los invade, ahogan la palabra y la hacen estéril. Por fin, 'los que reciben la semilla en tierra buena' son aquellos que escuchan la palabra, la aceptan y dan una cosecha: unos, de treinta; otros, de sesenta; y otros, de ciento por uno".

Jueves de la III semana del tiempo ordinario

Primera Lectura: Hebreos 10, 19-25

Hermanos: En virtud de la sangre de Jesucristo, tenemos la seguridad de poder entrar en el santuario, porque él nos abrió un camino nuevo y viviente a través del velo, que es su propio cuerpo. Asimismo, en Cristo tenemos un sacerdote incomparable al frente de la casa de Dios. Acerquémonos, pues, con sinceridad de corazón, con una fe total, limpia la conciencia de toda mancha y purificado el cuerpo por el agua saludable. Mantengámonos inconmovibles en la profesión de nuestra esperanza, porque el que nos hizo las promesas es fiel a su palabra. Estimulémonos mutuamente con el ejemplo al ejercicio de la caridad y las buenas obras. No abandonemos, como suelen hacerlo algunos, la costumbre de asistir a nuestras asambleas; al contrario, animémonos los unos a los otros, tanto más, cuanto que vemos que el día del Señor se acerca.

Salmo Responsorial: Salmo 23, 1-2. 3-4ab. 5-6
R. (6) Busquemos a Dios, nuestro Señor.
Del Señor es la tierra y lo que ella tiene, el orbe todo y los que en él habitan, pues él lo edificó sobre los mares, él fue quien lo asentó sobre los ríos. **R.**
¿Quién subirá hasta el monte del Señor? ¿Quién podrá entrar en su recinto santo? El de corazón limpio y manos puras y que no jura en falso. **R.**
Ese obtendrá la bendición de Dios, y Dios, su salvador, le hará justicia. Esta es la clase de hombres que te buscan y vienen ante ti, Dios de Jacob. **R.**

Aclamación antes del Evangelio: Salmo 118, 105
R. Aleluya, aleluya.
Tus palabras, Señor, son una antorcha para mis pasos y una luz en mi sendero. **R.**

Evangelio: Marcos 4, 21-25

En aquel tiempo, Jesús dijo a la multitud: "¿Acaso se enciende una vela para meterla debajo de una olla o debajo de la cama? ¿No es para ponerla en el candelero? Porque si algo está escondido, es para que se descubra; y si algo se ha ocultado, es para que salga a la luz. El que tenga oídos para oír, que oiga". Siguió hablándoles y les dijo: "Pongan atención a lo que están oyendo. La misma medida que utilicen para tratar a los demás, esa misma se usará para tratarlos a ustedes, y con creces. Al que tiene, se le dará; pero al que tiene poco, aun eso poco se le quitará".

Memoria de San Juan Bosco, presbítero

Primera Lectura: Hebreos 10, 32-39

Hermanos: Recuerden aquellos primeros días en que, recién iluminados por el bautismo, tuvieron ustedes que afrontar duros y dolorosos combates. Unas veces fueron expuestos públicamente a los insultos y tormentos. Otras, compartieron los sufrimientos de los hermanos que eran maltratados, se compadecieron de los que estaban en la cárcel y aceptaron con alegría que los despojaran de sus propios bienes, sabiendo ustedes que están en posesión de otros, mejores y perdurables. Por lo tanto, no pierdan la confianza, pues la recompensa es grande. Lo que ahora necesitan es la perseverancia, para que, cumpliendo la voluntad de Dios, alcancen lo prometido. Atiendan a lo que dice la Escritura: *Pronto, muy pronto, el que ha de venir vendrá y no tardará; y mi justo, si permanece fiel, vivirá; pero si desconfía, dejará de agradarme.* Ahora bien, nosotros no somos de los que desconfían y perecen, sino hombres de fe, destinados a salvarnos.

Salmo Responsorial: Salmo 36, 3-4. 5-6. 23-24. 39-40

R. (39a) La salvación de justo es el Señor.

Pon tu esperanza en Dios, practica el bien y vivirás tranquilo en esta tierra. Busca en él tu alegría y te dará el Señor cuanto deseas. **R.**

Pon tu vida en las manos del Señor, en él confía y hará que tu virtud y tus derechos brillen igual que el sol de mediodía. **R.**

Porque aprueba el camino de los justos, asegura el Señor todos sus pasos; no quedarán por tierra cuando caigan, porque el Señor los tiene de su mano. **R.**

La salvación del justo es el Señor; en la tribulación él es su amparo. A quien en él confía, Dios la salva, de los hombres malvados. **R.**

Aclamación antes del Evangelio: Mateo 11, 25

R. Aleluya, aleluya.

Te doy gracias, Padre, Señor del cielo y de la tierra, porque has revelado los misterios del Reino a la gente sencilla. **R.**

Evangelio: Marcos 4, 26-34

En aquel tiempo, Jesús dijo a la multitud: "El Reino de Dios se parece a lo que sucede cuando un hombre siembra la semilla en la tierra: que pasan las noches y los días, y sin que él sepa cómo, la semilla germina y crece; y la tierra, por sí sola, va produciendo el fruto: primero los tallos, luego las espigas y después los granos en las espigas. Y cuando ya están maduros los granos, el hombre echa mano de la hoz, pues ha llegado el tiempo de la cosecha". Les dijo también: "¿Con qué compararemos el Reino de Dios? ¿Con qué parábola lo podremos representar? Es como una semilla de mostaza que, cuando se siembra, es la más pequeña de las semillas; pero una vez sembrada, crece y se convierte en el mayor de los arbustos y echa ramas tan grandes, que los pájaros pueden anidar a su sombra". Y con otras muchas parábolas semejantes les estuvo exponiendo su mensaje, de acuerdo con lo que ellos podían entender. Y no les hablaba sino en parábolas; pero a sus discípulos les explicaba todo en privado.

Sábado de la III semana del Tiempo ordinario

Primera Lectura: Hebreos 11, 1-2. 8-19

Hermanos: La fe es la forma de poseer, ya desde ahora, lo que se espera, y de conocer las realidades que no se ven. Por ella, fueron alabados nuestros mayores. Por su fe, Abraham, obediente al llamado de Dios, y sin saber a dónde iba, partió hacia la tierra que habría de recibir como herencia. Por la fe, vivió como extranjero en la tierra prometida, en tiendas de campaña, como Isaac y Jacob, coherederos de la misma promesa, después de él. Porque ellos esperaban la ciudad de sólidos cimientos, cuyo arquitecto y constructor es Dios. Por su fe, Sara, aun siendo estéril y a pesar de su avanzada edad, pudo concebir un hijo, porque creyó que Dios habría de ser fiel a la promesa; y así, de un solo hombre, ya anciano, nació una descendencia numerosa como las estrellas del cielo e incontable como las arenas del mar. Todos ellos murieron firmes en la fe. No alcanzaron los bienes prometidos, pero los vieron y los saludaron con gozo desde lejos. Ellos reconocieron que eran extraños y peregrinos en la tierra. Quienes hablan así, dan a entender claramente que van en busca de una patria; pues si hubieran añorado la patria de donde habían salido, habrían estado a tiempo de volver a ella todavía. Pero ellos ansiaban una patria mejor: la del cielo. Por eso Dios no se avergüenza de ser llamado su Dios, pues les tenía preparada una ciudad. Por su fe, Abraham, cuando Dios le puso una prueba, se dispuso a sacrificar a Isaac, su hijo único, garantía de la promesa, porque Dios le había dicho: *De Isaac nacerá la descendencia que ha de llevar tu nombre.* Abraham pensaba, en efecto, que Dios tiene poder hasta para resucitar a los muertos; por eso le fue devuelto Isaac, que se convirtió así en un símbolo profético.

Salmo Responsorial: Lucas 1, 69-70. 71-71. 73-75
R. (68) Bendito sea el Señor, Dios de Israel.

Bendito sea el Señor, Dios de Israel, porque ha visitado y redimido a su pueblo, y ha hecho surgir a favor nuestro un poderoso salvador en la casa David, su ciervo. Así lo había anunciado desde antiguo, por boca de sus santos profetas. **R.**

Anunció que nos salvaría de nuestros enemigos y de las manos de todos los que nos aborrecen; para mostrar su misericordia a nuestros padres y acordarse de su santa alianza. **R.**

El Señor juró a nuestro padre Abrahám que nos libraría del poder de nuestro enemigos, para que pudiéramos servirlo sin temor, con santidad y justicia, todos los días de nuestra vida. **R.**

Aclamación antes del Evangelio: Juan 3, 16
R. Aleluya, aleluya.
Tanto amó Dios al mundo, que le entregó a su Hijo único, para que todo el que crea en él tenga vida eterna. **R.**

Evangelio: Marcos 4, 35-41
Un día, al atardecer, Jesús dijo a sus discípulos: "Vamos a la otra orilla del lago". Entonces los discípulos despidieron a la gente y condujeron a Jesús en la misma barca en que estaba. Iban además otras barcas. De pronto se desató un fuerte viento y las olas se estrellaban contra la barca y la iban llenando de agua. Jesús dormía en la popa, reclinado sobre un cojín. Lo despertaron y le dijeron: "Maestro, ¿no te importa que nos hundamos?" Él se despertó, reprendió al viento y dijo al mar: "¡Cállate, enmudece!" Entonces el viento cesó y sobrevino una gran calma. Jesús les dijo: "¿Por qué tenían tanto miedo? ¿Aún no tienen fe?" Todos se quedaron espantados y se decían unos a otros: "¿Quién es éste, a quien hasta el viento y el mar obedecen?"

Domingo 2 de febrero de 2025

Fiesta de la Presentación del Señor

Primera Lectura: Malaquías 3, 1-4
Esto dice el Señor: "He aquí que yo envío a mi mensajero. Él preparará el camino delante de mí. De improviso entrará en el santuario el Señor, a quien ustedes buscan, el mensajero de la alianza a quien ustedes desean. Miren: Ya va entrando, dice el Señor de los ejércitos. ¿Quién podrá soportar el día de su venida? ¿Quién quedará en pie cuando aparezca? Será como fuego de fundición, como la lejía de

los lavanderos. Se sentará como un fundidor que refina la plata; como a la plata y al oro, refinará a los hijos de Leví y así podrán ellos ofrecer, como es debido, las ofrendas al Señor. Entonces agradará al Señor la ofrenda de Judá y de Jerusalén, como en los días pasados, como en los años antiguos".

Salmo Responsorial: Salmo 23, 7. 8. 9. 10
R. (10b) El Señor es el rey de la gloria.
¡Puertas, ábranse de par en par; agrándense, portones eternos, porque va a entrar el rey de la gloria! **R.**
¿Y quién es el rey de la gloria? Es el Señor, fuerte y poderoso, el Señor, poderoso en la batalla. **R.**
¡Puertas, ábranse de par en par; agrándense, portones eternos, porque va a entrar el rey de la gloria! **R.**
¿Y quién es el rey de la gloria? El Señor, Dios de los ejércitos, es el rey de la gloria. **R.**

Segunda Lectura: Hebreos 2, 14-18
Hermanos: Todos los hijos de una familia tienen la misma sangre; por eso, Jesús quiso ser de nuestra misma sangre, para destruir con su muerte al diablo, que mediante la muerte, dominaba a los hombres, y para liberar a aquellos que, por temor a la muerte, vivían como esclavos toda su vida. Pues como bien saben, Jesús no vino a ayudar a los ángeles, sino a los descendientes de Abraham; por eso tuvo que hacerse semejante a sus hermanos en todo, a fin de llegar a ser sumo sacerdote, misericordioso con ellos y fiel en las relaciones que median entre Dios y los hombres, y expiar así los pecados del pueblo. Como él mismo fue probado por medio del sufrimiento, puede ahora ayudar a los que están sometidos a la prueba.

Aclamación antes del Evangelio: Lucas 2, 32
R. Aleluya, aleluya.
Tú eres, Señor, la luz que alumbra a las naciones y la gloria de tu pueblo, Israel.

R.

Evangelio: Lucas 2, 22-40

Transcurrido el tiempo de la purificación de María, según la ley de Moisés, ella y José llevaron al niño a Jerusalén para presentarlo al Señor, de acuerdo con lo escrito en la ley: *Todo primogénito varón será consagrado al Señor*, y también para ofrecer, como dice la ley, *un par de tórtolas o dos pichones*. Vivía en Jerusalén un hombre llamado Simeón, varón justo y temeroso de Dios, que aguardaba el consuelo de Israel; en él moraba el Espíritu Santo, el cual le había revelado que no moriría sin haber visto antes al Mesías del Señor. Movido por el Espíritu, fue al templo, y cuando José y María entraban con el niño Jesús para cumplir con lo prescrito por la ley, Simeón lo tomó en brazos y bendijo a Dios, diciendo: "Señor, ya puedes dejar morir en paz a tu siervo, según lo que me habías prometido, porque mis ojos han visto a tu Salvador, al que has preparado para bien de todos los pueblos; luz que alumbra a las naciones y gloria de tu pueblo, Israel". El padre y la madre del niño estaban admirados de semejantes palabras. Simeón los bendijo, y a María, la madre de Jesús, le anunció: "Este niño ha sido puesto para ruina y resurgimiento de muchos en Israel, como signo que provocará contradicción, para que queden al descubierto los pensamientos de todos los corazones. Y a ti, una espada te atravesará el alma". Había también una profetisa, Ana, hija de Fanuel, de la tribu de Aser. Era una mujer muy anciana. De joven, había vivido siete años casada, y tenía ya ochenta y cuatro años de edad. No se apartaba del templo ni de día ni de noche, sirviendo a Dios con ayunos y oraciones. Ana se acercó en aquel momento, dando gracias a Dios y hablando del niño a todos los que aguardaban la liberación de Israel. Y cuando cumplieron todo lo que prescribía la ley del Señor, se volvieron a Galilea, a su ciudad de Nazaret. El niño iba creciendo y fortaleciéndose, se llenaba de sabiduría y la gracia de Dios estaba con él.

O bien:
Lucas 2, 22-32

Transcurrido el tiempo de la purificación de María, según la ley de Moisés, ella y José llevaron al niño a Jerusalén para presentarlo al Señor, de acuerdo con lo escrito en la ley: *Todo primogénito varón será consagrado al Señor*, y también para ofrecer, como dice la ley, *un par de tórtolas o dos pichones*. Vivía en Jerusalén un hombre llamado Simeón, varón justo y temeroso de Dios, que aguardaba el consuelo de Israel; en él moraba el Espíritu Santo, el cual le había revelado que no moriría sin haber visto antes al Mesías del Señor. Movido por el Espíritu, fue al templo, y cuando José y María entraban con el niño Jesús para cumplir con lo prescrito por la ley, Simeón lo tomó en brazos y bendijo a Dios, diciendo: "Señor, ya puedes dejar morir en paz a tu siervo, según lo que me habías prometido, porque mis ojos han visto a tu Salvador, al que has preparado para bien de todos los pueblos; luz que alumbra a las naciones y gloria de tu pueblo, Israel".

Lunes de la IV semana del Tiempo ordinario
Primera Lectura: Hebreos 11, 32-40

Hermanos: ¿Para qué seguir hablando sobre el poder de la fe? Me faltaría tiempo, si tuviera que exponer en detalle lo que hicieron Gedeón, Baruc, Sansón, Jefté, David, Samuel y los profetas. Por su fe, ellos conquistaron reinos e hicieron justicia, lograron que se fueran cumpliendo las promesas divinas, cerraron las fauces de los leones, dominaron la violencia del fuego, se salvaron del filo de la espada, vencieron las enfermedades, fueron valientes en la guerra y pusieron en fuga a los ejércitos extranjeros. Hubo también algunas mujeres, que por su fe obtuvieron la resurrección de sus hijos muertos. Muchos, sometidos a las torturas, prefirieron no ser rescatados, para alcanzar así la resurrección. Unos sufrieron escarnios y azotes, cadenas y cárcel. Otros, fueron apedreados, aserrados, torturados y muertos a espada; anduvieron errantes, cubiertos con pieles de ovejas y de cabras, faltos de todo, pasando necesidad, apuros y malos tratos. Esos hombres, de los cuales no era digno el mundo, tuvieron que vagar por desiertos y montañas, por grutas y cavernas. Sin embargo, todos ellos, aunque acreditados por su fe, no alcanzaron a ver el pleno cumplimiento de la promesa: es que Dios había dispuesto para nosotros algo mejor y no quería que ellos llegaran, sin nosotros, a la perfección.

Salmo Responsorial: Salmo 30, 20. 21.22. 23. 24
R. (25) Quien confía en el Señor, no desespere.

¡Qué grande es la bondad que has reservado, Señor, para tus fieles! Con quien se acoge a ti, Señor, ¡qué bueno eres! **R.**

Tu presencia lo ampara de todos las intrigas de los hombres, y lo pone a resguardo de las burlas y las murmuraciones. **R.**

Bendito sea el Señor, que en mis horas angustia ha prodigado las pruebas de su amor. **R.**

En mi inquietud, Señor, llegué a pensar que me habías quitado de tu vista; pero oíste la voz de mis plegarias cuando clamaba a ti. **R.**

Que amen al Señor todos sus fieles, pues protege a los leales y a los soberbios da lo que merecen. **R.**

Aclamación antes del Evangelio: Lucas 7, 16
R. Aleluya, aleluya.

Un gran profeta ha surgido entre nosotros. Dios ha visitado a su pueblo. **R.**

Evangelio: Marcos 5, 1-20

En aquel tiempo, después de atravesar el lago de Genesaret, Jesús y sus discípulos llegaron a la otra orilla, a la región de los gerasenos. Apenas desembarcó Jesús, vino corriendo desde el cementerio un hombre poseído por un espíritu inmundo, que vivía en los sepulcros. Ya ni con cadenas podían sujetarlo; a veces habían intentado sujetarlo con argollas y cadenas, pero él rompía las cadenas y destrozaba las argollas; nadie tenía fuerzas para dominarlo. Se pasaba días y noches en los sepulcros o en el monte, gritando y golpeándose con piedras. Cuando aquel hombre vio de lejos a Jesús, se echó a correr, vino a postrarse ante él y gritó a voz en cuello: "¿Qué quieres tú conmigo, Jesús, Hijo de Dios altísimo? Te ruego por Dios que no me atormentes". Dijo esto porque Jesús le había mandado al espíritu inmundo que saliera de aquel hombre. Entonces le preguntó

Jesús: "¿Cómo te llamas?" Le respondió: "Me llamo Legión, porque somos muchos". Y le rogaba con insistencia que no los expulsara de aquella comarca. Había allí una gran piara de cerdos, que andaban comiendo en la falda del monte. Los espíritus le rogaban a Jesús: "Déjanos salir de aquí para meternos en esos cerdos". Y él se lo permitió. Los espíritus inmundos salieron del hombre y se metieron en los cerdos; y todos los cerdos, unos dos mil, se precipitaron por el acantilado hacia el lago y se ahogaron. Los que cuidaban los cerdos salieron huyendo y contaron lo sucedido, en el pueblo y en el campo. La gente fue a ver lo que había pasado. Se acercaron a Jesús y vieron al antes endemoniado, ahora en su sano juicio, sentado y vestido. Entonces tuvieron miedo. Y los que habían visto todo, les contaron lo que le había ocurrido al endemoniado y lo de los cerdos. Ellos comenzaron a rogarle a Jesús que se marchara de su comarca. Mientras Jesús se embarcaba, el endemoniado le suplicaba que lo admitiera en su compañía, pero él no se lo permitió y le dijo: "Vete a tu casa a vivir con tu familia y cuéntales lo misericordioso que ha sido el Señor contigo". Y aquel hombre se alejó de ahí y se puso a proclamar por la región de Decápolis lo que Jesús había hecho por él. Y todos los que lo oían se admiraban.

Martes de la IV semana del tiempo ordinario

Primera Lectura: Hebreos 12, 1-4

Hermanos: Rodeados, como estamos, por la multitud de antepasados nuestros, que dieron prueba de su fe, dejemos todo lo que nos estorba; librémonos del pecado que nos ata, para correr con perseverancia la carrera que tenemos por delante, fija la mirada en Jesús, autor y consumador de nuestra fe. Él, en vista del gozo que se le proponía, aceptó la cruz, sin temer su ignominia, y por eso está sentado a la derecha del trono de Dios. Mediten, pues, en el ejemplo de aquel que quiso sufrir tanta oposición de parte de los pecadores, y no se cansen ni pierdan el ánimo. Porque todavía no han llegado ustedes a derramar su sangre en la lucha contra el pecado.

Salmo Responsorial: Salmo 21, 26b-27. 28 y 30. 31-32

R. (27b) Alaben al Señor los que lo buscan.

Le cumpliré mis promesas al Señor delante de sus fieles. Los pobres comerán hasta saciarse y alabarán al Señor los que lo buscan: su corazón ha de vivir para siempre. **R.**

Recordarán al Señor y volverán a él desde los últimos lugares del mundo; en su presencia se postrarán todas las familias de los pueblos. Solo ante él se postrarán todos los que mueren. **R.**

Mi descendencia lo servirá y le contará a la siguiente generación, al pueblo que ha de nacer; la justicia del Señor y todo lo él ha hecho. **R.**

Aclamación antes del Evangelio: Mateo 8, 17
R. Aleluya, aleluya.

Cristo hizo suyas nuestras debilidades y cargó con nuestros dolores. **R.**

Evangelio: Marcos 5, 21-43

En aquel tiempo, cuando Jesús regresó en la barca al otro lado del lago, se quedó en la orilla y ahí se le reunió mucha gente. Entonces se acercó uno de los jefes de la sinagoga, llamado Jairo. Al ver a Jesús, se echó a sus pies y le suplicaba con insistencia: "Mi hija está agonizando. Ven a imponerle las manos para que se cure y viva". Jesús se fue con él, y mucha gente lo seguía y lo apretujaba. Entre la gente había una mujer que padecía flujo de sangre desde hacía doce años. Había sufrido mucho a manos de los médicos y había gastado en eso toda su fortuna, pero en vez de mejorar, había empeorado. Oyó hablar de Jesús, vino y se le acercó por detrás entre la gente y le tocó el manto, pensando que, con sólo tocarle el vestido, se curaría. Inmediatamente se le secó la fuente de su hemorragia y sintió en su cuerpo que estaba curada. Jesús notó al instante que una fuerza curativa había salido de él, se volvió hacia la gente y les preguntó: "¿Quién ha tocado mi manto?" Sus discípulos le contestaron: "Estás viendo cómo te empuja la gente y todavía preguntas: '¿Quién me ha tocado?' " Pero él seguía mirando alrededor, para descubrir quién había sido. Entonces se acercó la mujer, asustada y temblorosa, al comprender lo que había pasado; se postró a sus pies y le confesó la verdad. Jesús la tranquilizó, diciendo: "Hija, tu fe te ha curado. Vete en paz y queda sana de tu enfermedad". Todavía estaba hablando Jesús, cuando unos criados llegaron de casa del jefe de la sinagoga para decirle a éste: "Ya se murió tu hija. ¿Para qué sigues molestando al Maestro?" Jesús alcanzó a oír lo que hablaban y le dijo al jefe de la sinagoga: "No temas, basta que tengas fe". No permitió que lo acompañaran más que Pedro, Santiago y Juan, el hermano de Santiago. Al llegar a la casa del jefe de la sinagoga, vio Jesús el alboroto de la gente y oyó los llantos y los alaridos que daban. Entró y les dijo: "¿Qué significa tanto llanto y alboroto? La niña no está muerta, está dormida". Y se reían de él. Entonces Jesús echó fuera a la gente, y con los padres de la niña y sus acompañantes, entró a donde estaba la niña. La tomó de la mano y le dijo: "¡Talitá, kum!", que significa: "¡Óyeme, niña, levántate!" La niña, que tenía doce años, se levantó inmediatamente y se puso a caminar. Todos se quedaron asombrados. Jesús les ordenó severamente que no lo dijeran a nadie y les mandó que le dieran de comer a la niña.

Miércoles 5 de febrero de 2025
Memoria de Santa Águeda, virgen y mártir
Primera Lectura: Hebreos 12, 4-7. 11-15

Hermanos: Todavía no han llegado ustedes a derramar su sangre en la lucha contra el pecado, y ya se han olvidado de la exhortación que Dios les dirigió, como a hijos, diciendo: *Hijo mío, no desprecies la corrección del Señor, ni te desanimes cuando te reprenda. Porque el Señor corrige a los que ama y da azotes a sus hijos predilectos.* Soporten, pues, la corrección, porque Dios los trata como a hijos; ¿y qué padre hay que no corrija a sus hijos? Es cierto que de momento ninguna corrección nos causa alegría, sino más bien tristeza. Pero después produce, en los que la recibieron, frutos de paz y santidad. Por eso, robustezcan sus manos cansadas y sus rodillas vacilantes; caminen por un camino plano, para que el cojo ya no se tropiece, sino más bien, se alivie. Esfuércense por estar en paz con todos y por aquella santificación, sin la cual no es posible ver a Dios. Velen para que nadie se vea privado de la gracia de Dios, para que nadie sea como una planta amarga, que hace daño y envenena a los demás.

Salmo Responsorial: Salmo 102, 1-2. 13-14. 17-18a

R. (17) El Señor es bueno, el Señor nos ama.

Bendice al Señor, alma mía; que todo mi ser bendiga su santo nombre. Bendice, al Señor, alma mía, y no te olvides de sus beneficios. **R.**

Como un padre es compasivo con sus hijos, así es compasivo el Señor con quien lo ama, pues bien sabe él de lo que estamos hechos y de que somos barro, no se olvida. **R.**

El amor del Señor a quien lo teme, es un amor eterno y entre aquellos que cumplen con su alianza, pasa de hijos a nietos su justicia. **R.**

Aclamación antes del Evangelio: Juan 10, 27

R. Aleluya, aleluya.

Mis ovejas escuchan mi voz, dice el Señor; yo las conozco y ellas me siguen. **R.**

Evangelio: Marcos 6, 1-6

En aquel tiempo, Jesús fue a su tierra en compañía de sus discípulos. Cuando llegó el sábado, se puso a enseñar en la sinagoga, y la multitud que lo escuchaba se preguntaba con asombro: "¿Dónde aprendió este hombre tantas cosas? ¿De dónde le viene esa sabiduría y ese poder para hacer milagros? ¿Qué no es éste el carpintero, el hijo de María, el hermano de Santiago, José, Judas y Simón? ¿No viven aquí, entre nosotros, sus hermanas?" Y estaban desconcertados. Pero Jesús les dijo: "Todos honran a un profeta, menos los de su tierra, sus parientes y los de su casa". Y no pudo hacer allí ningún milagro, sólo curó a algunos enfermos imponiéndoles las manos. Y estaba extrañado de la incredulidad de aquella gente. Luego se fue a enseñar en los pueblos vecinos.

Jueves 6 de febrero de 2025

Memorial of Saint Paul Miki and Companions, Martyrs

Primera Lectura: Hebreos 12, 18-19. 21-24

Hermanos: Cuando ustedes se acercaron a Dios, no encontraron nada material, como en el Sinaí: ni fuego ardiente, ni oscuridad, ni tinieblas, ni huracán, ni estruendo de trompetas, ni palabras pronunciadas por aquella voz que los israelitas no querían volver a oír nunca. En efecto, tan terrible era aquel espectáculo, que el mismo Moisés exclamó: *¡Estoy aterrorizado y tiemblo!* Ustedes, en cambio, se han acercado a Sión, el monte y la ciudad del Dios viviente, a la Jerusalén celestial, a la reunión festiva de miles y miles de ángeles, a la asamblea de los primogénitos, cuyos nombres están escritos en el cielo. Se han acercado a Dios, que es el juez de todos los hombres, y a los espíritus de los justos que alcanzaron la perfección. Se han acercado a Jesús, el mediador de la nueva alianza, cuya sangre derramada es más elocuente que la de Abel.

Salmo Responsorial: Salmo 47, 2-3a. 3b-4. 9. 10-11
R. (10) Recordamos, Señor, tu gran amor.

Grande es el Señor y muy digno de alabanza en la ciudad de nuestro Dios. Su monte santo, altura hermosa, es la alegría de toda la tierra. **R.**

El monte Sión, en el extremo norte, es la ciudad del rey supremo. Entre sus baluartes ha surgido Dios como una fortaleza inexpugnable. **R.**

Lo que habíamos oído, lo hemos visto en la ciudad del Dios de los ejércitos, en la ciudad de nuestro Dios: fundado para siempre por Dios mismo. **R.**

Recordamos, Señor, tu gran amor en medio de tu templo. Tu renombre, Señor, y tu alabanza llenan el mundo entero. **R.**

Aclamación antes del Evangelio: Marcos 1, 15
R. Aleluya, aleluya.

El Reino de Dios ya está cerca, dice el Señor. Arrepiéntanse y crean en el Evangelio. **R.**

Evangelio: Marcos 6, 7-13

En aquel tiempo, llamó Jesús a los Doce, los envió de dos en dos y les dio poder sobre los espíritus inmundos. Les mandó que no llevaran nada para el camino: ni pan, ni mochila, ni dinero en el cinto, sino únicamente un bastón, sandalias y una sola túnica. Y les dijo: "Cuando entren en una casa, quédense en ella hasta que se vayan de ese lugar. Si en alguna parte no los reciben ni los escuchan, al abandonar ese lugar, sacúdanse el polvo de los pies, como una advertencia para ellos". Los discípulos se fueron a predicar el arrepentimiento. Expulsaban a los demonios, ungían con aceite a los enfermos y los curaban.

Viernes de la IV semana del Tiempo ordinario

Primera Lectura: Hebreos 13, 1-8

Hermanos: Conserven entre ustedes el amor fraterno y no se olviden de practicar la hospitalidad, ya que por ella, algunos han hospedado ángeles sin saberlo. Acuérdense de los que están presos, como si ustedes mismos estuvieran también con ellos en la cárcel. Piensen en los que son maltratados, pues también ustedes tienen un cuerpo que puede sufrir. Que todos tengan gran respeto al matrimonio y lleven una vida conyugal irreprochable, porque a los que cometen fornicación y adulterio, Dios los habrá de juzgar. Que no haya entre ustedes avidez de riquezas, sino que cada quien se contente con lo que tiene. Dios ha dicho: *Nunca te dejaré ni te abandonaré;* por lo tanto, nosotros podemos decir con plena confianza: *El Señor cuida de mí, ¿por qué les he de tener miedo a los hombres?* Acuérdense de sus pastores, que les predicaron la palabra de Dios. Consideren cómo terminaron su vida e imiten su fe. Jesucristo es el mismo ayer, hoy y siempre.

Salmo Responsorial: Salmo 26, 1. 3. 5. 8b-9abc

R. (1a) El Señor es mi luz y mi salvación.

El Señor es mi luz y mi salvación, ¿a quién voy a tenerle miedo? El Señor es la defensa de mi vida, ¿quién podrá hacerme temblar? **R.**

Aunque se lance contra mí ejército, no temerá mi corazón; aun cuando hagan la guerra contra mí, tendré plena confianza en el Señor. **R.**

Porque el Señor me procuró un refugio en los tiempos aciagos; me esconderá en lo oculto de su tienda y él me pondrá a salvo. **R.**

El corazón me dice que te busque y buscándote estoy. No me abandones ni me dejes solo, mi Dios y salvador. **R.**

Aclamación antes del Evangelio: Lucas 8, 15

R. Aleluya, aleluya.

Dichosos los que cumplen la palabra del Señor con un corazón bueno y sincero, y perseveran hasta dar fruto. **R.**

Evangelio: Marcos 6, 14-29

En aquel tiempo, como la fama de Jesús se había extendido tanto, llegó a oídos del rey Herodes el rumor de que Juan el Bautista había resucitado y sus poderes actuaban en Jesús. Otros decían que era Elías; y otros, que era un profeta, comparable a los antiguos. Pero Herodes insistía: "Es Juan, a quien yo le corté la cabeza, y que ha resucitado". Herodes había mandado apresar a Juan y lo había metido y encadenado en la cárcel. Herodes se había casado con Herodías, esposa de su hermano Filipo, y Juan le decía: "No te está permitido tener por mujer a la esposa de tu hermano". Por eso Herodes lo mandó encarcelar. Herodías sentía por ello gran rencor contra Juan y quería quitarle la vida; pero no sabía cómo, porque Herodes miraba con respeto a Juan, pues sabía que era un hombre recto y santo, y lo tenía custodiado. Cuando lo oía hablar, quedaba desconcertado, pero le gustaba escucharlo. La ocasión llegó cuando Herodes dio un banquete a su corte, a sus oficiales y a la gente principal de Galilea, con motivo de su cumpleaños. La hija de Herodías bailó durante la fiesta y su baile les gustó mucho a Herodes y a sus invitados. El rey le dijo entonces a la joven: "Pídeme lo que quieras y yo te lo daré". Y le juró varias veces: "Te daré lo que me pidas, aunque sea la mitad de mi reino". Ella fue a preguntarle a su madre: "¿Qué le pido?" Su madre le contestó: "La cabeza de Juan el Bautista". Volvió ella inmediatamente junto al rey y le dijo: "Quiero que me des ahora mismo, en una charola, la cabeza de Juan el Bautista". El rey se puso muy triste, pero debido a su juramento y a los convidados, no quiso desairar a la joven, y enseguida mandó a un verdugo que trajera la cabeza de Juan. El verdugo fue, lo decapitó en la cárcel, trajo la cabeza en una charola, se la entregó a la joven y ella se la entregó a su madre. Al enterarse de esto, los discípulos de Juan fueron a recoger el cadáver y lo sepultaron.

Sábado de la IV semana del tiempo ordinario

Primera Lectura: Hebreos 13, 15-17. 20-21

Hermanos: Ofrezcamos continuamente a Dios, por medio de Jesucristo, el sacrificio de alabanza, es decir el homenaje de los labios que bendicen su nombre. No se olviden nunca de practicar la generosidad y de compartir con los demás los bienes de ustedes, porque estos son los sacrificios que agradan a Dios. Obedezcan con docilidad a sus pastores, pues ellos se desvelan por ustedes, sabiendo que tienen que rendir cuentas a Dios. Así podrán ellos trabajar con alegría y sin quejarse, pues lo contrario no sería para ustedes de ningún provecho. Que el Dios de la paz, el que, mediante la sangre de una alianza eterna, resucitó de entre los muertos al pastor eterno de las ovejas, Jesucristo, nuestro Señor, los enriquezca a ustedes con toda clase de dones para cumplir su voluntad y haga en ustedes todo lo que es de su agrado, por medio de Jesucristo, a quien sea dada la gloria por los siglos de los siglos. Amén.

Salmo Responsorial: Salmo 22, 1-3a. 3b-4. 5. 6

R. (1) El Señor es mi pastor, nada me faltará.

El Señor es mi pastor, nada me falta: en verdes praderas me hace recostar; y hacia fuentes tranquilas me conduce para reparar mis fuerzas. **R.**

Por ser un Dios fiel a sus promesas, me guía por el sendero recto, así, aunque camine por cañadas oscuras, nada temo, porque tú estás conmigo. Tu vara y tu cayado me dan seguridad. **R.**

Tú mismo me preparas la mesa, a despecho de mis adversarios; me unges la cabeza con perfume, y llenas mi copa hasta los bordes. **R.**

Tu bondad y tu misericordia me acompañaran todos los días de mi vida, y viviré en la casa del Señor por años sin término. **R.**

Aclamación antes del Evangelio: Juan 10, 27

R. Aleluya, aleluya.

Mis ovejas escuchan mi voz, dice el Señor; yo las conozco y ellas me siguen. **R.**

Evangelio: Marcos 6, 30-34

En aquel tiempo, los apóstoles volvieron a reunirse con Jesús y le contaron todo lo que habían hecho y enseñado. Entonces él les dijo: "Vengan conmigo a un lugar solitario, para que descansen un poco". Porque eran tantos los que iban y venían, que no les dejaban tiempo ni para comer. Jesús y sus apóstoles se dirigieron en una barca hacia un lugar apartado y tranquilo. La gente los vio irse y los reconoció; entonces de todos los poblados fueron corriendo por tierra a aquel sitio y se les adelantaron. Cuando Jesús desembarcó, vio una numerosa multitud que lo estaba esperando y se compadeció de ellos, porque andaban como ovejas sin pastor, y se puso a enseñarles muchas cosas.

Quinto Domingo Ordinario
Primera Lectura: Isaías 6, 1-2a. 3-8

El año de la muerte del rey Ozías, vi al Señor, sentado sobre un trono muy alto y magnífico. La orla de su manto llenaba el templo. Había dos serafines junto a él, con seis alas cada uno, que se gritaban el uno al otro: "Santo, santo, santo es el Señor, Dios de los ejércitos; su gloria llena toda la tierra". Temblaban las puertas al clamor de su voz y el templo se llenaba de humo. Entonces exclamé: "¡Ay de mí!, estoy perdido, porque soy un hombre de labios impuros, que habito en medio de un pueblo de labios impuros, porque he visto con mis ojos al Rey y Señor de los ejércitos". Después voló hacia mí uno de los serafines. Llevaba en la mano una brasa, que había tomado del altar con unas tenazas. Con la brasa me tocó la boca, diciéndome: "Mira: Esto ha tocado tus labios. Tu iniquidad ha sido quitada y tus pecados están perdonados". Escuché entonces la voz del Señor que decía: "¿A quién enviaré? ¿Quién irá de parte mía?" Yo le respondí: "Aquí estoy, Señor, envíame".

Salmo Responsorial: Salmo 137, 1-2a. 2bc-3. 4-5. 7c-8

R. (1c) Cuando te invocamos, Señor, nos escuchaste.

De todo corazón te damos gracias, Señor, porque escuchaste nuestros ruegos. Te cantaremos delante de tus ángeles, te adoraremos en tu templo. **R.**

Señor, te damos gracias por tu lealtad y tu amor: siempre que te invocamos nos oíste y nos llenaste de valor. **R.**

Que todos los reyes de la tierra te reconozcan, al escuchar tus prodigios. Que alaben tus caminos, porque tu gloria es inmensa. **R.**

Tu mano, Señor, nos podrá a salvo, y así concluirás en nosotros tu obra. Señor, tu amor perdura eternamente; obra tuya soy, no me abandones. **R.**

Segunda Lectura: 1 Corintios 15, 1-11

Hermanos: Les recuerdo el Evangelio que yo les prediqué y que ustedes aceptaron y en el cual están firmes. Este Evangelio los salvará, si lo cumplen tal y como yo lo prediqué. De otro modo, habrán creído en vano. Les transmití, ante todo, lo que yo mismo recibí: que Cristo murió por nuestros pecados, como dicen las Escrituras; que fue sepultado y que resucitó al tercer día, según estaba escrito; que se le apareció a Pedro y luego a los Doce; después se apareció a más de quinientos hermanos reunidos, la mayoría de los cuales vive aún y otros ya murieron. Más tarde se le apareció a Santiago y luego a todos los apóstoles. Finalmente, se me apareció también a mí, que soy como un aborto. Porque yo perseguí a la Iglesia de Dios y por eso soy el último de los apóstoles e indigno de llamarme apóstol. Sin embargo, por la gracia de Dios, soy lo que soy, y su gracia no ha sido estéril en mí; al contrario, he trabajado más que todos ellos, aunque no he sido yo, sino la gracia de Dios, que está conmigo. De cualquier manera, sea yo, sean ellos, esto es lo que nosotros predicamos y esto mismo lo que ustedes han creído.

O bien:
1 Corintios 15, 3-8. 11

Hermanos: Les transmití, ante todo, lo que yo mismo recibí: que Cristo murió por nuestros pecados, como dicen las Escrituras; que fue sepultado y que resucitó al tercer día, según estaba escrito; que se le apareció a Pedro y luego a los Doce; después se apareció a más de quinientos hermanos reunidos, la mayoría de los cuales vive aún y otros ya murieron. Más tarde se le apareció a Santiago y luego a todos los apóstoles. Finalmente, se me apareció también a mí, que soy como un aborto. De cualquier manera, sea yo, sean ellos, esto es lo que nosotros predicamos y esto mismo lo que ustedes han creído.

Aclamación antes del Evangelio: Mateo 4, 19

R. Aleluya, aleluya.

Síganme, dice el Señor, y yo los haré pescadores de hombres. **R.**

Evangelio: Lucas 5, 1-11

En aquel tiempo, Jesús estaba a orillas del lago de Genesaret y la gente se agolpaba en torno suyo para oír la palabra de Dios. Jesús vio dos barcas que estaban junto a la orilla. Los pescadores habían desembarcado y estaban lavando las redes. Subió Jesús a una de las barcas, la de Simón, le pidió que la alejara un poco de tierra, y sentado en la barca, enseñaba a la multitud. Cuando acabó de hablar, dijo a Simón: "Lleva la barca mar adentro y echen sus redes para pescar". Simón replicó: "Maestro, hemos trabajado toda la noche y no hemos pescado nada; pero, confiado en tu palabra, echaré las redes". Así lo hizo y cogieron tal cantidad de pescados, que las redes se rompían. Entonces hicieron señas a sus compañeros, que estaban en la otra barca, para que vinieran a ayudarlos. Vinieron ellos y llenaron tanto las dos barcas, que casi se hundían. Al ver esto, Simón Pedro se arrojó a los pies de Jesús y le dijo: "¡Apártate de mí, Señor, porque soy un pecador!" Porque tanto él como sus compañeros estaban llenos de asombro al ver la pesca que habían conseguido. Lo mismo les pasaba a Santiago y a Juan, hijos de Zebedeo, que eran compañeros de Simón. Entonces Jesús le dijo a Simón: "No temas; desde ahora serás pescador de hombres". Luego llevaron las barcas a tierra y, dejándolo todo, lo siguieron.

Lunes 10 de febrero de 2025

Memoria de Santa Escolástica, virgen

Primera Lectura: Génesis 1, 1-19

En el principio creó Dios el cielo y la tierra. La tierra era soledad y caos; y las tinieblas cubrían la faz del abismo. El espíritu de Dios se movía sobre la superficie de las aguas. Dijo Dios: "Que exista la luz", y la luz existió. Vio Dios que la luz era buena, y separó la luz de las tinieblas. Llamó a la luz "día" y a las tinieblas, "noche". Fue la tarde y la mañana del primer día. Dijo Dios: "Que haya un bóveda entre las aguas, que separe unas aguas de otras". E hizo Dios una bóveda y separó con ella las aguas de arriba, de las aguas de abajo. Y así fue. Llamó Dios a la bóveda "cielo". Fue la tarde y la mañana del segundo día. Dijo Dios: "Que se junten las aguas de debajo del cielo en un solo lugar y que aparezca el suelo seco". Y así fue. Llamó Dios "tierra" al suelo seco y "mar" a la masa de las aguas. Y vio Dios que era bueno. Dijo Dios: "Verdee la tierra con plantas que den semillas y árboles que den fruto y semilla, según su especie, sobre la tierra". Y así fue. Brotó de la tierra hierba verde, que producía semilla, según su especie, y árboles que daban fruto y llevaban semilla, según su especie. Y vio Dios que era bueno. Fue la tarde y la mañana del tercer día. Dijo Dios: "Que haya lumbreras en la bóveda del cielo, que separen el día de la noche, señalen las estaciones, los días y los años, y luzcan en la bóveda del cielo para iluminar la tierra". Y así fue. Hizo Dios las dos grandes lumbreras: la lumbrera mayor para regir el día y la menor, para regir la noche; y también hizo las estrellas. Dios puso las lumbreras en la bóveda del cielo para iluminar la tierra, para regir el día y la noche, y separar la luz de las tinieblas. Y vio Dios que era bueno. Fue la tarde y la mañana del cuarto día.

Salmo Responsorial: Salmo 103, 1-2a. 5-6. 10 y 12. 24 y 35c
R. (31b) Bendice al Señor, alma mía.
Bendice al Señor, alma mía; Señor y Dios mío, inmensa es ti grandeza. Te vistes de belleza y majestad, a luz te envuelve como un manto. **R.**
Sobre bases inconmovibles asentaste la tierra para siempre. Con un vestido de mares cubriste y las aguas en los montes concentraste. **R.**
En los valles haces brotar las fuentes, que van corriendo entre montañas; junto al arroyo vienen a vivir las aves, que cantan entre las ramas. **R.**
¡Qué numerosas son tus obras, Señor, y todas las hiciste con maestría! La tierra está llena de tus criaturas. Bendice al Señor, alma mía. **R.**

Aclamación antes del Evangelio: Mateo 4, 23

R. Aleluya, aleluya.

Jesús proclamaba el Evangelio del Reino y curaba a la gente de toda enfermedad.
R.

Evangelio: Marcos 6, 53-56

En aquel tiempo, Jesús y sus discípulos terminaron la travesía del lago y tocaron tierra en Genesaret. Apenas bajaron de la barca, la gente los reconoció y de toda aquella región acudían a él, a cualquier parte donde sabían que se encontraba, y le llevaban en camillas a los enfermos. A dondequiera que llegaba, en los poblados, ciudades o caseríos, la gente le ponía a sus enfermos en la calle y le rogaba que por lo menos los dejara tocar la punta de su manto; y cuantos lo tocaban, quedaban curados.

Martes de la V semana del Tiempo ordinario

Primera Lectura: Génesis 1, 20-2, 4

Dijo Dios: "Agítense las aguas con un hervidero de seres vivientes y revoloteen sobre la tierra las aves, bajo la bóveda del cielo". Creó Dios los grandes animales marinos y los vivientes que en el agua se deslizan y la pueblan, según su especie. Creó también el mundo de las aves, según sus especies. Vio Dios que era bueno y los bendijo, diciendo: "Sean fecundos y multiplíquense; llenen las aguas del mar; que las aves se multipliquen en la tierra". Fue la tarde y la mañana del quinto día. Dijo Dios: "Produzca la tierra vivientes, según sus especies: animales domésticos, reptiles y fieras, según sus especies". Y así fue. Hizo Dios las fieras, los animales domésticos y los reptiles, cada uno según su especie. Y vio Dios que era bueno. Dijo Dios: "Hagamos al hombre a nuestra imagen y semejanza; que domine a los peces del mar, a las aves del cielo, a los animales domésticos y a todo animal que se arrastra sobre la tierra". Y creó Dios al hombre a su imagen; a imagen suya lo creó; hombre y mujer los creó. Y los bendijo Dios y les dijo: "Sean fecundos y multiplíquense, llenen la tierra y sométanla; dominen a los peces del mar, a las aves del cielo y a todo ser viviente que se mueve sobre la tierra". Y dijo Dios: "He aquí que les entrego todas las plantas de semilla que hay sobre la faz de la tierra, y todos los árboles que producen fruto y semilla, para que les sirvan de alimento. Y a todas las fieras de la tierra, a todas las aves del cielo, a todos los reptiles de la tierra, a todos los seres que respiran, también les doy por alimento las verdes plantas". Y así fue. Vio Dios todo lo que había hecho y lo encontró muy bueno. Fue la tarde y la mañana del sexto día. Así quedaron concluidos el cielo y la tierra con todos sus ornamentos, y terminada su obra, descansó Dios el séptimo día de todo cuanto había hecho. Dios bendijo el séptimo día y lo consagró, porque ese día cesó de trabajar en la creación del universo. Ésta es la historia de la creación del cielo y de la tierra.

Salmo Responsorial: Salmo 8, 4-5. 6-7. 8-9
R. (2a) ¡Que admirable, Señor, es t poder!
Cuando contemplo el cielo, obra de tus manos, la luna y las estrellas, que has creado, me pregunto: ¿Qué es el hombre, para que de él te acuerde;, ese pobre ser humano, para que de él te preocupes? **R.**
Sin embargo, lo hiciste un poquito inferior a los ángeles, lo coronaste de gloria y dignidad, le diste el mando sobre las obras de tus manos, y todo lo sometiste bajo sus pies. **R.**
Pusiste a su servicio los rebaños y las manadas, todos los animales salvajes, las aves del cielo y los peces del mar, que recorren los caminos de las aguas. **R.**

Aclamación antes del Evangelio: Salmo 118, 36. 29
R. Aleluya, aleluya.
Inclina, Dios mío, mi corazón a tus preceptos y dame la gracia de cumplir tu voluntad. **R.**

Evangelio: Marcos 7, 1-13
En aquel tiempo, se acercaron a Jesús los fariseos y algunos escribas, venidos de Jerusalén. Viendo que algunos de los discípulos de Jesús comían con las manos impuras, es decir, sin habérselas lavado, los fariseos y los escribas le preguntaron: "¿Por qué tus discípulos comen con manos impuras y no siguen la tradición de nuestros mayores?" (Los fariseos y los judíos, en general, no comen sin lavarse

antes las manos hasta el codo, siguiendo la tradición de sus mayores; al volver del mercado, no comen sin hacer primero las abluciones, y observan muchas otras cosas por tradición, como purificar los vasos, las jarras y las ollas). Jesús les contestó: "¡Qué bien profetizó Isaías sobre ustedes, hipócritas, cuando escribió: *Este pueblo me honra con los labios, pero su corazón está lejos de mí. Es inútil el culto que me rinden, porque enseñan doctrinas que no son sino preceptos humanos.* Ustedes dejan a un lado el mandamiento de Dios, para aferrarse a las tradiciones de los hombres". Después añadió: "De veras son ustedes muy hábiles para violar el mandamiento de Dios y conservar su tradición. Porque Moisés dijo: *Honra a tu padre y a tu madre. El que maldiga a su padre o a su madre, morirá.* Pero ustedes dicen: 'Si uno dice a su padre o a su madre: Todo aquello con que yo te podría ayudar es corbán (es decir, ofrenda para el templo), ya no puede hacer nada por su padre o por su madre'. Así anulan la palabra de Dios con esa tradición que se han transmitido. Y hacen muchas cosas semejantes a ésta".

Miércoles de la V semana del tiempo ordinario
Primera Lectura: Génesis 2, 4-9. 15-17

Cuando el Señor Dios hizo el cielo y la tierra, no había ningún arbusto en el campo, ni había brotado ninguna hierba silvestre, pues el Señor Dios no había hecho llover sobre la tierra y no había hombres que labraran el suelo y abrieran canales para que corriera el agua y se regaran los campos. Un día, el Señor Dios tomó polvo del suelo y con él formó al hombre; le sopló en la nariz un aliento de vida, y el hombre comenzó a vivir. Después plantó el Señor un jardín al oriente del Edén y allí puso al hombre que había formado. El Señor Dios hizo brotar del suelo toda clase de árboles, de hermoso aspecto y sabrosos frutos, y además, en medio del jardín, el árbol de la vida y el árbol del conocimiento del bien y del mal. El Señor Dios tomó al hombre y lo puso en el jardín del Edén, para que lo cultivara y lo cuidara. El Señor Dios le dio al hombre esta orden: "Puedes comer de todos los árboles del jardín; pero del árbol del conocimiento del bien y del mal te mando que no comas, porque el día en que comas de él, morirás sin remedio".

Salmo Responsorial: Salmo 103, 1-2a. 27-28. 29bc-30

R. (1a) Bendice, sea el Señor, que nos ha dada la vida.

Bendice al Señor, alma mía: Señor y Dios mío, inmensa es tu grandeza. Te vistes de belleza y majestad, la luz te envuelve como un manto. **R.**

Todos los vivientes aguardan que les des comer a su tiempo; les das el alimento y lo recogen; abres tu mano y se sacian de bienes. **R.**

Si retiras tu aliento, toda creatura muere y vuelve a polvo. Pero envías tu espíritu, que da vida, y renuevas el aspecto de la tierra. **R.**

Aclamación antes del Evangelio: Juan 17, 17

R. Aleluya, aleluya.

Tu palabra, Señor, es la verdad; santifícanos en la verdad. **R.**

Evangelio: Marcos 7, 14-23

En aquel tiempo, Jesús llamó de nuevo a la gente y les dijo: "Escúchenme todos y entiéndanme. Nada que entre de fuera puede manchar al hombre; lo que sí lo mancha es lo que sale de dentro". Cuando entró en una casa para alejarse de la muchedumbre, los discípulos le preguntaron qué quería decir aquella parábola. Él les dijo: "¿Ustedes también son incapaces de comprender? ¿No entienden que nada de lo que entra en el hombre desde afuera puede contaminarlo, porque no entra en su corazón, sino en el vientre y después, sale del cuerpo?" Con estas palabras declaraba limpios todos los alimentos. Luego agregó: "Lo que sí mancha al hombre es lo que sale de dentro; porque del corazón del hombre salen las intenciones malas, las fornicaciones, los robos, los homicidios, los adulterios, las codicias, las injusticias, los fraudes, el desenfreno, las envidias, la difamación, el orgullo y la frivolidad. Todas estas maldades salen de dentro y manchan al hombre".

Jueves de la V semana del tiempo ordinario

Primera Lectura: Génesis 2, 18-25

En aquel día, dijo el Señor Dios: "No es bueno que el hombre esté solo. Voy a hacerle a alguien como él, para que lo ayude". Entonces el Señor Dios formó de la tierra todas las bestias del campo y todos los pájaros del cielo y los llevó ante Adán para que les pusiera nombre y así todo ser viviente tuviera el nombre puesto por Adán. Así, pues, Adán les puso nombre a todos los animales domésticos, a los pájaros del cielo y a las bestias del campo; pero no hubo ningún ser semejante a Adán para ayudarlo. Entonces el Señor Dios hizo caer al hombre en un profundo sueño, y mientras dormía, le sacó una costilla y cerró la carne sobre el lugar vacío. Y de la costilla que le había sacado al hombre, Dios formó una mujer. Se la llevó al hombre y éste exclamó: "Ésta sí es hueso de mis huesos y carne de mi carne. Ésta será llamada mujer, porque ha sido formada del hombre". Por eso el hombre abandonará a su padre y a su madre, y se unirá a su mujer y serán los dos una sola cosa. Por entonces los dos estaban desnudos, el hombre y su mujer, pero no sentían vergüenza por ello.

Salmo Responsorial: Salmo 127, 1-2. 3. 4-5
R. (1a) Dichoso el que teme al Señor.

Dichoso el que teme al Señor y sigue sus caminos: comerá del fruto de tu trabajo, será dichoso, le irá bien. **R.**

Su mujer, como vid fecunda, en medio de su casa; sus hijos, como renuevos de olivo, alrededor de su mesa. **R.**

Esta es la bendición del hombre que teme al Señor: "Que el Señor te bendiga desde Sión, que veas la prosperidad de Jerusalén todos los días de tu vida". **R.**

Aclamación antes del Evangelio: Santiago 1, 21
R. Aleluya, aleluya.

Acepten dócilmente la palabra que ha sido sembrada en ustedes y es capaz de salvarlos. **R.**

Evangelio: Marcos 7, 24-30
En aquel tiempo, Jesús salió de Genesaret y se fue a la región donde se encuentra Tiro. Entró en una casa, pues no quería que nadie se enterara de que estaba ahí,

pero no pudo pasar inadvertido. Una mujer, que tenía una niña poseída por un espíritu impuro, se enteró enseguida, fue a buscarlo y se postró a sus pies. Cuando aquella mujer, una siria de Fenicia y pagana, le rogaba a Jesús que le sacara el demonio a su hija, él le respondió: "Deja que coman primero los hijos. No está bien quitarles el pan a los hijos para echárselo a los perritos". La mujer le replicó: "Sí, Señor; pero también es cierto que los perritos, debajo de la mesa, comen las migajas que tiran los niños". Entonces Jesús le contestó: "Anda, vete; por eso que has dicho, el demonio ha salido ya de tu hija". Al llegar a su casa, la mujer encontró a su hija recostada en la cama, y ya el demonio había salido de ella.

Viernes 14 de febrero de 2025
Memoria de Santos Cirilio, monjo, y Metodio, obispo
Primera Lectura: Génesis 3, 1-8

De todos los animales salvajes creados por el Señor Dios, la serpiente era el más astuto. Un día le dijo a la mujer: "¿Es cierto que Dios les ha prohibido comer de todos los árboles del jardín?" La mujer respondió a la serpiente: "No. Sí podemos comer los frutos de los árboles del jardín, pero de los frutos del árbol que está en el centro, Dios nos ha prohibido comer y nos ha dicho que no lo toquemos, porque, de lo contrario, moriremos". La serpiente le dijo a la mujer: "Eso de que ustedes van a morir no es cierto. Al contrario, Dios sabe muy bien que, si comen eso frutos, se les abrirán los ojos y serán como dioses, pues conocerán el bien y el mal". Entonces los frutos de aquel árbol le parecieron a la mujer apetitosos, de hermoso aspecto y excelentes para adquirir sabiduría. Tomó de los frutos y comió; y después le dio a su marido, que estaba con ella, y él también comió. Al momento se les abrieron los ojos a los dos y se dieron cuenta de que estaban desnudos. Entrelazaron unas hojas de higuera y se cubrieron con ellas. Oyeron luego los pasos del Señor Dios, que se paseaba por el jardín a la hora de la brisa, y se ocultaron de su vista entre los árboles del jardín.

Salmo Responsorial: Salmo 31, 1-2. 5. 6. 7

R. (1a) Perdona, Señor, nuestras pecados.

Dichoso aquel que ha sido absuelto de su culpa a su pecado. Dichoso aquel en el que Dios no encuentra ni delito ni engaño. **R.**

Ante el Señor reconocí mi culpa, no oculté mi pecado. Te confesé, Señor, mu gran delito y tú me has perdonado. **R.**

Por eso, en el momento de la angustia, que todo fiel te invoque, y no lo alcanzarán las grandes aguas, aunque éstas se desborden. **R.**

Aclamación antes del Evangelio: Hechos 16, 14

R. Aleluya, aleluya.

Abre, Señor, nuestros corazones, para que aceptemos las palabras de tu Hijo. **R.**

Evangelio: Marcos 7, 31-37

En aquel tiempo, salió Jesús de la región de Tiro y vino de nuevo, por Sidón, al mar de Galilea, atravesando la región de Decápolis. Le llevaron entonces a un hombre sordo y tartamudo, y le suplicaban que le impusiera las manos. Él lo apartó a un lado de la gente, le metió los dedos en los oídos y le tocó la lengua con saliva. Después, mirando al cielo, suspiró y le dijo: "¡Effetá!" (que quiere decir "¡Ábrete!"). Al momento se le abrieron los oídos, se le soltó la traba de la lengua y empezó a hablar sin dificultad. Él les mandó que no lo dijeran a nadie; pero cuanto más se lo mandaba, ellos con más insistencia lo proclamaban; y todos estaban asombrados y decían: "¡Qué bien lo hace todo! Hace oír a los sordos y hablar a los mudos".

Sábado 15 de febrero de 2025

Sábado de la V semana del Tiempo ordinario

Primera Lectura: Génesis 3, 9-24

Después de que el hombre y la mujer comieron del fruto del árbol prohibido, el Señor Dios llamó al hombre y le preguntó: "¿Dónde estás?" Éste le respondió: "Oí tus pasos en el jardín y tuve miedo, porque estoy desnudo, y me escondí". Entonces le dijo Dios: "¿Y quién te ha dicho que estabas desnudo? ¿Has comido acaso del árbol del que te prohibí comer?" Respondió Adán: "La mujer que me diste por compañera me ofreció del fruto del árbol y comí". El Señor Dios dijo a la mujer: "¿Por qué has hecho esto?" Repuso la mujer: "La serpiente me engañó y comí". Entonces dijo el Señor Dios a la serpiente: "Porque has hecho esto, serás maldita entre todos los animales y entre todas las bestias salvajes. Te arrastrarás sobre tu vientre y comerás polvo todos los días de tu vida. Pondré enemistad entre ti y la mujer, entre tu descendencia y la suya; y su descendencia te aplastará la cabeza, mientras tú tratarás de morder su talón". A la mujer le dijo: "Multiplicaré las fatigas de tus embarazos y con dolores darás a luz a tus hijos. Tus impulsos te llevarán hacia tu marido y él te dominará". Al hombre le dijo: "Por haberle hecho caso a tu mujer y por haber comido del árbol del que te prohibí comer, maldito sea el suelo por tu culpa. Con fatiga sacarás de él tus alimentos todos los días de tu vida. Te producirá cardos y espinas y comerás de la hierbas del campo. Ganarás tu pan con el sudor de tu frente, hasta que vuelvas a la tierra, porque de ella te saqué: eres polvo y en polvo te convertirás". El hombre le puso a su mujer el nombre de "Eva", porque ella fue la madre de todos los vivientes. El Señor Dios les hizo al hombre y a la mujer unas túnicas de pieles para que se las pusieran. El Señor Dios dijo: "Aquí está el hombre ya casi convertido en uno de nosotros, por el conocimiento del bien y del mal. Que no vaya ahora a extender la mano para tomar de los frutos del árbol de la vida, se los coma y viva para siempre". Entonces, el Señor Dios lo expulsó del jardín del Edén, para que trabajara el suelo, de donde había sido hecho. Y expulsado el hombre, colocó al oriente del jardín del Edén a unos querubines con unas espadas de fuego ardiente, para impedir la entrada hacia el árbol de la vida.

Salmo Responsorial: Salmo 89, 2. 3-4. 5-6. 12-13
R. (1) Tú eres, Señor, nuestro refugio.

Desde antes que surgieran las montañas, y la tierra y el mundo apareciesen existes tú, Dios mío, desde siempre y por siempre. **R.**

Tú haces volver al polvo a los humanos, diciendo a los mortales que retornen. Mil años para ti son como un día, que ya pasó; como una breve noche. **R.**

Nuestra vida es tan breve como un sueño; semejante a la hierba. Que despunta y florece en la mañana, y por la tarde se marchita y se seca. **R.**

Enséñanos a ver lo que es la vida, y seremos sensatos. ¿Hasta cuándo, Señor, vas a tener compasión de tus siervos? ¿Hasta cuándo? **R.**

Aclamación antes del Evangelio: Mateo 4, 4
R. Aleluya, aleluya.

No sólo de pan vive el hombre, sino también de toda palabra que sale de la boca de Dios. **R.**

Evangelio: Marcos 8, 1-10

En aquellos días, vio Jesús que lo seguía mucha gente y no tenían qué comer. Entonces llamó a sus discípulos y les dijo: "Me da lástima esta gente: ya llevan tres días conmigo y no tienen qué comer. Si los mando a sus casas en ayunas, se van a desmayar en el camino. Además, algunos han venido de lejos". Sus discípulos le respondieron: "¿Y dónde se puede conseguir pan, aquí en despoblado, para que coma esta gente?" Él les preguntó: "¿Cuántos panes tienen?" Ellos le contestaron: "Siete". Jesús mandó a la gente que se sentara en el suelo; tomó los siete panes, pronunció la acción de gracias, los partió y se los fue dando a sus discípulos, para que los distribuyeran. Y ellos los fueron distribuyendo entre la gente. Tenían, además, unos cuantos pescados. Jesús los bendijo también y mandó que los distribuyeran. La gente comió hasta quedar satisfecha, y todavía se recogieron siete canastos de sobras. Eran unos cuatro mil. Jesús los despidió y luego se embarcó con sus discípulos y llegó a la región de Dalmanuta.

Domingo 16 de febrero de 2025
Sexto Domingo Ordinario
Primera Lectura: Jeremías 17, 5-8

Esto dice el Señor: "Maldito el hombre que confía en el hombre, que en él pone su fuerza y aparta del Señor su corazón. Será como un cardo en la estepa, que nunca disfrutará de la lluvia. Vivirá en la aridez del desierto, en una tierra salobre e inhabitable. Bendito el hombre que confía en el Señor y en él pone su esperanza. Será como un árbol plantado junto al agua, que hunde en la corriente sus raíces;

cuando llegue el calor, no lo sentirá y sus hojas se conservarán siempre verdes; en año de sequía no se marchitará ni dejará de dar frutos".

Salmo Responsorial: Del Salmo 1
R. (Sal 39, 5a) Dichoso el hombre que confía en el Señor.

Dichoso aquel que no se guía por mundanos criterios, que no anda en malos pasos ni se burla del bueno, que ama la ley de Dios y se goza en cumplir sus mandamientos. **R.**

Es como un árbol plantado junto al río, que da fruto a su tiempo y nunca se marchita. En todo tendrá éxito. **R.**

En cambio los malvados serán como la paja barrida por el viento. Porque el Señor protege el camino del justo y al malo sus caminos acaban por perderlo. **R.**

Segunda Lectura: 1 Corintios 15, 12. 16-20

Hermanos: Si hemos predicado que Cristo resucitó de entre los muertos, ¿cómo es que algunos de ustedes andan diciendo que los muertos no resucitan? Porque si los muertos no resucitan, tampoco Cristo resucitó. Y si Cristo no resucitó, es vana la fe de ustedes; y por lo tanto, aún viven ustedes en pecado, y los que murieron en Cristo, perecieron. Si nuestra esperanza en Cristo se redujera tan sólo a las cosas de esta vida, seríamos los más infelices de todos los hombres. Pero no es así, porque Cristo resucitó, y resucitó como la primicia de todos los muertos.

Aclamación antes del Evangelio: Lucas 6, 23ab
R. Aleluya, aleluya.

Alégrense ese día y salten de gozo, porque su recompensa será grande en el cielo, dice el Señor. **R.**

Evangelio: Lucas 6, 17. 20-26

En aquel tiempo, Jesús descendió del monte con sus discípulos y sus apóstoles y se detuvo en un llano. Allí se encontraba mucha gente, que había venido tanto de Judea y de Jerusalén, como de la costa de Tiro y de Sidón. Mirando entonces a sus discípulos, Jesús les dijo: "Dichosos ustedes los pobres, porque de ustedes es el Reino de Dios. Dichosos ustedes los que ahora tienen hambre, porque serán saciados. Dichosos ustedes los que lloran ahora, porque al fin reirán. Dichosos serán ustedes cuando los hombres los aborrezcan y los expulsen de entre ellos, y cuando los insulten y maldigan por causa del Hijo del hombre. Alégrense ese día y salten de gozo, porque su recompensa será grande en el cielo. Pues así trataron sus padres a los profetas. Pero, ¡ay de ustedes, los ricos, porque ya tienen ahora su consuelo! ¡Ay de ustedes, los que se hartan ahora, porque después tendrán hambre! ¡Ay de ustedes, los que ríen ahora, porque llorarán de pena! ¡Ay de ustedes, cuando todo el mundo los alabe, porque de ese modo trataron sus padres a los falsos profetas!"

Lunes 17 de febrero de 2025

Lunes de la VI semana del tiempo ordinario

Primera Lectura: Génesis 4, 1-15. 25

En aquel tiempo, Adán se unió con Eva, su mujer; ella concibió y dio a luz a Caín, pues decía: "Con el favor de Dios he engendrado un hijo". Después de algún tiempo dio a luz al hermano de Caín, Abel. Abel fue pastor de ovejas, y Caín labrador. Sucedió en una ocasión, que Caín presentó como ofrenda al Señor los productos de la tierra. También Abel le hizo una ofrenda: sacrificó las primeras crías de sus ovejas y quemó su grasa. Al Señor le agradaron las ofrendas de Abel, pero no le agradaron las de Caín; por lo cual, Caín se enfureció y andaba resentido. El Señor le dijo entonces a Caín: "¿Por qué te enfureces tanto y andas resentido? Si hicieras el bien, te sentirías feliz; pero si haces el mal, el pecado estará a tu puerta, acechándote como fiera; pero tú debes dominarlo". Un día Caín le dijo a su hermano Abel: "Vamos al campo". Y cuando estaban en el campo, Caín se lanzó contra su hermano y lo mató. Entonces el Señor le preguntó a Caín: "¿Dónde está Abel, tu hermano?" Caín le respondió: "No lo sé. ¿Acaso soy yo el guardián de mi hermano?" El Señor le dijo: "¿Qué es lo que has hecho? ¿No oyes cómo la sangre de tu hermano está clamando a mí desde la tierra? Por eso serás maldito y tendrás que vivir lejos de la tierra que recibió de ti la sangre de tu hermano; y aunque cultives la tierra, ella no volverá a darte frutos abundantes.

Tú andarás por el mundo errante y fugitivo". Caín le contestó al Señor: "Mi castigo es demasiado grande para soportarlo. Puesto que tú me arrojas de esta tierra fértil, tendré que ocultarme de ti y andar errante y fugitivo por el mundo, y cualquiera que me encuentre, me matará". El Señor le dijo: "De ninguna manera. El que te mate a ti será castigado siete veces". Y el Señor le puso una señal a Caín para que, si alguien lo encontraba, no lo matara. Adán se unió otra vez a su mujer, y ella dio a luz un hijo, a quien llamó Set, pues decía: "El Señor me ha dado otro hijo en lugar de Abel, asesinado por Caín".

Salmo Responsorial: Salmo 49, 1 y 8. 16bc-17. 20-21
R. (14a) Te ofreceremos, Señor, sacrificios de alabanza.

Habla el Dios de los dioses, el Señor, y convoca a cuantos viven en la tierra del oriente al poniente. No voy a reclamarte sacrificios, pues siempre están ante mí tus holocaustos. **R.**

¿Por qué citas mis preceptos, y hablas a toda hora de mi pacto, tú que detestas la obediencia y echas en saco roto mis mandatos? **R.**

Te pones a insultar a tu hermano, y deshonras al hijo de tu madre; Tú haces esto, ¿y yo tengo que callarme? ¿Crees acaso que yo soy como tú? No, yo te reprenderé y te echaré en cara tus pecados. **R.**

Aclamación antes del Evangelio: Juan 14, 6
R. Aleluya, aleluya.

Yo soy el camino, la verdad y la vida; nadie va al Padre si no es por mí, dice el Señor. **R.**

Evangelio: Marcos 8, 11-13

En aquel tiempo, se acercaron a Jesús los fariseos y se pusieron a discutir con él, y para ponerlo a prueba, le pedían una señal del cielo. Jesús suspiró profundamente y dijo: "¿Por qué esta gente busca una señal? Les aseguro que a esta gente no se le dará ninguna señal". Entonces los dejó, se embarcó de nuevo y se fue a la otra orilla.

Martes de la VI semana del Tiempo ordinario

Primera Lectura: Génesis 6, 5-8; 7, 1-5. 10

En aquel tiempo, viendo el Señor que en la tierra la maldad del hombre era muy grande y que sus actitudes eran siempre perversas, se arrepintió de haber creado al hombre, y lleno de profundo pesar, dijo: "Borraré de la superficie de la tierra al hombre que he creado, y con el hombre, también a los cuadrúpedos, reptiles y aves, pues estoy arrepentido de haberlos creado". Pero Noé encontró gracia ante el Señor. Así pues, el Señor le dijo a Noé: "Entra en el arca con toda tu familia, pues tú eres el único hombre justo que he encontrado en esta generación. De todos los animales puros toma siete parejas, macho y hembra; de los no puros, una pareja, macho y hembra; y lo mismo de las aves, siete parejas, macho y hembra, para que se conserve su especie en la tierra. Pasados siete días, haré llover sobre la tierra durante cuarenta días y cuarenta noches, y borraré de la superficie de la tierra a todos los vivientes que he creado". Noé hizo todo lo que le mandó el Señor, y siete días después, cayó el diluvio sobre la tierra.

Salmo Responsorial: Salmo 28, 1a y 2. 3ac-4. 3b y 9b-10

R. (11b) Dios bendice a su pueblo con la paz.

Hijos de Dios, glorifiquen al Señor, denle la gloria que merece. Postrados en su templo santo, alabemos al Señor. **R.**

La voz del Señor se deja oír sobre las aguas torrenciales. La voz del Señor es poderosa, la voz del Señor es imponente. **R.**

El Dios de majestad hizo sonar. el trueno de su voz. El Señor se manifestó sobre las aguas desde su trono eterno. **R.**

Aclamación antes del Evangelio: Juan 14, 23

R. Aleluya, aleluya.

El que me ama cumplirá mi palabra y mi Padre lo amará y haremos en él nuestra morada, dice el Señor. **R.**

Evangelio: Marcos 8, 14-21

En aquel tiempo, cuando los discípulos iban con Jesús en la barca, se dieron cuenta de que se les había olvidado llevar pan; sólo tenían uno. Jesús les hizo esta advertencia: "Fíjense bien y cuídense de la levadura de los fariseos y de la de Herodes". Entonces ellos comentaban entre sí: "Es que no tenemos panes". Dándose cuenta de ello, Jesús les dijo: "¿Por qué están comentando que no trajeron panes? ¿Todavía no entienden ni acaban de comprender? ¿Tan embotada está su mente? *¿Para qué tienen ustedes ojos, si no ven, y oídos, si no oyen?* ¿No recuerdan cuántos canastos de sobras recogieron, cuando repartí cinco panes entre cinco mil hombres?" Ellos le contestaron: "Doce". Y añadió: "¿Y cuántos canastos de sobras recogieron cuando repartí siete panes entre cuatro mil?" Le respondieron: "Siete". Entonces él dijo: "¿Y todavía no acaban de comprender?"

Miércoles de la VI semana del tiempo ordinario
Primera Lectura: Génesis 8, 6-13. 20-22

Cuarenta días después de que las aguas del diluvio habían ido bajando y ya se veían las cimas de los montes, Noé abrió la ventana que había hecho en el arca y soltó un cuervo. Éste anduvo yendo y viniendo, hasta que se secó el agua en la tierra. Después soltó Noé una paloma, para ver si ya se había secado el agua sobre la superficie de la tierra. La paloma no encontró en dónde posarse y volvió al arca, porque aún había agua sobre la superficie de la tierra. Noé estiró el brazo, la tomó y la metió en el arca. Esperó otros siete días y volvió a soltar la paloma, que regresó al atardecer con una hoja de olivo en el pico. Noé comprendió que el agua sobre la tierra era ya muy poca. Esperó otros siete días y soltó otra vez la paloma, la cual ya no regresó. El primer día del primer mes del año seiscientos uno se secó el agua en la tierra. Noé levantó la cubierta del arca y vio que la tierra estaba ya seca. Entonces salió del arca y construyó un altar al Señor; tomó animales y aves de toda especie pura y los ofreció en holocausto sobre el altar. Cuando el Señor aspiró la suave fragancia de las ofrendas, se dijo: "No volveré a maldecir la tierra a causa del hombre. Es cierto que el corazón humano se inclina al mal desde su infancia, pero yo no volveré a exterminar a los vivientes, como acabo de hacerlo.

Mientras dure la tierra, no han de faltar siembra y cosecha, frío y calor, verano e invierno, día y noche".

Salmo Responsorial: Salmo 115, 12-13. 14-15. 18-19
R. (17a) Daré gracias al Señor toda mi vida.

¿Cómo pagaré al Señor todo el bien que me ha hecho? Levantaré el cáliz de salvación e invocaré el nombre del Señor. **R.**

A los ojos del Señor es muy penoso Que mueran sus amigos. De la muerte, Señor, me has librado, a mí, tu esclavo e hijo de esclava. **R.**

Cumpliré mis promesas al Señor ante todo su pueblo, en medio de su templo santo, que está en Jerusalén. **R.**

Aclamación antes del Evangelio: Efesios 1, 17-18
R. Aleluya, aleluya.

Que el Padre de nuestro Señor Jesucristo ilumine nuestras mentes, para que podamos comprender cuál es la esperanza que nos da su llamamiento. **R.**

Evangelio: Marcos 8, 22-26
En aquel tiempo, Jesús y sus discípulos llegaron a Betsaida y enseguida le llevaron a Jesús un ciego y le pedían que lo tocara. Tomándolo de la mano, Jesús lo sacó del pueblo, le puso saliva en los ojos, le impuso las manos y le preguntó: "¿Ves algo?" El ciego, empezando a ver, le dijo: "Veo a la gente, como si fueran árboles que caminan". Jesús le volvió a imponer las manos en los ojos y el hombre comenzó a ver perfectamente bien: estaba curado y veía todo con claridad. Jesús lo mandó a su casa, diciéndole: "Vete a tu casa, y si pasas por el pueblo, no se lo digas a nadie".

Jueves 20 de febrero de 2025
Jueves de la VI semana del Tiempo Ordinario
Primera Lectura: Génesis 9, 1-13
En aquel tiempo, Dios bendijo a Noé y a sus hijos, diciéndoles: "Crezcan y multiplíquense y llenen la tierra. Todos los animales los temerán y los respetarán

a ustedes; las aves del cielo, los reptiles de la tierra, los peces del mar están sujetos a ustedes. Todo lo que vive y se mueve les servirá a ustedes de alimento; se lo entrego a ustedes, lo mismo que los vegetales. Pero no coman carne con sangre, pues en la sangre está la vida. Por eso yo pediré cuentas de la sangre de ustedes, que es su vida; se las pediré a cualquier animal; y al hombre también le pediré cuentas de la vida de su hermano. Si alguien derrama la sangre de un hombre, otro derramará la suya; porque Dios hizo al hombre a su imagen. Ustedes crezcan y multiplíquense, extiéndanse por la tierra y domínenla". También dijo Dios a Noé y a sus hijos: "Ahora establezco una alianza con ustedes y con sus descendientes, con todos los animales que los acompañaron, aves, ganados y fieras, con todos los que salieron del arca, con todo ser viviente sobre la tierra. Ésta es la alianza que establezco con ustedes: No volveré a exterminar la vida con el diluvio, ni habrá otro diluvio que destruya la tierra". Y añadió: "Ésta es la señal de la alianza perpetua que yo establezco con ustedes y con todo ser viviente que esté con ustedes: pondré mi arco iris en el cielo como señal de mi alianza con la tierra".

Salmo Responsorial: Salmo 101, 16-18. 19-21. 29 y 22-23
R. (20b) El Señor ha mirado a la tierra desde el cielo.
Cuando el Señor reedifique a Sión, y aparezca glorioso, Cuando oiga el clamor del oprimido y nos se muestre a sus plegarias sordo, entonces al Señor temerán todos los pueblos, y su gloria verán los poderosos. **R.**
Esto se escribirá para el futuro y alabará al Señor el pueblo Nuevo, porque el Señor, desde su altura santa, ha mirado a la tierra desde el cielo, para oír los gemidos del cautivo y librar de la muerte al prisionero. **R.**
Bajo tu protección, Señor, habitarán los hijos de tus siervos y se establecerán sus descendientes. Tu nombre en Sión alabarán por eso, cuando en Jerusalén, a darte culto, se reúnan, Señor, todos los pueblos. **R.**

Aclamación antes del Evangelio: Juan 6, 63. 68
R. Aleluya, aleluya.

Tus palabras, Señor, son espíritu y vida. Tú tienes palabras de vida eterna. **R.**

Evangelio: Marcos 8, 27-33

En aquel tiempo, Jesús y sus discípulos se dirigieron a los poblados de Cesarea de Filipo. Por el camino les hizo esta pregunta: "¿Quién dice la gente que soy yo?" Ellos le contestaron: "Algunos dicen que eres Juan el Bautista; otros, que Elías; y otros, que alguno de los profetas". Entonces él les preguntó: "Y ustedes, ¿quién dicen que soy yo?" Pedro le respondió: "Tú eres el Mesías". Y él les ordenó que no se lo dijeran a nadie. Luego se puso a explicarles que era necesario que el Hijo del hombre padeciera mucho, que fuera rechazado por los ancianos, los sumos sacerdotes y los escribas, que fuera entregado a la muerte y resucitara al tercer día. Todo esto lo dijo con entera claridad. Entonces Pedro se lo llevó aparte y trataba de disuadirlo. Jesús se volvió, y mirando a sus discípulos, reprendió a Pedro con estas palabras: "¡Apártate de mí, Satanás! Porque tú no juzgas según Dios, sino según los hombres".

Viernes 21 de febrero de 2025
Viernes de la VI semana del Tiempo ordinario
Primera Lectura: Génesis 11, 1-9

En aquel tiempo, toda la tierra tenía una sola lengua y unas mismas palabras. Al emigrar los hombres desde el oriente, encontraron una llanura en la región de Sinaar y allí se establecieron. Entonces se dijeron unos a otros: "Vamos a fabricar ladrillos y a cocerlos". Utilizaron, pues, ladrillos en vez de piedras, y asfalto en vez de mezcla. Luego dijeron: "Construyamos una ciudad y una torre que llegue hasta el cielo, para hacernos famosos antes de dispersarnos por la tierra". El Señor bajó a ver la ciudad y la torre que los hombres estaban construyendo y se dijo: "Son un solo pueblo y hablan una sola lengua. Si ya empezaron esta obra, en adelante ningún proyecto les parecerá imposible. Vayamos, pues, y confundamos su lengua, para que no se entiendan unos con otros". Entonces el Señor los dispersó por toda la tierra y dejaron de construir su ciudad; por eso, la ciudad se llamó Babel, porque ahí confundió el Señor la lengua de todos los hombres y desde ahí los dispersó por la superficie de la tierra.

Salmo Responsorial: Salmo 32, 10-11. 12-13. 14-15

R. (12b) Dichoso el pueblo escogido por Dios.

Frustra el Señor los planes de los pueblos y hace que se malogren sus designios. Los proyectos del Señor duran por siempre; los planes de su amor, todos los siglos. Feliz la nación cuyo Dios es el Señor, dichoso el pueblo que escogió por suyo. **R.**

Desde el cielo el Señor, atentamente, mira a todos los hombres; desde el lugar de su morada observa a todos los que habitan en el orbe. El formó el corazón de cada uno y entiende sus acciones. **R.**

Aclamación antes del Evangelio: Juan 15, 15

R. Aleluya, aleluya.

A ustedes los llamo amigos, dice el Señor, porque les he dado a conocer todo lo que le he oído a mi Padre. **R.**

Evangelio: Marcos 8, 34-9, 1

En aquel tiempo, Jesús llamó a la multitud y a sus discípulos y les dijo: "El que quiera venir conmigo, que renuncie a sí mismo, que cargue con su cruz y que me siga. Pues el que quiera salvar su vida, la perderá; pero el que pierda su vida por mí y por el Evangelio, la salvará. ¿De qué le sirve a uno ganar el mundo entero, si pierde su vida? ¿Y qué podrá dar uno a cambio para recobrarla? Si alguien se avergüenza de mí y de mis palabras ante esta gente, idólatra y pecadora, también el Hijo del hombre se avergonzará de él, cuando venga con la gloria de su Padre, entre los santos ángeles". Y añadió: "Yo les aseguro que algunos de los aquí presentes no morirán sin haber visto primero que el Reino de Dios ha llegado ya con todo su poder".

Fiesta de la Cátedra de San Pedro, Apóstol

Primera Lectura: 1 Pedro 5, 1-4

Hermanos: Me dirijo ahora a los pastores de las comunidades de ustedes, yo, que también soy pastor como ellos y además he sido testigo de los sufrimientos de

Cristo y participante de la gloria que se va a manifestar. Apacienten el rebaño que Dios les ha confiado y cuiden de él no como obligados por la fuerza, sino de buena gana, como Dios quiere; no por ambición de dinero, sino con entrega generosa; no como si ustedes fueran los dueños de las comunidades que se les han confiado, sino dando buen ejemplo. Y cuando aparezca el Pastor supremo, recibirán el premio inmortal de la gloria.

Salmo Responsorial: Salmo 22, 1-3a. 3b-4. 5. 6
R. (1) El Señor es mi pastor, nada me faltará.

El Señor es mi pastor, nada me falta: en verdes praderas me hace reposar y hacia fuentes tranquilas me conduce para reparar mis fuerzas. **R.**

Por ser Dios fiel a sus promesas, me guía por el sendero recto; Así, aunque camine por cañadas oscuras, Nade temo, porque tú estás conmigo. Tu vara y tu cayado me dan seguridad. **R.**

Tú mismo me preparas la mesa, a despecho de mis adversarios; me unges la cabeza con perfume y llenas mi copa hasta los bordes. **R.**

Tu bondad y tu misericordia me acompañarán todos los días de mi vida; y viviré en la casa del Señor por años sin término. **R.**

Aclamación antes del Evangelio: Mateo 16, 18
R. Aleluya, aleluya.

Tú eres Pedro y sobre esta piedra edificaré mi Iglesia, y los poderes del infierno no prevalecerán sobre ella, dice el Señor. **R.**

Evangelio: Mateo 16, 13-19

En aquel tiempo, cuando llegó Jesús a la región de Cesarea de Filipo, hizo esta pregunta a sus discípulos: "¿Quién dice la gente que es el Hijo del hombre?" Ellos le respondieron: "Unos dicen que eres Juan el Bautista; otros, que Elías; otros, que Jeremías o alguno de los profetas". Luego les preguntó: "Y ustedes, ¿quién dicen que soy yo?" Simón Pedro tomó la palabra y le dijo: "Tú eres el Mesías, el Hijo de Dios vivo". Jesús le dijo entonces: "¡Dichoso tú, Simón, hijo de Juan, porque esto no te lo ha revelado ningún hombre, sino mi Padre que está en los cielos! Y yo te digo a ti que tú eres Pedro y sobre esta piedra edificaré mi Iglesia. Los poderes del infierno no prevalecerán sobre ella. Yo te daré las llaves del Reino de los cielos; todo lo que ates en la tierra quedará atado en el cielo y todo lo que desates en la tierra quedará desatado en el cielo".

Domingo 23 de febrero de 2025

Séptimo Domingo Ordinario

Primera Lectura: 1 Samuel 26, 2. 7-9. 12-13. 22-23

En aquellos días, Saúl se puso en camino con tres mil soldados israelitas, bajó al desierto de Zif en persecución de David y acampo en Jakilá. David y Abisay fueron de noche al campamento enemigo y encontraron a Saúl durmiendo entre los carros; su lanza estaba clavada en tierra, junto a su cabecera, y en torno a él dormían Abner y su ejército. Abisay dijo entonces a David: "Dios te está poniendo al enemigo al alcance de tu mano. Deja que lo clave ahora en tierra con un solo golpe de su misma lanza. No hará falta repetirlo". Pero David replicó: "No lo mates. ¿Quién puede atentar contra el ungido del Señor y quedar sin pecado?" Entonces cogió David la lanza y el jarro de agua de la cabecera de Saúl y se marchó con Abisay. Nadie los vio, nadie se enteró y nadie despertó; todos siguieron durmiendo, porque el Señor les había enviado un sueño profundo. David cruzó de nuevo el valle y se detuvo en lo alto del monte, a gran distancia del campamento de Saúl. Desde ahí gritó: "Rey Saúl, aquí está tu lanza, manda a alguno de tus criados a recogerla. El Señor le dará a cada uno según su justicia y su lealtad, pues él te puso hoy en mis manos, pero yo no quise atentar contra el ungido del Señor".

Salmo Responsorial: Del Salmo 102

R. (8a) El Señor es compasivo y misericordioso.

Bendice al Señor, alma mía, que todo mi ser bendiga su santo nombre. Bendice al Señor, alma mía, y no te olvides de sus beneficios. **R.**

El Señor perdona tus pecados y cura tus enfermedades; él rescata tu vida del sepulcro y te colma de amor y de ternura. **R.**

El Señor es compasivo y misericordioso, Lento para enojarse y generoso para perdonar. No nos trata como merecen nuestras culpas, ni nos paga según nuestros pecados. **R.**

Como dista el oriente del ocaso, así aleja de nosotros nuestros delitos; como un padre es compasivo con sus hijos, así es compasivo el Señor con quien lo ama. **R.**

Segunda Lectura: 1 Corintios 15, 45-49

Hermanos: La Escritura dice que *el* primer *hombre,* Adán, *fue un ser que tuvo vida*; el último Adán es espíritu que da la vida. Sin embargo, no existe primero lo vivificado por el Espíritu, sino lo puramente humano; lo vivificado por el Espíritu viene después. El primer hombre, hecho de tierra, es terreno; el segundo viene del cielo. Como fue el hombre terreno, así son los hombres terrenos; como es el hombre celestial, así serán los celestiales. Y del mismo modo que fuimos semejantes al hombre terreno, seremos también semejantes al hombre celestial.

Aclamación antes del Evangelio: Juan 13, 34
R. Aleluya, aleluya.

Les doy un mandamiento nuevo, dice el Señor, que se amen los unos a los otros, como yo los he amado. **R.**

Evangelio: Lucas 6, 27-38

En aquel tiempo, Jesús dijo a sus discípulos: "Amen a sus enemigos, hagan el bien a los que los aborrecen, bendigan a quienes los maldicen y oren por quienes los difaman. Al que te golpee en una mejilla, preséntale la otra; al que te quite el manto, déjalo llevarse también la túnica. Al que te pida, dale; y al que se lleve lo tuyo, no se lo reclames. Traten a los demás como quieran que los traten a ustedes; porque si aman sólo a los que los aman, ¿qué hacen de extraordinario? También los pecadores aman a quienes los aman. Si hacen el bien sólo a los que les hacen el bien, ¿qué tiene de extraordinario? Lo mismo hacen los pecadores. Si prestan solamente cuando esperan cobrar, ¿qué hacen de extraordinario? También los pecadores prestan a otros pecadores, con la intención de cobrárselo después. Ustedes, en cambio, amen a sus enemigos, hagan el bien y presten sin esperar recompensa. Así tendrán un gran premio y serán hijos del Altísimo, porque él es bueno hasta con los malos y los ingratos. Sean misericordiosos, como su Padre es misericordioso. No juzguen y no serán juzgados; no condenen y no serán condenados; perdonen y serán perdonados. Den y se les dará: recibirán una medida buena, bien sacudida, apretada y rebosante en los pliegues de su túnica. Porque con la misma medida con que midan, serán medidos".

Lunes 24 de febrero de 2025
Lunes de la VII semana del Tiempo ordinario
Primera Lectura: Sirácida 1, 1-10

Toda sabiduría proviene del Señor y está con él eternamente. ¿Quién puede contar las arenas de la playa, las gotas de la lluvia o los días de los siglos? ¿Quién puede explorar la altura del cielo, la extensión de la tierra y la profundidad de los abismos? Antes que cualquier otra cosa fue creada la sabiduría; y la luz de la inteligencia, desde la eternidad. ¿A quién se le ha revelado la fuente de la sabiduría? ¿Quién ha conocido sus recursos inagotables? Uno solo es sabio, temible en extremo: el que está sentado en su trono, el Señor. Él creó la sabiduría, la contempló y la midió; la ha derramado sobre todas sus obras y sobre todos los hombres, según su generosidad; la ha derrochado entre aquellos que lo aman.

Salmo Responsorial: Salmo 92, 1ab. 1c-2. 5
R. (1a) El Señor es un rey magnífico.

Tú eres, Señor, el rey de todos los reyes. Estás revestido de poder y majestad. Tú mantienes el orbe y no vacila. Eres eterno, y para siempre está firme tu trono. **R.**
Muy dignas de confianza son tus leyes y desde hoy y para siempre, Señor, la santidad adorna tu templo. **R.**

Aclamación antes del Evangelio: 2 Timoteo 1, 10
R. Aleluya, aleluya.

Jesucristo, nuestro salvador, ha vencido la muerte y ha hecho resplandecer la vida por medio del Evangelio. **R.**

Evangelio: Marcos 9, 14-29

En aquel tiempo, cuando Jesús bajó del monte y llegó al sitio donde estaban sus discípulos, vio que mucha gente los rodeaba y que algunos escribas discutían con ellos. Cuando la gente vio a Jesús, se impresionó mucho y corrió a saludarlo. Él les preguntó: "¿De qué están discutiendo?" De entre la gente, uno le contestó: "Maestro, te he traído a mi hijo, que tiene un espíritu que no lo deja hablar; cada vez que se apodera de él, lo tira al suelo y el muchacho echa espumarajos, rechina los dientes y se queda tieso. Les he pedido a tus discípulos que lo expulsen, pero no han podido". Jesús les contestó: "¡Gente incrédula! ¿Hasta cuándo tendré que estar con ustedes? ¿Hasta cuándo tendré que soportarlos? Tráiganme al muchacho". Y se lo trajeron. En cuanto el espíritu vio a Jesús, se puso a retorcer al muchacho; lo derribó por tierra y lo revolcó, haciéndolo echar espumarajos. Jesús le preguntó al padre: "¿Cuánto tiempo hace que le pasa esto?" Contestó el padre: "Desde pequeño. Y muchas veces lo ha arrojado al fuego y al agua para acabar con él. Por eso, si algo puedes, ten compasión de nosotros y ayúdanos". Jesús le replicó: "¿Qué quiere decir eso de 'si puedes'? Todo es posible para el que tiene fe". Entonces el padre del muchacho exclamó entre lágrimas: "Creo, Señor; pero dame tú la fe que me falta". Jesús, al ver que la gente acudía corriendo, reprendió al espíritu inmundo, diciéndole: "Espíritu mudo y sordo, yo te lo mando: Sal de él y no vuelvas a entrar en él". Entre gritos y convulsiones violentas salió el espíritu. El muchacho se quedó como muerto, de modo que la mayoría decía que estaba muerto. Pero Jesús lo tomó de la mano, lo levantó y el muchacho se puso de pie. Al entrar en una casa con sus discípulos, éstos le preguntaron a Jesús en privado: "¿Por qué nosotros no pudimos expulsarlo?" Él les respondió: "Esta clase de demonios no sale sino a fuerza de oración y de ayuno".

Martes 25 de febrero de 2025

Martes de la VII semana del Tiempo ordinario

Primera Lectura: Sirácida 2, 1-13

Hijo mío, si te propones servir al Señor, prepárate para la prueba; mantén firme el corazón y sé valiente; no te asustes en el momento de la adversidad. Pégate al

Señor y nunca te desprendas de él, para que seas recompensado al fin de tus días. Acepta todo lo que te sobrevenga, y en los infortunios ten paciencia, pues el oro se purifica con el fuego y el hombre a quien Dios ama, en el crisol del sufrimiento. Confíate al Señor y él cuidará de ti; espera en él y te allanará el camino. Los que temen al Señor, esperen en su misericordia; no se alejen de él y no caerán. Los que temen al Señor, confíen en él, porque no los dejará sin recompensa. Los que temen al Señor, esperen sus beneficios, su misericordia y la felicidad eterna. Miren a sus antepasados y comprenderán. ¿Quién confió en el Señor y quedó defraudado? ¿Quién perseveró en su santo temor y fue abandonado? ¿Quién lo invocó y fue desatendido? El Señor es clemente y misericordioso; él perdona los pecados y salva en el tiempo de la tribulación.

Salmo Responsorial: Salmo 36, 3-4. 18-19. 27-28. 39-40

R. (5) Por tu vida en las manos del Señor.

Pon tu esperanza en Dios, practica el bien y vivirás tranquilo en esta tierra. Busca en él tu alegría y te dará el Señor cuanto deseas. **R.**

Cuida el Señor la vida de los buenos y su herencia perdura; no se marchitarán en la sequía y en tiempos de escasez tendrán hartura. **R.**

Apártate del mal, practica el bien y tendrás una casa eternamente; porque al Señor le agrada lo que es justo y vela por sus fieles; en cambio, a los injustos los borrará de la tierra para siempre. **R.**

La salvación del justo es el Señor; en la tribulación él es su amparo; a quien en él confía, Dios la salva de los hombres malvados. **R.**

Aclamación antes del Evangelio: Gálatas 6, 14

R. Aleluya, aleluya.

No permita Dios que yo me gloríe en algo que no sea la cruz de nuestro Señor Jesucristo, por el cual el mundo está crucificado para mí y yo para el mundo. **R.**

Evangelio: Marcos 9, 30-37

En aquel tiempo, Jesús y sus discípulos atravesaban Galilea, pero él no quería que nadie lo supiera, porque iba enseñando a sus discípulos. Les decía: "El Hijo del hombre va a ser entregado en manos de los hombres; le darán muerte, y tres días después de muerto, resucitará". Pero ellos no entendían aquellas palabras y tenían miedo de pedir explicaciones. Llegaron a Cafarnaúm, y una vez en casa, les preguntó: "¿De qué discutían por el camino?" Pero ellos se quedaron callados, porque en el camino habían discutido sobre quién de ellos era el más importante. Entonces Jesús se sentó, llamó a los Doce y les dijo: "Si alguno quiere ser el primero, que sea el último de todos y el servidor de todos". Después, tomando a un niño, lo puso en medio de ellos, lo abrazó y les dijo: "El que reciba en mi nombre a uno de estos niños, a mí me recibe. Y el que me reciba a mí, no me recibe a mí, sino a aquel que me ha enviado".

Miércoles 26 de febrero de 2025
Miércoles de la VII semana del Tiempo ordinario
Primera Lectura: Sirácida 4, 12-22

La sabiduría instruye a sus hijos y cuida de aquellos que la buscan. El que ama la sabiduría, ama la vida; el que madruga para encontrarla, será colmado de gozo; el que la abraza, heredará la gloria y recibirá la bendición del Señor en todo lo que emprenda. Los que sirven a la sabiduría, sirven al Señor, que es santo, y el Señor ama a aquellos que la aman. Quien la escucha, juzgará con rectitud; quien le hace caso, vivirá tranquilo. El que confía en ella, llegará a poseerla y la dejará en herencia a sus descendientes. Al principio, la sabiduría lo llevará por caminos sin rumbo y lo atormentará con sustos y temores, lo hará sufrir con la conducta que le impone, y lo pondrá a prueba con sus órdenes. Pero, una vez que la acepte de corazón, la sabiduría lo conducirá gozoso por el camino recto y le revelará sus secretos; pero si él no le hace caso, ella lo abandonará y lo dejará seguir su camino de perdición.

Salmo Responsorial: Del Salmo 118
R. (165a) Quienes aman tus leyes, de inmensa paz disfrutan.

Quienes aman tus leyes, de inmensa paz disfrutan; para ellos no hay tropiezos.
Observo tus mandatos, obedezco tus órdenes; tú conoces mi vida. **R.**
Brotarán de mis labios, Señor, tus alabanzas, pues tu ley me enseñaste. En honor

de tus leyes entonaré cantares, porque todas son justas. **R.**

De ti, Señor, con ansias deseo mi salvación; tu ley es mi deleite. Que sólo viva yo, Señor, para alabarte y que tu ley me ayude. **R.**

Aclamación antes del Evangelio: Juan 14, 6
R. Aleluya, aleluya.

Yo soy el camino, la verdad y la vida; nadie va al Padre, si no es por mí, dice el Señor. **R.**

Evangelio: Marcos 9, 38-40

En aquel tiempo, Juan le dijo a Jesús: "Hemos visto a uno que expulsaba a los demonios en tu nombre, y como no es de los nuestros, se lo prohibimos". Pero Jesús le respondió: "No se lo prohíban, porque no hay ninguno que haga milagros en mi nombre, que luego sea capaz de hablar mal de mí. Todo aquel que no está contra nosotros, está a nuestro favor".

Jueves 27 de febrero de 2025

Jueves de la VII semana del Tiempo ordinario

Primera Lectura: Sirácida 5, 1-10

No confíes en tus riquezas ni digas: "Con ellas todo lo tengo". No te dejes arrastrar por tus instintos y pasiones, ni sigas tus antojos y caprichos. No digas: "Yo a nadie me someto", porque el Señor te pedirá cuentas. No digas: "He pecado y nada me ha sucedido", porque el Señor es paciente para castigar. No confíes en el perdón de Dios para amontonar pecado tras pecado, diciendo: "Su misericordia es grande y él perdonará todas mis culpas", porque en él hay misericordia, pero también hay cólera, y descarga su ira sobre los malvados. No tardes en volverte al Señor, ni lo dejes de un día para otro, porque su furor estalla de repente y perecerás en el día del castigo. No confíes en el engañoso dinero, que de nada te servirá en el día del juicio.

Salmo Responsorial: Salmo 1, 1-2. 3. 4 y 6

R. (Sal 39, 5a) Dichoso el hombre que confía en el Señor.

Dichoso aquel que no se guía Por mundanos criterios, que no anda en malos pasos ni se burla del bueno, que ama la ley de Dios y se goza en cumplir sus mandamientos. **R.**

Es como un árbol plantado junto al río, que da fruto a su tiempo y nunca se marchita. En todo tendrá éxito. **R.**

En cambio los malvados serán como la paja barrida por el viento. Porque el Señor protege el camino del justo, y al malo sus caminos acaban por perderlo. **R.**

Aclamación antes del Evangelio: 1 Tesalonicenses 2, 13
R. Aleluya, aleluya.

Reciban la palabra de Dios, no como palabra humana, sino como palabra divina, tal como es en realidad. **R.**

Evangelio: Lucas 16, 19-31
Marcos 9, 41-50

En aquel tiempo, Jesús dijo a sus discípulos: "Todo aquel que les dé a beber un vaso de agua por el hecho de que son de Cristo, les aseguro que no se quedará sin recompensa. Al que sea ocasión de pecado para esta gente sencilla que cree en mí, más le valdría que le pusieran al cuello una de esas enormes piedras de molino y lo arrojaran al mar. Si tu mano te es ocasión de pecado, córtatela; pues más te vale entrar manco en la vida eterna, que ir con tus dos manos al lugar de castigo, al fuego que no se apaga. Y si tu pie te es ocasión de pecado, córtatelo; pues más te vale entrar cojo en la vida eterna, que con tus dos pies ser arrojado al lugar de castigo. Y si tu ojo te es ocasión de pecado, sácatelo; pues más te vale entrar tuerto en el Reino de Dios, que ser arrojado con tus dos ojos al lugar de castigo, *donde el gusano no muere y el fuego no se apaga.* Todos serán salados con fuego. La sal es cosa buena; pero si pierde su sabor, ¿con qué se lo volverán a dar? Tengan sal en ustedes y tengan paz los unos con los otros".

Viernes 28 de febrero de 2025
Viernes de la VII semana del Tiempo ordinario

Primera Lectura: Sirácida 6, 5-17

Las palabras amistosas multiplican el número de amigos, los labios amables aumentan los saludos. Es bueno que te saluden muchos; pero que uno solo entre mil sea tu amigo íntimo. Cuando hagas una nueva amistad, vete con tiento; no te le confíes tan fácilmente, pues hay amigos que lo son por conveniencia y no son fieles en el día de la desgracia. Hay amigos que se vuelven enemigos y descubren con afrenta los motivos del pleito. Hay amigos que te acompañan a comer, pero nunca se aparecen en la hora de las penas: cuando te va bien, están contigo, cuando te va mal, huyen de ti; si te ocurre una desgracia, cambian de actitud y se esconden de tu vista. Aléjate de tus enemigos y sé precavido con tus amigos. El amigo fiel es un refugio que da seguridad; el que lo encuentra, ha encontrado un tesoro. El amigo fiel no tiene precio: ningún dinero ajusta para comprarlo. El amigo fiel es un tónico de vida. Los que aman al Señor lo encontrarán; el que teme al Señor sabe ser fiel amigo y hace a sus amigos como él.

Salmo Responsorial: Salmo 118, 12. 16. 18. 27. 34. 35
R. (35a) Señor, guíame, por la senda de tu ley.

Señor, bendito seas; enséñame tus leyes. En tus preceptos tengo mis delicias, jamás me olvidaré de tus palabras. **R.**

Abreme los ojos para ver las maravillas de tu voluntad. Dame nueva luz para conocer tu ley y para meditar las maravillas de tu amor. **R.**

Enséñame a cumplir tu voluntad y a guardarla de todo corazón. Guíame por la senda de tu ley, que es lo que quiero. **R.**

Aclamación antes del Evangelio: Juan 17, 17
R. Aleluya, aleluya.

Tu palabra, Señor, es la verdad, santifícanos en la verdad. **R.**

Evangelio: Marcos 10, 1-12

En aquel tiempo, se fue Jesús al territorio de Judea y Transjordania, y de nuevo se le fue acercando la gente; él los estuvo enseñando, como era su costumbre. Se acercaron también unos fariseos y le preguntaron, para ponerlo a prueba: "¿Le es lícito a un hombre divorciarse de su esposa?" Él les respondió: "¿Qué les prescribió Moisés?" Ellos contestaron: "Moisés nos permitió el divorcio mediante la entrega de un acta de divorcio a la esposa". Jesús les dijo: "Moisés prescribió esto, debido a la dureza del corazón de ustedes. Pero desde el principio, al crearlos, Dios *los hizo hombre y mujer. Por eso dejará el hombre a su padre y a su madre y se unirá a su esposa y serán los dos una sola cosa.* De modo que ya no son dos, sino una sola cosa. Por eso, lo que Dios unió, que no lo separe el hombre". Ya en casa, los discípulos le volvieron a preguntar sobre el asunto. Jesús les dijo: "Si uno se divorcia de su esposa y se casa con otra, comete adulterio contra la primera. Y si ella se divorcia de su marido y se casa con otro, comete adulterio".

MARZO

Sábado de la VII semana del Tiempo ordinario

Primera Lectura: Sirácida 17, 1-13

El Señor formó de tierra a los hombres y los hace retornar a ella. Les señaló un número contado de días y les dio dominio sobre las cosas de la tierra. Les concedió un poder semejante al suyo y los hizo conforme a su propia imagen. A todo viviente le infundió el temor a los hombres, para que éstos dominaran a las bestias y a las aves. Les formó lengua, boca, ojos y oídos, y les concedió la mente para que pudieran razonar. Los colmó de ciencia y sabiduría y les mostró el bien y el mal. Con la luz de su mirada iluminó sus corazones, para hacerles ver la grandeza de sus obras y así alabaran su santo nombre y proclamaran sus maravillas. Mayor sabiduría les concedió al darles en herencia la ley de la vida. Estableció con ellos una alianza eterna y les dio a conocer sus mandamientos. Los hombres contemplaron con sus ojos la grandeza del Señor y oyeron la majestad de su voz con sus oídos. Les ordenó evitar toda injusticia y les dio preceptos acerca del prójimo. La conducta de los hombres es patente a la vista del Señor, no puede ocultarse a su mirada. El Señor le puso un jefe a cada nación, pero Israel es su pueblo predilecto. Para el Señor, todas las acciones del hombre son tan claras como la luz del sol; sus ojos siempre están observando la conducta del hombre.

Salmo Responsorial: Salmo 102, 13-14. 15-16. 17-18

R. (17) La misericordia del Señor dura por siempre.

Como un padre es compasivo con sus hijos, así es compasivo el Señor con quien lo ama; pues bien sabe él de lo que estamos hechos y de que somos barro, no se olvida. **R.**

La vida del hombre es como la hierba, brota como un flor silvestre: tan pronto la azota el viento, deja de existir y nadie vuelve a saber nada de ella. **R.**

El amor del Señor a quien lo teme es un amor eterno, y entre aquellos que cumplen con su alianza, pasa de hijos a nietos su justicia. **R.**

Aclamación antes del Evangelio: Mateo 11, 25

R. Aleluya, aleluya.

Te doy gracias, Padre, Señor del cielo y de la tierra, porque has revelado los misterios del Reino a la gente sencilla. **R.**

Evangelio: Marcos 10, 13-16

En aquel tiempo, la gente le llevó a Jesús unos niños para que los tocara, pero los discípulos trataban de impedirlo. Al ver aquello, Jesús se disgustó y les dijo: "Dejen que los niños se acerquen a mí y no se lo impidan, porque el Reino de Dios es de los que son como ellos. Les aseguro que el que no reciba el Reino de Dios como un niño, no entrará en él". Después tomó en brazos a los niños y los bendijo imponiéndoles las manos.

Domingo 2 de marzo de 2025
Octavo Domingo Ordinario

Primera Lectura: Sirácida 27, 5-8

Al agitar el cernidor, aparecen las basuras; en la discusión aparecen los defectos del hombre. En el horno se prueba la vasija del alfarero; la prueba del hombre está en su razonamiento. El fruto muestra cómo ha sido el cultivo de un árbol; la palabra muestra la mentalidad del hombre. Nunca alabes a nadie antes de que hable, porque ésa es la prueba del hombre.

Salmo Responsorial: Del Salmo 91

R. (2a) ¡Qué bueno es darte gracias, Señor!

¡Qué bueno es darte gracias, Dios altísimo, y celebrar tu nombre, pregonando tu amor cada mañana y tu fidelidad, todas las noches! **R.**

Los justos crecerán como las palmas, como los cedros en los altos montes; plantados en la casa del Señor, en medio de sus atrios darán flores. **R.**

Seguirán dando fruto en su vejez, frondosos y lozanos como jóvenes, para anunciar que en Dios, mi protector, ni maldad ni injusticia se conocen. **R.**

Segunda Lectura: 1 Corintios 15, 54-58

Hermanos: Cuando nuestro ser corruptible y mortal se revista de incorruptibilidad e inmortalidad, entonces se cumplirá la palabra de la Escritura: *La muerte ha sido aniquilada por la victoria. ¿Dónde está, muerte, tu victoria? ¿Dónde está, muerte, tu aguijón?* El aguijón de la muerte es el pecado y la fuerza del pecado es la ley. Gracias a Dios, que nos ha dado la victoria por nuestro Señor Jesucristo. Así pues, hermanos míos muy amados, estén firmes y permanezcan constantes, trabajando siempre con fervor en la obra de Cristo, puesto que ustedes saben que sus fatigas no quedarán sin recompensa por parte del Señor.

Aclamación antes del Evangelio: Filipenses 2, 15. 16
R. Aleluya, aleluya.

Iluminen al mundo con la luz del Evangelio reflejada en su vida. **R.**

Evangelio: Lucas 6, 39-45

En aquel tiempo, Jesús propuso a sus discípulos este ejemplo: "¿Puede acaso un ciego guiar a otro ciego? ¿No caerán los dos en un hoyo? El discípulo no es superior a su maestro; pero cuando termine su aprendizaje, será como su maestro. ¿Por qué ves la paja en el ojo de tu hermano y no la viga que llevas en el tuyo? ¿Cómo te atreves a decirle a tu hermano: 'Déjame quitarte la paja que llevas en el ojo', si no adviertes la viga que llevas en el tuyo? ¡Hipócrita! Saca primero la viga que llevas en tu ojo y entonces podrás ver, para sacar la paja del ojo de tu hermano. No hay árbol bueno que produzca frutos malos, ni árbol malo que produzca frutos buenos. Cada árbol se conoce por sus frutos. No se recogen higos de las zarzas, ni se cortan uvas de los espinos. El hombre bueno dice cosas buenas, porque el bien está en su corazón, y el hombre malo dice cosas malas, porque el mal está en su corazón, pues la boca habla de lo que está lleno el corazón".

Lunes 3 de marzo de 2025
Lunes de la VIII semana del Tiempo ordinario
Primera Lectura: Sirácida 17, 20-28

A los que se arrepienten, el Señor los ayuda a volver, y él reanima a los que pierden la esperanza. Vuélvete al Señor y deja ya de pecar, póstrate en su presencia y quita los obstáculos. Aléjate de la injusticia y vuélvete al Altísimo, aborrece con toda el alma lo que él aborrece. ¿Quién alabará al Altísimo en el sepulcro, como aquellos que le dan gloria mientras viven? El muerto ya no alaba al Señor, pues ya no existe; es el bueno y sano quien le da gloria. Cuán grande es la misericordia del Señor y su perdón para los que se vuelven a él.

Salmo Responsorial: Salmo 31, 1-2. 5. 6. 7
R. (11a) Perdona, Señor, nuestros pecados.
Dichoso aquel que ha sido absuelto de su culpa y su pecado. Dichoso aquel en el que Dios no encuentra ni delito ni engaño. **R.**
Ante el Señor reconocí mi culpa, no oculté mi pecado. Te confesé, Señor, mi gran delito y tú me has perdonado. **R.**
Por eso, en el momento de la angustia, que todo fiel te invoque, y no lo alcanzarán las grandes aguas aunque éstas se desborden. **R.**

Aclamación antes del Evangelio: 2 Corintios 8, 9
R. Aleluya, aleluya.
Jesucristo, siendo rico, se hizo pobre, para enriquecernos con su pobreza. **R.**

Evangelio: Lucas 4, 24-30
Marcos 10, 17-27
En aquel tiempo, cuando salía Jesús al camino, se le acercó corriendo un hombre, se arrodilló ante él y le preguntó: "Maestro bueno, ¿qué debo hacer para alcanzar la vida eterna?" Jesús le contestó: "¿Por qué me llamas bueno? Nadie es bueno sino sólo Dios. Ya sabes los mandamientos: *No matarás, no cometerás adulterio, no robarás, no levantarás falso testimonio, no cometerás fraudes, honrarás a tu padre y a tu madre*". Entonces él le contestó: "Maestro, todo eso lo he cumplido desde muy joven". Jesús lo miró con amor y le dijo: "Sólo una cosa te falta: Ve y vende lo que tienes, da el dinero a los pobres y así tendrás un tesoro en los cielos. Después, ven y sígueme". Pero al oír estas palabras, el hombre se entristeció y se

fue apesadumbrado, porque tenía muchos bienes. Jesús, mirando a su alrededor, dijo entonces a sus discípulos: "¡Qué difícil les va a ser a los ricos entrar en el Reino de Dios!" Los discípulos quedaron sorprendidos ante estas palabras; pero Jesús insistió: "Hijitos, ¡qué difícil es para los que confían en las riquezas, entrar en el Reino de Dios! Más fácil le es a un camello pasar por el ojo de una aguja, que a un rico entrar en el Reino de Dios". Ellos se asombraron todavía más y comentaban entre sí: "Entonces, ¿quién puede salvarse?" Jesús, mirándolos fijamente, les dijo: "Es imposible para los hombres, mas no para Dios. Para Dios todo es posible".

Martes de la VIII semana del Tiempo ordinario
Primera Lectura: Sirácida 35, 1-15

La ofrenda más grata al Señor es la que ofrece aquel que cumple su ley. El que guarda los mandamientos ofrece un sacrificio de acción de gracias, el que hace favores al prójimo ofrenda el mejor trigo, el que da limosna ofrece un sacrificio de alabanza. Apartarse del mal es darle gusto al Señor, evitar la injusticia es sacrificio de expiación por el pecado; no te presentes, pues, ante Dios con las manos vacías: todo esto es mandato del Señor. La ofrenda del justo enriquece el altar y su aroma sube hasta el Altísimo. La ofrenda del justo es agradable a Dios y su memorial no será olvidado. Honra al Señor con ánimo alegre y no seas tacaño al pagarle tus primicias. Haz tu ofrenda de buena gana y santifica con gozo tus diezmos. Dale al Altísimo según la medida en que él te ha dado a ti; dale tan generosamente como puedas, porque el Señor sabe recompensar y te dará siete veces más. No pienses en sobornar al Señor, porque él no recibirá tus dones, ni confíes en la ofrenda de cosas mal habidas, porque el Señor es un juez que no se deja impresionar por apariencias.

Salmo Responsorial: Salmo 49, 5-6. 7-8. 14 y 23
R. (23b) Dios salva al que cumple su voluntad.

Congreguen ante mí a los que sellaron sobre el altar mi alianza. Es Dios quien va a juzgar y el cielo mismo lo declara. **R.**

Israel, pueblo mío, escucha atento; en contra tuyo yo, tu Dios, declaro; No voy a reclamarte sacrificios, pues siempre están ante mí tus holocaustos. **R.**

Mejor ofrece a Dios tu gratitud y cumple tus promesas al Altísimo. Quien las gracias me da, ése me honra, y yo salvaré al que cumple mi voluntad. **R.**

Aclamación antes del Evangelio: Mateo 11, 25
R. Aleluya, aleluya.

Te doy gracias, Padre, Señor del cielo y de la tierra, porque has revelado los misterios del Reino a la gente sencilla. **R.**

Evangelio: Marcos 10, 28-31

En aquel tiempo, Pedro le dijo a Jesús: "Señor, ya ves que nosotros lo hemos dejado todo para seguirte". Jesús le respondió: "Yo les aseguro: Nadie que haya dejado casa, o hermanos o hermanas, o padre o madre, o hijos o tierras, por mí y por el Evangelio, dejará de recibir, en esta vida, el ciento por uno en casas, hermanos y hermanas, madres e hijos y tierras, junto con persecuciones, y en el otro mundo, la vida eterna. Y muchos que ahora son los primeros serán los últimos, y muchos que ahora son los últimos, serán los primeros".

Miércoles 5 de marzo de 2025
Miércoles de Ceniza
Primera Lectura: Joel 2, 12-18

Esto dice el Señor: "Todavía es tiempo. Vuélvanse a mí de todo corazón, con ayunos, con lágrimas y llanto; enluten su corazón y no sus vestidos. Vuélvanse al Señor Dios nuestro, porque es compasivo y misericordioso, lento a la cólera, rico en clemencia, y se conmueve ante la desgracia. Quizá se arrepienta, se compadezca de nosotros y nos deje una bendición, que haga posibles las ofrendas y libaciones al Señor, nuestro Dios. Toquen la trompeta en Sión, promulguen un ayuno, convoquen la asamblea, reúnan al pueblo, santifiquen la reunión, junten a los ancianos, convoquen a los niños, aun a los niños de pecho. Que el recién casado deje su alcoba y su tálamo la recién casada. Entre el vestíbulo y el altar lloren los sacerdotes, ministros del Señor, diciendo: 'Perdona, Señor, perdona a tu pueblo. No entregues tu heredad a la burla de las naciones. Que no digan los paganos: ¿Dónde está el Dios de Israel?' " Y el Señor se llenó de celo por su tierra y tuvo piedad de su pueblo.

Salmo Responsorial: Salmo 50, 3-4. 5-6a. 12-13. 14 y 17
R. (3a) Misericordia, Señor, hemos pecado.

Por tu inmensa compasión y misericordia, Señor, apiádate de mí y olvida mis ofensas. Lávame bien de todos mis delitos, y purifícame de mis pecados. **R.**

Puesto que reconozco mis culpas, tengo siempre presentes mis pecados. Contra ti sólo pequé, Señor, haciendo lo que a tus ojos era malo. **R.**

Crea en mí, Señor, un corazón puro, un espíritu nuevo para cumplir tus mandamientos. No me arrojes, Señor, lejos de ti, ni retires de mí ti santo espíritu. **R.**

Devuélveme tu salvación, que regocija y mantén en mí un alma generosa. Señor, abre mis labios, y cantará mi boca tu alabanza. **R.**

Segunda Lectura: 2 Corintios 5, 20-6, 2

Hermanos: Somos embajadores de Cristo, y por nuestro medio, es como si Dios mismo los exhortara a ustedes. En nombre de Cristo les pedimos que se dejen reconciliar con Dios. Al que nunca cometió pecado, Dios lo hizo "pecado" por nosotros, para que, unidos a él, recibamos la salvación de Dios y nos volvamos justos y santos. Como colaboradores que somos de Dios, los exhortamos a no echar su gracia en saco roto. Porque el Señor dice: *En el tiempo favorable te escuché y en el día de la salvación te socorrí.* Pues bien, ahora es el tiempo favorable; ahora es el día de la salvación.

Aclamación antes del Evangelio: Salmo 94, 8
R. Honor y gloria a ti, Señor Jesús.

Hagámosle caso al Señor, que nos dice: "No endurezcan su corazón". **R.**

Evangelio: Mateo 6, 1-6. 16-18

En aquel tiempo, Jesús dijo a sus discípulos: "Tengan cuidado de no practicar sus obras de piedad delante de los hombres para que los vean. De lo contrario, no tendrán recompensa con su Padre celestial. Por lo tanto, cuando des limosna, no lo anuncies con trompeta, como hacen los hipócritas en las sinagogas y por las calles, para que los alaben los hombres. Yo les aseguro que ya recibieron su recompensa. Tú, en cambio, cuando des limosna, que no sepa tu mano izquierda lo que hace la derecha, para que tu limosna quede en secreto; y tu Padre, que ve lo secreto, te recompensará. Cuando ustedes hagan oración, no sean como los hipócritas, a quienes les gusta orar de pie en las sinagogas y en las esquinas de las plazas, para que los vea la gente. Yo les aseguro que ya recibieron su recompensa. Tú, en cambio, cuando vayas a orar, entra en tu cuarto, cierra la puerta y ora ante tu Padre, que está allí, en lo secreto; y tu Padre, que ve lo secreto, te recompensará. Cuando ustedes ayunen, no pongan cara triste, como esos hipócritas que descuidan la apariencia de su rostro, para que la gente note que están ayunando. Yo les aseguro que ya recibieron su recompensa. Tú, en cambio, cuando ayunes, perfúmate la cabeza y lávate la cara, para que no sepa la gente que estás ayunando, sino tu Padre, que está en lo secreto; y tu Padre, que ve lo secreto, te recompensará".

Jueves 6 de marzo de 2025

Jueves después de ceniza

Primera Lectura: Deuteronomio 30, 15-20

Esto dice el Señor: "Mira: Hoy pongo delante de ti la vida y el bien o la muerte y el mal. Si cumples lo que yo te mando hoy, amando al Señor tu Dios, siguiendo sus caminos, cumpliendo sus preceptos, mandatos y decretos, vivirás y te multiplicarás. El Señor, tu Dios, te bendecirá en la tierra donde vas a entrar para poseerla. Pero si tu corazón se resiste y no obedeces, si te dejas arrastrar y te postras para dar culto a dioses extranjeros, yo te anuncio hoy que perecerás sin remedio y que, pasado el Jordán para entrar a poseer la tierra, no vivirás muchos años en ella. Hoy tomo por testigos al cielo y a la tierra de que les he propuesto la vida o la muerte, la bendición o la maldición. Elige la vida y vivirás, tú y tu descendencia, amando al Señor tu Dios, escuchando su voz, adhiriéndote a él;

pues en eso está tu vida y el que habites largos años en la tierra que el Señor prometió dar a tus padres, Abraham, Isaac y Jacob".

Salmo Responsorial: Salmo 1, 1-2. 3. 4 y 6

R. (Sal 39, 5a) Dichoso el hombre que confiá en el Señor.

Dichoso el hombre que no se guía por mundanos criterios, que no anda en malos pasos ni se burla del bueno, que amala ley de Dios y se goza en cumplir sus mandamientos. **R.**

Es como un árbol plantado junto al rio. Que da fruto a su tiempo y nunca se marchita. En todo tendrá éxito. **R.**

En cambio los malvados serán como la paja barrida por el viento. Porque el Señor protege el camino del justo y al malo sus caminos acaban por perderlo. **R.**

Aclamación antes del Evangelio: Mateo 4, 17

R. Honor y gloria a ti, Señor Jesús.

Arrepiéntanse, dice el Señor, porque ya está cerca el Reino de los cielos. **R.**

Evangelio: Lucas 9, 22-25

En aquel tiempo, Jesús dijo a sus discípulos: "Es necesario que el Hijo del hombre sufra mucho, que sea rechazado por los ancianos, los sumos sacerdotes y los escribas, que sea entregado a la muerte y que resucite al tercer día". Luego, dirigiéndose a la multitud, les dijo: "Si alguno quiere acompañarme, que no se busque a sí mismo, que tome su cruz de cada día y me siga. Pues el que quiera conservar para sí mismo su vida, la perderá; pero el que la pierda por mi causa, ése la encontrará. En efecto, ¿de qué le sirve al hombre ganar todo el mundo, si se pierde a sí mismo o se destruye?"

Viernes 7 de marzo de 2025
Viernes después de ceniza

Primera Lectura: Isaías 58, 1-9

Esto dice el Señor: "Clama a voz en cuello y que nadie te detenga. Alza la voz como trompeta. Denuncia a mi pueblo sus delitos, a la casa de Jacob sus pecados.

Me buscan día a día y quieren conocer mi voluntad, `como si fuera un pueblo que practicara la justicia y respetara los juicios de Dios. Me piden sentencias justas y anhelan tener cerca a Dios. Me dicen todos los días: '¿Para qué ayunamos, si tú no nos ves? ¿Para qué nos mortificamos, si no te das por enterado?' Es que el día en que ustedes ayunan encuentran la forma de hacer negocio y oprimen a sus trabajadores. Es que ayunan, sí, para luego reñir y disputar, para dar puñetazos sin piedad. Ése no es un ayuno que haga oír en el cielo la voz de ustedes. ¿Acaso es éste el ayuno que me agrada? ¿Es ésta la mortificación que yo acepto del hombre: encorvar la cabeza como un junco y acostarse sobre saco y ceniza? ¿A esto llaman ayuno y día agradable al Señor? El ayuno que yo quiero de ti es éste, dice el Señor: Que rompas las cadenas injustas y levantes los yugos opresores; que liberes a los oprimidos y rompas todos los yugos; que compartas tu pan con el hambriento y abras tu casa al pobre sin techo; que vistas al desnudo y no des la espalda a tu propio hermano. Entonces surgirá tu luz como la aurora y cicatrizarán de prisa tus heridas; te abrirá camino la justicia y la gloria del Señor cerrará tu marcha. Entonces clamarás al Señor y él te responderá; lo llamarás y él te dirá: 'Aquí estoy'".

Salmo Responsorial: Salmo 50, 3-4. 5-6a. 18-19
R. (19b) A un corazón contrito, Señor, no lo desprecias.
Por tu inmensa compasión y misericordia, Señor, apiádate de mí y olvida mis ofensas. Lávame bien de todos mis delitos, y purifícame de mis pecados. **R.**
Puesto que reconozco mis culpas, tengo siempre presentes mis pecados. Contra ti sólo pequé, Señor, haciendo lo que a tus ojos era malo. **R.**
Tú, Señor, no te complaces en los sacrificios y si te ofreciera un holocausto, no te agradaría. Un corazón contrito te presento, y a un corazón contrito, tú nunca lo desprecias. **R.**

Aclamación antes del Evangelio: Amós 5, 14
R. Honor y gloria a ti, Señor Jesús.
Busquen el bien y no el mal, para que vivan, y el Señor estará con ustedes. **R.**

Evangelio: Mateo 9, 14-15

En aquel tiempo, los discípulos de Juan fueron a ver a Jesús y le preguntaron: "¿Por qué tus discípulos no ayunan, mientras nosotros y los fariseos sí ayunamos?" Jesús les respondió: "¿Cómo pueden llevar luto los amigos del esposo, mientras él está con ellos? Pero ya vendrán días en que les quitarán al esposo, y entonces sí ayunarán".

Sábado 8 de marzo de 2025

Sábado después de ceniza

Primera Lectura: Isaías 58, 9-14

Esto dice el Señor: "Cuando renuncies a oprimir a los demás y destierres de ti el gesto amenazador y la palabra ofensiva; cuando compartas tu pan con el hambriento y sacies la necesidad del humillado, brillará tu luz en las tinieblas y tu oscuridad será como el mediodía. El Señor te dará reposo permanente; en el desierto saciará tu hambre y dará vigor a tu cuerpo; serás como un huerto bien regado, como un manantial cuyas aguas no se agotan. Construirás sobre tus viejas ruinas y edificarás sobre cimientos muy antiguos; te llamarán reparador de brechas y restaurador de hogares derruidos. Si detienes tus pasos para no violar el sábado y no tratas tus negocios en mi día santo, si llamas al sábado tu delicia y lo consagras a la gloria del Señor, si lo honras absteniéndote de viajes, de buscar tu interés, de tratar tus asuntos, entonces el Señor será tu delicia. Te asentaré sobre mis montañas, te haré gustar la herencia de tu padre Jacob".

Salmo Responsorial: Salmo 85, 1-2. 3-4. 5-6
R. (11a) Señor, enséñame a seguir fielmente tus caminos.

Presta, Señor, oídos mi súplica, pues soy un pobre, lleno desdichas. Protégeme, Señor, porque tu amo; salva a tu servidor, que en ti confía. **R.**

Ten compasión de mí, pues clamo a ti, Dios mío, todo el día, y ya que a ti, Señor, levanto el alma, llena a este siervo tuyo de alegría. **R.**

Puesto que eres, Señor, bueno y clemente, y todo amor con quien tu nombre invoca, escucha mi oración y a mi súplica da repuesta pronta. **R.**

Aclamación antes del Evangelio: Ezequiel 33, 11

R. Honor y gloria a ti, Señor Jesús.

No quiero la muerte del pecador, sino que se arrepienta y viva, dice el Señor. **R.**

Evangelio: Lucas 5, 27-32

En aquel tiempo, vio Jesús a un publicano, llamado Leví (Mateo), sentado en su despacho de recaudador de impuestos, y le dijo: "Sígueme". Él, dejándolo todo, se levantó y lo siguió. Leví ofreció en su casa un gran banquete en honor de Jesús, y estaban a la mesa, con ellos, un gran número de publicanos y otras personas. Los fariseos y los escribas criticaban por eso a los discípulos, diciéndoles: "¿Por qué comen y beben con publicanos y pecadores?" Jesús les respondió: "No son los sanos los que necesitan al médico, sino los enfermos. No he venido a llamar a los justos, sino a los pecadores, para que se conviertan".

Domingo 9 de marzo de 2025

Primer Domingo de Cuaresma

Primera Lectura: Deuteronomio 26, 4-10

En aquel tiempo, dijo Moisés al pueblo: "Cuando presentes las primicias de tus cosechas, el sacerdote tomará el cesto de tus manos y lo pondrá ante el altar del Señor, tu Dios. Entonces tú dirás estas palabras ante el Señor, tu Dios: 'Mi padre fue un arameo errante, que bajó a Egipto y se estableció allí con muy pocas personas; pero luego creció hasta convertirse en una gran nación, potente y numerosa. Los egipcios nos maltrataron, nos oprimieron y nos impusieron una dura esclavitud. Entonces clamamos al Señor, Dios de nuestros padres, y el Señor escuchó nuestra voz, miró nuestra humillación, nuestros trabajos y nuestra angustia. El Señor nos sacó de Egipto con mano poderosa y brazo protector, con un terror muy grande, entre señales y portentos; nos trajo a este país y nos dio esta tierra, que mana leche y miel. Por eso ahora yo traigo aquí las primicias de la tierra que tú, Señor, me has dado'. Una vez que hayas dejado tus primicias ante el Señor, te postrarás ante él para adorarlo".

Salmo Responsorial: Salmo 90, 1-2. 10-11. 12-13. 14-15

R. (15b) Tú eres mi Dios y en ti confío.

Tú, que vivas al amparo del Altísimo y descansas a la sombra del todopoderoso, dile al Señor: "Tu eres mi refugio y fortaleza; tú eres mi Dios y en ti confío". **R.**

No te sucederá desgracia alguna, ninguna calamidad caerá sobre tu casa, pues el Señor ha dado a sus ángeles la orden de protegerte a donde quiera que vayas. **R.**

Los ángeles de Dios te llevarán en brazos para que no te tropieces con las piedras, podrás pisar los escorpiones y las víboras y dominar las fieras. **R.**

"Puesto que tú me conoces y me amas, dice el Señor, yo te libraré y te pondré a salvo. Cuando tú me invoques, yo te escucharé, y en tus angustias estaré contigo, te libraré de ellas y te colmaré de honores". **R.**

Segunda Lectura: Romanos 10, 8-13

Hermanos: La Escritura afirma: *Muy a tu alcance, en tu boca y en tu corazón, se encuentra la salvación*, esto es, el asunto de la fe que predicamos. Porque basta que cada uno declare con su boca que Jesús es el Señor y que crea en su corazón que Dios lo resucitó de entre los muertos, para que pueda salvarse. En efecto, hay que creer con el corazón para alcanzar la santidad y declarar con la boca para alcanzar la salvación. Por eso dice la Escritura: *Ninguno que crea en él quedará defraudado*, porque no existe diferencia entre judío y no judío, ya que uno mismo es el Señor de todos, espléndido con todos los que lo invocan, pues *todo el que invoque al Señor como a su Dios, será salvado por él.*

Aclamación antes del Evangelio: Mateo 4, 4
R. Honor y gloria a ti, Señor Jesús.

No sólo de pan vive el hombre, sino también de toda palabra que sale de la boca de Dios. **R.**

Evangelio: Lucas 4, 1-13

En aquel tiempo, Jesús, lleno del Espíritu Santo, regresó del Jordán y conducido por el mismo Espíritu, se internó en el desierto, donde permaneció durante cuarenta días y fue tentado por el demonio. No comió nada en aquellos días, y cuando se completaron, sintió hambre. Entonces el diablo le dijo: "Si eres el Hijo de Dios, dile a esta piedra que se convierta en pan". Jesús le contestó: "Está escrito: *No sólo de pan vive el hombre*". Después lo llevó el diablo a un monte elevado y en un instante le hizo ver todos los reinos de la tierra y le dijo: "A mí me ha sido entregado todo el poder y la gloria de estos reinos, y yo los doy a quien quiero. Todo esto será tuyo, si te arrodillas y me adoras". Jesús le respondió: "Está escrito: *Adorarás al Señor, tu Dios, y a él sólo servirás*". Entonces lo llevó a Jerusalén, lo puso en la parte más alta del templo y le dijo: "Si eres el Hijo de Dios, arrójate desde aquí, porque está escrito: *Los ángeles del Señor tienen órdenes de cuidarte y de sostenerte en sus manos, para que tus pies no tropiecen con las piedras*". Pero Jesús le respondió: "También está escrito: *No tentarás al Señor, tu Dios*". Concluidas las tentaciones, el diablo se retiró de él, hasta que llegara la hora.

Lunes de la I semana de Cuaresma

Primera Lectura: Levítico 19, 1-2. 11-18

En aquellos días, dijo el Señor a Moisés: "Habla a la asamblea de los hijos de Israel y diles: 'Sean santos, porque yo, el Señor, soy santo. No hurtarán. No mentirán ni engañarán a su prójimo. No jurarán en falso por mi nombre; eso sería profanar el nombre de su Dios. Yo soy el Señor. No oprimas ni explotes a tu prójimo. No retengas hasta el día siguiente el salario del que trabaja para ti. No maldigas al sordo, ni pongas tropiezos ante el ciego. Teme a tu Dios. Yo soy el Señor. No seas injusto en la sentencia, ni por favorecer al pobre ni por respeto al poderoso. Juzga con justicia a tu prójimo. No andes calumniando a los tuyos ni des testimonio contra la vida de tu prójimo. Yo soy el Señor. No odies a tu hermano ni en lo secreto de tu corazón. Trata de corregirlo, para que no cargues tú con su pecado. No te vengues ni guardes rencor a los hijos de tu pueblo. Ama a tu prójimo como a ti mismo. Yo soy el Señor'".

Salmo Responsorial: Salmo 18, 8. 9. 10. 15
R. (Juan 6, 63) Tus palabras, Señor, son espíritu y vida.
La ley del Señor es perfecta del todo y reconforta el alma; inmutables son las

palabras del Señor y hacen sabio al sencillo. **R.**

En los mandamientos del Señor hay rectitud y alegría para el corazón; so luz los preceptos del Señor para alumbrar el camino. **R.**

La voluntad del Señor es santa y para siempre estable; los mandatos del Señor son verdaderos y enteramente justos. **R.**

Que te sean gratas las palabras de mi boca, y los anhelos de mi corazón. Haz, Señor, que siempre te busque pues eres mi refugio y salvación. **R.**

Aclamación antes del Evangelio: 2 Corintios 6, 2
R. Honor y gloria a ti, Señor Jesús.

Esta es el tiempo favorable, este es el día de la salvación. **R.**

Evangelio: Mateo 25, 31-46

En aquel tiempo, Jesús dijo a sus discípulos: "Cuando venga el Hijo del hombre, rodeado de su gloria, acompañado de todos sus ángeles, se sentará en su trono de gloria. Entonces serán congregadas ante él todas las naciones, y él apartará a los unos de los otros, como aparta el pastor a las ovejas de los cabritos, y pondrá a las ovejas a su derecha y a los cabritos a su izquierda. Entonces dirá el rey a los de su derecha: 'Vengan, benditos de mi Padre; tomen posesión del Reino preparado para ustedes desde la creación del mundo; porque estuve hambriento y me dieron de comer, sediento y me dieron de beber, era forastero y me hospedaron, estuve desnudo y me vistieron, enfermo y me visitaron, encarcelado y fueron a verme'. Los justos le contestarán entonces: 'Señor, ¿cuándo te vimos hambriento y te dimos de comer, sediento y te dimos de beber? ¿Cuándo te vimos de forastero y te hospedamos, o desnudo y te vestimos? ¿Cuándo te vimos enfermo o encarcelado y te fuimos a ver?' Y el rey les dirá: 'Yo les aseguro que, cuando lo hicieron con el más insignificante de mis hermanos, conmigo lo hicieron'. Entonces dirá también a los de su izquierda: 'Apártense de mí, malditos; vayan al fuego eterno, preparado para el diablo y sus ángeles; porque estuve hambriento y no me dieron de comer, sediento y no me dieron de beber, era forastero y no me hospedaron, estuve desnudo y no me vistieron, enfermo y encarcelado y no me visitaron'. Entonces ellos le responderán: 'Señor, ¿cuándo te vimos hambriento o sediento, de forastero o desnudo, enfermo o encarcelado y no te asistimos?' Y él les replicará: 'Yo les aseguro que, cuando no lo hicieron con uno de aquellos más insignificantes, tampoco lo hicieron conmigo'. Entonces irán éstos al castigo eterno y los justos a la vida eterna".

Martes de la I semana de Cuaresma

Primera Lectura: Isaías 55, 10-11

Esto dice el Señor: "Como bajan del cielo la lluvia y la nieve y no vuelven allá, sino después de empapar la tierra, de fecundarla y hacerla germinar, a fin de que dé semilla para sembrar y pan para comer, así será la palabra que sale de mi boca: no volverá a mí sin resultado, sino que hará mi voluntad y cumplirá su misión".

Salmo Responsorial: Salmo 33, 4-5. 6-7. 16-17. 18-19

R. (18b) El Señor libra al justo de todas sus angustias.

Proclamemos la grandeza del Señor, y alabemos todos juntos su poder. Cuando acudí al Señor, me hizo caso y me libró de todas mis temores. **R.**

Confía en el Señor y saltarás de gusto, jamás te sentirás decepcionado, porque el Señor escucha el clamor de los pobres, y los libra de todas sus angustias. **R.**

Los ojos del Señor cuidan al justo y a su clamor están atentos sus oídos. Contra el malvado, en cambio, está el Señor, para borrar de la tierra su recuerdo. **R.**

Escucha el Señor al hombre justo y lo libra de todas sus congojas. El Señor no está lejos de sus fieles, Y levanta a las almas abatidas. **R.**

Aclamación antes del Evangelio: Mateo 4, 4

R. Honor y gloria a ti, Señor Jesús.

No sólo de pan vive el hombre, sino también de toda palabra que sale de la boca de Dios. **R.**

Evangelio: Mateo 6, 7-15

En aquel tiempo, Jesús dijo a sus discípulos: "Cuando ustedes hagan oración no hablen mucho, como los paganos, que se imaginan que a fuerza de mucho hablar, serán escuchados. No los imiten, porque el Padre sabe lo que les hace falta, antes de que se lo pidan. Ustedes, pues, oren así: Padre nuestro, que estás en el cielo, santificado sea tu nombre, venga tu Reino, hágase tu voluntad en la tierra como en el cielo. Danos hoy nuestro pan de cada día, perdona nuestras ofensas, como también nosotros perdonamos a los que nos ofenden; no nos dejes caer en tentación y líbranos del mal. Si ustedes perdonan las faltas a los hombres, también a ustedes los perdonará el Padre celestial. Pero si ustedes no perdonan a los hombres, tampoco el Padre les perdonará a ustedes sus faltas".

Miércoles de la I semana de Cuaresma

Primera Lectura: Jonás 3, 1-10

En aquellos días, el Señor volvió a hablar a Jonás y le dijo: "Levántate y vete a Nínive, la gran capital, para anunciar ahí el mensaje que te voy a indicar". Se levantó Jonás y se fue a Nínive, como le había mandado el Señor. Nínive era una ciudad enorme: hacían falta tres días para recorrerla. Jonás caminó por la ciudad durante un día, pregonando: "Dentro de cuarenta días Nínive será destruida". Los ninivitas creyeron en Dios, ordenaron un ayuno y se vistieron de sayal, grandes y pequeños. Llegó la noticia al rey de Nínive, que se levantó del trono, se quitó el manto, se vistió de sayal, se sentó sobre ceniza y en nombre suyo y de sus ministros, mandó proclamar en Nínive el siguiente decreto: "Que hombres y animales, vacas y ovejas, no prueben bocado, que no pasten ni beban; que todos se vistan de sayal e invoquen con fervor a Dios y que cada uno se arrepienta de su mala vida y deje de cometer injusticias. Quizá Dios se arrepienta y nos perdone, aplaque el incendio de su ira y así no moriremos". Cuando Dios vio sus obras y cómo se convertían de su mala vida, cambió de parecer y no les mandó el castigo que había determinado imponerles.

Salmo Responsorial: Salmo 50, 3-4. 12-13. 18-19

R. (19b) A un corazón contrito, Señor, no lo desprecias.

Por tu inmensa compasión y misericordia, Señor, apiádate de mí y olvida mis ofensas. Lávame bien de todos mis delitos, y purifícame de mis pecados. **R.**

Crea en mí, Señor, un corazón puro, un espíritu nuevo para cumplir tus mandamientos. No me arrojes, Señor, lejos de ti, ni retires de mí ti santo espíritu. **R.**

Tú, Señor, no te complaces en los sacrificios y si te ofreciera un holocausto, no te agradaría. Un corazón contrito te presento, y a un corazón contrito, tú nunca lo desprecias. **R.**

Aclamación antes del Evangelio: Joel 2, 12-13
R. Honor y gloria a ti, Señor Jesús.

Todavía es tiempo, dice el Señor. Arrepiéntanse de todo corazón y vuélvanse a mí, que soy compasivo y misericordioso. **R.**

Evangelio: Lucas 11, 29-32

En aquel tiempo, la multitud se apiñaba alrededor de Jesús y comenzó a decirles: "La gente de este tiempo es una gente perversa. Pide una señal, pero no se le dará más señal que la de Jonás. Pues así como Jonás fue una señal para los habitantes de Nínive, lo mismo será el Hijo del hombre para la gente de este tiempo. Cuando sean juzgados los hombres de este tiempo, la reina del sur se levantará el día del juicio para condenarlos, porque ella vino desde los últimos rincones de la tierra para escuchar la sabiduría de Salomón, y aquí hay uno que es más que Salomón. Cuando sea juzgada la gente de este tiempo, los hombres de Nínive se levantarán el día del juicio para condenarla, porque ellos se convirtieron con la predicación de Jonás, y aquí hay uno que es más que Jonás".

Jueves 13 de marzo de 2025
Jueves de la I semana de Cuaresma
Primera Lectura: Ester 4, 17n. p-r. aa-bb. gg-hh

En aquellos días, la reina Ester, ante el mortal peligro que amenazaba a su pueblo, buscó refugio en el Señor y se postró en tierra con sus esclavas, desde la

128

mañana hasta el atardecer. Entonces suplicó al Señor, diciendo: "Dios de Abraham, Dios de Isaac, Dios de Jacob, ¡bendito seas! Protégeme, porque estoy sola y no tengo más defensor que tú, Señor, y voy a jugarme la vida. Señor, yo sé, por los libros que nos dejaron nuestros padres, que tú siempre salvas a los que te son fieles. Ayúdame ahora a mí, porque no tengo a nadie más que a ti, Señor y Dios mío. Ayúdame, Señor, pues estoy desamparada. Pon en mis labios palabras acertadas cuando esté en presencia del león y haz que yo le agrade, para que su corazón se vuelva en contra de nuestro enemigo, para ruina de éste y de sus cómplices. Con tu poder, Señor, líbranos de nuestros enemigos. Convierte nuestro llanto en alegría y haz que nuestros sufrimientos nos obtengan la vida".

Salmo Responsorial: Salmo 137, 1-2a. 2bc-3. 7c-8
R. (3a) De todo corazón te damos gracias, Señor.

De todo corazón te damos gracias, Señor, porque escuchaste nuestros ruegos. Te cantaremos delante de los ángeles te adoraremos en tu templo. **R.**

Señor, te damos gracias por su lealtad y por tu amor: siempre que te invocamos nos oíste y nos llenaste de valor. **R.**

Que todos los reyes de la tierra te reconozcan, al escuchar tus prodigios. Que alaben tus caminos. Porque tu gloria es inmensa. **R.**

Tu mano, Señor, nos pondrá a salvo, Y así concluirás en nosotros tu obra. Señor, tu amor perdura eternamente; obra tuya soy, no me abandones. **R.**

Aclamación antes del Evangelio: Salmo 50, 12. 14
R. Honor y gloria a ti, Señor Jesús.

Crea en mí, Señor, un corazón puro y devuélveme tu salvación, que regocija. **R.**

Evangelio: Mateo 7, 7-12
En aquel tiempo, Jesús dijo a sus discípulos: "Pidan y se les dará; busquen y encontrarán; toquen y se les abrirá. Porque todo el que pide, recibe; el que busca, encuentra; y al que toca, se le abre. ¿Hay acaso entre ustedes alguno que le dé una piedra a su hijo, si éste le pide pan? Y si le pide pescado, ¿le dará una serpiente? Si ustedes, a pesar de ser malos, saben dar cosas buenas a sus hijos,

con cuánta mayor razón el Padre, que está en los cielos, dará cosas buenas a quienes se las pidan. Traten a los demás como quieren que ellos los traten a ustedes. En esto se resumen la ley y los profetas".

Viernes 14 de marzo de 2025

Viernes de la I semana de Cuaresma
Primera Lectura: Ezequiel 18, 21-28

Esto dice el Señor: "Si el pecador se arrepiente de los pecados cometidos, guarda mis preceptos y practica la rectitud y la justicia, ciertamente vivirá y no morirá; no me acordaré de los delitos que cometió; vivirá a causa de la justicia que practicó. ¿Acaso quiero yo la muerte del pecador, dice el Señor, y no más bien que enmiende su conducta y viva? Si el justo se aparta de su justicia y comete maldad, no se recordará la justicia que hizo. Por la iniquidad que perpetró, por el pecado que cometió, morirá. Y si dice: 'No es justo el proceder del Señor', escucha, casa de Israel: ¿Conque es injusto mi proceder? ¿No es más bien el proceder de ustedes el injusto? Cuando el justo se aparta de su justicia, comete la maldad y muere; muere por la maldad que cometió. Cuando el pecador se arrepiente del mal que hizo y practica la rectitud y la justicia, él mismo salva su vida. Si recapacita y se aparta de los delitos cometidos, ciertamente vivirá y no morirá".

Salmo Responsorial: Salmo 129, 1-2. 3-4ab. 4c-6. 7-8
R. (3) Perdónanos, Señor, y viviremos.

Desde el abismo de mis pecados clamo a ti; Señor, escucha mi clamor; que estén atentos tus oídos a mi voz suplicante. **R.**

Si conservaras el recuerdo de las culpas, ¿quién habría, Señor, que se salvara? Pero de ti procede el perdón, por eso con amor te veneramos. **R.**

Confío en el Señor, mi alma espera y confía en su palabra; mi alma aguarda al Señor, mucho más que la aurora el centinela. **R.**

Como aguarda a la aurora el centinela, Aguarde Israel al Señor, porque del Señor viene la misericordia y la abundancia de la redención, y él redimirá a su pueblo de todos sus iniquidades. **R.**

Aclamación antes del Evangelio: Ezequiel 18, 31

R. Honor y gloria a ti, Señor Jesús.

Purifíquense de todas sus iniquidades; renueven su corazón y su espíritu, dice el Señor. **R.**

Evangelio: Mateo 5, 20-26

En aquel tiempo, Jesús dijo a sus discípulos: "Les aseguro que si su justicia no es mayor que la de los escribas y fariseos, ciertamente no entrarán ustedes en el Reino de los cielos. Han oído que se dijo a los antiguos: *No matarás y el que mate será llevado ante el tribunal.* Pero yo les digo: Todo el que se enoje con su hermano, será llevado también ante el tribunal; el que insulte a su hermano, será llevado ante el tribunal supremo, y el que lo desprecie, será llevado al fuego del lugar de castigo. Por lo tanto, si cuando vas a poner tu ofrenda sobre el altar, te acuerdas allí mismo de que tu hermano tiene alguna queja contra ti, deja tu ofrenda junto al altar y ve primero a reconciliarte con tu hermano, y vuelve luego a presentar tu ofrenda. Arréglate pronto con tu adversario, mientras vas con él por el camino; no sea que te entregue al juez, el juez al policía y te metan a la cárcel. Te aseguro que no saldrás de allí hasta que hayas pagado el último centavo".

Sábado 15 de marzo de 2025
Sábado de la I semana de Cuaresma

Primera Lectura: Deuteronomio 26, 16-19

En aquel tiempo, habló Moisés al pueblo y le dijo: "El Señor, tu Dios, te manda hoy que cumplas estas leyes y decretos; guárdalos, por lo tanto, y ponlos en práctica con todo tu corazón y con toda tu alma. Hoy has oído al Señor declarar que él será tu Dios, pero sólo si tú caminas por sus sendas, guardas sus leyes, mandatos y decretos, y escuchas su voz. Hoy el Señor te ha oído declarar que tú serás el pueblo de su propiedad, como él te lo ha prometido, pero sólo si guardas sus mandamientos. Por eso él te elevará en gloria, renombre y esplendor, por encima de todas las naciones que ha hecho y tú serás un pueblo consagrado al Señor, tu Dios, como él te lo ha prometido".

Salmo Responsorial: Salmo 118, 1-2. 4-5. 7-8

R. (1b) Dichoso el que cumple la voluntad del Señor.

Dichoso el hombre de conducta intachable, que cumple la ley del Señor. Dichoso el que es fiel a sus enseñanzas y lo busca de todo corazón. **R.**

Tú, Señor, has dado tus preceptos para que se observen exactamente. Ojalá que mis pasos se encaminen al cumplimiento de tus mandamientos. **R.**

Te alabaré con sincero corazón, cuando haya aprendido tus justos mandamientos. Quiero cumplir tu ley exactamente. Tú, Señor, no me abandones. **R.**

Aclamación antes del Evangelio: 2 Corintios 6, 2

R. Honor y gloria a ti, Señor Jesús.

Este es el tiempo favorable, este es el día de la salvación. **R.**

Evangelio: Mateo 5, 43-48

En aquel tiempo, Jesús dijo a sus discípulos: "Han oído que se dijo: *Ama a tu prójimo y odia a tu enemigo.* Yo, en cambio, les digo: Amen a sus enemigos, hagan el bien a los que los odian y rueguen por los que los persiguen y calumnian, para que sean hijos de su Padre celestial, que hace salir su sol sobre los buenos y los malos, y manda su lluvia sobre los justos y los injustos. Porque, si ustedes aman a los que los aman, ¿qué recompensa merecen? ¿No hacen eso mismo los publicanos? Y si saludan tan sólo a sus hermanos, ¿qué hacen de extraordinario? ¿No hacen eso mismo los paganos? Sean, pues, perfectos como su Padre celestial es perfecto".

Domingo 16 de marzo de 2025

Segundo Domingo de Cuaresma

Primera Lectura: Génesis 15, 5-12. 17-18

En aquellos días, Dios sacó a Abram de su casa y le dijo: "Mira el cielo y cuenta las estrellas, si puedes". Luego añadió: "Así será tu descendencia". Abram creyó lo que el Señor le decía y, por esa fe, el Señor lo tuvo por justo. Entonces le dijo: "Yo soy el Señor, el que te sacó de Ur, ciudad de los caldeos, para entregarte en posesión esta tierra". Abram replicó: "Señor Dios, ¿cómo sabré que voy a poseerla?" Dios le dijo: "Tráeme una ternera, una cabra y un carnero, todos de tres años; una tórtola y un pichón". Tomó Abram aquellos animales, los partió por la mitad y puso las mitades una enfrente de la otra, pero no partió las aves. Pronto comenzaron los buitres a descender sobre los cadáveres y Abram los ahuyentaba. Estando ya para ponerse el sol, Abram cayó en un profundo letargo, y un terror intenso y misterioso se apoderó de él. Cuando se puso el sol, hubo densa oscuridad y sucedió que un brasero humeante y una antorcha encendida, pasaron por entre aquellos animales partidos. De esta manera hizo el Señor, aquel día, una alianza con Abram, diciendo: "A tus descendientes doy esta tierra, desde el río de Egipto hasta el gran río Éufrates".

Salmo Responsorial: Salmo 26, 1. 7-8a. 8b-9abc. 13-14
R. (1a) El Señor es mi luz y mi salvación.

El Señor es mi luz y mi salvación, ¿a quién voy a tenerle miedo? El Señor es la defensa de mi vida, ¿quién podrá hacerme temblar? **R.**

Oye, Señor, mi voz y mis clamores y tenme compasión; el corazón me dice que te busque y buscándote estoy. **R.**

No rechaces con cólera a tu siervo, tú eres mi único auxilio; no me abandones ni me dejes solo, Dios y salvador mío. **R.**

La bondad del Señor espero ver en esta misma vida. Ármate de valor y fortaleza y en el Señor confía. **R.**

Segunda Lectura: Filipenses 3, 17-4, 1

Hermanos: Sean todos ustedes imitadores míos y observen la conducta de aquellos que siguen el ejemplo que les he dado a ustedes. Porque, como muchas veces se lo he dicho a ustedes, y ahora se lo repito llorando, hay muchos que viven como enemigos de la cruz de Cristo. Esos tales acabarán en la perdición, porque su dios es el vientre, se enorgullecen de lo que deberían avergonzarse y sólo piensan en cosas de la tierra. Nosotros, en cambio, somos ciudadanos del cielo, de donde esperamos que venga nuestro Salvador, Jesucristo. Él transformará nuestro cuerpo miserable en un cuerpo glorioso, semejante al suyo, en virtud del poder que tiene para someter a su dominio todas las cosas. Hermanos míos, a quienes tanto quiero y extraño: ustedes, hermanos míos amadísimos, que son mi alegría y mi corona, manténganse fieles al Señor.

O bien:

Filipenses 3, 20-4, 1

Hermanos: Nosotros somos ciudadanos del cielo, de donde esperamos que venga nuestro Salvador, Jesucristo. Él transformará nuestro cuerpo miserable en un cuerpo glorioso, semejante al suyo, en virtud del poder que tiene para someter a su dominio todas las cosas. Hermanos míos, a quienes tanto quiero y extraño: ustedes, hermanos míos amadísimos, que son mi alegría y mi corona, manténganse fieles al Señor.

Aclamación antes del Evangelio: Marcos 9,7

R. Honor y gloria a ti, Señor Jesús.

En el esplendor de la nube se oyó la voz del Padre, que decía: "Éste es mi Hijo amado; escúchenlo". **R.**

Evangelio: Lucas 9, 28b-36

En aquel tiempo, Jesús se hizo acompañar de Pedro, Santiago y Juan, y subió a un monte para hacer oración. Mientras oraba, su rostro cambió de aspecto y sus vestiduras se hicieron blancas y relampagueantes. De pronto aparecieron conversando con él dos personajes, rodeados de esplendor: eran Moisés y Elías. Y hablaban de la muerte que le esperaba en Jerusalén. Pedro y sus compañeros estaban rendidos de sueño; pero, despertándose, vieron la gloria de Jesús y de los que estaban con él. Cuando éstos se retiraban, Pedro le dijo a Jesús: "Maestro, sería bueno que nos quedáramos aquí y que hiciéramos tres chozas: una para ti, una para Moisés y otra para Elías", sin saber lo que decía. No había terminado de hablar, cuando se formó una nube que los cubrió; y ellos, al verse envueltos por la nube, se llenaron de miedo. De la nube salió una voz que decía: "Éste es mi Hijo, mi escogido; escúchenlo". Cuando cesó la voz, se quedó Jesús solo. Los discípulos guardaron silencio y por entonces no dijeron a nadie nada de lo que habían visto.

Lunes de la II semana de Cuaresma

Primera Lectura: Daniel 9, 4-10

En aquellos días, imploré al Señor, mi Dios, y le hice esta confesión: "Señor Dios, grande y temible, que guardas la alianza y el amor a los que te aman y observan tus mandamientos. Nosotros hemos pecado, hemos cometido iniquidades, hemos sido malos, nos hemos rebelado y nos hemos apartado de tus mandamientos y de tus normas. No hemos hecho caso a los profetas, tus siervos, que hablaban a nuestros reyes, a nuestros príncipes, a nuestros padres y a todo el pueblo. Tuya es, Señor, la justicia, y nuestra la vergüenza en el rostro, que ahora soportan los hombres de Judá, los habitantes de Jerusalén y de todo Israel, próximos y lejanos, en todos los países donde tú los dispersaste, a causa de las infidelidades que cometieron contra ti. Señor, la vergüenza es nuestra, de nuestros reyes, de nuestros príncipes y de nuestros padres, porque hemos pecado contra ti. De nuestro Dios, en cambio, es el tener misericordia y perdonar, aunque nos hemos rebelado contra él, y al no seguir las leyes que él nos había dado por medio de sus siervos, los profetas, no hemos obedecido su voz".

Salmo Responsorial: Salmo 78, 8.9. 11 y 13

R. (Sal 102, 10a) No nos trates, Señor, como merecen nuestros pecados.

No recuerdes, Señor, contra nosotros las culpas de nuestros padres. Que tu amor venga pronto a socorrernos, porque estamos totalmente abatidos. **R.**

Para que sepan quién eres, socórrenos, Dios y salvador nuestro. Para que sepan quién eres, sálvanos y perdona nuestros pecados. **R.**

Que lleguen hasta ti los gemidos del cautivo; con tu brazo poderoso salva a los condenados a muerte. Y nosotros, pueblo tuyo y ovejas de tu rebaño, te daremos gracias siempre, y de generación en generación te alabaremos. **R.**

Aclamación antes del Evangelio: Juan 6, 63. 68

R. Honor y gloria a ti, Señor Jesús.

Tus palabras, Señor, son espíritu y vida. Tú tienes palabras de vida eterna. **R.**

Evangelio: Lucas 6, 36-38

En aquel tiempo, Jesús dijo a sus discípulos: "Sean misericordiosos, como su Padre es misericordioso. No juzguen y no serán juzgados; no condenen y no serán condenados; perdonen y serán perdonados. Den y se les dará: recibirán una medida buena, bien sacudida, apretada y rebosante en los pliegues de su túnica. Porque con la misma medida con que midan, serán medidos".

Martes 18 de marzo de 2025

Martes de la II semana de Cuaresma

Primera Lectura: Isaías 1, 10. 16-20

Oigan la palabra del Señor, príncipes de Sodoma; escucha la enseñanza de nuestro Dios, pueblo de Gomorra: "Lávense y purifíquense; aparten de mi vista sus malas acciones. Dejen de hacer el mal, aprendan a hacer el bien, busquen la justicia, auxilien al oprimido, defiendan los derechos del huérfano y la causa de la viuda. Vengan, pues, y discutamos, dice el Señor. Aunque sus pecados sean rojos como la sangre, quedarán blancos como la nieve. Aunque sean encendidos como la púrpura, vendrán a ser como blanca lana. Si son ustedes dóciles y obedecen, comerán los frutos de la tierra. Pero si se obstinan en la rebeldía, la espada los devorará".

Salmo Responsorial: Salmo 49, 8-9. 16bc-17. 21 y 23

R. (23b) Muéstranos, Señor, el camino de la salvación.

No voy a reclamarte sacrificios, dice el Señor, pues siempre están ante mí tus holocaustos. Pero ya no aceptaré un becerro de tu casa, ni cabritos de tus rebaños. **R.**

¿Por qué citas mis preceptos y hablas a toda hora de mi pacto, tú que detestas la obediencia y echas en saco roto mis mandatos? **R.**

Tú haces esto, ¿y yo tengo que callarme? ¿Crees acaso que yo soy como tú? No, yo te reprenderé y te echaré en cara tus pecados. Quien las gracias me da, ése me honra y yo salvaré al que cumple mi voluntad. **R.**

Aclamación antes del Evangelio: Ezequiel 18, 31
R. Honor y gloria a ti, Señor Jesús.

Purifíquense de todas sus iniquidades; renueven su corazón y su espíritu, dice el Señor. **R.**

Evangelio: Mateo 23, 1-12

En aquel tiempo, Jesús dijo a las multitudes y a sus discípulos: "En la cátedra de Moisés se han sentado los escribas y fariseos. Hagan, pues, todo lo que les digan, pero no imiten sus obras, porque dicen una cosa y hacen otra. Hacen fardos muy pesados y difíciles de llevar y los echan sobre las espaldas de los hombres, pero ellos ni con el dedo los quieren mover. Todo lo hacen para que los vea la gente. Ensanchan las filacterias y las franjas del manto; les agrada ocupar los primeros lugares en los banquetes y los asientos de honor en las sinagogas; les gusta que los saluden en las plazas y que la gente los llame 'maestros'. Ustedes, en cambio, no dejen que los llamen 'maestros', porque no tienen más que un Maestro y todos ustedes son hermanos. A ningún hombre sobre la tierra lo llamen 'padre', porque el Padre de ustedes es sólo el Padre celestial. No se dejen llamar 'guías', porque el guía de ustedes es solamente Cristo. Que el mayor de entre ustedes sea su servidor, porque el que se enaltece será humillado y el que se humilla será enaltecido".

Miércoles 19 de marzo de 2025

Solemnidad de San José, esposo de la Bienaventurada Virgen María
Primera Lectura: 2 Samuel 7, 4-5. 12-14. 16

En aquellos días, el Señor le habló al profeta Natán y le dijo: "Ve y dile a mi siervo David que el Señor le manda decir esto: 'Cuando tus días se hayan cumplido y descanses para siempre con tus padres, engrandeceré a tu hijo, sangre de tu sangre, y consolidaré su reino. Él me construirá una casa y yo consolidaré su trono para siempre. Yo seré para él un padre y él será para mí un hijo. Tu casa y tu reino permanecerán para siempre ante mí, y tu trono será estable eternamente'".

Salmo Responsorial: Salmo 88, 2-3. 4-5. 27 y 29
R. (37) Su descendencia perdurará eternamente.

Proclamaré sin cesar la misericordia del Señor y daré a conocer que su fidelidad es eterna, pues el Señor ha dicho: "Mi amor es para siempre y mi lealtad, más firme que los cielos. **R.**

Un juramento hice a David, mi servidor, una alianza pacté con mi elegido: 'Consolidaré tu dinastía para siempre y afianzaré tu trono eternamente'. **R.**

El me podrá decir: 'Tú eres mi padre, el Dios que me protege y que me salva'. Yo jamás le retiraré mi amor no violaré el juramento que le hice". **R.**

Segunda Lectura: Romanos 4, 13. 16-18. 22

Hermanos: La promesa que Dios hizo a Abraham y a sus descendientes, de que ellos heredarían el mundo, no dependía de la observancia de la ley, sino de la justificación obtenida mediante la fe. En esta forma, por medio de la fe, que es gratuita, queda asegurada la promesa para todos sus descendientes, no sólo para aquellos que cumplen la ley, sino también para todos los que tienen la fe de Abraham. Entonces, él es padre de todos nosotros, como dice la Escritura: *Te he constituido padre de todos los pueblos.* Así pues, Abraham es nuestro padre delante de aquel Dios en quien creyó y que da la vida a los muertos y llama a la existencia a las cosas que todavía no existen. Él, esperando contra toda esperanza, creyó que habría de ser padre de muchos pueblos, conforme a lo que Dios le había prometido: *Así de numerosa será tu descendencia.* Por eso, Dios le acreditó esta fe como justicia.

Aclamación antes del Evangelio: Salmo 83, 5
R. Honor y gloria a ti, Señor Jesús.

Dichosos los que viven en tu casa; siempre, Señor, te alabarán. **R.**

Evangelio: Mateo 1, 16. 18-21. 24

Jacob engendró a José, el esposo de María, de la cual nació Jesús, llamado Cristo. Cristo vino al mundo de la siguiente manera: Estando María, su madre, desposada con José y antes de que vivieran juntos, sucedió que ella, por obra del Espíritu Santo, estaba esperando un hijo. José, su esposo, que era hombre justo, no queriendo ponerla en evidencia, pensó dejarla en secreto. Mientras pensaba en estas cosas, un ángel del Señor le dijo en sueños: "José, hijo de David, no dudes en recibir en tu casa a María, tu esposa, porque ella ha concebido por obra del Espíritu Santo. Dará a luz un hijo y tú le pondrás el nombre de Jesús, porque él salvará a su pueblo de sus pecados". Cuando José despertó de aquel sueño, hizo lo que le había mandado el ángel del Señor.

O bien:

Lucas 2, 41-51

Los padres de Jesús solían ir cada año a Jerusalén para las festividades de la Pascua. Cuando el niño cumplió doce años, fueron a la fiesta, según la costumbre. Pasados aquellos días, se volvieron; pero el niño Jesús se quedó en Jerusalén, sin que sus padres lo supieran. Creyendo que iba en la caravana, hicieron un día de camino; entonces lo buscaron, y al no encontrarlo, regresaron a Jerusalén en su busca. Al tercer día lo encontraron en el templo, sentado en medio de los doctores, escuchándolos y haciéndoles preguntas. Todos los que lo oían se admiraban de su inteligencia y de sus respuestas. Al verlo, sus padres se quedaron atónitos y su madre le dijo: "Hijo mío, ¿por qué te has portado así con nosotros? Tu padre y yo te hemos estado buscando llenos de angustia". Él les respondió: "¿Por qué me andaban buscando? ¿No sabían que debo ocuparme en las cosas de mi Padre?" Ellos no entendieron la respuesta que les dio. Entonces volvió con ellos a Nazaret y siguió sujeto a su autoridad.

Jueves de la II semana de Cuaresma

Primera Lectura: Jeremías 17, 5-10

Esto dice el Señor: "Maldito el hombre que confía en el hombre, que en él pone su fuerza y aparta del Señor su corazón. Será como un cardo en la estepa, que nunca disfrutará de la lluvia. Vivirá en la aridez del desierto, en una tierra salobre e inhabitable. Bendito el hombre que confía en el Señor y en él pone su esperanza. Será como un árbol plantado junto al agua, que hunde en la corriente sus raíces; cuando llegue el calor, no lo sentirá y sus hojas se conservarán siempre verdes; en año de sequía no se marchitará ni dejará de dar frutos. El corazón del hombre es la cosa más traicionera y difícil de curar. ¿Quién lo podrá entender? Yo, el Señor, sondeo la mente y penetro el corazón, para dar a cada uno según sus acciones, según el fruto de sus obras".

Salmo Responsorial: Salmo 1, 1-2. 3. 4 y 6
R. (Sal 39, 5a) Dichoso el hombre que confía en el Señor.

Dichoso aquel que no se guía Por mundanos criterios, que no anda en malos pasos ni se burla del bueno, que ama la ley de Dios y se goza en cumplir sus mandamientos. **R.**

Es como un árbol plantado junto al río, que da fruto a su tiempo y nunca se marchita. En todo tendrá éxito. **R.**

En cambio los malvados serán como la paja barrida por el viento. Porque el Señor protege el camino del justo, y al malo sus caminos acaban por perderlo. **R.**

Aclamación antes del Evangelio: Lucas 8, 15
R. Honor y gloria a ti, Señor Jesús.

Dichosos los que cumplen la palabra del Señor con un corazón bueno y sincero, y perseveran hasta dar fruto. **R.**

Evangelio: Lucas 16, 19-31
En aquel tiempo, Jesús dijo a los fariseos: "Había un hombre rico, que se vestía de púrpura y telas finas y banqueteaba espléndidamente cada día. Y un mendigo, llamado Lázaro, yacía a la entrada de su casa, cubierto de llagas y ansiando llenarse con las sobras que caían de la mesa del rico. Y hasta los perros se acercaban a lamerle las llagas. Sucedió, pues, que murió el mendigo y los ángeles lo llevaron al seno de Abraham. Murió también el rico y lo enterraron. Estaba éste en el lugar de castigo, en medio de tormentos, cuando levantó los ojos y vio a

lo lejos a Abraham y a Lázaro junto a él. Entonces gritó: 'Padre Abraham, ten piedad de mí. Manda a Lázaro que moje en agua la punta de su dedo y me refresque la lengua, porque me torturan estas llamas'. Pero Abraham le contestó: 'Hijo, recuerda que en tu vida recibiste bienes y Lázaro, en cambio, males. Por eso él goza ahora de consuelo, mientras que tú sufres tormentos. Además, entre ustedes y nosotros se abre un abismo inmenso, que nadie puede cruzar, ni hacia allá ni hacia acá'. El rico insistió: 'Te ruego, entonces, padre Abraham, que mandes a Lázaro a mi casa, pues me quedan allá cinco hermanos, para que les advierta y no acaben también ellos en este lugar de tormentos'. Abraham le dijo: 'Tienen a Moisés y a los profetas; que los escuchen'. Pero el rico replicó: 'No, padre Abraham. Si un muerto va a decírselo, entonces sí se arrepentirán'. Abraham repuso: 'Si no escuchan a Moisés y a los profetas, no harán caso, ni aunque resucite un muerto'".

Viernes de la II semana de Cuaresma
Primera Lectura: Génesis 37, 3-4. 12-13. 17-28

Jacob amaba a José más que a todos sus demás hijos, porque lo había engendrado en la ancianidad. A él le había hecho una túnica de amplias mangas. Sus hermanos, viendo que lo amaba más que a todos ellos, llegaron a odiarlo, al grado de negarle la palabra. Un día en que los hermanos de José llevaron a Siquem los rebaños de su padre, Jacob le dijo a José: "Tus hermanos apacientan mis rebaños en Siquem. Te voy a enviar allá". José fue entonces en busca de sus hermanos y los encontró en Dotán. Ellos lo vieron de lejos, y antes de que se les acercara, conspiraron contra él para matarlo y se decían unos a otros: "Ahí viene ese soñador. Démosle muerte; lo arrojaremos en un pozo y diremos que una fiera lo devoró. Vamos a ver de qué le sirven sus sueños". Rubén oyó esto y trató de liberarlo de manos de sus hermanos, diciendo: "No le quiten la vida, ni derramen su sangre. Mejor arrójenlo en ese pozo que está en el desierto y no se manchen las manos". Eso lo decía para salvar a José y devolverlo a su padre. Cuando llegó José a donde estaban sus hermanos, éstos lo despojaron de su túnica y lo arrojaron a un pozo sin agua. Luego se sentaron a comer, y levantando los ojos, vieron a lo lejos una caravana de ismaelitas, que venían de Galaad, con los camellos cargados de especias, resinas, bálsamo y láudano, y se dirigían a Egipto. Judá dijo entonces a sus hermanos: "¿Qué ganamos con matar a nuestro hermano y ocultar su muerte? Vendámoslo a los ismaelitas y no mancharemos nuestras manos. Después de todo, es nuestro hermano y de nuestra misma sangre". Y sus hermanos le hicieron caso. Sacaron a José del pozo y se lo vendieron a los mercaderes por veinticinco monedas de plata. Los mercaderes se llevaron a José a Egipto.

Salmo Responsorial: Salmo 104, 16-17. 18-19. 20-21

R. (5a) Recordemos las maravillas que hizo el Señor.

Cuando el Señor mandó el hambre sobre el país y acabó con todas las cosechas, ya había enviado por delante a un hombre: a José, vendido como esclavo. **R.**
Le trabaron los pies con grilletes y rodearon su cuerpo con cadenas, hasta que se cumplió su predicción, y Dios lo acreditó con su palabra. **R.**
El rey mandó que lo soltaran, el jefe de esos pueblos lo libró, lo nombró administrador de su casa, y señor de todas sus posesiones. **R.**

Aclamación antes del Evangelio: Juan 3, 16

R. Honor y gloria a ti, Señor Jesús.

Tanto amó Dios al mundo, que le entregó a su Hijo único, para que todo el que crea en él tenga vida eterna. **R.**

Evangelio: Mateo 21, 33-43. 45-46

En aquel tiempo, Jesús dijo a los sumos sacerdotes y a los ancianos del pueblo esta parábola: "Había una vez un propietario que plantó un viñedo, lo rodeó con una cerca, cavó un lagar en él, construyó una torre para el vigilante y luego la alquiló a unos viñadores y se fue de viaje. Llegado el tiempo de la vendimia, envió a sus criados para pedir su parte de los frutos a los viñadores; pero éstos se apoderaron de los criados, golpearon a uno, mataron a otro, y a otro más lo apedrearon. Envió de nuevo a otros criados, en mayor número que los primeros, y los trataron del mismo modo. Por último, les mandó a su propio hijo, pensando:

'A mi hijo lo respetarán'. Pero cuando los viñadores lo vieron, se dijeron unos a otros: 'Éste es el heredero. Vamos a matarlo y nos quedaremos con su herencia'. Le echaron mano, lo sacaron del viñedo y lo mataron. Ahora díganme: Cuando vuelva el dueño del viñedo, ¿qué hará con esos viñadores?" Ellos le respondieron: "Dará muerte terrible a esos desalmados y arrendará el viñedo a otros viñadores, que le entreguen los frutos a su tiempo". Entonces Jesús les dijo: "¿No han leído nunca en la Escritura: *La piedra que desecharon los constructores, es ahora la piedra angular. Esto es obra del Señor y es un prodigio admirable?* Por esta razón les digo que les será quitado a ustedes el Reino de Dios y se le dará a un pueblo que produzca sus frutos". Al oír estas palabras, los sumos sacerdotes y los fariseos comprendieron que Jesús las decía por ellos y quisieron aprehenderlo, pero tuvieron miedo a la multitud, pues era tenido por un profeta.

Sábado 22 de marzo de 2025
Sábado de la II semana de Cuaresma
Primera Lectura: Miqueas 7, 14-15. 18-20

Señor, Dios nuestro, pastorea a tu pueblo con tu cayado, al rebaño de tu heredad, que vive solitario entre malezas y matorrales silvestres. Pastarán en Basán y en Galaad, como en los días de antaño, como cuando salimos de Egipto y nos mostrabas tus prodigios. ¿Qué Dios hay como tú, que quitas la iniquidad y pasas por alto la rebeldía de los sobrevivientes de Israel? No mantendrás por siempre tu cólera, pues te complaces en ser misericordioso. Volverás a compadecerte de nosotros, aplastarás con tus pies nuestras iniquidades, arrojarás a lo hondo del mar nuestros delitos. Serás fiel con Jacob y compasivo con Abraham, como juraste a nuestros padres en tiempos remotos, Señor, Dios nuestro.

Salmo Responsorial: Salmo 102, 1-2. 3-4. 9-10. 11-12
R. (8a) El Señor es compasivo y misericordioso.

Bendice al Señor, alma mía, que todo mi ser bendiga su santo nombre. Bendice al Señor, alma mía, y no te olvides de sus beneficios. **R.**

El Señor perdona tus pecados y cura tus enfermedades; él rescata tu vida del sepulcro y te colma de amor y de ternura. **R.**

El Señor no estará siempre enojado, ni durará para siempre su rencor. No nos trata como merecen nuestras culpas, ni nos paga según nuestros pecados. **R.**

Como desde la tierra hasta el cielo, así es de grande su misericordia; como dista el oriente del ocaso, así aleja de nosotros nuestros delitos. **R.**

Aclamación antes del Evangelio: Lucas 15, 18
R. Honor y gloria a ti, Señor Jesús.

Me levantaré, volveré a mi padre y le diré: "Padre, he pecado contra el cielo y contra ti." **R.**

Evangelio: Lucas 15, 1-3. 11-32

En aquel tiempo, se acercaban a Jesús los publicanos y los pecadores para escucharlo. Por lo cual los fariseos y los escribas murmuraban entre sí: "Éste recibe a los pecadores y come con ellos". Jesús les dijo entonces esta parábola: "Un hombre tenía dos hijos, y el menor de ellos le dijo a su padre: 'Padre, dame la parte de la herencia que me toca'. Y él les repartió los bienes. No muchos días después, el hijo menor, juntando todo lo suyo, se fue a un país lejano y allá derrochó su fortuna, viviendo de una manera disoluta. Después de malgastarlo todo, sobrevino en aquella región una gran hambre y él empezó a padecer necesidad. Entonces fue a pedirle trabajo a un habitante de aquel país, el cual lo mandó a sus campos a cuidar cerdos. Tenía ganas de hartarse con las bellotas que comían los cerdos, pero no lo dejaban que se las comiera. Se puso entonces a reflexionar y se dijo: '¡Cuántos trabajadores en casa de mi padre tienen pan de sobra, y yo, aquí, me estoy muriendo de hambre! Me levantaré, volveré a mi padre y le diré: Padre, he pecado contra el cielo y contra ti; ya no merezco llamarme hijo tuyo. Recíbeme como a uno de tus trabajadores'. Enseguida se puso en camino hacia la casa de su padre. Estaba todavía lejos, cuando su padre lo vio y se enterneció profundamente. Corrió hacia él, y echándole los brazos al cuello, lo cubrió de besos. El muchacho le dijo: 'Padre, he pecado contra el cielo y contra ti; ya no merezco llamarme hijo tuyo'. Pero el padre les dijo a sus criados: '¡Pronto!, traigan la túnica más rica y vístansela; pónganle un anillo en el dedo y sandalias en los pies; traigan el becerro gordo y mátenlo. Comamos y hagamos una fiesta, porque este hijo mío estaba muerto y ha vuelto a la vida, estaba perdido y lo hemos encontrado'. Y empezó el banquete. El hijo mayor estaba en el campo y al volver, cuando se acercó a la casa, oyó la música y los cantos. Entonces llamó a uno de los criados y le preguntó qué pasaba. Éste le contestó: 'Tu hermano ha regresado y tu padre mandó matar el becerro gordo, por haberlo recobrado sano y salvo'. El hermano mayor se enojó y no quería entrar. Salió entonces el padre y le rogó que entrara; pero él replicó: '¡Hace tanto tiempo que te sirvo, sin desobedecer jamás una orden tuya, y tú no me has dado nunca ni un cabrito para comérmelo con mis amigos! Pero eso sí, viene ese hijo tuyo, que despilfarró tus bienes con malas mujeres, y tú mandas matar el becerro gordo'. El padre repuso: 'Hijo, tú siempre estás conmigo y todo lo mío es tuyo. Pero era necesario hacer fiesta y regocijarnos, porque este hermano tuyo estaba muerto y ha vuelto a la vida, estaba perdido y lo hemos encontrado'".

Domingo 23 de marzo de 2025
Tercer Domingo de Cuaresma

Primera Lectura: Éxodo 3, 1-8a. 13-15

En aquellos días, Moisés pastoreaba el rebaño de su suegro, Jetró, sacerdote de Madián. En cierta ocasión llevó el rebaño más allá del desierto, hasta el Horeb, el monte de Dios, y el Señor se le apareció en una llama que salía de un zarzal. Moisés observó con gran asombro que la zarza ardía sin consumirse y se dijo: "Voy a ver de cerca esa cosa tan extraña, por qué la zarza no se quema". Viendo el Señor que Moisés se había desviado para mirar, lo llamó desde la zarza: "¡Moisés, Moisés!" Él respondió: "Aquí estoy". Le dijo Dios: "¡No te acerques! Quítate las sandalias, porque el lugar que pisas es tierra sagrada". Y añadió: "Yo soy el Dios de tus padres, el Dios de Abraham, el Dios de Isaac y el Dios de Jacob". Entonces Moisés se tapó la cara, porque tuvo miedo de mirar a Dios. Pero el Señor le dijo: "He visto la opresión de mi pueblo en Egipto, he oído sus quejas contra los opresores y conozco bien sus sufrimientos. He descendido para librar a mi pueblo de la opresión de los egipcios, para sacarlo de aquellas tierras y llevarlo a una tierra buena y espaciosa, una tierra que mana leche y miel". Moisés le dijo a Dios: "Está bien. Me presentaré a los hijos de Israel y les diré: 'El Dios de sus padres me envía a ustedes'; pero cuando me pregunten cuál es su nombre, ¿qué les voy a responder?" Dios le contestó a Moisés: "Mi nombre es Yo-soy"; y añadió: "Esto les dirás a los israelitas: 'Yo-soy me envía a ustedes'. También les dirás: 'El Señor, el Dios de sus padres, el Dios de Abraham, el Dios de Isaac, el Dios de Jacob, me envía a ustedes'. Éste es mi nombre para siempre. Con este nombre me han de recordar de generación en generación".

Salmo Responsorial: Salmo 102, 1-2. 3-4. 6-7. 8 y 11
R. (8a) El Señor es compasivo y misericordioso.

Bendice, al Señor, alma mía, que todo mi ser bendiga su santo nombre. Bendice, al Señor, alma mía, y no te olvides de sus beneficios. **R.**

El Señor perdona tus pecados y cura tus enfermedades; él rescata tu vida del sepulcro y te colma de amor y de ternura. **R.**

El Señor hace justicia y de la razón al oprimido. A Moisés le mostró su bondad y sus prodigios al pueblo de Israel. **R.**

El Señor es compasivo y misericordioso, lento para enojarse y generoso para perdonar. Como desde la tierra hasta el cielo, así es de grande su misericordia. **R.**

Segunda Lectura: 1 Corintios 10, 1-6. 10-12

Hermanos: No quiero que olviden que en el desierto nuestros padres estuvieron todos bajo la nube, todos cruzaron el Mar Rojo y todos se sometieron a Moisés, por una especie de bautismo en la nube y en el mar. Todos comieron el mismo alimento milagroso y todos bebieron de la misma bebida espiritual, porque bebían de una roca espiritual que los acompañaba, y la roca era Cristo. Sin embargo, la mayoría de ellos desagradaron a Dios y murieron en el desierto. Todo esto sucedió como advertencia para nosotros, a fin de que no codiciemos cosas malas como ellos lo hicieron. No murmuren ustedes como algunos de ellos murmuraron y perecieron a manos del ángel exterminador. Todas estas cosas les sucedieron a nuestros antepasados como un ejemplo para nosotros y fueron puestas en las Escrituras como advertencia para los que vivimos en los últimos tiempos. Así pues, el que crea estar firme, tenga cuidado de no caer.

Aclamación antes del Evangelio: Mateo 4, 17

R. Honor y gloria a ti, Señor Jesús.

Conviértanse, dice el Señor, porque ya está cerca el Reino de los cielos. **R.**

Evangelio: Lucas 13, 1-9

En aquel tiempo, algunos hombres fueron a ver a Jesús y le contaron que Pilato había mandado matar a unos galileos, mientras estaban ofreciendo sus sacrificios. Jesús les hizo este comentario: "¿Piensan ustedes que aquellos galileos, porque les sucedió esto, eran más pecadores que todos los demás galileos? Ciertamente que no; y si ustedes no se arrepienten, perecerán de manera semejante. Y aquellos dieciocho que murieron aplastados por la torre de Siloé, ¿piensan acaso que eran más culpables que todos los demás habitantes de Jerusalén? Ciertamente que no; y si ustedes no se arrepienten, perecerán de manera semejante". Entonces les dijo esta parábola: "Un hombre tenía una higuera plantada en su viñedo; fue a buscar higos y no los encontró. Dijo entonces al viñador: 'Mira, durante tres años seguidos he venido a buscar higos en esta higuera y no los he encontrado. Córtala. ¿Para qué ocupa la tierra inútilmente?' El viñador le contestó: 'Señor, déjala todavía este año; voy a aflojar la tierra alrededor y a echarle abono, para ver si da fruto. Si no, el año que viene la cortaré' ".

Lunes 24 de marzo de 2025

Lunes de la III semana de Cuaresma

Primera Lectura: 2 Reyes 5, 1-15

En aquellos días, Naamán, general del ejército de Siria, gozaba de la estima y del favor de su rey, pues por su medio había dado el Señor la victoria a Siria. Pero este gran guerrero era leproso. Sucedió que una banda de sirios, en una de sus correrías, trajo cautiva a una jovencita, que pasó luego al servicio de la mujer de Naamán. Ella le dijo a su señora: "Si mi señor fuera a ver al profeta que hay en Samaria, ciertamente él lo curaría de su lepra". Entonces fue Naamán a contarle al rey, su señor: "Esto y esto dice la muchacha israelita". El rey de Siria le respondió: "Anda, pues, que yo te daré una carta para el rey de Israel". Naamán se puso en camino, llevando de regalo diez barras de plata, seis mil monedas de oro, diez vestidos nuevos y una carta para el rey de Israel que decía: "Al recibir ésta, sabrás que te envío a mi siervo Naamán, para que lo cures de la lepra". Cuando el rey de Israel leyó la carta, rasgó sus vestiduras exclamando: "¿Soy yo acaso Dios, capaz de dar vida o muerte, para que éste me pida que cure a un hombre de su lepra? Es evidente que lo que anda buscando es un pretexto para hacerme la guerra". Cuando Eliseo, el hombre de Dios, se enteró de que el rey había rasgado sus vestiduras, le envió este recado: "¿Por qué rasgaste tus vestiduras? Envíamelo y sabrá que hay un profeta en Israel". Llegó, pues, Naamán con sus caballos y su carroza, y se detuvo a la puerta de la casa de Eliseo. Éste le mandó decir con un mensajero: "Ve y báñate siete veces en el río Jordán, y tu carne quedará limpia". Naamán se alejó enojado, diciendo: "Yo había pensado que saldría en persona a mi encuentro y que, invocando el nombre del Señor, su Dios, pasaría la mano sobre la parte enferma y me curaría de la lepra. ¿Acaso los ríos de Damasco, como el Abaná y el Farfar, no valen más que todas las aguas de Israel? ¿No podría bañarme en ellos y quedar limpio?" Dio media vuelta y ya se marchaba, furioso, cuando sus criados se acercaron a él y le dijeron: "Padre mío, si el profeta te hubiera mandado una cosa muy difícil, ciertamente la habrías hecho; cuanto más, si sólo te dijo que te bañaras y quedarías sano". Entonces Naamán bajó, se bañó siete veces en el Jordán, como le había dicho el hombre de Dios, y su carne quedó limpia como la de un niño. Volvió con su comitiva a donde estaba el hombre de Dios y se le presentó, diciendo: "Ahora sé que no hay más Dios que el de Israel".

Salmo Responsorial: Salmos 41, 2.3; 42, 3.4
R. (41, 3) Estoy sediento del Dios que da la vida.
Como el venado busca El agua de los ríos, así, cansada, mi alma te busca a ti, Dios mío. **R.**
Del Dios que da la vida está mi ser sediento. ¿Cuándo será posible ver de nuevo su templo? **R.**
Envíame, Señor, tu luz y tu verdad; que ellas se conviertan en mi guía y hasta tu monte santo me conduzcan, allí donde tú habitas. **R.**

Al altar del Señor me acercaré, al Dios que es mi alegría, y al mi Dios, el Señor, le daré gracias al compás de la cítara. **R.**

Aclamación antes del Evangelio: Salmo 129, 5. 7
R. Honor y gloria a ti, Señor Jesús.
Confío en el Señor y en sus palabras, porque del Señor viene la misericordia y la redención. **R.**

Evangelio: Lucas 4, 24-30
En aquel tiempo, Jesús llegó a Nazaret, entró a la sinagoga y dijo al pueblo: "Yo les aseguro que nadie es profeta en su tierra. Había ciertamente en Israel muchas viudas en los tiempos de Elías, cuando faltó la lluvia durante tres años y medio, y hubo un hambre terrible en todo el país; sin embargo, a ninguna de ellas fue enviado Elías, sino a una viuda que vivía en Sarepta, ciudad de Sidón. Había muchos leprosos en Israel, en tiempos del profeta Eliseo; sin embargo, ninguno de ellos fue curado, sino Naamán, que era de Siria". Al oír esto, todos los que estaban en la sinagoga se llenaron de ira, y levantándose, lo sacaron de la ciudad y lo llevaron hasta una saliente del monte, sobre el que estaba construida la ciudad, para despeñarlo. Pero él, pasando por en medio de ellos, se alejó de allí.

Martes 25 de marzo de 2025
Solemnidad de la Anunciación del Señor
Primera Lectura: Isaías 7, 10-14
En aquellos tiempos, el Señor le habló a Ajaz diciendo: "Pide al Señor, tu Dios, una señal de abajo, en lo profundo o de arriba, en lo alto". Contestó Ajaz: "No la pediré. No tentaré al Señor". Entonces dijo Isaías: "Oye, pues, casa de David: ¿No satisfechos con cansar a los hombres, quieren cansar también a mi Dios? Pues bien, el Señor mismo les dará por eso una señal: He aquí que la virgen concebirá y dará a luz un hijo y le pondrán el nombre de Emmanuel, que quiere decir Dios-con-nosotros".

Salmo Responsorial: Salmo 39, 7-8a. 8b-9. 10. 11

R. (8a y 9a) Aquí estoy, Señor, para hacer tu voluntad.

Sacrificios, Señor, tú no quisiste, abriste, en cambio, mis oídos a tu voz. No exigiste holocaustos por la culpa, así que dije: "Aquí estoy". **R.**

En tus libros se me ordena Hacer tu voluntad; esto es, Señor, lo que deseo: tu ley en medio de mi corazón **R.**

He anunciado tu justicia en la gran asamblea; no he cerrado mis labios, tú lo sabes, Señor. **R.**

No callé tu justicia, antes bien, proclamé tu lealtad y tu auxilio. Tu amor y tu lealtad no los he ocultado a la gran asamblea. **R.**

Segunda Lectura: Hebreos 10, 4-10

Hermanos: Es imposible que la sangre de toros y machos cabríos pueda borrar los pecados. Por eso, al entrar al mundo, Cristo dijo conforme al salmo: *No quisiste víctimas ni ofrendas; en cambio me has dado un cuerpo. No te agradaron los holocaustos ni los sacrificios por el pecado; entonces dije – porque a mí se refiere la Escritura–: "Aquí estoy, Dios mío; vengo para cumplir tu voluntad".* Comienza por decir: *No quisiste víctimas ni ofrendas, no te agradaron los holocaustos ni los sacrificios por el pecado* –siendo así que es lo que pedía la ley–; y luego añade: *Aquí estoy, Dios mío; vengo para cumplir tu voluntad.* Con esto, Cristo suprime los antiguos sacrificios, para establecer el nuevo. Y en virtud de esta voluntad, todos quedamos santificados por la ofrenda del cuerpo de Jesucristo, hecha de una vez por todas.

Aclamación antes del Evangelio: Juan 1, 14
R. Honor y gloria a ti, Señor Jesús.

Aquel que es la Palabra se hizo hombre y habitó entre nosotros y hemos visto su gloria. **R.**

Evangelio: Lucas 1, 26-38

En aquel tiempo, el ángel Gabriel fue enviado por Dios a una ciudad de Galilea, llamada Nazaret, a una virgen desposada con un varón de la estirpe de David, llamado José. La virgen se llamaba María. Entró el ángel a donde ella estaba y le dijo: "Alégrate, llena de gracia, el Señor está contigo". Al oír estas palabras, ella se preocupó mucho y se preguntaba qué querría decir semejante saludo. El ángel le dijo: "No temas, María, porque has hallado gracia ante Dios. Vas a concebir y a dar a luz un hijo y le pondrás por nombre Jesús. Él será grande y será llamado Hijo del Altísimo; el Señor Dios le dará el trono de David, su padre, y él reinará sobre la casa de Jacob por los siglos y su reinado no tendrá fin". María le dijo entonces al ángel: "¿Cómo podrá ser esto, puesto que yo permanezco virgen?" El ángel le contestó: "El Espíritu Santo descenderá sobre ti y el poder del Altísimo te cubrirá con su sombra. Por eso, el Santo, que va a nacer de ti, será llamado Hijo de Dios. Ahí tienes a tu parienta Isabel, que a pesar de su vejez, ha concebido un hijo y ya va en el sexto mes la que llamaban estéril, porque no hay nada imposible para Dios". María contestó: "Yo soy la esclava del Señor; cúmplase en mí lo que me has dicho". Y el ángel se retiró de su presencia.

Miércoles 26 de marzo de 2025
Miércoles de la III semana de Cuaresma
Primera Lectura: Deuteronomio 4, 1. 5-9

En aquellos días, habló Moisés al pueblo, diciendo: "Ahora, Israel, escucha los mandatos y preceptos que te enseño, para que los pongas en práctica y puedas así vivir y entrar a tomar posesión de la tierra que el Señor, Dios de tus padres, te va a dar. Yo les enseño mandatos y preceptos, como me ordena el Señor, mi Dios, para que se ajusten a ellos en la tierra en que van a entrar y que van a tomar en posesión. Guárdenlos y cúmplanlos, porque ellos son su sabiduría y su prudencia a los ojos de los pueblos. Cuando tengan noticia de todos estos preceptos, se dirán: 'En verdad esta gran nación es un pueblo sabio y prudente'. Porque, ¿cuál otra nación hay tan grande que tenga dioses tan cercanos como lo está nuestro Dios, siempre que lo invocamos? ¿Cuál es la gran nación cuyos mandatos y preceptos sean tan justos como toda esta ley que ahora les doy? Pero ten cuidado y atiende bien: No vayas a olvidarte de estos hechos que tus ojos han visto, ni dejes que se aparten de tu corazón en todos los días de tu vida; al contrario, transmíteselos a tus hijos y a los hijos de tus hijos".

Salmo Responsorial: Salmo 147, 12-13. 15-16. 19-20

R. (12a) Glorifica al Señor, Jerusalén.

Glorifica al Señor, Jerusalén; a Dios ríndele honores, Israel. El refuerza el cerrojo de tus puertas y bendice a tus hijos en tu casa. **R.**

El mantiene la paz en tus fronteras, con su trigo mejor sacia tu hambre. El envía a la tierra su mensaje y su palabra corre velozmente. **R.**

Le muestra a Jacob su pensamiento sus normas y designios a Israel. No ha hecho nada igual con ningún pueblo, ni le ha confiado a otro sus proyectos. **R.**

Aclamación antes del Evangelio: Juan 6, 63. 68

R. Honor y gloria a ti, Señor Jesús.

Tus palabras, Señor, son espíritu y vida. Tú tienes palabras de vida eterna. **R.**

Evangelio: Mateo 5, 17-19

En aquel tiempo, Jesús dijo a sus discípulos: "No crean que he venido a abolir la ley o los profetas; no he venido a abolirlos, sino a darles plenitud. Yo les aseguro que antes se acabarán el cielo y la tierra, que deje de cumplirse hasta la más pequeña letra o coma de la ley. Por lo tanto, el que quebrante uno de estos preceptos menores y enseñe eso a los hombres, será el menor en el Reino de los cielos; pero el que los cumpla y los enseñe, será grande en el Reino de los cielos".

Jueves 27 de marzo de 2025

Jueves de la III semana de Cuaresma

Primera Lectura: Jeremías 7, 23-28

Esto dice el Señor: "Ésta es la orden que di a mi pueblo: 'Escuchen mi voz, y yo seré su Dios y ustedes serán mi pueblo; caminen siempre por el camino que yo les mostraré, para que les vaya bien'. Pero ellos no escucharon ni prestaron oído. Caminaron según sus ideas, según la maldad de su corazón obstinado, y en vez de darme la cara, me dieron la espalda, desde que sus padres salieron del país de Egipto hasta hoy. Yo les envié a mis siervos, los profetas, un día y otro día; pero ellos no los escucharon ni les prestaron oído. Endurecieron su cabeza y fueron peores que sus padres. Tú les dirás, pues, todas estas palabras, pero no te escucharán; los llamarás y no te responderán. Entonces les dirás: 'Éste es el pueblo que no escuchó la voz del Señor, su Dios, ni aceptó la corrección. Ya no existe fidelidad en Israel; ha desaparecido de su misma boca' ".

Salmo Responsorial: Salmo 94, 1-2. 6-7. 8-9.

R. (8) Señor, que no seamos sordos a tu voz.

Vengan, lancemos viva al Señor, aclamemos al Dios que nos salva. Acerquémonos a él, llenos de júbilo, y démosle gracias. **R.**

Vengan, y puestos de rodillas, adoremos y bendigamos al Señor, que nos hizo, pues él es nuestro Dios y nosotros, su pueblo; él es nuestro pastor y nosotros, sus ovejas. **R.**

Hagámosle caso al Señor, que nos dice: "No endurezcan su corazón, como el día de la rebelión en el desierto, cuando sus padres dudaron de mí, aunque habían visto mis obras". **R.**

Aclamación antes del Evangelio: Joel 2, 12-13

R. Honor y gloria a ti, Señor Jesús.

Todavía es tiempo, dice el Señor, Arrepiéntanse de todo corazón y vuélvanse a mí, que soy compasivo y misericordioso. **R.**

Evangelio: Lucas 11, 14-23

En aquel tiempo, Jesús expulsó a un demonio, que era mudo. Apenas salió el demonio, habló el mudo y la multitud quedó maravillada. Pero algunos decían: "Éste expulsa a los demonios con el poder de Belzebú, el príncipe de los demonios". Otros, para ponerlo a prueba, le pedían una señal milagrosa. Pero Jesús, que conocía sus malas intenciones, les dijo: "Todo reino dividido por luchas internas va a la ruina y se derrumba casa por casa. Si Satanás también está dividido contra sí mismo, ¿cómo mantendrá su reino? Ustedes dicen que yo arrojo a los demonios con el poder de Satanás. Entonces, ¿con el poder de quién los arrojan los hijos de ustedes? Por eso, ellos mismos serán sus jueces. Pero si yo arrojo a los demonios con el dedo de Dios, eso significa que ha llegado a ustedes el Reino de Dios. Cuando un hombre fuerte y bien armado guarda su palacio, sus bienes están seguros; pero si otro más fuerte lo asalta y lo vence, entonces le quita las armas en que confiaba y después dispone de sus bienes. El que no está conmigo, está contra mí; y el que no recoge conmigo, desparrama".

Viernes de la III semana de Cuaresma

Primera Lectura: Oseas 14, 2-10

Esto dice el Señor Dios: "Israel, conviértete al Señor, Dios tuyo, pues tu maldad te ha hecho sucumbir. Arrepiéntanse y acérquense al Señor para decirle: 'Perdona todas nuestras maldades, acepta nuestro arrepentimiento sincero, que solemnemente te prometemos. Ya no nos salvará Asiria, ya no confiaremos en nuestro ejército, ni volveremos a llamar "dios nuestro" a las obras de nuestras manos, pues sólo en ti encuentra piedad el huérfano'. Yo perdonaré sus infidelidades, dice el Señor; los amaré aunque no lo merezcan, porque mi cólera se ha apartado de ellos. Seré para Israel como rocío; mi pueblo florecerá como el lirio, hundirá profundamente sus raíces, como el álamo, y sus renuevos se propagarán; su esplendor será como el del olivo y tendrá la fragancia de los cedros del Líbano. Volverán a vivir bajo mi sombra, cultivarán los trigales y las viñas, que serán tan famosas como las del Líbano. Ya nada tendrá que ver Efraín con los ídolos. Yo te he castigado, pero yo también te voy a restaurar, pues soy como un ciprés, siempre verde, y gracias a mí, tú das frutos. Quien sea sabio, que comprenda estas cosas y quien sea prudente, que las conozca. Los mandamientos del Señor son rectos y los justos los cumplen; los pecadores, en cambio, tropiezan en ellos y caen".

Salmo Responsorial: Salmo 80, 6c-8a. 8bc-9. 10-11ab. 14 y 17

R. (11 y 9a) Yo soy tu Dios, escúchame.

Oyó Israel palabras nunca oídas: "He quitado la carga de tus hombros y el pesado canasto de tus manos. Clamaste en la aflicción y te libré. **R.**

Te respondí, oculto entre los truenos, y te probé en Meribá, junto a la fuente. Escucha, pueblo mío, mi advertencia. ¡Israel, si quisieras escucharme! **R.**

No tendrás otro Dios. Fuera de mí. Ni adorarás a dioses extranjeros, porque yo el

Señor, soy el Dios tuyo, que te sacó de Egipto, tu destierro. **R.**

¡Ojalá que mi pueblo me escuchara y cumpliera Israel mis mandamientos!

Comería de lo mejor de mi trigo y yo lo saciaría con miel silvestre". **R.**

Aclamación antes del Evangelio: Mateo 4, 17
R. Honor y gloria a ti, Señor Jesús.
Conviértanse, dice el Señor, porque ya está cerca el Reino de los cielos. **R.**

Evangelio: Marcos 12, 28-34

En aquel tiempo, uno de los escribas se acercó a Jesús y le preguntó: "¿Cuál es el primero de todos los mandamientos?" Jesús le respondió: "El primero es: *Escucha, Israel: El Señor, nuestro Dios, es el único Señor; amarás al Señor, tu Dios, con todo tu corazón, con toda tu alma, con toda tu mente y con todas tus fuerzas.* El segundo es éste: Amarás a tu prójimo como a ti mismo. No hay ningún mandamiento mayor que éstos". El escriba replicó: "Muy bien, Maestro. Tienes razón, cuando dices que el Señor es único y que no hay otro fuera de él, y amarlo con todo el corazón, con toda el alma, con todas las fuerzas, y amar al prójimo como a uno mismo, vale más que todos los holocaustos y sacrificios". Jesús, viendo que había hablado muy sensatamente, le dijo: "No estás lejos del Reino de Dios". Y ya nadie se atrevió a hacerle más preguntas.

Sábado 29 de marzo de 2025
Sábado de la III semana de Cuaresma
Primera Lectura: Oseas 6, 1-6

Esto dice el Señor: "En su aflicción, mi pueblo me buscará y se dirán unos a otros: 'Vengan, volvámonos al Señor; él nos ha desgarrado y él nos curará; él nos ha herido y él nos vendará. En dos días nos devolverá la vida, y al tercero, nos levantará y viviremos en su presencia. Esforcémonos por conocer al Señor; tan cierta como la aurora es su aparición y su juicio surge como la luz; bajará sobre nosotros como lluvia temprana, como lluvia de primavera que empapa la tierra'. ¿Qué voy a hacer contigo, Efraín? ¿Qué voy a hacer contigo, Judá? Su amor es nube mañanera, es rocío matinal que se evapora. Por eso los he azotado por medio de los profetas y les he dado muerte con mis palabras. Porque yo quiero misericordia y no sacrificios, conocimiento de Dios, más que holocaustos".

Salmo Responsorial: Salmo 50, 3-4. 18-19. 20-21ab
R. (Os 6,6) Misericordia quiero, no sacrificios, dice el Señor.

Por tu inmensa compasión y misericordia. Señor, apiádate de mí olvida mis ofensas. Lávame bien de todos mis delitos, y purifícame de mis pecados. **R.**

Tú, Señor, no te complaces en los sacrificios y si te ofreciera un holocausto, no te agradaría. Un corazón contrito te presento Y un corazón contrito, tú nunca lo desprecias. **R.**

Señor, por tu bondad, apiádate de Sión, edifica de nuevo sus murallas. Te agradarán entonces los sacrificios justos, ofrendas y holocaustos. **R.**

Aclamación antes del Evangelio: Salmo 94, 8
R. Honor y gloria a ti, Señor Jesús.

Hagámosle caso al Señor, que nos dice: "No endurezcan su corazón". **R.**

Evangelio: Lucas 18, 9-14

En aquel tiempo, Jesús dijo esta parábola sobre algunos que se tenían por justos y despreciaban a los demás: "Dos hombres subieron al templo para orar: uno era fariseo y el otro, publicano. El fariseo, erguido, oraba así en su interior: 'Dios mío, te doy gracias porque no soy como los demás hombres: ladrones, injustos y adúlteros; tampoco soy como ese publicano. Ayuno dos veces por semana y pago el diezmo de todas mis ganancias'. El publicano, en cambio, se quedó lejos y no se atrevía a levantar los ojos al cielo. Lo único que hacía era golpearse el pecho, diciendo: 'Dios mío, apiádate de mí, que soy un pecador'. Pues bien, yo les aseguro que éste bajó a su casa justificado y aquél no; porque todo el que se enaltece será humillado y el que se humilla será enaltecido".

Domingo 30 de marzo de 2025
Cuarto Domingo de Cuaresma
Primera Lectura: Josué 5, 9a. 10-12

En aquellos días, el Señor dijo a Josué: "Hoy he quitado de encima de ustedes el oprobio de Egipto". Los israelitas acamparon en Guilgal, donde celebraron la Pascua, al atardecer del día catorce del mes, en la llanura desértica de Jericó. El día siguiente a la Pascua, comieron del fruto de la tierra, panes ázimos y granos de trigo tostados. A partir de aquel día, cesó el maná. Los israelitas ya no volvieron a tener maná, y desde aquel año comieron de los frutos que producía la tierra de Canaán.

Salmo Responsorial: Salmo 33, 2-3. 4-5. 6-7
R. (9a) Haz la prueba y verás qué bueno es el Señor.

Bendeciré al Señora todas horas, no cesará mi boca de alabarlo. Yo me siento orgulloso del Señor, que se alegre su pueblo al escucharlo. **R.**

Proclamemos la grandeza del Señor, y alabemos todos juntos su poder. Cuando acudí al Señor, me hizo caso y me libró de todos mis temores. **R.**

Confía en el Señor y saltarás de gusto, jamás te sentirás decepcionado, porque el Señor escucha el clamor de los pobres y los libra de todas sus angustias. **R.**

Segunda Lectura: 2 Corintios 5, 17-21
Hermanos: El que vive según Cristo es una creatura nueva; para él todo lo viejo ha pasado. Ya todo es nuevo. Todo esto proviene de Dios, que nos reconcilió consigo por medio de Cristo y que nos confirió el ministerio de la reconciliación. Porque, efectivamente, en Cristo, Dios reconcilió al mundo consigo y renunció a tomar en cuenta los pecados de los hombres, y a nosotros nos confió el mensaje de la reconciliación. Por eso, nosotros somos embajadores de Cristo, y por nuestro medio, es como si Dios mismo los exhortara a ustedes. En nombre de Cristo les pedimos que se dejen reconciliar con Dios. Al que nunca cometió pecado, Dios lo hizo "pecado" por nosotros, para que, unidos a él, recibamos la salvación de Dios y nos volvamos justos y santos.

Aclamación antes del Evangelio: Lucas 15, 18
R. Honor y gloria a ti, Señor Jesús.

Me levantaré, volveré a mi padre y le diré: "Padre, he pecado contra el cielo y contra ti". **R.**

Evangelio: Lucas 15, 1-3. 11-32

En aquel tiempo, se acercaban a Jesús los publicanos y los pecadores para escucharlo. Por lo cual los fariseos y los escribas murmuraban entre sí: "Éste recibe a los pecadores y come con ellos". Jesús les dijo entonces esta parábola: "Un hombre tenía dos hijos, y el menor de ellos le dijo a su padre: 'Padre, dame la parte de la herencia que me toca'. Y él les repartió los bienes. No muchos días después, el hijo menor, juntando todo lo suyo, se fue a un país lejano y allá derrochó su fortuna, viviendo de una manera disoluta. Después de malgastarlo todo, sobrevino en aquella región una gran hambre y él empezó a padecer necesidad. Entonces fue a pedirle trabajo a un habitante de aquel país, el cual lo mandó a sus campos a cuidar cerdos. Tenía ganas de hartarse con las bellotas que comían los cerdos, pero no lo dejaban que se las comiera. Se puso entonces a reflexionar y se dijo: '¡Cuántos trabajadores en casa de mi padre tienen pan de sobra, y yo, aquí, me estoy muriendo de hambre! Me levantaré, volveré a mi padre y le diré: Padre, he pecado contra el cielo y contra ti; ya no merezco llamarme hijo tuyo. Recíbeme como a uno de tus trabajadores'. Enseguida se puso en camino hacia la casa de su padre. Estaba todavía lejos, cuando su padre lo vio y se enterneció profundamente. Corrió hacia él, y echándole los brazos al cuello, lo cubrió de besos. El muchacho le dijo: 'Padre, he pecado contra el cielo y contra ti; ya no merezco llamarme hijo tuyo'. Pero el padre les dijo a sus criados: '¡Pronto!, traigan la túnica más rica y vístansela; pónganle un anillo en el dedo y sandalias en los pies; traigan el becerro gordo y mátenlo. Comamos y hagamos una fiesta, porque este hijo mío estaba muerto y ha vuelto a la vida, estaba perdido y lo hemos encontrado'. Y empezó el banquete. El hijo mayor estaba en el campo y al volver, cuando se acercó a la casa, oyó la música y los cantos. Entonces llamó a uno de los criados y le preguntó qué pasaba. Éste le contestó: 'Tu hermano ha regresado y tu padre mandó matar el becerro gordo, por haberlo recobrado sano y salvo'. El hermano mayor se enojó y no quería entrar. Salió entonces el padre y le rogó que entrara; pero él replicó: '¡Hace tanto tiempo que te sirvo, sin desobedecer jamás una orden tuya, y tú no me has dado nunca ni un cabrito para comérmelo con mis amigos! Pero eso sí, viene ese hijo tuyo, que despilfarró tus bienes con malas mujeres, y tú mandas matar el becerro gordo'. El padre repuso: 'Hijo, tú siempre estás conmigo y todo lo mío es tuyo. Pero era necesario hacer fiesta y regocijarnos, porque este hermano tuyo estaba muerto y ha vuelto a la vida, estaba perdido y lo hemos encontrado' ".

Lunes de la IV semana de Cuaresma

Primera Lectura: Isaías 65, 17-21

Esto dice el Señor: "Voy a crear un cielo nuevo y una tierra nueva; ya no recordaré lo pasado, lo olvidaré de corazón. Se llenarán ustedes de gozo y de perpetua alegría por lo que voy a crear: Convertiré a Jerusalén en júbilo y a mi pueblo en alegría. Me alegraré por Jerusalén y me gozaré por mi pueblo. Ya no se oirán en ella gemidos ni llantos. Ya no habrá niños que vivan pocos días, ni viejos que no colmen sus años y al que no los alcance se le tendrá por maldito. Construirán casas y vivirán en ellas, plantarán viñas y comerán sus frutos".

Salmo Responsorial: Salmo 29, 2 y 4. 5-6. 11-12a y 13b

R. (2a) Te alabaré, Señor, eternamente.

Te alabaré, Señor, pues no dejaste que se rieran de mí mis enemigos. Tú, Señor, me salvaste de la muerte y a punto de morir, me reviviste. **R.**

Alaben al Señor quienes lo aman, den gracias a su nombre, porque su ira dura un solo instante y su bondad, toda la vida. El llanto nos visita por la tarde; por la mañana, el júbilo. **R.**

Escúchame, Señor, y compadécete; Señor, ven en mi ayuda. Convertiste mi duelo en alegría, te alabaré por eso eternamente. **R.**

Aclamación antes del Evangelio: Amós 5, 14

R. Honor y gloria a ti, Señor Jesús.

Busquen el bien y no el mal, para que vivan, y el Señor estará con ustedes. **R.**

Evangelio: Juan 4, 43-54

En aquel tiempo, Jesús salió de Samaria y se fue a Galilea. Jesús mismo había declarado que a ningún profeta se le honra en su propia patria. Cuando llegó, los galileos lo recibieron bien, porque habían visto todo lo que él había hecho en Jerusalén durante la fiesta, pues también ellos habían estado allí. Volvió entonces a Caná de Galilea, donde había convertido el agua en vino. Había allí un funcionario real, que tenía un hijo enfermo en Cafarnaúm. Al oír éste que Jesús había venido de Judea a Galilea, fue a verlo y le rogó que fuera a curar a su hijo, que se estaba muriendo. Jesús le dijo: "Si no ven ustedes signos y prodigios, no creen". Pero el funcionario del rey insistió: "Señor, ven antes de que mi muchachito muera". Jesús le contestó: "Vete, tu hijo ya está sano". Aquel hombre creyó en la palabra de Jesús y se puso en camino. Cuando iba llegando, sus criados le salieron al encuentro para decirle que su hijo ya estaba sano. Él les preguntó a qué hora había empezado la mejoría. Le contestaron: "Ayer, a la una de la tarde, se le quitó la fiebre". El padre reconoció que a esa misma hora Jesús le había dicho: 'Tu hijo ya está sano', y creyó con todos los de su casa. Esta fue la segunda señal milagrosa que hizo Jesús al volver de Judea a Galilea.

Martes 1 de abril de 2025

Martes de la IV semana de Cuaresma

Primera Lectura: Ezequiel 47, 1-9. 12

En aquellos tiempos, un hombre me llevó a la entrada del templo. Por debajo del umbral manaba agua hacia el oriente, pues el templo miraba hacia el oriente, y el agua bajaba por el lado derecho del templo, al sur del altar. Luego me hizo salir por el pórtico del norte y dar la vuelta hasta el pórtico que mira hacia el oriente, y el agua corría por el lado derecho. Aquel hombre salió hacia el oriente, y con la cuerda que tenía en la mano, midió quinientos metros y me hizo atravesar por el agua, que me daba a los tobillos. Midió otros quinientos metros y me hizo pasar; el agua me daba a las rodillas. Midió quinientos más y me hizo cruzar; el agua me daba a la cintura. Era ya un torrente que yo no podía vadear, pues habían crecido las aguas y no se tocaba el fondo. Entonces me dijo: "¿Has visto, hijo de hombre?" Después me hizo volver a la orilla del torrente, y al mirar hacia atrás, vi una gran cantidad de árboles en una y otra orilla. Aquel hombre me dijo: "Estas aguas van hacia la región oriental; bajarán hasta el Arabá, entrarán en el mar de aguas saladas y lo sanearán. Todo ser viviente que se mueva por donde pasa el torrente, vivirá; habrá peces en abundancia, porque los lugares a donde lleguen estas aguas quedarán saneados y por dondequiera que el torrente pase, prosperará la vida. En ambas márgenes del torrente crecerán árboles frutales de toda especie, de follaje perenne e inagotables frutos. Darán frutos nuevos cada mes, porque los riegan las aguas que manan del santuario. Sus frutos servirán de alimento y sus hojas, de medicina".

Salmo Responsorial: Salmo 45, 2-3. 5-6. 8-9

R. (8) Con nosotros está Dios, el Señor.

Dios es nuestro refugio y nuestra fuerza, quien en todo peligro nos socorre. Por eso no tememos, aunque tiemble, y aunque al fondo del mar caigan los montes. **R.**

Un río alegra a la ciudad de Dios, su morada el Altísimo hace santa. Teniendo a Dios, Jerusalén no teme, porque Dios la protege desde el alba. **R.**

Con nosotros está Dios, el Señor; es el Dios de Israel nuestra defensa. Vengan a ver las cosas sorprendentes que ha hecho el Señor sobre la tierra. **R.**

Aclamación antes del Evangelio: Salmo 50, 12. 14
R. Honor y gloria a ti, Señor Jesús.
Crea en mí, Señor, un corazón puro y devuélveme tu salvación, que regocija. **R.**

Evangelio: Juan 5, 1-16
Era un día de fiesta para los judíos, cuando Jesús subió a Jerusalén. Hay en Jerusalén, junto a la puerta de las Ovejas, una piscina llamada Betesdá, en hebreo, con cinco pórticos, bajo los cuales yacía una multitud de enfermos, ciegos, cojos y paralíticos. Entre ellos estaba un hombre que llevaba treinta y ocho años enfermo. Al verlo ahí tendido y sabiendo que ya llevaba mucho tiempo en tal estado, Jesús le dijo: "¿Quieres curarte?" Le respondió el enfermo: "Señor, no tengo a nadie que me meta en la piscina cuando se agita el agua. Cuando logro llegar, ya otro ha bajado antes que yo". Jesús le dijo: "Levántate, toma tu camilla y anda". Al momento el hombre quedó curado, tomó su camilla y se puso a andar. Aquel día era sábado. Por eso los judíos le dijeron al que había sido curado: "No te es lícito cargar tu camilla". Pero él contestó: "El que me curó me dijo: 'Toma tu camilla y anda' ". Ellos le preguntaron: "¿Quién es el que te dijo: 'Toma tu camilla y anda'?" Pero el que había sido curado no lo sabía, porque Jesús había desaparecido entre la muchedumbre. Más tarde lo encontró Jesús en el templo y le dijo: "Mira, ya quedaste sano. No peques más, no sea que te vaya a suceder algo peor". Aquel hombre fue y les contó a los judíos que el que lo había curado era Jesús. Por eso los judíos perseguían a Jesús, porque hacía estas cosas en sábado.

Miércoles 2 de abril de 2025
Miércoles de la IV semana de Cuaresma
Primera Lectura: Isaías 49, 8-15
Esto dice el Señor: "En el tiempo de la misericordia te escuché, en el día de la salvación te auxilié. Yo te formé y te he destinado para que seas alianza del pueblo: para restaurar la tierra, para volver a ocupar los hogares destruidos, para

decir a los prisioneros: 'Salgan', y a los que están en tinieblas: 'Vengan a la luz'. Pastarán de regreso a lo largo de todos los caminos, hallarán pasto hasta en las dunas del desierto. No sufrirán hambre ni sed, no los afligirá el sol ni el calor, porque el que tiene piedad de ellos los conducirá a los manantiales. Convertiré en caminos todas las montañas y pondrán terraplén a mis calzadas. Miren: éstos vienen de lejos; aquéllos, del norte y del poniente, y aquellos otros, de la tierra de Senim. Griten de alegría, cielos; regocíjate, tierra; rompan a cantar, montañas, porque el Señor consuela a su pueblo y tiene misericordia de los desamparados. Sión había dicho: 'El Señor me ha abandonado, el Señor me tiene en el olvido'. ¿Puede acaso una madre olvidarse de su creatura hasta dejar de enternecerse por el hijo de sus entrañas? Aunque hubiera una madre que se olvidara, yo nunca me olvidaré de ti", dice el Señor todopoderoso.

Salmo Responsorial: Salmo 144, 8-9. 13cd-14. 17-18
R. (8a) El Señor es compasivo y misericordioso.

El Señor es compasivo y misericordioso, lento para enojarse y generoso para perdonar. Bueno es el Señor para con todos y su amor se extiende a todas sus creaturas. **R.**

El Señor es siempre fiel a sus palabras, y bondadoso en todas sus acciones. Da su apoyo el Señor al que tropieza Y al agobiado alivia. **R.**

Siempre es justo el Señor en sus designios y están llenas de amor todas sus obras. No está lejos de aquellos que lo buscan; muy cerca está el Señor, de quien lo invoca. **R.**

Aclamación antes del Evangelio: Juan 11, 25. 26
R. Honor y gloria a ti, Señor Jesús.

Yo soy la resurrección y la vida, dice el Señor; el que cree en mí, aunque haya muerto, vivirá. **R.**

Evangelio: Juan 5, 17-30

En aquel tiempo, Jesús dijo a los judíos (que lo perseguían por hacer curaciones en sábado): "Mi Padre trabaja siempre y yo también trabajo". Por eso los judíos buscaban con mayor empeño darle muerte, ya que no sólo violaba el sábado, sino que llamaba Padre suyo a Dios, igualándose así con Dios. Entonces Jesús les habló en estos términos: "Yo les aseguro: El Hijo no puede hacer nada por su cuenta y sólo hace lo que le ve hacer al Padre; lo que hace el Padre también lo hace el Hijo. El Padre ama al Hijo y le manifiesta todo lo que hace; le manifestará obras todavía mayores que éstas, para asombro de ustedes. Así como el Padre resucita a los muertos y les da la vida, así también el Hijo da la vida a quien él quiere dársela. El Padre no juzga a nadie, porque todo juicio se lo ha dado al Hijo, para que todos honren al Hijo, como honran al Padre. El que no honra al Hijo tampoco honra al Padre. Yo les aseguro que, quien escucha mi palabra y cree en el que me envió, tiene vida eterna y no será condenado en el juicio, porque ya pasó de la muerte a la vida. Les aseguro que viene la hora, y ya está aquí, en que los muertos oirán la voz del Hijo de Dios, y los que la hayan oído vivirán. Pues así como el Padre tiene la vida en sí mismo, también le ha dado al Hijo tener la vida en sí mismo; y le ha dado el poder de juzgar, porque es el Hijo del hombre. No se asombren de esto, porque viene la hora en que todos los que yacen en la tumba oirán mi voz y resucitarán: los que hicieron el bien para la vida; los que hicieron el mal, para la condenación. Yo nada puedo hacer por mí mismo. Según lo que oigo, juzgo; y mi juicio es justo, porque no busco mi voluntad, sino la voluntad del que me envió".

Jueves de la IV semana del Cuaresma

Primera Lectura: Éxodo 32, 7-14

En aquellos días, dijo el Señor a Moisés: "Anda, baja del monte, porque tu pueblo, el que sacaste de Egipto, se ha pervertido. No tardaron en desviarse del camino que yo les había señalado. Se han hecho un becerro de metal, se han postrado ante él y le han ofrecido sacrificios y le han dicho: 'Éste es tu dios, Israel; es el que te sacó de Egipto' ". El Señor le dijo también a Moisés: "Veo que éste es un pueblo de cabeza dura. Deja que mi ira se encienda contra ellos hasta consumirlos. De ti, en cambio, haré un gran pueblo". Moisés trató de aplacar al Señor, su Dios, diciéndole: "¿Por qué ha de encenderse tu ira, Señor, contra este pueblo que tú sacaste de Egipto con gran poder y vigorosa mano? ¿Vas a dejar que digan los egipcios: 'Los sacó con malas intenciones, para hacerlos morir en las montañas y borrarlos de la superficie de la tierra'? Apaga el ardor de tu ira, renuncia al mal con que has amenazado a tu pueblo. Acuérdate de Abraham, de Isaac y de Jacob, siervos tuyos, a quienes juraste por ti mismo, diciendo: 'Multiplicaré su descendencia como las estrellas del cielo y les daré en posesión perpetua toda la tierra que les he prometido' ". Y el Señor renunció al castigo con que había amenazado a su pueblo.

Salmo Responsorial: Salmo 105, 19-20. 21-22. 23
R. (4a) Perdona me, Señor, las culpas de tu pueblo.
En el Horeb hicieron un becerro, un ídolo de oro, y lo adoraron. Cambiaron al Dios que era su gloria por la imagen de un buey que como pasto. **R.**
Se olvidaron del Dios que los salvó, y que hizo portentos en Egipto, en la tierra de Cam, mil maravillas, y en las aguas del mar Rojo, sus prodigios. **R.**
Por eso hablaba Dios de aniquilarlos; pero Moisés, que era su elegido, se interpuso, a fin de que, en su cólera, no fuera el Señor a destruirlos. **R.**

Aclamación antes del Evangelio: Juan 3, 16
R. Honor y gloria a ti, Señor Jesús.
Tanto amó Dios al mundo, que le entregó a su Hijo único, para que todo el que crea en él tenga vida eterna. **R.**

Evangelio: Juan 5, 31-47
En aquel tiempo, Jesús dijo a los judíos: "Si yo diera testimonio de mí, mi testimonio no tendría valor; otro es el que da testimonio de mí y yo bien sé que ese testimonio que da de mí, es válido. Ustedes enviaron mensajeros a Juan el Bautista y él dio testimonio de la verdad. No es que yo quiera apoyarme en el testimonio de un hombre. Si digo esto, es para que ustedes se salven. Juan era la lámpara que ardía y brillaba, y ustedes quisieron alegrarse un instante con su luz. Pero yo tengo un testimonio mejor que el de Juan: las obras que el Padre me ha concedido realizar y que son las que yo hago, dan testimonio de mí y me

acreditan como enviado del Padre. El Padre, que me envió, ha dado testimonio de mí. Ustedes nunca han escuchado su voz ni han visto su rostro, y su palabra no habita en ustedes, porque no le creen al que él ha enviado. Ustedes estudian las Escrituras pensando encontrar en ellas vida eterna; pues bien, ellas son las que dan testimonio de mí. ¡Y ustedes no quieren venir a mí para tener vida! Yo no busco la gloria que viene de los hombres; es que los conozco y sé que el amor de Dios no está en ellos. Yo he venido en nombre de mi Padre y ustedes no me han recibido. Si otro viniera en nombre propio, a ése sí lo recibirían. ¿Cómo va a ser posible que crean ustedes, que aspiran a recibir gloria los unos de los otros y no buscan la gloria que sólo viene de Dios? No piensen que yo los voy a acusar ante el Padre; ya hay alguien que los acusa: Moisés, en quien ustedes tienen su esperanza. Si creyeran en Moisés, me creerían a mí, porque él escribió acerca de mí. Pero, si no dan fe a sus escritos, ¿cómo darán fe a mis palabras?"

Viernes 4 de abril de 2025
Viernes de la IV semana de Cuaresma
Primera Lectura: Sabiduría 2, 1. 12-22

Los malvados dijeron entre sí, discurriendo equivocadamente: "Tendamos una trampa al justo, porque nos molesta y se opone a lo que hacemos; nos echa en cara nuestras violaciones a la ley, nos reprende las faltas contra los principios en que fuimos educados. Presume de que conoce a Dios y se proclama a sí mismo hijo del Señor. Ha llegado a convertirse en un vivo reproche de nuestro modo de pensar y su sola presencia es insufrible, porque lleva una vida distinta de los demás y su conducta es extraña. Nos considera como monedas falsas y se aparta de nuestro modo de vivir como de las inmundicias. Tiene por dichosa la suerte final de los justos y se gloría de tener por padre a Dios. Veamos si es cierto lo que dice, vamos a ver qué le pasa en su muerte. Si el justo es hijo de Dios, él lo ayudará y lo librará de las manos de sus enemigos. Sometámoslo a la humillación y a la tortura para conocer su temple y su valor. Condenémoslo a muerte ignominiosa, porque dice que hay quien mire por él". Así discurren los malvados, pero se engañan; su malicia los ciega. No conocen los ocultos designios de Dios, no esperan el premio de la virtud, ni creen en la recompensa de una vida intachable.

Salmo Responsorial: Salmo 33, 17-18. 19-10. 21 y 23

R. (19a) El Señor no está lejos de sus fieles.

En contra del malvado está el Señor, para borrar de la tierra su memoria. Escucha, en cambio, al hombre justo, y lo libra de todas sus congojas. **R.**

El Señor no está lejos de sus fieles y levanta a las almas abatidas. Muchas tribulaciones pasa el justo, pero de todas ellas Dios lo libra. **R.**

Por los huesos del justo vela Dios, sin dejar que ninguno se le quiebre. Salva el Señor la vida de sus siervos; no morirán quienes en él esperan. **R.**

Aclamación antes del Evangelio: Mateo 4, 4

R. Honor y gloria a ti, Señor Jesús.

No sólo de pan vive el hombre, sino también de toda palabra que sale de la boca de Dios. **R.**

Evangelio: Juan 7, 1-2. 10. 25-30

En aquel tiempo, Jesús recorría Galilea, pues no quería andar por Judea, porque los judíos trataban de matarlo. Se acercaba ya la fiesta de los judíos, llamada de los Campamentos. Cuando los parientes de Jesús habían llegado ya a Jerusalén para la fiesta, llegó también él, pero sin que la gente se diera cuenta, como de incógnito. Algunos, que eran de Jerusalén, se decían: "¿No es éste al que quieren matar? Miren cómo habla libremente y no le dicen nada. ¿Será que los jefes se han convencido de que es el Mesías? Pero nosotros sabemos de dónde viene éste; en cambio, cuando llegue el Mesías, nadie sabrá de dónde viene". Jesús, por su parte, mientras enseñaba en el templo, exclamó: "Conque me conocen a mí y saben de dónde vengo... Pues bien, yo no vengo por mi cuenta, sino enviado por el que es veraz; y a él ustedes no lo conocen. Pero yo sí lo conozco, porque procedo de él y él me ha enviado". Trataron entonces de capturarlo, pero nadie le pudo echar mano, porque todavía no había llegado su hora.

Sábado de la IV semana de Cuaresma

Primera Lectura: Jeremías 11, 18-20

En aquel tiempo, dijo Jeremías: "El Señor me instruyó y yo comprendí; él me explicó lo que hacían. Yo era como un manso cordero que es llevado a degollar, y no sabía lo que tramaban contra mí, diciendo: 'Talemos el árbol en su pleno vigor, arranquémoslo de la tierra de los vivos y que su nombre no se pronuncie más'. Ahora tú, Señor de los ejércitos, justo juez, que sondeas lo más íntimo del corazón, haz que yo vea tu venganza contra ellos, porque a ti he encomendado mi causa".

Salmo Responsorial: Salmo 7, 2-3. 9bc-10. 11-12

R. (2a) En ti, Señor, me refugio.

En ti, Dios mío, me refugio: de mis perseguidores, sálvame. No permitas que algunos, como fieras, me destrocen y nadie me rescate. **R.**

Tú que llegas, Señor, a lo más hondo del corazón humano, Tú júzgame, Señor, según mis méritos; conforme a mi inocencia, da tu fallo. Apoya al hombre recto, Pon fin a la maldad de los malvados. **R.**

Tengo mi escudo en Dios, que salva a los de recto corazón. Alabaré al Señor por la justicia y cantaré el nombre del Altísimo. **R.**

Aclamación antes del Evangelio: Lucas 8, 15

R. Honor y gloria a ti, Señor Jesús.

Dichosos los que cumplen la palabra del Señor con un corazón bueno y sincero, y perseveran hasta dar fruto. **R.**

Evangelio: Juan 7, 40-53

En aquel tiempo, algunos de los que habían escuchado a Jesús comenzaron a decir: "Éste es verdaderamente el profeta". Otros afirmaban: "Éste es el Mesías". Otros, en cambio, decían: "¿Acaso el Mesías va a venir de Galilea? ¿No dice la Escritura que el Mesías vendrá de la familia de David, y de Belén, el pueblo de David?" Así surgió entre la gente una división por causa de Jesús. Algunos querían apoderarse de él, pero nadie le puso la mano encima. Los guardias del templo, que habían sido enviados para apresar a Jesús, volvieron a donde estaban los sumos sacerdotes y los fariseos, y éstos les dijeron: "¿Por qué no lo han traído?" Ellos respondieron: "Nadie ha hablado nunca como ese hombre". Los fariseos les replicaron: "¿Acaso también ustedes se han dejado embaucar por él? ¿Acaso ha creído en él alguno de los jefes o de los fariseos? La chusma ésa, que no entiende la ley, está maldita". Nicodemo, aquel que había ido en otro tiempo a ver a Jesús, y que era fariseo, les dijo: "¿Acaso nuestra ley condena a un hombre sin oírlo primero y sin averiguar lo que ha hecho?" Ellos le replicaron: "¿También tú eres galileo? Estudia las Escrituras y verás que de Galilea no ha salido ningún profeta". Y después de esto, cada uno de ellos se fue a su propia casa.

Domingo 6 de abril de 2025
Quinto Domingo de Cuaresma

Primera Lectura: Isaías 43, 16-21

Esto dice el Señor, que abrió un camino en el mar y un sendero en las aguas impetuosas, el que hizo salir a la batalla a un formidable ejército de carros y caballos, que cayeron y no se levantaron, y se apagaron como una mecha que se extingue: "No recuerden lo pasado ni piensen en lo antiguo; yo voy a realizar algo nuevo. Ya está brotando. ¿No lo notan? Voy a abrir caminos en el desierto y haré que corran los ríos en la tierra árida. Me darán gloria las bestias salvajes, los chacales y las avestruces, porque haré correr agua en el desierto, y ríos en el yermo, para apagar la sed de mi pueblo escogido. Entonces el pueblo que me he formado proclamará mis alabanzas".

Salmo Responsorial: Salmo 125, 1-2ab. 2cd-3. 4-5. 6
R. (3) Grandes cosas ha hecho por nosotros, Señor.
Cuando el Señor nos hizo volver cautiverio creíamos soñar: entonces no cesaba de reír nuestra boca Ni se cansaba entonces la lengua de cantar. **R.**
Aun los mismo paganos con asombro decían: "¡ Grandes cosas ha hecho por ellos el Señor!" Y estábamos alegres, pues ha hecho grandes cosas por su pueblo el

Señor. **R.**

Como cambian los ríos la suerte del desierto, cambia también ahora nuestra suerte, Señor, y entre gritos de júbilo cosecharán aquellos que siembran con dolor. **R.**

Al ir, iban llorando, cargando la semilla; al regresar, cantando vendrán con sus gavillas. **R.**

Segunda Lectura: Filipenses 3, 8-14

Hermanos: Todo lo que era valioso para mí, lo consideré sin valor a causa de Cristo. Más aún pienso que nada vale la pena en comparación con el bien supremo, que consiste en conocer a Cristo Jesús, mi Señor, por cuyo amor he renunciado a todo, y todo lo considero como basura, con tal de ganar a Cristo y de estar unido a él, no porque haya obtenido la justificación que proviene de la ley, sino la que procede de la fe en Cristo Jesús, con la que Dios hace justos a los que creen. Y todo esto, para conocer a Cristo, experimentar la fuerza de su resurrección, compartir sus sufrimientos y asemejarme a él en su muerte, con la esperanza de resucitar con él de entre los muertos. No quiero decir que haya logrado ya ese ideal o que sea ya perfecto, pero me esfuerzo en conquistarlo, porque Cristo Jesús me ha conquistado. No, hermanos, considero que todavía no lo he logrado. Pero eso sí, olvido lo que he dejado atrás, y me lanzo hacia adelante, en busca de la meta y del trofeo al que Dios, por medio de Cristo Jesús, nos llama desde el cielo.

Aclamación antes del Evangelio: Joel 2, 12-13
R. Honor y gloria a ti, Señor Jesús.

Todavía es tiempo, dice el Señor. Arrepiéntanse de todo corazón y vuélvanse a mí, que soy compasivo y misericordioso. **R.**

Evangelio: Juan 8, 1-11

En aquel tiempo, Jesús se retiró al monte de los Olivos y al amanecer se presentó de nuevo en el templo, donde la multitud se le acercaba; y él, sentado entre ellos, les enseñaba. Entonces los escribas y fariseos le llevaron a una mujer sorprendida en adulterio, y poniéndola frente a él, le dijeron: "Maestro, esta mujer ha sido sorprendida en flagrante adulterio. Moisés nos manda en la ley apedrear a estas mujeres. ¿Tú que dices?" Le preguntaban esto para ponerle una trampa y poder acusarlo. Pero Jesús se agachó y se puso a escribir en el suelo con el dedo. Como insistían en su pregunta, se incorporó y les dijo: "Aquel de ustedes que no tenga pecado, que le tire la primera piedra". Se volvió a agachar y siguió escribiendo en el suelo. Al oír aquellas palabras, los acusadores comenzaron a escabullirse uno tras otro, empezando por los más viejos, hasta que dejaron solos a Jesús y a la mujer, que estaba de pie, junto a él. Entonces Jesús se enderezó y le preguntó: "Mujer, ¿dónde están los que te acusaban? ¿Nadie te ha condenado?" Ella le contestó: "Nadie, Señor". Y Jesús le dijo: "Tampoco yo te condeno. Vete y ya no vuelvas a pecar".

Lunes 7 de abril de 2025
Lunes de la V semana de Cuaresma
Primera Lectura: Daniel 13, 1-9. 15-17. 19-30. 33-62

En aquel tiempo vivía en Babilonia un hombre llamado Joaquín, casado con Susana, hija de Quelcías, mujer muy bella y temerosa de Dios. Sus padres eran virtuosos y habían educado a su hija según la ley de Moisés. Joaquín era muy rico y tenía una huerta contigua a su casa, donde solían reunirse los judíos, porque era estimado por todos. Aquel año habían sido designados jueces dos ancianos del pueblo; eran de aquellos de quienes había dicho el Señor: "En Babilonia, la iniquidad salió de ancianos elegidos como jueces, que pasaban por guías del pueblo". Éstos frecuentaban la casa de Joaquín y los que tenían litigios que resolver acudían ahí a ellos. Hacia el mediodía, cuando toda la gente se había retirado ya, Susana entraba a pasear en la huerta de su marido. Los dos viejos la veían entrar y pasearse diariamente, y se encendieron de pasión por ella, pervirtieron su corazón y cerraron sus ojos para no ver al cielo ni acordarse de lo que es justo. Un día, mientras acechaban el momento oportuno, salió ella, como de ordinario, con dos muchachas de su servicio, y como hacía calor, quiso bañarse en la huerta. No había nadie allí, fuera de los viejos, que la espiaban escondidos. Susana dijo a las doncellas: "Tráiganme jabón y perfumes, y cierren las puertas de la huerta mientras me baño". Apenas salieron las muchachas, se levantaron los dos viejos, corrieron hacia donde estaba Susana y le dijeron: "Mira: las puertas de la huerta están cerradas y nadie nos ve. Nosotros ardemos en deseos de ti. Consiente y entrégate a nosotros. Si no, te vamos a acusar de que un joven estaba contigo y que por eso despachaste a las doncellas". Susana lanzó un gemido y dijo: "No tengo ninguna salida; si me entrego a ustedes, será la muerte para mí; si resisto, no escaparé de sus manos. Pero es mejor para mí ser víctima de sus calumnias, que pecar contra el Señor". Y dicho esto, Susana comenzó a gritar. Los dos viejos se pusieron a gritar también y uno de ellos corrió a abrir la puerta del jardín. Al oír los gritos en el jardín, los criados se precipitaron por la puerta lateral para ver qué sucedía. Cuando oyeron el relato de los viejos, quedaron consternados, porque jamás se había dicho de Susana cosa semejante. Al día siguiente, todo el pueblo se reunió en la casa de Joaquín, esposo de Susana, y también fueron los dos viejos, llenos de malvadas intenciones contra ella, para hacer que la condenaran a morir. En presencia del pueblo dijeron: "Vayan a buscar a Susana, hija de Quelcías y mujer de Joaquín". Fueron por Susana, quien acudió con sus padres, sus hijos y todos sus parientes. Todos los suyos y cuantos la conocían, estaban llorando. Se levantaron entonces los dos viejos en medio de la asamblea y pusieron sus manos sobre la cabeza de Susana. Ella, llorando, levantó los ojos al cielo, porque su corazón confiaba en el Señor. Los viejos dijeron: "Mientras nosotros nos paseábamos solos por la huerta, entró ésta con dos criadas, luego les dijo que salieran y cerró la puerta. Entonces se acercó un joven que estaba escondido y se acostó con ella. Nosotros estábamos en un extremo de la huerta, y al ver aquella infamia, corrimos hacia ellos y los sorprendimos abrazados. Pero no pudimos sujetar al joven, porque era más fuerte que nosotros; abrió la puerta y se nos escapó. Entonces detuvimos a ésta y le preguntamos quién era el joven, pero se negó a decirlo. Nosotros somos testigos de todo esto". La asamblea creyó a los ancianos, que habían calumniado a Susana, y la condenaron a muerte. Entonces Susana, dando fuertes voces, exclamó: "Dios eterno, que conoces los secretos y lo sabes todo antes de que suceda, tú sabes que éstos me han levantado un falso testimonio. Y voy a morir sin haber hecho nada de lo que su maldad ha tramado contra mí". El Señor escuchó su voz. Cuando llevaban a Susana al sitio de la ejecución, el Señor hizo sentir a un muchacho, llamado Daniel, el santo impulso de ponerse a gritar: "Yo no soy responsable de la sangre de esta mujer". Todo el pueblo se volvió a mirarlo y le preguntaron: "¿Qué es lo que estás diciendo?" Entonces Daniel, de pie en medio de ellos, les respondió: "Israelitas, ¿cómo pueden ser tan ciegos? Han condenado a muerte a una hija de Israel, sin haber investigado y puesto en claro la verdad. Vuelvan al tribunal, porque ésos le han levantado un falso testimonio". Todo el pueblo regresó de prisa y los ancianos dijeron a Daniel: "Ven a sentarte en medio de nosotros y dinos lo que piensas, puesto que Dios mismo te ha dado la madurez de un anciano". Daniel les dijo entonces: "Separen a los acusadores, lejos el uno del otro, y yo los voy a interrogar". Una vez separados, Daniel mandó llamar a uno de ellos y le dijo: "Viejo en años y en crímenes, ahora van a quedar al descubierto tus pecados anteriores, cuando injustamente condenabas a los inocentes y absolvías a los culpables, contra el mandamiento del Señor: *No matarás al que es justo e inocente*. Ahora bien, si es cierto que los viste, dime debajo de qué árbol estaban juntos". Él respondió: "Debajo de una acacia". Daniel le dijo: "Muy bien. Tu mentira te va a costar la vida, pues ya el ángel ha recibido de Dios tu sentencia y te va a partir por la mitad". Daniel les dijo que se lo llevaran, mandó traer al otro y le dijo: "Raza de Canaán y no de Judá, la belleza te sedujo y la pasión te pervirtió el corazón. Lo mismo hacían ustedes con las mujeres de Israel, y ellas, por miedo, se entregaban a ustedes. Pero una mujer de Judá no ha podido soportar la maldad de ustedes. Ahora dime, ¿bajo qué árbol los sorprendiste abrazados?" Él contestó: "Debajo de una encina". Replicó Daniel: "También a ti tu mentira te costará la vida. El ángel del Señor aguarda ya con la espada en la mano, para partirte por la mitad. Así acabará con ustedes". Entonces toda la asamblea levantó la voz y bendijo a Dios, que salva a los que esperan en él. Se alzaron contra los dos viejos, a quienes, con palabras de ellos mismos, Daniel había convencido de falso testimonio, y les aplicaron la pena que ellos mismos habían maquinado contra su prójimo. Para cumplir con la ley de Moisés, los mataron, y aquel día se salvó una vida inocente.

O bien:

Daniel 13, 41-62

En aquel tiempo, la asamblea creyó a los ancianos que habían calumniado a Susana y la condenó a muerte. Entonces Susana, dando fuertes voces exclamó: "Dios eterno, que conoces los secretos y lo sabes todo antes de que suceda, tú sabes que éstos me han levantado un falso testimonio. Y voy a morir sin haber hecho nada de lo que su maldad ha tramado contra mí". El Señor escuchó su voz. Cuando llevaban a Susana al sitio de la ejecución, el Señor hizo sentir a un muchacho, llamado Daniel, el santo impulso de ponerse a gritar: "Yo no soy responsable de la sangre de esta mujer". Todo el pueblo se volvió a mirarlo y le preguntaron: "¿Qué es lo que estás diciendo?" Entonces Daniel, de pie en medio de ellos, les respondió: "Israelitas, ¿cómo pueden ser tan ciegos? Han condenado a muerte a una hija de Israel, sin haber investigado y puesto en claro la verdad. Vuelvan al tribunal, porque ésos le han levantado un falso testimonio". Todo el pueblo regresó de prisa y los ancianos dijeron a Daniel: "Ven a sentarte en medio de nosotros y dinos lo que piensas, puesto que Dios mismo te ha dado la madurez de un anciano". Daniel les dijo entonces: "Separen a los acusadores, lejos el uno del otro, y yo los voy a interrogar". Una vez separados, Daniel mandó llamar a uno de ellos y le dijo: "Viejo en años y en crímenes, ahora van a quedar al descubierto tus pecados anteriores, cuando injustamente condenabas a los inocentes y absolvías a los culpables, contra el mandamiento del Señor: *No matarás al que es justo e inocente*. Ahora bien, si es cierto que los viste, dime debajo de qué árbol estaban juntos". Él respondió: "Debajo de una acacia". Daniel le dijo: "Muy bien. Tu mentira te va a costar la vida, pues ya el ángel ha recibido de Dios tu sentencia y te va a partir por la mitad". Daniel les dijo que se lo llevaran, mandó traer al otro y le dijo: "Raza de Canaán y no de Judá, la belleza te sedujo y la pasión te pervirtió el corazón. Lo mismo hacían ustedes con las mujeres de Israel, y ellas, por miedo, se entregaban a ustedes. Pero una mujer de Judá no ha podido soportar la maldad de ustedes. Ahora dime, ¿bajo qué árbol los sorprendiste abrazados?" Él contestó: "Debajo de una encina". Replicó Daniel: "También a ti tu mentira te costará la vida. El ángel del Señor aguarda ya con la espada en la mano, para partirte por la mitad. Así acabará con ustedes". Entonces toda la asamblea levantó la voz y bendijo a Dios, que salva a los que esperan en él. Se alzaron contra los dos viejos, a quienes, con palabras de ellos mismos, Daniel había convencido de falso testimonio, y les aplicaron la pena que ellos mismos habían maquinado contra su prójimo. Para cumplir con la ley de Moisés, los mataron, y aquel día se salvó una vida inocente.

Salmo Responsorial: Salmo 22, 1-3a. 3b-4. 5-6
R. (4a) Nada temo, Señor, porque tú estás conmigo.
El Señor es mi pastor, nada me falta: en verdes praderas me hace reposar y hacia fuentes tranquilas me conduce para reparar mis fuerzas. **R.**
Por ser un Dios fiel a sus promesas, me guía por el sendero recto; así, aunque camine por cañadas oscuras, nada temo, porque tú estás conmigo. Tu vara y tu cayado me dan seguridad. **R.**
Tú mismo me preparas la mesa, a despecho de mis adversarios; me unges la cabeza con perfume y llenas mi copa hasta los bordes. **R.**
Tu bondad y tu misericordia me acompañarán todos los días de mi vida; y viviré en la casa del Señor por años sin término. **R.**

Aclamación antes del Evangelio: Ezequiel 33, 11
R. Honor y gloria a ti, Señor Jesús.
No quiero la muerte del pecador, sino que se arrepienta y viva, dice el Señor. **R.**

Evangelio: Juan 8, 1-11
En aquel tiempo, Jesús se retiró al monte de los Olivos y al amanecer se presentó de nuevo en el templo, donde la multitud se le acercaba; y él, sentado entre ellos, les enseñaba. Entonces los escribas y fariseos le llevaron a una mujer sorprendida en adulterio, y poniéndola frente a él, le dijeron: "Maestro, esta mujer ha sido sorprendida en flagrante adulterio. Moisés nos manda en la ley apedrear a estas mujeres. ¿Tú que dices?" Le preguntaban esto para ponerle una trampa y poder acusarlo. Pero Jesús se agachó y se puso a escribir en el suelo con el dedo. Como insistían en su pregunta, se incorporó y les dijo: "Aquel de ustedes que no tenga pecado, que le tire la primera piedra". Se volvió a agachar y siguió escribiendo en

el suelo. Al oír aquellas palabras, los acusadores comenzaron a escabullirse uno tras otro, empezando por los más viejos, hasta que dejaron solos a Jesús y a la mujer, que estaba de pie, junto a él. Entonces Jesús se enderezó y le preguntó: "Mujer, ¿dónde están los que te acusaban? ¿Nadie te ha condenado?" Ella le contestó: "Nadie, Señor". Y Jesús le dijo: "Tampoco yo te condeno. Vete y ya no vuelvas a pecar".

Martes de la V semana de Cuaresma

Primera Lectura: Números 21, 4-9

En aquellos días, los hebreos salieron del monte Hor en dirección al Mar Rojo, para rodear el territorio de Edom; pero por el camino, el pueblo se impacientó y murmuró contra Dios y contra Moisés, diciendo: "¿Para qué nos sacaste de Egipto? ¿Para que muriéramos en el desierto? No tenemos pan ni agua y ya estamos hastiados de esta miserable comida". Entonces envió Dios contra el pueblo serpientes venenosas, que los mordían, y murieron muchos israelitas. El pueblo acudió a Moisés y le dijo: "Hemos pecado al murmurar contra el Señor y contra ti. Ruega al Señor que aparte de nosotros las serpientes". Moisés rogó al Señor por el pueblo y el Señor le respondió: "Haz una serpiente como ésas y levántala en un palo. El que haya sido mordido por las serpientes y mire la que tú hagas, vivirá". Moisés hizo una serpiente de bronce y la levantó en un palo; y si alguno era mordido y miraba la serpiente de bronce, quedaba curado.

Salmo Responsorial: Salmo 101, 2-3. 16-18. 19-21

R. (2) Señor, escucha mi plegaria.

Señor, escucha mi plegaria; que a tu presencia lleguen mis clamores. El día de la desgracia. Señor, no me abandones. Cuando te invoque, escúchame y enseguida respóndeme. **R.**

Cuando el Señor reedifique a Sión y aparezca glorioso, cuando oiga el clamor del oprimido y no se muestre a sus plegarias sordo. Entonces al Señor temerán todos los pueblos y su gloria verán los poderosos. **R.**

Esto se escribirá para el futuro y alabará al Señor el pueblo nuevo, porque el

Señor, desde su altura santa, ha mirado a la tierra desde el cielo, para oír los gemidos del cautivo y librar de la muerte al prisionero. **R.**

Aclamación antes del Evangelio
R. Honor y gloria a ti, Señor Jesús.

La semilla es la palabra de Dios y el sembrador es Cristo; todo aquel que lo encuentra vivirá para siempre. **R.**

Evangelio: Juan 8, 21-30

En aquel tiempo, Jesús dijo a los judíos: "Yo me voy y ustedes me buscarán, pero morirán en su pecado. A donde yo voy, ustedes no pueden venir". Dijeron entonces los judíos: "¿Estará pensando en suicidarse y por eso nos dice: 'A donde yo voy, ustedes no pueden venir'?" Pero Jesús añadió: "Ustedes son de aquí abajo y yo soy de allá arriba; ustedes son de este mundo, yo no soy de este mundo. Se lo acabo de decir: morirán en sus pecados, porque si no creen que Yo Soy, morirán en sus pecados". Los judíos le preguntaron: "Entonces ¿quién eres tú?" Jesús les respondió: "Precisamente eso que les estoy diciendo. Mucho es lo que tengo que decir de ustedes y mucho que condenar. El que me ha enviado es veraz y lo que yo le he oído decir a él es lo que digo al mundo". Ellos no comprendieron que hablaba del Padre. Jesús prosiguió: "Cuando hayan levantado al Hijo del hombre, entonces conocerán que Yo Soy y que no hago nada por mi cuenta; lo que el Padre me enseñó, eso digo. El que me envió está conmigo y no me ha dejado solo, porque yo hago siempre lo que a él le agrada". Después de decir estas palabras, muchos creyeron en él.

Miércoles 9 de abril de 2025
Miércoles de la V semana de Cuaresma
Primera Lectura: Daniel 3, 14-20. 49-50. 91-92. 95

En aquellos días dijo el rey Nabucodonosor: "¿Es cierto, Sedrak, Mesak y Abednegó, que no quieren servir a mis dioses, ni adorar la estatua de oro que he mandado levantar? Pues bien, si no es cierto, estén dispuestos para que, al oír sonar el cuerno, la flauta, la cítara, el salterio, la chirimía y toda clase de instrumentos, se postren y adoren la estatua que he mandado hacer. Pero si no la adoran, serán arrojados inmediatamente a un horno encendido. ¿Y qué dios podrá librarlos entonces de mis manos?" Pero Sedrak, Mesak y Abednegó contestaron al rey Nabucodonosor: "No es necesario responder a tu pregunta, pues el Dios a quien servimos puede librarnos del horno encendido y nos librará de tus manos; y aunque no lo hiciera, sábete que de ningún modo serviremos a tus dioses, ni adoraremos la estatua de oro, que has mandado levantar". Entonces Nabucodonosor se enfureció y la expresión de su rostro cambió para Sedrak, Mesak y Abednegó. Mandó encender el horno y aumentar la fuerza del fuego siete veces más de lo acostumbrado. Después ordenó que algunos de los hombres más fuertes de su ejército ataran a Sedrak, Mesak y Abednegó y los arrojaran al horno encendido. Pero el ángel del Señor bajó del cielo, se puso junto a ellos, apartó las llamas y produjo en el horno un frescor como de brisa y de rocío, y el fuego no los atormentó, ni los hirió, ni siquiera los tocó. El rey Nabucodonosor, estupefacto, se levantó precipitadamente y dijo a sus consejeros: "¿Acaso no estaban atados los tres hombres que arrojamos al horno?" Ellos contestaron: "Sí, señor". El rey replicó: "¿Por qué, entonces, estoy viendo cuatro hombres sueltos, que se pasean entre las llamas, sin quemarse? Y el cuarto, parece un ángel". Nabucodonosor los hizo salir del horno y exclamó: "Bendito sea el Dios de Sedrak, Mesak y Abednegó, que ha enviado a su ángel para librar a sus siervos, que confiando en él, desobedecieron la orden del rey y expusieron su vida, antes que servir y adorar a un dios extraño".

Salmo Responsorial: Daniel 3, 52. 53. 54. 55. 56
R. (52b) Bendito seas, Señor, para siempre.

Bendito seas, Señor, Dios de nuestros padres. Bendito sea tu nombre santo y glorioso. **R.**

Bendito seas en el templo santo y glorioso. Bendito seas en el trono de tu reina. **R.**

Bendito eres tú, Señor, que penetras con tu mirada los abismos y sientas en un trono rodeado querubines. Bendito seas, Señor, en la bóveda. **R.**

Aclamación antes del Evangelio: Lucas 8, 15

R. Honor y gloria a ti, Señor Jesús.

Dichosos los que cumplen la palabra del Señor con un corazón bueno y sincero, y perseveran hasta dar fruto. **R.**

Evangelio: Juan 8, 31-42

En aquel tiempo, Jesús dijo a los que habían creído en él: "Si se mantienen fieles a mi palabra, serán verdaderamente discípulos míos, conocerán la verdad y la verdad los hará libres". Ellos replicaron: "Somos hijos de Abraham y nunca hemos sido esclavos de nadie. ¿Cómo dices tú: 'Serán libres'?" Jesús les contestó: "Yo les aseguro que todo el que peca es un esclavo del pecado y el esclavo no se queda en la casa para siempre; el hijo sí se queda para siempre. Si el Hijo les da la libertad, serán realmente libres. Ya sé que son hijos de Abraham; sin embargo, tratan de matarme, porque no aceptan mis palabras. Yo hablo de lo que he visto en casa de mi Padre: ustedes hacen lo que han oído en casa de su padre". Ellos le respondieron: "Nuestro padre es Abraham". Jesús les dijo: "Si fueran hijos de Abraham, harían las obras de Abraham. Pero tratan de matarme a mí, porque les he dicho la verdad que oí de Dios. Eso no lo hizo Abraham. Ustedes hacen las obras de su padre". Le respondieron: "Nosotros no somos hijos de prostitución. No tenemos más padre que a Dios". Jesús les dijo entonces: "Si Dios fuera su Padre me amarían a mí, porque yo salí de Dios y vengo de Dios; no he venido por mi cuenta, sino enviado por él".

Jueves 10 de abril de 2025
Jueves de la V semana de Cuaresma

Primera Lectura: Génesis 17, 3-9

Cuando Dios se le apareció, Abram se postró con el rostro en el suelo y Dios le dijo: "Aquí estoy. Ésta es la alianza que hago contigo: Serás padre de una multitud de pueblos. Ya no te llamarás Abram, sino Abraham, porque te he constituido como padre de muchas naciones. Te haré fecundo sobremanera; de ti surgirán naciones y de ti nacerán reyes. Contigo y con tus descendientes, de generación en generación, establezco una alianza perpetua para ser el Dios tuyo y de tus descendientes. A ti y a tus descendientes les daré en posesión perpetua toda la tierra de Canaán, en la que ahora vives como extranjero; y yo seré el Dios de ustedes". Después le dijo Dios a Abraham: "Cumple, pues, mi alianza, tú y tu posteridad, de generación en generación".

Salmo Responsorial: Salmo 104, 4-5. 6-7. 8-9
R. (8a) El Señor nunca olvida sus promesas.

Recurran al Señor y a su poder, búsquenlo sin descanso. Recuerdan los prodigios que él ha hecho, sus portentos y oráculos. **R.**

Descendientes de Abrahán, su servidor, estirpe de Jacob, su predilecto, escuchen: el Señor es nuestro Dios, y gobiernan la tierra sus decretos. **R.**

Ni aunque transcurran mil generaciones, se olvidará el Señor de sus promesas, de la alianza pactada con Abraham, del juramento a Isaac, que un día le hiciera. **R.**

Aclamación antes del Evangelio: Salmo 94, 8
R. Honor y gloria a ti, Señor Jesús.

Hagámosle caso al Señor, que nos dice: "No endurezcan su corazón". **R.**

Evangelio: Juan 8, 51-59

En aquel tiempo, Jesús dijo a los judíos: "Yo les aseguro: el que es fiel a mis palabras no morirá para siempre". Los judíos le dijeron: "Ahora ya no nos cabe duda de que estás endemoniado. Porque Abraham murió y los profetas también murieron, y tú dices: 'El que es fiel a mis palabras no morirá para siempre'. ¿Acaso eres tú más que nuestro padre Abraham, el cual murió? Los profetas también murieron. ¿Quién pretendes ser tú?" Contestó Jesús: "Si yo me glorificara a mí mismo, mi gloria no valdría nada. El que me glorifica es mi Padre, aquel de quien ustedes dicen: 'Es nuestro Dios', aunque no lo conocen. Yo, en cambio, sí lo conozco; y si dijera que no lo conozco, sería tan mentiroso como ustedes. Pero yo lo conozco y soy fiel a su palabra. Abraham, el padre de ustedes, se regocijaba con el pensamiento de verme; me vio y se alegró por ello". Los judíos le replicaron: "No tienes ni cincuenta años, ¿y has visto a Abraham?" Les respondió Jesús: "Yo les aseguro que desde antes que naciera Abraham, Yo Soy".

Entonces recogieron piedras para arrojárselas, pero Jesús se ocultó y salió del templo.

Viernes de la V semana de Cuaresma

Primera Lectura: Jeremías 20, 10-13

En aquel tiempo, dijo Jeremías: "Yo oía el cuchicheo de la gente que decía: 'Denunciemos a Jeremías, Denunciemos al profeta del terror'. Todos los que eran mis amigos espiaban mis pasos, esperaban que tropezara y me cayera, diciendo: 'Si se tropieza y se cae, lo venceremos y podremos vengarnos de él'. Pero el Señor, guerrero poderoso, está a mi lado; por eso mis perseguidores caerán por tierra y no podrán conmigo; quedarán avergonzados de su fracaso y su ignominia será eterna e inolvidable. Señor de los ejércitos, que pones a prueba al justo y conoces lo más profundo de los corazones, haz que yo vea tu venganza contra ellos, porque a ti he encomendado mi causa. Canten y alaben al Señor, porque él ha salvado la vida de su pobre de la mano de los malvados".

Salmo Responsorial: Salmo 17, 2-3a. 3bc-4. 5-6. 7

R. (7) Sálvame, Señor, en el peligro.

Yo te amo, Señor; tú eres mi fortaleza; el Dios que me protege y me libera. **R.**

Tu eres mi refugio, mi salvación, mi escudo, mi castillo. Cuando invoqué al Señor de mi esperanza al punto me libró de mi enemigo. **R.**

Olas mortales me cercaban, torrentes destructores me envolvían; me alcanzaban las redes del abismo y me ataban los lazos de la muerte. **R.**

En el peligro invoqué al Señor, en mi angustia le grité a mi Dios; desde su templo, él escuchó mi voz, y mi grito llegó a sus oídos. **R.**

Aclamación antes del Evangelio: Juan 6, 63. 68

R. Honor y gloria a ti, Señor Jesús.

Tus palabras, Señor, son espíritu y vida. Tú tienes palabras de vida eterna. **R.**

Evangelio: Juan 10, 31-42

En aquel tiempo, cuando Jesús terminó de hablar, los judíos cogieron piedras para apedrearlo. Jesús les dijo: "He realizado ante ustedes muchas obras buenas de parte del Padre, ¿por cuál de ellas me quieren apedrear?" Le contestaron los judíos: "No te queremos apedrear por ninguna obra buena, sino por blasfemo, porque tú, no siendo más que un hombre, pretendes ser Dios". Jesús les replicó: "¿No está escrito en su ley: *Yo les he dicho: Ustedes son dioses?* Ahora bien, si ahí se llama dioses a quienes fue dirigida la palabra de Dios (y la Escritura no puede equivocarse), ¿cómo es que a mí, a quien el Padre consagró y envió al mundo, me llaman blasfemo porque he dicho: 'Soy Hijo de Dios'? Si no hago las obras de mi Padre, no me crean. Pero si las hago, aunque no me crean a mí, crean a las obras, para que puedan comprender que el Padre está en mí y yo en el Padre". Trataron entonces de apoderarse de él, pero se les escapó de las manos. Luego regresó Jesús al otro lado del Jordán, al lugar donde Juan había bautizado en un principio y se quedó allí. Muchos acudieron a él y decían: "Juan no hizo ningún signo; pero todo lo que Juan decía de éste, era verdad". Y muchos creyeron en él allí.

Sábado 12 de abril de 2025
Sábado de la V semana de Cuaresma
Primera Lectura: Ezequiel 37, 21-28

Esto dice el Señor Dios: "Voy a recoger de las naciones a donde emigraron, a todos los israelitas; de todas partes los congregaré para llevarlos a su tierra. Haré de ellos un solo pueblo en mi tierra, en los montes de Israel; habrá un solo rey para todos ellos y nunca más volverán a ser dos naciones, ni a dividirse en dos reinos. Ya no volverán a mancharse con sus ídolos, sus abominaciones y con todas sus iniquidades; yo los salvaré de las infidelidades que cometieron y los purificaré; ellos van a ser mi pueblo y yo voy a ser su Dios. Mi siervo David será su rey y todos ellos no tendrán más que un pastor; cumplirán mis mandamientos y pondrán por obra mis preceptos. Habitarán en la tierra que di a mi siervo Jacob y en la que habitaron los padres de ustedes, y ahí vivirán para siempre ellos, sus hijos y sus nietos; mi siervo David será su rey para siempre. Voy a hacer con ellos una alianza eterna de paz. Los asentaré, los haré crecer y pondré mi santuario entre ellos para siempre. En medio de ellos estará mi templo: yo voy a ser su Dios y ellos van a ser mi pueblo. Las naciones sabrán que yo soy el Señor que santifica a Israel, cuando vean mi santuario en medio de ellos para siempre".

Salmo Responsorial: Jeremías 31, 10. 11-12ab. 13
R. (10d) El Señor cuidará a su pueblo como un pastor a su rebaño.

Escuchen, pueblos, la palabra del Señor, anúncienla aun en las islas más remotas: "El que dispersó a Israel lo reunirá y lo cuidará como un pastor a su rebaño". **R.**

Porque el Señor redimió a Jacob, Y lo rescató de las manos del poderoso. Ellos vendrán para aclamarlo al monte Sión y vendrán a gozar de los bienes del Señor. **R.**

Entonces se alegrarán las jóvenes, danzando, se sentirán felices jóvenes y viejos, porque yo convertiré su tristeza en alegría, los llenaré de gozo y aliviaré sus penas. **R.**

Aclamación antes del Evangelio: Ezequiel 18, 31
R. Honor y gloria a ti, Señor Jesús.

Purifíquense de todas sus iniquidades; renueven su corazón y su espíritu, dice el Señor. **R.**

Evangelio: Juan 11, 45-56

En aquel tiempo, muchos de los judíos que habían ido a casa de Marta y María, al ver que Jesús había resucitado a Lázaro, creyeron en él. Pero algunos de entre ellos fueron a ver a los fariseos y les contaron lo que había hecho Jesús. Entonces los sumos sacerdotes y los fariseos convocaron al sanedrín y decían: "¿Qué será bueno hacer? Ese hombre está haciendo muchos prodigios. Si lo dejamos seguir así, todos van a creer en él, van a venir los romanos y destruirán nuestro templo y nuestra nación". Pero uno de ellos, llamado Caifás, que era sumo sacerdote aquel año, les dijo: "Ustedes no saben nada. No comprenden que conviene que un solo hombre muera por el pueblo y no que toda la nación perezca". Sin embargo, esto no lo dijo por sí mismo, sino que, siendo sumo sacerdote aquel año, profetizó que Jesús iba a morir por la nación, y no sólo por la nación, sino también para congregar en la unidad a los hijos de Dios, que estaban dispersos. Por lo tanto, desde aquel día tomaron la decisión de matarlo. Por esta razón, Jesús ya no andaba públicamente entre los judíos, sino que se retiró a la ciudad de Efraín, en la región contigua al desierto y allí se quedó con sus discípulos. Se acercaba la Pascua de los judíos y muchos de las regiones circunvecinas llegaron a Jerusalén antes de la Pascua, para purificarse. Buscaban a Jesús en el templo y se decían unos a otros: "¿Qué pasará? ¿No irá a venir para la fiesta?"

Domingo 13 de abril de 2025

Domingo de Ramos De la pasión del Señor

Procesión de las Palmas

Evangelio: Lucas 19, 28-40

En aquel tiempo, Jesús, acompañado de sus discípulos, iba camino de Jerusalén, y al acercarse a Betfagé y a Betania, junto al monte llamado de los Olivos, envió a dos de sus discípulos, diciéndoles: "Vayan al caserío que está frente a ustedes. Al entrar, encontrarán atado un burrito que nadie ha montado todavía. Desátenlo y tráiganlo aquí. Si alguien les pregunta por qué lo desatan, díganle: 'El Señor lo necesita' ". Fueron y encontraron todo como el Señor les había dicho. Mientras desataban el burro, los dueños les preguntaron: "¿Por qué lo desamarran?" Ellos contestaron: "El Señor lo necesita". Se llevaron, pues, el burro, le echaron encima los mantos e hicieron que Jesús montara en él. Conforme iba avanzando, la gente tapizaba el camino con sus mantos, y cuando ya estaba cerca la bajada del monte de los Olivos, la multitud de discípulos, entusiasmados, se pusieron a alabar a Dios a gritos por todos los prodigios que habían visto, diciendo: *"¡Bendito el rey que viene en nombre del Señor! ¡Paz en el cielo y gloria en las alturas!"* Algunos fariseos que iban entre la gente, le dijeron: "Maestro, reprende a tus discípulos". Él les replicó: "Les aseguro que si ellos se callan, gritarán las piedras".

La Misa

Primera Lectura: Isaías 50, 4-7

En aquel entonces, dijo Isaías: "El Señor me ha dado una lengua experta, para que pueda confortar al abatido con palabras de aliento. Mañana tras mañana, el

Señor despierta mi oído, para que escuche yo, como discípulo. El Señor Dios me ha hecho oír sus palabras y yo no he opuesto resistencia ni me he echado para atrás. Ofrecí la espalda a los que me golpeaban, la mejilla a los que me tiraban de la barba. No aparté mi rostro de los insultos y salivazos. Pero el Señor me ayuda, por eso no quedaré confundido, por eso endurecí mi rostro como roca y sé que no quedaré avergonzado".

Salmo Responsorial: Salmo 21, 8-9. 17-18a. 19-20. 23-24
R. (2a) Dios mío, Dios mío, ¿por qué me has abandonado?
Todos los que me ven, de mí se burlan; me hacen gestos y dicen: "Confiaba en el Señor, pues que él lo salve; si de veras lo ama, que lo libre". **R.**
Los malvados me cercan por doquiera como rabiosos perros. Mis manos y mis pies han taladrado y se puedan contar todos mis huesos. **R.**
Reparten entre sí mis vestiduras y se juegan mi túnica a los dados. Señor, auxilio mío, ven y ayudarme, no te quedes de mí tan alejado. **R.**
Contaré tu fama a mis hermanos, en medio de la asamblea te alabaré. Fieles del Señor, alábenlo; glorificarlo, linaje de Jacob, témelo, estirpe de Israel. **R.**

Segunda Lectura: Filipenses 2, 6-11
Cristo, siendo Dios, no consideró que debía aferrarse a las prerrogativas de su condición divina, sino que, por el contrario, se anonadó a sí mismo, tomando la condición de siervo, y se hizo semejante a los hombres. Así, hecho uno de ellos, se humilló a sí mismo y por obediencia aceptó incluso la muerte, y una muerte de cruz. Por eso Dios lo exaltó sobre todas las cosas y le otorgó el nombre que está sobre todo nombre, para que, al nombre de Jesús, todos doblen la rodilla en el cielo, en la tierra y en los abismos, y todos reconozcan públicamente que Jesucristo es el Señor, para gloria de Dios Padre.

Aclamación antes del Evangelio: Filipenses 2, 8-9
R. Honor y gloria a ti, Señor Jesús.
Cristo se humilló por nosotros y por obediencia aceptó incluso la muerte, y una muerte de cruz. Por eso Dios lo exaltó sobre todas las cosas y le otorgó el nombre

que está sobre todo nombre. **R.**

Evangelio: Lucas 22, 14-23, 56

Llegada la hora de cenar, se sentó Jesús con sus discípulos y les dijo: "Cuánto he deseado celebrar esta Pascua con ustedes, antes de padecer, porque yo les aseguro que ya no la volveré a celebrar, hasta que tenga cabal cumplimiento en el Reino de Dios". Luego tomó en sus manos una copa de vino, pronunció la acción de gracias y dijo: "Tomen esto y repártanlo entre ustedes, porque les aseguro que ya no volveré a beber del fruto de la vid hasta que venga el Reino de Dios". Tomando después un pan, pronunció la acción de gracias, lo partió y se lo dio, diciendo: "Esto es mi cuerpo, que se entrega por ustedes. Hagan esto en memoria mía". Después de cenar, hizo lo mismo con una copa de vino, diciendo: "Esta copa es la nueva alianza, sellada con mi sangre, que se derrama por ustedes". "Pero miren: la mano del que me va a entregar está conmigo en la mesa. Porque el Hijo del hombre va a morir, según lo decretado; pero ¡ay de aquel hombre por quien será entregado!" Ellos empezaron a preguntarse unos a otros quién de ellos podía ser el que lo iba a traicionar. Después los discípulos se pusieron a discutir sobre cuál de ellos debería ser considerado como el más importante. Jesús les dijo: "Los reyes de los paganos los dominan, y los que ejercen la autoridad se hacen llamar bienhechores. Pero ustedes no hagan eso, sino todo lo contrario: que el mayor entre ustedes actúe como si fuera el menor, y el que gobierna, como si fuera un servidor. Porque, ¿quién vale más, el que está a la mesa o el que sirve? ¿Verdad que es el que está a la mesa? Pues yo estoy en medio de ustedes como el que sirve. Ustedes han perseverado conmigo en mis pruebas, y yo les voy a dar el Reino, como mi Padre me lo dio a mí, para que coman y beban a mi mesa en el Reino, y se siente cada uno en un trono, para juzgar a las doce tribus de Israel". Luego añadió: "Simón, Simón, mira que Satanás ha pedido permiso para zarandearlos como trigo; pero yo he orado por ti, para que tu fe no desfallezca; y tú, una vez convertido, confirma a tus hermanos". Él le contestó: "Señor, estoy dispuesto a ir contigo incluso a la cárcel y a la muerte". Jesús le replicó: "Te digo, Pedro, que hoy, antes de que cante el gallo, habrás negado tres veces que me conoces". Después les dijo a todos ellos: "Cuando los envié sin provisiones, sin dinero ni sandalias, ¿acaso les faltó algo?" Ellos contestaron: "Nada". Él añadió: "Ahora, en cambio, el que tenga dinero o provisiones, que los tome; y el que no tenga espada, que venda su manto y compre una. Les aseguro que conviene que se cumpla esto que está escrito de mí: *Fue contado entre los malhechores*, porque se acerca el cumplimiento de todo lo que se refiere a mí". Ellos le dijeron: "Señor, aquí hay dos espadas". Él les contestó: "¡Basta ya!" Salió Jesús, como de costumbre, al monte de los Olivos y lo acompañaron los discípulos. Al llegar a ese sitio, les dijo: "Oren, para no caer en la tentación". Luego se alejó de ellos a la distancia de un tiro de piedra y se puso a orar de rodillas, diciendo: "Padre, si quieres, aparta de mí esta amarga prueba; pero que no se haga mi voluntad, sino la tuya". Se le apareció entonces un ángel para confortarlo; él, en su angustia mortal, oraba con mayor insistencia, y comenzó a sudar gruesas gotas de sangre, que caían hasta el suelo. Por fin terminó su oración, se levantó, fue hacia sus discípulos y los encontró dormidos por la pena. Entonces les dijo: "¿Por qué están dormidos? Levántense y oren para no caer en la tentación". Todavía estaba hablando, cuando llegó una turba encabezada por Judas, uno de los Doce, quien se acercó a Jesús para besarlo. Jesús le dijo: "Judas, ¿con un beso entregas al Hijo del hombre?" Al darse cuenta de lo que iba a suceder, los que estaban con él dijeron: "Señor, ¿los atacamos con la espada?" Y uno de ellos hirió a un criado del sumo sacerdote y le cortó la oreja derecha. Jesús intervino, diciendo: "¡Dejen! ¡Basta!" Le tocó la oreja y lo curó. Después Jesús dijo a los sumos sacerdotes, a los encargados del templo y a los ancianos que habían venido a arrestarlo: "Han venido a aprehenderme con espadas y palos, como si fuera un bandido. Todos los días he estado con ustedes en el templo y no me echaron mano. Pero ésta es su hora y la del poder de las tinieblas". Ellos lo arrestaron, se lo llevaron y lo hicieron entrar en la casa del sumo sacerdote. Pedro los seguía desde lejos. Encendieron fuego en medio del patio, se sentaron alrededor y Pedro se sentó también con ellos. Al verlo sentado junto a la lumbre, una criada se le quedó mirando y dijo: "Éste también estaba con él". Pero él lo negó diciendo: "No lo conozco, mujer". Poco después lo vio otro y le dijo: "Tú también eres uno de ellos". Pedro replicó: "¡Hombre, no lo soy!" Y como después de una hora, otro insistió: "Sin duda que éste también estaba con él, porque es galileo". Pedro contestó: "¡Hombre, no sé de qué hablas!" Todavía estaba hablando, cuando cantó un gallo. El Señor, volviéndose, miró a Pedro. Pedro se acordó entonces de las palabras que el Señor le había dicho: 'Antes de que cante el gallo, me negarás tres veces', y saliendo de allí se soltó a llorar amargamente. Los hombres que sujetaban a Jesús se burlaban de él, le daban golpes, le tapaban la cara y le preguntaban: "¿Adivina quién te ha pegado?" Y proferían contra él muchos insultos. Al amanecer se reunió el consejo de los ancianos con los sumos sacerdotes y los escribas. Hicieron comparecer a Jesús ante el sanedrín y le dijeron: "Si tú eres el Mesías, dínoslo". Él les contestó: "Si se lo digo, no lo van a creer, y si les pregunto, no me van a responder. Pero ya desde ahora, el Hijo del hombre está sentado a la derecha de Dios todopoderoso". Dijeron todos: "Entonces, ¿tú eres el Hijo de Dios?" Él les contestó: "Ustedes mismos lo han dicho: sí lo soy". Entonces ellos dijeron: "¿Qué necesidad tenemos ya de testigos? Nosotros mismo lo hemos oído de su boca". El consejo de los ancianos, con los sumos sacerdotes y los escribas, se levantaron y llevaron a Jesús ante Pilato. Entonces comenzaron a acusarlo, diciendo: "Hemos comprobado que éste anda amotinando a nuestra nación y oponiéndose a que se pague tributo al César y diciendo que él es el Mesías rey". Pilato preguntó a Jesús: "¿Eres tú el rey de los judíos?" Él le contestó: "Tú lo has dicho". Pilato dijo a los sumos sacerdotes y a la turba: "No encuentro ninguna culpa en este hombre". Ellos insistían con más fuerza, diciendo: "Solivianta al pueblo enseñando por toda Judea, desde Galilea hasta aquí". Al oír esto, Pilato preguntó si era galileo, y al enterarse de que era de la jurisdicción de Herodes, se lo remitió, ya que Herodes estaba en Jerusalén precisamente por aquellos días. Herodes, al ver a Jesús, se puso muy contento, porque hacía mucho tiempo que quería verlo, pues había oído hablar mucho de él y esperaba presenciar algún milagro suyo. Le hizo muchas preguntas, pero él no le contestó ni una palabra. Estaban ahí los sumos sacerdotes y los escribas, acusándolo sin cesar. Entonces Herodes, con su escolta, lo trató con desprecio y se burló de él, y le mandó poner una vestidura blanca. Después se lo remitió a Pilato. Aquel mismo día se hicieron amigos Herodes y Pilato, porque antes eran enemigos. Pilato convocó a los sumos sacerdotes, a las autoridades y al pueblo, y les dijo: "Me han traído a este hombre, alegando que alborota al pueblo; pero yo lo he interrogado delante de ustedes y no he encontrado en él ninguna de las culpas de que lo acusan. Tampoco Herodes, porque me lo ha enviado de nuevo. Ya ven que ningún delito digno de muerte se ha probado. Así pues, le aplicaré un escarmiento y lo soltaré". Con ocasión de la fiesta, Pilato tenía que dejarles libre a un preso. Ellos vociferaron en masa, diciendo: "¡Quita a ése! ¡Suéltanos a Barrabás!" A éste lo habían metido en la cárcel por una revuelta acaecida en la ciudad y un homicidio. Pilato volvió a dirigirles la palabra, con la intención de poner en libertad a Jesús; pero ellos seguían gritando: "¡Crucifícalo, crucifícalo!" Él les dijo por tercera vez: "¿Pues qué ha hecho de malo? No he encontrado en él ningún delito que merezca la muerte; de modo que le aplicaré un escarmiento y lo soltaré". Pero ellos insistían, pidiendo a gritos que lo crucificara. Como iba creciendo el griterío, Pilato decidió que se cumpliera su petición; soltó al que le pedían, al que había sido encarcelado por revuelta y homicidio, y a Jesús se lo entregó a su arbitrio. Mientras lo llevaban a crucificar, echaron mano a un cierto Simón de Cirene, que volvía del campo, y lo obligaron a cargar la cruz, detrás de Jesús. Lo iba siguiendo una gran multitud de hombres y mujeres, que se golpeaban el pecho y lloraban por él. Jesús se volvió hacia las mujeres y les dijo: "Hijas de Jerusalén, no lloren por mí; lloren por ustedes y por sus hijos, porque van a venir días en que se dirá: '¡Dichosas las estériles y los vientres que no han dado a luz y los pechos que no han criado!' Entonces dirán a los montes: 'Desplómense sobre nosotros', y a las colinas: 'Sepúltennos', porque si así tratan al árbol verde, ¿qué pasará con el seco?" Conducían, además, a dos malhechores, para ajusticiarlos con él. Cuando llegaron al lugar llamado "la Calavera", lo crucificaron allí, a él y a los malhechores, uno a su derecha y el otro a su izquierda. Jesús decía desde la cruz: "Padre, perdónalos, porque no saben lo que hacen". Los soldados se repartieron sus ropas, echando suertes. El pueblo estaba mirando. Las autoridades le hacían muecas, diciendo: "A otros ha salvado; que se salve a sí mismo, si él es el Mesías de Dios, el elegido". También los soldados se burlaban de Jesús, y acercándose a él, le ofrecían vinagre y le decían: "Si tú eres el rey de los judíos, sálvate a ti mismo". Había, en efecto, sobre la cruz, un letrero en griego, latín y hebreo, que decía: "Éste es el rey de los judíos". Uno de los malhechores crucificados insultaba a Jesús, diciéndole: "Si tú eres el Mesías, sálvate a ti mismo y a nosotros". Pero el otro le reclamaba, indignado: "¿Ni siquiera temes tú a Dios estando en el mismo suplicio? Nosotros justamente recibimos el pago de lo que hicimos. Pero éste ningún mal ha hecho". Y le decía a Jesús: "Señor, cuando llegues a tu Reino, acuérdate de mí". Jesús le respondió: "Yo te aseguro que hoy estarás conmigo en el paraíso". Era casi el mediodía, cuando las tinieblas invadieron toda la región y se oscureció el sol hasta las tres de la tarde. El velo del templo se rasgó a la mitad. Jesús, clamando con voz potente, dijo: "¡Padre, en tus manos encomiendo mi espíritu!" Y dicho esto, expiró.

[Aquí se arrodillan todos y se hace una breve pausa.]

El oficial romano, al ver lo que pasaba, dio gloria a Dios, diciendo: "Verdaderamente este hombre era justo". Toda la muchedumbre que había acudido a este espectáculo, mirando lo que ocurría, se volvió a su casa dándose golpes de pecho. Los conocidos de Jesús se mantenían a distancia, lo mismo que las mujeres que lo habían seguido desde Galilea, y permanecían mirando todo aquello. Un hombre llamado José, consejero del sanedrín, hombre bueno y justo, que no había estado de acuerdo con la decisión de los judíos ni con sus actos, que era natural de Arimatea, ciudad de Judea, y que aguardaba el Reino de Dios, se presentó ante Pilato para pedirle el cuerpo de Jesús. Lo bajó de la cruz, lo envolvió en una sábana y lo colocó en un sepulcro excavado en la roca, donde no habían puesto a nadie todavía. Era el día de la Pascua y ya iba a empezar el sábado. Las mujeres que habían seguido a Jesús desde Galilea acompañaron a José para ver el sepulcro y cómo colocaban el cuerpo. Al regresar a su casa, prepararon perfumes y ungüentos, y el sábado guardaron reposo, conforme al mandamiento.

O bien:

Lucas 23, 1-49

En aquel tiempo, el consejo de los ancianos, con los sumos sacerdotes y los escribas, se levantaron y llevaron a Jesús ante Pilato. Entonces comenzaron a acusarlo, diciendo: "Hemos comprobado que éste anda amotinando a nuestra nación y oponiéndose a que se pague tributo al César y diciendo que él es el

Mesías rey". Pilato preguntó a Jesús: "¿Eres tú el rey de los judíos?" Él le contestó: "Tú lo has dicho". Pilato dijo a los sumos sacerdotes y a la turba: "No encuentro ninguna culpa en este hombre". Ellos insistían con más fuerza, diciendo: "Solivianta al pueblo enseñando por toda Judea, desde Galilea hasta aquí". Al oír esto, Pilato preguntó si era galileo, y al enterarse de que era de la jurisdicción de Herodes, se lo remitió, ya que Herodes estaba en Jerusalén precisamente por aquellos días. Herodes, al ver a Jesús, se puso muy contento, porque hacía mucho tiempo que quería verlo, pues había oído hablar mucho de él y esperaba presenciar algún milagro suyo. Le hizo muchas preguntas, pero él no le contestó ni una palabra. Estaban ahí los sumos sacerdotes y los escribas, acusándolo sin cesar. Entonces Herodes, con su escolta, lo trató con desprecio y se burló de él, y le mandó poner una vestidura blanca. Después se lo remitió a Pilato. Aquel mismo día se hicieron amigos Herodes y Pilato, porque antes eran enemigos. Pilato convocó a los sumos sacerdotes, a las autoridades y al pueblo, y les dijo: "Me han traído a este hombre, alegando que alborota al pueblo; pero yo lo he interrogado delante de ustedes y no he encontrado en él ninguna de las culpas de que lo acusan. Tampoco Herodes, porque me lo ha enviado de nuevo. Ya ven que ningún delito digno de muerte se ha probado. Así pues, le aplicaré un escarmiento y lo soltaré". Con ocasión de la fiesta, Pilato tenía que dejarles libre a un preso. Ellos vociferaron en masa, diciendo: "¡Quita a ése! ¡Suéltanos a Barrabás!" A éste lo habían metido en la cárcel por una revuelta acaecida en la ciudad y un homicidio. Pilato volvió a dirigirles la palabra, con la intención de poner en libertad a Jesús; pero ellos seguían gritando: "¡Crucifícalo, crucifícalo!" Él les dijo por tercera vez: "¿Pues qué ha hecho de malo? No he encontrado en él ningún delito que merezca la muerte; de modo que le aplicaré un escarmiento y lo soltaré". Pero ellos insistían, pidiendo a gritos que lo crucificara. Como iba creciendo el griterío, Pilato decidió que se cumpliera su petición; soltó al que le pedían, al que había sido encarcelado por revuelta y homicidio, y a Jesús se lo entregó a su arbitrio. Mientras lo llevaban a crucificar, echaron mano a un cierto Simón de Cirene, que volvía del campo, y lo obligaron a cargar la cruz, detrás de Jesús. Lo iba siguiendo una gran multitud de hombres y mujeres, que se golpeaban el pecho y lloraban por él. Jesús se volvió hacia las mujeres y les dijo:

"Hijas de Jerusalén, no lloren por mí; lloren por ustedes y por sus hijos, porque van a venir días en que se dirá: '¡Dichosas las estériles y los vientres que no han dado a luz y los pechos que no han criado!' Entonces dirán a los montes: 'Desplómense sobre nosotros', y a las colinas: 'Sepúltennos', porque si así tratan al árbol verde, ¿qué pasará con el seco?" Conducían, además, a dos malhechores, para ajusticiarlos con él. Cuando llegaron al lugar llamado "la Calavera", lo crucificaron allí, a él y a los malhechores, uno a su derecha y el otro a su izquierda. Jesús decía desde la cruz: "Padre, perdónalos, porque no saben lo que hacen". Los soldados se repartieron sus ropas, echando suertes. El pueblo estaba mirando. Las autoridades le hacían muecas, diciendo: "A otros ha salvado; que se salve a sí mismo, si él es el Mesías de Dios, el elegido". También los soldados se burlaban de Jesús, y acercándose a él, le ofrecían vinagre y le decían: "Si tú eres el rey de los judíos, sálvate a ti mismo". Había, en efecto, sobre la cruz, un letrero en griego, latín y hebreo, que decía: "Éste es el rey de los judíos". Uno de los malhechores crucificados insultaba a Jesús, diciéndole: "Si tú eres el Mesías, sálvate a ti mismo y a nosotros". Pero el otro le reclamaba indignado: "¿Ni siquiera temes tú a Dios estando en el mismo suplicio? Nosotros justamente recibimos el pago de lo que hicimos. Pero éste ningún mal ha hecho". Y le decía a Jesús: "Señor, cuando llegues a tu Reino, acuérdate de mí". Jesús le respondió: "Yo te aseguro que hoy estarás conmigo en el paraíso". Era casi el mediodía, cuando las tinieblas invadieron toda la región y se oscureció el sol hasta las tres de la tarde. El velo del templo se rasgó a la mitad. Jesús, clamando con voz potente, dijo: "¡Padre, en tus manos encomiendo mi espíritu!" Y dicho esto, expiró.

[Aquí se arrodillan todos y se hace una breve pausa.]

El oficial romano, al ver lo que pasaba, dio gloria a Dios, diciendo: "Verdaderamente este hombre era justo". Toda la muchedumbre que había acudido a este espectáculo, mirando lo que ocurría, se volvió a su casa dándose golpes de pecho. Los conocidos de Jesús se mantenían a distancia, lo mismo que las mujeres que lo habían seguido desde Galilea, y permanecían mirando todo aquello.

Lunes de la semana santa

Primera Lectura: Isaías 42, 1-7

Esto dice el Señor: "Miren a mi siervo, a quien sostengo, a mi elegido, en quien tengo mis complacencias. En él he puesto mi espíritu, para que haga brillar la justicia sobre las naciones. No gritará, no clamará, no hará oír su voz por las calles; no romperá la caña resquebrajada, ni apagará la mecha que aún humea. Promoverá con firmeza la justicia, no titubeará ni se doblegará hasta haber establecido el derecho sobre la tierra y hasta que las islas escuchen su enseñanza". Esto dice el Señor Dios, el que creó el cielo y lo extendió, el que dio firmeza a la tierra, con lo que en ella brota; el que dio el aliento a la gente que habita la tierra y la respiración a cuanto se mueve en ella: "Yo, el Señor, fiel a mi designio de salvación, te llamé, te tomé de la mano, te he formado y te he constituido alianza de un pueblo, luz de las naciones, para que abras los ojos de los ciegos, saques a los cautivos de la prisión y de la mazmorra a los que habitan en tinieblas".

Salmo Responsorial: Salmo 26, 1. 2. 3. 13-14

R. (1a) El Señor es mi luz y mi salvación.

El Señor es mi luz y mi salvación, ¿a quién voy a tenerle miedo? El Señor es la defensa de mi vida, ¿quién podrá hacerme temblar? **R.**

Cuando me asaltan los malvados para devorarme, ellos, enemigos y adversarios, tropiezan y caen. **R.**

Aunque se lance contra mí un ejército, no temerá mi corazón; aun cuando hagan la guerra contra mí, tendré plena confianza en el Señor. **R.**

La bondad del Señor espero ver en esta misma vida. Ármate de valor y fortaleza y en el Señor confía. **R.**

Aclamación antes del Evangelio

R. Honor y gloria a ti, Señor Jesús.

Señor Jesús, rey nuestro, sólo tú has tenido compasión de nuestras faltas. **R.**

Evangelio: Juan 12, 1-11

Seis días antes de la Pascua, fue Jesús a Betania, donde vivía Lázaro, a quien había resucitado de entre los muertos. Allí le ofrecieron una cena; Marta servía y Lázaro era uno de los que estaban con él a la mesa. María tomó entonces una libra de perfume de nardo auténtico, muy costoso, le ungió a Jesús los pies con él y se los enjugó con su cabellera, y la casa se llenó con la fragancia del perfume. Entonces Judas Iscariote, uno de los discípulos, el que iba a entregar a Jesús, exclamó: "¿Por qué no se ha vendido ese perfume en trescientos denarios para dárselos a los pobres?" Esto lo dijo, no porque le importaran los pobres, sino porque era ladrón, y como tenía a su cargo la bolsa, robaba lo que echaban en ella. Entonces dijo Jesús: "Déjala. Esto lo tenía guardado para el día de mi sepultura; porque a los pobres los tendrán siempre con ustedes, pero a mí no siempre me tendrán". Mientras tanto, la multitud de judíos, que se enteró de que Jesús estaba allí, acudió, no sólo por Jesús, sino también para ver a Lázaro, a quien el Señor había resucitado de entre los muertos. Los sumos sacerdotes deliberaban para matar a Lázaro, porque a causa de él, muchos judíos se separaban y creían en Jesús.

Martes 15 de abril de 2025
Martes de la semana santa

Primera Lectura: Isaías 49, 1-6

Escúchenme, islas; pueblos lejanos, atiéndanme. El Señor me llamó desde el vientre de mi madre; cuando aún estaba yo en el seno materno, él pronunció mi nombre. Hizo de mi boca una espada filosa, me escondió en la sombra de su mano, me hizo flecha puntiaguda, me guardó en su aljaba y me dijo: "Tú eres mi siervo, Israel; en ti manifestaré mi gloria". Entonces yo pensé: "En vano me he cansado, inútilmente he gastado mis fuerzas; en realidad mi causa estaba en manos del Señor, mi recompensa la tenía mi Dios". Ahora habla el Señor, el que me formó desde el seno materno, para que fuera su servidor, para hacer que Jacob volviera a él y congregar a Israel en torno suyo –tanto así me honró el Señor y mi Dios fue mi fuerza–. Ahora, pues, dice el Señor: "Es poco que seas mi siervo sólo para restablecer a las tribus de Jacob y reunir a los sobrevivientes de

Israel; te voy a convertir en luz de las naciones, para que mi salvación llegue hasta los últimos rincones de la tierra".

Salmo Responsorial: Salmo 70, 1-2. 3-4a. 5-6ab. 15 y 17
R. (15) En ti, Señor, he puesto mi esperanza.

Señor, tú eres mi esperanza, que no quede yo jamás defraudado. Tú, que eres justo, ayúdame y defiéndeme; escucha mi oración y ponme a salvo. **R.**

Se para mí un refugio, ciudad fortificada en que me salves. Y pues eres mi auxilio y mi defensa, líbrame, Señor, de los malvados. **R.**

Señor, tú eres mi esperanza; desde mi juventud en ti confío. Desde que esteba en el seno de mi madre, y me apoyaba en ti y tú me sostenías. **R.**

Yo proclamaré siempre tu justicia y a todas horas, tu misericordia. Me enseñaste a alabarte desde niño Y seguir alabándote es mi orgullo. **R.**

Aclamación antes del Evangelio
R. Honor y gloria a ti, Señor Jesús.

Señor Jesús, rey nuestro, para obedecer al Padre, quisiste ser llevado a la cruz como manso cordero al sacrificio. **R.**

Evangelio: Juan 13, 21-33. 36-38

En aquel tiempo, cuando Jesús estaba a la mesa con sus discípulos, se conmovió profundamente y declaró: "Yo les aseguro que uno de ustedes me va a entregar". Los discípulos se miraron perplejos unos a otros, porque no sabían de quién hablaba. Uno de ellos, al que Jesús tanto amaba, se hallaba reclinado a su derecha. Simón Pedro le hizo una seña y le preguntó: "¿De quién lo dice?" Entonces él, apoyándose en el pecho de Jesús, le preguntó: "Señor, ¿quién es?" Le contestó Jesús: "Aquel a quien yo le dé este trozo de pan, que voy a mojar". Mojó el pan y se lo dio a Judas, hijo de Simón el Iscariote; y tras el bocado, entró en él Satanás. Jesús le dijo entonces a Judas: "Lo que tienes que hacer, hazlo pronto". Pero ninguno de los comensales entendió a qué se refería; algunos supusieron que, como Judas tenía a su cargo la bolsa, Jesús le había encomendado comprar lo necesario para la fiesta o dar algo a los pobres. Judas, después de tomar el bocado, salió inmediatamente. Era de noche. Una vez que Judas se fue, Jesús dijo: "Ahora ha sido glorificado el Hijo del hombre y Dios ha sido glorificado en él. Si Dios ha sido glorificado en él, también Dios lo glorificará en sí mismo y pronto lo glorificará. Hijitos, todavía estaré un poco con ustedes. Me buscarán, pero como les dije a los judíos, así se lo digo a ustedes ahora: 'A donde yo voy, ustedes no pueden ir' ". Simón Pedro le dijo: "Señor, ¿a dónde vas?" Jesús le respondió: "A donde yo voy, no me puedes seguir ahora; me seguirás más tarde". Pedro replicó: "Señor, ¿por qué no puedo seguirte ahora? Yo daré mi vida por ti". Jesús le contestó: "¿Conque darás tu vida por mí? Yo te aseguro que no cantará el gallo, antes de que me hayas negado tres veces".

Miércoles de la semana santa
Primera Lectura: Isaías 50, 4-9

En aquel entonces, dijo Isaías: "El Señor me ha dado una lengua experta, para que pueda confortar al abatido con palabras de aliento. Mañana tras mañana, el Señor despierta mi oído, para que escuche yo, como discípulo. El Señor Dios me ha hecho oír sus palabras y yo no he opuesto resistencia ni me he echado para atrás. Ofrecí la espalda a los que me golpeaban, la mejilla a los que me tiraban de la barba. No aparté mi rostro a los insultos y salivazos. Pero el Señor me ayuda, por eso no quedaré confundido, por eso endurecí mi rostro como roca y sé que no quedaré avergonzado. Cercano está de mí el que me hace justicia, ¿quién luchará contra mí? ¿Quién es mi adversario? ¿Quién me acusa? Que se me enfrente. El Señor es mi ayuda, ¿quién se atreverá a condenarme?"

Salmo Responsorial: Salmo 68, 8-10. 21bcd-22. 31 y 33-34
R. (14c y b) Por tu bondad, Señor, socórreme.

Por ti he sufrido injurias y la vergüenza cubre mi semblante. Extraño soy y advenedizo, aun para aquellos de mi propia sangre; pues me devora el celo de tu casa, el odio del que te odia, en mí recae. **R.**

La afrenta me destroza el corazón y desfallezco. Espero compasión y no la hallo; consoladores, y no los encuentro. En mi comida me echaron hiel, para mi sed me dieron vinagre. **R.**

En mi catar exaltaré tu nombre, proclamaré tu gloria, agradecido. Se alegrarán al verlo los que sufren, quienes buscan a Dios tendrán más ánimo, Porque el Señor jamás desoye al pobre, ni olvida al que se encuentra encadenado. **R.**

Aclamación antes del Evangelio
R. Honor y gloria a ti, Señor Jesús.

Señor Jesús, rey nuestro, sólo tú has tenido compasión de nuestras faltas. **R.**

Evangelio: Mateo 26, 14-25

En aquel tiempo, uno de los Doce, llamado Judas Iscariote, fue a ver a los sumos sacerdotes y les dijo: "¿Cuánto me dan si les entrego a Jesús?" Ellos quedaron en darle treinta monedas de plata. Y desde ese momento andaba buscando una oportunidad para entregárselo. El primer día de la fiesta de los panes Ázimos, los discípulos se acercaron a Jesús y le preguntaron: "¿Dónde quieres que te preparemos la cena de Pascua?" Él respondió: "Vayan a la ciudad, a casa de fulano y díganle: 'El Maestro dice: Mi hora está ya cerca. Voy a celebrar la Pascua con mis discípulos en tu casa' ". Ellos hicieron lo que Jesús les había ordenado y prepararon la cena de Pascua. Al atardecer, se sentó a la mesa con los Doce, y mientras cenaban, les dijo: "Yo les aseguro que uno de ustedes va a entregarme". Ellos se pusieron muy tristes y comenzaron a preguntarle uno por uno: "¿Acaso soy yo, Señor?" Él respondió: "El que moja su pan en el mismo plato que yo, ése va a entregarme. Porque el Hijo del hombre va a morir, como está escrito de él; pero ¡ay de aquel por quien el Hijo del hombre va a ser entregado! Más le valiera a ese hombre no haber nacido". Entonces preguntó Judas, el que lo iba a entregar: "¿Acaso soy yo, Maestro?" Jesús le respondió: "Tú lo has dicho".

Jueves 17 de abril de 2025
Jueves Santo

Misa del Santo Crisma
Primera Lectura: Isaías 61,1-3a. 6. 8-9

El espíritu del Señor está sobre mí, porque me ha ungido y me ha enviado para anunciar la buena nueva a los pobres, a curar a los de corazón quebrantado, a proclamar el perdón a los cautivos, la libertad a los prisioneros, y a pregonar el año de gracia del Señor, el día de la venganza de nuestro Dios. El Señor me ha enviado a consolar a los afligidos, los afligidos de Sión, a cambiar su ceniza en diadema, sus lágrimas en aceite perfumado de alegría y su abatimiento, en cánticos. Ustedes serán llamados "sacerdotes del Señor"; "ministros de nuestro Dios" se les llamará. Esto dice el Señor: "Yo les daré su recompensa fielmente y haré con ellos un pacto perpetuo. Su estirpe será célebre entre las naciones, y sus vástagos, entre los pueblos. Cuantos los vean reconocerán que son la estirpe que bendijo el Señor".

Salmo Responsorial: Salmo 88, 21-22. 25 y 27
R. (2a) Proclamaré sin cesar la misericordia del Señor.
"He encontrado a David, mi servidor, y con mi aceite santo lo he ungido. Lo sostendrá mi mano y le dará mi brazo fortaleza. **R.**
Contará con mi amor y mi lealtad y su poder aumentará en mi nombre. El me podrá: 'Tú eres mi padre, el Dios que me protege y que me salva'". **R.**

Segunda Lectura: Apocalipsis 1, 5-8
Hermanos míos: Gracia y paz a ustedes, de parte de Jesucristo, el testigo fiel, el primogénito de entre los muertos, el soberano de los reyes de la tierra; aquel que nos amó y nos purificó de nuestros pecados con su sangre y ha hecho de nosotros un reino de sacerdotes para su Dios y Padre. A él la gloria y el poder por los siglos de los siglos. Amén.
Miren: él viene entre las nubes, y todos lo verán, aun aquellos que lo traspasaron. Todos los pueblos de la tierra harán duelo por su causa. "Yo soy el Alfa y la Omega, dice el Señor Dios, el que es, el que era y el que ha de venir; el todopoderoso".

Aclamación antes del Evangelio: Isaías 61, 1 (cit. en Lucas 4, 18)

R. Honor y gloria a ti, Señor Jesús.

El Espíritu del Señor está sobre mí. Me ha enviado para anunciar la buena nueva a los pobres. **R.**

Evangelio: Lucas 4, 16-21

En aquel tiempo, Jesús fue a Nazaret, donde se había criado. Entró en la sinagoga, como era su costumbre hacerlo los sábados, y se levantó para hacer la lectura. Se le dio el volumen del profeta Isaías, lo desenrolló y encontró el pasaje en que estaba escrito: *El Espíritu del Señor está sobre mí, porque me ha ungido para llevar a los pobres la buena nueva, para anunciar la liberación a los cautivos y la curación a los ciegos, para dar libertad a los oprimidos y proclamar el año de gracia del Señor.* Enrolló el volumen, lo devolvió al encargado y se sentó. Los ojos de todos los asistentes a la sinagoga estaban fijos en él. Entonces comenzó a hablar, diciendo: "Hoy mismo se ha cumplido este pasaje de la Escritura que acaban de oír".

Misa vespertina de la Cena del Señor
Primera Lectura: Éxodo 12, 1-8. 11-14

En aquellos días, el Señor les dijo a Moisés y a Aarón en tierra de Egipto: "Este mes será para ustedes el primero de todos los meses y el principio del año. Díganle a toda la comunidad de Israel: 'El día diez de este mes, tomará cada uno un cordero por familia, uno por casa. Si la familia es demasiado pequeña para comérselo, que se junte con los vecinos y elija un cordero adecuado al número de personas y a la cantidad que cada cual pueda comer. Será un animal sin defecto, macho, de un año, cordero o cabrito. Lo guardarán hasta el día catorce del mes, cuando toda la comunidad de los hijos de Israel lo inmolará al atardecer. Tomarán la sangre y rociarán las dos jambas y el dintel de la puerta de la casa donde vayan a comer el cordero. Esa noche comerán la carne, asada a fuego; comerán panes sin levadura y hierbas amargas. Comerán así: con la cintura ceñida, las sandalias en los pies, un bastón en la mano y a toda prisa, porque es la Pascua, es decir, el paso del Señor. Yo pasaré esa noche por la tierra de Egipto y heriré a todos los primogénitos del país de Egipto, desde los hombres hasta los ganados. Castigaré a todos los dioses de Egipto, yo, el Señor. La sangre les servirá de señal en las casas donde habitan ustedes. Cuando yo vea la sangre, pasaré de largo y no habrá entre ustedes plaga exterminadora, cuando hiera yo la tierra de Egipto. Ese día será para ustedes un memorial y lo celebrarán como fiesta en honor del Señor. De generación en generación celebrarán esta festividad, como institución perpetua'".

Salmo Responsorial: Salmo 115, 12-13. 15-16bc. 17-18
R. (1 Corintios 10, 16) Gracias, Señor, por tu sangre que nos lava.

¿Cómo le pagaré al Señor todo el bien que me ha hecho? Levantaré el cáliz de salvación, e invocaré el nombre del Señor. **R.**

A los ojos del Señor es muy penoso que mueran sus amigos. De la muerte, Señor, me has librado, a mí, tu esclavo e hijo de tu esclava. **R.**

Te ofreceré con gratitud un sacrificio e invocaré tu nombre. Cumpliré mis promesas al Señor ante todo su pueblo. **R.**

Segunda Lectura: 1 Corintios 11, 23-26

Hermanos: Yo recibí del Señor lo mismo que les he trasmitido: que el Señor Jesús, la noche en que iba a ser entregado, tomó pan en sus manos, y pronunciando la acción de gracias, lo partió y dijo: "Esto es mi cuerpo, que se entrega por ustedes. Hagan esto en memoria mía". Lo mismo hizo con el cáliz después de cenar, diciendo: "Este cáliz es la nueva alianza que se sella con mi sangre. Hagan esto en memoria mía siempre que beban de él". Por eso, cada vez que ustedes comen de este pan y beben de este cáliz, proclaman la muerte del Señor, hasta que vuelva.

Aclamación antes del Evangelio: Juan 13, 34
R. Honor y gloria a ti, Señor Jesús.

Les doy un mandamiento nuevo, dice el Señor, que se amen los unos a los otros, como yo los he amado. **R.**

Evangelio: Juan 13, 1-15

Antes de la fiesta de la Pascua, sabiendo Jesús que había llegado la hora de pasar de este mundo al Padre y habiendo amado a los suyos, que estaban en el mundo, los amó hasta el extremo. En el transcurso de la cena, cuando ya el diablo había puesto en el corazón de Judas Iscariote, hijo de Simón, la idea de entregarlo, Jesús, consciente de que el Padre había puesto en sus manos todas las cosas y sabiendo que había salido de Dios y a Dios volvía, se levantó de la mesa, se quitó el manto y tomando una toalla, se la ciñó; luego echó agua en una jofaina y se puso a lavarles los pies a los discípulos y a secárselos con la toalla que se había ceñido. Cuando llegó a Simón Pedro, éste le dijo: "Señor, ¿me vas a lavar tú a mí los pies?" Jesús le replicó: "Lo que estoy haciendo tú no lo entiendes ahora, pero lo comprenderás más tarde". Pedro le dijo: "Tú no me lavarás los pies jamás". Jesús le contestó: "Si no te lavo, no tendrás parte conmigo". Entonces le dijo Simón Pedro: "En ese caso, Señor, no sólo los pies, sino también las manos y la cabeza". Jesús le dijo: "El que se ha bañado no necesita lavarse más que los pies, porque todo él está limpio. Y ustedes están limpios, aunque no todos". Como sabía quién lo iba a entregar, por eso dijo: 'No todos están limpios'. Cuando acabó de lavarles los pies, se puso otra vez el manto, volvió a la mesa y les dijo: "¿Comprenden lo que acabo de hacer con ustedes? Ustedes me llaman Maestro y Señor, y dicen bien, porque lo soy. Pues si yo, que soy el Maestro y el Señor, les he lavado los pies, también ustedes deben lavarse los pies los unos a los otros. Les he dado ejemplo, para que lo que yo he hecho con ustedes, también ustedes lo hagan".

Viernes 18 de abril de 2025

Viernes Santo de la Pasión del Señor

Primera Lectura: Isaías 52, 13-53, 12

He aquí que mi siervo prosperará, será engrandecido y exaltado, será puesto en alto. Muchos se horrorizaron al verlo, porque estaba desfigurado su semblante, que no tenía ya aspecto de hombre; pero muchos pueblos se llenaron de asombro. Ante él los reyes cerrarán la boca, porque verán lo que nunca se les había contado y comprenderán lo que nunca se habían imaginado. ¿Quién habrá de creer lo que hemos anunciado? ¿A quién se le revelará el poder del Señor? Creció en su presencia como planta débil, como una raíz en el desierto. No tenía gracia ni belleza. No vimos en él ningún aspecto atrayente; despreciado y rechazado por los hombres, varón de dolores, habituado al sufrimiento; como uno del cual se aparta la mirada, despreciado y desestimado. Él soportó nuestros sufrimientos y aguantó nuestros dolores; nosotros lo tuvimos por leproso, herido por Dios y humillado, traspasado por nuestras rebeliones, triturado por nuestros crímenes. Él soportó el castigo que nos trae la paz. Por sus llagas hemos sido curados. Todos andábamos errantes como ovejas, cada uno siguiendo su camino, y el Señor cargó sobre él todos nuestros crímenes. Cuando lo maltrataban, se humillaba y no abría la boca, como un cordero llevado a degollar; como oveja ante el esquilador, enmudecía y no abría la boca. Inicuamente y contra toda justicia se lo llevaron. ¿Quién se preocupó de su suerte? Lo arrancaron de la tierra de los vivos, lo hirieron de muerte por los pecados de mi pueblo, le dieron sepultura con los malhechores a la hora de su muerte, aunque no había cometido crímenes, ni hubo engaño en su boca. El Señor quiso triturarlo con el sufrimiento. Cuando entregue su vida como expiación, verá a sus descendientes, prolongará sus años y por medio de él prosperarán los designios del Señor. Por las fatigas de su alma, verá la luz y se saciará; con sus sufrimientos justificará mi siervo a muchos, cargando con los crímenes de ellos. Por eso le daré una parte entre los grandes, y con los fuertes repartirá despojos, ya que indefenso se entregó a la muerte y fue contado entre los malhechores, cuando tomó sobre sí las culpas de todos e intercedió por los pecadores.

Salmo Responsorial: Salmo 30, 2 y 6. 12-13. 15-16. 17 y 25
R. (Lucas 23, 46) Padre, en tus manos encomiendo mi espíritu.
A ti, Señor, me acojo: que no quede yo nunca defraudado. En tus manos encomiendo mi espíritu: y tú, mi Dios leal, me librarás. **R.**
Se burlan de mí mis enemigos, mis vecinos y parientes de mí se espantan, los que me ven pasar huyen de mí. Estoy en el olvido, como un muerto, Como un objeto tirado en la basura. **R.**
Pero yo, Señor, en ti confío. Tú eres mi Dios, y en tus manos está mi destino. Líbrame de los enemigos que me persiguen. **R.**

Vuelve, Señor, tus ojos a tu siervo y sálvame, por tu misericordia. Sean fuertes y valientes de corazón, Ustedes, los que esperan en el Señor. **R.**

Segunda Lectura: Hebreos 4, 14-16; 5, 7-9

Hermanos: Jesús, el Hijo de Dios, es nuestro sumo sacerdote, que ha entrado en el cielo. Mantengamos firme la profesión de nuestra fe. En efecto, no tenemos un sumo sacerdote que no sea capaz de compadecerse de nuestros sufrimientos, puesto que él mismo ha pasado por las mismas pruebas que nosotros, excepto el pecado. Acerquémonos, por lo tanto, con plena confianza al trono de la gracia, para recibir misericordia, hallar la gracia y obtener ayuda en el momento oportuno. Precisamente por eso, Cristo, durante su vida mortal, ofreció oraciones y súplicas, con fuertes voces y lágrimas, a aquel que podía librarlo de la muerte, y fue escuchado por su piedad. A pesar de que era el Hijo, aprendió a obedecer padeciendo, y llegado a su perfección, se convirtió en la causa de la salvación eterna para todos los que lo obedecen.

Aclamación antes del Evangelio: Filipenses 2, 8-9
R. Honor y gloria a ti, Señor Jesús.

Cristo se humilló por nosotros y por obediencia aceptó incluso la muerte, y una muerte de cruz. Por eso Dios lo exaltó sobre todas las cosas y le otorgó el nombre que está sobre todo nombre. **R.**

Evangelio: Juan 18, 1-19, 42

En aquel tiempo, Jesús fue con sus discípulos al otro lado del torrente Cedrón, donde había un huerto, y entraron allí él y sus discípulos. Judas, el traidor, conocía también el sitio, porque Jesús se reunía a menudo allí con sus discípulos. Entonces Judas tomó un batallón de soldados y guardias de los sumos sacerdotes y de los fariseos y entró en el huerto con linternas, antorchas y armas. Jesús, sabiendo todo lo que iba a suceder, se adelantó y les dijo: "¿A quién buscan?" Le contestaron: "A Jesús, el nazareno". Les dijo Jesús: "Yo soy". Estaba también con ellos Judas, el traidor. Al decirles 'Yo soy', retrocedieron y cayeron a tierra. Jesús les volvió a preguntar: "¿A quién buscan?" Ellos dijeron: "A Jesús, el nazareno".

Jesús contestó: "Les he dicho que soy yo. Si me buscan a mí, dejen que éstos se vayan". Así se cumplió lo que Jesús había dicho: 'No he perdido a ninguno de los que me diste'. Entonces Simón Pedro, que llevaba una espada, la sacó e hirió a un criado del sumo sacerdote y le cortó la oreja derecha. Este criado se llamaba Malco. Dijo entonces Jesús a Pedro: "Mete la espada en la vaina. ¿No voy a beber el cáliz que me ha dado mi Padre?" El batallón, su comandante y los criados de los judíos apresaron a Jesús, lo ataron y lo llevaron primero ante Anás, porque era suegro de Caifás, sumo sacerdote aquel año. Caifás era el que había dado a los judíos este consejo: 'Conviene que muera un solo hombre por el pueblo'. Simón Pedro y otro discípulo iban siguiendo a Jesús. Este discípulo era conocido del sumo sacerdote y entró con Jesús en el palacio del sumo sacerdote, mientras Pedro se quedaba fuera, junto a la puerta. Salió el otro discípulo, el conocido del sumo sacerdote, habló con la portera e hizo entrar a Pedro. La portera dijo entonces a Pedro: "¿No eres tú también uno de los discípulos de ese hombre?" Él dijo: "No lo soy". Los criados y los guardias habían encendido un brasero, porque hacía frío, y se calentaban. También Pedro estaba con ellos de pie, calentándose.

El sumo sacerdote interrogó a Jesús acerca de sus discípulos y de su doctrina. Jesús le contestó: "Yo he hablado abiertamente al mundo y he enseñado continuamente en la sinagoga y en el templo, donde se reúnen todos los judíos, y no he dicho nada a escondidas. ¿Por qué me interrogas a mí? Interroga a los que me han oído, sobre lo que les he hablado. Ellos saben lo que he dicho". Apenas dijo esto, uno de los guardias le dio una bofetada a Jesús, diciéndole: "¿Así contestas al sumo sacerdote?" Jesús le respondió: "Si he faltado al hablar, demuestra en qué he faltado; pero si he hablado como se debe, ¿por qué me pegas?" Entonces Anás lo envió atado a Caifás, el sumo sacerdote. Simón Pedro estaba de pie, calentándose, y le dijeron: "¿No eres tú también uno de sus discípulos?" Él lo negó diciendo: "No lo soy". Uno de los criados del sumo sacerdote, pariente de aquel a quien Pedro le había cortado la oreja, le dijo: "¿Qué no te vi yo con él en el huerto?" Pedro volvió a negarlo y enseguida cantó un gallo. Llevaron a Jesús de casa de Caifás al pretorio. Era muy de mañana y ellos no entraron en el palacio para no incurrir en impureza y poder así comer la cena de Pascua. Salió entonces Pilato a donde estaban ellos y les dijo: "¿De qué acusan a este hombre?" Le contestaron: "Si éste no fuera un malhechor, no te lo hubiéramos traído". Pilato les dijo: "Pues llévenselo y júzguenlo según su ley". Los judíos le respondieron: "No estamos autorizados para dar muerte a nadie". Así se cumplió lo que había dicho Jesús, indicando de qué muerte iba a morir. Entró otra vez Pilato en el pretorio, llamó a Jesús y le dijo: "¿Eres tú el rey de los judíos?" Jesús le contestó: "¿Eso lo preguntas por tu cuenta o te lo han dicho otros?" Pilato le respondió: "¿Acaso soy yo judío? Tu pueblo y los sumos sacerdotes te han entregado a mí. ¿Qué es lo que has hecho?" Jesús le contestó: "Mi Reino no es de este mundo. Si mi Reino fuera de este mundo, mis servidores habrían luchado para que no cayera yo en manos de los judíos. Pero mi Reino no es de aquí". Pilato le dijo: "¿Conque tú eres rey?" Jesús le contestó: "Tú lo has dicho. Soy rey. Yo nací y vine al mundo para ser testigo de la verdad. Todo el que es de la verdad, escucha mi voz". Pilato le dijo: "¿Y qué es la verdad?" Dicho esto, salió otra vez a donde estaban los judíos y les dijo: "No encuentro en él ninguna culpa. Entre ustedes es costumbre que por Pascua ponga en libertad a un preso. ¿Quieren que les suelte al rey de los judíos?" Pero todos ellos gritaron: "¡No, a ése no! ¡A Barrabás!" (El tal Barrabás era un bandido).

Entonces Pilato tomó a Jesús y lo mandó azotar. Los soldados trenzaron una corona de espinas, se la pusieron en la cabeza, le echaron encima un manto color púrpura, y acercándose a él, le decían: "¡Viva el rey de los judíos!", y le daban de bofetadas. Pilato salió otra vez afuera y les dijo: "Aquí lo traigo para que sepan que no encuentro en él ninguna culpa". Salió, pues, Jesús, llevando la corona de espinas y el manto color púrpura. Pilato les dijo: "Aquí está el hombre". Cuando lo vieron los sumos sacerdotes y sus servidores, gritaron: "¡Crucifícalo, crucifícalo!" Pilato les dijo: "Llévenselo ustedes y crucifíquenlo, porque yo no encuentro culpa en él". Los judíos le contestaron: "Nosotros tenemos una ley y según esa ley tiene que morir, porque se ha declarado Hijo de Dios". Cuando Pilato oyó estas palabras, se asustó aún más, y entrando otra vez en el pretorio, dijo a Jesús: "¿De dónde eres tú?" Pero Jesús no le respondió. Pilato le dijo entonces: "¿A mí no me hablas? ¿No sabes que tengo autoridad para soltarte y autoridad para crucificarte?" Jesús le contestó: "No tendrías ninguna autoridad sobre mí, si no te la hubieran dado de lo alto. Por eso, el que me ha entregado a ti tiene un pecado mayor". Desde ese momento Pilato trataba de soltarlo, pero los judíos gritaban: "¡Si sueltas a ése, no eres amigo del César!; porque todo el que pretende ser rey, es enemigo del César".

Al oír estas palabras, Pilato sacó a Jesús y lo sentó en el tribunal, en el sitio que llaman "el Enlosado" (en hebreo Gábbata). Era el día de la preparación de la Pascua, hacia el mediodía. Y dijo Pilato a los judíos: "Aquí tienen a su rey". Ellos gritaron: "¡Fuera, fuera! ¡Crucifícalo!" Pilato les dijo: "¿A su rey voy a crucificar?" Contestaron los sumos sacerdotes: "No tenemos más rey que el César". Entonces se lo entregó para que lo crucificaran. Tomaron a Jesús, y él, cargando con la cruz se dirigió hacia el sitio llamado "la Calavera" (que en hebreo se dice Gólgota), donde lo crucificaron, y con él a otros dos, uno de cada lado, y en medio Jesús. Pilato mandó escribir un letrero y ponerlo encima de la cruz; en él estaba escrito: 'Jesús el nazareno, el rey de los judíos'. Leyeron el letrero muchos judíos, porque estaba cerca el lugar donde crucificaron a Jesús y estaba escrito en hebreo, latín y griego. Entonces los sumos sacerdotes de los judíos le dijeron a Pilato: "No escribas: 'El rey de los judíos', sino: 'Éste ha dicho: Soy rey de los judíos'". Pilato les contestó: "Lo escrito, escrito está". Cuando crucificaron a Jesús, los soldados cogieron su ropa e hicieron cuatro partes, una para cada soldado, y apartaron la túnica. Era una túnica sin costura, tejida toda de una pieza de arriba a abajo. Por eso se dijeron: "No la rasguemos, sino echemos suertes para ver a quién le toca". Así se cumplió lo que dice la Escritura: *Se repartieron mi ropa y echaron a suerte mi túnica.* Y eso hicieron los soldados. Junto a la cruz de Jesús estaban su madre, la hermana de su madre, María la de Cleofás, y María Magdalena. Al ver a su madre y junto a ella al discípulo que tanto quería, Jesús dijo a su madre: "Mujer, ahí está tu hijo". Luego dijo al discípulo: "Ahí está tu madre". Y desde aquella hora el discípulo se la llevó a vivir con él. Después de esto, sabiendo Jesús que todo había llegado a su término, para que se cumpliera la Escritura dijo: "Tengo sed". Había allí un jarro lleno de vinagre. Los soldados sujetaron una esponja empapada en vinagre a una caña de hisopo y se la acercaron a la boca. Jesús probó el vinagre y dijo: "Todo está cumplido", e inclinando la cabeza, entregó el espíritu.

[Aquí se arrodillan todos y se hace una breve pausa.]

Entonces, los judíos, como era el día de la preparación de la Pascua, para que los cuerpos de los ajusticiados no se quedaran en la cruz el sábado, porque aquel sábado era un día muy solemne, pidieron a Pilato que les quebraran las piernas y los quitaran de la cruz. Fueron los soldados, le quebraron las piernas a uno y luego al otro de los que habían sido crucificados con él. Pero al llegar a Jesús, viendo que ya había muerto, no le quebraron las piernas, sino que uno de los soldados le traspasó el costado con una lanza e inmediatamente salió sangre y agua. El que vio da testimonio de esto y su testimonio es verdadero y él sabe que dice la verdad, para que también ustedes crean. Esto sucedió para que se cumpliera lo que dice la Escritura: *No le quebrarán ningún hueso*; y en otro lugar la Escritura dice: *Mirarán al que traspasaron*. Después de esto, José de Arimatea, que era discípulo de Jesús, pero oculto por miedo a los judíos, pidió a Pilato que lo dejara llevarse el cuerpo de Jesús. Y Pilato lo autorizó. Él fue entonces y se llevó el cuerpo. Llegó también Nicodemo, el que había ido a verlo de noche, y trajo unas cien libras de una mezcla de mirra y áloe. Tomaron el cuerpo de Jesús y lo envolvieron en lienzos con esos aromas, según se acostumbra enterrar entre los judíos. Había un huerto en el sitio donde lo crucificaron, y en el huerto, un sepulcro nuevo, donde nadie había sido enterrado todavía. Y como para los judíos era el día de la preparación de la Pascua y el sepulcro estaba cerca, allí pusieron a Jesús.

Sábado 19 de abril de 2025
Sábado Santo: Vigilia pascual en la noche santa
Primera lectura: Génesis 1, 1-2, 2

En el principio creó Dios el cielo y la tierra. La tierra era soledad y caos; y las tinieblas cubrían la faz del abismo. El espíritu de Dios se movía sobre la superficie de las aguas. Dijo Dios: "Que exista la luz", y la luz existió. Vio Dios que la luz era buena, y separó la luz de las tinieblas. Llamó a la luz "día" y a las tinieblas, "noche". Fue la tarde y la mañana del primer día. Dijo Dios: "Que haya una bóveda entre las aguas, que separe unas aguas de otras". E hizo Dios una bóveda y separó con ella las aguas de arriba, de las aguas de abajo. Y así fue. Llamó Dios a la bóveda "cielo". Fue la tarde y la mañana del segundo día. Dijo

Dios: "Que se junten las aguas de debajo del cielo en un solo lugar y que aparezca el suelo seco". Y así fue. Llamó Dios "tierra" al suelo seco y "mar" a la masa de las aguas. Y vio Dios que era bueno. Dijo Dios: "Verdee la tierra con plantas que den semilla y árboles que den fruto y semilla, según su especie, sobre la tierra". Y así fue. Brotó de la tierra hierba verde, que producía semilla, según su especie, y árboles que daban fruto y llevaban semilla, según su especie. Y vio Dios que era bueno. Fue la tarde y la mañana del tercer día. Dijo Dios: "Que haya lumbreras en la bóveda del cielo, que separen el día de la noche, señalen las estaciones, los días y los años, y luzcan en la bóveda del cielo para iluminar la tierra". Y así fue. Hizo Dios las dos grandes lumbreras: la lumbrera mayor para regir el día y la menor, para regir la noche; y también hizo las estrellas. Dios puso las lumbreras en la bóveda del cielo para iluminar la tierra, para regir el día y la noche, y separar la luz de las tinieblas. Y vio Dios que era bueno. Fue la tarde y la mañana del cuarto día. Dijo Dios: "Agítense las aguas con un hervidero de seres vivientes y revoloteen sobre la tierra las aves, bajo la bóveda del cielo". Creó Dios los grandes animales marinos y los vivientes que en el agua se deslizan y la pueblan, según su especie. Creó también el mundo de las aves, según sus especies. Vio Dios que era bueno y los bendijo, diciendo: "Sean fecundos y multiplíquense; llenen las aguas del mar; que las aves se multipliquen en la tierra". Fue la tarde y la mañana del quinto día. Dijo Dios: "Produzca la tierra vivientes, según sus especies: animales domésticos, reptiles y fieras, según sus especies". Y así fue. Hizo Dios las fieras, los animales domésticos y los reptiles, cada uno según su especie. Y vio Dios que era bueno. Dijo Dios: "Hagamos al hombre a nuestra imagen y semejanza; que domine a los peces del mar, a las aves del cielo, a los animales domésticos y a todo animal que se arrastra sobre la tierra". Y creó Dios al hombre a su imagen; a imagen suya lo creó; hombre y mujer los creó. Y los bendijo Dios y les dijo: "Sean fecundos y multiplíquense, llenen la tierra y sométanla; dominen a los peces del mar, a las aves del cielo y a todo ser viviente que se mueve sobre la tierra". Y dijo Dios: "He aquí que les entrego todas las plantas de semilla que hay sobre la faz de la tierra, y todos los árboles que producen fruto y semilla, para que les sirvan de alimento. Y a todas las fieras de la tierra, a todas las aves del cielo, a todos los reptiles de la tierra, a todos los seres que respiran, también les doy por alimento las verdes plantas". Y así fue. Vio Dios todo lo que había hecho y lo encontró muy bueno. Fue la tarde y la mañana del sexto día. Así quedaron concluidos el cielo y la tierra con todos sus ornamentos, y terminada su obra, descansó Dios el séptimo día de todo cuanto había hecho.

O bien:

Génesis 1, 1. 26-31a

En el principio creó Dios el cielo y la tierra. Y dijo Dios: "Hagamos al hombre a nuestra imagen y semejanza; que domine a los peces del mar, a las aves del cielo, a los animales domésticos y a todo animal que se arrastra sobre la tierra". Y creó Dios al hombre a su imagen; a imagen suya lo creó; hombre y mujer los creó. Y los bendijo Dios y les dijo: "Sean fecundos y multiplíquense, llenen la tierra y sométanla; dominen a los peces del mar, a las aves del cielo y a todo ser viviente que se mueve sobre la tierra". Y dijo Dios: "He aquí que les entrego todas las plantas de semilla que hay sobre la faz de la tierra, y todos los árboles que producen fruto y semilla, para que les sirvan de alimento. Y a todas las fieras de la tierra, a todas las aves del cielo, a todos los reptiles de la tierra, a todos los seres que respiran, también les doy por alimento las verdes plantas". Y así fue. Vio Dios todo lo que había hecho y lo encontró muy bueno.

Salmo Responsorial: Salmo 103, 1-2a. 5-6. 10 y 12. 13-14. 24 y 35c

R. (30) Bendice al Señor, alma mía.

Bendice al Señor, alma mía; Señor y Dios mío, inmensa es tu grandeza. Te vistes de belleza y majestad, la luz te envuelve como un manto. **R.**

Sobre bases inconmovibles asentaste la tierra para siempre. Con un vestido de mares la cubriste y las aguasen los montes concentraste. **R.**

En los valles hacer brotar las fuentes, que van corriendo entre montañas; junto al arroyo vienen a vivir las aves, que cantan entre las ramas. **R.**

Desde tu cielo riegas los montes y sacias la tierra del fruto de tus manos; haces brotar hierba para los ganados y pasto para los que sirven al hombre. **R.**

¡Que numerosas son tus obras, Señor, y todas las hiciste con maestría! La tierra está llena de tus creaturas. Bendice al Señor, alma mía **R.**

O bien:

Salmo 32, 4-5. 6-7. 12-13. 20 y 22

R. (5b) La tierra llena está de tus bondades.

Sincera es la palabra del Señor y todas sus acciones son leales. El ama la justicia y el derecho, la tierra llena está sus bondades. **R.**

La palabra del Señor hizo los cielos y su aliento, los astros. Los mares encerró como en un odre Y como en una presa, los océanos. **R.**

Feliz la nación cuyo Dios es el Señor; dichoso el pueblo que escogió por suyo. Desde el cielo el Señor, atentamente, mira a todos los hombres. **R.**

En el Señor está nuestra esperanza, pues él es nuestra ayuda y nuestro amparo. Muéstrate bondadoso con nosotros, puesto que en ti, Señor, hemos confiado. **R.**

Segunda Lectura: Génesis 22, 1-18

En aquel tiempo, Dios le puso una prueba a Abraham y le dijo: "¡Abraham, Abraham!" Él respondió: "Aquí estoy". Y Dios le dijo: "Toma a tu hijo único, Isaac, a quien tanto amas; vete a la región de Moria y ofrécemelo en sacrificio, en el monte que yo te indicaré". Abraham madrugó, aparejó su burro, tomó consigo a dos de sus criados y a su hijo Isaac; cortó leña para el sacrificio y se encaminó al lugar que Dios le había indicado. Al tercer día divisó a lo lejos el lugar. Les dijo entonces a sus criados: "Quédense aquí con el burro; yo iré con el muchacho hasta allá, para adorar a Dios y después regresaremos". Abraham tomó la leña para el sacrificio, se la cargó a su hijo Isaac y tomó en su mano el fuego y el cuchillo. Los dos caminaban juntos. Isaac dijo a su padre Abraham: "¡Padre!" Él respondió: "¿Qué quieres, hijo?" El muchacho contestó: "Ya tenemos fuego y leña, pero, ¿dónde está el cordero para el sacrificio?" Abraham le contestó: "Dios nos dará el cordero para el sacrificio, hijo mío". Y siguieron caminando juntos. Cuando llegaron al sitio que Dios le había señalado, Abraham levantó un altar y acomodó la leña. Luego ató a su hijo Isaac, lo puso sobre el altar, encima de la leña, y tomó el cuchillo para degollarlo. Pero el ángel del Señor lo llamó desde el cielo y le dijo: "¡Abraham, Abraham!" Él contestó: "Aquí estoy". El ángel le dijo:

"No descargues la mano contra tu hijo, ni le hagas daño. Ya veo que temes a Dios, porque no le has negado a tu hijo único". Abraham levantó los ojos y vio un carnero, enredado por los cuernos en la maleza. Atrapó el carnero y lo ofreció en sacrificio en lugar de su hijo. Abraham puso por nombre a aquel sitio "el Señor provee", por lo que aun el día de hoy se dice: "el monte donde el Señor provee". El ángel del Señor volvió a llamar a Abraham desde el cielo y le dijo: "Juro por mí mismo, dice el Señor, que por haber hecho esto y no haberme negado a tu hijo único, yo te bendeciré y multiplicaré tu descendencia como las estrellas del cielo y las arenas del mar. Tus descendientes conquistarán las ciudades enemigas. En tu descendencia serán bendecidos todos los pueblos de la tierra, porque obedeciste a mis palabras".

O bien:

Génesis 22, 1-2. 9a. 10-13. 15-18

En aquel tiempo, Dios le puso una prueba a Abraham y le dijo: "¡Abraham, Abraham!" Él respondió: "Aquí estoy". Y Dios le dijo: "Toma a tu hijo único, Isaac, a quien tanto amas; vete a la región de Moria y ofrécemelo en sacrificio, en el monte que yo te indicaré". Cuando llegaron al sitio que Dios le había señalado, Abraham levantó un altar y acomodó la leña. Luego ató a su hijo Isaac, lo puso sobre el altar, encima de la leña, y tomó el cuchillo para degollarlo. Pero el ángel del Señor lo llamó desde el cielo y le dijo: "¡Abraham, Abraham!" Él contestó: "Aquí estoy". El ángel le dijo: "No descargues la mano contra tu hijo, ni le hagas daño. Ya veo que temes a Dios, porque no le has negado a tu hijo único". Abraham levantó los ojos y vio un carnero, enredado por los cuernos en la maleza. Atrapó el carnero y lo ofreció en sacrificio en lugar de su hijo. El ángel del Señor volvió a llamar a Abraham desde el cielo y le dijo: "Juro por mí mismo, dice el Señor, que por haber hecho esto y no haberme negado a tu hijo único, yo te bendeciré y multiplicaré tu descendencia como las estrellas del cielo y las arenas del mar. Tus descendientes conquistarán las ciudades enemigas. En tu descendencia serán bendecidos todos los pueblos de la tierra, porque obedeciste a mis palabras".

Salmo Responsorial: Salmo 15, 5 y 8. 9-10. 11

R. (1) Protégeme, Dios mío, porque me refugio en ti.

El Señor es la parte que me ha tocado en herencia: mi vida está en tus manos.
Tengo siempre presente al Señor, y con él a mi lado, jamás tropezaré. **R.**

Por eso se me alegran el corazón y el alma y mi cuerpo vivirá tranquilo, porque tú
no me abandonarás a la muerte, ni dejarás que sufra yo la corrupción. **R.**

Enséñame el camino de la vida, sáciame de gozo en tu presencia y de alegría
perpetua junto a ti. **R.**

Tercera Lectura: Éxodo 14, 15-15, 1

En aquellos días, dijo el Señor a Moisés: "¿Por qué sigues clamando a mí? Diles a
los israelitas que se pongan en marcha. Y tú, alza tu bastón, extiende tu mano
sobre el mar y divídelo, para que los israelitas entren en el mar sin mojarse. Yo
voy a endurecer el corazón de los egipcios para que los persigan, y me cubriré de
gloria a expensas del faraón y de todo su ejército, de sus carros y jinetes. Cuando
me haya cubierto de gloria a expensas del faraón, de sus carros y jinetes, los
egipcios sabrán que yo soy el Señor". El ángel del Señor, que iba al frente de las
huestes de Israel, se colocó tras ellas. Y la columna de nubes que iba adelante,
también se desplazó y se puso a sus espaldas, entre el campamento de los
israelitas y el campamento de los egipcios. La nube era tinieblas para unos y
claridad para otros, y así los ejércitos no trabaron contacto durante toda la noche.
Moisés extendió la mano sobre el mar, y el Señor hizo soplar durante toda la
noche un fuerte viento del este, que secó el mar, y dividió las aguas. Los israelitas
entraron en el mar y no se mojaban, mientras las aguas formaban una muralla a
su derecha y a su izquierda. Los egipcios se lanzaron en su persecución y toda la
caballería del faraón, sus carros y jinetes, entraron tras ellos en el mar. Hacia el
amanecer, el Señor miró desde la columna de fuego y humo al ejército de los
egipcios y sembró entre ellos el pánico. Trabó las ruedas de sus carros, de suerte
que no avanzaban sino pesadamente. Dijeron entonces los egipcios: "Huyamos de
Israel, porque el Señor lucha en su favor contra Egipto". Entonces el Señor le dijo
a Moisés: "Extiende tu mano sobre el mar, para que vuelvan las aguas sobre los
egipcios, sus carros y sus jinetes". Y extendió Moisés su mano sobre el mar, y al

amanecer, las aguas volvieron a su sitio, de suerte que al huir, los egipcios se encontraron con ellas, y el Señor los derribó en medio del mar. Volvieron las aguas y cubrieron los carros, a los jinetes y a todo el ejército del faraón, que se había metido en el mar para perseguir a Israel. Ni uno solo se salvó. Pero los hijos de Israel caminaban por lo seco en medio del mar. Las aguas les hacían muralla a derecha e izquierda. Aquel día salvó el Señor a Israel de las manos de Egipto. Israel vio a los egipcios, muertos en la orilla del mar. Israel vio la mano fuerte del Señor sobre los egipcios, y el pueblo temió al Señor y creyó en el Señor y en Moisés, su siervo. Entonces Moisés y los hijos de Israel cantaron este cántico al Señor:

Salmo Responsorial: Éxodo 15, 1-2. 3-4. 5-6. 17-18

R. (1a) Alabemos Señor por su victoria.

Cantamos al Señor, sublime es su victoria: caballos y jinetes arrojó en el mar. Mi fortaleza y mi canto es el Señor, él es mi salvación; él es mi Dios, y yo lo alabaré, es el Dios de mis padres, y yo le cantaré. **R.**

El Señor es un guerrero, su nombre es el Señor. Precipitó en el mar los carros del faraón y a sus guerreros; ahogó en el mar Rojo a sus mejores capitanes. **R.**

Las olas los cubrieron, cayeron hasta el fondo, como piedras. Señor, tu diestra brilla por su fuerza, tu diestra, Señor, tritura el enemigo. **R.**

Tú llevas a tu pueblo plantarlo en el monte que le diste en herencia, en el lugar que convertiste en tu morada, en el santuario que construyeron tus manos. Tú, Señor, reinarás para siempre. **R.**

Cuarta Lectura: Isaías 54, 5-14

"El que te creó, te tomará por esposa; su nombre es 'Señor de los ejércitos'. Tu redentor es el Santo de Israel; será llamado 'Dios de toda la tierra'. Como a una mujer abandonada y abatida te vuelve a llamar el Señor. ¿Acaso repudia uno a la esposa de la juventud?, dice tu Dios. Por un instante te abandoné, pero con inmensa misericordia te volveré a tomar. En un arrebato de ira te oculté un instante mi rostro, pero con amor eterno me he apiadado de ti, dice el Señor, tu redentor. Me pasa ahora como en los días de Noé: entonces juré que las aguas del diluvio no volverían a cubrir la tierra; ahora juro no enojarme ya contra ti ni volver a amenazarte. Podrán desaparecer los montes y hundirse las colinas, pero mi amor por ti no desaparecerá y mi alianza de paz quedará firme para siempre. Lo dice el Señor, el que se apiada de ti. Tú, la afligida, la zarandeada por la tempestad, la no consolada: He aquí que yo mismo coloco tus piedras sobre piedras finas, tus cimientos sobre zafiros; te pondré almenas de rubí y puertas de esmeralda y murallas de piedras preciosas. Todos tus hijos serán discípulos del Señor, y será grande su prosperidad. Serás consolidada en la justicia. Destierra la angustia, pues ya nada tienes que temer; olvida tu miedo, porque ya no se acercará a ti".

Salmo Responsorial: Salmo 29, 2 y 4. 5-6. 11 y 12a y 13b
R. (2a) Te alabaré, Señor, eternamente.

Te alabaré, Señor, pues no dejaste que se rieran de mí mis enemigos. Tú, Señor, me salvaste de la muerte y a punto de morir, me reviviste. **R.**

Alaben al Señor quienes lo aman, den gracias a su nombre, porque su ira dura un solo instante y su bondad, toda la vida. El llanto nos visita por la tarde; por la mañana, el júbilo. **R.**

Escúchame, Señor, y compadécete; Señor, ven en mi ayuda. Convertiste mi duelo en alegría, te alabaré por eso eternamente. **R.**

Quinta Lectura: Isaías 55, 1-11

Esto dice el Señor: ""Todos ustedes, los que tienen sed, vengan por agua; y los que no tienen dinero, vengan, tomen trigo y coman; tomen vino y leche sin pagar. ¿Por qué gastar el dinero en lo que no es pan y el salario, en lo que no alimenta? Escúchenme atentos y comerán bien, saborearán platillos sustanciosos. Préstenme atención, vengan a mí, escúchenme y vivirán. Sellaré con ustedes una alianza perpetua, cumpliré las promesas que hice a David. Como a él lo puse por testigo ante los pueblos, como príncipe y soberano de las naciones, así tú reunirás a un pueblo desconocido, y las naciones que no te conocían acudirán a ti, por amor del Señor, tu Dios, por el Santo de Israel, que te ha honrado. Busquen al Señor mientras lo pueden encontrar, invóquenlo mientras está cerca; que el malvado abandone su camino, y el criminal, sus planes; que regrese al Señor, y él tendrá piedad; a nuestro Dios, que es rico en perdón. Mis pensamientos no son los pensamientos de ustedes, sus caminos no son mis caminos. Porque así como aventajan los cielos a la tierra, así aventajan mis caminos a los de ustedes y mis pensamientos a sus pensamientos. Como bajan del cielo la lluvia y la nieve y no vuelven allá, sino después de empapar la tierra, de fecundarla y hacerla germinar a fin de que dé semilla para sembrar y pan para comer, así será la palabra que sale de mi boca: no volverá a mí sin resultado, sino que hará mi voluntad y cumplirá su misión".

Salmo Responsorial: Isaías 12, 2-3, 4bcd. 5-6
R. (3) Sacarán agua con gozo de la fuente de la salvación.

El Señor es mi Dios y salvador, con él estoy seguro y nada temo. El Señor es mi protección y mi fuerza y ha sido mi salvación. Sacarán agua con gozo de la fuente de salvación. **R.**

Den gracias al Señor, invoquen su nombre, cuenten a los pueblos sus hazañas, proclamen que su nombre es sublime. **R.**

Alaben al Señor por sus proezas, anúncienlas a toda la tierra. Griten jubilosos, habitantes de Sión, porque el Dios de Israel ha sido grande con ustedes. **R.**

Sexta Lectura: Baruc 3, 9-15. 32-4, 4

Escucha, Israel, los mandatos de vida, presta oído para que adquieras prudencia. ¿A qué se debe, Israel, que estés aún en país enemigo, que envejezcas en tierra extranjera, que te hayas contaminado por el trato con los muertos, que te veas contado entre los que descienden al abismo? Es que abandonaste la fuente de la sabiduría. Si hubieras seguido los senderos de Dios, habitarías en paz eternamente. Aprende dónde están la prudencia, la inteligencia y la energía, así aprenderás dónde se encuentra el secreto de vivir larga vida, y dónde la luz de los ojos y la paz. ¿Quién es el que halló el lugar de la sabiduría y tuvo acceso a sus tesoros? El que todo lo sabe, la conoce; con su inteligencia la ha escudriñado. El que cimentó la tierra para todos los tiempos, y la pobló de animales cuadrúpedos; el que envía la luz, y ella va, la llama, y temblorosa le obedece; llama a los astros, que brillan jubilosos en sus puestos de guardia, y ellos le responden: ""Aquí estamos"", y refulgen gozosos para aquel que los hizo. Él es nuestro Dios y no hay otro como él; él ha escudriñado los caminos de la sabiduría y se la dio a su hijo Jacob, a Israel, su predilecto. Después de esto, ella apareció en el mundo y convivió con los hombres. La sabiduría es el libro de los mandatos de Dios, la ley de validez eterna; los que la guardan, vivirán, los que la abandonan, morirán. Vuélvete a ella, Jacob, y abrázala; camina hacia la claridad de su luz; no entregues a otros tu gloria, ni tu dignidad a un pueblo extranjero. Bienaventurados nosotros, Israel, porque lo que agrada al Señor nos ha sido revelado.

Salmo Responsorial: Salmo 18, 8. 9. 10. 11
R. (Juan 6, 68c) Tú tienes, Señor, palabras de vida eterna.
La ley del Señor es perfecta del todo y reconforto el alma; inmutables son las palabras del Señor y hacen sabio al sencillo. **R.**
En los mandamientos del Señor hay rectitud y alegría para el corazón; son luz los receptos del Señor para alumbrar el camino. **R.**
La voluntad del Señor es santa y para siempre estable; los mandamientos del Señor son verdaderos y enteramente justos. **R.**
Más deseables que el oro y las piedras preciosas las normas del Señor, y más dulces que la miel de un panal que gotea. **R.**

Séptima Lectura: Ezequiel 36, 16-17a. 18-28
En aquel tiempo, me fue dirigida la palabra del Señor en estos términos: ""Hijo de hombre, cuando los de la casa de Israel habitaban en su tierra, la mancharon con su conducta y con sus obras; como inmundicia fue su proceder ante mis ojos. Entonces descargué mi furor contra ellos, por la sangre que habían derramado en el país y por haberlo profanado con sus idolatrías. Los dispersé entre las naciones y anduvieron errantes por todas las tierras. Los juzgué según su conducta, según sus acciones los sentencié. Y en las naciones a las que se fueron, desacreditaron mi santo nombre, haciendo que de ellos se dijera: 'Éste es el pueblo del Señor, y ha tenido que salir de su tierra'. Pero, por mi santo nombre, que la casa de Israel profanó entre las naciones a donde llegó, me he compadecido. Por eso, dile a la

casa de Israel: 'Esto dice el Señor: no lo hago por ustedes, casa de Israel. Yo mismo mostraré la santidad de mi nombre excelso, que ustedes profanaron entre las naciones. Entonces ellas reconocerán que yo soy el Señor, cuando, por medio de ustedes les haga ver mi santidad. Los sacaré a ustedes de entre las naciones, los reuniré de todos los países y los llevaré a su tierra. Los rociaré con agua pura y quedarán purificados; los purificaré de todas sus inmundicias e idolatrías. Les daré un corazón nuevo y les infundiré un espíritu nuevo; arrancaré de ustedes el corazón de piedra y les daré un corazón de carne. Les infundiré mi espíritu y los haré vivir según mis preceptos y guardar y cumplir mis mandamientos. Habitarán en la tierra que di a sus padres; ustedes serán mi pueblo y yo seré su Dios' ""

Salmo Responsorial: Salmo 41, 3. 5bcd; Salmo 42, 3-4
R. (Salmo 41, 2) Estoy sediento del Dios que de la vida.
Como el vanado busca el agua de los ríos, así, cansada, mi alma te busca a tu, Dios mío. **R.**

Del Dios que de la vida está mi ser sediento. ¿Cuándo será posible Ver de nuevo su templo? **R.**

Recuerdo cuando íbamos A casa del Señor, Cantando, jubilosos, alabanzas a Dios. **R.**

Envíame, Señor, te luz y tu verdad; que ellas se conviertan en mi guía y hasta tu monte santo me conduzcan, allí donde tú habitas **R.**

Al altar de Señor me acercaré, al Dios que es mi alegría, y a mi Dios, el Señor, le daré gracias al compás de la citara. **R.**

O bien:
[*cuando hay bautizos.*]
Isaías 12, 2-3, 4bcd. 5-6
R. (3) Sacarán agua con gozo de la fuente de la salvación.
El Señor es mi Dios y salvador, con él estoy seguro y nada temo. El Señor es mi protección y mi fuerza y ha sido mi salvación. Sacarán agua con gozo de la fuente de salvación. **R.**

Den gracias al Señor, invoquen su nombre, cuenten a los pueblos sus hazañas, proclamen que su nombre es sublime. **R.**

Alaben al Señor por sus proezas, anúncienlas a toda la tierra. Griten jubilosos, habitantes de Sión, porque el Dios de Israel ha sido grande con ustedes. **R.**

O bien:

Salmo 50, 12-13. 14-15. 18-19

R. (12a) Crea en mí, Señor, un corazón puro.

Crea en mí, Señor, un corazón puro, un espíritu nuevo para cumplir tus mandamientos. No me arrojes, Señor, lejos de ti, ni retires de mí ti santo espíritu. **R.**

Devuélveme tu salvación, que regocija y mantén en mí un alma generosa. Enseñaré a los descarriados tus caminos y volverán a ti los pecadores. **R.**

Tú, Señor, no te complaces en los sacrificios y si te ofreciera un holocausto, no lo agradaría. Un corazón contrito te presento, y a un corazón contrito, tú nunca lo desprecias. **R.**

Epístola: Romanos 6, 3-11

Hermanos: Todos los que hemos sido incorporados a Cristo Jesús por medio del bautismo, hemos sido incorporados a él en su muerte. En efecto, por el bautismo fuimos sepultados con él en su muerte, para que, así como Cristo resucitó de entre los muertos por la gloria del Padre, así también nosotros llevemos una vida nueva. Porque, si hemos estado íntimamente unidos a él por una muerte semejante a la suya, también lo estaremos en su resurrección. Sabemos que nuestro hombre viejo fue crucificado con Cristo, para que el cuerpo del pecado quedara destruido, a fin de que ya no sirvamos al pecado, pues el que ha muerto queda libre del pecado. Por lo tanto, si hemos muerto con Cristo, estamos seguros de que también viviremos con él; pues sabemos que Cristo, una vez resucitado de entre los muertos, ya no nunca morirá. La muerte ya no tiene dominio sobre él, porque al morir, murió al pecado de una vez para siempre; y al resucitar, vive ahora para Dios. Lo mismo ustedes, considérense muertos al pecado y vivos para Dios en Cristo Jesús, Señor nuestro.

Salmo Responsorial: Salmo 117, 1-2. 16ab-17. 22-23

R. Aleluya, aleluya.

Te damos gracias, Señor, porque eres bueno, porque tu misericordia es eterna.
Diga la casa de Israel: "Su misericordia es eterna". **R.**

La diestra del Señor es poderosa, la diestra del Señor es nuestra orgillo. No
moriré, continuaré viviendo para contar lo que el Señor ha hecho. **R.**

La piedra que desecharon los constructores, es ahora la piedra angular. Esto es
obra de la mano del Señor, es un milagro patente. **R.**

Evangelio: Lucas 24, 1-12

El primer día después del sábado, muy de mañana, llegaron las mujeres al
sepulcro, llevando los perfumes que habían preparado. Encontraron que la piedra
ya había sido retirada del sepulcro y entraron, pero no hallaron el cuerpo del
Señor Jesús. Estando ellas todas desconcertadas por esto, se les presentaron dos
varones con vestidos resplandecientes. Como ellas se llenaron de miedo e
inclinaron el rostro a tierra, los varones les dijeron: "¿Por qué buscan entre los
muertos al que está vivo? No está aquí; ha resucitado. Recuerden que cuando
estaba todavía en Galilea les dijo: 'Es necesario que el Hijo del hombre sea
entregado en manos de los pecadores y sea crucificado y al tercer día resucite' ". Y
ellas recordaron sus palabras. Cuando regresaron del sepulcro, las mujeres
anunciaron todas estas cosas a los Once y a todos los demás. Las que decían estas
cosas a los apóstoles eran María Magdalena, Juana, María (la madre de Santiago)
y las demás que estaban con ellas. Pero todas estas palabras les parecían
desvaríos y no les creían. Pedro se levantó y corrió al sepulcro. Se asomó, pero
sólo vio los lienzos y se regresó a su casa, asombrado por lo sucedido.

Domingo de Pascua: La Resurrección del Señor

Misa del día

Primera Lectura: Hechos 10, 34a. 37-43

En aquellos días, Pedro tomó la palabra y dijo: "Ya saben ustedes lo sucedido en toda Judea, que tuvo principio en Galilea, después del bautismo predicado por Juan: cómo Dios ungió con el poder del Espíritu Santo a Jesús de Nazaret, y cómo éste pasó haciendo el bien, sanando a todos los oprimidos por el diablo, porque Dios estaba con él. Nosotros somos testigos de cuanto él hizo en Judea y en Jerusalén. Lo mataron colgándolo de la cruz, pero Dios lo resucitó al tercer día y concedió verlo, no a todo el pueblo, sino únicamente a los testigos que él, de antemano, había escogido: a nosotros, que hemos comido y bebido con él después de que resucitó de entre los muertos. Él nos mandó predicar al pueblo y dar testimonio de que Dios lo ha constituido juez de vivos y muertos. El testimonio de los profetas es unánime: que cuantos creen en él reciben, por su medio, el perdón de los pecados".

Salmo Responsorial: Salmo 117, 1-2. 16ab-17. 22-23
R. (24) Éste es el día del triunfo del Señor. Aleluya.

Te damos gracias, Señor, porque eres bueno, porque tu misericordia es eterna.
Diga la casa de Israel: "Su misericordia es eterna". **R.**
La diestra del Señor es poderosa, la diestra del Señor es nuestro orgullo. No moriré, continuaré viviendo para contar lo que el Señor ha hecho. **R.**
La piedra que desecharon los constructores es ahora la piedra angular. Esto es obra de la mano del Señor, es un milagro patente. **R.**

Segunda Lectura: Colosenses 3, 1-4

Hermanos: Puesto que han resucitado con Cristo, busquen los bienes de arriba, donde está Cristo, sentado a la derecha de Dios. Pongan todo el corazón en los bienes del cielo, no en los de la tierra, porque han muerto y su vida está escondida con Cristo en Dios. Cuando se manifieste Cristo, vida de ustedes, entonces también ustedes se manifestarán gloriosos, juntamente con él.

O bien:
1 Corintios 5, 6b-8

Hermanos: ¿No saben ustedes que un poco de levadura hace fermentar toda la masa? Tiren la antigua levadura, para que sean ustedes una masa nueva, ya que son pan sin levadura, pues Cristo, nuestro cordero pascual, ha sido inmolado. Celebremos, pues, la fiesta de la Pascua, no con la antigua levadura, que es de vicio y maldad, sino con el pan sin levadura, que es de sinceridad y verdad.

Secuencia: Victimae paschali laudes

Ofrezcan los cristianos
ofrendas de alabanza
a gloria de la Víctima
propicia de la Pascua.
Cordero sin pecado,
que a las ovejas salva,
a Dios y a los culpables
unió con nueva alianza.
Lucharon vida y muerte
en singular batalla,
y, muerto el que es la vida,
triunfante se levanta.
"¿Qué has visto de camino,
María, en la mañana?"
"A mi Señor glorioso,
la tumba abandonada,
Los ángeles testigos,
sudarios y mortaja.
¡Resucitó de veras
mi amor y mi esperanza!
Vengan a Galilea,
allí el Señor aguarda;
allí verán los suyos
la gloria de la Pascua".

Primicia de los muertos,
sabemos por tu gracia
que estás resucitado;
la muerte en ti no manda.
Rey vencedor, apiádate
de la miseria humana
y da a tus fieles parte
en tu victoria santa.

Aclamación antes del Evangelio: 1 Corintios 5, 7b-8a
R. Aleluya, aleluya.
Cristo, nuestro cordero pascual, ha sido inmolado; celebremos, pues, la Pascua.
R.

Evangelio: Juan 20, 1-9
El primer día después del sábado, estando todavía oscuro, fue María Magdalena al sepulcro y vio removida la piedra que lo cerraba. Echó a correr, llegó a la casa donde estaban Simón Pedro y el otro discípulo, a quien Jesús amaba, y les dijo: "Se han llevado del sepulcro al Señor y no sabemos dónde lo habrán puesto". Salieron Pedro y el otro discípulo camino del sepulcro. Los dos iban corriendo juntos, pero el otro discípulo corrió más aprisa que Pedro y llegó primero al sepulcro, e inclinándose, miró los lienzos puestos en el suelo, pero no entró. En eso llegó también Simón Pedro, que lo venía siguiendo, y entró en el sepulcro. Contempló los lienzos puestos en el suelo y el sudario, que había estado sobre la cabeza de Jesús, puesto no con los lienzos en el suelo, sino doblado en sitio aparte. Entonces entró también el otro discípulo, el que había llegado primero al sepulcro, y vio y creyó, porque hasta entonces no habían entendido las Escrituras, según las cuales Jesús debía resucitar de entre los muertos.

Lunes 21 de abril de 2025

Lunes de la octava de Pascua

Primera Lectura: Hechos 2, 14. 22-33

El día de Pentecostés, se presentó Pedro, junto con los Once, ante la multitud, y levantando la voz, dijo: "Israelitas, escúchenme. Jesús de Nazaret fue un hombre acreditado por Dios ante ustedes, mediante los milagros, prodigios y señales que Dios realizó por medio de él y que ustedes bien conocen. Conforme al plan previsto y sancionado por Dios, Jesús fue entregado, y ustedes utilizaron a los paganos para clavarlo en la cruz. Pero Dios lo resucitó, rompiendo las ataduras de la muerte, ya que no era posible que la muerte lo retuviera bajo su dominio. En efecto, David dice, refiriéndose a él: *Yo veía constantemente al Señor delante de mí, puesto que él está a mi lado para que yo no tropiece. Por eso se alegra mi corazón y mi lengua se alboroza; por eso también mi cuerpo vivirá en la esperanza, porque tú, Señor, no me abandonarás a la muerte, ni dejarás que tu santo sufra la corrupción. Me has enseñado el sendero de la vida y me saciarás de gozo en tu presencia.* Hermanos, que me sea permitido hablarles con toda claridad; el patriarca David murió y lo enterraron, y su sepulcro se conserva entre nosotros hasta el día de hoy. Pero como era profeta y sabía que Dios le había prometido con juramento que un descendiente suyo ocuparía su trono, con visión profética habló de la resurrección de Cristo, el cual no fue abandonado a la muerte ni sufrió la corrupción. Pues bien, a este Jesús Dios lo resucitó, y de ello todos nosotros somos testigos. Llevado a los cielos por el poder de Dios, recibió del Padre el Espíritu Santo prometido a él y lo ha comunicado, como ustedes lo están viendo y oyendo".

Salmo Responsorial: Salmo 15, 1-2a y 5. 7-8. 9-10. 11

R. (1) Protege, Señor, a los que esperamos en ti. Aleluya.

Protégeme, Dios mío, pues eres mi refugio. Yo siempre he dicho que tú eres mi Señor. El Señor es el parte que me ha tocado en herencia; mi vida está en sus manos. **R.**

Bendeciré al Señor, que me aconseja, hasta de noche me instruye internamente. Tengo siempre presente al Señor, y con él a mi lado, jamás tropezaré. **R.**

Por eso se me alegra el corazón y el alma y mi cuerpo vivirá tranquilo, porque tú no me abandonarás a la muerte, ni dejarás que sufra yo la corrupción. **R.**

Enséñame el camino de la vida, sáciame de gozo en tu presencia y de alegría perpetua junto a ti. **R.**

Aclamación antes del Evangelio: Salmo 117, 24

R. Aleluya, aleluya.

Éste es el día del triunfo del Señor, día de júbilo y de gozo. **R.**

Evangelio: Mateo 28, 8-15

Después de escuchar las palabras del ángel, las mujeres se alejaron a toda prisa del sepulcro, y llenas de temor y de gran alegría, corrieron a dar la noticia a los discípulos. Pero de repente Jesús les salió al encuentro y las saludó. Ellas se le acercaron, le abrazaron los pies y lo adoraron. Entonces les dijo Jesús: "No tengan miedo. Vayan a decir a mis hermanos que se dirijan a Galilea. Allá me verán". Mientras las mujeres iban de camino, algunos soldados de la guardia fueron a la ciudad y dieron parte a los sumos sacerdotes de todo lo ocurrido. Éstos se reunieron con los ancianos, y juntos acordaron dar una fuerte suma de dinero a los soldados, con estas instrucciones: "Digan: 'Durante la noche, estando nosotros dormidos, llegaron sus discípulos y se robaron el cuerpo'. Y si esto llega a oídos del gobernador, nosotros nos arreglaremos con él y les evitaremos cualquier complicación". Ellos tomaron el dinero y actuaron conforme a las instrucciones recibidas. Esta versión de los soldados se ha ido difundiendo entre los judíos hasta el día de hoy.

Martes de la octava de Pascua

Primera Lectura: Hechos 2, 36-41

El día de Pentecostés, dijo Pedro a los judíos: "Sepa todo Israel, con absoluta certeza, que Dios ha constituido Señor y Mesías al mismo Jesús, a quien ustedes han crucificado". Estas palabras les llegaron al corazón y preguntaron a Pedro y a los demás apóstoles: "¿Qué tenemos que hacer, hermanos?" Pedro les contestó: "Arrepiéntanse y bautícense en el nombre de Jesucristo para el perdón de sus pecados y recibirán el Espíritu Santo. Porque las promesas de Dios valen para ustedes y para sus hijos y también para todos los paganos que el Señor, Dios nuestro, quiera llamar, aunque estén lejos". Con éstas y otras muchas razones los instaba y exhortaba, diciéndoles: "Pónganse a salvo de este mundo corrompido". Los que aceptaron sus palabras se bautizaron, y aquel día se les agregaron unas tres mil personas.

Salmo Responsorial: Salmo 32, 4-5. 18-19. 20 y 22
R. (5b) En el Señor está nuestra esperanza. Aleluya.

Sincera es la palabra del Señor y todas sus acciones son leales. El ama la justicia y el derecho, la tierra llena está de sus bondades. **R.**

Cuida el Señor de aquellos que lo temen y en su bondad confían; los salva de la muerte y en épocas de hambre les da vida. **R.**

En el Señor está nuestra esperanza, pues él nuestro ayuda y nuestro amparo. Muéstrate bondadoso con nosotros, puesto que en ti, Señor, hemos confiado. **R.**

Aclamación antes del Evangelio: Salmo 117, 24
R. Aleluya, aleluya.

Éste es el día del triunfo del Señor, día de júbilo y de gozo. **R.**

Evangelio: Juan 20, 11-18

El día de la resurrección, María se había quedado llorando junto al sepulcro de Jesús. Sin dejar de llorar, se asomó al sepulcro y vio dos ángeles vestidos de blanco, sentados en el lugar donde había estado el cuerpo de Jesús, uno en la cabecera y el otro junto a los pies. Los ángeles le preguntaron: "¿Por qué estás llorando, mujer?" Ella les contestó: "Porque se han llevado a mi Señor y no sé dónde lo habrán puesto". Dicho esto, miró hacia atrás y vio a Jesús de pie, pero no sabía que era Jesús. Entonces él le dijo: "Mujer, ¿por qué estás llorando? ¿A quién buscas?" Ella, creyendo que era el jardinero, le respondió: "Señor, si tú te lo llevaste, dime dónde lo has puesto". Jesús le dijo: "¡María!" Ella se volvió y exclamó: "¡Rabuní!", que en hebreo significa 'maestro'. Jesús le dijo: "Déjame ya, porque todavía no he subido al Padre. Ve a decir a mis hermanos: 'Subo a mi Padre y su Padre, a mi Dios y su Dios' ". María Magdalena se fue a ver a los discípulos para decirles que había visto al Señor y para darles su mensaje.

Miércoles de la octava de Pascua

Primera Lectura: Hechos 3, 1-10

En aquel tiempo, Pedro y Juan subieron al templo para la oración vespertina, a eso de las tres de la tarde. Había allí un hombre lisiado de nacimiento, a quien diariamente llevaban y ponían ante la puerta llamada la "Hermosa", para que pidiera limosna a los que entraban en el templo. Aquel hombre, al ver a Pedro y a Juan cuando iban a entrar, les pidió limosna. Pedro y Juan fijaron en él los ojos, y Pedro le dijo: "Míranos". El hombre se quedó mirándolos en espera de que le dieran algo. Entonces Pedro le dijo: "No tengo ni oro ni plata, pero te voy a dar lo que tengo: En el nombre de Jesucristo nazareno, levántate y camina". Y, tomándolo de la mano, lo incorporó. Al instante sus pies y sus tobillos adquirieron firmeza. De un salto se puso de pie, empezó a andar y entró con ellos al templo caminando, saltando y alabando a Dios. Todo el pueblo lo vio caminar y alabar a Dios, y al darse cuenta de que era el mismo que pedía limosna sentado junto a la puerta "Hermosa" del templo, quedaron llenos de miedo y no salían de su asombro por lo que había sucedido.

Salmo Responsorial: Salmo 104, 1-2. 3-4. 6-7. 8-9

R. (5b) Cantemos al Señor con alegría. Aleluya.

Aclamen al Señor y denle gracias, relaten sus prodigios a los pueblos. Entonen en su honor himnos y cantos, celebren sus portentos. **R.**

Del nombre del Señor enorgullézcanse y siéntase feliz el que lo busca. Recurran al Señor y a su poder, y a su presencia acudan. **R.**

Descendientes de Abrahán, su servidor, estirpe de Jacob, su predilecto, escuchen: el Señor es nuestro Dios y gobiernan la tierra sus decretos. **R.**

Ni aunque transcurran mil generaciones, se olvidará el señor de sus promesas, de la alianza pactada con Abraham, del juramento a Isaac, que un día le hiciera. **R.**

Aclamación antes del Evangelio: Salmo 117, 24

R. Aleluya, aleluya.

Éste es el día del triunfo del Señor, día de júbilo y de gozo. **R.**

Evangelio: Lucas 24, 13-35

El mismo día de la resurrección, iban dos de los discípulos hacia un pueblo llamado Emaús, situado a unos once kilómetros de Jerusalén, y comentaban todo lo que había sucedido. Mientras conversaban y discutían, Jesús se les acercó y comenzó a caminar con ellos; pero los ojos de los dos discípulos estaban velados y no lo reconocieron. Él les preguntó: "¿De qué cosas vienen hablando, tan llenos de tristeza?" Uno de ellos, llamado Cleofás, le respondió: "¿Eres tú el único forastero que no sabe lo que ha sucedido estos días en Jerusalén?" Él les preguntó: "¿Qué cosa?" Ellos le respondieron: "Lo de Jesús el nazareno, que era un profeta poderoso en obras y palabras, ante Dios y ante todo el pueblo. Cómo los sumos sacerdotes y nuestros jefes lo entregaron para que lo condenaran a muerte, y lo crucificaron. Nosotros esperábamos que él sería el libertador de Israel, y sin embargo, han pasado ya tres días desde que estas cosas sucedieron. Es cierto que algunas mujeres de nuestro grupo nos han desconcertado, pues fueron de madrugada al sepulcro, no encontraron el cuerpo y llegaron contando que se les habían aparecido unos ángeles, que les dijeron que estaba vivo. Algunos de nuestros compañeros fueron al sepulcro y hallaron todo como habían dicho las mujeres, pero a él no lo vieron". Entonces Jesús les dijo: "¡Qué insensatos son ustedes y qué duros de corazón para creer todo lo anunciado por los profetas! ¿Acaso no era necesario que el Mesías padeciera todo esto y así entrara en su gloria?" Y comenzando por Moisés y siguiendo con todos los profetas, les explicó todos los pasajes de la Escritura que se referían a él. Ya cerca del pueblo a donde se dirigían, él hizo como que iba más lejos; pero ellos le insistieron, diciendo: "Quédate con nosotros, porque ya es tarde y pronto va a oscurecer". Y entró para quedarse con ellos. Cuando estaban a la mesa, tomó un pan, pronunció la bendición, lo partió y se lo dio. Entonces se les abrieron los ojos y lo reconocieron, pero él se les desapareció. Y ellos se decían el uno al otro: "¡Con razón nuestro corazón ardía, mientras nos hablaba por el camino y nos explicaba las Escrituras!" Se levantaron inmediatamente y regresaron a

Jerusalén, donde encontraron reunidos a los Once con sus compañeros, los cuales les dijeron: "De veras ha resucitado el Señor y se le ha aparecido a Simón". Entonces ellos contaron lo que les había pasado en el camino y cómo lo habían reconocido al partir el pan.

Jueves de la octava de Pascua
Primera Lectura: Hechos 3, 11-26

Como el paralítico curado por Pedro y Juan no se les despegaba, todo el pueblo, asombrado, corrió hacia ellos al pórtico de Salomón. Al ver a la muchedumbre, Pedro les dirigió la palabra: "Israelitas: ¿Por qué les causa admiración esto y por qué nos miran de ese modo, como si por nuestro poder o nuestra virtud hubiéramos hecho andar a este hombre? El Dios de Abraham, de Isaac y de Jacob, el Dios de nuestros padres, ha glorificado a su siervo Jesús, a quien ustedes entregaron a Pilato, y a quien rechazaron en su presencia, cuando él ya había decidido ponerlo en libertad. Rechazaron al santo, al justo, y pidieron el indulto de un asesino; han dado muerte al autor de la vida, pero Dios lo resucitó de entre los muertos y de ello nosotros somos testigos. El nombre de Jesús y la fe en él es lo que ha robustecido los miembros de este hombre al que están viendo y todos conocen. Esta fe es la que le ha restituido completamente la salud, como pueden observar. Ahora bien, hermanos, yo sé que ustedes han obrado por ignorancia, de la misma manera que sus jefes; pero Dios cumplió así lo que había predicho por boca de los profetas: que su Mesías tenía que padecer. Por lo tanto, arrepiéntanse y conviértanse, para que se les perdonen sus pecados y el Señor les mande el tiempo de la consolación y les envíe de nuevo a Jesús, el Mesías que les estaba destinado; aunque él tiene que quedarse en el cielo hasta la restauración universal, de la que habló Dios por boca de su profeta desde muy antiguo. En efecto, Moisés dijo: *El Señor Dios hará surgir de entre sus hermanos un profeta como yo. Escuchen todo cuanto les diga; quien no escuche al profeta, será expulsado del pueblo.* Todos los profetas, a partir de Samuel, anunciaron igualmente estos días. Ustedes son herederos de los profetas y beneficiarios de la alianza que Dios hizo con sus padres, cuando le dijo a Abraham: *Tu descendencia será fuente de bendición para toda la humanidad*. Para ustedes, en primer lugar, ha resucitado Dios a su siervo y lo ha enviado para bendecirlos y ayudarlos a que cada uno se aparte de sus iniquidades".

Salmo Responsorial: Salmo 8, 2a y 5. 6-7. 8-9
R. (2ab) ¡Qué admirable, Señor, es tu poder! Aleluya.

¡Qué admirable es, Señor y Dios nuestro, tu poder en toda la tierra! ¿Qué es el hombre, para que de él te acuerdes, ese pobre ser humano, para que de él te preocupes? **R.**

Sin embargo, lo hiciste un poquito inferior a los ángeles, lo coronaste de gloria y dignidad, le diste el mando sobre las obras de tus manos, y todo lo sometiste bajo sus pies. **R.**

Pusiste a su servicio los rebaños y las manadas, todos los animales salvajes, las aves del cielo y los peces del mar, que recorren los caminos de las aguas. **R.**

Aclamación antes del Evangelio: Salmo 117, 24
R. Aleluya, aleluya.

Éste es el día del triunfo del Señor, día de júbilo y de gozo. **R.**

Evangelio: Lucas 24, 35-48
Cuando los dos discípulos regresaron de Emaús y llegaron al sitio donde estaban reunidos los apóstoles, les contaron lo que les había pasado en el camino y cómo habían reconocido a Jesús al partir el pan. Mientras hablaban de esas cosas, se presentó Jesús en medio de ellos y les dijo: "La paz esté con ustedes". Ellos, desconcertados y llenos de temor, creían ver un fantasma. Pero él les dijo: "No teman; soy yo. ¿Por qué se espantan? ¿Por qué surgen dudas en su interior? Miren mis manos y mis pies. Soy yo en persona, tóquenme y convénzanse: un fantasma no tiene ni carne ni huesos, como ven que tengo yo". Y les mostró las manos y los pies. Pero como ellos no acababan de creer de pura alegría y seguían atónitos, les dijo: "¿Tienen aquí algo de comer?" Le ofrecieron un trozo de pescado asado; él lo tomó y se puso a comer delante de ellos. Después les dijo: "Lo que ha sucedido es aquello de que les hablaba yo, cuando aún estaba con

ustedes: que tenía que cumplirse todo lo que estaba escrito de mí en la ley de Moisés, en los profetas y en los salmos". Entonces les abrió el entendimiento para que comprendieran las Escrituras y les dijo: "Está escrito que el Mesías tenía que padecer y había de resucitar de entre los muertos al tercer día, y que en su nombre se había de predicar a todas las naciones, comenzando por Jerusalén, la necesidad de volverse a Dios para el perdón de los pecados. Ustedes son testigos de esto".

Viernes de la Octava de Pascua

Primera Lectura: Hechos 4, 1-12

En aquellos días, mientras Pedro y Juan hablaban al pueblo, se presentaron los sacerdotes, el jefe de la guardia del templo y los saduceos, indignados porque los apóstoles enseñaban al pueblo y anunciaban la resurrección de los muertos por el poder de Jesús. Los aprehendieron, y como ya era tarde, los encerraron en la cárcel hasta el día siguiente. Pero ya muchos de los que habían escuchado sus palabras, unos cinco mil hombres, habían abrazado la fe. Al día siguiente, se reunieron en Jerusalén los jefes del pueblo, los ancianos y los escribas, el sumo sacerdote Anás, Caifás, Juan, Alejandro y cuantos pertenecían a las familias de los sumos sacerdotes. Hicieron comparecer ante ellos a Pedro y a Juan y les preguntaron: "¿Con qué poder o en nombre de quién han hecho todo esto?" Pedro, lleno del Espíritu Santo, dijo: "Jefes del pueblo y ancianos, puesto que hoy se nos interroga acerca del beneficio hecho a un hombre enfermo, para saber cómo fue curado, sépanlo ustedes y sépalo todo el pueblo de Israel: este hombre ha quedado sano en el nombre de Jesús de Nazaret, a quien ustedes crucificaron y a quien Dios resucitó de entre los muertos. Este mismo Jesús *es la piedra que ustedes, los constructores, han desechado y que ahora es la piedra angular.* Ningún otro puede salvarnos, porque no hay bajo el cielo otro nombre dado a los hombres por el que nosotros debamos salvarnos".

Salmo Responsorial: Salmo 117, 1-2 y 4. 22-24. 25-27a

R. (22) La piedra que desecharon los constructores es ahora la piedra angular. Aleluya.

Te damos gracias, Señor, porque eres bueno, porque tu misericordia es eterna. Diga la casa de Israel: "Su misericordia es eterna". Digan los que temen al Señor: "Su misericordia es eterna". **R.**

La piedra que desecharon los constructores, es ahora la piedra angular. Esto es obra de la mano del Señor, es un milagro patente. Este es el día del triunfo del Señor: día de júbilo y de gozo. **R.**

Libéranos, Señor, y danos tu victoria. Bendito el que viene en el nombre del Señor. Que Dios desde su templo nos bendiga. Que el Señor, nuestro Dios, nos ilumine. **R.**

Aclamación antes del Evangelio: Salmo 117, 24
R. Aleluya, aleluya.

Éste es el día del triunfo del Señor, día de júbilo y de gozo. **R.**

Evangelio: Juan 21, 1-14

En aquel tiempo, Jesús se les apareció otra vez a los discípulos junto al lago de Tiberíades. Se les apareció de esta manera: Estaban juntos Simón Pedro, Tomás (llamado el Gemelo), Natanael (el de Caná de Galilea), los hijos de Zebedeo y otros dos discípulos. Simón Pedro les dijo: "Voy a pescar". Ellos le respondieron: "También nosotros vamos contigo". Salieron y se embarcaron, pero aquella noche no pescaron nada. Estaba amaneciendo, cuando Jesús se apareció en la orilla, pero los discípulos no lo reconocieron. Jesús les dijo: "Muchachos, ¿han pescado algo?" Ellos contestaron: "No". Entonces él les dijo: "Echen la red a la derecha de la barca y encontrarán peces". Así lo hicieron, y luego ya no podían jalar la red por tantos pescados. Entonces el discípulo a quien amaba Jesús le dijo a Pedro: "Es el Señor". Tan pronto como Simón Pedro oyó decir que era el Señor, se anudó a la cintura la túnica, pues se la había quitado, y se tiró al agua. Los otros discípulos llegaron en la barca, arrastrando la red con los pescados, pues no distaban de tierra más de cien metros. Tan pronto como saltaron a tierra, vieron unas brasas y sobre ellas un pescado y pan. Jesús les dijo: "Traigan algunos pescados de los que acaban de pescar". Entonces Simón Pedro subió a la barca y arrastró hasta la orilla la red, repleta de pescados grandes. Eran ciento cincuenta y tres, y a pesar de que eran tantos, no se rompió la red. Luego les dijo Jesús: "Vengan a almorzar". Y ninguno de los discípulos se atrevía a preguntarle: '¿Quién eres?', porque ya sabían que era el Señor. Jesús se acercó, tomó el pan y se lo dio y también el pescado. Ésta fue la tercera vez que Jesús se apareció a sus discípulos después de resucitar de entre los muertos.

Sábado 26 de abril de 2025
Sábado de la octava de Pascua

Primera Lectura: Hechos 4, 13-21

En aquellos días, los sumos sacerdotes, los ancianos y los escribas, se quedaron sorprendidos al ver el aplomo con que Pedro y Juan hablaban, pues sabían que eran hombres del pueblo sin ninguna instrucción. Ya los habían reconocido como pertenecientes al grupo que andaba con Jesús, pero no se atrevían a refutarlos, porque ahí estaba de pie, entre ellos, el hombre paralítico que había sido curado. Por consiguiente, les mandaron que salieran del sanedrín, y ellos comenzaron a deliberar entre sí: "¿Qué vamos a hacer con estos hombres? Han hecho un milagro evidente, que todo Jerusalén conoce y que no podemos negar; pero a fin de que todo esto no se divulgue más entre el pueblo, hay que prohibirles con amenazas hablar en nombre de Jesús". Entonces mandaron llamar a Pedro y a Juan y les ordenaron que por ningún motivo hablaran ni enseñaran en nombre de Jesús. Ellos replicaron: "Digan ustedes mismos si es justo delante de Dios obedecerlos a ustedes antes que a Dios. Nosotros no podemos dejar de contar lo que hemos visto y oído". Los miembros del sanedrín repitieron las amenazas y los soltaron, porque no encontraron la manera de castigarlos, ya que el pueblo entero glorificaba a Dios por lo sucedido.

Salmo Responsorial: Salmo 117, 1 y 14-15. 16ab-18. 19-21
R. (21a) La diestra del Señor ha hecho maravillas. Aleluya.
Te damos gracias, Señor, porque eres bueno, porque tu misericordia es eterna. El Señor es mi fuerza y mi alegría; en el Señor es mi salvación. Escuchemos el canto

de victoria que sale de la casa de los justos. **R.**

"La diestra del Señor es poderosa, la diestra del Señor es nuestro orgullo". No moriré, continuaré viviendo para contar lo que Señor ha hecho. Me castigó, me castigó el Señor, pero no me abandonó a la muerte. **R.**

Ábranme las puertas del templo, que quiere entra a dar gracias a Dios. Esta es la puerta del Señor y por ella entrarán los que le viven fieles. Te doy gracias, Señor, pues me escuchaste y fuiste para mí la salvación. **R.**

Aclamación antes del Evangelio: Salmo 117, 24
R. Aleluya, aleluya.

Éste es el día del triunfo del Señor, día de júbilo y de gozo. **R.**

Evangelio: Marcos 16, 9-15

Habiendo resucitado al amanecer del primer día de la semana, Jesús se apareció primero a María Magdalena, de la que había arrojado siete demonios. Ella fue a llevar la noticia a los discípulos, los cuales estaban llorando, agobiados por la tristeza; pero cuando la oyeron decir que estaba vivo y que lo había visto, no le creyeron. Después de esto, se apareció en otra forma a dos discípulos, que iban de camino hacia una aldea. También ellos fueron a anunciarlo a los demás; pero tampoco a ellos les creyeron. Por último, se apareció Jesús a los Once, cuando estaban a la mesa, y les echó en cara su incredulidad y dureza de corazón, porque no les habían creído a los que lo habían visto resucitado. Jesús les dijo entonces: "Vayan por todo el mundo y prediquen el Evangelio a toda creatura".

Domingo 27 de abril de 2025
Segundo Domingo de Pascua
Primera Lectura: Hechos 5, 12-16

En aquellos días, los apóstoles realizaban muchas señales milagrosas y prodigios en medio del pueblo. Todos los creyentes solían reunirse, por común acuerdo, en el pórtico de Salomón. Los demás no se atrevían a juntárseles, aunque la gente los tenía en gran estima. El número de hombres y mujeres que creían en el Señor iba creciendo de día en día, hasta el punto de que tenían que sacar en literas y camillas a los enfermos y ponerlos en las plazas, para que, cuando Pedro pasara, al menos su sombra cayera sobre alguno de ellos. Mucha gente de los alrededores acudía a Jerusalén y llevaba a los enfermos y a los atormentados por espíritus malignos, y todos quedaban curados.

Salmo Responsorial: Salmo 117, 2-4. 22-24. 25-27a
R. (1) La misericordia del Señor es eterna. Aleluya.

Diga la casa de Israel: "Su misericordia es eterna". Diga la casa de Aarón: "Su misericordia es eterna". Digan los que temen al Señor: "Su misericordia es eterna". **R.**

La piedra que desecharon los constructores, es ahora la piedra angular. Esto es obra de la mano del Señor, es un milagro patente. Este es el día de triunfo del Señor: día de júbilo y de gozo. **R.**

Libéranos, Señor, y danos tu victoria. Bendito el que viene en nombre del Señor. Que Dios desde su templo nos bendiga. Que el Señor, nuestro Dios, nos ilumine. **R.**

Segunda Lectura: Apocalipsis 1, 9-11a. 12-13. 17-19

Yo, Juan, hermano y compañero de ustedes en la tribulación, en el Reino y en la perseverancia en Jesús, estaba desterrado en la isla de Patmos, por haber predicado la palabra de Dios y haber dado testimonio de Jesús. Un domingo caí en éxtasis y oí a mis espaldas una voz potente, como de trompeta, que decía: "Escribe en un libro lo que veas y envíalo a las siete comunidades cristianas de Asia". Me volví para ver quién me hablaba, y al volverme, vi siete lámparas de oro, y en medio de ellas, un hombre vestido de larga túnica, ceñida a la altura del pecho, con una franja de oro. Al contemplarlo, caí a sus pies como muerto; pero él, poniendo sobre mí la mano derecha, me dijo: "No temas. Yo soy el primero y el último; yo soy el que vive. Estuve muerto y ahora, como ves, estoy vivo por los siglos de los siglos. Yo tengo las llaves de la muerte y del más allá. Escribe lo que has visto, tanto sobre las cosas que están sucediendo, como sobre las que sucederán después".

Aclamación antes del Evangelio: Juan 20, 29

R. Aleluya, aleluya.

Tomás, tú crees porque me has visto. Dichosos los que creen sin haberme visto, dice el Señor. **R.**

Evangelio: Juan 20, 19-31

Al anochecer del día de la resurrección, estando cerradas las puertas de la casa donde se hallaban los discípulos, por miedo a los judíos, se presentó Jesús en medio de ellos y les dijo: "La paz esté con ustedes". Dicho esto, les mostró las manos y el costado. Cuando los discípulos vieron al Señor, se llenaron de alegría. De nuevo les dijo Jesús: "La paz esté con ustedes. Como el Padre me ha enviado, así también los envío yo". Después de decir esto, sopló sobre ellos y les dijo: "Reciban el Espíritu Santo. A los que les perdonen los pecados, les quedarán perdonados; y a los que no se los perdonen, les quedarán sin perdonar". Tomás, uno de los Doce, a quien llamaban el Gemelo, no estaba con ellos cuando vino Jesús, y los otros discípulos le decían: "Hemos visto al Señor". Pero él les contestó: "Si no veo en sus manos la señal de los clavos y si no meto mi dedo en los agujeros de los clavos y no meto mi mano en su costado, no creeré". Ocho días después, estaban reunidos los discípulos a puerta cerrada y Tomás estaba con ellos. Jesús se presentó de nuevo en medio de ellos y les dijo: "La paz esté con ustedes". Luego le dijo a Tomás: "Aquí están mis manos; acerca tu dedo. Trae acá tu mano, métela en mi costado y no sigas dudando, sino cree". Tomás le respondió: "¡Señor mío y Dios mío!" Jesús añadió: "Tú crees porque me has visto; dichosos los que creen sin haber visto". Otros muchos signos hizo Jesús en presencia de sus discípulos, pero no están escritos en este libro. Se escribieron éstas para que ustedes crean que Jesús es el Mesías, el Hijo de Dios, y para que, creyendo, tengan vida en su nombre.

Lunes 28 de abril de 2025
Lunes de la II semana de Pascua

Primera Lectura: Hechos 4, 23-31

En aquellos días, tan pronto como Pedro y Juan quedaron en libertad, volvieron a donde estaban sus compañeros y les contaron lo que les habían dicho los sumos sacerdotes y los ancianos. Al oír esto, todos juntos clamaron a Dios, diciendo: "Señor, tú has creado el cielo y la tierra, el mar y todo cuanto contiene; por medio del Espíritu Santo y por boca de tu siervo David, nuestro padre, dijiste: *¿Por qué se amotinan las naciones y los pueblos hacen planes torpes? Se sublevaron los reyes de la tierra y los príncipes se aliaron contra el Señor y contra su Mesías.* Esto fue lo que sucedió, cuando en esta ciudad se aliaron Herodes y Poncio Pilato con los paganos y el pueblo de Israel, contra tu santo siervo Jesús, tu ungido, para que así se cumpliera lo que tu poder y tu providencia habían determinado que sucediera. Y ahora, Señor, mira sus amenazas y concede a tus siervos anunciar tu palabra con toda valentía. Extiende tu mano para realizar curaciones, señales y prodigios en el nombre de tu santo siervo, Jesús". Al terminar la oración tembló el lugar donde estaban reunidos, los llenó a todos el Espíritu Santo y comenzaron a anunciar la palabra de Dios con valentía.

Salmo Responsorial: Salmo 2, 1-3. 4-6. 7-9
R. (12d) Dichosos los que esperan en el Señor. Aleluya.

¿Por qué se amotinan las naciones, y los pueblos hacen planes torpes? Se sublevan los reyes de la tierra y los príncipes se alían contra el Señor y contra su Mesías, diciendo: "Rompamos sus cadenas, sacudamos sus ataduras". **R.**

El que vive en el cielo sonríe; desde lo alto, el Señor se ríe de ellos. Después les habla con ira y los espanta con su cólera: "Yo mismo lo he constituido como rey en Sión, mi monte santo". **R.**

Anunciaré el decreto del Señor. He aquí lo que me dijo: "Hijo mío eres tú, yo te he engendrado hoy. Te daré en herencia las naciones, y como propiedad toda la tierra. Podrás gobernarlas con cetro de hierro, y despedazarlas como jarros". **R.**

Aclamación antes del Evangelio: Colosenses 3, 1
R. Aleluya, aleluya.

Si han resucitado con Cristo, busquen las cosas del cielo, donde está Cristo, sentado a la derecha de Dios. **R.**

Evangelio: Juan 3, 1-8

Había un fariseo llamado Nicodemo, hombre principal entre los judíos, que fue de noche a ver a Jesús y le dijo: "Maestro, sabemos que has venido de parte de Dios, como maestro; porque nadie puede hacer los signos que tú haces, si Dios no está con él". Jesús le contestó: "Yo te aseguro que quien no renace de lo alto, no puede ver el Reino de Dios". Nicodemo le preguntó: "¿Cómo puede nacer un hombre siendo ya viejo? ¿Acaso puede, por segunda vez, entrar en el vientre de su madre y volver a nacer?" Le respondió Jesús: "Yo te aseguro que el que no nace del agua y del Espíritu, no puede entrar en el Reino de Dios. Lo que nace de la carne, es carne; lo que nace del Espíritu, es espíritu. No te extrañes de que te haya dicho: 'Tienen que renacer de lo alto'. El viento sopla donde quiere y oyes su ruido, pero no sabes de dónde viene ni a dónde va. Así pasa con quien ha nacido del Espíritu".

Martes 29 de abril de 2025

Memoria de Santa Catalina de Siena, virgen y doctora de la Iglesia

Primera Lectura: Hechos 4, 32-37

La multitud de los que habían creído tenía un solo corazón y una sola alma; todo lo poseían en común y nadie consideraba suyo nada de lo que tenía. Con grandes muestras de poder, los apóstoles daban testimonio de la resurrección del Señor Jesús y todos gozaban de gran estimación entre el pueblo. Ninguno pasaba necesidad, pues los que poseían terrenos o casas, los vendían, llevaban el dinero y lo ponían a disposición de los apóstoles, y luego se distribuía según lo que necesitaba cada uno. José, levita nacido en Chipre, a quien los apóstoles llamaban Bernabé (que significa hábil para exhortar), tenía un campo; lo vendió y puso el dinero a disposición de los apóstoles.

Salmo Responsorial: Salmo 92, 1ab. 1c-2. 5

R. (1a) El Señor es un rey magnifico. Aleluya.

Tú eres, Señor, el rey de todos los reyes. Estás revestido de poder y majestad. Tú mantienes el orbe y no vacila. Eres eterno, y para siempre está firme tu trono **R.** Muy dignas de confianza son tus leyes y desde hoy y para siempre, Señor, la santidad adorna tu templo. **R.**

Aclamación antes del Evangelio: Juan 3, 15
R. Aleluya, aleluya.
El Hijo del hombre debe ser levantado en la cruz, para que los que creen en él tengan vida eterna. **R.**

Evangelio: Juan 3, 7-15
En aquel tiempo, Jesús dijo a Nicodemo: "No te extrañes de que te haya dicho: 'Tienen que renacer de lo alto'. El viento sopla donde quiere y oyes su ruido, pero no sabes de dónde viene ni a dónde va. Así pasa con quien ha nacido del Espíritu". Nicodemo le preguntó entonces: "¿Cómo puede ser esto?" Jesús le respondió: "Tú eres maestro de Israel, ¿y no sabes esto? Yo te aseguro que nosotros hablamos de lo que sabemos y damos testimonio de lo que hemos visto, pero ustedes no aceptan nuestro testimonio. Si no creen cuando les hablo de las cosas de la tierra, ¿cómo creerán si les hablo de las celestiales? Nadie ha subido al cielo sino el Hijo del hombre, que bajó del cielo y está en el cielo. Así como Moisés levantó la serpiente en el desierto, así tiene que ser levantado el Hijo del hombre, para que todo el que crea en él tenga vida eterna".

Miércoles 30 de abril de 2025
Miércoles de la II semana de Pascua
Primera Lectura: Hechos 5, 17-26
En aquellos días, el sumo sacerdote y los de su partido, que eran los saduceos, llenos de ira contra los apóstoles, los mandaron aprehender y los metieron en la cárcel. Pero durante la noche, un ángel del Señor les abrió las puertas, los sacó de ahí y les dijo: "Vayan al templo y pónganse a enseñar al pueblo todo lo referente a esta nueva vida". Para obedecer la orden, se fueron de madrugada al templo y ahí se pusieron a enseñar. Cuando llegó el sumo sacerdote con los de su partido convocaron al sanedrín, es decir, a todo el senado de los hijos de Israel, y

mandaron traer de la cárcel a los presos. Al llegar los guardias a la cárcel, no los hallaron y regresaron a informar: "Encontramos la cárcel bien cerrada y a los centinelas en sus puestos, pero al abrir no encontramos a nadie adentro". Al oír estas palabras, el jefe de la guardia del templo y los sumos sacerdotes se quedaron sin saber qué pensar; pero en ese momento llegó uno y les dijo: "Los hombres que habían metido en la cárcel están en el templo, enseñando al pueblo". Entonces el jefe de la guardia, con sus hombres, trajo a los apóstoles, pero sin violencia, porque temían ser apedreados por el pueblo.

Salmo Responsorial: Salmo 33, 2-3. 4-5. 6-7. 8-9
R. (7a) Haz la prueba y verás qué bueno es el Señor, Aleluya.

Bendeciré al Señor a todas horas, no cesará mi boca de alabarlo. Yo me siento orgulloso del Señor, que se alegre su pueblo al escucharlo. **R.**

Proclamemos la grandeza del Señor y alabemos todos juntos su poder. Cuando acudí al Señor, me hizo caso y me libró de todas mis temores. **R.**

Confía en el Señor y saltarás de gusto, jamás te sentirás decepcionado, porque el Señor escucha el clamor de los pobres y los libra de todas sus angustias. **R.**

Junto a aquellos que temen al Señor el ángel del Señor acampa y los protege. Haz la prueba y verás qué bueno es el Señor. Dichoso el hombre que se refugia en él. **R.**

Aclamación antes del Evangelio: Juan 3, 16
R. Aleluya, aleluya.

Tanto amó Dios al mundo, que le entregó a su Hijo único, para que todo el que crea en él tenga vida eterna. **R.**

Evangelio: Juan 3, 16-21
"Tanto amó Dios al mundo, que le entregó a su Hijo único, para que todo el que crea en él no perezca, sino que tenga vida eterna. Porque Dios no envió a su Hijo para condenar al mundo, sino para que el mundo se salvara por él. El que cree en él no será condenado; pero el que no cree ya está condenado, por no haber creído en el Hijo único de Dios. La causa de la condenación es ésta: habiendo venido la

luz al mundo, los hombres prefirieron las tinieblas a la luz, porque sus obras eran malas. Todo aquel que hace el mal, aborrece la luz y no se acerca a ella, para que sus obras no se descubran. En cambio, el que obra el bien conforme a la verdad, se acerca a la luz, para que se vea que sus obras están hechas según Dios".

Jueves de la II semana del Tiempo Pascua

Primera Lectura: Hechos 5, 27-33

En aquellos días, los guardias condujeron a los apóstoles ante el sanedrín, y el sumo sacerdote los reprendió, diciéndoles: "Les hemos prohibido enseñar en nombre de ese Jesús; sin embargo, ustedes han llenado a Jerusalén con sus enseñanzas y quieren hacernos responsables de la sangre de ese hombre". Pedro y los otros apóstoles replicaron: "Primero hay que obedecer a Dios y luego a los hombres. El Dios de nuestros padres resucitó a Jesús, a quien ustedes dieron muerte colgándolo de la cruz. La mano de Dios lo exaltó y lo ha hecho jefe y Salvador, para dar a Israel la gracia de la conversión y el perdón de los pecados. Nosotros somos testigos de todo esto y también lo es el Espíritu Santo, que Dios ha dado a los que lo obedecen". Esta respuesta los exasperó y decidieron matarlos.

Salmo Responsorial: Salmo 33, 2 y 9. 17-18. 19-20

R. (7a) Haz la prueba y verás qué bueno es el Señor. Aleluya.

Bendeciré al Señor a todas horas; no cesará mi boca de alabarlo. Haz la prueba y verás qué bueno es el Señor. Dichoso el hombre que se refugia en él. **R.**

En contra del malvado está el Señor para borrar de la tierra su recuerdo; escucha, en cambio, al hombre justo y lo libra de todas sus angustias. **R.**

El Señor no está lejos de sus fieles y levanta a las almas abatidas. Muchas tribulaciones pasa el justo, pero de todas ellas Dios lo libra. **R.**

Aclamación antes del Evangelio: Juan 20, 29

R. Aleluya, aleluya.

Tomás, tú crees porque me has visto. Dichosos los que creen sin haberme visto, dice el Señor. **R.**

Evangelio: Juan 3, 31-36

"El que viene de lo alto está por encima de todos; pero el que viene de la tierra pertenece a la tierra y habla de las cosas de la tierra. El que viene del cielo está por encima de todos. Da testimonio de lo que ha visto y oído, pero nadie acepta su testimonio. El que acepta su testimonio certifica que Dios es veraz. Aquel a quien Dios envió habla las palabras de Dios, porque Dios le ha concedido sin medida su Espíritu. El Padre ama a su Hijo y todo lo ha puesto en sus manos. El que cree en el Hijo tiene vida eterna. Pero el que es rebelde al Hijo no verá la vida, porque la cólera divina perdura en contra de él".

Viernes 2 de mayo de 2025

Memoria de San Atanasio, obispo y doctor de la Iglesia
Primera Lectura: Hechos 5, 34-42

En aquellos días, un fariseo llamado Gamaliel, doctor de la ley respetado por todo el pueblo, se levantó en el sanedrín, mandó que hicieran salir por un momento a los apóstoles y dijo a la asamblea: "Israelitas, piensen bien lo que van a hacer con esos hombres. No hace mucho surgió un tal Teudas, que pretendía ser un caudillo, y reunió unos cuatrocientos hombres. Fue ejecutado, dispersaron a sus secuaces y todo quedó en nada. Más tarde, en la época del censo, se levantó Judas el Galileo y muchos lo siguieron. Pero también Judas pereció y se desbandaron todos sus seguidores. En el caso presente, yo les aconsejo que no se metan con esos hombres; suéltenlos. Porque si lo que se proponen y están haciendo es de origen humano, se acabará por sí mismo. Pero si es cosa de Dios, no podrán ustedes deshacerlo. No se expongan a luchar contra Dios". Los demás siguieron su consejo: mandaron traer a los apóstoles, los azotaron, les prohibieron hablar en nombre de Jesús y los soltaron. Ellos se retiraron del sanedrín, felices de haber padecido aquellos ultrajes por el nombre de Jesús. Y todos los días enseñaban sin cesar y anunciaban el Evangelio de Cristo Jesús, tanto en el templo como en las casas.

Salmo Responsorial: Salmo 26, 1. 4. 13-14
R. (4ab) El Señor es mi luz y mi salvación. Aleluya.

El Señor es mi luz y mi salvación, ¿a quién voy a tenerle miedo? El Señor es la defensa de mi vida, ¿quién podrá hacerme temblar? **R.**

Lo único que pido. Lo único que busco, Es vivir en la casa del Señor toda mi vida, para disfrutar las bondades del Señor, y estar continuamente en su presencia. **R.**

La bondad del Señor espero ver en esta misma vida. Ármate de valor y fortaleza y en el Señor confía. **R.**

Aclamación antes del Evangelio: Mateo 4, 4b
R. Aleluya, aleluya.

No sólo de pan vive el hombre, sino también de toda palabra que sale de la boca de Dios. **R.**

Evangelio: Juan 6, 1-15

En aquel tiempo, Jesús se fue a la otra orilla del mar de Galilea o lago de Tiberíades. Lo seguía mucha gente, porque habían visto los signos que hacía curando a los enfermos. Jesús subió al monte y se sentó allí con sus discípulos. Estaba cerca la Pascua, festividad de los judíos. Viendo Jesús que mucha gente lo seguía, le dijo a Felipe: "¿Cómo compraremos pan para que coman éstos?" Le hizo esta pregunta para ponerlo a prueba, pues él bien sabía lo que iba a hacer. Felipe le respondió: "Ni doscientos denarios de pan bastarían para que a cada uno le tocara un pedazo de pan". Otro de sus discípulos, Andrés, el hermano de Simón Pedro, le dijo: "Aquí hay un muchacho que trae cinco panes de cebada y dos pescados. Pero, ¿qué es eso para tanta gente?" Jesús le respondió: "Díganle a la gente que se siente". En aquel lugar había mucha hierba. Todos, pues, se sentaron ahí; y tan sólo los hombres eran unos cinco mil. Enseguida tomó Jesús los panes, y después de dar gracias a Dios, se los fue repartiendo a los que se habían sentado a comer. Igualmente les fue dando de los pescados todo lo que quisieron. Después de que todos se saciaron, dijo a sus discípulos: "Recojan los pedazos sobrantes, para que no se desperdicien". Los recogieron y con los pedazos que sobraron de los cinco panes llenaron doce canastos. Entonces la gente, al ver el signo que Jesús había hecho, decía: "Éste es, en verdad, el profeta que habría de venir al mundo". Pero Jesús, sabiendo que iban a llevárselo para proclamarlo rey, se retiró de nuevo a la montaña, él solo.

Fiesta de los Santos Felipe y Santiago, Apóstoles

Primera Lectura: 1 Corintios 15, 1-8

Hermanos: Les recuerdo el Evangelio que yo les prediqué y que ustedes aceptaron y en el cual están firmes. Este Evangelio los salvará, si lo cumplen tal y como yo lo prediqué. De otro modo, habrán creído en vano. Les transmití, ante todo, lo que yo mismo recibí: Que Cristo murió por nuestros pecados, como dicen las Escrituras; que fue sepultado y que resucitó al tercer día, según estaba escrito; que se le apareció a Pedro y luego a los Doce; después se apareció a más de quinientos hermanos reunidos, la mayoría de los cuales vive aún y otros ya murieron. Más tarde se le apareció a Santiago y luego a todos los apóstoles. Finalmente, se me apareció también a mí.

Salmo Responsorial: Salmo 18, 2-3. 4-5

R. (5a) El mensaje del Señor llega a toda la tierra.

Los cielos proclaman la gloria de Dios y el firmamento anuncia la obra de sus manos. Un día comunica su mensaje al otro día y una noche se lo transmite a la otra noche. R.

Sin que los cielos pronuncien una palabra, sin que resuene su voz, a toda la tierra llega su sonido y su mensaje hasta el fin del mundo. R.

Aclamación antes del Evangelio: Juan 14, 6. 9

R. Aleluya, aleluya.

Yo soy el camino, la verdad y la vida, dice el Señor. Felipe, el que me ve a mí, ve también al Padre. R.

Evangelio: Juan 14, 6-14

En aquel tiempo, Jesús dijo a Tomás: "Yo soy el camino, la verdad y la vida. Nadie va al Padre si no es por mí. Si ustedes me conocen a mí, conocen también a mi Padre. Ya desde ahora lo conocen y lo han visto". Le dijo Felipe: "Señor, muéstranos al Padre y eso nos basta". Jesús le replicó: "Felipe, tanto tiempo hace que estoy con ustedes, ¿y todavía no me conoces? Quien me ha visto a mí, ha visto al Padre. ¿Entonces por qué dices: 'Muéstranos al Padre'? ¿O no crees que yo estoy en el Padre y que el Padre está en mí? Las palabras que yo les digo, no las digo por mi propia cuenta. Es el Padre, que permanece en mí, quien hace las obras. Créanme: yo estoy en el Padre y el Padre está en mí. Si no me dan fe a mí, créanlo por las obras. Yo les aseguro: el que crea en mí, hará las obras que hago yo y las hará aún mayores, porque yo me voy al Padre; y cualquier cosa que pidan en mi nombre, yo la haré para que el Padre sea glorificado en el Hijo. Yo haré cualquier cosa que me pidan en mi nombre".

Domingo 4 de mayo de 2025

Tercer Domingo de Pascua

Primera Lectura: Hechos 5, 27b-32. 40b-41

En aquellos días, el sumo sacerdote reprendió a los apóstoles y les dijo: "Les hemos prohibido enseñar en nombre de ese Jesús; sin embargo, ustedes han llenado a Jerusalén con sus enseñanzas y quieren hacernos responsables de la sangre de ese hombre". Pedro y los otros apóstoles replicaron: "Primero hay que obedecer a Dios y luego a los hombres. El Dios de nuestros padres resucitó a Jesús, a quien ustedes dieron muerte colgándolo de la cruz. La mano de Dios lo exaltó y lo ha hecho jefe y Salvador, para dar a Israel la gracia de la conversión y el perdón de los pecados. Nosotros somos testigos de todo esto y también lo es el Espíritu Santo, que Dios ha dado a los que lo obedecen". Los miembros del sanedrín mandaron azotar a los apóstoles, les prohibieron hablar en nombre de Jesús y los soltaron. Ellos se retiraron del sanedrín, felices de haber padecido aquellos ultrajes por el nombre de Jesús.

Salmo Responsorial: Salmo 29, 2 y 4. 5 y 6. 11 y 12a y 13b

R. (2a) Te alabaré, Señor, eternamente. Aleluya.

Te alabaré, Señor, pues no dejaste que se rieran de mí mis enemigos. Tú, Señor, me salvaste de la muerte ya punto de morir, me reviviste. **R.**

Alaban al Señor quienes lo aman, den gracias a su nombre, porque su ira dura un solo instante y su bondad, toda la vida. El llanto nos visita por la tarde; por la mañana, el jubilo. **R.**

Escúchame, Señor, y compadécete; Señor, ven en mi ayuda. Convertiste mu duelo en alegría, te alabaré por eso eternamente. **R.**

Segunda Lectura: Apocalipsis 5, 11-14

Yo, Juan, tuve una visión, en la cual oí alrededor del trono de los vivientes y los ancianos, la voz de millones y millones de ángeles, que cantaban con voz potente: "Digno es el Cordero, que fue inmolado, de recibir el poder y la riqueza, la sabiduría y la fuerza, el honor, la gloria y la alabanza". Oí a todas las creaturas que hay en el cielo, en la tierra, debajo de la tierra y en el mar –todo cuanto existe–, que decían: "Al que está sentado en el trono y al Cordero, la alabanza, el honor, la gloria y el poder, por los siglos de los siglos". Y los cuatro vivientes respondían: "Amén". Los veinticuatro ancianos se postraron en tierra y adoraron al que vive por los siglos de los siglos.

Aclamación antes del Evangelio
R. Aleluya, aleluya.

Ha resucitado Cristo, que creó todas las cosas y se compadeció del género humano. **R.**

Evangelio: Juan 21, 1-19

En aquel tiempo, Jesús se les apareció otra vez a los discípulos junto al lago de Tiberíades. Se les apareció de esta manera: Estaban juntos Simón Pedro, Tomás (llamado el Gemelo), Natanael (el de Caná de Galilea), los hijos de Zebedeo y otros dos discípulos. Simón Pedro les dijo: "Voy a pescar". Ellos le respondieron: "También nosotros vamos contigo". Salieron y se embarcaron, pero aquella noche no pescaron nada. Estaba amaneciendo, cuando Jesús se apareció en la orilla, pero los discípulos no lo reconocieron. Jesús les dijo: "Muchachos, ¿han pescado algo?" Ellos contestaron: "No". Entonces él les dijo: "Echen la red a la derecha de la barca y encontrarán peces". Así lo hicieron, y luego ya no podían jalar la red por tantos pescados. Entonces el discípulo a quien amaba Jesús le dijo a Pedro: "Es el Señor". Tan pronto como Simón Pedro oyó decir que era el Señor, se anudó a la cintura la túnica, pues se la había quitado, y se tiró al agua. Los otros discípulos llegaron en la barca, arrastrando la red con los pescados, pues no distaban de tierra más de cien metros. Tan pronto como saltaron a tierra, vieron unas brasas y sobre ellas un pescado y pan. Jesús les dijo: "Traigan algunos pescados de los que acaban de pescar". Entonces Simón Pedro subió a la barca y arrastró hasta la orilla la red, repleta de pescados grandes. Eran ciento cincuenta y tres, y a pesar de que eran tantos, no se rompió la red. Luego les dijo Jesús: "Vengan a almorzar". Y ninguno de los discípulos se atrevía a preguntarle: '¿Quién eres?', porque ya sabían que era el Señor. Jesús se acercó, tomó el pan y se lo dio y también el pescado. Ésta fue la tercera vez que Jesús se apareció a sus discípulos después de resucitar de entre los muertos. Después de almorzar le preguntó Jesús a Simón Pedro: "Simón, hijo de Juan, ¿me amas más que éstos?" Él le contestó: "Sí, Señor, tú sabes que te quiero". Jesús le dijo: "Apacienta mis corderos". Por segunda vez le preguntó: "Simón, hijo de Juan, ¿me amas?" Él le respondió: "Sí, Señor, tú sabes que te quiero". Jesús le dijo: "Pastorea mis ovejas". Por tercera vez le preguntó: "Simón, hijo de Juan, ¿me quieres?" Pedro se entristeció de que Jesús le hubiera preguntado por tercera vez si lo quería y le contestó: "Señor, tú lo sabes todo; tú bien sabes que te quiero". Jesús le dijo: "Apacienta mis ovejas. Yo te aseguro: cuando eras joven, tú mismo te ceñías la ropa e ibas a donde querías; pero cuando seas viejo, extenderás los brazos y otro te ceñirá y te llevará a donde no quieras". Esto se lo dijo para indicarle con qué género de muerte habría de glorificar a Dios. Después le dijo: "Sígueme".

O bien:

Juan 21, 1-14

En aquel tiempo, Jesús se les apareció otra vez a los discípulos junto al lago de Tiberíades. Se les apareció de esta manera: Estaban juntos Simón Pedro, Tomás (llamado el Gemelo), Natanael (el de Caná de Galilea), los hijos de Zebedeo y otros dos discípulos. Simón Pedro les dijo: "Voy a pescar". Ellos le respondieron: "También nosotros vamos contigo". Salieron y se embarcaron, pero aquella noche no pescaron nada. Estaba amaneciendo, cuando Jesús se apareció en la orilla, pero los discípulos no lo reconocieron. Jesús les dijo: "Muchachos, ¿han pescado algo?" Ellos contestaron: "No". Entonces él les dijo: "Echen la red a la derecha de la barca y encontrarán peces". Así lo hicieron, y luego ya no podían jalar la red por tantos pescados. Entonces el discípulo a quien amaba Jesús le dijo a Pedro: "Es el Señor". Tan pronto como Simón Pedro oyó decir que era el Señor, se anudó a la cintura la túnica, pues se la había quitado, y se tiró al agua. Los otros discípulos llegaron en la barca, arrastrando la red con los pescados, pues no distaban de tierra más de cien metros. Tan pronto como saltaron a tierra, vieron unas brasas y sobre ellas un pescado y pan. Jesús les dijo: "Traigan algunos pescados de los que acaban de pescar". Entonces Simón Pedro subió a la barca y arrastró hasta la orilla la red, repleta de pescados grandes. Eran ciento cincuenta y tres, y a pesar de que eran tantos, no se rompió la red. Luego les dijo Jesús: "Vengan a almorzar". Y ninguno de los discípulos se atrevía a preguntarle: '¿Quién eres?', porque ya sabían que era el Señor. Jesús se acercó, tomó el pan y se lo dio y también el pescado. Ésta fue la tercera vez que Jesús se apareció a sus discípulos después de resucitar de entre los muertos.

Lunes 5 de mayo de 2025
Lunes de la III semana de Pascua
Primera Lectura: Hechos 6, 8-15

En aquellos días, Esteban, lleno de gracia y de poder, realizaba grandes prodigios y signos entre la gente. Algunos judíos de la sinagoga llamada "de los Libertos", procedentes de Cirene, Alejandría, Cilicia y Asia, se pusieron a discutir con Esteban; pero no podían refutar la sabiduría y al Espíritu con que hablaba. Entonces sobornaron a algunos hombres para que dijeran: "Nosotros hemos oído a este hombre blasfemar contra Moisés y contra Dios". Alborotaron al pueblo, a los ancianos y a los escribas; cayeron sobre Esteban, se apoderaron de él por sorpresa y lo llevaron ante el sanedrín. Allí presentaron testigos falsos, que dijeron: "Este hombre no deja de hablar contra el lugar santo del templo y contra la ley. Lo hemos oído decir que ese Jesús de Nazaret va a destruir el lugar santo y a cambiar las tradiciones que recibimos de Moisés". Los miembros del sanedrín miraron a Esteban y su rostro les pareció tan imponente como el de un ángel.

Salmo Responsorial: Salmo 118, 23-24. 26-27. 29-30

R. (1b) Dichoso el que cumple en la voluntad del Señor. Aleluya.

Aunque los poderosos se burlen de mí, yo seguiré observando fielmente tu ley.
Tus mandamientos, Señor, son mi alegría; ellos son también mis consejeros. **R.**

Te conté mis necesidades y me escuchaste; enséñame, Señor, tu voluntad. Dame
nueva luz para conocer tu ley y para meditar las maravillas de tu amor. **R.**

Apártame de los caminos falsos, y dame la gracia de cumplir tu voluntad. He
escogido el camino de la lealtad a tu voluntad y a tus mandamientos. **R.**

Aclamación antes del Evangelio: Mateo 4, 4

R. Aleluya, aleluya.

No sólo de pan vive el hombre, sino también de toda palabra que sale de la boca
de Dios. **R.**

Evangelio: Juan 6, 22-29

Después de la multiplicación de los panes, cuando Jesús dio de comer a cinco mil
hombres, sus discípulos lo vieron caminando sobre el lago. Al día siguiente, la
multitud, que estaba en la otra orilla del lago, se dio cuenta de que allí no había
más que una sola barca y de que Jesús no se había embarcado con sus discípulos,
sino que éstos habían partido solos. En eso llegaron otras barcas desde Tiberíades
al lugar donde la multitud había comido el pan. Cuando la gente vio que ni Jesús
ni sus discípulos estaban allí, se embarcaron y fueron a Cafarnaúm para buscar a
Jesús. Al encontrarlo en la otra orilla del lago, le preguntaron: "Maestro, ¿cuándo
llegaste acá?" Jesús les contestó: "Yo les aseguro que ustedes no me andan
buscando por haber visto signos, sino por haber comido de aquellos panes hasta
saciarse. No trabajen por ese alimento que se acaba, sino por el alimento que
dura para la vida eterna y que les dará el Hijo del hombre; porque a éste, el Padre
Dios lo ha marcado con su sello". Ellos le dijeron: "¿Qué necesitamos para llevar
a cabo las obras de Dios?" Respondió Jesús: "La obra de Dios consiste en que
crean en aquel a quien él ha enviado".

Martes de la III semana de Pascua

Primera Lectura: Hechos 7, 51-8, 1

En aquellos días, habló Esteban ante el sanedrín, diciendo: "Hombres de cabeza dura, cerrados de corazón y de oídos. Ustedes resisten siempre al Espíritu Santo; ustedes son iguales a sus padres. ¿A qué profeta no persiguieron sus padres? Ellos mataron a los que anunciaban la venida del Justo, al que ahora ustedes han traicionado y dado muerte. Recibieron la ley por medio de los ángeles y no la han observado". Al oír estas cosas, los miembros del sanedrín se enfurecieron y rechinaban los dientes de rabia contra él. Pero Esteban, lleno del Espíritu Santo, miró al cielo, vio la gloria de Dios y a Jesús, que estaba de pie a la derecha de Dios, y dijo: "Estoy viendo los cielos abiertos y al Hijo del hombre de pie a la derecha de Dios". Entonces los miembros del sanedrín gritaron con fuerza, se taparon los oídos y todos a una se precipitaron sobre él. Lo sacaron fuera de la ciudad y empezaron a apedrearlo. Los falsos testigos depositaron sus mantos a los pies de un joven, llamado Saulo. Mientras lo apedreaban, Esteban repetía esta oración: "Señor Jesús, recibe mi espíritu". Después se puso de rodillas y dijo con fuerte voz: "Señor, no les tomes en cuenta este pecado". Diciendo esto, se durmió en el Señor. Y Saulo estuvo de acuerdo en que mataran a Esteban.

Salmo Responsorial: - Salmo 30, 3cd-4. 6ab y 7b y 8a. 17 y 21ab

R. (6a) En tus manos, Señor, encomiendo mi espíritu. Aleluya.

Sé tú, Señor, mi fortaleza y mi refugio, la muralla que me salve. Tú, que eres mi fortaleza y mi defensa, por tu nombre, dirígeme y guíame. **R.**

En tus manos encomiendo mi espíritu y tú, mi Dios leal, me librarás. En ti, Señor, deposito mi confianza y tu misericordia llenará de alegría. **R.**

Vuelve, Señor, tus ojos a tu siervo y sálvame, por tu misericordia; cuídame, Señor, y escóndeme junto a ti, lejos de las intrigas de los hombres. **R.**

Aclamación antes del Evangelio: Juan 6, 35

R. Aleluya, aleluya.

Yo soy el pan de la vida, dice el Señor; el que viene a mí no tendrá hambre. **R.**

Evangelio: Juan 6, 30-35

En aquel tiempo, la gente le preguntó a Jesús: "¿Qué signo vas a realizar tú, para que lo veamos y podamos creerte? ¿Cuáles son tus obras? Nuestros padres comieron el maná en el desierto, como está escrito: *Les dio a comer pan del cielo*". Jesús les respondió: "Yo les aseguro: No fue Moisés quien les dio pan del cielo; es mi Padre quien les da el verdadero pan del cielo. Porque el pan de Dios es aquel que baja del cielo y da la vida al mundo". Entonces le dijeron: "Señor, danos siempre de ese pan". Jesús les contestó: "Yo soy el pan de la vida. El que viene a mí no tendrá hambre, y el que cree en mí nunca tendrá sed".

Miércoles 7 de mayo de 2025

Miércoles de la III semana de Pascua

Primera Lectura: Hechos 8, 1-8

El mismo día de la muerte de Esteban, se desató una violenta persecución contra la Iglesia de Jerusalén, y todos, menos los apóstoles, se dispersaron por Judea y por Samaria. Unos hombres piadosos sepultaron a Esteban e hicieron gran duelo por él. Entre tanto, Saulo hacía estragos en la Iglesia: entraba en las casas para llevarse a hombres y mujeres y meterlos en la cárcel. Los que se habían dispersado, al pasar de un lugar a otro, iban difundiendo el Evangelio. Felipe bajó a la ciudad de Samaria y predicaba ahí a Cristo. La multitud escuchaba con atención lo que decía Felipe, porque habían oído hablar de los milagros que hacía y los estaban viendo: de muchos poseídos salían los espíritus inmundos, lanzando gritos, y muchos paralíticos y lisiados quedaban curados. Esto despertó gran alegría en aquella ciudad.

Salmo Responsorial: Salmo 65, 1-3a. 4-5. 6-7a
R. (1) Los obras del Señor son admirables. Aleluya.

Que aclame al Señor toda la tierra. Celebremos su gloria y su poder, cantemos un himno de alabanza, digamos al Señor: "Tu obra es admirable". **R.**

Que se postre ante ti la tierra entera, y celebre con cánticos tu nombre.

Admiremos las obras del Señor, los prodigios que ha hecho por los hombres. **R.**

El transformó el mar Rojo en tierra firme y los hozo cruzar el Jordán a pie enjuto.

Llenémonos por eso de gozo y gratitud: el Señor es eterno y poderoso. **R.**

Aclamación antes del Evangelio: Juan 6, 40

R. Aleluya, aleluya.

El que cree en mí tiene vida eterna, dice el Señor, y yo lo resucitaré en el último día. **R.**

Evangelio: Juan 6, 35-40

En aquel tiempo, Jesús dijo a la multitud: "Yo soy el pan de la vida. El que viene a mí no tendrá hambre, y el que cree en mí nunca tendrá sed. Pero como ya les he dicho: me han visto y no creen. Todo aquel que me da el Padre viene hacia mí; y al que viene a mí yo no lo echaré fuera, porque he bajado del cielo, no para hacer mi voluntad, sino la voluntad del que me envió. Y la voluntad del que me envió es que yo no pierda nada de lo que él me ha dado, sino que lo resucite en el último día. La voluntad de mi Padre consiste en que todo el que vea al Hijo y crea en él, tenga vida eterna y yo lo resucite en el último día".

Jueves 8 de mayo de 2025

Jueves de la III semana de Pascua

Primera Lectura: Hechos 8, 26-40

En aquellos días, un ángel del Señor le dijo a Felipe: "Levántate y toma el camino del sur, que va de Jerusalén a Gaza y que es poco transitado". Felipe se puso en camino. Y sucedió que un etíope, alto funcionario de Candaces, reina de Etiopía, y administrador de sus tesoros, que había venido a Jerusalén para adorar a Dios, regresaba en su carro, leyendo al profeta Isaías. Entonces el Espíritu le dijo a Felipe: "Acércate y camina junto a ese carro". Corrió Felipe, y oyendo que el hombre leía al profeta Isaías, le preguntó: "¿Entiendes lo que estás leyendo?" Él le contestó: "¿Cómo voy a entenderlo, si nadie me lo explica?" Entonces invitó a Felipe a subir y a sentarse junto a él. El pasaje de la Escritura que estaba leyendo, era éste: *Como oveja fue llevado a la muerte; como cordero que no se queja frente al que lo trasquila, así él no abrió la boca. En su humillación no se le hizo justicia. ¿Quién podrá hablar de su descendencia, puesto que su vida ha sido arrancada de la tierra?* El etíope le preguntó a Felipe: "Dime, por favor: ¿De quién dice esto el profeta, de sí mismo o de otro?" Felipe comenzó a hablarle y partiendo de aquel pasaje, le anunció el Evangelio de Jesús. Siguieron adelante, llegaron a un sitio donde había agua y dijo el etíope: "Aquí hay agua. ¿Hay alguna dificultad para que me bautices?" Felipe le contestó: "Ninguna, si crees de todo corazón". Respondió el etíope: "Creo que Jesús es el Hijo de Dios". Mandó parar el carro, bajaron los dos al agua y Felipe lo bautizó. Cuando salieron del agua, el Espíritu del Señor arrebató a Felipe. El etíope ya no lo vio más y prosiguió su viaje, lleno de alegría. En cuanto a Felipe, se encontró en la ciudad de Azoto y evangelizaba los poblados que encontraba a su paso, hasta que llegó a Cesarea.

Salmo Responsorial: Salmo 65, 8-9. 16-17. 20

R. (1) Tu salvación, Señor, es para todos. Aleluya.

Naciones, bendigan a nuestro Dios, hagan resonar sus alabanzas, porque él nos ha devuelto la vida y no dejó que tropezaran nuestros pies. **R.**

Cuantos temen a Dios, vengan y escuchen, y les diré lo que ha hecho por mí; a él dirigí mis oraciones y mi lengua le cantó alabanzas. **R.**

Bendito sea Dios, que no rechazó mi súplica ni me retiró su gracia. **R.**

Aclamación antes del Evangelio: Juan 6, 51

R. Aleluya, aleluya.

Yo soy el pan vivo que ha bajado del cielo, dice el Señor; el que coma de este pan vivirá para siempre. **R.**

Evangelio: Juan 6, 44-51

En aquel tiempo, Jesús dijo a los judíos: "Nadie puede venir a mí, si no lo atrae el Padre, que me ha enviado; y a ése yo lo resucitaré el último día. Está escrito en los profetas: *Todos serán discípulos de Dios.* Todo aquel que escucha al Padre y aprende de él, se acerca a mí. No es que alguien haya visto al Padre, fuera de aquel que procede de Dios. Ese sí ha visto al Padre. Yo les aseguro: el que cree en mí, tiene vida eterna. Yo soy el pan de la vida. Sus padres comieron el maná en el desierto y sin embargo, murieron. Éste es el pan que ha bajado del cielo para que, quien lo coma, no muera. Yo soy el pan vivo que ha bajado del cielo; el que coma de este pan vivirá para siempre, y el pan que yo les voy a dar es mi carne para que el mundo tenga vida".

Viernes de la III semana de Pascua
Primera Lectura: Hechos 9, 1-20

En aquellos días, Saulo, amenazando todavía de muerte a los discípulos del Señor, fue a ver al sumo sacerdote y le pidió, para las sinagogas de Damasco, cartas que lo autorizaran para traer presos a Jerusalén a todos aquellos hombres y mujeres seguidores del Camino. Pero sucedió que, cuando se aproximaba a Damasco, una luz del cielo lo envolvió de repente con su resplandor. Cayó por tierra y oyó una voz que le decía: "Saulo, Saulo, ¿por qué me persigues?" Preguntó él: "¿Quién eres, Señor?" La respuesta fue: "Yo soy Jesús, a quien tú persigues. Levántate. Entra en la ciudad y allí se te dirá lo que tienes que hacer". Los hombres que lo acompañaban en el viaje se habían detenido, mudos de asombro, pues oyeron la voz, pero no vieron a nadie. Saulo se levantó del suelo, y aunque tenía abiertos los ojos, no podía ver. Lo llevaron de la mano hasta Damasco y allí estuvo tres días ciego, sin comer ni beber. Había en Damasco un discípulo que se llamaba Ananías, a quien se le apareció el Señor y le dijo: "Ananías". Él respondió: "Aquí estoy, Señor". El Señor le dijo: "Ve a la calle principal y busca en casa de Judas a un hombre de Tarso, llamado Saulo, que está orando". Saulo tuvo también la visión de un hombre llamado Ananías, que entraba y le imponía las manos para que recobrara la vista. Ananías contestó: "Señor, he oído a muchos hablar de ese individuo y del daño que ha hecho a tus fieles en Jerusalén. Además, trae autorización de los sumos sacerdotes para poner presos a todos los que invocan tu nombre". Pero el Señor le dijo: "No importa. Tú ve allá, porque yo lo he escogido como instrumento, para que me dé a conocer a las naciones, a los reyes y a los hijos de Israel. Yo le mostraré cuánto

Aclamación antes del Evangelio: Juan 6, 63. 68

R. Aleluya, aleluya.

Tus palabras, Señor, son espíritu y vida. Tú tienes palabras de vida eterna. **R.**

Evangelio: Juan 6, 60-69

En aquel tiempo, muchos discípulos de Jesús dijeron al oír sus palabras: "Este modo de hablar es intolerable, ¿quién puede admitir eso?" Dándose cuenta Jesús de que sus discípulos murmuraban, les dijo: "¿Esto los escandaliza? ¿Qué sería si vieran al Hijo del hombre subir a donde estaba antes? El Espíritu es quien da la vida; la carne para nada aprovecha. Las palabras que les he dicho son espíritu y vida, y a pesar de esto, algunos de ustedes no creen". (En efecto, Jesús sabía desde el principio quienes no creían y quién lo habría de traicionar). Después añadió: "Por eso les he dicho que nadie puede venir a mí, si el Padre no se lo concede". Desde entonces, muchos de sus discípulos se echaron para atrás y ya no querían andar con él. Entonces Jesús les dijo a los Doce: "¿También ustedes quieren dejarme?" Simón Pedro le respondió: "Señor, ¿a quién iremos? Tú tienes palabras de vida eterna; y nosotros creemos y sabemos que tú eres el Santo de Dios".

Domingo 11 de mayo de 2025

Cuarto Domingo de Pascua

Primera Lectura: Hechos 13, 14. 43-52

En aquellos días, Pablo y Bernabé prosiguieron su camino desde Perge hasta Antioquía de Pisidia, y el sábado entraron en la sinagoga y tomaron asiento. Cuando se disolvió la asamblea, muchos judíos y prosélitos piadosos acompañaron a Pablo y a Bernabé, quienes siguieron exhortándolos a permanecer fieles a la gracia de Dios. El sábado siguiente, casi toda la ciudad de Antioquía acudió a oír la palabra de Dios. Cuando los judíos vieron una concurrencia tan grande, se llenaron de envidia y comenzaron a contradecir a Pablo con palabras injuriosas. Entonces Pablo y Bernabé dijeron con valentía: "La palabra de Dios debía ser predicada primero a ustedes; pero como la rechazan y no se juzgan dignos de la vida eterna, nos dirigiremos a los paganos.

Así nos lo ha ordenado el Señor, cuando dijo: *Yo te he puesto como luz de los paganos, para que lleves la salvación hasta los últimos rincones de la tierra"*. Al enterarse de esto, los paganos se regocijaban y glorificaban la palabra de Dios, y abrazaron la fe todos aquellos que estaban destinados a la vida eterna. La palabra de Dios se iba propagando por toda la región. Pero los judíos azuzaron a las mujeres devotas de la alta sociedad y a los ciudadanos principales, y provocaron una persecución contra Pablo y Bernabé, hasta expulsarlos de su territorio. Pablo y Bernabé se sacudieron el polvo de los pies, como señal de protesta, y se marcharon a Iconio, mientras los discípulos se quedaron llenos de alegría y del Espíritu Santo.

Salmo Responsorial: Salmo 99, 2. 3. 5

R. (3c) El Señor es nuestro Dios y nosotros su pueblo. Aleluya.

Alabemos a Dios todos los hombres, sirvamos al Señor con alegría y con júbilo entremos en su templo. **R.**

Reconozcamos que el Señor es Dios, que él fue quien nos hizo y somos suyos, que somos su pueblo y su rebaño. **R.**

Porque el Señor es bueno, bendigámoslo, Porque es eterna su misericordia y su fidelidad nunca se acaba. **R.**

Segunda Lectura: Apocalipsis 7, 9. 14b-17

Yo, Juan, vi una muchedumbre tan grande, que nadie podía contarla. Eran individuos de todas las naciones y razas, de todos los pueblos y lenguas. Todos estaban de pie, delante del trono y del Cordero; iban vestidos con una túnica blanca y llevaban palmas en las manos. Uno de los ancianos que estaban junto al trono, me dijo: "Éstos son los que han pasado por la gran persecución y han lavado y blanqueado su túnica con la sangre del Cordero. Por eso están ante el trono de Dios y le sirven día y noche en su templo, y el que está sentado en el trono los protegerá continuamente. Ya no sufrirán hambre ni sed, no los quemará el sol ni los agobiará el calor. Porque el Cordero, que está en el trono, será su pastor y los conducirá a las fuentes del agua de la vida y Dios enjugará de sus ojos toda lágrima".

Aclamación antes del Evangelio: Juan 10, 14

R. Aleluya, aleluya.

Yo soy el buen pastor, dice el Señor; yo conozco a mis ovejas y ellas me conocen a mí. **R.**

Evangelio: Juan 10, 27-30

En aquel tiempo, Jesús dijo a los judíos: "Mis ovejas escuchan mi voz; yo las conozco y ellas me siguen. Yo les doy la vida eterna y no perecerán jamás; nadie las arrebatará de mi mano. Me las ha dado mi Padre, y él es superior a todos, y nadie puede arrebatarlas de la mano del Padre. El Padre y yo somos uno".

Lunes de la IV semana de Pascua

Primera Lectura: Hechos 11, 1-18

En aquellos días, los apóstoles y los hermanos que vivían en Judea se enteraron de que también los paganos habían recibido la palabra de Dios. Cuando Pedro regresó a Jerusalén, los circuncidados le hicieron reproches, diciendo: "Has entrado en la casa de unos incircuncisos y has comido con ellos". Entonces Pedro les contó desde el principio lo que le había pasado: "Estaba yo en la ciudad de Jafa, en oración, cuando tuve una visión y vi algo semejante a un gran mantel, que sostenido por las cuatro puntas, bajaba del cielo hasta donde yo me encontraba. Miré con atención aquella cosa y descubrí que había en ella toda clase de cuadrúpedos, fieras, reptiles y aves. Oí luego una voz que me decía: 'Levántate, Pedro. Mata el animal que quieras y come'. Pero yo le respondí: 'Ni pensarlo, Señor. Jamás he comido nada profano o impuro'. La voz del cielo me habló de nuevo: 'No tengas tú por impuro lo que Dios ha hecho puro'. Esto se repitió tres veces y luego todo fue recogido hacia el cielo. En aquel instante, se presentaron en la casa donde yo estaba tres hombres, que venían de Cesarea, con un recado para mí. El Espíritu me dijo entonces que me fuera con ellos sin dudar. También fueron conmigo estos seis hermanos y todos entramos en casa de aquel hombre. Él nos contó cómo había visto de pie, ante él, a un ángel que le dijo:

'Manda a buscar en Jafa a Simón, llamado Pedro. Lo que él te diga, te traerá la salvación a ti y a toda tu familia'. En cuanto empecé a hablar, el Espíritu Santo descendió sobre ellos, como había descendido al principio sobre nosotros. Entonces me acordé de lo que había dicho el Señor: 'Juan bautizó con agua; pero ustedes serán bautizados con el Espíritu Santo'. Por lo tanto, si Dios les ha dado a ellos el mismo don que a nosotros, por haber creído en el Señor Jesús, ¿quién soy yo para oponerme a Dios?" Con esto se apaciguaron y alabaron a Dios, diciendo: "Por lo visto, también a los paganos les ha concedido Dios la conversión que lleva a la vida".

Salmo Responsorial: Salmos 41, 2-3; 42, 3.4
R. (41, 3a) Estoy sediento del Dios que de la vida. Aleluya.

Como el venado busca el agua de los ríos, así, cansada, mi alma te busca a ti, Dios mío. **R.**

Del Dios que da la vida está mi ser sediento. ¿Cuándo será posible ver de nuevo su templo? **R.**

Envíame, Señor, tu luz y tu verdad; que ellas se conviertan en mi guía y hasta tu monte santo me conduzcan, allí donde tú habitas. **R.**

Al altar del Señor me acercaré, al Dios que es mi alegría, y a mi Dios, el Señor, le daré gracias al compás de la citara. **R.**

Aclamación antes del Evangelio: Juan 10, 14
R. Aleluya, aleluya.

Yo soy el buen pastor, dice el Señor; yo conozco a mis ovejas y ellas me conocen a mí. **R.**

Evangelio: Juan 10, 1-10

En aquel tiempo, Jesús dijo a los fariseos: "Yo les aseguro que el que no entra por la puerta del redil de las ovejas, sino que salta por otro lado, es un ladrón, un bandido; pero el que entra por la puerta, ése es el pastor de las ovejas. A ése le abre el que cuida la puerta, y las ovejas reconocen su voz; él llama a cada una por su nombre y las conduce afuera. Y cuando ha sacado a todas sus ovejas, camina delante de ellas, y ellas lo siguen, porque conocen su voz. Pero a un extraño no lo seguirán, sino que huirán de él, porque no conocen la voz de los extraños". Jesús les puso esta comparación, pero ellos no entendieron lo que les quería decir. Por eso añadió: "Les aseguro que yo soy la puerta de las ovejas. Todos los que han venido antes que yo, son ladrones y bandidos; pero mis ovejas no los han escuchado. Yo soy la puerta; quien entre por mí se salvará, podrá entrar y salir y encontrará pastos. El ladrón sólo viene a robar, a matar y a destruir. Yo he venido para que tengan vida y la tengan en abundancia".

Martes de la IV semana de Pascua
Primera Lectura: Hechos 11, 19-26
En aquellos días, algunos de los que se habían dispersado, huyendo de la persecución desatada después de la muerte de Esteban, llegaron hasta Fenicia, Chipre y Antioquía; pero predicaban el Evangelio solamente a los judíos. Sin embargo, hubo entre ellos algunos chipriotas y cirenenses, que al llegar a Antioquía, comenzaron a dirigirse también a los griegos y a predicarles el Evangelio del Señor Jesús. Y como la mano del Señor estaba con ellos, muchos se convirtieron y abrazaron la fe. Cuando llegaron estas noticias a la comunidad cristiana de Jerusalén, Bernabé fue enviado a Antioquía. Llegó Bernabé, y viendo la acción de la gracia de Dios, se alegró mucho; y como era hombre bueno, lleno del Espíritu Santo y de fe, exhortó a todos a que, firmes en su propósito, permanecieran fieles al Señor. Así se ganó para el Señor una gran muchedumbre. Entonces Bernabé partió hacia Tarso, en busca de Saulo; y cuando lo encontró, lo llevó consigo a Antioquía. Ambos vivieron durante todo un año en esa comunidad y enseñaron a mucha gente. Allí, en Antioquía, fue donde por primera vez los discípulos recibieron el nombre de "cristianos".

Salmo Responsorial: Salmo 86, 1-3. 4-5. 6-7
R. (Salmo 116, 1a) Alaben al Señor todas los pueblos. Aleluya.
Jerusalén gloriosa, el Señor ha puesto en ti su templo. Tú eres más querida para Dios que todos los santuarios de Israel. **R.**

De ti, Jerusalén, cuidad del Señor, se dirán maravillas. Egipto y Babilonia adorarán al Señor; Serán como tus hijos. **R.**

Y de ti, Jerusalén, afirmarán: "Todos los pueblos han nacido en ti y el Altísimo es su fortaleza". **R.**

El Señor registrará en el libro de la vida a cada pueblo, convertido en ciudadano tuyo; y todos los pueblos te cantarán, Bailando: "Tú eres la fuente de nuestra salvación". **R.**

Aclamación antes del Evangelio: Juan 10, 27
R. Aleluya, aleluya.

Mis ovejas escuchan mi voz, dice el Señor; yo las conozco y ellas me siguen. **R.**

Evangelio: Juan 10, 22-30

Por aquellos días, se celebraba en Jerusalén la fiesta de la dedicación del templo. Era invierno. Jesús se paseaba por el templo, bajo el pórtico de Salomón. Entonces lo rodearon los judíos y le preguntaron: "¿Hasta cuándo nos vas a tener en suspenso? Si tú eres el Mesías, dínoslo claramente". Jesús les respondió: "Ya se lo he dicho y no me creen. Las obras que hago en nombre de mi Padre dan testimonio de mí, pero ustedes no creen, porque no son de mis ovejas. Mis ovejas escuchan mi voz; yo las conozco y ellas me siguen. Yo les doy la vida eterna y no perecerán jamás; nadie las arrebatará de mi mano. Me las ha dado mi Padre, y él es superior a todos, y nadie puede arrebatarlas de la mano del Padre. El Padre y yo somos uno".

Miércoles 14 de mayo de 2025
Fiesta de san Matías, Apóstol
Primera Lectura: Hechos 1, 15-17. 20-26

En aquellos días, Pedro se puso de pie en medio de los hermanos y dijo: "Hermanos, tenía que cumplirse aquel pasaje de la Escritura en que el Espíritu Santo, por boca de David, hizo una predicción tocante a Judas, quien fue el que guió a los que apresaron a Jesús. Él era de nuestro grupo y había sido llamado a desempeñar con nosotros este ministerio. Ahora bien, en el libro de los Salmos está escrito: *Que su morada quede desierta y que no haya quien habite en ella; que su cargo lo ocupe otro.* Hace falta, por lo tanto, que uno se asocie a nosotros como testigo de la resurrección de Jesús, uno que sea de los que nos acompañaron mientras convivió con nosotros el Señor Jesús, desde que Juan bautizaba hasta el día de la ascensión". Propusieron entonces a dos: a José Barsabá, por sobrenombre "el Justo", y a Matías, y se pusieron a orar de este modo: "Tú, Señor, que conoces los corazones de todos, muestra a cuál de estos dos has elegido para desempeñar este ministerio y apostolado, del que Judas desertó para irse a su propio lugar". Echaron suertes, le tocó a Matías y lo asociaron a los once apóstoles.

Salmo Responsorial: Salmo 112, 1-2. 3-4. 5-6. 7-8
R. (8) Lo puso el Señor entre los jefes de su pueblo.

Bendito sea el Señor, alábenlo sus siervos. Bendito sea el Señor, desde ahora y por siempre. **R.**

Desde que sale el sol hasta su ocaso, alabado sea el nombre del Señor. Dios está sobre todas las naciones, su gloria, por encima de los cielos. **R.**

¿Quién hay como el Señor, ¿Quién iguala al Dios nuestro, que tiene en las alturas su morada, Y sin embargo de esto, bajar se digna su mirada para ver tierra y cielo? **R.**

El levanta del polvo al desvalido, y saca al indigente del estiércol, para hacerlo sentar entre los grandes, los jefes de su pueblo. **R.**

Aclamación antes del Evangelio: Juan 15, 16
R. Aleluya, aleluya.

Yo los he elegido del mundo, dice el Señor, para que vayan y den fruto y su fruto permanezca. **R.**

Evangelio: Juan 15, 9-17
En aquel tiempo, Jesús dijo a sus discípulos: "Como el Padre me ama, así los amo yo. Permanezcan en mi amor. Si cumplen mis mandamientos, permanecen en mi amor; lo mismo que yo cumplo los mandamientos de mi Padre y permanezco en

su amor. Les he dicho esto para que mi alegría esté en ustedes y su alegría sea plena. Este es mi mandamiento: que se amen los unos a los otros como yo los he amado. Nadie tiene amor más grande a sus amigos, que el que da la vida por ellos. Ustedes son mis amigos, si hacen lo que yo les mando. Ya no los llamo siervos, porque el siervo no sabe lo que hace su amo; a ustedes los llamo amigos, porque les he dado a conocer todo lo que le he oído a mi Padre. No son ustedes los que me han elegido, soy yo quien los ha elegido y los ha destinado para que vayan y den fruto y su fruto permanezca, de modo que el Padre les conceda cuanto le pidan en mi nombre. Esto es lo que les mando: que se amen los unos a los otros".

Jueves de la IV semana de Pascua
Primera Lectura: Hechos 13, 13-25

En aquellos días, Pablo y sus compañeros se hicieron a la mar en Pafos; llegaron a Perge de Panfilia, y allí Juan Marcos los dejó y volvió a Jerusalén. Desde Perge siguieron hasta Antioquía de Pisidia, y el sábado entraron en la sinagoga y tomaron asiento. Acabada la lectura de la ley y los profetas, los jefes de la sinagoga les mandaron decir: "Hermanos, si tienen alguna exhortación que hacer al pueblo, hablen". Entonces se levantó Pablo, y haciendo señal de silencio con la mano, les dijo: "Israelitas y cuantos temen a Dios, escuchen: El Dios del pueblo de Israel eligió a nuestros padres, engrandeció al pueblo cuando éste vivía como forastero en Egipto y lo sacó de allí con todo su poder, lo alimentó en el desierto durante cuarenta años, aniquiló siete tribus del país de Canaán y dio el territorio de ellas en posesión a Israel por cuatrocientos cincuenta años. Posteriormente les dio jueces, hasta el tiempo del profeta Samuel. Pidieron luego un rey, y Dios les dio a Saúl, hijo de Quis, de la tribu de Benjamín, que reinó cuarenta años. Después destituyó a Saúl y les dio por rey a David, de quien hizo esta alabanza: *He hallado a David, hijo de Jesé, hombre según mi corazón, quien realizará todos mis designios.* Del linaje de David, conforme a la promesa, Dios hizo nacer para Israel un salvador, Jesús. Juan preparó su venida, predicando a todo el pueblo de Israel un bautismo de, y hacia el final de su vida, Juan decía: 'Yo no soy el que ustedes piensan. Después de mí viene uno a quien no merezco desatarle las sandalias' ".

Salmo Responsorial: Salmo 88, 2-3. 21-22. 25 y 27
R. (2a) Proclamaré sin cesar la misericordia del Señor. Aleluya.

Proclamaré sin cesar la misericordia del Señor y daré a conocer que su fidelidad es eterna, pues el Señor ha dicho: "Mi amor es para siempre y mi lealtad, más firme que los cielos. **R.**

He encontrado a David, mi servidor, y con mi aceite santo lo he ungido. Lo sostendrá mi mano y le dará mi brazo fortaleza. **R.**

Contará con mi amor y mi lealtad y su poder aumentará en mi nombre. El me podrá decir: Tú eres mi padre, el Dios que mi protege y que me salva'". **R.**

Aclamación antes del Evangelio: Apocalipsis 1, 5
R. Aleluya, aleluya.

Señor Jesús, testigo fiel, primogénito de entre los muertos, tu amor por nosotros es tan grande, que has lavado nuestras culpas con tu sangre. **R.**

Evangelio: Juan 13, 16-20
En aquel tiempo, después de lavarles los pies a sus discípulos, Jesús les dijo: "Yo les aseguro: el sirviente no es más importante que su amo, ni el enviado es mayor que quien lo envía. Si entienden esto y lo ponen en práctica, serán dichosos. No lo digo por todos ustedes, porque yo sé a quiénes he escogido. Pero esto es para que se cumpla el pasaje de la Escritura, que dice: *El que comparte mi pan me ha traicionado.* Les digo esto ahora, antes de que suceda, para que, cuando suceda, crean que Yo soy. Yo les aseguro: el que recibe al que yo envío, me recibe a mí; y el que me recibe a mí, recibe al que me ha enviado".

Viernes de la IV semana de Pascua
Primera Lectura: Hechos 13, 26-33

En aquellos días, Pablo continuó su predicación en la sinagoga de Antioquía de Pisidia con estas palabras: "Hermanos míos, descendientes de Abraham, y cuantos temen a Dios: Este mensaje de salvación les ha sido enviado a ustedes. Los habitantes de Jerusalén y sus autoridades no reconocieron a Jesús, y al condenarlo, cumplieron las palabras de los profetas que se leen cada sábado: no hallaron en Jesús nada que mereciera la muerte, y sin embargo, le pidieron a Pilato que lo mandara ejecutar. Y después de cumplir todo lo que de él estaba escrito, lo bajaron de la cruz y lo pusieron en el sepulcro. Pero Dios lo resucitó de entre los muertos, y él, ya resucitado, se apareció durante muchos días a los que lo habían seguido de Galilea a Jerusalén. Ellos son ahora sus testigos ante el pueblo. Nosotros les damos la buena nueva de que la promesa hecha a nuestros padres nos la ha cumplido Dios a nosotros, los hijos, resucitando a Jesús, como está escrito en el salmo segundo: *Tú eres mi hijo, yo te he engendrado hoy*".

Salmo Responsorial: Salmo 2, 6-7. 8-9. 10-11
R. (7) Jesucristo es el rey de las naciones. Aleluya.

El Señor me ha consagrado como rey de Sión, su ciudad santa. Anunciaré el decreto del Señor He aquí lo que me dijo: **R.**

"Hijo mío eres tú, yo te engendrado hoy. Te daré en herencia las naciones, y como propiedad, toda la tierra. Podrás gobernarlas con cetro de hierro, y despedazarlas como jarros". **R.**

Escuchen y comprendan estas cosas, reyes y gobernantes de la tierra. Adoren al Señor con reverencia, sírvanlo con temor. **R.**

Aclamación antes del Evangelio: Juan 14, 6
R. Aleluya, aleluya.

Yo soy el camino, la verdad y la vida; nadie va al Padre si no es por mí, dice el Señor. **R.**

Evangelio: Juan 14, 1-6
En aquel tiempo, Jesús dijo a sus discípulos: "No pierdan la paz. Si creen en Dios, crean también en mí. En la casa de mi Padre hay muchas habitaciones. Si no

fuera así, yo se lo habría dicho a ustedes, porque ahora voy a prepararles un lugar. Cuando me vaya y les prepare un sitio, volveré y los llevaré conmigo, para que donde yo esté, estén también ustedes. Y ya saben el camino para llegar al lugar a donde voy". Entonces Tomás le dijo: "Señor, no sabemos a dónde vas, ¿cómo podemos saber el camino?" Jesús le respondió: "Yo soy el camino, la verdad y la vida. Nadie va al Padre si no es por mí".

Sábado 17 de mayo de 2025
Sábado de la IV semana de Pascua
Primera Lectura: Hechos 13, 44-52

El sábado siguiente casi toda la ciudad de Antioquía acudió a oír la palabra de Dios. Cuando los judíos vieron una concurrencia tan grande, se llenaron de envidia y comenzaron a contradecir a Pablo con palabras injuriosas. Entonces Pablo y Bernabé dijeron con valentía: "La palabra de Dios debía ser predicada primero a ustedes; pero como la rechazan y no se juzgan dignos de la vida eterna, nos dirigiremos a los paganos. Así nos lo ha ordenado el Señor, cuando dijo: *Yo te he puesto como luz de los paganos, para que lleves la salvación hasta los últimos rincones de la tierra*". Al enterarse de esto, los paganos se regocijaban y glorificaban la palabra de Dios, y abrazaron la fe todos aquellos que estaban destinados a la vida eterna. La palabra de Dios se iba propagando por toda la región. Pero los judíos azuzaron a las mujeres devotas de la alta sociedad y a los ciudadanos principales, y provocaron una persecución contra Pablo y Bernabé, hasta expulsarlos de su territorio. Pablo y Bernabé se sacudieron el polvo de los pies, como señal de protesta, y se marcharon a Iconio, mientras los discípulos se quedaron llenos de alegría y del Espíritu Santo.

Salmo Responsorial: Salmo 97, 1. 2-3ab. 3cd-4
R. (3cd) Cantemos las maravillas del Señor. Aleluya.

Cantemos al Señor un canto nuevo, pues ha hecho maravillas. Su diestra y su santo brazo le han dado la victoria. **R.**

El Señor ha dado a conocer su victoria y ha revelado a las naciones su justicia. Una vez más ha demostrado Dios su amor y su lealtad hacia Israel. **R.**

La tierra entera ha contemplado la victoria de nuestro Dios. Que todos los pueblos y naciones aclamen con júbilo al Señor. **R.**

Aclamación antes del Evangelio: Juan 8, 31. 32
R. Aleluya, aleluya.

Si se mantienen fieles a mi palabra, dice el Señor, serán verdaderamente discípulos míos y conocerán la verdad. **R.**

Evangelio: Juan 14, 7-14

En aquel tiempo, Jesús dijo a sus discípulos: "Si ustedes me conocen a mí, conocen también a mi Padre. Ya desde ahora lo conocen y lo han visto". Le dijo Felipe: "Señor, muéstranos al Padre y eso nos basta". Jesús le replicó: "Felipe, tanto tiempo hace que estoy con ustedes, ¿y todavía no me conoces? Quien me ve a mí, ve al Padre. ¿Entonces por qué dices: 'Muéstranos al Padre'? ¿O no crees que yo estoy en el Padre y que el Padre está en mí? Las palabras que yo les digo, no las digo por mi propia cuenta. Es el Padre, que permanece en mí, quien hace las obras. Créanme: yo estoy en el Padre y el Padre está en mí. Si no me dan fe a mí, créanlo por las obras. Yo les aseguro: el que crea en mí, hará las obras que hago yo y las hará aun mayores, porque yo me voy al Padre; y cualquier cosa que pidan en mi nombre, yo la haré para que el Padre sea glorificado en el Hijo. Yo haré cualquier cosa que me pidan en mi nombre".

Domingo 18 de mayo de 2025
V Domingo de Pascua
Primera Lectura: Hechos 14, 21b-27

En aquellos días, volvieron Pablo y Bernabé a Listra, Iconio y Antioquía, y ahí animaban a los discípulos y los exhortaban a perseverar en la fe, diciéndoles que hay que pasar por muchas tribulaciones para entrar en el Reino de Dios. En cada comunidad designaban presbíteros, y con oraciones y ayunos los encomendaban al Señor, en quien habían creído. Atravesaron luego Pisidia y llegaron a Panfilia; predicaron en Perge y llegaron a Atalía. De ahí se embarcaron para Antioquía, de donde habían salido, con la gracia de Dios, para la misión que acababan de cumplir. Al llegar, reunieron a la comunidad y les contaron lo que había hecho Dios por medio de ellos y cómo les había abierto a los paganos las puertas de la fe.

Salmo Responsorial: Salmo 144, 8-9. 10-11. 12-13ab
R. (1) Bendeciré al Señor eternamente. Aleluya.

El Señor es compasivo y misericordioso, lento para enojarse y generoso para perdonar. Bueno es el Señor para con todos y su amor se extiende a todas sus creaturas. **R.**

Que te alaben, Señor, todas tus obras y que todos tus fieles te bendigan. Que proclamen la gloria de tu reino Y den a conocer tus maravillas. **R.**

Que muestren a los hombres tus proezas, el esplendor y la gloria de tu reino. Tu reino, Señor, es para siempre, y tu imperio, por todos las generaciones. **R.**

Segunda Lectura: Apocalipsis. 21, 1-5a

Yo, Juan, vi un cielo nuevo y una tierra nueva, porque el primer cielo y la primera tierra habían desaparecido y el mar ya no existía. También vi que descendía del cielo, desde donde está Dios, la ciudad santa, la nueva Jerusalén, engalanada como una novia, que va a desposarse con su prometido. Oí una gran voz, que venía del cielo, que decía: "Ésta es la morada de Dios con los hombres; vivirá con ellos como su Dios y ellos serán su pueblo. Dios les enjugará todas sus lágrimas y ya no habrá muerte ni duelo, ni penas ni llantos, porque ya todo lo antiguo terminó". Entonces el que estaba sentado en el trono, dijo: "Ahora yo voy a hacer nuevas todas las cosas".

Aclamación antes del Evangelio: Juan 13, 34
R. Aleluya, aleluya.

Les doy un mandamiento nuevo, dice el Señor, que se amen los unos a los otros, como yo los he amado. **R.**

Evangelio: Juan 13, 31-33a. 34-35

Cuando Judas salió del cenáculo, Jesús dijo: "Ahora ha sido glorificado el Hijo del hombre y Dios ha sido glorificado en él. Si Dios ha sido glorificado en él, también Dios lo glorificará en sí mismo y pronto lo glorificará. Hijitos, todavía estaré un poco con ustedes. Les doy un mandamiento nuevo: que se amen los unos a los otros, como yo los he amado; y por este amor reconocerán todos que ustedes son mis discípulos".

Lunes 19 de mayo de 2025

Lunes de la V semana de Pascua

Primera Lectura: Hechos 14, 5-18

En aquellos días, los paganos y los judíos de Iconio, apoyados por las autoridades, comenzaron a agitarse con la intención de maltratar y apedrear a Pablo y a Bernabé. Pero ellos se dieron cuenta de la situación y huyeron a Listra y Derbe, ciudades de Licaonia, y predicaron el Evangelio en toda la región. Había en Listra un hombre tullido de los pies desde su nacimiento que se pasaba la vida sentado y nunca había podido andar. El tullido escuchaba el discurso de Pablo, y éste, mirándolo fijamente, advirtió que aquel hombre tenía fe suficiente como para ser curado, y le ordenó en voz alta: "Levántate y ponte derecho sobre tus pies". De un salto el hombre se puso en pie y comenzó a caminar. Cuando la gente vio lo que Pablo había hecho, empezaron a gritar en la lengua de Licaonia: "¡Dioses en figura de hombres han bajado a visitarnos!" Decían que Bernabé era el dios Júpiter y Pablo el dios Mercurio, porque éste era el que hablaba. El sacerdote del templo de Júpiter, situado a la entrada de la ciudad, llevó a las puertas unos toros adornados con guirnaldas, y junto con la muchedumbre, quería ofrecerles un sacrificio. Al darse cuenta de todo esto, los apóstoles Bernabé y Pablo se rasgaron las vestiduras e irrumpieron por entre la multitud, gritando: "Ciudadanos, ¿por qué hacen semejante cosa? Nosotros somos hombres mortales, lo mismo que ustedes. Les predicamos el Evangelio que los hará dejar los falsos dioses y convertirse al Dios vivo, que hizo el cielo, la tierra, el mar y todo cuanto contienen. En épocas pasadas, Dios dejó que cada pueblo siguiera su camino, aunque siempre se dio a conocer por sus beneficios, mandando la lluvia y la cosecha a su tiempo, dándoles así comida y alegría en abundancia". Y diciendo estas palabras, consiguieron impedir, a duras penas, que la multitud les ofreciera un sacrificio.

Salmo Responsorial: Salmo 113, 1-2. 3-4. 15-16
R. (1) Que todos te alaben sólo a ti, Señor. Aleluya.

No por nosotros, Señor, no por nosotros, sino por ti mismo, manifiesta tu grandeza, porque eres fiel y bondadoso. Que no nos pregunten los paganos: ¿Dónde está el Dios de Israel?" **R.**

Nuestro Dios está en el cielo, y él ha hecho todo lo que quiso. En cambio, los ídolos de los paganos son oro y plata, son dioses hechos por artesanos. **R.**

Que los llene de bendiciones el Señor, que hizo el cielo y la tierra. El Señor se ha reservado para sí el cielo y a los hombres les ha entregado la tierra. **R.**

Aclamación antes del Evangelio: Juan 14, 26
R. Aleluya, aleluya.

El Espíritu Santo les enseñará todas las cosas y les recordará todo cuanto yo les he dicho, dice el Señor. **R.**

Evangelio: Juan 14, 21-26

En aquel tiempo, Jesús dijo a sus discípulos: "El que acepta mis mandamientos y los cumple, ése me ama. Al que me ama a mí, lo amará mi Padre, yo también lo amaré y me manifestaré a él". Entonces le dijo Judas (no el Iscariote): "Señor, ¿por qué razón a nosotros sí te nos vas a manifestar y al mundo no?" Le respondió Jesús: "El que me ama, cumplirá mi palabra y mi Padre lo amará y vendremos a él y haremos en él nuestra morada. El que no me ama no cumplirá mis palabras. Y la palabra que están oyendo no es mía, sino del Padre, que me envió. Les he hablado de esto ahora que estoy con ustedes; pero el Paráclito, el Espíritu Santo que mi Padre les enviará en mi nombre, les enseñará todas las cosas y les recordará todo cuanto yo les he dicho".

Martes 20 de mayo de 2025

Martes de la V semana de Pascua

Primera Lectura: Hechos 14, 19-28

En aquellos días, llegaron a Listra, procedentes de Antioquía y de Iconio, unos judíos, que se ganaron a la multitud y apedrearon a Pablo; lo dieron por muerto y lo arrastraron fuera de la ciudad. Cuando lo rodearon los discípulos, Pablo se levantó y regresó a la ciudad. Pero al día siguiente, salió con Bernabé hacia Derbe. Después de predicar el Evangelio y de hacer muchos discípulos en aquella ciudad, volvieron a Listra, Iconio y Antioquía, y ahí animaban a los discípulos y los exhortaban a perseverar en la fe, diciéndoles que hay que pasar por muchas tribulaciones para entrar en el Reino de Dios. En cada comunidad designaban presbíteros, y con oraciones y ayunos los encomendaban al Señor, en quien habían creído. Atravesaron luego Pisidia y llegaron a Panfilia; predicaron en Perge y llegaron a Atalía. De allí se embarcaron para Antioquía, de donde habían salido, con la gracia de Dios, para la misión que acababan de cumplir. Al llegar, reunieron a la comunidad y les contaron lo que había hecho Dios por medio de ellos y cómo les había abierto a los paganos las puertas de la fe. Ahí se quedaron bastante tiempo con los discípulos.

Salmo Responsorial: Salmo 144, 10-11. 12-13ab. 21
R. (12a) Bendigamos al Señor eternamente. Aleluya.

Que te alaben, Señor, todas tus obras y que todos tus fieles te bendigan. Que proclamen la gloria de tu reino y den a conocer tus maravillas. **R.**

Que muestren a los hombres tus proezas, El esplendor y la gloria de tu reino. Tu reino, Señor, es para siempre y tú imperio, para todas las generaciones. **R.**

Que mis labios alaben al Señor, que todos los seres lo bendigan ahora y para siempre. **R.**

Aclamación antes del Evangelio: Lucas 24, 46. 26
R. Aleluya, aleluya.

Cristo tenía que morir y resucitar de entre los muertos, para entrar así en su gloria. **R.**

Evangelio: Juan 14, 27-31

En aquel tiempo, Jesús dijo a sus discípulos: "La paz les dejo, mi paz les doy. No se la doy como la da el mundo. No pierdan la paz ni se acobarden. Me han oído decir: 'Me voy, pero volveré a su lado'. Si me amaran, se alegrarían de que me vaya al Padre, porque el Padre es más que yo. Se lo he dicho ahora, antes de que suceda, para que cuando suceda, crean. Ya no hablaré muchas cosas con ustedes, porque se acerca el príncipe de este mundo; no es que él tenga poder sobre mí, pero es necesario que el mundo sepa que amo al Padre y que cumplo exactamente lo que el Padre me ha mandado".

Miércoles de la V semana de Pascua
Primera Lectura: Hechos 15, 1-6

En aquellos días, vinieron de Judea a Antioquía algunos discípulos y se pusieron a enseñar a los hermanos que si no se circuncidaban conforme a la ley de Moisés, no podrían salvarse. Esto provocó un altercado y una violenta discusión con Pablo y Bernabé; al fin se decidió que Pablo, Bernabé y algunos más fueran a Jerusalén para tratar el asunto con los apóstoles y los presbíteros. La comunidad cristiana los proveyó para el viaje, y ellos atravesaron Fenicia y Samaria, contando a los hermanos cómo se convertían los paganos, y los llenaban de gozo con esta noticia. Al llegar a Jerusalén, fueron recibidos por la comunidad cristiana, los apóstoles y los presbíteros, y ellos refirieron todo cuanto Dios había hecho por su medio. Pero algunos de los fariseos convertidos intervinieron, diciendo: "Hay que circuncidar a los paganos y exigirles que cumplan la ley de Moisés". Entonces se reunieron los apóstoles y los presbíteros para examinar el asunto.

Salmo Responsorial: Salmo 121, 1-2. 3-4a. 4b-5
R. (1) Vayamos con alegría al encuentro del Señor. Aleluya.

¡Qué alegría sentí, cuando me dijeron: "Vayamos a la casa del Señor" Y hoy estamos aquí, Jerusalén, Jubilosos, delante de tus puertas. **R.**

A ti, Jerusalén, suben las tribus, las tribus del Señor, según lo que a Israel se le ha ordenado, para alabar el nombre del Señor. **R.**

Por el amor que tengo a mis hermanos, voy a decir: "La paz esté contigo". Y por la casa del Señor, mi Dios, Pediré para ti todos los bienes. **R.**

Aclamación antes del Evangelio: Juan 15, 4. 5
R. Aleluya, aleluya.

Permanezcan en mí y yo en ustedes, dice el Señor; el que permanece en mí da fruto abundante. **R.**

Evangelio: Juan 15, 1-8

En aquel tiempo, Jesús dijo a sus discípulos: "Yo soy la verdadera vid y mi Padre es el viñador. Al sarmiento que no da fruto en mí, él lo arranca, y al que da fruto lo poda para que dé más fruto. Ustedes ya están purificados por las palabras que les he dicho. Permanezcan en mí y yo en ustedes. Como el sarmiento no puede dar fruto por sí mismo, si no permanece en la vid, así tampoco ustedes, si no permanecen en mí. Yo soy la vid, ustedes los sarmientos; el que permanece en mí y yo en él, ése da fruto abundante, porque sin mí nada pueden hacer. Al que no permanece en mí se le echa fuera, como al sarmiento, y se seca; luego lo recogen, lo arrojan al fuego y arde. Si permanecen en mí y mis palabras permanecen en ustedes, pidan lo que quieran y se les concederá. La gloria de mi Padre consiste en que den mucho fruto y se manifiesten así como discípulos míos".

Jueves 22 de mayo de 2025
Jueves de la V semana de Pascua
Primera Lectura: Hechos 15, 7-21

Por aquellos días, después de una larga discusión sobre el asunto de la circuncisión, Pedro se levantó y dijo a los apóstoles y a los presbíteros: "Hermanos: Ustedes saben que, ya desde los primeros días, Dios me eligió entre ustedes para que los paganos oyeran, por mi medio, las palabras del Evangelio y creyeran. Dios, que conoce los corazones, mostró su aprobación dándoles el Espíritu Santo, igual que a nosotros. No hizo distinción alguna, ya que purificó sus corazones con la fe. ¿Por qué quieren irritar a Dios imponiendo sobre los discípulos ese yugo, que ni nuestros padres ni nosotros hemos podido soportar?

Nosotros creemos que nos salvaremos por la gracia del Señor Jesús, del mismo modo que ellos". Toda la asamblea guardó silencio y se pusieron a oír a Bernabé y a Pablo, que contaban las grandes señales y prodigios que Dios había hecho entre los paganos por medio suyo. Cuando terminaron de hablar, Santiago tomó la palabra y dijo: "Hermanos, escúchenme. Pedro nos ha referido cómo, por primera vez, se dignó Dios escoger entre los paganos un pueblo que fuera suyo. Esto concuerda con las palabras de los profetas, porque está escrito: *Después de estos sucesos volveré y reconstruiré de nuevo la casa de David, que se había derrumbado; repararé sus ruinas y la reedificaré, para que el resto de los hombres busque al Señor, lo mismo que todas las naciones que han sido consagradas a mi nombre. El Señor que hace estas cosas es quien lo dice. Él las conoce desde la eternidad.* Por lo cual, yo juzgo que no se debe molestar a los paganos que se convierten a Dios; basta prescribirles que se abstengan de la fornicación, de comer lo inmolado a los ídolos, la sangre y los animales estrangulados. Si alguien se extraña, Moisés tiene, desde antiguo, quienes lo predican en las ciudades, puesto que cada sábado se lee en las sinagogas".

Salmo Responsorial: Salmo 95, 1-2a. 2b-3. 10
R. (3) Cantemos la grandeza del Señor. Aleluya.
Cantemos al Señor un canto nuevo, que le cante al Señor toda la tierra; cantemos al Señor y bendigámoslo. **R.**
Proclamemos su amor día tras día, su grandeza anunciemos a los pueblos, de nación en nación, sus maravillas. **R.**
Caigamos en su templo de rodillas. "Reina el Señor", digamos a los pueblos, gobierna a las naciones con justicia. **R.**

Aclamación antes del Evangelio: Juan 10, 27
R. Aleluya, aleluya.
Mis ovejas escuchan mi voz, dice el Señor; yo las conozco y ellas me siguen. **R.**

Evangelio: Juan 15, 9-11

En aquel tiempo, Jesús dijo a sus discípulos: "Como el Padre me ama, así los amo yo. Permanezcan en mi amor. Si cumplen mis mandamientos, permanecen en mi amor; lo mismo que yo cumplo los mandamientos de mi Padre y permanezco en su amor. Les he dicho esto para que mi alegría esté en ustedes y su alegría sea plena".

Viernes 23 de mayo de 2025
Viernes de la V semana de Pascua

Primera Lectura: Hechos 15, 22-31

En aquellos días, los apóstoles y los presbíteros, de acuerdo con toda la comunidad cristiana, juzgaron oportuno elegir a algunos de entre ellos y enviarlos a Antioquía con Pablo y Bernabé. Los elegidos fueron Judas (llamado Barsabás) y Silas, varones prominentes en la comunidad. A ellos les entregaron una carta que decía: "Nosotros, los apóstoles y los presbíteros, hermanos suyos, saludamos a los hermanos de Antioquía, Siria y Cilicia, convertidos del paganismo. Enterados de que algunos de entre nosotros, sin mandato nuestro, los han alarmado e inquietado a ustedes con sus palabras, hemos decidido de común acuerdo elegir a dos varones y enviárselos, en compañía de nuestros amados hermanos Bernabé y Pablo, que han consagrado su vida a la causa de nuestro Señor Jesucristo. Les enviamos, pues, a Judas y a Silas, quienes les transmitirán, de viva voz, lo siguiente: 'El Espíritu Santo y nosotros hemos decidido no imponerles más cargas que las estrictamente necesarias. A saber: que se abstengan de la fornicación y de comer lo inmolado a los ídolos, la sangre y los animales estrangulados. Si se apartan de esas cosas, harán bien'. Los saludamos". Los enviados se despidieron y cuando llegaron a Antioquía, reunieron a la comunidad cristiana y les entregaron la carta. Al leer aquellas palabras alentadoras, todos se llenaron de júbilo.

Salmo Responsorial: Salmo 56, 8-9 10-12
R. (10a) Alabemos y cantemos al Señor. Aleluya.

Dispuesto está mi corazón, Dios mío, para cantar tus alabanzas. Despiértate, alma mía, despiértense mi cítara y mi arpa, antes de que despunte el alba. **R.**

Tocaré para ti ante las naciones, te alabaré, Señor, entre los pueblos, Pues su llealtad hasta las nubes llega Y tu amor es más grande que los cielos. Levántate, Señor, en las alturas y llena con tu gloria el mundo entero. **R.**

Aclamación antes del Evangelio: Juan 15, 15
R. Aleluya, aleluya.

A ustedes los llamo amigos, dice el Señor, porque les he dado a conocer todo lo que le he oído a mi Padre. **R.**

Evangelio: Juan 15, 12-17

En aquel tiempo, Jesús dijo a sus discípulos: "Éste es mi mandamiento: que se amen los unos a los otros como yo los he amado. Nadie tiene amor más grande a sus amigos que el que da la vida por ellos. Ustedes son mis amigos, si hacen lo que yo les mando. Ya no los llamo siervos, porque el siervo no sabe lo que hace su amo; a ustedes los llamo amigos, porque les he dado a conocer todo lo que le he oído a mi Padre. No son ustedes los que me han elegido, soy yo quien los ha elegido y los ha destinado para que vayan y den fruto y su fruto permanezca, de modo que el Padre les conceda cuanto le pidan en mi nombre. Esto es lo que les mando: que se amen los unos a los otros".

Sábado 24 de mayo de 2025
Sábado de la V semana de Pascua
Primera Lectura: Hechos 16, 1-10

En aquellos días, Pablo fue a Derbe y luego a Listra. Había allí un discípulo, llamado Timoteo, hijo de padre griego y de madre judía cristiana. Timoteo gozaba de muy buena fama entre los hermanos de Listra e Iconio. Pablo quiso llevarlo consigo y lo circuncidó, en atención a los judíos de aquellas regiones, pues todos sabían que su padre era pagano. En todas las ciudades por donde iban pasando, daban a conocer las decisiones tomadas por los apóstoles y los presbíteros de Jerusalén, para que las pusieran en práctica. De esta manera las comunidades cristianas se fortalecían en la fe y el número de creyentes aumentaba cada día más. Como el Espíritu Santo les había prohibido predicar la palabra en la provincia de Asia, Pablo y Timoteo atravesaron Frigia y Galacia. Al llegar a los límites de Misia, se propusieron ir a Bitinia, pero el Espíritu de Jesús no se lo permitió. Entonces atravesaron Misia y llegaron a Tróade. Por la noche, Pablo tuvo una aparición: vio a un macedonio, que de pie ante él, le rogaba: "¡Ven a Macedonia y ayúdanos!" Después de esta visión, determinamos salir para Macedonia, convencidos de que Dios nos llamaba a predicar allí el Evangelio.

Salmo Responsorial: Salmo 99, 2. 3. 5
R. (2a) El Señor es nuestro Dios y nosotros su pueblo. Aleluya.
Alabemos a Dios todos los hombres, sirvamos al Señor con alegría y con júbilo entremos en su templo. **R.**
Reconozcamos que el Señor es Dios, que él fue nos hizo y somos suyos, que somos su pueblo y su rebaño. **R.**
Porque el Señor es bueno, bendigámoslo, porque es eterna su misericordia y su fidelidad nunca se acaba. **R.**

Aclamación antes del Evangelio: Colosenses 3, 1
R. Aleluya, aleluya.
Si han resucitado con Cristo, busquen las cosas del cielo, donde está Cristo, sentado a la derecha de Dios. **R.**

Evangelio: Juan 15, 18-21
En aquel tiempo, Jesús dijo a sus discípulos: "Si el mundo los odia, sepan que me ha odiado a mí antes que a ustedes. Si fueran del mundo, el mundo los amaría como cosa suya; pero el mundo los odia porque no son del mundo, pues al elegirlos, yo los he separado del mundo. Acuérdense de lo que les dije: 'El siervo no es superior a su señor'. Si a mí me han perseguido, también a ustedes los perseguirán, y el caso que han hecho de mis palabras lo harán de las de ustedes. Todo esto se lo van a hacer por mi causa, pues no conocen a aquel que me envió".

Domingo 25 de mayo de 2025
Sexto Domingo de Pascua

Primera Lectura: Hechos 15, 1-2. 22-29

En aquellos días, vinieron de Judea a Antioquía algunos discípulos y se pusieron a enseñar a los hermanos que si no se circuncidaban conforme a la ley de Moisés, no podrían salvarse. Esto provocó un altercado y una violenta discusión con Pablo y Bernabé; al fin se decidió que Pablo, Bernabé y algunos más fueran a Jerusalén para tratar el asunto con los apóstoles y los presbíteros. Los apóstoles y los presbíteros, de acuerdo con toda la comunidad cristiana, juzgaron oportuno elegir a algunos de entre ellos y enviarlos a Antioquía con Pablo y Bernabé. Los elegidos fueron Judas (llamado Barsabás) y Silas, varones prominentes en la comunidad. A ellos les entregaron una carta que decía: "Nosotros, los apóstoles y los presbíteros, hermanos suyos, saludamos a los hermanos de Antioquía, Siria y Cilicia, convertidos del paganismo. Enterados de que algunos de entre nosotros, sin mandato nuestro, los han alarmado e inquietado a ustedes con sus palabras, hemos decidido de común acuerdo elegir a dos varones y enviárselos, en compañía de nuestros amados hermanos Bernabé y Pablo, que han consagrado su vida a la causa de nuestro Señor Jesucristo. Les enviamos, pues, a Judas y a Silas, quienes les trasmitirán, de viva voz, lo siguiente: 'El Espíritu Santo y nosotros hemos decidido no imponerles más cargas que las estrictamente necesarias. A saber: que se abstengan de la fornicación y de comer lo inmolado a los ídolos, la sangre y los animales estrangulados. Si se apartan de esas cosas, harán bien'. Los saludamos".

Salmo Responsorial: Salmo 66, 2-3. 5. 6 y 8

R. (4) Que te alaben, Señor, todos los pueblos. Aleluya.

Ten piedad de nosotros y bendícenos; vuelve, Señor, tus ojos a nosotros. Que conozca la tierra tu bondad y los pueblos tu obra salvación. **R.**

Las naciones con júbilo te canten, porque juzgas al mundo con justicia; con equidad tú juzgas a los pueblos y riges en la tierra a las naciones. **R.**

Que te alaben, Señor, todos los pueblos, que los pueblos te aclamen todos juntos. Que nos bendiga Dios Y que le rinda honor el mundo entero. **R.**

Segunda Lectura: Apocalipsis 21, 10-14. 22-23

Un ángel me transportó en espíritu a una montaña elevada, y me mostró a Jerusalén, la ciudad santa, que descendía del cielo, resplandeciente con la gloria de Dios. Su fulgor era semejante al de una piedra preciosa, como el de un diamante cristalino. Tenía una muralla ancha y elevada, con doce puertas monumentales, y sobre ellas, doce ángeles y doce nombres escritos, los nombres de las doce tribus de Israel. Tres de estas puertas daban al oriente, tres al norte, tres al sur y tres al poniente. La muralla descansaba sobre doce cimientos, en los que estaban escritos los doce nombres de los apóstoles del Cordero. No vi ningún templo en la ciudad, porque el Señor Dios todopoderoso y el Cordero son el templo. No necesita la luz del sol o de la luna, porque la gloria de Dios la ilumina y el Cordero es su lumbrera.

Aclamación antes del Evangelio: Juan 14, 23
R. Aleluya, aleluya.
El que me ama, cumplirá mi palabra, dice el Señor; y mi Padre lo amará y vendremos a él. **R.**

Evangelio: Juan 14, 23-29
En aquel tiempo, Jesús dijo a sus discípulos: "El que me ama, cumplirá mi palabra y mi Padre lo amará y vendremos a él y haremos en él nuestra morada. El que no me ama no cumplirá mis palabras. La palabra que están oyendo no es mía, sino del Padre, que me envió. Les he hablado de esto ahora que estoy con ustedes; pero el Paráclito, el Espíritu Santo que mi Padre les enviará en mi nombre, les enseñará todas las cosas y les recordará todo cuanto yo les he dicho. La paz les dejo, mi paz les doy. No se la doy como la da el mundo. No pierdan la paz ni se acobarden. Me han oído decir: 'Me voy, pero volveré a su lado'. Si me amaran, se alegrarían de que me vaya al Padre, porque el Padre es más que yo. Se lo he dicho ahora, antes de que suceda, para que cuando suceda, crean".

Lunes 26 de mayo de 2025
Memoria de San Felipe Neri, presbítero
Primera Lectura: Hechos 16, 11-15

Por aquellos días, zarpamos de Tróade y navegamos rumbo a Samotracia; al día siguiente, hacia Neápolis y de ahí a Filipos, colonia romana y ciudad principal de la región de Macedonia. En Filipos nos quedamos unos días. El sábado salimos de la ciudad y nos fuimos por la orilla del río hasta un sitio donde solían tenerse las reuniones de oración. Allí nos sentamos y trabamos conversación con las mujeres que habían acudido. Entre las que nos escuchaban, había una mujer, llamada Lidia, de la ciudad de Tiatira, comerciante en púrpura, que adoraba al verdadero Dios. El Señor le tocó el corazón para que aceptara el mensaje de Pablo. Después de recibir el bautismo junto con toda su familia, nos hizo esta súplica: "Si están convencidos de que mi fe en el Señor es sincera, vengan a hospedarse en mi casa". Y así, nos obligó a aceptar.

Salmo Responsorial: Salmo 149, 1-2. 3-4. 5-6a y 9b
R. (4a) El Señor es amigo de su pueblo. Aleluya.

Entonen al Señor un canto nuevo, en la reunión litúrgica proclámenlo. En su creador y rey, en el Señor, alégrese Israel, su pueblo santo. **R.**

En honor de su nombre, que haya danzas, alábenlo con arpa y tamboriles. El Señor es amigo de su pueblo y otorga la victoria a los humildes. **R.**

Que se alegren los fieles en el triunfo, que inunde el regocijo sus hogares, que alaben al Señor con sus palabras, Porque en esto su pueblo se complace. **R.**

Aclamación antes del Evangelio: Juan 15, 26. 27
R. Aleluya, aleluya.

El Espíritu de verdad dará testimonio de mí, dice el Señor, y también ustedes serán mis testigos. **R.**

Evangelio: Juan 15, 26-16, 4

En aquel tiempo, Jesús dijo a sus discípulos: "Cuando venga el Consolador, que yo les enviaré a ustedes de parte del Padre, el Espíritu de la verdad que procede del Padre, él dará testimonio de mí y ustedes también darán testimonio, pues desde el principio han estado conmigo. Les he hablado de estas cosas para que su fe no tropiece. Los expulsarán de las sinagogas y hasta llegará un tiempo, cuando el que les dé muerte creerá dar culto a Dios. Esto lo harán, porque no nos han conocido ni al Padre ni a mí. Les he hablado de estas cosas para que, cuando llegue la hora de su cumplimiento, recuerden que ya se lo había predicho yo".

Martes de la VI semana de Pascua
Primera Lectura: Hechos 16, 22-34

En aquellos días, la gente de la ciudad de Filipos se alborotó contra Pablo y Silas, y los magistrados ordenaron que los desnudaran y los azotaran. Después de azotarlos mucho, los metieron en la cárcel y le ordenaron al carcelero que los vigilara bien. Siguiendo esta orden, él los metió en el calabozo de más adentro y les aseguró los pies en el cepo. A eso de la medianoche, Pablo y Silas estaban en oración, cantando himnos al Señor, y los otros presos los escuchaban. De pronto sobrevino un temblor tan violento, que se sacudieron los cimientos de la cárcel, las puertas se abrieron de golpe y a todos se les soltaron las cadenas. El carcelero se despertó, y al ver las puertas de la cárcel abiertas de par en par, pensó que los presos se habían fugado y sacó su espada para matarse. Pero entonces Pablo le gritó: "No te hagas ningún daño; aquí estamos todos". El carcelero pidió una lámpara, se precipitó hacia dentro, y temblando, se arrojó a los pies de Pablo y Silas. Después los sacó de allí y les preguntó: "¿Qué debo hacer para salvarme?" Ellos le contestaron: "Cree en el Señor Jesús y te salvarás, tú y tu familia". Y les explicaron la palabra del Señor a él y a todos los de su casa. El carcelero se los llevó aparte, y en aquella misma hora de la noche les lavó las heridas y enseguida se bautizó él con todos los suyos. Después los invitó a su casa, les preparó la mesa y celebraron una fiesta familiar por haber creído en Dios.

Salmo Responsorial: Salmo 137, 1-2a. 2bc-3. 7c-8
R. (7c) Señor, tu amor perdura eternamente. Aleluya.

De todo corazón te damos gracias, Señor, porque escuchaste nuestros ruegos. Te cantaremos delante de tus ángeles te adoraremos en tu templo. **R.**

Señor, te damos gracias por tu lealtad y tu amor: siempre que te invocamos nos oíste y nos llenaste de valor. **R.**

Tu mano, Señor, nos pondrá a salvo, y así concluirás en nosotros tu obra. Señor, tu amor perdura eternamente; obra tuya soy, no me abandonas. **R.**

Aclamación antes del Evangelio: Juan 16, 7. 13
R. Aleluya, aleluya.

Yo les enviaré el Espíritu de la verdad, y él los irá guiando hasta la verdad plena, dice el Señor. **R.**

Evangelio: Juan 16, 5-11

En aquel tiempo, Jesús dijo a sus discípulos: "Me voy ya al que me envió y ninguno de ustedes me pregunta: '¿A dónde vas?' Es que su corazón se ha llenado de tristeza porque les he dicho estas cosas. Sin embargo, es cierto lo que les digo: les conviene que me vaya; porque si no me voy, no vendrá a ustedes el Paráclito; en cambio, si me voy, yo se lo enviaré. Y cuando él venga, establecerá la culpabilidad del mundo en materia de pecado, de justicia y de juicio; de pecado, porque ellos no han creído en mí; de justicia, porque me voy al Padre y ya no me verán ustedes; de juicio, porque el príncipe de este mundo ya está condenado".

Miércoles 28 de mayo de 2025
Miércoles de la VI semana de Pascua
Primera Lectura: Hechos 17, 15-16. 22-18, 1

En aquellos días, los cristianos que ayudaron a Pablo a escapar de Berea, lo llevaron hasta la ciudad de Atenas. Pablo los envió de regreso con la orden de que Silas y Timoteo fueran a reunirse con él cuanto antes. Un día, mientras los esperaba en Atenas, Pablo sentía que la indignación se apoderaba de él, al contemplar la ciudad llena de ídolos. Entonces se presentó en el Areópago y dijo: "Atenienses: Por lo que veo, ustedes son en extremo religiosos. Al recorrer la ciudad y contemplar sus monumentos, encontré un altar con esta inscripción: 'Al Dios desconocido'. Pues bien, yo vengo a anunciarles a ese Dios que ustedes veneran sin conocerlo. El Dios que hizo el mundo y todo cuanto hay en él, siendo el Señor del cielo y de la tierra, no habita en templos hechos por hombres, ni es servido por mano de hombres, como si necesitara de algo o de alguien; porque él es quien da a todos la vida, el aliento y cuanto tienen. De un solo hombre sacó todo el género humano para que habitara toda la tierra, determinó las épocas de su historia y estableció los límites de sus territorios. Dios quería que lo buscaran a él y que lo encontraran, aunque fuera a tientas, pues en realidad no está lejos de nosotros, ya que en él vivimos, nos movemos y somos. Como lo ha dicho alguno de los poetas de ustedes: 'Somos de su mismo linaje'. Por lo tanto, si somos linaje de Dios, no debemos pensar que Dios es como una imagen de oro, plata o mármol, labrada artísticamente por los hombres según su imaginación. Dios no tomó en cuenta la ignorancia de la gente en tiempos pasados, pues ahora quiere que todos los hombres se conviertan, porque tiene determinado un día en el cual ha de juzgar al universo con justicia, por medio de un hombre designado por él, y ha dado a todos la prueba de esto, resucitándolo de entre los muertos". Al oír hablar de la resurrección de los muertos, algunos se burlaron y otros dijeron: "De esto te oiremos hablar en otra ocasión". Entonces Pablo se retiró. Sin embargo, algunos se adhirieron a él y creyeron. Entre ellos se contaban Dionisio, el areopagita; una mujer, que se llamaba Dámaris, y algunos más. Después de esto, Pablo salió de Atenas y se fue a Corinto.

Salmo Responsorial: Salmo 148, 1-2. 11-12ab. 12c-14a. 14bcd
R. La gloria del Señor sobrepasa cielo y tierra. Aleluya.

Alaben al Señor en las alturas, Alábenlo en el cielo; que alaben al Señor todos sus ángeles, celestiales ejércitos. **R.**

Reyes y pueblos todos de la tierra, gobernantes y jueces de este mundo; hombres, mujeres, jóvenes y ancianos, alaben al Señor y denle culto. **R.**

El nombre del Señor alaben todos, pues su nombre ex excelso, su gloria sobrepasa cielo y tierra y ha hecho fuerte a su pueblo. **R.**

Que alaben al Señor todos sus fieles, los hijos de Israel, el pueblo que ha gozado siempre de familiaridad con él. **R.**

Aclamación antes del Evangelio: Juan 14, 16
R. Aleluya, aleluya.

Yo le pediré al Padre, y él les dará otro Consolador, Que se quedará para siempre con ustedes, dice el Señor. **R.**

Evangelio: Juan 16, 12-15

En aquel tiempo, Jesús dijo a sus discípulos: "Aún tengo muchas cosas que decirles, pero todavía no las pueden comprender. Pero cuando venga el Espíritu de la verdad, él los irá guiando hasta la verdad plena, porque no hablará por su cuenta, sino que dirá lo que haya oído y les anunciará las cosas que van a suceder. Él me glorificará, porque primero recibirá de mí lo que les vaya comunicando. Todo lo que tiene el Padre es mío. Por eso he dicho que tomará de lo mío y se lo comunicará a ustedes".

Jueves de la VI semana de Pascua o Solemnidad de la Ascensión del Señor

Solemnidad de la Ascensión del Señor

Primera Lectura: Hechos 1, 1-11

En mi primer libro, querido Teófilo, escribí acerca de todo lo que Jesús hizo y enseñó, hasta el día en que ascendió al cielo, después de dar sus instrucciones, por medio del Espíritu Santo, a los apóstoles que había elegido. A ellos se les apareció después de la pasión, les dio numerosas pruebas de que estaba vivo y durante cuarenta días se dejó ver por ellos y les habló del Reino de Dios. Un día, estando con ellos a la mesa, les mandó: "No se alejen de Jerusalén. Aguarden aquí a que se cumpla la promesa de mi Padre, de la que ya les he hablado: Juan bautizó con agua; dentro de pocos días ustedes serán bautizados con el Espíritu Santo". Los ahí reunidos le preguntaban: "Señor, ¿ahora sí vas a restablecer la soberanía de Israel?" Jesús les contestó: "A ustedes no les toca conocer el tiempo y la hora que el Padre ha determinado con su autoridad; pero cuando el Espíritu Santo descienda sobre ustedes, los llenará de fortaleza y serán mis testigos en Jerusalén, en toda Judea, en Samaria y hasta los últimos rincones de la tierra". Dicho esto, se fue elevando a la vista de ellos, hasta que una nube lo ocultó a sus ojos. Mientras miraban fijamente al cielo, viéndolo alejarse, se les presentaron dos hombres vestidos de blanco, que les dijeron: "Galileos, ¿qué hacen allí parados, mirando al cielo? Ese mismo Jesús que los ha dejado para subir al cielo, volverá como lo han visto alejarse".

Salmo Responsorial: Salmo 46, 2-3. 6-7. 8-9

R. (6) Entre voces de júbilo, Dios asciende a su trono. Aleluya.

Aplaudan, pueblos todos, aclamen al Señor, de gozos llenos; que el Señor, el Altísimo, es terrible y de toda la tierra, rey supremo. **R.**

Entre voces de júbilo y trompetas, Dios, el Señor, asciende hasta su trono. Cantemos en honor de nuestro Dios, al rey honremos y cantemos todos. **R.**

Porque Dios es el rey del universo, cantemos el mejor de nuestros cantos. Reina Dios sobre todas las naciones desde su trono santo. **R.**

Segunda Lectura: Efesios 1, 17-23

Hermanos: Pido al Dios de nuestro Señor Jesucristo, el Padre de la gloria, que les conceda espíritu de sabiduría y de revelación para conocerlo. Le pido que les ilumine la mente para que comprendan cuál es la esperanza que les da su llamamiento, cuán gloriosa y rica es la herencia que Dios da a los que son suyos y cuál la extraordinaria grandeza de su poder para con nosotros, los que confiamos en él, por la eficacia de su fuerza poderosa. Con esta fuerza resucitó a Cristo de entre los muertos y lo hizo sentar a su derecha en el cielo, por encima de todos los ángeles, principados, potestades, virtudes y dominaciones, y por encima de cualquier persona, no sólo del mundo actual sino también del futuro. Todo lo puso bajo sus pies y a él mismo lo constituyó cabeza suprema de la Iglesia, que es su cuerpo, y la plenitud del que lo consuma todo en todo.

O bien:

Hebreos 9, 24-28; 10, 19-23

Hermanos: Cristo no entró en el santuario de la antigua alianza, construido por mano de hombres y que sólo era figura del verdadero, sino en el cielo mismo, para estar ahora en la presencia de Dios, intercediendo por nosotros. En la antigua alianza, el sumo sacerdote entraba cada año en el santuario para ofrecer una sangre que no era la suya; pero Cristo no tuvo que ofrecerse una y otra vez a sí mismo en sacrificio, porque en tal caso habría tenido que padecer muchas veces desde la creación del mundo. De hecho, él se manifestó una sola vez, en el momento culminante de la historia, para destruir el pecado con el sacrificio de sí mismo. Y así como está determinado que los hombres mueran una sola vez y que después de la muerte venga el juicio, así también Cristo se ofreció una sola vez para quitar los pecados de todos. Al final se manifestará por segunda vez, pero ya no para quitar el pecado, sino para la salvación de aquellos que lo aguardan y en él tienen puesta su esperanza. Hermanos, en virtud de la sangre de Jesucristo, tenemos la seguridad de poder entrar en el santuario, porque él nos abrió un camino nuevo y viviente a través del velo, que es su propio cuerpo. Asimismo, en Cristo tenemos un sacerdote incomparable al frente de la casa de Dios. Acerquémonos, pues, con sinceridad de corazón, con una fe total, limpia la conciencia de toda mancha y purificado el cuerpo por el agua saludable. Mantengámonos inconmovibles en la profesión de nuestra esperanza, porque el que nos hizo las promesas es fiel a su palabra.

Aclamación antes del Evangelio: Mateo 28, 19. 20
R. Aleluya, aleluya.

Vayan y enseñen a todas las naciones, dice el Señor, y sepan que yo estaré con ustedes todos los días, hasta el fin del mundo. **R.**

Evangelio: Lucas 24, 46-53

En aquel tiempo, Jesús se apareció a sus discípulos y les dijo: "Está escrito que el Mesías tenía que padecer y había de resucitar de entre los muertos al tercer día, y que en su nombre se había de predicar a todas las naciones, comenzando por Jerusalén, la necesidad de volverse a Dios para el perdón de los pecados. Ustedes son testigos de esto. Ahora yo les voy a enviar al que mi Padre les prometió. Permanezcan, pues, en la ciudad, hasta que reciban la fuerza de lo alto". Después salió con ellos fuera de la ciudad, hacia un lugar cercano a Betania; levantando las manos, los bendijo, y mientras los bendecía, se fue apartando de ellos y elevándose al cielo. Ellos, después de adorarlo, regresaron a Jerusalén, llenos de gozo, y permanecían constantemente en el templo, alabando a Dios.

Jueves de la VI semana de Pascua

(Cuando la fiesta de la Ascensión del Señor se celebra el Séptimo Domingo de Pascua, se leen hoy las lecturas siguientes.)

Primera Lectura: Hechos 18, 1-8

En aquellos días, Pablo salió de Atenas y se fue a Corinto. Allí encontró a un judío, llamado Aquila, natural del Ponto, que acababa de llegar de Italia con su mujer, Priscila, en acatamiento a las órdenes de Claudio, que expulsó de Roma a todos los judíos. Pablo se acercó a ellos, y como eran del mismo oficio, se quedó a vivir y a trabajar con ellos. Su oficio era fabricar tiendas de campaña. Cada sábado Pablo discutía en la sinagoga y trataba de convencer a judíos y griegos. Cuando Silas y Timoteo llegaron de Macedonia, Pablo se dedicó por completo a la predicación y afirmó delante de los judíos que Jesús era el Mesías. Como éstos lo contradecían y lo insultaban, se rasgó las vestiduras y dijo: "Que la sangre de ustedes caiga sobre su propia cabeza: yo soy inocente. De ahora en adelante, iré a hablar a los paganos". Salió de allí y entró en la casa de Tito Justo, que adoraba a Dios, y cuya casa estaba al lado de la sinagoga. Crispo, el jefe de la sinagoga, creyó en el Señor, junto con toda su familia. Asimismo, al oír a Pablo, muchos de los corintios creyeron y recibieron el bautismo.

Salmo Responsorial: Salmo 97, 1. 2-3ab. 3cd-4

R. (2b) El Señor nos ha demostrado su amor y su lealtad. Aleluya.

Cantemos al Señor un canto nuevo, pues ha hecho maravillas. Su diestra y su santo brazo le han dado la victoria. **R.**

El Señor ha dado a conocer su victoria y ha revelado a las naciones su justicia. Una vez más ha demostrado Dios su amor y su lealtad hacia Israel. **R.**

La tierra entera ha contemplado la victoria de nuestro Dios. Que todos los pueblos y naciones, aclamen con júbilo al Señor. **R.**

Aclamación antes del Evangelio: Juan 14, 18

R. Aleluya, aleluya.

No los dejaré desamparados, dice el Señor; me voy, pero volveré a ustedes y entonces se alegrará su corazón. **R.**

Evangelio: Juan 16, 16-20

En aquel tiempo, Jesús dijo a sus discípulos: "Dentro de poco tiempo ya no me verán; y dentro de otro poco me volverán a ver". Algunos de sus discípulos se preguntaban unos a otros: "¿Qué querrá decir con eso de que: 'Dentro de poco tiempo ya no me verán, y dentro de otro poco me volverán a ver', y con eso de que: 'Me voy al Padre'?" Y se decían: "¿Qué significa ese 'un poco'? No entendemos lo que quiere decir". Jesús comprendió que querían preguntarle algo y les dijo: "Están confundidos porque les he dicho: 'Dentro de poco tiempo ya no me verán y dentro de otro poco me volverán a ver'. Les aseguro que ustedes llorarán y se entristecerán, mientras el mundo se alegrará. Ustedes estarán tristes, pero su tristeza se transformará en alegría".

Viernes 30 de mayo de 2025
Viernes de la VI semana de Pascua
Primera Lectura: Hechos 18, 9-18

En aquellos días, Pablo tuvo una visión nocturna en Corinto, en la que le dijo el Señor: "No tengas miedo. Habla y no calles, porque yo estoy contigo y nadie pondrá la mano sobre ti para perjudicarte. Muchos de esta ciudad pertenecen a mi pueblo". Por eso Pablo se quedó allí un año y medio, explicándoles la palabra de Dios. Pero cuando Galión era procónsul de Acaya, los judíos, de común acuerdo, se abalanzaron contra Pablo y lo llevaron hasta el tribunal, donde dijeron: "Este hombre trata de convencer a la gente de que den a Dios un culto contrario a la ley". Iba Pablo a tomar la palabra para responder, cuando Galión dijo a los judíos: "Si se tratara de un crimen o de un delito grave, yo los escucharía, como es razón; pero si la disputa es acerca de palabras o de nombres o de su ley, arréglense ustedes". Y los echó del tribunal. Entonces se apoderaron de Sóstenes, jefe de la sinagoga, y lo golpearon delante del tribunal, sin que Galión se preocupara en lo más mínimo. Pablo se quedó en Corinto todavía algún tiempo. Después se despidió de los hermanos y se embarcó para Siria, con

Priscila y Aquila. En Céncreas se rapó la cabeza para cumplir una promesa que había hecho.

Salmo Responsorial: Salmo 46, 2-3. 4-5, 6-7

R. (8a) Dios es el rey del universo. Aleluya.

Aplaudan, pueblos todos, aclamen al Señor, de gozo llenos, que el Señor, el Altísimo, es terrible, y de toda tierra, rey supremo. **R.**

Fue él quien nos puso por encima de todas las naciones y los pueblos, al elegirnos como herencia suya, orgullo de Jacob, su predilecto. **R.**

Entre voces de júbilo y trompetas, Dios, el Señor, asciende hasta su trono. Cantemos en honor de nuestro Dios, al rey honremos y cantemos todas. **R.**

Aclamación antes del Evangelio: Lucas 24, 46. 26

R. Aleluya, aleluya.

Cristo tenía que morir y resucitar de entre los muertos, para entrar así en su gloria. **R.**

Evangelio: Juan 16, 20-23

En aquel tiempo, Jesús dijo a sus discípulos: "Les aseguro que ustedes llorarán y se entristecerán, mientras el mundo se alegrará. Ustedes estarán tristes, pero su tristeza se transformará en alegría. Cuando una mujer va a dar a luz, se angustia, porque le ha llegado la hora; pero una vez que ha dado a luz, ya no se acuerda de su angustia, por la alegría de haber traído un hombre al mundo. Así también ahora ustedes están tristes, pero yo los volveré a ver, se alegrará su corazón y nadie podrá quitarles su alegría. Aquel día no me preguntarán nada".

Sábado 31 de mayo de 2025

Fiesta de la Visitación de la Santísima Virgen María

Primera Lectura: Sofonías 3, 14-18

Canta, hija de Sión, da gritos de júbilo, Israel, gózate y regocíjate de todo corazón, Jerusalén. El Señor ha levantado su sentencia contra ti, ha expulsado a todos tus enemigos. El Señor será el rey de Israel en medio de ti y ya no temerás ningún mal. Aquel día dirán a Jerusalén: "No temas, Sión, que no desfallezcan tus manos. El Señor, tu Dios, tu poderoso salvador, está en medio de ti. Él se goza y se complace en ti; él te ama y se llenará de júbilo por tu causa, como en los días de fiesta". Aparté de ti la desgracia y el oprobio que pesa sobre ti".

O bien:
Romanos 12, 9-16

Hermanos: Que el amor de ustedes sea sincero. Aborrezcan el mal y practiquen el bien; ámense cordialmente los unos a los otros, como buenos hermanos; que cada uno estime a los otros más que a sí mismo. En el cumplimiento de su deber, no sean negligentes y mantengan un espíritu fervoroso al servicio del Señor. Que la esperanza los mantenga alegres; sean constantes en la tribulación y perseverantes en la oración. Ayuden a los hermanos en sus necesidades y esmérense en la hospitalidad. Bendigan a los que los persiguen; bendíganlos, no los maldigan. Alégrense con los que se alegran; lloren con los que lloran. Que reine la concordia entre ustedes. No sean, pues, altivos; más bien pónganse al nivel de los humildes.

Salmo Responsorial: Isaías 12, 2-3. 4bcd. 5-6
R. (6b) El Señor ha hecho maravillas con nosotros.

El Señor es mi Dios y salvador, con él estoy seguro y nada temo. El Señor es mi protección y mi fuerza y ha sido mi salvación. Sacarán agua con gozo de la fuente de la salvación. **R.**

Den gracias al Señor invoquen su nombre, cuenten a los pueblos sus hazañas, proclamen que su nombre es sublime. **R.**

Alaben al Señor por sus proezas, anúncienlas a toda la tierra. Griten jubilosos, habitantes de Sión, porque el Dios de Israel ha sido grande con nosotros. **R.**

Aclamación antes del Evangelio: Lucas 1, 45
R. Aleluya, aleluya.

Dichosa tú, santísima Virgen María, que has creído, porque se cumplirá cuanto te fue anunciado de parte del Señor. **R.**

Evangelio: Lucas 1, 39-56

En aquellos días, María se encaminó presurosa a un pueblo de las montañas de Judea y, entrando en la casa de Zacarías, saludó a Isabel. En cuanto ésta oyó el saludo de María, la creatura saltó en su seno. Entonces Isabel quedó llena del Espíritu Santo, y levantando la voz, exclamó: "¡Bendita tú entre las mujeres y bendito el fruto de tu vientre! ¿Quién soy yo para que la madre de mi Señor venga a verme? Apenas llegó tu saludo a mis oídos, el niño saltó de gozo en mi seno. Dichosa tú, que has creído, porque se cumplirá cuanto te fue anunciado de parte del Señor". Entonces dijo María: "Mi alma glorifica al Señor *y mi espíritu se llena de júbilo en Dios, mi salvador,* porque *puso sus ojos en la humildad de su esclava.* Desde ahora me llamarán dichosa todas las generaciones, porque ha hecho en mí grandes cosas el que todo lo puede. *Santo es su nombre y su misericordia llega de generación en generación a los que lo temen.* Ha hecho sentir el poder de su brazo: dispersó a los de corazón altanero, *destronó a los potentados y exaltó a los humildes. A los hambrientos los colmó de bienes* y a los ricos los despidió sin nada. *Acordándose de su misericordia, vino en ayuda de Israel, su siervo,* como lo había prometido a nuestros padres, a Abraham y a su descendencia, para siempre". María permaneció con Isabel unos tres meses, y luego regresó a su casa.

Domingo 1 de junio de 2025

Solemnidad de la Ascensión del Señor o Séptimo Domingo de Pascua

Solemnidad de la Ascensión del Señor

Primera Lectura: Hechos 1, 1-11

En mi primer libro, querido Teófilo, escribí acerca de todo lo que Jesús hizo y enseñó, hasta el día en que ascendió al cielo, después de dar sus instrucciones, por medio del Espíritu Santo, a los apóstoles que había elegido. A ellos se les apareció después de la pasión, les dio numerosas pruebas de que estaba vivo y durante cuarenta días se dejó ver por ellos y les habló del Reino de Dios. Un día, estando con ellos a la mesa, les mandó: "No se alejen de Jerusalén. Aguarden aquí a que se cumpla la promesa de mi Padre, de la que ya les he hablado: Juan bautizó con agua; dentro de pocos días ustedes serán bautizados con el Espíritu Santo". Los ahí reunidos le preguntaban: "Señor, ¿ahora sí vas a restablecer la soberanía de Israel?" Jesús les contestó: "A ustedes no les toca conocer el tiempo y la hora que el Padre ha determinado con su autoridad; pero cuando el Espíritu Santo descienda sobre ustedes, los llenará de fortaleza y serán mis testigos en Jerusalén, en toda Judea, en Samaria y hasta los últimos rincones de la tierra". Dicho esto, se fue elevando a la vista de ellos, hasta que una nube lo ocultó a sus ojos. Mientras miraban fijamente al cielo, viéndolo alejarse, se les presentaron dos hombres vestidos de blanco, que les dijeron: "Galileos, ¿qué hacen allí parados, mirando al cielo? Ese mismo Jesús que los ha dejado para subir al cielo, volverá como lo han visto alejarse".

Salmo Responsorial: Salmo 46, 2-3. 6-7. 8-9

R. (6) Entre voces de júbilo, Dios asciende a su trono. Aleluya.

Aplaudan, pueblos todos, aclamen al Señor, de gozos llenos; que el Señor, el Altísimo, es terrible y de toda la tierra, rey supremo. **R.**

Entre voces de júbilo y trompetas, Dios, el Señor, asciende hasta su trono. Cantemos en honor de nuestro Dios, al rey honremos y cantemos todos. **R.**

Porque Dios es el rey del universo, cantemos el mejor de nuestros cantos. Reina

Dios sobre todas las naciones desde su trono santo. **R.**

Segunda Lectura: Efesios 1, 17-23

Hermanos: Pido al Dios de nuestro Señor Jesucristo, el Padre de la gloria, que les conceda espíritu de sabiduría y de revelación para conocerlo. Le pido que les ilumine la mente para que comprendan cuál es la esperanza que les da su llamamiento, cuán gloriosa y rica es la herencia que Dios da a los que son suyos y cuál la extraordinaria grandeza de su poder para con nosotros, los que confiamos en él, por la eficacia de su fuerza poderosa. Con esta fuerza resucitó a Cristo de entre los muertos y lo hizo sentar a su derecha en el cielo, por encima de todos los ángeles, principados, potestades, virtudes y dominaciones, y por encima de cualquier persona, no sólo del mundo actual sino también del futuro. Todo lo puso bajo sus pies y a él mismo lo constituyó cabeza suprema de la Iglesia, que es su cuerpo, y la plenitud del que lo consuma todo en todo.

O bien:
Hebreos 9, 24-28; 10, 19-23

Hermanos: Cristo no entró en el santuario de la antigua alianza, construido por mano de hombres y que sólo era figura del verdadero, sino en el cielo mismo, para estar ahora en la presencia de Dios, intercediendo por nosotros. En la antigua alianza, el sumo sacerdote entraba cada año en el santuario para ofrecer una sangre que no era la suya; pero Cristo no tuvo que ofrecerse una y otra vez a sí mismo en sacrificio, porque en tal caso habría tenido que padecer muchas veces desde la creación del mundo. De hecho, él se manifestó una sola vez, en el momento culminante de la historia, para destruir el pecado con el sacrificio de sí mismo. Y así como está determinado que los hombres mueran una sola vez y que después de la muerte venga el juicio, así también Cristo se ofreció una sola vez para quitar los pecados de todos. Al final se manifestará por segunda vez, pero ya no para quitar el pecado, sino para la salvación de aquellos que lo aguardan y en él tienen puesta su esperanza. Hermanos, en virtud de la sangre de Jesucristo, tenemos la seguridad de poder entrar en el santuario, porque él nos abrió un camino nuevo y viviente a través del velo, que es su propio cuerpo. Asimismo, en

Cristo tenemos un sacerdote incomparable al frente de la casa de Dios. Acerquémonos, pues, con sinceridad de corazón, con una fe total, limpia la conciencia de toda mancha y purificado el cuerpo por el agua saludable. Mantengámonos inconmovibles en la profesión de nuestra esperanza, porque el que nos hizo las promesas es fiel a su palabra.

Aclamación antes del Evangelio: Mateo 28, 19. 20
R. Aleluya, aleluya.

Vayan y enseñen a todas las naciones, dice el Señor, y sepan que yo estaré con ustedes todos los días, hasta el fin del mundo. **R.**

Evangelio: Lucas 24, 46-53

En aquel tiempo, Jesús se apareció a sus discípulos y les dijo: "Está escrito que el Mesías tenía que padecer y había de resucitar de entre los muertos al tercer día, y que en su nombre se había de predicar a todas las naciones, comenzando por Jerusalén, la necesidad de volverse a Dios para el perdón de los pecados. Ustedes son testigos de esto. Ahora yo les voy a enviar al que mi Padre les prometió. Permanezcan, pues, en la ciudad, hasta que reciban la fuerza de lo alto". Después salió con ellos fuera de la ciudad, hacia un lugar cercano a Betania; levantando las manos, los bendijo, y mientras los bendecía, se fue apartando de ellos y elevándose al cielo. Ellos, después de adorarlo, regresaron a Jerusalén, llenos de gozo, y permanecían constantemente en el templo, alabando a Dios.

Séptimo Domingo de Pascua

(Las siguientes lecturas se utilizan en este Séptimo Domingo de Pascua si la Ascensión del Señor se celebró el jueves.)

Primera Lectura: Hechos 7, 55-60

En aquellos días, Esteban, lleno del Espíritu Santo, miró al cielo, vio la gloria de Dios y a Jesús, que estaba de pie a la derecha de Dios, y dijo: "Estoy viendo los cielos abiertos y al Hijo del hombre de pie a la derecha de Dios". Entonces los miembros del sanedrín gritaron con fuerza, se taparon los oídos y todos a una se precipitaron sobre él. Lo sacaron fuera de la ciudad y empezaron a apedrearlo. Los falsos testigos depositaron sus mantos a los pies de un joven, llamado Saulo.

Mientras lo apedreaban, Esteban repetía esta oración: "Señor Jesús, recibe mi espíritu". Después se puso de rodillas y dijo con fuerte voz: "Señor, no les tomes en cuenta este pecado". Y diciendo esto, se durmió en el Señor.

Salmo Responsorial: Salmo 96, 1 y 2b. 6 y 7c. 9
R. (1a y 9a) Reina al Señor, alégrese la tierra. Aleluya.

Reina al Señor, alégrese la tierra; Canto de regocijo el mundo entero. El trono del Señor se asienta en la justicia y el derecho. **R.**

Los cielos pregonan su justicia, su inmensa gloria ven todos los pueblos. Que caigan ante Dios todos los dioses. **R.**

Tú, Señor altísimo, estás muy por encima de la tierra y mucho más en alto que los dioses. **R.**

Segunda Lectura: Apocalipsis 22, 12-14. 16-17. 20

Yo, Juan, escuché una voz que me decía: "Mira, volveré pronto y traeré conmigo la recompensa que voy a dar a cada uno según sus obras. Yo soy el Alfa y la Omega, yo soy el primero y el último, el principio y el fin. Dichosos los que lavan su ropa en la sangre del Cordero, pues ellos tendrán derecho a alimentarse del árbol de la vida y a entrar por la puerta de la ciudad. Yo, Jesús, he enviado a mi ángel para que dé testimonio ante ustedes de todas estas cosas en sus asambleas. Yo soy el retoño de la estirpe de David, el brillante lucero de la mañana". El Espíritu y la Esposa dicen: "¡Ven!" El que oiga, diga: "¡Ven!" El que tenga sed, que venga; y el que quiera, que venga a beber gratis del agua de la vida. Quien da fe de todo esto asegura: "Volveré pronto". Amén. ¡Ven, Señor Jesús!

Aclamación antes del Evangelio: Juan 14, 18
R. Aleluya, aleluya.

No los dejaré desamparados, dice el Señor; me voy, pero volveré a ustedes y entonces se alegrará su corazón. **R.**

Evangelio: Juan 17, 20-26

En aquel tiempo, Jesús levantó los ojos al cielo y dijo: "Padre, no sólo te pido por mis discípulos, sino también por los que van a creer en mí por la palabra de ellos, para que todos sean uno, como tú, Padre, en mí y yo en ti somos uno, a fin de que sean uno en nosotros y el mundo crea que tú me has enviado. Yo les he dado la gloria que tú me diste, para que sean uno, como nosotros somos uno. Yo en ellos y tú en mí, para que su unidad sea perfecta y así el mundo conozca que tú me has enviado y que los amas, como me amas a mí. Padre, quiero que donde yo esté, estén también conmigo los que me has dado, para que contemplen mi gloria, la que me diste, porque me has amado desde antes de la creación del mundo. Padre justo, el mundo no te ha conocido; pero yo sí te conozco y éstos han conocido que tú me enviaste. Yo les he dado a conocer tu nombre y se lo seguiré dando a conocer, para que el amor con que me amas esté en ellos y yo también en ellos".

Lunes 2 de junio de 2025
Lunes de la VII semana de Pascua
Primera Lectura: Hechos 19, 1-8

En aquellos días, mientras Apolo estaba en Corinto, Pablo atravesó las regiones altas de Galacia y Frigia y bajó a Éfeso. Encontró allí a unos discípulos y les preguntó: "¿Han recibido el Espíritu Santo, cuando abrazaron la fe?" Ellos respondieron: "Ni siquiera hemos oído decir que exista el Espíritu Santo". Pablo replicó: "Entonces, ¿qué bautismo han recibido?" Ellos respondieron: "El bautismo de Juan". Pablo les dijo: "Juan bautizó con un bautismo de conversión, pero advirtiendo al pueblo que debían creer en aquel que vendría después de él, esto es, en Jesús". Al oír esto, los discípulos fueron bautizados en el nombre del Señor Jesús, y cuando Pablo les impuso las manos, descendió el Espíritu Santo y comenzaron a hablar lenguas desconocidas y a profetizar. Eran en total unos doce hombres. Durante los tres meses siguientes, Pablo frecuentó la sinagoga y habló con toda libertad, disputando acerca del Reino de Dios y tratando de convencerlos.

Salmo Responsorial: Salmo 67, 2-3ab. 4-5acd. 6-7ab

R. (33a) Cantemos a Dios un canto de alabanza. Aleluya.

Cuando al Señor actúa sus enemigos se dispersan y huyen ante su faz los que lo odian; cual se disipa el humo, se disipan; como la cera se derrite al fuego, así ante Dios perecen los malvados. **R.**

Ante el Señor, su Dios, gocen los justos y salten de alegría. Entonen alabanzas a su nombre. En honor del Señor toquen la cítara. **R.**

Porque el Señor, desde su templo santo, a huérfanos y viudas da su auxilio; él fue quien dio a las desvalidas casa, libertad y riqueza a los cautivos. **R.**

Aclamación antes del Evangelio: Colosenses 3, 1
R. Aleluya, aleluya.

Si han resucitado con Cristo, busquen las cosas del cielo, donde está Cristo, sentado a la derecha de Dios. **R.**

Evangelio: Juan 16, 29-33

En aquel tiempo, los discípulos le dijeron a Jesús: "Ahora sí nos estás hablando claro y no en parábolas. Ahora sí estamos convencidos de que lo sabes todo y no necesitas que nadie te pregunte. Por eso creemos que has venido de Dios". Les contestó Jesús: "¿De veras creen? Pues miren que viene la hora, más aún, ya llegó, en que se van a dispersar cada uno por su lado y me dejarán solo. Sin embargo, no estaré solo, porque el Padre está conmigo. Les he dicho estas cosas, para que tengan paz en mí. En el mundo tendrán tribulaciones; pero tengan valor, porque yo he vencido al mundo".

Martes 3 de junio de 2025
Memoria de San Carlos Lwanga y compañeros, mártires

Primera Lectura: Hechos 20, 17-27

En aquellos días, hallándose Pablo en Mileto, mandó llamar a los presbíteros de la comunidad cristiana de Éfeso. Cuando se presentaron, les dijo: "Bien saben cómo me he comportado entre ustedes, desde el primer día en que puse el pie en Asia: he servido al Señor con toda humildad, en medio de penas y tribulaciones, que han venido sobre mí por las asechanzas de los judíos. También saben que no he escatimado nada que fuera útil para anunciarles el Evangelio, para enseñarles públicamente y en las casas, y para exhortar con todo empeño a judíos y griegos a que se arrepientan delante de Dios y crean en nuestro Señor Jesucristo. Ahora me dirijo a Jerusalén, encadenado en el espíritu, sin saber qué sucederá allá. Sólo sé que el Espíritu Santo en cada ciudad me anuncia que me aguardan cárceles y tribulaciones. Pero la vida, para mí, no vale nada. Lo que me importa es llegar al fin de mi carrera y cumplir el encargo que recibí del Señor Jesús: anunciar el Evangelio de la gracia de Dios. Por lo pronto sé que ninguno de ustedes, a quienes he predicado el Reino de Dios, volverá a verme. Por eso declaro hoy que no soy responsable de la suerte de nadie, porque no les he ocultado nada y les he revelado en su totalidad el plan de Dios".

Salmo Responsorial: Salmo 67, 10-11. 20-21
R. (33a) Reyes de la tierra, canten al Señor. Aleluya.

A tu pueblo extenuado diste fuerzas, nos colmaste, Señor, de tus favores y habitó tu rebaño en esta tierra, que tu amor preparó para los pobres. **R.**

Bendito sea el Señor, día tras día, que nos lleve en sus alas y nos salve. Nuestro Dios es un Dios de salvación porque puede librarnos de la muerte. **R.**

Aclamación antes del Evangelio: Juan 14, 16
R. Aleluya, aleluya.

Yo le pediré al Padre, y él les dará otro Consolador, que se quedará para siempre con ustedes, dice el Señor. **R.**

Evangelio: Juan 17, 1-11
En aquel tiempo, Jesús levantó los ojos al cielo y dijo: "Padre, ha llegado la hora. Glorifica a tu Hijo, para que tu Hijo también te glorifique, y por el poder que le diste sobre toda la humanidad, dé la vida eterna a cuantos le has confiado. La vida eterna consiste en que te conozcan a ti, único Dios verdadero, y a Jesucristo, a quien tú has enviado. Yo te he glorificado sobre la tierra, llevando a cabo la obra que me encomendaste. Ahora, Padre, glorifícame en ti con la gloria que tenía, antes de que el mundo existiera. He manifestado tu nombre a los hombres que tú

tomaste del mundo y me diste. Eran tuyos y tú me los diste. Ellos han cumplido tu palabra y ahora conocen que todo lo que me has dado viene de ti, porque yo les he comunicado las palabras que tú me diste; ellos las han recibido y ahora reconocen que yo salí de ti y creen que tú me has enviado. Te pido por ellos; no te pido por el mundo, sino por éstos, que tú me diste, porque son tuyos. Todo lo mío es tuyo y todo lo tuyo es mío. Yo he sido glorificado en ellos. Ya no estaré más en el mundo, pues voy a ti; pero ellos se quedan en el mundo".

Miércoles 4 de junio de 2025

Miércoles de la VII semana de Pascua

Primera Lectura: Hechos 20, 28-38

En aquellos días, Pablo dijo a los presbíteros de la comunidad cristiana de Éfeso: "Miren por ustedes mismos y por todo el rebaño, del que los constituyó pastores el Espíritu Santo, para apacentar a la Iglesia que Dios adquirió con la sangre de su Hijo. Yo sé que después de mi partida, se introducirán entre ustedes lobos rapaces, que no tendrán piedad del rebaño y sé que, de entre ustedes mismos, surgirán hombres que predicarán doctrinas perversas y arrastrarán a los fieles detrás de sí. Por eso estén alerta. Acuérdense que durante tres años, ni de día ni de noche he dejado de aconsejar, con lágrimas en los ojos, a cada uno de ustedes. Ahora los encomiendo a Dios y a su palabra salvadora, la cual tiene fuerza para que todos los consagrados a Dios crezcan en el espíritu y alcancen la herencia prometida. Yo no he codiciado ni el oro ni la plata ni la ropa de nadie. Bien saben que cuanto he necesitado para mí y para mis compañeros, lo he ganado con mis manos. Siempre he mostrado que hay que trabajar así, para ayudar como se debe a los necesitados, recordando las palabras del Señor Jesús: 'Hay más felicidad en dar que en recibir' ". Dicho esto, se arrodilló para orar con todos ellos. Todos se pusieron a llorar y abrazaban y besaban a Pablo, afligidos, sobre todo, porque les había dicho que no lo volverían a ver. Y todos lo acompañaron hasta el barco.

Salmo Responsorial: Salmo 67, 29-30. 33-35a. 35bc-36ab
R. (33a) Reyes de la tierra, canten al Señor. Aleluya.

Señor, despliega tu poder, reafirma lo que has hecho por nosotros, desde

Jerusalén, desde tu templo, a donde vienen los reyes con sus dones. **R.**

Cántenle al Señor, reyes de la tierra, denle gloria al Señor, que recorre los cielos seculares, y que dice con voz como de trueno: "Glorifiquen a Dios". **R.**

Sobre Israel su majestad se extiende y su poder, sobre las nubes. Bendito sea nuestro Dios. **R.**

Aclamación antes del Evangelio: Juan 17, 17

R. Aleluya, aleluya.

Tu palabra, Señor, es la verdad; santifícanos en la verdad. **R.**

Evangelio: Juan 17, 11-19

En aquel tiempo, Jesús levantó los ojos al cielo y dijo: "Padre santo, cuida en tu nombre a los que me has dado, para que sean uno, como nosotros. Cuando estaba con ellos, yo cuidaba en tu nombre a los que me diste; yo velaba por ellos y ninguno de ellos se perdió, excepto el que tenía que perderse, para que se cumpliera la Escritura. Pero ahora voy a ti, y mientras estoy aún en el mundo, digo estas cosas para que mi gozo llegue a su plenitud en ellos. Yo les he entregado tu palabra y el mundo los odia, porque no son del mundo, como yo tampoco soy del mundo. No te pido que los saques del mundo, sino que los libres del mal. Ellos no son del mundo, como tampoco yo soy del mundo. Santifícalos en la verdad. Tu palabra es la verdad. Así como tú me enviaste al mundo, así los envío yo también al mundo. Yo me santifico a mí mismo por ellos, para que también ellos sean santificados en la verdad".

Jueves 5 de junio de 2025

Memoria de San Bonifacio, obispo y mártir

Primera Lectura: Hechos 22, 30; 23, 6-11

En aquellos días, el comandante, queriendo saber con exactitud de qué acusaban a Pablo los judíos, mandó que le quitaran las cadenas, convocó a los sumos sacerdotes y a todo el sanedrín, y llevando consigo a Pablo, lo hizo comparecer ante ellos. Como Pablo sabía que una parte del sanedrín era de saduceos y otra de fariseos, exclamó: "Hermanos: Yo soy fariseo, hijo de fariseos, y me quieren juzgar porque espero la resurrección de los muertos". Apenas dijo esto, se produjo un altercado entre fariseos y saduceos, que ocasionó la división de la asamblea. (Porque los saduceos niegan la otra vida, sea de ángeles o de espíritus resucitados; mientras que los fariseos admiten ambas cosas). Estalló luego una terrible gritería y algunos escribas del partido de los fariseos, se pusieron de pie y declararon enérgicamente: "Nosotros no encontramos ningún delito en este hombre. ¿Quién puede decirnos que no le ha hablado un espíritu o un ángel?" El alboroto llegó a tal grado, que el comandante, temiendo que hicieran pedazos a Pablo, mandó traer a la guarnición para sacarlo de allí y llevárselo al cuartel. En la noche siguiente se le apareció el Señor a Pablo y le dijo: "Ten ánimo, Pablo; porque así como en Jerusalén has dado testimonio de mí, así también tendrás que darlo en Roma".

Salmo Responsorial: Salmo 15, 1-2a y 5. 7-8. 9-10. 11
R. (1) Enséñanos, Señor, el camino de la vida. Aleluya.
Protégeme, Dios mío, pues eres mi refugio. Yo siempre he dicho que tú eres mi Señor. El Señor es la parte que me ha tocado en herencia; mi vida está en sus manos. **R.**
Bendeciré al Señor, que me aconseja, hasta de noche me instruye internamente. Tengo siempre presente al Señor, y con él a mi lado, jamás tropezaré. **R.**
Por eso se me alegran el corazón y el alma, y mi cuerpo vivirá tranquilo, porque tú no me abandonarás a la muerte, ni dejarás que sufra yo la corrupción. **R.**
Enséñame el camino de la vida, sáciame de gozo en tu presencia y de alegría perpetua junto a ti. **R.**

Aclamación antes del Evangelio: Juan 17, 21
R. Aleluya, aleluya.
Que todos sean uno, como tú, Padre, en mí y yo en ti, somos uno, a fin de que el mundo crea que tú me has enviado, dice el Señor. **R.**

Evangelio: Juan 17, 20-26

En aquel tiempo, Jesús levantó los ojos al cielo y dijo: "Padre, no sólo te pido por mis discípulos, sino también por los que van a creer en mí por la palabra de ellos, para que todos sean uno, como tú, Padre, en mí y yo en ti somos uno, a fin de que sean uno en nosotros y el mundo crea que tú me has enviado. Yo les he dado la gloria que tú me diste, para que sean uno, como nosotros somos uno. Yo en ellos y tú en mí, para que su unidad sea perfecta y así el mundo conozca que tú me has enviado y que los amas, como me amas a mí. Padre, quiero que donde yo esté, estén también conmigo los que me has dado, para que contemplen mi gloria, la que me diste, porque me has amado desde antes de la creación del mundo. Padre justo, el mundo no te ha conocido; pero yo sí te conozco y éstos han conocido que tú me enviaste. Yo les he dado a conocer tu nombre y se lo seguiré dando a conocer, para que el amor con que me amas esté en ellos y yo también en ellos".

Viernes 6 de junio de 2025

Viernes de la VII semana de Pascua

Primera Lectura: Hechos 25, 13-21

En aquellos días, el rey Agripa y Berenice llegaron a Cesarea para saludar a Festo. Como se detuvieron algún tiempo allí, Festo expuso al rey el caso de Pablo con estas palabras: "Tengo aquí un preso que me dejó Félix, cuya condenación me pidieron los sumos sacerdotes y los ancianos de los judíos, cuando estuve en Jerusalén. Yo les respondí que no era costumbre romana condenar a ningún hombre, sin carearlo antes con sus acusadores, para darle la oportunidad de defenderse de la acusación. Vinieron conmigo a Cesarea, y sin dar largas al asunto, me senté en el tribunal al día siguiente y mandé que compareciera ese hombre. Los acusadores que se presentaron contra él, no le hicieron cargo de ninguno de los delitos que yo sospechaba. Se trataba sólo de ciertas discusiones acerca de su religión y de un tal Jesús, ya muerto, que Pablo asegura que está vivo. No sabiendo qué determinación tomar, le pregunté a Pablo si quería ir a Jerusalén para que se le juzgara allá de esos cargos; pero como él pidió ser juzgado por el César, ordené que siguiera detenido hasta que yo pudiera enviárselo".

Salmo Responsorial: Salmo 102, 1-2. 11-12. 19-20ab

R. (19a) Bendigamos al Señor, que es el rey del universo. Aleluya.

Bendice, al Señor, alma mía, que todo mi ser bendiga su santo nombre. Bendice, al Señor, alma mía, y no te olvides de sus beneficios. **R.**

Como desde la tierra hasta el cielo, así es de grande su misericordia; como dista el oriente del ocas, así aleja de nosotros nuestros delitos. **R.**

E n el cielo el Señor puso su trono, y su reino abarca el universo. Bendigan al Señor todos los ángeles, ejecutores fieles de sus órdenes. **R.**

Aclamación antes del Evangelio: Juan 14, 26

R. Aleluya, aleluya.

El Espíritu Santo les enseñará todas las cosas y les recordará todo cuanto yo les he dicho, dice el Señor. **R.**

Evangelio: Juan 21, 15-19

En aquel tiempo, le preguntó Jesús a Simón Pedro: "Simón, hijo de Juan, ¿me amas más que éstos?" Él le contestó: "Sí, Señor, tú sabes que te quiero". Jesús le dijo: "Apacienta mis corderos". Por segunda vez le preguntó: "Simón, hijo de Juan, ¿me amas?" Él le respondió: "Sí, Señor, tú sabes que te quiero". Jesús le dijo: "Pastorea mis ovejas". Por tercera vez le preguntó: "Simón, hijo de Juan, ¿me quieres?" Pedro se entristeció de que Jesús le hubiera preguntado por tercera vez si lo quería, y le contestó: "Señor, tú lo sabes todo; tú bien sabes que te quiero". Jesús le dijo: "Apacienta mis ovejas. Yo te aseguro: cuando eras joven, tú mismo te ceñías la ropa e ibas a donde querías; pero cuando seas viejo, extenderás los brazos y otro te ceñirá y te llevará a donde no quieras". Esto se lo dijo para indicarle con qué género de muerte habría de glorificar a Dios. Después le dijo: "Sígueme".

Sábado 7 de junio de 2025

Sábado de la VII semana de Pascua

Misa por la mañana

Primera Lectura: Hechos 28, 16-20. 30-31

En aquellos días, cuando llegamos a Roma, se le permitió a Pablo vivir en una casa particular, con un soldado de guardia. Tres días después de su llegada, convocó a los judíos principales, y una vez reunidos, les dijo: "Hermanos, sin haber hecho nada en contra de mi pueblo, ni de las tradiciones de nuestros padres, fui preso en Jerusalén y entregado a los romanos. Ellos, después de interrogarme, querían ponerme en libertad, porque no encontraron en mí nada que mereciera la muerte. Pero los judíos se opusieron y tuve que apelar al César, sin pretender por ello acusar a mi pueblo. Por esta razón he querido verlos y hablar con ustedes, pues llevo estas cadenas a causa de la esperanza de Israel".

Dos años enteros pasó Pablo en una casa alquilada; ahí recibía a todos los que acudían a él, predicaba el Reino de Dios y les explicaba la vida de Jesucristo, el Señor, con absoluta libertad y sin estorbo alguno.

Salmo Responsorial: Salmo 10, 4. 5 y 7

R. (7b) El Señor verá a los justos con complacencia. Aleluya.

Desde su santo templo allá en el cielo, donde tiene su trono y su morada, los ojos del Señor miran al mundo y examina a los hombres su mirada. **R.**

Examina a inocentes y malvados y aborecce al que ama la violencia. Pues el justo el Señor y ama lo justo, a los justos verá con complacencia. **R.**

Aclamación antes del Evangelio: Juan 16, 7. 13

R. Aleluya, aleluya.

Yo les enviaré el Espíritu de la verdad, y él los irá guiando hasta la verdad plena, dice el Señor. **R.**

Evangelio: Juan 21, 20-25

En aquel tiempo, Jesús dijo a Pedro: "Sígueme". Pedro, volviendo la cara, vio que iba detrás de ellos el discípulo a quien Jesús amaba, el mismo que en la cena se había reclinado sobre su pecho y le había preguntado: 'Señor, ¿quién es el que te va a traicionar?' Al verlo, Pedro le dijo a Jesús: "Señor, ¿qué va a pasar con éste?" Jesús le respondió: "Si yo quiero que éste permanezca vivo hasta que yo vuelva, ¿a ti qué? Tú, sígueme". Por eso comenzó a correr entre los hermanos el rumor de que ese discípulo no habría de morir. Pero Jesús no dijo que no moriría, sino: 'Si yo quiero que permanezca vivo hasta que yo vuelva, ¿a ti qué?' Éste es el discípulo que atestigua estas cosas y las ha puesto por escrito, y estamos ciertos de que su testimonio es verdadero. Muchas otras cosas hizo Jesús y creo que, si se relataran una por una, no cabrían en todo el mundo los libros que se escribieran.

Domingo de Pentecostés
Misa vespertina de la vigilia

Primera Lectura: Génesis 11, 1-9

En aquel tiempo, toda la tierra tenía una sola lengua y unas mismas palabras. Al emigrar los hombres desde el oriente, encontraron una llanura en la región de Sinaar y ahí se establecieron. Entonces se dijeron unos a otros: "Vamos a fabricar ladrillos y a cocerlos". Utilizaron, pues, ladrillos en vez de piedras, y asfalto en vez de mezcla. Luego dijeron: "Construyamos una ciudad y una torre que llegue hasta el cielo, para hacernos famosos antes de dispersarnos por la tierra". El Señor bajó a ver la ciudad y la torre que los hombres estaban construyendo y se dijo: "Son un solo pueblo y hablan una sola lengua. Si ya empezaron esta obra, en adelante ningún proyecto les parecerá imposible. Vayamos, pues, y confundamos su lengua, para que no se entiendan unos con otros". Entonces el Señor los dispersó por toda la tierra y dejaron de construir su ciudad; por eso, la ciudad se llamó Babel, porque ahí confundió el Señor la lengua de todos los hombres y desde ahí los dispersó por la superficie de la tierra.

O bien:
Éxodo 19, 3-8a. 16-20b

En aquellos días, Moisés subió al monte Sinaí para hablar con Dios. El Señor lo llamó desde el monte y le dijo: "Esto dirás a la casa de Jacob, esto anunciarás a los hijos de Israel: 'Ustedes han visto cómo castigué a los egipcios y de qué manera los he levantado a ustedes sobre alas de águila y los he traído a mí. Ahora bien, si escuchan mi voz y guardan mi alianza, serán mi especial tesoro entre todos los pueblos, aunque toda la tierra es mía. Ustedes serán para mí un reino de sacerdotes y una nación consagrada'. Éstas son las palabras que has de decir a los hijos de Israel". Moisés convocó entonces a los ancianos del pueblo y les expuso todo lo que el Señor le había mandado. Todo el pueblo, a una, respondió: "Haremos cuanto ha dicho el Señor". Al rayar el alba del tercer día, hubo truenos y relámpagos; una densa nube cubrió el monte y se escuchó un fragoroso resonar de trompetas. Esto hizo temblar al pueblo, que estaba en el campamento. Moisés hizo salir al pueblo para ir al encuentro de Dios; pero la gente se detuvo al pie del monte. Todo el monte Sinaí humeaba, porque el Señor había descendido sobre él en medio del fuego. Salía humo como de un horno y todo el monte retemblaba con violencia. El sonido de las trompetas se hacía cada vez más fuerte. Moisés hablaba y Dios le respondía con truenos. El Señor bajó a la cumbre del monte y le dijo a Moisés que subiera.

O bien:
Ezequiel 37, 1-4

En aquellos días, la mano del Señor se posó sobre mí, y su espíritu me trasladó y me colocó en medio de un campo lleno de huesos. Me hizo dar vuelta en torno a ellos. Había una cantidad innumerable de huesos sobre la superficie del campo y estaban completamente secos. Entonces el Señor me preguntó: "Hijo de hombre, ¿podrán acaso revivir estos huesos?" Yo respondí: "Señor, tú lo sabes". Él me dijo: "Habla en mi nombre a estos huesos y diles: 'Huesos secos, escuchen la palabra del Señor. Esto dice el Señor Dios a estos huesos: He aquí que yo les infundiré el espíritu y revivirán. Les pondré nervios, haré que les brote carne, la cubriré de piel, les infundiré el espíritu y revivirán. Entonces reconocerán ustedes que yo soy el Señor' ". Yo pronuncié en nombre del Señor las palabras que él me había ordenado, y mientras hablaba, se oyó un gran estrépito, se produjo un terremoto y los huesos se juntaron unos con otros. Y vi cómo les iban saliendo nervios y carne y cómo se cubrían de piel; pero no tenían espíritu. Entonces me dijo el Señor: "Hijo de hombre, habla en mi nombre al espíritu y dile: 'Esto dice el Señor: Ven, espíritu, desde los cuatro vientos y sopla sobre estos muertos, para que vuelvan a la vida' ". Yo hablé en nombre del Señor, como él me había ordenado. Vino sobre ellos el espíritu, revivieron y se pusieron de pie. Era una multitud innumerable. El Señor me dijo: "Hijo de hombre: Estos huesos son toda la casa de Israel, que ha dicho: 'Nuestros huesos están secos; pereció nuestra esperanza y estamos destrozados'. Por eso, habla en mi nombre y diles: 'Esto dice el Señor: Pueblo mío, yo mismo abriré sus sepulcros, los haré salir de ellos y los conduciré de nuevo a la tierra de Israel. Cuando abra sus sepulcros y los saque de ellos, pueblo mío, ustedes dirán que yo soy el Señor. Entonces les infundiré mi espíritu y vivirán, los estableceré en su tierra y sabrán que yo, el Señor, lo dije y lo cumplí' ".

O bien:

Joel 3, 1-5

Esto dice el Señor Dios: "Derramaré mi espíritu sobre todos; profetizarán sus hijos y sus hijas, sus ancianos soñarán sueños y sus jóvenes verán visiones. También sobre mis siervos y mis siervas derramaré mi espíritu en aquellos días. Haré prodigios en el cielo y en la tierra: sangre, fuego, columnas de humo. El sol se oscurecerá, la luna se pondrá color de sangre, antes de que llegue el día grande y terrible del Señor. Cuando invoquen el nombre del Señor se salvarán, porque en el monte Sión y en Jerusalén quedará un grupo, como lo ha prometido el Señor a los sobrevivientes que ha elegido".

Salmo Responsorial: Del Salmo 103

R. (30) Envía, Señor, tu Espíritu, a renovar la tierra. Aleluya.

Bendice, al Señor, alma mía; Señor y Dios mío, inmensa es su grandeza. Te vistes de belleza y majestad, la luz te envuelve como un manto. **R.**

¡Que numerosas son tus obras, Señor, y todas las hiciste con maestría! La tierra está llena de tus creaturas. Bendice, al Señor, alma mía. **R.**

Todos los vivientes aguardan que les des comer a su tiempo; les das el alimento y lo recogen, abres tu mano y se sacian de bienes. **R.**

Si retiras ti aliento, toda creatura muere y vuelve al polvo. Pero envías tu espíritu, que da vida, y renuevas el aspecto de la tierra. **R.**

Segunda Lectura: Romanos 8, 22-27

Hermanos: Sabemos que la creación entera gime hasta el presente y sufre dolores de parto; y no sólo ella, sino también nosotros, los que poseemos las primicias del Espíritu, gemimos interiormente, anhelando que se realice plenamente nuestra condición de hijos de Dios, la redención de nuestro cuerpo. Porque ya es nuestra la salvación, pero su plenitud es todavía objeto de esperanza. Esperar lo que ya se posee no es tener esperanza, porque, ¿cómo se puede esperar lo que ya se posee? En cambio, si esperamos algo que todavía no poseemos, tenemos que esperarlo con paciencia. El Espíritu nos ayuda en nuestra debilidad, porque nosotros no sabemos pedir lo que nos conviene; pero el Espíritu mismo intercede por nosotros con gemidos que no pueden expresarse con palabras. Y Dios, que conoce profundamente los corazones, sabe lo que el Espíritu quiere decir, porque el Espíritu ruega conforme a la voluntad de Dios, por los que le pertenecen.

Aclamación antes del Evangelio
R. Aleluya, aleluya.

Ven, Espíritu Santo, llena los corazones de tus fieles y enciende en ellos el fuego de tu amor. **R.**

Evangelio: Juan 7,37-39

El último día de la fiesta, que era el más solemne, exclamó Jesús en voz alta: "El que tenga sed, que venga a mí; y beba, aquel que cree en mí. Como dice la Escritura: *Del corazón del que cree en mí brotarán ríos de agua viva*". Al decir esto, se refería al Espíritu Santo que habían de recibir los que creyeran en él, pues aún no había venido el Espíritu, porque Jesús no había sido glorificado.

Misa del día

Primera Lectura: Hechos 2,1-11

El día de Pentecostés, todos los discípulos estaban reunidos en un mismo lugar. De repente se oyó un gran ruido que venía del cielo, como cuando sopla un viento fuerte, que resonó por toda la casa donde se encontraban. Entonces aparecieron lenguas de fuego, que se distribuyeron y se posaron sobre ellos; se llenaron todos del Espíritu Santo y empezaron a hablar en otros idiomas, según el Espíritu los inducía a expresarse. En esos días había en Jerusalén judíos devotos, venidos de todas partes del mundo. Al oír el ruido, acudieron en masa y quedaron desconcertados, porque cada uno los oía hablar en su propio idioma. Atónitos y llenos de admiración, preguntaban: "¿No son galileos, todos estos que están hablando? ¿Cómo, pues, los oímos hablar en nuestra lengua nativa? Entre nosotros hay medos, partos y elamitas; otros vivimos en Mesopotamia, Judea, Capadocia, en el Ponto y en Asia, en Frigia y en Panfilia, en Egipto o en la zona de Libia que limita con Cirene. Algunos somos visitantes, venidos de Roma, judíos y prosélitos; también hay cretenses y árabes. Y sin embargo, cada quien los oye hablar de las maravillas de Dios en su propia lengua".

Salmo Responsorial: Salmo 103, 1ab y 24ac. 29bc-30. 31 y 34
R. (30) Envía, Señor, tu Espíritu, a renovar la tierra. Aleluya.

Bendice, al Señor, alma mía; Señor y Dios mío, inmensa es su grandeza. ¡Qué numerosas son tus obras, Señor! La tierra está llena de tus creaturas. **R.**

Si retiras ti aliento, toda creatura muere y vuelve al polvo. Pero envías tu espíritu, que da vida, y renuevas el aspecto de la tierra. **R.**

Que Dios sea glorificado para siempre y se goce en sus creaturas. Ojalá que le agraden mis palabras y yo me alegraré en el Señor. **R.**

Segunda Lectura: 1 Corintios 12, 3b-7. 12-13

Hermanos: Nadie puede llamar a Jesús "Señor", si no es bajo la acción del Espíritu Santo. Hay diferentes dones, pero el Espíritu es el mismo. Hay diferentes servicios, pero el Señor es el mismo. Hay diferentes actividades, pero Dios, que hace todo en todos, es el mismo. En cada uno se manifiesta el Espíritu para el bien común. Porque así como el cuerpo es uno y tiene muchos miembros y todos ellos, a pesar de ser muchos, forman un solo cuerpo, así también es Cristo. Porque todos nosotros, seamos judíos o no judíos, esclavos o libres, hemos sido bautizados en un mismo Espíritu para formar un solo cuerpo, y a todos se nos ha dado a beber del mismo Espíritu.

O bien:

Romanos 8, 8-17

Hermanos: Los que viven en forma desordenada y egoísta no pueden agradar a Dios. Pero ustedes no llevan esa clase de vida, sino una vida conforme al Espíritu, puesto que el Espíritu de Dios habita verdaderamente en ustedes. Quien no tiene el Espíritu de Cristo, no es de Cristo. En cambio, si Cristo vive en ustedes, aunque su cuerpo siga sujeto a la muerte a causa del pecado, su espíritu vive a causa de la actividad salvadora de Dios. Si el Espíritu del Padre, que resucitó a Jesús de entre los muertos, habita en ustedes, entonces el Padre, que resucitó a Jesús de entre los muertos, también les dará vida a sus cuerpos mortales, por obra de su Espíritu, que habita en ustedes. Por lo tanto, hermanos, no estamos sujetos al desorden egoísta del hombre, para hacer de ese desorden nuestra regla de conducta. Pues si ustedes viven de ese modo, ciertamente serán destruidos. Por el contrario, si con la ayuda del Espíritu destruyen sus malas acciones, entonces vivirán. Los que se dejan guiar por el Espíritu de Dios, ésos son hijos de Dios. No han recibido ustedes un espíritu de esclavos, que los haga temer de nuevo, sino un espíritu de hijos, en virtud del cual podemos llamar Padre a Dios. El mismo Espíritu Santo, a una con nuestro propio espíritu, da testimonio de que somos hijos de Dios. Y si somos hijos, somos también herederos de Dios y coherederos con Cristo, puesto que sufrimos con él para ser glorificados junto con él.

Secuencia: Veni, Sancte Spiritus

Ven, Dios Espíritu Santo,
y envíanos desde el cielo
tu luz, para iluminarnos.
Ven ya, padre de los pobres,
luz que penetra en las almas,
dador de todos los dones.
Fuente de todo consuelo,
amable huésped de alma,
paz en las horas de duelo.

Eres pausa en al trabajo;

brisa, en un clima de fuego;

consuelo, en medio del llanto.

Ven, luz santificadora,

y entra hasta el fondo del alma

de todos los que te adoran.

Sin tu inspiración

divina los hombres nada

podemos y el pecado nos domina.

Lava nuestras inmundicias,

fecunda nuestras desiertos

y cura nuestras heridas.

Doblega nuestra soberbia,

calienta nuestras frialdad,

endereza nuestras sendas.

Concede a aquellos que ponen

en ti su fe y su confianza

tus siete sagrados dones.

Danos virtudes y méritos,

danos una buena muerte

y contigo el gozo eterno.

Aclamación antes del Evangelio

R. Aleluya, aleluya.

Ven, Espíritu Santo, llena los corazones de tus fieles y enciende en ellos el fuego de tu amor. **R.**

Evangelio: Juan 20, 19-23

Al anochecer del día de la resurrección, estando cerradas las puertas de la casa donde se hallaban los discípulos, por miedo a los judíos, se presentó Jesús en medio de ellos y les dijo: "La paz esté con ustedes". Dicho esto, les mostró las manos y el costado. Cuando los discípulos vieron al Señor, se llenaron de alegría.

De nuevo les dijo Jesús: "La paz esté con ustedes. Como el Padre me ha enviado, así también los envío yo". Después de decir esto, sopló sobre ellos y les dijo: "Reciban el Espíritu Santo. A los que les perdonen los pecados, les quedarán perdonados; y a los que no se los perdonen, les quedarán sin perdonar".

O bien:

Juan 14, 15-16. 23b-26

En aquel tiempo, Jesús dijo a sus discípulos: "Si me aman, cumplirán mis mandamientos; yo le rogaré al Padre y él les dará otro Paráclito para que esté siempre con ustedes, el Espíritu de la verdad. El que me ama, cumplirá mi palabra y mi Padre lo amará y vendremos a él y haremos en él nuestra morada. El que no me ama no cumplirá mis palabras. Y la palabra que están oyendo no es mía, sino del Padre, que me envió. Les he hablado de esto ahora que estoy con ustedes; pero el Paráclito, el Espíritu Santo que mi Padre les enviará en mi nombre, les enseñará todas las cosas y les recordará todo cuanto yo les he dicho".

Lunes 9 de junio de 2025

Memoria de la Bienaventurada Virgen María, Madre de la Iglesia
Primera Lectura: Génesis 3, 9-15. 20

Después de que el hombre y la mujer comieron del fruto del árbol prohibido, el Señor Dios llamó al hombre y le preguntó, "¿Dónde estás?" Éste le respondió, "Oí tus pasos en el jardín; y tuve miedo, porque estoy desnudo, y me escondí". Entonces le dijo Dios, "¿Y quién te ha dicho que estabas desnudo? ¿Has comido acaso del árbol del que te prohibí comer?" Respondió Adán: "La mujer que me diste por compañera me ofreció del fruto del árbol y comí". El Señor Dios dijo a la mujer: "¿Por qué has hecho esto?" Repuso la mujer: "La serpiente me engañó y comí." Entonces dijo el Señor Dios a la serpiente: "Porque has hecho esto, serás maldita entre todos los animales y entre todas las bestias salvajes. Te arrastrarás sobre tu vientre y comerás polvo todos los días de tu vida. Pondré enemistad entre ti y la mujer, entre tu descendencia y la suya; y su descendencia te aplastará la cabeza, mientras tú tratarás de morder su talón". El hombre le puso a su mujer el nombre de "Eva", porque ella fue la madre de todos los vivientes.

O bien:

Hechos 1, 12-14

Después de la ascensión de Jesús a los cielos, los apóstoles regresaron a Jerusalén desde el monte de los Olivos, que dista de la ciudad lo que se permite caminar en sábado. Cuando llegaron a la ciudad, subieron al piso alto de la casa donde se alojaban, Pedro y Juan, Santiago y Andrés, Felipe y Tomás, Bartolomé y Mateo, Santiago (el hijo de Alfeo), Simón el Cananeo y Judas, el hijo de Santiago. Todos ellos perseveraban unánimes en la oración, junto con María, la madre de Jesús, con los parientes de Jesús y algunas mujeres.

Salmo Responsorial: Salmo 87 (86), 1-2. 3 y 5. 6-7
R. (3) ¡Qué pregón tan glorioso para ti, ciudad de Dios!

Él la ha cimentado sobre el monte santo; y el Señor prefiere las puertas de Sión a todas las moradas de Jacob. **R.**

¡Qué pregón tan glorioso para ti, ciudad de Dios! Se dirá de Sión: "Uno por uno, todos han nacido en ella; el Altísimo en persona la ha fundado". **R.**

El Señor escribirá en el registro de los pueblos: "Éste ha nacido allí". Y cantarán mientras danzan: "Todas mis fuentes están en ti". **R.**

Aclamación antes del Evangelio
R. Aleluya, aleluya.

¡Oh, dichosa Virgen, que diste a luz al Señor, oh, dichosa Madre de la Iglesia, que avivas en nosotros el Espíritu de tu Hijo Jesucristo! **R.**

Evangelio: Juan 19, 25-34

En aquel tiempo, junto a la cruz de Jesús estaban su madre, la hermana de su madre, María la de Cleofás, y María Magdalena. Al ver a su madre y junto a ella al discípulo que tanto quería, Jesús dijo a su madre: "Mujer, ahí está tu hijo". Luego dijo al discípulo: "Ahí está tu madre". Y desde entonces el discípulo se la llevó a vivir con él. Después de esto, sabiendo Jesús que todo había llegado a su término, para que se cumpliera la Escritura, dijo: "Tengo sed". Había allí un jarro lleno de vinagre. Los soldados sujetaron una esponja empapada en vinagre a una caña de hisopo y se la acercaron a la boca. Jesús probó el vinagre y dijo: "Todo está cumplido", e inclinando la cabeza, entrego el espíritu. Entonces, los judíos, como era el día de la preparación de la Pascua, para que los cuerpos de los ajusticiados no se quedaran en la cruz el sábado, porque aquel sábado era un día muy solemne, pidieron a Pilato que les quebraran las piernas y los quitaran de la cruz. Fueron los soldados, le quebraron las piernas a uno y luego al otro de los que habían sido crucificados con Jesús. Pero al llegar a él, viendo que ya había muerto, no le quebraron las piernas, sino que uno de los soldados le traspasó el costado con una lanza e inmediatamente salió sangre y agua.

Martes de la X semana del Tiempo ordinario
Primera Lectura: 2 Corintios 1, 18-22

Hermanos: Dios es testigo de que la palabra que les dirigimos a ustedes no fue primero "sí" y luego "no". Cristo Jesús, el Hijo de Dios, a quien Silvano, Timoteo y yo les hemos anunciado, no fue primero "sí" y luego "no". Todo él es un "sí". En él, todas las promesas han pasado a ser realidad. Por él podemos responder "Amén" a Dios, quien a todos nosotros nos ha dado fortaleza en Cristo y nos ha consagrado. Nos ha marcado con su sello y ha puesto el Espíritu Santo en nuestro corazón, como garantía de lo que vamos a recibir.

Salmo Responsorial: Salmo 118, 129. 130. 131. 132. 133. 135

R. (135a) Míranos, Señor, benignamente.

Tus preceptos son admirables, por eso yo los sigo La explicación de tu palabra da luz y entendimiento a los humildes. **R.**

Hondamente suspiro, Señor. por guardar tus mandamientos. Vuélvete a mí, Señor, y compadécete de mí, como sueles hacer con tus amigos. **R.**

Haz que sigan mis pasos tus caminos y que no me domine la malicia. Mira benignamente a tu siervo, y enséñame a cumplir tus mandamientos. **R.**

Aclamación antes del Evangelio: Mateo 5, 16

R. Aleluya, aleluya.

Que brille la luz de ustedes ante los hombres, dice el Señor, para que viendo las buenas obras que ustedes hacen, den gloria a su Padre, que está en los cielos. **R.**

Evangelio: Mateo 5, 13-16

En aquel tiempo, Jesús dijo a sus discípulos: "Ustedes son la sal de la tierra. Si la sal se vuelve insípida, ¿con qué se le devolverá el sabor? Ya no sirve para nada y se tira a la calle para que la pise la gente. Ustedes son la luz del mundo. No se puede ocultar una ciudad construida en lo alto de un monte; y cuando se enciende una vela, no se esconde debajo de una olla, sino que se pone sobre un candelero, para que alumbre a todos los de la casa. Que de igual manera brille la luz de ustedes ante los hombres, para que viendo las buenas obras que ustedes hacen, den gloria a su Padre, que está en los cielos".

Miércoles 11 de junio de 2025
Memoria de san Bernabé, Apóstol
Primera Lectura: Hechos 11, 21-26; 13, 1-3

En aquellos días, fueron muchos los que se convirtieron y abrazaron la fe. Cuando llegaron estas noticias a la comunidad cristiana de Jerusalén, Bernabé fue enviado a Antioquía. Llegó Bernabé, y viendo la acción de la gracia de Dios, se alegró mucho; y como era hombre bueno, lleno del Espíritu Santo y de fe, exhortó a todos a que, firmes en su propósito, permanecieran fieles al Señor. Así se ganó para el Señor una gran muchedumbre. Entonces Bernabé partió hacia Tarso, en busca de Saulo; y cuando lo encontró, lo llevó consigo a Antioquía. Ambos vivieron durante todo un año en esa comunidad y enseñaron a mucha gente. Allí, en Antioquía, fue donde por primera vez los discípulos recibieron el nombre de "cristianos". Había en la comunidad cristiana de Antioquía algunos profetas y maestros, como Bernabé, Simón (apodado el "Negro"), Lucio el de Cirene, Manahén (que se crió junto con el tetrarca Herodes) y Saulo. Un día estaban ellos ayunando y dando culto al Señor, y el Espíritu Santo les dijo: "Resérvenme a Saulo y a Bernabé para la misión que les tengo destinada". Todos volvieron a ayunar y a orar; después les impusieron las manos y los despidieron.

Salmo Responsorial: Salmo 97, 1. 2ab. 3cd-4. 5-6

R. (2b) El Señor ha revelado a las naciones su justicia.

Cantemos al Señor un canto nuevo, pues ha hecho maravillas. Su diestra y su santo brazo le han dado la victoria. **R.**

El Señor ha dado a conocer su victoria, y ha revelado a las naciones su justicia. Una vez más ha demostrado Dios su amor y su lealtad hacia Israel. **R.**

La tierra entera ha contemplado la victoria de nuestro Dios. Que todos los pueblos y naciones aclamen con júbilo al Señor. **R.**

Cantemos al Señor al son del arpa, suenen los instrumentos. Aclamemos al son de los clarines al Señor, nuestro Rey. **R.**

Aclamación antes del Evangelio: Salmo 24, 4. 5

R. Aleluya, aleluya.

Descúbrenos, Señor, tus caminos y guíanos con la verdad de tu doctrina. **R.**

Evangelio: Mateo 5, 17-19

En aquel tiempo, Jesús dijo a sus discípulos: "No crean que he venido a abolir la ley o los profetas; no he venido a abolirlos, sino a darles plenitud. Yo les aseguro que antes se acabarán el cielo y la tierra, que deje de cumplirse hasta la más pequeña letra o coma de la ley. Por lo tanto, el que quebrante uno de estos preceptos menores y enseñe eso a los hombres, será el menor en el Reino de los cielos; pero el que los cumpla y los enseñe, será grande en el Reino de los cielos".

Jueves de la X semana del Tiempo ordinario

Primera Lectura: 2 Corintios 3, 15-4, 1. 3-6

Hermanos: Hasta el día de hoy, siempre que se leen los libros de Moisés, un velo está puesto sobre el corazón de los israelitas. Pero cuando se conviertan al Señor, se les quitará el velo. Porque el Señor es Espíritu y donde está el Espíritu del Señor, ahí hay libertad. En cambio, nosotros, que con el rostro descubierto reflejamos la gloria del Señor como un espejo, nos vamos transformando en su imagen, cada vez más gloriosa, conforme a la acción del Espíritu del Señor. Por esto, encargados, por misericordia de Dios, del ministerio de la predicación, no desfallecemos. Y si nuestro Evangelio permanece velado, eso es solamente para los que se pierden, pues por su incredulidad, el dios de este mundo les ha cegado el entendimiento, para que no vean el resplandor glorioso del Evangelio de Cristo, que es imagen de Dios. Porque no nos predicamos a nosotros mismos, sino a Jesucristo, el Señor, y nos presentamos como servidores de ustedes, por Jesús. Pues el mismo Dios que dijo: *Brille la luz en medio de las tinieblas,* es el que ha hecho brillar su luz en nuestros corazones, para dar a conocer el resplandor de la gloria de Dios, que se manifiesta en el rostro de Cristo.

Salmo Responsorial: Salmo 84, 9ab y 10. 11-12. 13-14
R. (10b) La gloria del Señor habitará en la tierra.

Escucharé las palabras del Señor, Palabras de paz para su pueblo santo. Está ya cerca nuestra salvación y la gloria del Señor habitará en la tierra. **R.**

La misericordia y la verdad se encontraran, la justicia y la paz se besaron, la fidelidad brotó en la tierra, y la justicia vino del cielo. **R.**

Cuando el Señor nos muestre su bondad, nuestra tierra producirá su fruto. La justicia le abrirá camino al Señor e irá siguiendo sus pisados. **R.**

Aclamación antes del Evangelio: Juan 13, 34
R. Aleluya, aleluya.

Les doy un mandamiento nuevo, dice el Señor, que se amen los unos a los otros, como yo los he amado. **R.**

Evangelio: Mateo 5, 20-26

En aquel tiempo, Jesús dijo a sus discípulos: "Les aseguro que si su justicia no es mayor que la de los escribas y fariseos, ciertamente no entrarán ustedes en el Reino de los cielos. Han oído ustedes que se dijo a los antiguos: *No matarás y el que mate será llevado ante el tribunal.* Pero yo les digo: Todo el que se enoje con su hermano, será llevado también ante el tribunal; el que insulte a su hermano, será llevado ante el tribunal supremo, y el que lo desprecie, será llevado al fuego del lugar de castigo. Por lo tanto, si cuando vas a poner tu ofrenda sobre el altar, te acuerdas allí mismo de que tu hermano tiene alguna queja contra ti, deja tu ofrenda junto al altar y ve primero a reconciliarte con tu hermano, y vuelve luego a presentar tu ofrenda. Arréglate pronto con tu adversario, mientras vas con él por el camino; no sea que te entregue al juez, el juez al policía y te metan a la cárcel. Te aseguro que no saldrás de allí hasta que hayas pagado el último centavo".

Memoria de san Antonio de Padua, presbítero y doctor de le Iglesia
Primera Lectura: 2 Corintios 4, 7-15

Hermanos: El mismo Dios que dijo: *Brille la luz en medio de las tinieblas,* es el que ha hecho brillar su luz en nuestros corazones, para dar a conocer el resplandor de la gloria de Dios, que se manifiesta en el rostro de Cristo. Pero llevamos este tesoro en vasijas de barro, para que se vea que esta fuerza tan extraordinaria proviene de Dios y no de nosotros mismos. Por eso sufrimos toda clase de pruebas, pero no nos angustiamos. Nos abruman las preocupaciones, pero no nos desesperamos. Nos vemos perseguidos, pero no desamparados; derribados, pero no vencidos. Llevamos siempre y por todas partes la muerte de Jesús en nuestro cuerpo, para que en este mismo cuerpo se manifieste también la vida de Jesús. Nuestra vida es un continuo estar expuestos a la muerte por causa de Jesús, para que también la vida de Jesús se manifieste en nuestra carne mortal. De modo que la muerte actúa en nosotros, y en ustedes, la vida. Y como poseemos el mismo espíritu de fe que se expresa en aquel texto de la Escritura: *Creo, por eso hablo,* también nosotros creemos y por eso hablamos, sabiendo que aquel que resucitó a Jesús nos resucitará también a nosotros con Jesús y nos colocará a su lado con ustedes. Y todo esto es para bien de ustedes, de manera que, al extenderse la gracia a más y más personas, se multiplique la acción de gracias para gloria de Dios.

Salmo Responsorial: Salmo 115, 10-11. 15-16. 17-18

R. (17a) Invocaré, Señor, tu nombre.

Aun abrumado de desgracias, siempre confía en el Señor. Aun cuando en mi aflicción pensaba: "Los hombres son unos mentirosos". **R.**

A los ojos del Señor es muy penoso que mueran sus amigos. De la muerte, Señor, me has librado, a mí, tu esclavo e hijo de tu esclava. **R.**

Te ofreceré con gratitud un sacrificio e invocaré tu nombre. Cumpliré mis promesas al Señor ante todo su pueblo. **R.**

Aclamación antes del Evangelio: Filipenses 2, 15. 16
R. Aleluya, aleluya.

Iluminen al mundo con la luz del Evangelio reflejada en su vida. **R.**

Evangelio: Mateo 5, 27-32

En aquel tiempo, Jesús dijo a sus discípulos: "Han oído ustedes que se dijo a los antiguos: *No cometerás adulterio*; pero yo les digo que quien mire con malos deseos a una mujer, ya cometió adulterio con ella en su corazón. Por eso, si tu ojo derecho es para ti ocasión de pecado, arráncatelo y tíralo lejos, porque más te vale perder una parte de tu cuerpo y no que todo él sea arrojado al lugar de castigo. Y si tu mano derecha es para ti ocasión de pecado, córtatela y arrójala lejos de ti, porque más te vale perder una parte de tu cuerpo y no que todo él sea arrojado al lugar de castigo. También se dijo antes: *El que se divorcie, que le dé a su mujer un certificado de divorcio;* pero yo les digo que el que se divorcia, salvo el caso de que vivan en unión ilegítima, expone a su mujer al adulterio, y el que se casa con una divorciada comete adulterio".

Sábado 14 de junio de 2025

Sábado de la X semana del Tiempo ordinario

Primera Lectura: 2 Corintios 5, 14-21

Hermanos: El amor de Cristo nos apremia, al pensar que si uno murió por todos, todos murieron. Cristo murió por todos para que los que viven ya no vivan para sí mismos, sino para aquel que murió y resucitó por ellos. Por eso nosotros ya no juzgamos a nadie con criterios humanos. Si alguna vez hemos juzgado a Cristo con tales criterios, ahora ya no lo hacemos. El que vive según Cristo es una creatura nueva; para él todo lo viejo ha pasado; ya todo es nuevo. Todo esto proviene de Dios, que nos reconcilió consigo por medio de Cristo y que nos confirió el ministerio de la reconciliación. Porque, efectivamente, en Cristo, Dios reconcilió al mundo consigo y renunció a tomar en cuenta los pecados de los hombres, y a nosotros nos confió el mensaje de la reconciliación. Por eso, nosotros somos embajadores de Cristo, y por nuestro medio, es Dios mismo el que los exhorta a ustedes. En nombre de Cristo les pedimos que se reconcilien con Dios. Al que nunca cometió pecado, Dios lo hizo "pecado" por nosotros, para que, unidos a él, recibamos la salvación de Dios y nos volvamos justos y santos.

Salmo Responsorial: Salmo 102, 1-2. 3-4. 9-10. 11-12
R. (8a) El Señor es compasivo y misericordioso.

Bendice, al Señor, alma mía, que todo mi ser bendiga su santo nombre. Bendice, al Señor, alma mía, y te no olvides de sus beneficios. **R.**

El Señor perdona tus pecados y cura tus enfermedades; él rescata tu vida del sepulcro y te colma de amor y de ternura. **R.**

El Señor es compasivo y misericordioso, lento para enojarse y generoso para perdonar. El Señor no estará siempre enojado, ni durará para siempre rencor. **R.**

Como desde la tierra hasta el cielo, así es e grande su misericordia; como un padre es compasivo con sus hijos. Así es compasivo el Señor con quien lo ama. **R.**

Aclamación antes del Evangelio: Salmo 118, 36. 29
R. Aleluya, aleluya.

Inclina, Dios mío, mi corazón a tus preceptos y dame la gracia de cumplir tu voluntad. **R.**

Evangelio: Mateo 5, 33-37

En aquel tiempo, Jesús dijo a sus discípulos: "Han oído ustedes que se dijo a los antiguos: *No jurarás en falso y le cumplirás al Señor lo que le hayas prometido con juramento.* Pero yo les digo: No juren de ninguna manera, ni por el cielo, que es el trono de Dios; ni por la tierra, porque es donde él pone los pies; ni por

Jerusalén, que es la ciudad del gran Rey. Tampoco jures por tu cabeza, porque no puedes hacer blanco o negro uno solo de tus cabellos. Digan simplemente sí, cuando es sí; y no, cuando es no. Lo que se diga de más, viene del maligno".

Solemnidad de la Santísima Trinidad
Primera Lectura: Proverbios 8, 22-31

Esto dice la sabiduría de Dios: "El Señor me poseía desde el principio, antes que sus obras más antiguas. Quedé establecida desde la eternidad, desde el principio, antes de que la tierra existiera. Antes de que existieran los abismos y antes de que brotaran los manantiales de las aguas, fui concebida. Antes de que las montañas y las colinas quedaran asentadas, nací yo. Cuando aún no había hecho el Señor la tierra ni los campos ni el primer polvo del universo, cuando él afianzaba los cielos, ahí estaba yo. Cuando ceñía con el horizonte la faz del abismo, cuando colgaba las nubes en lo alto, cuando hacía brotar las fuentes del océano, cuando fijó al mar sus límites y mandó a las aguas que no los traspasaran, cuanto establecía los cimientos de la tierra, yo estaba junto a él como arquitecto de sus obras, yo era su encanto cotidiano; todo el tiempo me recreaba en su presencia, jugando con el orbe de la tierra y mis delicias eran estar con los hijos de los hombres".

Salmo Responsorial: Salmo 8, 4-5. 6-7. 8-9
R. (2a) ¡Qué admirable, Señor, es tu poder!

Cuando contemplo el cielo, obra de tus manos, la luna y las estrellas, que has creado, me pregunto: ¿Qué es el hombre para que de él te acuerdes, ese pobre ser humano, para que de él te preocupes? **R.**

Sin embargo, lo hiciste un poquito inferior a los ángeles, lo coronaste de gloria y dignidad; le diste el mando sobre las obras de tus manos, y todo lo sometiste bajo sus pies. **R.**

Pusiste a su servicio los rebaños y las manadas, todos los animales salvajes, las aves del cielo y los peces del mar, que recorren los caminos de las aguas. **R.**

Segunda Lectura: Romanos 5, 1-5

Hermanos: Ya que hemos sido justificados por la fe, mantengámonos en paz con Dios, por mediación de nuestro Señor Jesucristo. Por él hemos obtenido, con la fe, la entrada al mundo de la gracia, en el cual nos encontramos; por él, podemos gloriarnos de tener la esperanza de participar en la gloria de Dios. Más aún, nos gloriamos hasta de los sufrimientos, pues sabemos que el sufrimiento engendra la paciencia, la paciencia engendra la virtud sólida, la virtud sólida engendra la esperanza, y la esperanza no defrauda, porque Dios ha infundido su amor en nuestros corazones por medio del Espíritu Santo, que él mismo nos ha dado.

Aclamación antes del Evangelio: Apocalipsis 1, 8
R. Aleluya, aleluya.
Gloria al Padre y al Hijo y al Espíritu Santo. Al Dios que es, que era y que vendrá.
R.

Evangelio: Juan 16, 12-15

En aquel tiempo, Jesús dijo a sus discípulos: "Aún tengo muchas cosas que decirles, pero todavía no las pueden comprender. Pero cuando venga el Espíritu de la verdad, él los irá guiando hasta la verdad plena, porque no hablará por su cuenta, sino que dirá lo que haya oído y les anunciará las cosas que van a suceder. El me glorificará, porque primero recibirá de mí lo que les vaya comunicando. Todo lo que tiene el Padre es mío. Por eso he dicho que tomará de lo mío y se lo comunicará a ustedes".

Lunes 16 de junio de 2025
Lunes de la XI semana del Tiempo ordinario
Primera Lectura 2 Corintios 6, 1-10

Hermanos: Como colaboradores que somos de Dios, los exhortamos a no echar su gracia en saco roto. Porque el Señor dice: *En el tiempo favorable te escuché y en el día de la salvación te socorrí.* Pues bien, ahora es el tiempo favorable; ahora, es el día de la salvación. A nadie damos motivo de escándalo, para que no se burlen de nuestro ministerio; al contrario, continuamente damos pruebas de que somos servidores de Dios con todo lo que soportamos: sufrimientos, necesidades y angustias; golpes, cárceles y motines; cansancio, noches de no dormir y días de no comer. Procedemos con pureza, sabiduría, paciencia y amabilidad; con la fuerza del Espíritu Santo y amor sincero, con palabras de verdad y con el poder de Dios. Luchamos con las armas de la justicia, tanto para atacar como para defendernos, en medio de la honra y de la deshonra, de la buena y de la mala fama. Somos los "impostores" que dicen la verdad; los "desconocidos" de sobra conocidos; los "moribundos" que están bien vivos; los "condenados" nunca ajusticiados; los "afligidos" siempre alegres; los "pobres" que a muchos enriquecen; los "necesitados" que todo lo poseen.

Salmo Responsorial: Salmo 97, 1. 2-3ab. 3cd-4
R. (2a) Aclamemos con júbilo al Señor.
Cantemos al Señor un canto nuevo, pues ha hecho maravillas. Su diestra y su santo brazo le han dado la victoria. **R.**
El Señor ha dado a conocer su victoria y ha revelado a las naciones su justicia. Una vez más ha demostrado Dios su amor y su lealtad hacia Israel. **R.**
La tierra han contemplado la victoria de nuestro Dios. Que todos los pueblos y naciones aclamen con júbilo al Señor. **R.**

Aclamación antes del Evangelio: Salmo 118, 105
R. Aleluya, aleluya.
Tus palabras, Señor, son una antorcha para mis pasos y una luz en mi sendero. **R.**

Evangelio: Mateo 5, 38-42
En aquel tiempo, Jesús dijo a sus discípulos: "Ustedes han oído que se dijo: *Ojo por ojo, diente por diente*; pero yo les digo que no hagan resistencia al hombre malo. Si alguno te golpea en la mejilla derecha, preséntale también la izquierda; al que te quiera demandar en juicio para quitarte la túnica, cédele también el manto. Si alguno te obliga a caminar mil pasos en su servicio, camina con él dos mil. Al que te pide, dale; y al que quiere que le prestes, no le vuelvas la espalda".

Martes de la XI semana del Tiempo ordinario

Primera Lectura: 2 Corintios 8, 1-9

Hermanos: Queremos que conozcan la gracia que ha otorgado Dios a las comunidades cristianas de Macedonia. Pues, en medio de las pruebas y de los sufrimientos, ha sido inmensa su alegría, y su extrema pobreza ha producido tesoros de generosidad. Somos testigos de que han hecho lo que podían y más de lo que podían; espontáneamente nos pedían con mucha insistencia el favor de participar en la ayuda a los hermanos. Y superando nuestras esperanzas, se pusieron ellos mismos a disposición del Señor y de nosotros, tal como Dios lo quería, de suerte que tuvimos que pedirle a Tito que concluyera entre ustedes esta obra de generosidad, puesto que él la había comenzado. Y ya que ustedes se distinguen en todo: en fe, en palabra, en sabiduría, en diligencia para todo y en amor hacia nosotros, distínganse también ahora por su generosidad. No se lo estamos ordenando; sólo queremos comprobar, mediante su interés por los demás, qué tan sincero es su amor. Bien saben lo generoso que ha sido nuestro Señor Jesucristo, que siendo rico, se hizo pobre por ustedes, para que ustedes se hicieran ricos con su pobreza.

Salmo Responsorial: Salmo 145, 2. 5-6ab. 6c-7. 8-9a

R. (2a) Alaba, alma mía, al Señor.

Alabaré al Señor toda mi vida, cantaré y tocaré para mi Dios, mientras yo exista. **R.**

Dichoso aquel que es auxiliado por el Dios de Jacob y pone su esperanza en el Señor, su Dios, que hizo el cielo y la tierra, el mar y cuanto el mar encierra. **R.**

El Señor siempre es fiel a su palabra, y es quien hace justicia al oprimido; él proporciona pan a los hambrientos y libera al cautivo. **R.**

Abre el Señor los ojos de los ciegos y alivia al agobiado. Ama el Señor al hombre justo y toma al forastero a su cuidado. **R.**

Aclamación antes del Evangelio: Juan 13, 34

R. Aleluya, aleluya.

Les doy un mandamiento nuevo, dice el Señor, que se amen los unos a los otros, como yo los he amado. **R.**

Evangelio: Mateo 5, 43-48

En aquel tiempo, Jesús dijo a sus discípulos: "Han oído ustedes que se dijo: *Ama a tu prójimo y odia a tu enemigo*; yo, en cambio, les digo: Amen a sus enemigos, hagan el bien a los que los odian y rueguen por los que los persiguen y calumnian, para que sean hijos de su Padre celestial, que hace salir su sol sobre los buenos y los malos, y manda su lluvia sobre los justos y los injustos. Porque si ustedes aman a los que los aman, ¿qué recompensa merecen? ¿No hacen eso mismo los publicanos? Y si saludan tan sólo a sus hermanos, ¿qué hacen de extraordinario? ¿No hacen eso mismo los paganos? Ustedes, pues, sean perfectos, como su Padre celestial es perfecto".

Miércoles de la XI semana del Tiempo ordinario

Primera Lectura: 2 Corintios 9, 6-11

Hermanos: Recuerden que el que poco siembra, cosecha poco, y el que mucho siembra, cosecha mucho. Cada cual dé lo que su corazón le diga y no de mala gana ni por compromiso, pues *Dios ama al que da con alegría.* Y poderoso es Dios para colmarlos de toda clase de favores, a fin de que, teniendo siempre todo lo necesario, puedan participar generosamente en toda obra buena. Como dice la Escritura: *Repartió a manos llenas a los pobres; su justicia permanece eternamente.* Dios, que proporciona la semilla al sembrador y le da pan para comer, les proporcionará a ustedes una cosecha abundante y multiplicará los frutos de su justicia. Serán ustedes ricos en todo para ser generosos en todo; y su generosidad, por medio de nosotros, se convertirá ante Dios en su acción de gracias.

Salmo Responsorial: Salmo 111, 1-2. 3-4. 9

R. (1a) Dichosos los que temen al Señor.

Dichoso los que teme al Señor y aman de corazón sus mandamientos; Poderosos serán sus descendientes. Dios bendice a los hijos de los buenos. **R.**

Fortuna y bienestar habrá en su casa; siempre obrarán conforme a la justicia. Quien es justo, clemente y compasivo, como una luz en las tinieblas brilla. **R.**

Firme está y sin temor su corazón. Al pobre da limosna, obra siempre conforme a la justicia; su frente se alzará llena de gloria. **R.**

Aclamación antes del Evangelio: Juan 14, 23
R. Aleluya, aleluya.

El que me ama cumplirá mi palabra y mi Padre lo amará y haremos en él nuestra morada, dice el Señor. **R.**

Evangelio: Mateo 6, 1-6. 16-18

En aquel tiempo, Jesús dijo a sus discípulos: "Tengan cuidado de no practicar sus obras de piedad delante de los hombres para que los vean. De lo contrario, no tendrán recompensa con su Padre celestial. Por lo tanto, cuando des limosna, no lo anuncies con trompeta, como hacen los hipócritas en las sinagogas y por las calles, para que los alaben los hombres. Yo les aseguro que ya recibieron su recompensa. Tú, en cambio, cuando des limosna, que no sepa tu mano izquierda lo que hace la derecha, para que tu limosna quede en secreto; y tu Padre, que ve lo secreto, te recompensará. Cuando ustedes hagan oración, no sean como los hipócritas, a quienes les gusta orar de pie en las sinagogas y en las esquinas de las plazas, para que los vea la gente. Yo les aseguro que ya recibieron su recompensa. Tú, en cambio, cuando vayas a orar, entra en tu cuarto, cierra la puerta y ora ante tu Padre, que está allí, en lo secreto; y tu Padre, que ve lo secreto, te recompensará. Cuando ustedes ayunen, no pongan cara triste, como esos hipócritas que descuidan la apariencia de su rostro, para que la gente note que están ayunando. Yo les aseguro que ya recibieron su recompensa. Tú, en cambio, cuando ayunes, perfúmate la cabeza y lávate la cara, para que no sepa la gente que estás ayunando, sino tu Padre, que está en lo secreto; y tu Padre, que ve lo secreto, te recompensará".

Jueves de la XI semana del Tiempo ordinario

Primera Lectura: 2 Corintios 11, 1-11

Hermanos: Ojalá soportaran ustedes que les dijera unas cuantas cosas sin sentido. Sopórtenmelas, pues estoy celoso de ustedes con celos de Dios, ya que los he desposado con un solo marido y los he entregado a Cristo como si fueran ustedes una virgen pura. Y me da miedo que, como la serpiente engañó a Eva con su astucia, así extravíe el modo de pensar de ustedes y los aparte de la entrega sincera a Cristo. Porque si alguien viniera a predicarles un Cristo diferente del que yo les he predicado, o a comunicarles un Espíritu diferente del que han recibido, o un Evangelio diferente del que han aceptado, ciertamente ustedes le harían caso. Sin embargo, yo no me juzgo en nada inferior a esos "superapóstoles". Seré inculto en mis palabras, pero no en mis conocimientos, como se lo he demostrado a ustedes siempre y en presencia de todos. ¿O es que hice mal en rebajarme para enaltecerlos a ustedes, anunciándoles gratuitamente el Evangelio de Dios? He despojado a otras comunidades cristianas, aceptando de ellas una ayuda para poder servirlos a ustedes. Mientras estuve con ustedes, aunque pasé necesidades, a nadie le fui gravoso; fueron los hermanos venidos de Macedonia los que proveyeron a mis necesidades. Siempre he evitado serles gravoso a ustedes, y lo seguiré evitando. Pongo a Cristo por testigo de que nadie me quitará esta gloria en toda la provincia de Acaya. ¿Por qué digo esto? ¿Será que no los quiero? Dios sabe que sí los quiero.

Salmo Responsorial: Salmo 110, 1-2. 3-4. 7-8

R. (7a) Justas y verdaderas son tus obras, Señor.

Quiero alabar a Dios de corazón en las reuniones delos justos. Grandiosas son las obras del Señor, y para tofo fiel dignas de estudio. **R.**

De majestad y gloria hablan sus obras y su justicia dura para siempre. Ha hecho inolvidables sus prodigios. El Señor es piadoso y es clemente. **R.**

Justas y verdaderas son sus obras, son dignos de confianza sus mandatos, pues nunca pierdan su valor y exigen ser fielmente ejecutados. **R.**

Aclamación antes del Evangelio: Romanos 8, 15
R. Aleluya, aleluya.

Hemos recibido un espíritu de hijos, que nos hace exclamar: ¡Padre! **R.**

Evangelio: Mateo 6, 7-15

En aquel tiempo, Jesús dijo a sus discípulos: "Cuando ustedes hagan oración, no hablen mucho, como los paganos, que se imaginan que a fuerza de mucho hablar serán escuchados. No los imiten, porque el Padre sabe lo que les hace falta, antes de que se lo pidan. Ustedes pues, oren así: Padre nuestro, que estás en el cielo, santificado sea tu nombre, venga tu Reino, hágase tu voluntad en la tierra como en el cielo. Danos hoy nuestro pan de cada día, perdona nuestras ofensas, como también nosotros perdonamos a los que nos ofenden; no nos dejes caer en tentación y líbranos del mal. Si ustedes perdonan las faltas a los hombres, también a ustedes los perdonará el Padre celestial. Pero si ustedes no perdonan a los hombres, tampoco el Padre les perdonará a ustedes sus faltas".

Viernes 20 de junio de 2025
Viernes de la XI semana del Tiempo ordinario
Primera Lectura: 2 Corintios 11, 18. 21-30

Hermanos: Ya que otros presumen de cosas humanas, yo también voy a presumir de ellas. Porque de cualquier cosa que alguien presume, aunque sea una insensatez lo que digo, también yo puedo presumir. ¿Ellos presumen de que son hebreos? Yo también lo soy. ¿De que son israelitas? Yo también lo soy. ¿De que son descendientes de Abraham? Yo también lo soy. ¿De que sirven a Cristo? Es una locura decirlo, pero yo lo sirvo más: yo les gano en fatigas y cárceles; y les gano por mucho en azotes y en peligros de muerte. Cinco veces me han dado los judíos los treinta y nueve azotes. Otras tres veces me han azotado con varas y una vez me han apedreado. He naufragado tres veces y me he pasado un día y una noche perdido en el mar. He viajado sin descanso y me he visto en peligros en los ríos y entre ladrones; peligros por parte de los de mi raza y por parte de los paganos; peligros en las ciudades y en despoblado, en el mar y entre falsos hermanos. He andado muerto de cansancio; he pasado muchas noches sin dormir, con hambre y sed; muchos días sin comer, con frío y sin ropa. Además de éstas y otras cosas, pesa sobre mí diariamente la preocupación por todas las comunidades cristianas. ¿Quién se enferma en ellas sin que yo no me enferme? ¿Quién cae en pecado sin que yo no me consuma de dolor? Si se trata de presumir, presumiré de mis debilidades.

Salmo Responsorial: Salmo 33, 2-3. 4-5. 6-7
R. (18b) El Señor libra al justo de todas sus angustias.
Bendeciré al Señor a todas horas, no cesará mi boca de alabarlo. Yo me siento orgulloso del Señor, que se alegren su pueblo al escucharlo. **R.**
Proclamemos la grandeza del Señor, y alabemos todos untos su poder. Cuando acudí al Señor, me hizo caso y me libró de todos mis temores. **R.**
Confía en el Señor y saltarás de gusto, jamás te sentirás decepcionado, porque el Señor el clamor de los pobres y los libra de todas sus angustias. **R.**

Aclamación antes del Evangelio: Mateo 5, 3
R. Aleluya, aleluya.
Dichosos los pobres de espíritu, porque de ellos es el Reino de los cielos. **R.**

Evangelio: Mateo 6, 19-23
En aquel tiempo, Jesús dijo a sus discípulos: "No acumulen ustedes tesoros en la tierra, donde la polilla y el moho los destruyen, donde los ladrones perforan las paredes y se los roban. Más bien acumulen tesoros en el cielo, donde ni la polilla ni el moho los destruyen, ni hay ladrones que perforen las paredes y se los roben; porque donde está tu tesoro, ahí también está tu corazón. Tus ojos son la luz de tu cuerpo; de manera que, si tus ojos están sanos, todo tu cuerpo tendrá luz. Pero si tus ojos están enfermos, todo tu cuerpo tendrá oscuridad. Y si lo que en ti debería ser luz, no es más que oscuridad, ¡qué negra no será tu propia oscuridad!"

Memoria de San Luis Gonzaga, religioso

Primera Lectura: 2 Corintios 12, 1-10

Hermanos: Si hace falta presumir (aunque nada se saca con ello), hablaré de las visiones y revelaciones del Señor. Sé de un hombre que hace catorce años fue arrebatado hasta el tercer cielo (si fue con el cuerpo o sin el cuerpo, no lo sé, Dios lo sabe). Lo cierto es que ese hombre fue arrebatado al paraíso (si fue con el cuerpo o sin el cuerpo, no lo sé, Dios lo sabe) y oyó palabras misteriosas que el hombre no puede pronunciar. De ese hombre sí podría gloriarme; pero en cuanto a mí, sólo me gloriaré de mis debilidades. Si pretendiera, pues, gloriarme, no sería insensato, diría la pura verdad. Pero me abstengo de ello, no sea que alguien se forme de mí una idea superior a lo que en mí ve o de mí escucha. Y por eso, para que yo no me llene de soberbia por la sublimidad de las revelaciones que he tenido, llevo una espina clavada en mi carne, un enviado de Satanás, que me abofetea para humillarme. Tres veces le he pedido al Señor que me libre de esto, pero él me ha respondido: "Te basta mi gracia, porque mi poder se manifiesta en la debilidad". Así pues, de buena gana prefiero gloriarme de mis debilidades, para que se manifieste en mí el poder de Cristo. Por eso me alegro de las debilidades, los insultos, las necesidades, las persecuciones y las dificultades que sufro por Cristo, porque cuando soy más débil, soy más fuerte.

Salmo Responsorial: Salmo 33, 8-9. 10-11. 12-13

R. (9a) Haz la prueba y verás qué bueno es el Señor.

Junto a aquellos que temen al Señor el ángel del Señor acampa y los protege. Haz la prueba y verás qué bueno es el Señor. Dichoso el hombre que se refugia en él. **R.**

Que amen al Señor todos sus fieles. Pues nada faltará a los que lo aman. El rico empobrece y pasa hambre; a quien busca al Señor, nada le falta. **R.**

Escúchame, hijo mío: voy a enseñarte cómo amar al Señor, para que puedas vivir y disfrutar la vida. **R.**

Aclamación antes del Evangelio: 2 Corintios 8, 9

R. Aleluya, aleluya.

Jesucristo, siendo rico, se hizo pobre, para enriquecernos con su pobreza. **R.**

Evangelio: Mateo 6, 24-34

En aquel tiempo, Jesús dijo a sus discípulos: "Nadie puede servir a dos amos, porque odiará a uno y amará al otro, o bien obedecerá al primero y no hará caso al segundo. En resumen, no pueden ustedes servir a Dios y al dinero. Por eso les digo que no se preocupen por su vida, pensando qué comerán o con qué se vestirán. ¿Acaso no vale más la vida que el alimento, y el cuerpo más que el vestido? Miren las aves del cielo, que ni siembran, ni cosechan, ni guardan en graneros y, sin embargo, el Padre celestial las alimenta. ¿Acaso no valen ustedes más que ellas? ¿Quién de ustedes, a fuerza de preocuparse, puede prolongar su vida siquiera un momento? ¿Y por qué se preocupan del vestido? Miren cómo crecen los lirios del campo, que no trabajan ni hilan. Pues bien, yo les aseguro que ni Salomón, en todo el esplendor de su gloria, se vestía como uno de ellos. Y si Dios viste así a la hierba del campo, que hoy florece y mañana es echada al horno, ¿no hará mucho más por ustedes, hombres de poca fe? No se inquieten, pues, pensando: ¿Qué comeremos o qué beberemos o con qué nos vestiremos? Los que no conocen a Dios se desviven por todas estas cosas; pero el Padre celestial ya sabe que ustedes tienen necesidad de ellas. Por consiguiente, busquen primero el Reino de Dios y su justicia, y todas estas cosas se les darán por añadidura. No se preocupen por el día de mañana, porque el día de mañana traerá ya sus propias preocupaciones. A cada día le bastan sus propios problemas".

Domingo 22 de junio de 2025

Solemnidad del Cuerpo y la Sangre de Cristo

Primera Lectura: Génesis 14, 18-20

En aquellos días, Melquisedec, rey de Salem, presentó pan y vino, pues era sacerdote del Dios altísimo, y bendijo a Abram, diciendo: "Bendito sea Abram de parte del Dios altísimo, creador de cielos y tierra; y bendito sea el Dios altísimo, que entregó a tus enemigos en tus manos". Y Abram le dio el diezmo de todo lo que había rescatado.

Salmo Responsorial: Salmo 109, 1. 2. 3. 4
R. (4bc) Tú eres sacerdote para siempre.

Esto ha dicho el Señor a mi Señor: "Siéntate a mi derecha; yo haré de tus contrarios el estrado donde pongas los pies". **R.**

Extenderá el Señor desde Sión tu cetro poderoso y tú dominarás al enemigo. **R.**

Es tuyo el señorío; el día en que naciste en los montes sagrados, te consagró el Señor antes del alba. **R.**

Juró el Señor y no ha de retractarse: "Tú eres sacerdote para siempre como Melquisedec". **R.**

Segunda Lectura: 1 Corintios 11, 23-26

Hermanos: Yo recibí del Señor lo mismo que les he transmitido: Que el Señor Jesús, la noche en que iba a ser entregado, tomó pan en sus manos, y pronunciando la acción de gracias, lo partió y dijo: "Esto es mi cuerpo, que se entrega por ustedes. Hagan esto en memoria mía". Lo mismo hizo con el cáliz, después de cenar, diciendo: "Este cáliz es la nueva alianza que se sella con mi sangre. Hagan esto en memoria mía siempre que beban de él". Por eso, cada vez que ustedes comen de este pan y beben de este cáliz, proclaman la muerte del Señor, hasta que vuelva.

Sequencia: Lauda Sion

Al Salvador alabemos,
que es nuestro pastor y guía.
Alabémoslo con himnos
y canciones de alegría.
Alabémoslo sin límites
y con nuestras fuerzas todas;
pues tan grande es el Señor,
que nuestra alabanza es poca.

Gustosos hoy aclamamos
a Cristo, que es nuestro pan,
pues él es el pan de vida,
que nos da vida inmortal.
Doce eran los que cenaban
y les dio pan a los doce.
Doce entonces lo comieron,
y, después, todos los hombres.
Sea plena la alabanza
y llena de alegres cantos;
que nuestra alma se desborde
en todo un concierto santo.
Hoy celebramos con gozo
la gloriosa institución
de este banquete divino,
el banquete del Señor.
Ésta es la nueva Pascua,
Pascua del único Rey,
que termina con la alianza
tan pesada de la ley.
Esto nuevo, siempre nuevo,
es la luz de la verdad,
que sustituye a lo viejo
con reciente claridad.
En aquella última cena
Cristo hizo la maravilla
de dejar a sus amigos
el memorial de su vida.
Enseñados por la Iglesia,
consagramos pan y vino,
que a los hombres nos redimen,
y dan fuerza en el camino.

Es un dogma del cristiano
que el pan se convierte en carne,
y lo que antes era vino
queda convertido en sangre.
Hay cosas que no entendemos,
pues no alcanza la razón;
mas si las vemos con fe,
entrarán al corazón.
Bajo símbolos diversos
y en diferentes figuras,
se esconden ciertas verdades
maravillosas, profundas.
Su sangre es nuestra bebida;
su carne, nuestro alimento;
pero en el pan o en el vino
Cristo está todo completo.
Quien lo come, no lo rompe,
no lo parte ni divide;
él es el todo y la parte;
vivo está en quien lo recibe.
Puede ser tan sólo uno
el que se acerca al altar,
o pueden ser multitudes:
Cristo no se acabará.
Lo comen buenos y malos,
con provecho diferente;
no es lo mismo tener vida
que ser condenado a muerte.
A los malos les da muerte
y a los buenos les da vida.
¡Qué efecto tan diferente
tiene la misma comida!

Si lo parten, no te apures;
sólo parten lo exterior;
en el mínimo fragmento
entero late el Señor.
Cuando parten lo exterior,
sólo parten lo que has visto;
no es una disminución
de la persona de Cristo.
El pan que del cielo baja
es comida de viajeros.
Es un pan para los hijos.
¡No hay que tirarlo a los perros!
Isaac, el inocente,
es figura de este pan,
con el cordero de Pascua
y el misterioso maná.
Ten compasión de nosotros,
buen pastor, pan verdadero.
Apaciéntanos y cuídanos
y condúcenos al cielo.
Todo lo puedes y sabes,
pastor de ovejas, divino.
Concédenos en el cielo
gozar la herencia contigo. Amén.

Aclamación antes del Evangelio: Juan 6, 51
R. Aleluya, aleluya.

Yo soy el pan vivo que ha bajado del cielo, dice el Señor; el que coma de este pan vivirá para siempre. **R.**

Evangelio: Lucas 9, 11-17

En aquel tiempo, Jesús habló del Reino de Dios a la multitud y curó a los enfermos. Cuando caía la tarde, los doce apóstoles se acercaron a decirle: "Despide a la gente para que vayan a los pueblos y caseríos a buscar alojamiento y comida, porque aquí estamos en un lugar solitario". Él les contestó: "Denles ustedes de comer". Pero ellos le replicaron: "No tenemos más que cinco panes y dos pescados; a no ser que vayamos nosotros mismos a comprar víveres para toda esta gente". Eran como cinco mil varones. Entonces Jesús dijo a sus discípulos: "Hagan que se sienten en grupos como de cincuenta". Así lo hicieron, y todos se sentaron. Después Jesús tomó en sus manos los cinco panes y los dos pescados, y levantando su mirada al cielo, pronunció sobre ellos una oración de acción de gracias, los partió y los fue dando a los discípulos para que ellos los distribuyeran entre la gente. Comieron todos y se saciaron, y de lo que sobró se llenaron doce canastos.

Lunes 23 de junio de 2025
Lunes de la XII semana del Tiempo ordinario
Primera Lectura: Génesis 12, 1-9

En aquellos días, dijo el Señor a Abram: "Deja tu país, a tu parentela y la casa de tu padre, para ir a la tierra que yo te mostraré. Haré nacer de ti un gran pueblo y te bendeciré. Engrandeceré tu nombre y tú mismo serás una bendición. Bendeciré a los que te bendigan, maldeciré a los que te maldigan. En ti serán bendecidos todos los pueblos de la tierra". Abram partió, como se lo había ordenado el Señor, y con él partió también Lot. Tenía Abram setenta y cinco años cuando salió de Jarán. Abram llevó consigo a Saray, su esposa, y a Lot, su sobrino, con todos los bienes que habían acumulado y los esclavos que habían adquirido en Jarán, y salieron en dirección a Canaán. Llegaron a Canaán y Abram atravesó el país hasta la región de Siquem y llegó a la encina de Moré. Por entonces habitaban ahí los cananeos. El Señor se le apareció a Abram y le dijo: "A tu descendencia le voy a dar esta tierra". Entonces Abram edificó ahí un altar al Señor, que se le había aparecido. De ahí pasó a las montañas, al oriente de Betel, y plantó su tienda entre las ciudades de Betel, al poniente, y de Ay, al oriente.

También ahí le construyó un altar al Señor e invocó su nombre. Luego se fue trasladando por etapas hacia el sur.

Salmo Responsorial: Salmo 32, 12-13. 18-19. 20 y 22

R. (12b) Dichoso el pueblo que el Señor se escogió como heredad.

Feliz la nación cuyo Dios es el Señor, dichoso el pueblo que escogió por suyo. Desde el cielo el Señor, atentamente, mira a todos los hombres. **R.**

Cuida el Señor de aquellos que lo temen y en su bondad confían; los salva de la muerte y en épocas de hambre les da vida. **R.**

En el Señor está nuestra esperanza, pues él es nuestra ayuda y nuestro amparo. Muéstrate bondadoso con nosotros, puesto que en ti, Señor, hemos confiado. **R.**

Aclamación antes del Evangelio: Hebreos 4, 12

R. Aleluya, aleluya.

La palabra de Dios es viva y eficaz, y descubre los pensamientos e intenciones del corazón. **R.**

Evangelio: Mateo 7, 1-5

En aquel tiempo, Jesús dijo a sus discípulos: "No juzguen y no serán juzgados; porque así como juzguen los juzgarán y con la medida que midan los medirán. ¿Por qué miras la paja en el ojo de tu hermano y no te das cuenta de la viga que tienes en el tuyo? ¿Con qué cara le dices a tu hermano: 'Déjame quitarte la paja que llevas en el ojo', cuando tú llevas una viga en el tuyo? ¡Hipócrita! Sácate primero la viga que tienes en el ojo, y luego podrás ver bien para sacarle a tu hermano la paja que lleva en el suyo".

Martes 24 de junio de 2025

Solemnidad de Natividad de san Juan Bautista

Misa vespertina de la vigilia

Primera Lectura: Jeremías 1, 4-10

En tiempo de Josías, el Señor me dirigió estas palabras: "Desde antes de formarte en el seno materno, te conozco; desde antes de que nacieras, te consagré profeta para las naciones". Yo le contesté: "Pero, Señor mío, yo no sé expresarme, porque apenas soy un muchacho". El Señor me dijo: "No digas que eres un muchacho, pues irás a donde yo te envíe y dirás lo que yo te mande. No tengas miedo, porque yo estoy contigo para protegerte", palabra del Señor. El Señor extendió entonces su brazo, con su mano me tocó la boca y me dijo: "Desde hoy pongo mis palabras en tu boca y te doy autoridad sobre pueblos y reyes, para que arranques y derribes, para que destruyas y deshagas, para que edifiques y plantes".

Salmo Responsorial: Salmo 70, 1-2. 3-4a. 5-6ab. 15ab y 17
R. (6b) Desde el seno de di madre tú eres mi apoyo.

Señor, tú eres mi esperanza, que no quede yo jamás defraudado. Tú, que eres justo, ayúdame y defiéndeme; escucha mi oración y ponme a salvo. **R.**

Sé para mí un refugio, ciudad fortificada en que me salvas. Y pues eres mi auxilio y mi defensa, líbrame, Señor, de los malvados. **R.**

Señor, tú eres mi esperanza; desde mi juventud en ti confío. Desde que estaba en el seno de mi madre, yo me apoyaba en ti y tú me sostenías. **R.**

Yo proclamaré siempre tu justicia y a todos horas, tu misericordia. Me enseñaste a alabarte desde niño y seguir alabándote es mi orgullo. **R.**

Segunda Lectura: 1 Pedro 1, 8-12

Hermanos: Ustedes no han visto a Cristo Jesús y, sin embargo, lo aman; al creer en él ahora, sin verlo, se llenan de una alegría radiante e indescriptible, seguros de alcanzar la salvación de sus almas, que es la meta de la fe. Los profetas, cuando predijeron la gracia destinada a ustedes, investigaron también profundamente acerca de la salvación de ustedes. Ellos trataron de descubrir en qué tiempo y en qué circunstancias se habrían de verificar las indicaciones que el Espíritu de Cristo, que moraba en ellos, les había revelado sobre los sufrimientos de Cristo y el triunfo glorioso que los seguiría. Pero se les dio a conocer que ellos no verían lo que profetizaban, sino que estaba reservado para nosotros. Todo esto les ha sido anunciado ahora a ustedes, por medio de aquellos que les han predicado el Evangelio con la fuerza del Espíritu Santo, enviado del cielo, y ciertamente es algo que los ángeles anhelan contemplar.

Aclamación antes del Evangelio: Juan 1, 7; Lucas 1, 17

R. Aleluya, aleluya.

Él vino para dar testimonio de la luz y prepararle al Señor un pueblo dispuesto a recibirlo. **R.**

Evangelio: Lucas 1, 5-17

Hubo en tiempo de Herodes, rey de Judea, un sacerdote llamado Zacarías, del grupo de Abías, casado con una descendiente de Aarón, llamada Isabel. Ambos eran justos a los ojos de Dios, pues vivían irreprochablemente, cumpliendo los mandamientos y disposiciones del Señor. Pero no tenían hijos, porque Isabel era estéril y los dos, de avanzada edad. Un día en que le correspondía a su grupo desempeñar ante Dios los oficios sacerdotales, le tocó a Zacarías, según la costumbre de los sacerdotes, entrar al santuario del Señor para ofrecer el incienso, mientras todo el pueblo estaba afuera, en oración, a la hora de la incensación. Se le apareció entonces un ángel del Señor, de pie, a la derecha del altar del incienso. Al verlo, Zacarías se sobresaltó y un gran temor se apoderó de él. Pero el ángel le dijo: "No temas, Zacarías, porque tu súplica ha sido escuchada. Isabel, tu mujer, te dará un hijo, a quien le pondrás el nombre de Juan. Tú te llenarás de alegría y regocijo, y otros muchos se alegrarán también de su nacimiento, pues él será grande a los ojos del Señor; no beberá vino ni licor, y estará lleno del Espíritu Santo, ya desde el seno de su madre. Convertirá a muchos israelitas al Señor; irá delante del Señor con el espíritu y el poder de Elías, *para convertir los corazones de los padres hacia sus hijos*, dar a los rebeldes la cordura de los justos y prepararle así al Señor un pueblo dispuesto a recibirlo".

Misa del día

Primera Lectura: Isaías 49, 1-6

Escúchenme, islas; pueblos lejanos, atiéndanme. El Señor me llamó desde el vientre de mi madre; cuando aún estaba yo en el seno materno, él pronunció mi nombre. Hizo de mi boca una espada filosa, me escondió en la sombra de su mano, me hizo flecha puntiaguda, me guardó en su aljaba y me dijo: "Tú eres mi siervo, Israel; en ti manifestaré mi gloria". Entonces yo pensé: "En vano me he cansado, inútilmente he gastado mis fuerzas; en realidad mi causa estaba en manos del Señor, mi recompensa la tenía mi Dios". Ahora habla el Señor, el que me formó desde el seno materno, para que fuera su servidor, para hacer que Jacob volviera a él y congregar a Israel en torno suyo –tanto así me honró el Señor y mi Dios fue mi fuerza–. Ahora, pues, dice el Señor: "Es poco que seas mi siervo sólo para restablecer a las tribus de Jacob y reunir a los sobrevivientes de Israel; te voy a convertir en luz de las naciones, para que mi salvación llegue hasta los últimos rincones de la tierra".

Salmo Responsorial: Salmo 138, 1-3. 13-14ab. 14c-15
R. (14a) Te doy gracias, Señor, porque me has formado maravillosamente.

Tú me conoces, Señor, profundamente: tú conoces cuándo me siento y me levanto, desde lejos sabes mis pensamientos, tú observas mi camino y mi descanso, todas mis sendas te son familiares. **R.**

Tú formaste mis entrañas, me tejiste en el seno materno. Te doy gracias por tan grandes maravillas; soy un prodigio y tus obras son prodigiosas. **R.**

Conocías plenamente mi alma; no se te escondía mi organismo, cuando en lo oculto me iba formando, y entretejiendo en lo profundo de la tierra. **R.**

Segunda Lectura: Hechos 13, 22-26
En aquellos días, Pablo les dijo a los judíos: "Hermanos: Dios les dio a nuestros padres como rey a David, de quien hizo esta alabanza: *He hallado a David, hijo de Jesé, hombre según mi corazón, quien realizará todos mis designios.* Del linaje de David, conforme a la promesa, Dios hizo nacer para Israel un salvador: Jesús. Juan preparó su venida, predicando a todo el pueblo de Israel un bautismo de penitencia, y hacia el final de su vida, Juan decía: 'Yo no soy el que ustedes piensan. Después de mí viene uno a quien no merezco desatarle las sandalias'. Hermanos míos, descendientes de Abraham, y cuantos temen a Dios: Este mensaje de salvación les ha sido enviado a ustedes".

Aclamación antes del Evangelio: Lucas 1, 76

R. Aleluya, aleluya.

Y a ti, niño, te llamarán profeta del Altísimo, porque irás delante del Señor a preparar sus caminos. **R.**

Evangelio: Lucas 1, 57-66. 80

Por aquellos días, le llegó a Isabel la hora de dar a luz y tuvo un hijo. Cuando sus vecinos y parientes se enteraron de que el Señor le había manifestado tan grande misericordia, se regocijaron con ella. A los ocho días fueron a circuncidar al niño y le querían poner Zacarías, como su padre; pero la madre se opuso, diciéndoles: "No. Su nombre será Juan". Ellos le decían: "Pero si ninguno de tus parientes se llama así". Entonces le preguntaron por señas al padre cómo quería que se llamara el niño. Él pidió una tablilla y escribió: "Juan es su nombre". Todos se quedaron extrañados. En ese momento a Zacarías se le soltó la lengua, recobró el habla y empezó a bendecir a Dios. Un sentimiento de temor se apoderó de los vecinos y en toda la región montañosa de Judea se comentaba este suceso. Cuantos se enteraban de ello se preguntaban impresionados: "¿Qué va a ser de este niño?" Esto lo decían, porque realmente la mano de Dios estaba con él. El niño se iba desarrollando físicamente y su espíritu se iba fortaleciendo, y vivió en el desierto hasta el día en que se dio a conocer al pueblo de Israel.

Miércoles 25 de junio de 2025
Miércoles de la XII semana del Tiempo ordinario
Primera Lectura: Génesis 15, 1-12. 17-18

En aquel tiempo, el Señor se le apareció a Abram y le dijo: "No temas, Abram. Yo soy tu protector, y tu recompensa será muy grande". Abram le respondió: "Señor, Señor mío, ¿qué me vas a poder dar, puesto que voy a morir sin hijos? Ya que no me has dado descendientes, un criado de mi casa será mi heredero". Pero el Señor le dijo: "Ese no será tu heredero, sino uno que saldrá de tus entrañas". Y haciéndolo salir de la casa, le dijo: "Mira el cielo y cuenta las estrellas, si puedes". Luego añadió: "Así será tu descendencia". Abram creyó lo que el Señor le decía y, por esa fe, el Señor lo tuvo por justo. Entonces le dijo: "Yo soy el Señor, el que te sacó de Ur, ciudad de los caldeos, para entregarte en posesión esta tierra". Abram replicó: "Señor Dios, ¿cómo sabré que voy a poseerla?" Dios le dijo: "Tráeme una ternera, una cabra y un carnero, todos de tres años; una tórtola y un pichón". Tomó Abram aquellos animales, los partió por la mitad y puso las mitades una enfrente de la otra, pero no partió las aves. Pronto comenzaron los buitres a descender sobre los cadáveres y Abram los ahuyentaba. Estando ya para ponerse el sol, Abram cayó en un profundo letargo, y un terror intenso y misterioso se apoderó de él. Cuando se puso el sol, hubo densa oscuridad y sucedió que un brasero humeante y una antorcha encendida, pasaron por entre aquellos animales partidos. De esta manera hizo el Señor, aquel día, una alianza con Abram, diciendo: "A tus descendientes doy esta tierra, desde el río de Egipto hasta el gran río Eufrates".

Salmo Responsorial: Salmo 104, 1-2. 3-4. 6-7. 8-9
R. (8a) El Señor nunca olvida sus promesas.
Aclamen al Señor y denle gracias, canten sus maravillas a los pueblos. Entonen en su honor himnos y cantos y celebren sus portentos. **R.**
Del nombre del Señor enorgullézcanse y siéntase feliz el que lo busca. Recurran al Señor y a su poder, y a su presencia acudan. **R.**
Descendientes de Abrahán, su servidor; estirpe de Jacob, su predilecto, escuchen: el Señor es nuestro Dios y gobiernan la tierra sus decretos. **R.**
Ni aunque transcurran mil generaciones, se olvidará el Señor de sus promesas, de la alianza pactada con Abraham, del juramento a Isaac, que un día le hiciera. **R.**

Aclamación antes del Evangelio: Juan 15, 4. 5
R. Aleluya, aleluya.
Permanezcan en mí y yo en ustedes, dice el Señor; el que permanece en mí da fruto abundante. **R.**

Evangelio: Mateo 7, 15-20

En aquel tiempo, Jesús dijo a sus discípulos: "Cuidado con los falsos profetas. Se acercan a ustedes disfrazados de ovejas, pero por dentro son lobos rapaces. Por sus frutos los conocerán. ¿Acaso se recogen uvas de los espinos o higos de los cardos? Todo árbol bueno da frutos buenos y el árbol malo da frutos malos. Un árbol bueno no puede producir frutos malos y un árbol malo no puede producir frutos buenos. Todo árbol que no produce frutos buenos es cortado y arrojado al fuego. Así que por sus frutos los conocerán".

Jueves de la XII semana del Tiempo ordinario
Primera lectura: Génesis 16, 1-12. 15-16

Por aquel entonces, Saray, esposa de Abram, no le había dado hijos a éste; pero tenía una esclava egipcia, que se llamaba Agar. Saray le dijo entonces a Abram: "El Señor me ha hecho estéril. Acércate, pues, a mi esclava, a ver si por medio de ella puedo tener hijos". Y Abram siguió el consejo de Saray. Así, a los diez años de vivir Abram en Canaán, Saray, su esposa, tomó a su esclava Agar, la egipcia, y se la dio por mujer a Abram. El se acercó a Agar y ella concibió. Pero luego, al verse encinta, Agar miraba con desprecio a su señora. Entonces Saray le dijo a Abram: "Tú eres el responsable de esta ofensa. Yo puse en tus brazos a mi esclava y ahora ella, al verse encinta, me mira con desprecio. Que el Señor juzgue entre tú y yo". Abram le respondió a Saray: "Tu esclava está a tu disposición. Haz con ella lo que tú quieras". Entonces Saray trató tan mal a Agar, que ésta se escapó. El ángel del Señor encontró a Agar junto a un manantial del desierto, el que está en el camino de Shur, y le dijo: "Agar, esclava de Saray, ¿de dónde vienes y a dónde vas?" Ella le respondió: "Ando huyendo de Saray, mi señora". El ángel del Señor le dijo: "Vuelve a la casa de tu señora y sométete a ella". Y el ángel del Señor añadió: "Voy a hacer tan numerosa tu descendencia, que no se podrá contar. Mira, estás encinta y darás a luz un hijo, a quien llamarás Ismael, porque el Señor te ha escuchado en tu aflicción. Será como un potro salvaje: luchará contra todos, y todos contra él, y vivirá separado de sus hermanos". Agar le dio un hijo a Abram, y Abram llamó Ismael al hijo que Agar le había dado. Abram tenía ochenta y seis años cuando Agar dio a luz a Ismael.

O bien:

Génesis 16, 6-12. 15-16

Por aquellos días, Saray trató tan mal a Agar, que ésta se escapó. El ángel del Señor encontró a Agar junto a un manantial del desierto, el que está en el camino de Shur, y le dijo: "Agar, esclava de Saray, ¿de dónde vienes y a dónde vas?" Ella le respondió: "Ando huyendo de Saray, mi señora". El ángel del Señor le dijo: "Vuelve a la casa de tu señora y sométete a ella". Y el ángel del Señor añadió: "Voy a hacer tan numerosa tu descendencia, que no se podrá contar. Mira, estás encinta y darás a luz un hijo, a quien llamarás Ismael, porque el Señor te ha escuchado en tu aflicción. Será como un potro salvaje: luchará contra todos, y todos contra él, y vivirá separado de sus hermanos". Agar le dio un hijo a Abram, y Abram llamó Ismael al hijo que Agar le había dado. Abram tenía ochenta y seis años cuando Agar dio a luz a Ismael.

Salmo Responsorial: Salmo 105, 1-2. 3-4a. 4b-5
R. (1a) Demos gracias al Señor, porque es bueno.

Demos gracias al Señor, porque es bueno, porque es eterna su misericordia.
¿Quién podrá contar las hazañas del Señor y alabarlo como él merece? **R.**
Dichosos los que cumplen la ley y obran siempre conforme a la justicia. Por el amor que tienes a tu pueblo, acuérdate de nosotros, Señor, y sálvanos. **R.**
Sálvanos, Señor, para que veamos la dicha de tus escogidos y nos alegremos y nos gloriemos junto con el pueblo que te pertenece. **R.**

Aclamación antes del Evangelio: Juan 14, 23
R. Aleluya, aleluya.

El que me ama cumplirá mi palabra y mi Padre lo amará y haremos en él nuestra morada, dice el Señor. **R.**

Evangelio: Mateo 7, 21-29

En aquel tiempo, Jesús dijo a sus discípulos: "No todo el que me diga: '¡Señor, Señor!', entrará en el Reino de los cielos, sino el que cumpla la voluntad de mi

Padre, que está en los cielos. Aquel día muchos me dirán: 'iSeñor, Señor!, ¿no hemos hablado y arrojado demonios en tu nombre y no hemos hecho, en tu nombre, muchos milagros?' Entonces yo les diré en su cara: 'Nunca los he conocido. Aléjense de mí, ustedes, los que han hecho el mal'. El que escucha estas palabras mías y las pone en práctica, se parece a un hombre prudente, que edificó su casa sobre roca. Vino la lluvia, bajaron las crecientes, se desataron los vientos y dieron contra aquella casa; pero no se cayó, porque estaba construida sobre roca. El que escucha estas palabras mías y no las pone en práctica, se parece a un hombre imprudente, que edificó su casa sobre arena. Vino la lluvia, bajaron las crecientes, se desataron los vientos, dieron contra aquella casa y la arrasaron completamente". Cuando Jesús terminó de hablar, la gente quedó asombrada de su doctrina, porque les enseñaba como quien tiene autoridad y no como los escribas.

Solemnidad del Sagrado Corazón de Jesús

Primera Lectura: Ezequiel 34, 11-16

Esto dice el Señor Dios: "Yo mismo iré a buscar a mis ovejas y velaré por ellas. Así como un pastor vela por su rebaño cuando las ovejas se encuentran dispersas, así velaré yo por mis ovejas e iré por ellas a todos los lugares por donde se dispersaron un día de niebla y de oscuridad. Las sacaré de en medio de los pueblos, las congregaré de entre las naciones, las traeré a su tierra y las apacentaré por los montes de Israel, por las cañadas y por los poblados del país. Las apacentaré en pastizales escogidos, y en lo alto de los montes de Israel tendrán su aprisco; allí reposarán en buenos prados, y en pastos suculentos serán apacentadas sobre los montes de Israel. Yo mismo apacentaré a mis ovejas; yo mismo las haré reposar, dice el Señor Dios. Buscaré a la oveja perdida y haré volver a la descarriada; curaré a la herida, robusteceré a la débil, y a la que está gorda y fuerte, la cuidaré. Yo las apacentaré en la justicia".

Salmo Responsorial: Salmo 22, 1-3a. 3b-4. 5. 6

R. (1) El Señor es mi pastor, nada me faltará.

El Señor es mi pastor, nada me falta: en verdes praderas me hace recostar; y hacia fuentes tranquilas me conduce para reparar mis fuerzas. **R.**

Por ser un Dios fiel a sus promesas, me guía por el sendero recto; así, aunque camine por cañadas oscuras, nada temo, porque tú estás conmigo. Tu vara y tu cayado me dan seguridad. **R.**

Tú mismo me preparas la mesa, a despecho de mis adversarios; me unges la cabeza con perfume y llenas mi copa hasta los bordes. **R.**

Tu bondad y tu misericordia me acompañaran todos los días de mi vida; y viviré en la casa del Señor por años sin término. **R.**

Segunda Lectura: Romanos 5, 5-11

Hermanos: Dios ha infundido su amor en nuestros corazones por medio del Espíritu Santo, que él mismo nos ha dado. En efecto, cuando todavía no teníamos fuerzas para salir del pecado, Cristo murió por los pecadores en el tiempo señalado. Difícilmente habrá alguien que quiera morir por un justo, aunque puede haber alguno que esté dispuesto a morir por una persona sumamente buena. Y la prueba de que Dios nos ama está en que Cristo murió por nosotros, cuando aún éramos pecadores. Con mayor razón, ahora que ya hemos sido justificados por su sangre, seremos salvados por él del castigo final. Porque, si cuando éramos enemigos de Dios, fuimos reconciliados con él por la muerte de su Hijo, con mucho más razón, estando ya reconciliados, recibiremos la salvación participando de la vida de su Hijo. Y no sólo esto, sino que también nos gloriamos en Dios, por medio de nuestro Señor Jesucristo, por quien hemos obtenido ahora la reconciliación.

Aclamación antes del Evangelio: Mateo 11, 29
R. Aleluya, aleluya.

Tomen mi yugo sobre ustedes, dice el Señor, y aprendan de mí, que soy manso y humilde de corazón. **R.**

O bien:

Juan 10, 14

R. Aleluya, aleluya.

Yo soy el buen pastor, dice el Señor, yo conozco a mis ovejas y ellas me conocen a mí. **R.**

Evangelio: Lucas 15, 3-7

En aquel tiempo, Jesús dijo a los fariseos y a los escribas esta parábola: "¿Quién de ustedes, si tiene cien ovejas y se le pierde una, no deja las noventa y nueve en el campo y va en busca de la que se le perdió hasta encontrarla? Y una vez que la encuentra, la carga sobre sus hombros, lleno de alegría, y al llegar a su casa, reúne a los amigos y vecinos y les dice: 'Alégrense conmigo, porque ya encontré la oveja que se me había perdido'. Yo les aseguro que también en el cielo habrá más alegría por un pecador que se arrepiente, que por noventa y nueve justos, que no necesitan arrepentirse".

Sábado 28 de junio de 2025

Memoria del Corazón Inmaculado de la Bienaventurada Virgen María o Sábado de la XII semana del Tiempo ordinario

Memoria del Corazón Inmaculado de la Bienaventurada Virgen María

Primera Lectura: Génesis 8, 1-15

Un día, el Señor se le apareció a Abraham en el encinar de Mambré. Abraham estaba sentado en la entrada de su tienda, a la hora del calor más fuerte. Levantando la vista, vio de pronto a tres hombres que estaban de pie ante él. Al verlos, se dirigió a ellos rápidamente desde la puerta de la tienda, y postrado en tierra, dijo: "Señor mío, si he hallado gracia a tus ojos, te ruego que no pases junto a mí sin detenerte. Haré que traigan un poco de agua para que se laven los pies y descansen a la sombra de estos árboles; traeré pan para que recobren las fuerzas y después continuarán su camino, pues sin duda para eso han pasado junto a su siervo". Ellos le contestaron: "Está bien. Haz lo que dices". Abraham entró rápidamente en la tienda donde estaba Sara, y le dijo: "Date prisa, toma tres medidas de harina, amásalas y cuece unos panes". Luego Abraham fue corriendo al establo, escogió un ternero y se lo dio a un criado para que lo matara y lo preparara. Cuando el ternero estuvo asado, tomó requesón y leche y lo sirvió todo a los forasteros. Él permaneció de pie junto a ellos, bajo el árbol, mientras comían. Ellos le preguntaron: "¿Dónde está Sara, tu mujer?" Él respondió: "Allá, en la tienda". Uno de ellos le dijo: "Dentro de un año volveré sin falta a visitarte por estas fechas; para entonces, Sara, tu mujer, habrá tenido un hijo". Sara estaba escuchando detrás de la puerta de la tienda. (Abraham y Sara eran ya muy ancianos, y a Sara le había cesado su regla). Sara se rió por lo bajo y pensó: "Siendo yo tan vieja y mi marido un anciano, ¿podré experimentar el placer?" Entonces el Señor le dijo a Abraham: "¿Por qué se ha reído Sara y ha dicho: '¿Será cierto que voy a dar a luz, siendo ya tan vieja?' ¿Acaso hay algo difícil para Dios? El año que viene, en el plazo señalado, volveré a visitarte, y Sara tendrá un hijo". Sara dijo entonces, asustada: "No me estaba riendo". Pero el Señor replicó: "No lo niegues; sí te estabas riendo".

Salmo Responsorial: Salmo 102, 1-2. 3-4. 9-10. 11-12
R. (8a) El Señor es compasivo y misericordioso.
Bendice, al Señor, alma mía, que todo mi ser bendiga su santo nombre. Bendice, al Señor, alma mía, y no te olvides de sus beneficios. **R.**
El Señor perdona tus pecados y cura tus enfermedades; él rescata tu vida del sepulcro y te colma de amor y de ternura. **R.**
El Señor es compasivo y misericordioso, lento para enojarse y generoso para perdonar. El Señor no estará siempre enojado, ni durará para siempre rencor. **R.**
Como desde la tierra hasta el cielo, así es de grande su misericordia; como un padre es compasivo con sus hijos. Así es compasivo el Señor con quien lo ama. **R.**

Aclamación antes del Evangelio: Lucas 2, 19
R. Aleluya, aleluya.
Dichosa la Virgen María, que guardaba la palabra de Dios y la meditaba en su corazón. **R.**

Evangelio: Lucas 2, 41-51

Los padres de Jesús solían ir cada año a Jerusalén para las festividades de la Pascua. Cuando el niño cumplió doce años, fueron a la fiesta, según la costumbre. Pasados aquellos días, se volvieron; pero el niño Jesús se quedó en Jerusalén, sin que sus padres lo supieran. Creyendo que iba en la caravana, hicieron un día de camino; entonces lo buscaron, y al no encontrarlo, regresaron a Jerusalén en su busca. Al tercer día lo encontraron en el templo, sentado en medio de los doctores, escuchándolos y haciéndoles preguntas. Todos los que lo oían se admiraban de su inteligencia y de sus respuestas. Al verlo, sus padres se quedaron atónitos y su madre le dijo: "Hijo mío, ¿por qué te has portado así con nosotros? Tu padre y yo te hemos estado buscando llenos de angustia". Él les respondió: "¿Por qué me andaban buscando? ¿No sabían que debo ocuparme en las cosas de mi Padre?" Ellos no entendieron la respuesta que les dio. Entonces volvió con ellos a Nazaret y siguió sujeto a su autoridad. Su madre conservaba en su corazón todas aquellas cosas.

Sábado de la XII semana del Tiempo ordinario
Primera Lectura: Génesis 8, 1-15

Un día, el Señor se le apareció a Abraham en el encinar de Mambré. Abraham estaba sentado en la entrada de su tienda, a la hora del calor más fuerte. Levantando la vista, vio de pronto a tres hombres que estaban de pie ante él. Al verlos, se dirigió a ellos rápidamente desde la puerta de la tienda, y postrado en tierra, dijo: "Señor mío, si he hallado gracia a tus ojos, te ruego que no pases junto a mí sin detenerte. Haré que traigan un poco de agua para que se laven los pies y descansen a la sombra de estos árboles; traeré pan para que recobren las fuerzas y después continuarán su camino, pues sin duda para eso han pasado junto a su siervo". Ellos le contestaron: "Está bien. Haz lo que dices". Abraham entró rápidamente en la tienda donde estaba Sara, y le dijo: "Date prisa, toma tres medidas de harina, amásalas y cuece unos panes". Luego Abraham fue corriendo al establo, escogió un ternero y se lo dio a un criado para que lo matara y lo preparara. Cuando el ternero estuvo asado, tomó requesón y leche y lo sirvió todo a los forasteros. Él permaneció de pie junto a ellos, bajo el árbol, mientras comían. Ellos le preguntaron: "¿Dónde está Sara, tu mujer?" Él respondió: "Allá, en la tienda". Uno de ellos le dijo: "Dentro de un año volveré sin falta a visitarte por estas fechas; para entonces, Sara, tu mujer, habrá tenido un hijo". Sara estaba escuchando detrás de la puerta de la tienda. (Abraham y Sara eran ya muy ancianos, y a Sara le había cesado su regla). Sara se rió por lo bajo y pensó: "Siendo yo tan vieja y mi marido un anciano, ¿podré experimentar el placer?" Entonces el Señor le dijo a Abraham: "¿Por qué se ha reído Sara y ha dicho: '¿Será cierto que voy a dar a luz, siendo ya tan vieja?' ¿Acaso hay algo difícil para Dios? El año que viene, en el plazo señalado, volveré a visitarte, y Sara tendrá un hijo". Sara dijo entonces, asustada: "No me estaba riendo". Pero el Señor replicó: "No lo niegues; sí te estabas riendo".

Salmo Responsorial: Lucas 1, 46-47. 48-49. 50-51. 52-53. 54-55
R. (54b) El Señor se acordó de su misericordia.

Mi alma glorifica al Señor y mi espíritu se llena de júbilo en Dios, mi salvador, porque puso sus ojos en la humildad de su esclava. **R.**

Desde ahora me llamarán dichosa todas las generaciones, porque ha hecho en mí grandes cosas el que todo lo puede. Santo es su nombre. **R.**

Su misericordia llega de generación en generación a los que lo temen. A los hambrientos los colmó de bienes y a los ricos los despidió sin nada. **R.**

Acordándose de su misericordia, vino en ayuda de Israel, su siervo, como la había prometido a nuestros padres, a Abraham y a su descendencia, para siempre. **R.**

Aclamación antes del Evangelio: Mateo 8, 17
R. Aleluya, aleluya.

Cristo hizo suyas nuestras debilidades y cargó con nuestros dolores. **R.**

Evangelio: Mateo 8, 5-17

En aquel tiempo, al entrar Jesús en Cafarnaúm, se le acercó un oficial romano y le dijo: "Señor, tengo en mi casa un criado que está en cama, paralítico, y sufre mucho". El le contestó: "Voy a curarlo". Pero el oficial le replicó: "Señor, yo no soy digno de que entres en mi casa; con que digas una sola palabra, mi criado quedará sano. Porque yo también vivo bajo disciplina y tengo soldados a mis órdenes; cuando le digo a uno: '¡Ve!', él va; al otro: '¡Ven!', y viene; a mi criado: '¡Haz esto!', y lo hace". Al oír aquellas palabras, se admiró Jesús y dijo a los que lo seguían: "Yo les aseguro que en ningún israelita he hallado una fe tan grande. Les aseguro que muchos vendrán de oriente y de occidente y se sentarán con Abraham, Isaac y Jacob en el Reino de los cielos. En cambio, a los herederos del Reino los echarán fuera, a las tinieblas. Ahí será el llanto y la desesperación". Jesús le dijo al oficial romano: "Vuelve a tu casa y que se te cumpla lo que has creído". Y en aquel momento se curó el criado. Al llegar Jesús a la casa de Pedro, vio a la suegra de éste en cama, con fiebre. Entonces la tomó de la mano y desapareció la fiebre. Ella se levantó y se puso a servirles. Al atardecer le trajeron muchos endemoniados. Él expulsó a los demonios con su palabra y curó a todos los enfermos. Así se cumplió lo dicho por el profeta Isaías: *Él hizo suyas nuestras debilidades y cargó con nuestros dolores.*

Domingo 29 de junio de 2025

Solemnidad de san Pedro y san Pablo, Apóstoles

Misa vespertina de la vigilia

Primera lectura: Hechos 3, 1-10

En aquel tiempo, Pedro y Juan subieron al templo para la oración vespertina, a eso de las tres de la tarde. Había allí un hombre lisiado de nacimiento, a quien diariamente llevaban y ponían ante la puerta llamada la "Hermosa", para que pidiera limosna a los que entraban en el templo. Aquel hombre, al ver a Pedro y a Juan cuando iban a entrar, les pidió limosna. Pedro y Juan fijaron en él los ojos y Pedro le dijo: "Míranos". El hombre se quedó mirándolos en espera de que le dieran algo. Entonces Pedro le dijo: "No tengo ni oro ni plata, pero te voy a dar lo que tengo: En el nombre de Jesucristo nazareno, levántate y camina". Y, tomándolo de la mano, lo incorporó. Al instante sus pies y sus tobillos adquirieron firmeza. De un salto se puso de pie, empezó a andar y entró con ellos al templo caminando, saltando y alabando a Dios. Todo el pueblo lo vio caminar y alabar a Dios, y al darse cuenta de que era el mismo que pedía limosna sentado junto a la puerta "Hermosa" del templo, quedaron llenos de miedo y no salían de su asombro por lo que había sucedido.

Salmo Responsorial: Salmo 18, 2-3. 4-5

R. (5a) El mensaje del Señor resuena en toda la tierra.

Los cielos proclaman la gloria de Dios y el firmamento anuncia la obra de sus manos. Un día comunica su mensaje al otro día y una noche se lo transmite a la otra noche. **R.**

Sin que pronuncien una palabra, sin que resuene su voz, a toda la tierra llega su sonido y su mansaje hasta el fin del mundo. **R.**

Segunda Lectura: Gálatas 1, 11-20

Hermanos: Les hago saber que el Evangelio que he predicado no proviene de los hombres, pues no lo recibí ni lo aprendí de hombre alguno, sino por revelación de Jesucristo. Ciertamente ustedes han oído hablar de mi conducta anterior en el judaísmo, cuando yo perseguía encarnizadamente a la Iglesia de Dios, tratando de destruirla; deben saber que me distinguía en el judaísmo, entre los jóvenes de mi pueblo y de mi edad, porque los superaba en el celo por las tradiciones paternas. Pero Dios me había elegido desde el seno de mi madre, y por su gracia me llamó. Un día quiso revelarme a su Hijo, para que yo lo anunciara entre los paganos. Inmediatamente, sin solicitar ningún consejo humano y sin ir siquiera a Jerusalén para ver a los apóstoles anteriores a mí, me trasladé a Arabia y después regresé a Damasco. Al cabo de tres años fui a Jerusalén, para ver a Pedro y estuve con él quince días. No vi a ningún otro de los apóstoles, excepto a Santiago, el pariente del Señor. Y Dios es testigo de que no miento en lo que les escribo.

Aclamación antes del Evangelio: Juan 21, 17

R. Aleluya, aleluya.

Señor, tú lo sabes todo; tú bien sabes que te quiero. **R.**

Evangelio: Juan 21, 15-19

En aquel tiempo, le preguntó Jesús a Simón Pedro: "Simón, hijo de Juan, ¿me amas más que éstos?" Él le contestó: "Sí, Señor, tú sabes que te quiero". Jesús le dijo: "Apacienta mis corderos". Por segunda vez le preguntó: "Simón, hijo de

Juan, ¿me amas?" Él le respondió: "Sí, Señor, tú sabes que te quiero". Jesús le dijo: "Pastorea mis ovejas". Por tercera vez le preguntó: "Simón, hijo de Juan, ¿me quieres?" Pedro se entristeció de que Jesús le hubiera preguntado por tercera vez si lo quería, y le contestó: "Señor, tú lo sabes todo; tú bien sabes que te quiero". Jesús le dijo: "Apacienta mis ovejas. Yo te aseguro: cuando eras joven, tú mismo te ceñías la ropa e ibas a donde querías; pero cuando seas viejo, extenderás los brazos y otro te ceñirá y te llevará a donde no quieras". Esto se lo dijo para indicarle con qué género de muerte habría de glorificar a Dios. Después le dijo: "Sígueme".

Misa del día

Primera lectura: Hechos 12, 1-11

En aquellos días, el rey Herodes mandó apresar a algunos miembros de la Iglesia para maltratarlos. Mandó pasar a cuchillo a Santiago, hermano de Juan, y viendo que eso agradaba a los judíos, también hizo apresar a Pedro. Esto sucedió durante los días de la fiesta de los panes Ázimos. Después de apresarlo, lo hizo encarcelar y lo puso bajo la vigilancia de cuatro turnos de guardia, de cuatro soldados cada turno. Su intención era hacerlo comparecer ante el pueblo después de la Pascua. Mientras Pedro estaba en la cárcel, la comunidad no cesaba de orar a Dios por él. La noche anterior al día en que Herodes iba a hacerlo comparecer ante el pueblo, Pedro estaba durmiendo entre dos soldados, atado con dos cadenas y los centinelas cuidaban la puerta de la prisión. De pronto apareció el ángel del Señor y el calabozo se llenó de luz. El ángel tocó a Pedro en el costado, lo despertó y le dijo: "Levántate pronto". Entonces las cadenas que le sujetaban las manos se le cayeron. El ángel le dijo: "Cíñete la túnica y ponte las sandalias", y Pedro obedeció. Después le dijo: "Ponte el manto y sígueme". Pedro salió detrás de él, sin saber si era verdad o no lo que el ángel hacía, y le parecía más bien que estaba soñando. Pasaron el primero y el segundo puesto de guardia y llegaron a la puerta de hierro que daba a la calle. La puerta se abrió sola delante de ellos. Salieron y caminaron hasta la esquina de la calle y de pronto el ángel desapareció. Entonces, Pedro se dio cuenta de lo que pasaba y dijo: "Ahora sí estoy seguro de que el Señor envió a su ángel para librarme de las manos de Herodes y de todo cuanto el pueblo judío esperaba que me hicieran".

Salmo Responsorial: Salmo 33, 2-3. 4-5. 6-7. 8-9
R. (5) El Señor me libró de todos mis temores.

Bendeciré al Señor a todas horas, no cesará mi boca de alabarlo. Yo me siento orgulloso del Señor, que se alegren su pueblo al escucharlo. **R.**

Proclamemos la grandeza del Señor, y alabemos todos untos su poder. Cuando acudí al Señor, me hizo caso y me libró de todos mis temores. **R.**

Confía en el Señor y saltarás de gusto, jamás te sentirás decepcionado, porque el Señor el clamor de los pobres y los libra de todas sus angustias. **R.**

Junto a aquellos que temen al Señor el ángel del Señor acampa y los protege. Haz la prueba y verás qué bueno es el Señor. Dichoso el hombre que se refugia en él. **R.**

Segunda Lectura: 2 Timoteo 4, 6-8. 17-18

Querido hermano: Ha llegado para mí la hora del sacrificio y se acerca el momento de mi partida. He luchado bien en el combate, he corrido hasta la meta, he perseverado en la fe. Ahora sólo espero la corona merecida, con la que el Señor, justo juez, me premiará en aquel día, y no solamente a mí, sino a todos aquellos que esperan con amor su glorioso advenimiento. Cuando todos me abandonaron, el Señor estuvo a mi lado y me dio fuerzas para que, por mi medio, se proclamara claramente el mensaje de salvación y lo oyeran todos los paganos. Y fui librado de las fauces del león. El Señor me seguirá librando de todos los peligros y me llevará sano y salvo a su Reino celestial.

Aclamación antes del Evangelio: Mateo 16, 18
R. Aleluya, aleluya.

Tú eres Pedro y sobre esta piedra edificaré mi Iglesia, y los poderes del infierno no prevalecerán sobre ella, dice el Señor. **R.**

Evangelio: Mateo 16, 13-19

En aquel tiempo, cuando llegó Jesús a la región de Cesarea de Filipo, hizo esta pregunta a sus discípulos: "¿Quién dice la gente que es el Hijo del hombre?" Ellos le respondieron: "Unos dicen que eres Juan el Bautista; otros, que Elías; otros, que Jeremías o alguno de los profetas". Luego les preguntó: "Y ustedes, ¿quién dicen que soy yo?" Simón Pedro tomó la palabra y le dijo: "Tú eres el Mesías, el Hijo de Dios vivo". Jesús le dijo entonces: "¡Dichoso tú, Simón, hijo de Juan, porque esto no te lo ha revelado ningún hombre, sino mi Padre que está en los cielos! Y yo te digo a ti que tú eres Pedro y sobre esta piedra edificaré mi Iglesia. Los poderes del infierno no prevalecerán sobre ella. Yo te daré las llaves del Reino de los cielos; todo lo que ates en la tierra quedará atado en el cielo, y todo lo que desates en la tierra quedará desatado en el cielo".

Lunes 30 de junio de 2025
Lunes de la XIII semana del Tiempo ordinario
Primera Lectura: Génesis 18, 16-33

Los tres hombres que habían estado con Abraham se pusieron de pie y se encaminaron hacia Sodoma. Abraham los acompañaba para despedirlos. El Señor dijo entonces: "¿Acaso le voy a ocultar a Abraham lo que voy a hacer, siendo así que se va a convertir en un pueblo grande y poderoso y van a ser benditos en él todos los pueblos de la tierra? Yo lo he escogido para que enseñe a sus hijos y a sus descendientes a cumplir mi voluntad, haciendo lo que es justo y recto, y así cumpliré lo que le he prometido". Después el Señor dijo: "El clamor contra Sodoma y Gomorra es grande y su pecado es demasiado grave. Bajaré, pues, a ver si sus hechos corresponden a ese clamor; y si no, lo sabré". Los hombres que estaban con Abraham se despidieron de él y se encaminaron hacia Sodoma. Abraham se quedó ante el Señor y le preguntó: "¿Será posible que tú destruyas al inocente junto con el culpable? Supongamos que hay cincuenta justos en la ciudad, ¿acabarás con todos ellos y no perdonarás al lugar en atención a esos cincuenta justos? Lejos de ti tal cosa: matar al inocente junto con el culpable, de manera que la suerte del justo sea como la del malvado; eso no puede ser. ¿El juez de todo el mundo no hará justicia?" El Señor le contestó: "Si encuentro en Sodoma cincuenta justos, perdonaré a toda la ciudad en atención a ellos". Abraham insistió: "Me he atrevido a hablar a mi Señor, yo que soy polvo y ceniza. Supongamos que faltan cinco para los cincuenta justos, ¿por esos cinco que faltan, destruirás toda la ciudad?" Y le respondió el Señor: "No la destruiré, si encuentro allí cuarenta y cinco justos". Abraham volvió a insistir: "Quizá no se encuentren allí más que cuarenta". El Señor le respondió: "En atención a los cuarenta, no lo haré". Abraham siguió insistiendo: "Que no se enoje mi Señor, si sigo hablando. ¿Y si hubiera treinta?" El Señor le dijo: "No lo haré, si hay treinta". Abraham insistió otra vez: "Ya que me he atrevido a hablar a mi Señor, ¿y si se encuentran sólo veinte?" El Señor le respondió: "En atención a los veinte, no la destruiré". Abraham continuó: "No se enoje mi Señor, hablaré sólo una vez más. ¿Y si se encuentran sólo diez?" Contestó el Señor: "Por esos diez, no destruiré la ciudad". Cuando terminó de hablar con Abraham, el Señor se fue y Abraham volvió a su casa.

Salmo Responsorial: Del Salmo 102
R. El Señor es compasivo y misericordioso.

Bendice al Señor, alma mía, que todo mi ser bendiga su santo nombre. Bendice al Señor, alma mía, y no te olvides de sus beneficios. **R.**

El perdona tus pecados y cura tus enfermedades; él rescata tu vida del sepulcro y te colma de amor y de ternura. **R.**

El Señor es compasivo y misericordioso, lento para enojarse y generoso para perdonar. El Señor no estará siempre enojado, ni durará para siempre su rencor. **R.**

No nos trata como merecen nuestras culpas ni nos paga según nuestros pecados. Como desde la tierra hasta el cielo, así es de grande su misericordia. **R.**

Aclamación antes del Evangelio: Salmo 94, 8
R. Aleluya, aleluya.

Hagámosle caso al Señor, que nos dice: "No endurezcan su corazón". **R.**

Evangelio: Mateo 8, 18-22

En aquel tiempo, al ver Jesús que la multitud lo rodeaba, les ordenó a sus discípulos que cruzaran el lago hacia la orilla de enfrente. En ese momento se le acercó un escriba y le dijo: "Maestro, te seguiré a dondequiera que vayas". Jesús le respondió: "Las zorras tienen madrigueras y las aves del cielo, nidos; pero el Hijo del hombre no tiene en donde reclinar la cabeza". Otro discípulo le dijo: "Señor, permíteme ir primero a enterrar a mi padre". Pero Jesús le respondió: "Tú sígueme y deja que los muertos entierren a sus muertos".

Martes de la XIII semana del Tiempo ordinario

Primera Lectura: Génesis 19, 15-29

Aquel día, al rayar el alba, los ángeles apresuraban a Lot diciéndole: "Vamos; toma a tu esposa y a tus dos hijas, para que no perezcas a causa de los pecados de Sodoma". Como Lot no se decidía, los tomaron de la mano a él, a su mujer y a sus dos hijas, los sacaron de su casa y los condujeron fuera de la ciudad, porque el Señor los perdonaba. Cuando estaban fuera, uno de los ángeles le dijo: "Ponte a salvo, no mires hacia atrás, no te detengas en el valle; ponte a salvo en los montes para que no perezcas". Lot le respondió: "No, te lo ruego. Tú me has favorecido a mí, tratándome con gran misericordia al salvarme la vida; pero yo no podré sobrevivir en los montes, pues la desgracia me alcanzaría ahí y moriría. Mira, aquí cerca hay una ciudad pequeña, en donde puedo refugiarme y salvar la vida. ¿Verdad que es pequeña y puedo vivir en ella?" El ángel le contestó: "Accedo a lo que me pides, no arrasaré esa ciudad que dices. Aprisa, ponte a salvo, pues no puedo hacer nada hasta que llegues allá". Por eso la ciudad se llamó Soar. El sol salía cuando Lot llegó a Soar. El Señor hizo llover desde el cielo azufre y fuego sobre Sodoma y Gomorra. Arrasó aquellas ciudades y todo el valle, con los habitantes de las ciudades y la hierba del campo. La mujer de Lot miró hacia atrás y se convirtió en estatua de sal. Abraham se levantó de mañana y se dirigió al sitio donde había estado con el Señor. Miró en dirección de Sodoma y Gomorra toda la extensión del valle, y vio una gran humareda que salía del suelo, como el humo de un horno. Así, cuando el Señor destruyó las ciudades del valle y arrasó las ciudades en las que Lot había vivido, se acordó de Abraham y libró a Lot de la catástrofe.

Salmo Responsorial: Salmo 25, 2-3. 9-10. 11-12

R. (3a) Ten compasión de mí, Señor.

Examíname, Señor, ponme a prueba, sondea mis entrañas y mi corazón, porque tengo tu bondad ante los ojos, y camino en tu verdad. **R.**

No me trates como a los pecadores ni me castigues como los sanguinarios, que en sus manos llevan infamias y las tienen llenas de sobornos. **R.**

Yo, en cambio, camino en la integridad; sálvame y ten compasión de mí. Mi pie se mantiene en el camino recto, en la asamblea bendeciré al Señor. **R.**

Aclamación antes del Evangelio: Salmo 129, 5
R. Aleluya, aleluya.

Confío en el Señor, mi alma espera y confía en su palabra. **R.**

Evangelio: Mateo 8, 23-27

En aquel tiempo, Jesús subió a una barca junto con sus discípulos. De pronto se levantó en el mar una tempestad tan fuerte, que las olas cubrían la barca; pero él estaba dormido. Los discípulos lo despertaron, diciéndole: "Señor, ¡sálvanos, que perecemos!" Él les respondió: "¿Por qué tienen miedo, hombres de poca fe?" Entonces se levantó, dio una orden terminante a los vientos y al mar, y sobrevino una gran calma. Y aquellos hombres, maravillados, decían: "¿Quién es éste, a quien hasta los vientos y el mar obedecen?".

Miércoles 2 de julio de 2025
Miércoles de le XIII semana del Tiempo ordinario
Primera Lectura: Génesis 21, 5. 8-20

Abraham tenía cien años, cuando nació su hijo Isaac. Creció el niño y lo destetaron; ese día Abraham dio un gran banquete. Sara vio jugando con su hijo Isaac al hijo que Agar, la egipcia, le había dado a Abraham, y le dijo a éste: "Despide a esa esclava y a su hijo, pues el hijo de esa esclava no va a compartir la herencia con mi hijo Isaac". Abraham lo sintió mucho, por tratarse de su hijo, pero Dios lo consoló, diciéndole: "No te aflijas ni por el niño ni por tu esclava. Hazle caso a Sara en lo que te dice, porque es Isaac quien continuará tu descendencia. Aunque al hijo de la esclava lo convertiré en un gran pueblo, por ser descendiente tuyo". Se levantó, pues, Abraham de mañana, tomó pan y un odre de agua y se lo puso a Agar en los hombros, le entregó al niño y la despidió. Ella se fue y anduvo errante por el desierto de Berseba. Cuando se le acabó el agua, Agar dejó al niño bajo un matorral y fue a sentarse enfrente, a distancia como de un tiro de arco, pues decía: "No quiero ver morir al niño". Entonces el niño rompió a llorar y Dios oyó el llanto del niño. El ángel de Dios llamó a Agar desde el cielo y le dijo: "¿Qué te pasa, Agar? No tengas miedo, porque Dios ha oído el llanto del niño que está ahí. Levántate, toma al niño y llévalo de la mano, porque voy a convertirlo en un gran pueblo". Entonces Dios le abrió los ojos y vio un pozo con agua. Fue, llenó el odre y le dio a beber al niño. Dios asistió al niño, que creció, vivió en el desierto y llegó a ser un gran tirador de arco.

Salmo Responsorial: Salmo 33, 7-8. 10-11. 12-13
R. (7a) El Señor escucha el clamor de los pobres.

El Señor escucha el clamor de los pobres y los libra de todos sus angustias. Junto a aquellos que temen al Señor el ángel del Señor acampa y los protege. **R.**

Que amen al Señor todos sus fieles pues nada faltará a los que lo aman; el rico empobrece y pasa hambre; a quien busca al Señor, nada le falta. **R.**

Escúchame, hijo mío: voy a enseñarte como amar al Señor, para que puedes vivir y disfrutar la vida. **R.**

Aclamación antes del Evangelio: Santiago 1, 18
R. Aleluya, aleluya.

Por su propia voluntad el Padre nos engendró por medio del Evangelio, para que fuéramos, en cierto modo, primicias de sus creaturas. **R.**

Evangelio: Mateo 8, 28-34

En aquel tiempo, cuando Jesús desembarcó en la otra orilla del lago, en tierra de los gadarenos, dos endemoniados salieron de entre los sepulcros y fueron a su encuentro. Eran tan feroces, que nadie se atrevía a pasar por aquel camino. Los endemoniados le gritaron a Jesús: "¿Qué quieres de nosotros, Hijo de Dios? ¿Acaso has venido hasta aquí para atormentarnos antes del tiempo señalado?" No lejos de ahí había una numerosa piara de cerdos que estaban comiendo. Los demonios le suplicaron a Jesús: "Si vienes a echarnos fuera, mándanos entrar en esos cerdos". El les respondió: "Está bien". Entonces los demonios salieron de los hombres, se metieron en los cerdos y toda la piara se precipitó en el lago por un despeñadero y los cerdos se ahogaron. Los que cuidaban los cerdos huyeron hacia la ciudad a dar parte de todos aquellos acontecimientos y de lo sucedido a los endemoniados. Entonces salió toda la gente de la ciudad al encuentro de Jesús, y al verlo, le suplicaron que se fuera de su territorio.

Fiesta de santo Tomás, Apóstol

Primera Lectura: Efesios 2, 19-22

Hermanos: Ya no son ustedes extranjeros ni advenedizos; son conciudadanos de los santos y pertenecen a la familia de Dios, porque han sido edificados sobre el cimiento de los apóstoles y de los profetas, siendo Cristo Jesús la piedra angular. Sobre Cristo, todo el edificio se va levantando bien estructurado, para formar el templo santo del Señor, y unidos a él también ustedes se van incorporando al edificio, por medio del Espíritu Santo, para ser morada de Dios.

Salmo Responsorial: Salmo 116, 1.2

R. (Marcos 16, 15) Vayan por todo el mundo y prediquen el Evangelio.

Que alaben al Señor todas las naciones, que lo aclamen todos los pueblos. **R.**

Porque grande es su amor hacia nosotros y su fidelidad dura por siempre. **R.**

Aclamación antes del Evangelio: Juan 20, 29

R. Aleluya, aleluya.

Tomás, tú crees porque me has visto, dice el Señor; dichosos los que creen sin haberme visto. **R.**

Evangelio: Juan 20, 24-29

Tomás, uno de los Doce, a quien llamaban el Gemelo, no estaba con ellos cuando vino Jesús, y los otros discípulos le decían: "Hemos visto al Señor". Pero él les contestó: "Si no veo en sus manos la señal de los clavos y si no meto mi dedo en los agujeros de los clavos y no meto mi mano en su costado, no creeré". Ocho días después, estaban reunidos los discípulos a puerta cerrada y Tomás estaba con ellos. Jesús se presentó de nuevo en medio de ellos y les dijo: "La paz esté con ustedes". Luego le dijo a Tomás: "Aquí están mis manos; acerca tu dedo. Trae acá tu mano; métela en mi costado y no sigas dudando, sino cree". Tomás le respondió: "¡Señor mío y Dios mío!" Jesús añadió: "Tú crees porque me has visto; dichosos los que creen sin haber visto".

Viernes de la XIII semana del Tiempo ordinario
Primera Lectura: Génesis 23, 1-4. 19; 24, 1-8. 62-67

Sara vivió ciento veintisiete años y murió en Quiryat-Arbá, hoy Hebrón, en el país de Canaán, y Abraham lloró e hizo duelo por ella. Cuando terminó su duelo, Abraham se levantó y dijo a los hititas: "Yo soy un simple forastero que reside entre ustedes. Denme en propiedad un sepulcro en su tierra para enterrar a mi esposa". Y Abraham sepultó a Sara en la cueva del campo de Makpelá, que está frente a Mambré, es decir, Hebrón, en Canaán. Abraham era ya muy anciano y el Señor lo había bendecido en todo. Abraham dijo al criado más viejo de su casa, que era mayordomo de todas sus posesiones: "Pon tu mano debajo de mi muslo y júrame por el Señor, Dios del cielo y de la tierra, que no tomarás por esposa para mi hijo a una mujer de los cananeos, con los que vivo, sino que irás a mi tierra a buscar, entre mi parentela, una mujer para mi hijo Isaac". El criado le dijo: "Y en caso de que la mujer no quisiera venir conmigo a este país, ¿tendré que llevar a tu hijo hasta la tierra de donde saliste?" Respondió Abraham: "No vayas a llevar allá a mi hijo. El Señor, Dios del cielo y de la tierra, que me sacó de mi casa paterna y de mi país, y que juró dar a mi descendencia esta tierra, él te enviará a su ángel para que puedas tomar de allá una mujer para mi hijo. Y si la mujer no quiere venir contigo, quedarás libre de este juramento. Pero, por ningún motivo lleves allá a mi hijo". [El criado fue a la tierra de Abraham y volvió con Rebeca, hija de Betuel, pariente de Abraham]. Isaac acababa de regresar del pozo de Lajay-Roí, pues vivía en las tierras del sur. Una tarde Isaac andaba paseando por el campo, y al levantar la vista, vio venir unos camellos. Cuando Rebeca lo vio, se bajó del camello y le preguntó al criado: "¿Quién es aquel hombre que viene por el campo hacia nosotros?" El criado le respondió: "Es mi señor". Entonces ella tomó su velo y se cubrió el rostro. El criado le contó a Isaac todo lo que había hecho. Isaac llevó a Rebeca a la tienda que había sido de Sara, su madre, y la tomó por esposa y con su amor se consoló de la muerte de su madre.

Salmo Responsorial: Salmo 105, 1-2. 3-4a. 4b-5
R. (1a) Yo amo, Señor, tus mandamientos.

Demos gracias al Señor, porque es bueno, porque es eterna su misericordia. ¿Quién podrá contar las hazañas del Señor y alabarlo como él merece? **R.**

Dichosos los que cumplen la ley y obran siempre conforme a la justicia. Por el mor que tienes a tu pueblo acuérdate de nosotros, Señor, y sálvanos. **R.**

Sálvanos, Señor, para que veamos la dicha de tus escogidos y nos alegremos y nos gloriemos junto con el pueblo que te pertenece. **R.**

Aclamación antes del Evangelio: Mateo 11, 28
R. Aleluya, aleluya.

Vengan a mí, todos los que están fatigados y agobiados por la carga, y yo les daré alivio, dice el Señor. **R.**

Evangelio: Mateo 9, 9-13

En aquel tiempo, Jesús vio a un hombre llamado Mateo, sentado a su mesa de recaudador de impuestos, y le dijo: "Sígueme". Él se levantó y lo siguió. Después, cuando estaba a la mesa en casa de Mateo, muchos publicanos y pecadores se sentaron también a comer con Jesús y sus discípulos. Viendo esto, los fariseos preguntaron a los discípulos: "¿Por qué su Maestro come con publicanos y pecadores?" Jesús los oyó y les dijo: "No son los sanos los que necesitan de médico, sino los enfermos. Vayan, pues, y aprendan lo que significa: *Yo quiero misericordia y no sacrificios.* Yo no he venido a llamar a los justos, sino a los pecadores".

Sábado 5 de julio de 2025
Sábado de la XIII semana del Tiempo ordinario
Primera Lectura: Génesis 27, 1-5. 15-29

Isaac había envejecido y ya no veía por tener debilitados los ojos. Un día llamó a Esaú, su hijo mayor, y le dijo: "¡Hijo mío!" Esaú le respondió: "Aquí estoy". Isaac le dijo: "Mira, ya soy viejo y no sé cuándo voy a morir. Así pues, toma tus flechas, tu aljaba y tu arco, sal al campo y caza algo para mí. Luego me preparas un buen guiso, como a mí me gusta, y me lo traes para que me lo coma y te bendiga antes de morir". Pero Rebeca estaba escuchando la conversación de Isaac con Esaú. Cuando Esaú se fue al campo a cazar algo para su padre, Rebeca tomó la ropa más fina de Esaú, su hijo mayor, y se la puso a Jacob, su hijo menor. Luego, con la piel de unos cabritos, le cubrió a Jacob los brazos y la parte lampiña del cuello y le entregó el guisado y el pan que había preparado. Jacob entró a donde estaba su padre y le dijo: "¡Padre!" Isaac le respondió: "Aquí estoy. ¿Quién eres, hijo?" Jacob le dijo a su padre: "Soy tu primogénito, Esaú. Ya hice lo que me dijiste. Levántate, siéntate y come de lo que he cazado, para que me bendigas". Isaac le dijo: "¡Qué pronto encontraste algo para cazar, hijo!" Respondió Jacob: "Sí; es que el Señor, tu Dios, me lo puso delante". Isaac le dijo a Jacob: "Acércate, hijo, para que te toque y vea si realmente eres o no mi hijo Esaú". Jacob se acercó a su padre, Isaac, el cual lo palpó y dijo: "La voz es de Jacob, pero los brazos son de Esaú". Y no reconoció a Jacob porque sus brazos estaban velludos como los de su hermano mayor, y se dispuso Isaac a bendecirlo. Entonces le dijo: "¿Eres tú de veras mi hijo Esaú?" Respondió Jacob: "Sí, yo soy". Le dijo Isaac: "Acércame lo que has cazado para que coma y después te bendiga". Jacob le acercó el guisado y el padre comió; también le trajo vino y bebió. Entonces le dijo Isaac a Jacob: "Hijo, acércate y bésame". El se acercó y lo besó; y al aspirar Isaac el olor de su ropa, lo bendijo, diciendo: "El aroma de mi hijo es como el aroma de un campo, bendecido por el Señor. Que Dios te conceda la lluvia del cielo y la fertilidad de la tierra, y trigo y vino en abundancia. Que los pueblos te sirvan y las naciones se postren ante ti; que seas señor de tus hermanos y que se postren ante ti los hijos de tu madre. Maldito sea el que te maldiga y bendito el que te bendiga".

Salmo Responsorial: Salmo 134. 1-2. 3-4. 5-6
R. (3a) Te alabamos, Señor, porque eres bueno.
Alaben el nombre del Señor, alábenlo, siervos del Señor, los que están en la casa

del Señor, en los atrios de la casa de nuestro Dios. **R.**

Alaben al Señor, porque es bueno; alaben su nombre, porque es amable. El escogió a Jacob, a Israel como posesión suya. **R.**

Yo sé que el Señor es grande, nuestro Dios, más que todos los dioses. El Señor hace todo lo que quiere en el cielo y en la tierra, en los mares y en los océanos. **R.**

Aclamación antes del Evangelio: Juan 10, 27
R. Aleluya, aleluya.

Mis ovejas escuchan mi voz, dice el Señor; yo las conozco y ellas me siguen. **R.**

Evangelio: Mateo 9, 14-17

En aquel tiempo, los discípulos de Juan fueron a ver a Jesús y le preguntaron: "¿Por qué tus discípulos no ayunan, mientras nosotros y los fariseos sí ayunamos?" Jesús les respondió: "¿Cómo pueden llevar luto los amigos del esposo, mientras él está con ellos? Pero ya vendrán días en que les quitarán al esposo, y entonces sí ayunarán. Nadie remienda un vestido viejo con un parche de tela nueva, porque el remiendo nuevo encoge, rompe la tela vieja y así se hace luego más grande la rotura. Nadie echa el vino nuevo en odres viejos, porque los odres se rasgan, se tira el vino y se echan a perder los odres. El vino nuevo se echa en odres nuevos y así las dos cosas se conservan".

Domingo 6 de julio de 2025
XIV Domingo Ordinario
Primera Lectura: Isaías 66, 10-14

Alégrense con Jerusalén, gocen con ella todos los que la aman, alégrense de su alegría todos los que por ella llevaron luto, para que se alimenten de sus pechos, se llenen de sus consuelos y se deleiten con la abundancia de su gloria. Porque dice el Señor: "Yo haré correr la paz sobre ella como un río y la gloria de las naciones como un torrente desbordado. Como niños serán llevados en el regazo y acariciados sobre sus rodillas; como un hijo a quien su madre consuela, así los consolaré yo. En Jerusalén serán ustedes consolados. Al ver esto se alegrará su corazón y sus huesos florecerán como un prado. Y los siervos del Señor conocerán su poder".

Salmo Responsorial: Salmo 65, 1-3a. 4-5. 6-7a, 16 y 20
R. (1) Las obras del Señor son admirables.

Que aclame al Señor toda la tierra; celebremos su gloria y su poder, cantemos un himno de alabanza, digamos al Señor: "Tu obra es admirable". **R.**

Que se postre ante ti la tierra entera y celebre con cánticos tu nombre.
Admiremos las obras del Señor, los prodigios que ha hecho por los hombres. **R.**

El transformó el mar Rojo en tierra firme y los hizo cruzar el Jordan a pie enjuto.
Llenémonos por eso de gozo y gratitud: El Señor es eterno y poderoso. **R.**

Cuantos temen a Dios vengan y escuchen, y les diré lo que ha hecho por mí.
Bendito sea Dios que no rechazó mi súplica, ni me retiró su gracia. **R.**

Segunda Lectura: Gálatas 6, 14-18

Hermanos: No permita Dios que yo me gloríe en algo que no sea la cruz de nuestro Señor Jesucristo, por el cual el mundo está crucificado para mí y yo para el mundo. Porque en Cristo Jesús de nada vale el estar circuncidado o no, sino el ser una nueva creatura. Para todos los que vivan conforme a esta norma y también para el verdadero Israel, la paz y la misericordia de Dios. De ahora en adelante, que nadie me ponga más obstáculos, porque llevo en mi cuerpo la marca de los sufrimientos que he pasado por Cristo. Hermanos, que la gracia de nuestro Señor Jesucristo esté con ustedes. Amén.

Aclamación antes del Evangelio: Colosenses 3, 15a. 16a
R. Aleluya, aleluya.

Que en sus corazones reine la paz de Cristo; que la palabra de Cristo habite en ustedes con toda su riqueza. **R.**

Evangelio: Lucas 10, 1-12. 17-20

En aquel tiempo, Jesús designó a otros setenta y dos discípulos y los mandó por delante, de dos en dos, a todos los pueblos y lugares a donde pensaba ir, y les dijo: "La cosecha es mucha y los trabajadores pocos. Rueguen, por lo tanto, al dueño de la mies que envíe trabajadores a sus campos. Pónganse en camino; yo los envío como corderos en medio de lobos. No lleven ni dinero, ni morral, ni sandalias y no se detengan a saludar a nadie por el camino. Cuando entren en una casa digan: 'Que la paz reine en esta casa'. Y si allí hay gente amante de la paz, el deseo de paz de ustedes se cumplirá; si no, no se cumplirá. Quédense en esa casa. Coman y beban de lo que tengan, porque el trabajador tiene derecho a su salario. No anden de casa en casa. En cualquier ciudad donde entren y los reciban, coman lo que les den. Curen a los enfermos que haya y díganles: 'Ya se acerca a ustedes el Reino de Dios'. Pero si entran en una ciudad y no los reciben, salgan por las calles y digan: 'Hasta el polvo de esta ciudad, que se nos ha pegado a los pies nos lo sacudimos, en señal de protesta contra ustedes. De todos modos, sepan que el Reino de Dios está cerca'. Yo les digo que en el día del juicio, Sodoma será tratada con menos rigor que esa ciudad". Los setenta y dos discípulos regresaron llenos de alegría y le dijeron a Jesús: "Señor, hasta los demonios se nos someten en tu nombre". Él les contestó: "Vi a Satanás caer del cielo como el rayo. A ustedes les he dado poder para aplastar serpientes y escorpiones y para vencer toda la fuerza del enemigo, y nada les podrá hacer daño. Pero no se alegren de que los demonios se les someten. Alégrense más bien de que sus nombres están escritos en el cielo".

O bien:
Lucas 10, 1-9

En aquel tiempo, Jesús designó a otros setenta y dos discípulos y los mandó por delante, de dos en dos, a todos los pueblos y lugares a donde pensaba ir, y les dijo: "La cosecha es mucha y los trabajadores pocos. Rueguen, por tanto, al dueño de la mies que envíe trabajadores a sus campos. Pónganse en camino; yo los envío como corderos en medio de lobos. No lleven ni dinero, ni morral, ni sandalias y no se detengan a saludar a nadie por el camino. Cuando entren en una casa digan: 'Que la paz reine en esta casa'. Y si allí hay gente amante de la paz, el deseo de paz de ustedes se cumplirá; si no, no se cumplirá. Quédense en esa casa. Coman y beban de lo que tengan, porque el trabajador tiene derecho a su salario.

No anden de casa en casa. En cualquier ciudad donde entren y los reciban, coman lo que les den. Curen a los enfermos que haya y díganles: 'Ya se acerca a ustedes el Reino de Dios'".

Lunes de la XIV semana del Tiempo ordinario

Primera Lectura: Génesis 28, 10-22

En aquel tiempo, Jacob salió de Berseba y se dirigió a Jarán. Al llegar a cierto lugar, se dispuso a pasar ahí la noche, porque ya se había puesto el sol. Tomó entonces una piedra, se la puso de almohada y se acostó en aquel sitio. Y tuvo un sueño: Soñó una escalera que se apoyaba en tierra y con la punta tocaba el cielo, y los ángeles de Dios subían y bajaban por ella. Vio que el Señor estaba en lo alto de la escalera y oyó que le decía: "Yo soy el Señor, el Dios de tu padre, Abraham, y el Dios de Isaac. Te voy a dar a ti y a tus descendientes la tierra en que estás acostado. Tus descendientes van a ser tan numerosos como el polvo de la tierra y te extenderás hacia el oriente y el poniente, hacia el norte y hacia el sur; por ti y por tus descendientes serán bendecidos todos los pueblos de la tierra. Yo estoy contigo, te cuidaré por dondequiera que vayas, te haré regresar a esta tierra y no te abandonaré ni dejaré de cumplir lo que te he prometido". Cuando Jacob despertó de su sueño, dijo: "Realmente el Señor está en este lugar y yo no lo sabía". Y exclamó asustado: "¡Qué terrible es este lugar! Es nada menos que la casa de Dios y la puerta del cielo". Jacob se levantó de madrugada, y tomando la piedra que se había puesto de almohada, la colocó como un memorial y derramó aceite sobre ella. Y a aquella ciudad le puso por nombre Betel, aunque su nombre primitivo era Luz. Jacob hizo una promesa, diciendo: "Si Dios está conmigo, si me cuida en el viaje que estoy haciendo, si me da pan para comer y ropa para vestirme, si vuelvo sano y salvo a la casa de mi padre, entonces el Señor será mi Dios y esta piedra que he colocado como memorial, será casa de Dios. Y de todo lo que el Señor me dé, le pagaré el diezmo".

Salmo Responsorial: Salmo 90, 1-2. 3-4. 14-15ab

R. (2b) Señor, en ti confío.

Tú que vivas al amparo del Altísimo y descansas a la sombra del Todopoderoso, dile al Señor: "Tú eres mi refugio y fortaleza; tú eres mi Dios y en ti confío. **R.**

El te librará de la red del cazador, y de la peste funesta. Te cubrirá con sus alas y te refugiarás bajo sus plumas. **R.**

"Puesto que tú me conoces y me amas, dice el Señor, yo te libraré y te pondré a salvo. Cuando tú me invoques, y te escucharé; en tus angustias estaré contigo. **R.**

Aclamación antes del Evangelio: 2 Timoteo 1, 10
R. Aleluya, aleluya.

Jesucristo, nuestro salvador, ha vencido la muerte y ha hecho resplandecer la vida por medio del Evangelio. **R.**

Evangelio: Mateo 9, 18-26

En aquel tiempo, mientras Jesús hablaba, se le acercó un jefe de la sinagoga, se postró ante él y le dijo: "Señor, mi hija acaba de morir; pero ven tú a imponerle las manos y volverá a vivir". Jesús se levantó y lo siguió, acompañado de sus discípulos. Entonces, una mujer que padecía flujo de sangre desde hacía doce años, se le acercó por detrás y le tocó la orilla del manto, pues pensaba: "Con sólo tocar su manto, me curaré". Jesús, volviéndose, la miró y le dijo: "Hija, ten confianza; tu fe te ha curado". Y en aquel mismo instante quedó curada la mujer. Cuando llegó a la casa del jefe de la sinagoga, vio Jesús a los flautistas, y el tumulto de la gente y les dijo: "Retírense de aquí. La niña no está muerta; está dormida". Y todos se burlaron de él. En cuanto hicieron salir a la gente, entró Jesús, tomó a la niña de la mano y ésta se levantó. La noticia se difundió por toda aquella región.

Martes 8 de julio de 2025
Martes de la XIV semana del Tiempo ordinario
Primera Lectura: Génesis 32, 22-32

En aquel tiempo, se levantó Jacob, tomó a sus dos mujeres con sus dos siervas y sus once hijos y cruzó el arroyo de Yaboc. Los hizo cruzar el torrente junto con todo lo que poseía. Jacob se quedó solo y un hombre estuvo luchando con él hasta el amanecer. Pero, viendo que no podía vencerlo, el hombre hirió a Jacob en la articulación femoral y le dislocó el fémur, mientras luchaban. El hombre le dijo: "Suéltame, pues ya está amaneciendo". Jacob le respondió: "No te soltaré hasta que me bendigas". El otro le preguntó: "¿Cómo te llamas?" Él le dijo: "Jacob". El otro prosiguió: "En adelante ya no te llamarás Jacob sino Israel, porque has luchado con Dios y con los hombres y has salido victorioso". Jacob le dijo: "Dime cómo te llamas". El otro le respondió: "¿Por qué me preguntas mi nombre?" Y ahí mismo bendijo a Jacob. Jacob llamó a aquel lugar Penuel, pues se dijo: "He visto a Dios cara a cara y he quedado con vida". El sol salió después de que Jacob y los suyos pasaron Penuel, y Jacob iba cojeando, por haber sido herido en el nervio del muslo. Por eso los israelitas no comen, hasta el día de hoy, el nervio del muslo.

Salmo Responsorial: Salmo 16, 1. 2-3. 6-7. 8b y 15

R. (15a) Señor, escucha nuestra súplica.

Señor, hazme justicia y a mi clamor atiende; presta oídos a mi súplica, pues mis labios no mienten. **R.**

Júzgame tú, Señor, pues tus ojos miren al que es honrado. Examina mi corazón, revísalo de noche, pruébame a fuego y no hallarás malicia en mí. **R.**

A ti mi voz elevo, pues sé que me respondes. Atiéndeme, Dios mío, y escucha mis palabras; muéstrame los prodigios de tu misericordia, pues a quien acude a ti, de sus contrarios salvas. **R.**

Protégeme, Señor, como a las niñas de tus ojos, Bajo la sombra de tus alas escóndeme, pues yo, por serte fiel, contemplaré ti rostro y al despertarme, espero saciarme de tu vista. **R.**

Aclamación antes del Evangelio: Juan 10, 14

R. Aleluya, aleluya.

Yo soy el buen pastor, dice el Señor; yo conozco a mis ovejas y ellas me conocen a mí. **R.**

Evangelio: Mateo 9, 32-38

En aquel tiempo, llevaron ante Jesús a un hombre mudo, que estaba poseído por el demonio. Jesús expulsó al demonio y el mudo habló. La multitud, maravillada, decía: "Nunca se había visto nada semejante en Israel". Pero los fariseos decían: "Expulsa a los demonios por autoridad del príncipe de los demonios". Jesús recorría todas las ciudades y los pueblos, enseñando en las sinagogas, predicando el Evangelio del Reino y curando toda enfermedad y dolencia. Al ver a las multitudes, se compadecía de ellas, porque estaban extenuadas y desamparadas, como ovejas sin pastor. Entonces dijo a sus discípulos: "La cosecha es mucha y los trabajadores, pocos. Rueguen, por lo tanto, al dueño de la mies que envíe trabajadores a sus campos".

Miércoles 9 de julio de 2025
Miércoles de la XIV semana del Tiempo ordinario
Primera Lectura: Génesis 41, 55-57; 42, 5-7. 17-24

En aquellos días, en todo el país de Egipto hubo hambre, y el pueblo clamó al faraón, pidiéndole pan. El faraón le respondió al pueblo: "Vayan a José y hagan lo que él les diga". Entonces José mandó abrir todas las bodegas y abasteció de víveres a los egipcios. Y como el hambre se extendiera por toda la tierra, de todos los países iban a Egipto para comprar víveres a José y remediar la carestía. Los hijos de Jacob, junto con otros, fueron también a Egipto a comprar víveres, pues había hambre en el país de Canaán. José gobernaba en todo Egipto y los víveres se distribuían a todo el mundo, según sus indicaciones. Llegaron los hermanos de José y se postraron en su presencia. Al verlos, José los reconoció, y sin embargo, como a desconocidos, les preguntó con severidad: "¿De dónde vienen?" Ellos respondieron: "Venimos de Canaán a comprar provisiones". José los acusó de ser espías y durante tres días los metió en la cárcel. Al tercer día José los mandó sacar y les dijo: "Yo también temo a Dios. Si hacen lo que les voy a decir, salvarán su vida. Si son gente de bien, uno de ustedes se quedará detenido en la prisión, mientras los demás van a llevar a sus casas las provisiones que han comprado. Luego me traen a su hermano menor, para que pueda yo comprobar si me han dicho la verdad. Así no morirán". Ellos estuvieron de acuerdo y se decían los unos a los otros: "Con razón estamos sufriendo ahora, porque pecamos contra nuestro hermano José, cuya angustia veíamos, cuando nos pedía que tuviéramos compasión de él, y no le hicimos caso. Por eso ha caído sobre nosotros esta desgracia". Rubén añadió: "¿No les decía yo que no le hiciéramos daño al niño y no me hicieron caso? Ahora nos están pidiendo cuentas de su vida". Como estaban hablando por medio de un intérprete, ellos ignoraban que José les entendía. Entonces José se alejó de ellos y rompió a llorar.

Salmo Responsorial: Salmo 32, 2-3. 10-11. 18-19
R. (22) Muéstranos, Señor, tu misericordia.

Demos gracias a Dios al son del arpa, que la lira acompañe nuestros cantos;
cantemos en su honor nuevos cantares, al compás de instrumentos alabémoslo.
R.

Frustra el Señor los planes de los pueblos y hace que se malogren sus designios.
Los proyectos de Dios duran por siempre; los planos de su amor, todos los siglos.
R.

Cuida el Señor de aquellos que lo temen y en su bondad confían; los salva de la muerte y en épocas de hambre les da vida. **R.**

Aclamación antes del Evangelio: Marcos 1, 15
R. Aleluya, aleluya.

El Reino de Dios está cerca, dice el Señor; arrepiéntanse y crean en el Evangelio.
R.

Evangelio: Mateo 10, 1-7

En aquel tiempo, llamando Jesús a sus doce discípulos, les dio poder para expulsar a los espíritus impuros y curar toda clase de enfermedades y dolencias. Estos son los nombres de los doce apóstoles: el primero de todos, Simón, llamado Pedro, y su hermano Andrés; Santiago y su hermano Juan, hijos del Zebedeo; Felipe y Bartolomé; Tomás y Mateo, el publicano; Santiago, hijo de Alfeo, y Tadeo; Simón, el cananeo, y Judas Iscariote, que fue el traidor. A estos doce los envió Jesús con estas instrucciones: "No vayan a tierra de paganos, ni entren en ciudades de samaritanos. Vayan más bien en busca de las ovejas perdidas de la casa de Israel. Vayan y proclamen por el camino que ya se acerca el Reino de los cielos".

Jueves de la XIV semana del Tiempo ordinario
Primera Lectura: Génesis 44, 18-21. 23-29; 45, 1-5

En aquellos días, se acercó Judá a José y le dijo: "Con tu permiso, señor, tu siervo va a pronunciar algunas palabras a tu oído; no te enojes con tu siervo, pues tú eres como un segundo faraón. Tú, señor, nos preguntaste: '¿Tienen padre o algún hermano?' Nosotros te respondimos: 'Sí, tenemos un padre anciano, con un hijo pequeño, que le nació en su vejez. Como es el único que le queda de su madre, pues el otro hermano ya murió, su padre lo ama tiernamente'. Entonces tú dijiste a tus siervos: 'Tráiganmelo para que yo lo vea con mis propios ojos, pues si no viene su hermano menor con ustedes, no los volveré a recibir'. Cuando regresamos a donde está nuestro padre, tu siervo, le referimos lo que nos habías dicho. Nuestro padre nos dijo: 'Vuelvan a Egipto y cómprennos víveres'. Nosotros le dijimos: 'No podemos volver, a menos que nuestro hermano menor vaya con nosotros. Sólo así volveríamos, porque no podemos presentarnos ante el ministro del faraón, si no va con nosotros nuestro hermano menor'. Nuestro padre, tu siervo, nos dijo entonces: 'Ya saben que mi mujer me dio dos hijos: uno desapareció y ustedes me dijeron que una fiera se lo había comido y ya no lo he vuelto a ver. Ahora se llevan también a éste; si le ocurre una desgracia, me van a matar de dolor'". Entonces José ya no pudo aguantarse más y ordenó a todos los que lo acompañaban que salieran de ahí. Nadie se quedó con él cuando se dio a conocer a sus hermanos. José se puso a llorar a gritos; lo oyeron los egipcios y llegó la noticia hasta la casa del faraón. Después les dijo a sus hermanos: "Yo soy José. ¿Vive todavía mi padre?" Sus hermanos no podían contestarle, porque el miedo se había apoderado de ellos. José les dijo: "Acérquense". Se acercaron y él continuó: "Yo soy su hermano José, a quien ustedes vendieron a los egipcios. Pero no se asusten ni se aflijan por haberme vendido, pues Dios me mandó a Egipto antes que a ustedes para salvarles la vida".

Salmo Responsorial: Salmo 104, 16-17. 18-19. 20-21

R. (5a) Recordemos los prodigios del Señor.

Cuando el Señor mandó el hambre sobre el país y acabó con todas las cosechas, y había enviado por delante a un hombre: a José, vendido como esclavo. **R.**

Le trabaron los pies con grilletes, y rodearon su cuerpo con cadenas, hasta que se cumplió su predicción, y Dios lo acreditó con su palabra. **R.**

El rey mandó que lo soltaran, el jefe de esos pueblos lo libró, lo nombró administrador de su casa, y señor de todas sus posesiones. **R.**

Aclamación antes del Evangelio: Marcos 1, 15

R. Aleluya, aleluya.

El Reino de Dios está cerca, dice el Señor; arrepiéntanse y crean en el Evangelio. **R.**

Evangelio: Mateo 10, 7-15

En aquel tiempo, envió Jesús a los Doce con estas instrucciones: 'Vayan y proclamen por el camino que ya se acerca el Reino de los cielos. Curen a los leprosos y demás enfermos; resuciten a los muertos y echen fuera a los demonios. Gratuitamente han recibido este poder; ejérzanlo, pues, gratuitamente. No lleven con ustedes, en su cinturón, monedas de oro, de plata o de cobre. No lleven morral para el camino ni dos túnicas ni sandalias ni bordón, porque el trabajador tiene derecho a su sustento. Cuando entren en una ciudad o en un pueblo, pregunten por alguien respetable y hospédense en su casa hasta que se vayan. Al entrar, saluden así: 'Que haya paz en esta casa'. Y si aquella casa es digna, la paz de ustedes reinará en ella; si no es digna, el saludo de paz de ustedes no les aprovechará. Y si no los reciben o no escuchan sus palabras, al salir de aquella casa o de aquella ciudad, sacúdanse el polvo de los pies. Yo les aseguro que el día del juicio, Sodoma y Gomorra serán tratadas con menos rigor que esa ciudad".

Viernes 11 de julio de 2025

Memoria de San Benito, abad

Primera Lectura: Génesis 46,1-7. 28-30

En aquellos días, partió Jacob con todas sus pertenencias y llegó a Berseba, donde hizo sacrificios al Dios de su padre Isaac. Por la noche, Dios se le apareció y le dijo: "¡Jacob, Jacob!" El respondió: "Aquí estoy". El Señor le dijo: "Yo soy Dios, el Dios de tu padre. No tengas miedo de ir a Egipto, porque ahí te convertiré en un gran pueblo. Yo iré contigo allá, José te cerrará los ojos y después de muerto, yo mismo te haré volver aquí". Al partir de Berseba, los hijos de Jacob hicieron subir a su padre, a sus pequeños y a sus mujeres en las carretas que había mandado el faraón para transportarlos. Tomaron el ganado y cuanto habían adquirido en la tierra de Canaán y se fueron a Egipto, Jacob y todos sus descendientes, sus hijos y nietos, sus hijas y nietas. Jacob mandó a Judá por delante para que le avisara a José y le preparara un sitio en la región de Gosén. Cuando ya estaban por llegar, José enganchó su carroza y se fue a Gosén para recibir a su padre. Apenas lo vio, corrió a su encuentro y, abrazándolo largamente, se puso a llorar. Jacob le dijo a José: "Ya puedo morir tranquilo, pues te he vuelto a ver y vives todavía".

Salmo Responsorial: Salmo 36, 3-4. 18-19. 27-28. 39-40
R. (39a) La salvación del justo es el Señor.

Pon tu esperanza en Dios, practica el bien y vivirás tranquilo en esta tierra. Busca en él tu alegría y te dará el Señor cuanto deseas. **R.**

Cuida el Señor la vida de los buenos, y su herencia perdura; no se marchitarán en la sequía, y en tiempos de escasez tendrán hartura. **R.**

Apártate del mal, practica el bien y tendrás una casa eternamente; porque al Señor le agrada lo que es justo y vela por sus fieles. **R.**

Aclamación antes del Evangelio: Juan 16, 13; 14, 26
R. Aleluya, aleluya.

Cuando venga el Espíritu de verdad, él les enseñará toda la verdad y les recordará todo cuanto yo les he dicho, dice el Señor. **R.**

Evangelio: Mateo 10, 16-23

En aquel tiempo, Jesús dijo a sus apóstoles: "Yo los envío como ovejas entre lobos. Sean, pues, precavidos como las serpientes y sencillos como las palomas. Cuídense de la gente, porque los llevarán a los tribunales, los azotarán en las sinagogas, los llevarán ante gobernadores y reyes por mi causa; así darán testimonio de mí ante ellos y ante los paganos. Pero, cuando los enjuicien, no se preocupen por lo que van a decir o por la forma de decirlo, porque en ese momento se les inspirará lo que han de decir. Pues no serán ustedes los que hablen, sino el Espíritu de su Padre el que hablará por ustedes. El hermano entregará a su hermano a la muerte, y el padre a su hijo; los hijos se levantarán contra sus padres y los matarán; todos los odiarán a ustedes por mi causa, pero el que persevere hasta el fin, se salvará. Cuando los persigan en una ciudad, huyan a otra. Yo les aseguro que no alcanzarán a recorrer todas las ciudades de Israel, antes de que venga el Hijo del hombre".

Sábado 12 de julio de 2025

Sábado de la XIV semana del Tiempo ordinario
Primera Lectura: Génesis 49,29-32; 50,15-26a

En aquellos días, Jacob llamó a sus hijos y les dio estas instrucciones: "Yo voy a reunirme con los míos. Sepúltenme junto a mis padres, en la cueva del campo de Makpelá, frente a Mambré, en Canaán. Es el campo que Abraham le compró a Efrón, el hitita, para que lo enterraran. Ahí sepultaron a Abraham y a su esposa Sara, a Isaac y a su esposa Rebeca, y ahí sepulté yo a Lía". Cuando terminó de dar este encargo a sus hijos, Jacob expiró y fue a reunirse con los suyos. Los hermanos de José, al ver que había muerto su padre, dijeron: "A ver si José no nos guarda rencor y no nos hace pagar todo el daño que le hicimos". Por eso le mandaron este recado: "Antes de morir, tu padre nos encargó que te dijéramos esto: 'Perdona, por favor, a tus hermanos su crimen, su pecado y el daño que te hicieron'. También nosotros, siervos del Dios de tu padre, te pedimos que nos perdones". Cuando José oyó el recado se puso a llorar. Fueron después sus hermanos personalmente a verlo y, postrados ante él, le dijeron: "Aquí nos tienes. Somos esclavos tuyos". José les replicó: "No tengan miedo. ¿Podemos acaso oponernos a los designios de Dios? Ustedes quisieron hacerme daño, pero Dios lo convirtió en un bien para hacer sobrevivir a un pueblo numeroso, como pueden ver. Así que no tengan miedo; yo los mantendré a ustedes y a sus pequeñuelos". Y los consoló y les habló con mucho cariño. José permaneció en Egipto junto con la familia de su padre y vivió hasta los ciento diez años; vio a los bisnietos de Efraín y en sus brazos nacieron los hijos de Makir, hijo de Manasés. Finalmente José les dijo a sus hermanos: "Yo voy a morir ya, pero ciertamente Dios cuidará de ustedes y los hará salir de este país a la tierra que juró dar a Abraham, a Isaac y a Jacob". José los hizo jurar diciendo: "Cuando Dios los haga salir de esta tierra, se llevarán mis huesos de aquí". Y luego murió José.

Salmo Responsorial: Salmo 104, 1-2. 3-4. 6-7
R. (Salmo 68, 33) Cantemos la grandeza del Señor.

Aclamen al Señor y denle gracias, relaten sus prodigios a los pueblos. Entonen en su honor himnos y cantos celebren sus portentos. **R.**

Del nombre del Señor enorgullézcanse, y siéntase feliz el que lo busca. Recurran al Señor y a su poder, y a su presencia acudan. **R.**

Descendientes de Abraham, su servidor; estirpe de Jacob, su predilecto, escuchen: el Señor es nuestro Dios y gobiernan la tierra sus decretos. **R.**

Aclamación antes del Evangelio: 1 Pedro 4, 14
R. Aleluya, aleluya.

Dichosos ustedes, si los injurian por ser cristianos; porque el Espíritu de Dios descansa en ustedes. **R.**

Evangelio: Mateo 10, 24-33

En aquel tiempo, Jesús dijo a sus apóstoles: "El discípulo no es más que el maestro, ni el criado más que su señor. Le basta al discípulo ser como su maestro y al criado ser como su señor. Si al señor de la casa lo han llamado Satanás, ¡qué no dirán de sus servidores! No teman a los hombres. No hay nada oculto que no llegue a descubrirse; no hay nada secreto que no llegue a saberse. Lo que les digo de noche, repítanlo en pleno día y lo que les digo al oído, pregónenlo desde las azoteas. No tengan miedo a los que matan el cuerpo, pero no pueden matar el alma. Teman, más bien, a quien puede arrojar al lugar de castigo el alma y el cuerpo. ¿No es verdad que se venden dos pajarillos por una moneda? Sin embargo, ni uno solo de ellos cae por tierra si no lo permite el Padre. En cuanto a ustedes, hasta los cabellos de su cabeza están contados. Por lo tanto, no tengan miedo, porque ustedes valen mucho más que todos los pájaros del mundo. A quien me reconozca delante de los hombres, yo también lo reconoceré ante mi Padre, que está en los cielos; pero al que me niegue delante de los hombres, yo también lo negaré ante mi Padre, que está en los cielos".

Domingo 13 de julio de 2025
XV Domingo Ordinario

Primera Lectura: Deuteronomio 30, 10-14

En aquellos días, habló Moisés al pueblo y le dijo: "Escucha la voz del Señor, tu Dios, que te manda guardar sus mandamientos y disposiciones escritos en el libro de esta ley. Y conviértete al Señor tu Dios, con todo tu corazón y con toda tu alma. Estos mandamientos que te doy, no son superiores a tus fuerzas ni están fuera de tu alcance. No están en el cielo, de modo que pudieras decir: '¿Quién subirá por nosotros al cielo para que nos los traiga, los escuchemos y podamos cumplirlos?' Ni tampoco están al otro lado del mar, de modo que pudieras objetar: '¿Quién cruzará el mar por nosotros para que nos los traiga, los escuchemos y podamos cumplirlos?' Por el contrario, todos mis mandamientos están muy a tu alcance, en tu boca y en tu corazón, para que puedas cumplirlos".

Salmo Responsorial: Salmo 68, 14 y 17. 30-31. 33-34. 36ab y 37
R. (33) Escúchame, Señor, porque eres bueno.

A ti, Señor, elevo mi plegaria, ven en mi ayuda pronto; escúchame conforme tu clemencia, Dios fiel en el socorro. Escúchame, Señor, pues eres bueno y en tu ternera vuelve a mí tus ojos. **R.**

Mírame enfermo y afligido; defiéndeme y ayúdame, Dios mío. En mi cantar exaltaré tu nombre, proclamaré tu gloria, agradecido. **R.**

Se alegrarán al verlo los que sufren; quienes buscan a Dios tendrán más ánimo, porque el Señor jamás desoye al pobre ni olvida al que se encuentra encadenado.

R.

Ciertamente el Señor salvará a Sión, reconstruirá a Judá; la heredarán los hijos de sus siervos, quienes aman a Dios la habitarán. **R.**

Segunda Lectura: Colosenses 1, 15-20

Cristo es la imagen de Dios invisible, el primogénito de toda la creación, porque en él tienen su fundamento todas las cosas creadas, del cielo y de la tierra, las visibles y las invisibles, sin excluir a los tronos y dominaciones, a los principados y potestades. Todo fue creado por medio de él y para él. Él existe antes que todas las cosas, y todas tienen su consistencia en él. Él es también la cabeza del cuerpo, que es la Iglesia. Él es el principio, el primogénito de entre los muertos, para que sea el primero en todo. Porque Dios quiso que en Cristo habitara toda plenitud y por él quiso reconciliar consigo todas las cosas, del cielo y de la tierra, y darles la paz por medio de su sangre, derramada en la cruz.

Aclamación antes del Evangelio: Juan 6, 63c. 68c
R. Aleluya, aleluya.

Tus palabras, Señor, son Espíritu y vida. Tú tienes palabras de vida eterna. **R.**

Evangelio: Lucas 10, 25-37

En aquel tiempo, se presentó ante Jesús un doctor de la ley para ponerlo a prueba y le preguntó: "Maestro, ¿qué debo hacer para conseguir la vida eterna?" Jesús le dijo: "¿Qué es lo que está escrito en la ley? ¿Qué lees en ella?" El doctor de la ley contestó: *"Amarás al Señor tu Dios, con todo tu corazón, con toda tu alma, con todas tus fuerzas y con todo tu ser, y a tu prójimo como a ti mismo"*. Jesús le dijo: "Has contestado bien; si haces eso, vivirás". El doctor de la ley, para justificarse, le preguntó a Jesús: "¿Y quién es mi prójimo?" Jesús le dijo: "Un hombre que bajaba por el camino de Jerusalén a Jericó, cayó en manos de unos ladrones, los cuales lo robaron, lo hirieron y lo dejaron medio muerto. Sucedió que por el mismo camino bajaba un sacerdote, el cual lo vio y pasó de largo. De igual modo, un levita que pasó por ahí, lo vio y siguió adelante. Pero un samaritano que iba de viaje, al verlo, se compadeció de él, se le acercó, ungió sus heridas con aceite y vino y se las vendó; luego lo puso sobre su cabalgadura, lo llevó a un mesón y cuidó de él. Al día siguiente sacó dos denarios, se los dio al dueño del mesón y le dijo: 'Cuida de él y lo que gastes de más, te lo pagaré a mi regreso'. ¿Cuál de estos tres te parece que se portó como prójimo del hombre que fue asaltado por los ladrones?" El doctor de la ley le respondió: "El que tuvo compasión de él". Entonces Jesús le dijo: "Anda y haz tú lo mismo".

Lunes 14 de julio de 2025

Memoria de Santa Kateri Tekakwitha, virgen
[para los diócesis de los Estados Unidos de América]

Primera Lectura: Éxodo 1, 8-14. 22

En aquel tiempo, subió al poder en Egipto un nuevo faraón, que no había conocido a José, y le dijo a su pueblo: "Los hijos de Israel forman un pueblo más numeroso y fuerte que nosotros. Tomemos precauciones contra ellos para que no sigan multiplicándose, no sea que, en caso de guerra, se unan a nuestros enemigos, para luchar contra nosotros y se escapen del país". Les pusieron, pues, capataces a los israelitas para que los oprimieran con trabajos pesados; y así construyeron para el faraón las ciudades de Pitom y Ramsés, como lugares de almacenamiento. Pero mientras más los oprimían, más crecían y se multiplicaban. Los egipcios llegaron a temer a los hijos de Israel y los redujeron a una cruel esclavitud; les hicieron pesada la vida, sometiéndolos a rudos trabajos de albañilería y a toda clase de tareas serviles en el campo. Además, el faraón dio esta orden a su pueblo: "Echen al río a todos los niños que les nazcan a los hebreos; pero si son niñas, déjenlas vivir".

Salmo Responsorial: Salmo 123, 1-3. 4-6. 7-8
R. (8a) Nuestro ayuda es invocar al Señor.

Si el Señor no hubiera estado de nuestra parte cuando los hombres nos asaltaron, nos habría devorado vivos el fuego de su cólera. **R.**

Las aguas nos hubieran sepultado, un torrente nos hubiera llegado al cuello, un torrente de aguas encrespadas. Bendita sea el Señor, porque no permitió que nos despedazaran con sus dientes. **R.**

Nuestra vida se escapó como un pájaro de la trampa de los cazadores. La trampa se rompió y nosotros escapamos. Nuestra ayuda nos viene del Señor, que hizo el cielo y la tierra. **R.**

Aclamación antes del Evangelio: Mateo 5, 10
R. Aleluya, aleluya.

Dichosos los perseguidos por causa de la justicia, porque de ellos es el Reino de los cielos, dice el Señor. **R.**

Evangelio: Mateo 10, 34-11,1

En aquel tiempo, Jesús dijo a sus apóstoles: "No piensen que he venido a traer la paz a la tierra; no he venido a traer la paz, sino la guerra. He venido a enfrentar *al hijo con su padre, a la hija con su madre, a la nuera con su suegra; y los enemigos de cada uno serán los de su propia familia.* El que ama a su padre o a su madre más que a mí, no es digno de mí; el que ama a su hijo o a su hija más que a mí, no es digno de mí; y el que no toma su cruz y me sigue, no es digno de mí. El que salve su vida, la perderá y el que la pierda por mí, la salvará. Quien los recibe a ustedes, me recibe a mí; y quien me recibe a mí, recibe al que me ha enviado. El que recibe a un profeta por ser profeta, recibirá recompensa de profeta; el que recibe a un justo por ser justo, recibirá recompensa de justo. Quien diere, aunque no sea más que un vaso de agua fría a uno de estos pequeños, por ser discípulo mío, yo les aseguro que no perderá su recompensa". Cuando acabó de dar instrucciones a sus doce discípulos, Jesús partió de ahí para enseñar y predicar en otras ciudades.

Martes 15 de julio de 2025
Memoria de San Buenaventura, obispo y doctor de la Iglesia
Primera Lectura: Éxodo 2, 1-15

En aquellos días, un hombre de la tribu de Leví se casó con una mujer de su misma tribu. La mujer concibió y dio a luz un hijo; y viendo que era hermoso, lo tuvo escondido tres meses. Pero como ya no podía ocultarlo por más tiempo, tomó una canastilla de mimbre, la embadurnó con betún y con brea, metió en ella al niño y la dejó entre los juncos, a la orilla del río. Entre tanto, la hermana del niño se quedó a cierta distancia para ver lo que sucedía. Bajó la hija del faraón a bañarse en el río, y mientras sus doncellas se paseaban por la orilla, vio la canastilla entre los juncos y envió a una criada para que se la trajera. La abrió y encontró en ella un niño que lloraba. Se compadeció de él y exclamó: "Es un niño hebreo". Entonces se acercó la hermana del niño y le dijo a la hija del faraón: "¿Quieres que vaya a llamar a una nodriza hebrea para que te críe al niño?" La hija del faraón le dijo que sí. Entonces la joven fue a llamar a la madre del niño. La hija del faraón le dijo a ésta: "Toma a este niño; críamelo y yo te pagaré". Tomó la mujer al niño y lo crio. El niño creció y ella se lo llevó entonces a la hija del faraón, que lo adoptó como hijo y lo llamó Moisés, que significa: "De las aguas lo he sacado". Cuando Moisés creció, fue a visitar a sus hermanos y se dio cuenta de sus penosos trabajos; vio también cómo un egipcio maltrataba a uno de sus hermanos hebreos. Entonces Moisés miró para todas partes, no vio a nadie, mató al egipcio y lo escondió en la arena. Al día siguiente salió y vio que dos hebreos se estaban peleando. Le dijo entonces al culpable: "¿Por qué le pegas a tu compañero?" Pero él le contestó: "¿Quién te ha nombrado jefe y juez de nosotros? ¿Acaso piensas matarme como al egipcio?" Lleno de temor, Moisés pensó: "Sin duda que ya todo el mundo lo sabe". Se enteró el faraón de lo sucedido y buscó a Moisés para matarlo, pero él huyó lejos del faraón y se fue a vivir al país de Madián.

Salmo Responsorial: Salmo 68, 3. 14. 30-31. 33-34

R. (33) Busquen al Señor y vivirán.

Me estoy hundiendo en un lodo profundo y no puedo apoyar los pies; he llegado hasta el fondo de las aguas y me arrastra la corriente. **R.**

A ti, Señor, elevo mi plegaria, ven en mi ayuda pronto; escúchame conforme a tu clemencia, Dios fiel en el socorro. **R.**

Mírame enfermo y afligido; defiéndeme y ayúdame, Dios mío. En mi cantar exaltaré tu nombre, proclamaré tu gloria, agradecido. **R.**

Se alegrarán al verlo los que sufren; Quienes busquen a Dios tendrán más ánimo, porque el Señor jamás desoye al pobre ni olvida al que se encuentra encadenado.

R.

Aclamación antes del Evangelio: Salmo 94, 8

R. Aleluya, aleluya.

Hagámosle caso al Señor, que nos dice: "No endurezcan su corazón". **R.**

Evangelio: Mateo 11, 20-24

En aquel tiempo, Jesús se puso a reprender a las ciudades que habían visto sus numerosos milagros, por no haberse arrepentido. Les decía: "¡Ay de ti, Corozaín! ¡Ay de ti, Betsaida! Porque si en Tiro y en Sidón se hubieran realizado los milagros que se han hecho en ustedes, hace tiempo que hubieran hecho penitencia, cubiertas de sayal y de ceniza. Pero yo les aseguro que el día del juicio será menos riguroso para Tiro y Sidón, que para ustedes. Y tú, Cafarnaúm, ¿crees que serás encumbrada hasta el cielo? No. Serás precipitada en el abismo, porque si en Sodoma se hubieran realizado los milagros que en ti se han hecho, quizá estaría en pie hasta el día de hoy. Pero yo te digo que será menos riguroso el día del juicio para Sodoma que para ti"

Miércoles 16 de julio de 2025

Miércoles de la XV semana del Tiempo ordinario

Primera Lectura: Éxodo 3, 1-6. 9-12

En aquellos días, Moisés pastoreaba el rebaño de su suegro, Jetró, sacerdote de Madián. En cierta ocasión llevó el rebaño más allá del desierto, hasta el Horeb, el monte de Dios, y el Señor se le apareció en una llama que salía de un zarzal. Moisés observó con gran asombro que la zarza ardía sin consumirse y se dijo: "Voy a ver de cerca esa cosa tan extraña, por qué la zarza no se quema". Viendo el Señor que Moisés se había desviado para mirar, lo llamó desde la zarza: "¡Moisés, Moisés!" El respondió: "Aquí estoy". Le dijo Dios: "¡No te acerques! Quítate las sandalias, porque el lugar que pisas es tierra sagrada". Y añadió: "Yo soy el Dios de tus padres, el Dios de Abraham, el Dios de Isaac y el Dios de Jacob". Entonces Moisés se tapó la cara, porque tuvo miedo de mirar a Dios. Pero el Señor le dijo: "El clamor de los hijos de Israel ha llegado hasta mí y he visto cómo los oprimen los egipcios. Ahora, ve a ver al faraón, porque yo te envío para que saques de Egipto a mi pueblo, a los hijos de Israel". Moisés le dijo entonces a Dios: "¿Quién soy yo para presentarme ante el faraón y sacar de Egipto a los hijos de Israel?" El Señor respondió: "Yo estaré contigo y ésta será la señal de que yo te envío: Cuando hayas sacado de Egipto a mi pueblo, ustedes darán culto a Dios en este monte".

Salmo Responsorial: Salmo 102, 1-2. 3-4. 6-7
R. (8a) El Señor es compasivo y misericordioso.
Bendice al Señor, alma mía, que todo mi ser bendiga su santo nombre. Bendice al Señor, alma mía, y no te olvides de sus beneficios. **R.**
El Señor perdona tus pecados y cura tus enfermedades; él rescata tu vida del sepulcro y te colma de amor y de ternura. **R.**
El Señor hace justicia y le da la razón al oprimido. A Moisés le mostró su bondad y sus prodigios al pueblo de Israel. **R.**

Aclamación antes del Evangelio: Mateo 11, 25
R. Aleluya, aleluya.
Te doy gracias, Padre, Señor del cielo y de la tierra, porque has revelado los misterios del Reino a la gente sencilla. **R.**

Evangelio: Mateo 11, 25-27
En aquel tiempo, Jesús exclamó: "¡Te doy gracias, Padre, Señor del cielo y de la tierra, porque has escondido estas cosas a los sabios y entendidos, y las has revelado a la gente sencilla! Gracias, Padre, porque así te ha parecido bien. El Padre ha puesto todas las cosas en mis manos. Nadie conoce al Hijo sino el Padre, y nadie conoce al Padre sino el Hijo y aquel a quien el Hijo se lo quiera revelar".

Jueves 17 de julio de 2025

Jueves de la XV semana del Tiempo ordinario
Primera Lectura: Éxodo 3, 13-20

En aquel tiempo, Moisés [después de oír la voz del Señor en medio de la zarza] le dijo: "Está bien. Me presentaré a los hijos de Israel y les diré: 'El Dios de sus padres me envía a ustedes'; pero cuando me pregunten cuál es su nombre, ¿qué les voy a responder?" Dios le contestó a Moisés: "Mi nombre es Yo-soy"; y añadió: "Esto les dirás a los israelitas: 'Yo-soy me envía a ustedes'. También les dirás: 'El Señor, el Dios de sus padres, el Dios de Abraham, el Dios de Isaac, el Dios de Jacob, me envía a ustedes. Este es mi nombre para siempre. Con este nombre me han de recordar de generación en generación'. Ve a reunir a los ancianos de Israel y diles: El Señor, el Dios de sus padres, el Dios de Abraham, de Isaac y de Jacob, se me apareció y me dijo: 'Yo he venido a ustedes porque he visto cómo los maltratan en Egipto. He decidido sacarlos de la esclavitud de Egipto para llevarlos al país de los cananeos, hititas, amorreos, perezeos, jiveos y yebuseos, a una tierra que mana leche y miel'. Los ancianos de Israel escucharán tu voz y tú irás con ellos a ver al faraón y le dirán: 'El Señor, el Dios de los hebreos, se nos ha aparecido. Permítenos caminar tres días por el desierto, para ofrecer sacrificios al Señor, nuestro Dios'. Ya sé que el faraón no los dejará ir, si no se ve obligado. Por eso yo extenderé mi brazo y azotaré a los egipcios con toda clase de males, y finalmente el faraón los dejará salir".

Salmo Responsorial: Salmo 104, 1 y 5. 8-9. 24-25. 26-27
R. (8a) El Señor nunca olvida sus promesas.

Aclamen al Señor y denle gracias, relaten sus prodigios a los pueblos. Entonen en su honor himnos y cantos, celebren sus portentos. **R.**

Ni aunque transcurran mil generaciones, se olvidará el Señor de sus promesas, de la alianza pactada con Abraham, del juramento a Isaac, que un día le hiciera. **R.**

Dios hizo a su pueblo muy fecundo, más poderoso que sus enemigos. A éstos les endureció el corazón para que odiaran a su pueblo, y le pusieran asechanzas a sus siervos. **R.**

Pero envió a su siervo, Moisés, y a Aarón, su elegido, a que hicieran contra ellos sus señales anunciadas, sus prodigios en la tierra de Egipto. **R.**

Aclamación antes del Evangelio: Mateo 11, 28

R. Aleluya, aleluya.

Vengan a mí, todos los que están fatigados y agobiados por la carga, y yo les daré alivio, dice el Señor. **R.**

Evangelio: Mateo 11, 28-30

En aquel tiempo, Jesús dijo: "Vengan a mí, todos los que están fatigados y agobiados por la carga, y yo les daré aliviaré. Tomen mi yugo sobre ustedes y aprendan de mí, que soy manso y humilde de corazón, y encontrarán descanso, porque mi yugo es suave y mi carga, ligera".

Viernes de la XV semana del Tiempo ordinario
Primera Lectura: Éxodo 11, 10-12. 14

En aquellos días, Moisés y Aarón hicieron muchos prodigios ante el faraón, pero el Señor endureció el corazón del faraón, que no dejó salir de su país a los hijos de Israel. El Señor les dijo a Moisés y a Aarón en tierra de Egipto: "Este mes será para ustedes el primero de todos los meses y el principal del año. Díganle a toda la comunidad de Israel: 'El día diez de este mes tomará cada uno un cordero por familia, uno por casa. Si la familia es demasiado pequeña para comérselo, que se junte con los vecinos y elija un cordero adecuado al número de personas y a la cantidad que cada cual pueda comer. Será un animal sin defecto, macho, de un año, cordero o cabrito. Lo guardarán hasta el día catorce del mes, cuando toda la comunidad de los hijos de Israel, lo inmolará al atardecer. Tomarán la sangre y rociarán las dos jambas y el dintel de la puerta de la casa donde vayan a comer el cordero. Esa noche comerán la carne, asada a fuego; comerán panes sin levadura y hierbas amargas. No comerán el cordero crudo o cocido, sino asado; lo comerán todo, también la cabeza, las patas y las entrañas. No dejarán nada de él para la mañana; lo que sobre lo quemarán. Y comerán así: Con la cintura ceñida, las sandalias en los pies, un bastón en la mano y a toda prisa, porque es la Pascua, es decir, el paso del Señor. Yo pasaré esa noche por la tierra de Egipto y heriré a todos los primogénitos del país de Egipto, desde los hombres hasta los ganados. Castigaré a todos los dioses de Egipto, yo, el Señor. La sangre les servirá de señal en las casas donde habitan ustedes. Cuando yo vea la sangre, pasaré de largo y no habrá entre ustedes plaga ex-terminadora, cuando hiera yo la tierra de Egipto. Ese día será para ustedes un memorial y lo celebrarán como fiesta en honor del Señor. De generación en generación celebrarán esta festividad, como institución perpetua'".

Salmo Responsorial: Salmo 115, 12-13. 15 y 16bc. 17-18
R. (13) Cumpliré mis promesas al Señor.

¿Cómo le pagaré al Señor todo el bien que me ha hecho? Levantaré el cáliz de salvación e invocaré el nombre del Señor. **R.**

A los ojos del Señor es muy penoso que mueran sus amigos. De la muerte, Señor, me has librado, a mí, tu esclavo e hijo de tu esclava. **R.**

Te ofreceré con gratitud un sacrificio e invocaré tu nombre. Cumpliré mis promesas al Señor ante todo su pueblo. **R.**

Aclamación antes del Evangelio: Juan 10, 27
R. Aleluya, aleluya.

Mis ovejas escuchan mi voz, dice el Señor; yo las conozco y ellas me siguen. **R.**

Evangelio: Mateo 12, 1-8

Un sábado, atravesaba Jesús por los sembrados. Los discípulos, que iban con él, tenían hambre y se pusieron a arrancar espigas y a comerse los granos. Cuando los fariseos los vieron, le dijeron a Jesús: "Tus discípulos están haciendo algo que no está permitido hacer en sábado". El les contestó: "¿No han leído ustedes lo que hizo David una vez que sintieron hambre él y sus compañeros? ¿No recuerdan cómo entraron en la casa de Dios y comieron los panes consagrados, de los cuales ni él ni sus compañeros podían comer, sino tan sólo los sacerdotes? ¿Tampoco han leído en la ley que los sacerdotes violan el sábado porque ofician en el templo y no por eso cometen pecado? Pues yo digo que aquí hay alguien más grande que el templo. Si ustedes comprendieran el sentido de las palabras: *Misericordia quiero y no sacrificios*, no condenarían a quienes no tienen ninguna culpa. Por lo demás, el Hijo del hombre también es dueño del sábado".

Sábado de la XV semana del Tiempo ordinario

Primera Lectura: Éxodo 12, 37-42

En aquellos días, los hijos de Israel partieron de Ramsés hacia Sukot; eran unos seiscientos mil hombres, sin contar a los niños. Salió también con ellos una enorme y abigarrada muchedumbre con grandes rebaños de ovejas, vacas y otros animales. De la masa que habían sacado de Egipto cocieron piezas de pan ázimo, no fermentado; pues los egipcios, al arrojarlos del país, no les dieron tiempo de dejar fermentar la masa, ni de tomar provisiones para el camino. Los hijos de Israel estuvieron en Egipto cuatrocientos treinta años. El mismo día que se cumplían los cuatrocientos treinta años, salieron de la tierra de Egipto todos los ejércitos del Señor. Esa noche veló el Señor, para sacarlos de Egipto. Por eso, esta noche será noche de vela en honor del Señor para todos los hijos de Israel, de generación en generación.

Salmo Responsorial: Del Salmo 135

R. Demos gracias al Señor, porque él es bueno.

Demos gracias al Señor, porque él es bueno; él se acordó de nosotros en nuestra humillación y nos libró de nuestros enemigos. **R.**

Demos gracias al que hirió a los primogénitos egipcios y sacó a Israel de aquel país: con mano poderosa, con brazo extendido. **R.**

Demos gracias al que en dos partió el mar Rojo, condujo a Israel entre las aguas y arrojó en el mar Rojo al faraón y a su ejército. **R.**

Aclamación antes del Evangelio: 2 Corintios 5, 9

R. Aleluya, aleluya.

Dios ha reconciliado consigo al mundo, por medio de Cristo, y nos ha encomendado a nosotros el mensaje de la reconciliación. **R.**

Evangelio: Mateo 12, 14-21

En aquel tiempo, los fariseos se confabularon contra Jesús para acabar con él. Al saberlo, Jesús se retiró de ahí. Muchos lo siguieron y él curó a todos los enfermos y les mandó enérgicamente que no lo publicaran, para que se cumplieran las palabras del profeta Isaías: *Miren a mi siervo, a quien sostengo; a mi elegido, en quien tengo mis complacencias. En él he puesto mi Espíritu, para que haga brillar la justicia sobre las naciones. No gritará ni clamará, no hará oír su voz en las plazas, no romperá la caña resquebrajada, ni apagará la mecha que aún humea, hasta que haga triunfar la justicia sobre la tierra; y en él pondrán todas las naciones su esperanza.*

Domingo 20 de julio de 2025
XVI Domingo Ordinario

Primera Lectura: Génesis 18, 1-10a

Un día, el Señor se le apareció a Abraham en el encinar de Mambré. Abraham estaba sentado en la entrada de su tienda, a la hora del calor más fuerte. Levantando la vista, vio de pronto a tres hombres que estaban de pie ante él. Al verlos, se dirigió a ellos rápidamente desde la puerta de la tienda, y postrado en tierra, dijo: "Señor mío, si he hallado gracia a tus ojos, te ruego que no pases junto a mí sin detenerte. Haré que traigan un poco de agua para que se laven los pies y descansen a la sombra de estos árboles; traeré pan para que recobren las fuerzas y después continuarán su camino, pues sin duda para eso han pasado junto a su siervo". Ellos le contestaron: "Está bien. Haz lo que dices". Abraham entró rápidamente en la tienda donde estaba Sara y le dijo: "Date prisa, toma tres medidas de harina, amásalas y cuece unos panes". Luego Abraham fue corriendo al establo, escogió un ternero y se lo dio a un criado para que lo matara y lo preparara. Cuando el ternero estuvo asado, tomó requesón y leche y lo sirvió todo a los forasteros. Él permaneció de pie junto a ellos, bajo el árbol, mientras comían. Ellos le preguntaron: "¿Donde está Sara, tu mujer?" Él respondió: "Allá, en la tienda". Uno de ellos le dijo: "Dentro de un año volveré sin falta a visitarte por estas fechas; para entonces, Sara, tu mujer, habrá tenido un hijo".

Salmo Responsorial: Salmo 14, 2-3ab. 3cd-4ab. 5

R. (1a) ¿Quién será grato a tus ojos, Señor?

El hombre que procede honradamente y obra con justicia; el que es sincero en sus palabras y con su lengua a nadie desprestigia. **R.**

Quien no hace mal al prójimo ni difama al vecino; quien no ve con aprecio a los malvados pero honra a quienes temen al Altisimo. **R.**

Quien presta sin usura y quien no acepta soborno en perjuicio de inocentes. Quienes vivan así serán gratos a Dios eternamente. **R.**

Segunda Lectura: Colosenses 1, 24-28

Hermanos: Ahora me alegro de sufrir por ustedes, porque así completo lo que falta a la pasión de Cristo en mí, por el bien de su cuerpo, que es la Iglesia. Por disposición de Dios, yo he sido constituido ministro de esta Iglesia para predicarles por entero su mensaje, o sea el designio secreto que Dios ha mantenido oculto desde siglos y generaciones y que ahora ha revelado a su pueblo santo. Dios ha querido dar a conocer a los suyos la gloria y riqueza que este designio encierra para los paganos, es decir, que Cristo vive en ustedes y es la esperanza de la gloria. Ese mismo Cristo es el que nosotros predicamos cuando corregimos a los hombres y los instruimos con todos los recursos de la sabiduría, a fin de que todos sean cristianos perfectos.

Aclamación antes del Evangelio: Lucas 8, 15
R. Aleluya, aleluya.

Dichosos los que cumplen la palabra del Señor con un corazón bueno y sincero, y perseveran hasta dar fruto. **R.**

Evangelio: Lucas 10, 38-42

En aquel tiempo, entró Jesús en un poblado, y una mujer, llamada Marta, lo recibió en su casa. Ella tenía una hermana, llamada María, la cual se sentó a los pies de Jesús y se puso a escuchar su palabra. Marta, entre tanto, se afanaba en diversos quehaceres, hasta que, acercándose a Jesús, le dijo: "Señor, ¿no te has dado cuenta de que mi hermana me ha dejado sola con todo el quehacer? Dile que me ayude". El Señor le respondió: "Marta, Marta, muchas cosas te preocupan y te inquietan, siendo así que una sola es necesaria. María escogió la mejor parte y nadie se la quitará".

Lunes de la XVI semana del Tiempo ordinario
Primera Lectura: Éxodo 14, 5-18

En aquellos días, cuando le avisaron al faraón que los israelitas habían escapado, el faraón y sus servidores cambiaron de parecer con respecto al pueblo de Israel y exclamaron: "¿Qué hemos hecho? Hemos dejado escapar a nuestros esclavos israelitas". Entonces el faraón mandó enganchar su carro y llevó consigo sus tropas: seiscientos carros escogidos y todos los carros de Egipto, cada uno con sus respectivos guerreros. El Señor endureció el corazón del faraón, rey de Egipto, para que persiguiera a los hijos de Israel, mientras éstos se alejaban jubilosos. Los egipcios los persiguieron con todo un ejército de caballos, carros y guerreros, y les dieron alcance, mientras acampaban junto al mar, cerca de Pi-ha-Jirot, frente a Baal-Sefón. Al acercarse el faraón, los hijos de Israel alzaron sus ojos, y viendo que los egipcios los perseguían, tuvieron miedo, clamaron al Señor y le dijeron a Moisés: "¿Acaso no había sepulturas en Egipto, para que nos trajeras a morir en el desierto? ¿Para qué nos sacaste de Egipto? ¿No te dijimos claramente allá: 'Déjanos en paz; queremos servir a los egipcios'? Pues más vale servir a los egipcios que morir en el desierto". Moisés le contestó al pueblo: "No teman; permanezcan firmes y verán la victoria que el Señor les va a conceder hoy. Los egipcios que ven ahora, no los volverán a ver nunca. El Señor peleará por ustedes, y ustedes no tendrán que preocuparse por nada". Entonces el Señor le dijo a Moisés: "¿Por qué sigues clamando a mí? Diles a los israelitas que se pongan en marcha. Y tú, alza tu bastón, extiende tu mano sobre el mar y divídelo, para que los israelitas entren en el mar sin mojarse. Yo voy a endurecer el corazón de los egipcios para que los persigan, y me cubriré de gloria a expensas del faraón y de todo su ejército, de sus carros y jinetes. Cuando me haya cubierto de gloria a expensas del faraón, de sus carros y jinetes, los egipcios sabrán que yo soy el Señor".

Salmo Responsorial: Éxodo 15, 1-2. 3-4. 5-6

R. (1b) Cantemos al Señor, sublime es su victoria.

Cantemos al Señor, sublime es su victoria: caballos y jinetes arrojó en el mar. Mi fortaleza y mi canto es el Señor, él es mi salvación; él es mi Dios, y yo lo alabaré, es el Dios de mis padres, y yo lo cantaré. **R.**

El Señor es un guerreo, su nombre es el Señor. Precipitó en el mar los carros del faraón y a sus guerreros; ahogó en el mar Rojo a sus mejores capitanes. **R.**

Las olas los cubrieron, cayeron hasta el fondo, como piedras. Señor, tu diestra brilla por su fuerza, tu diestra, Señor, tritura al enemigo. **R.**

Aclamación antes del Evangelio: Salmo 94, 8

R. Aleluya, aleluya.

Hagámosle caso al Señor, que nos dice: "No endurezcan su corazón". **R.**

Evangelio: Mateo 12, 38-42

En aquel tiempo, le dijeron a Jesús algunos escribas y fariseos: "Maestro, queremos verte hacer una señal prodigiosa". El les respondió: "Esta gente malvada e infiel está reclamando una señal, pero la única señal que se le dará, será la del profeta Jonás. Pues de la misma manera que Jonás estuvo tres días y tres noches en el vientre de la ballena, así también el Hijo del hombre estará tres días y tres noches en el seno de la tierra. Los habitantes de Nínive se levantarán el día del juicio contra esta gente y la condenarán, porque ellos se convirtieron con la predicación de Jonás, y aquí hay alguien más grande que Jonás. La reina del sur se levantará el día del juicio contra esta gente y la condenará, porque ella vino de los últimos rincones de la tierra a oír la sabiduría de Salomón, y aquí hay alguien más grande que Salomón".

Martes 22 de julio de 2025
Fiesta de Santa María Magdalena
Primera Lectura: Cantares 3, 1-4

Esto dice la esposa: "En mi lecho, por las noches, a mi amado yo buscaba. Lo busqué, pero fue en vano. Me levantaré. Por las plazas y barrios de la ciudad buscaré al amor de mi alma. Lo busqué, pero fue en vano. Y me encontraron los guardias de la ciudad, y les dije: '¿Qué no vieron a aquel que ama mi alma?' Y apenas se fueron, encontré al amor de mi alma".

O bien:
2 Corintios 5, 14-17
Hermanos: El amor de Cristo nos apremia, al pensar que si uno murió por todos, todos murieron. Cristo murió por todos para que los que viven ya no vivan para sí mismos, sino para aquel que murió y resucitó por ellos. Por eso nosotros ya no juzgamos a nadie con criterios humanos. Si alguna vez hemos juzgado a Cristo con tales criterios, ahora ya no lo hacemos. El que vive según Cristo es una creatura nueva; para él todo lo viejo ha pasado. Ya todo es nuevo.

Salmo Responsorial: Salmo 62, 2. 3-4. 5-6. 8-9
R. (2b) Señor, mi alma tiene sed de ti.
Señor, tú eres mi Dios, a ti te busco; de ti sedienta está mi alma. Señor, todo mi ser te añora, como el suelo reseco añora el agua. **R.**

Para admirar tu gloria y tu poder, anhelo contemplarte en el santuario. Pues mejor es tu amor que la existencia; siempre, Señor, te alabarán mis labios. **R.**

Podré así bendecirte mientras viva y levantar en oración mis manos. De lo mejor se saciará mi alma; te alabaré con júbilo en los labios. **R.**

Fuiste mi auxilio y a tu sombra, canté lleno de gozo. A ti se adhiere mi alma y tu diestra me da seguro apoyo. **R.**

Aclamación antes del Evangelio
R. Aleluya, aleluya.
¿Qué has visto de camino, María, en la mañana? A mi Señor glorioso, la tumba abandonada. **R.**

Evangelio: Juan 20, 1-2. 11-18
El primer día después del sábado, estando todavía oscuro, fue María Magdalena al sepulcro y vio removida la piedra que lo cerraba. Echó a correr, llegó a la casa

donde estaban Simón Pedro y el otro discípulo, a quien Jesús amaba, y les dijo: "Se han llevado del sepulcro al Señor y no sabemos dónde lo habrán puesto". María se había quedado llorando junto al sepulcro de Jesús. Sin dejar de llorar, se asomó al sepulcro y vio dos ángeles vestidos de blanco, sentados en el lugar donde había estado el cuerpo de Jesús, uno en la cabecera y el otro junto a los pies. Los ángeles le preguntaron: "¿Por qué estás llorando, mujer?" Ella les contestó: "Porque se han llevado a mi Señor y no sé dónde lo habrán puesto". Dicho esto, miró hacia atrás y vio a Jesús de pie, pero no sabía que era Jesús. Entonces él le dijo: "Mujer, ¿por qué estás llorando? ¿A quién buscas?" Ella, creyendo que era el jardinero, le respondió: "Señor, si tú te lo llevaste, dime dónde lo has puesto". Jesús le dijo: "¡María!" Ella se volvió y exclamó: "¡Rabbuní!", que en hebreo significa 'maestro'. Jesús le dijo: "Déjame ya, porque todavía no he subido al Padre. Ve a decir a mis hermanos: 'Subo a mi Padre y su Padre, a mi Dios y su Dios' ". María Magdalena se fue a ver a los discípulos para decirles que había visto al Señor y para darles su mensaje.

Miércoles 23 de julio de 2025
Miércoles de la XVI semana del Tiempo ordinario
Primera Lectura: Éxodo 16, 1-5. 9-15

El día quince del segundo mes, después de salir de Egipto, toda la comunidad de Israel partió de Elim y llegó al desierto de Sin, entre Elim y el Sinaí. Toda la comunidad de los hijos de Israel murmuró contra Moisés y Aarón en el desierto, diciendo: "Ojalá hubiéramos muerto a manos del Señor en Egipto, cuando nos sentábamos junto a las ollas de carne y comíamos pan hasta saciarnos. Ustedes nos han traído a este desierto para matar de hambre a toda esta multitud". Entonces dijo el Señor a Moisés: "Voy a hacer que llueva pan del cielo. Que el pueblo salga a recoger cada día lo que necesita, pues quiero probar si guarda mi ley o no. El día sexto recogerán el doble de lo que suelen recoger cada día y guardarán una parte para el día siguiente". Moisés le dijo a Aarón: "Di a la comunidad de los israelitas: 'Vengan ante la presencia del Señor, porque él ha escuchado las quejas de ustedes' ". Mientras Aarón hablaba a toda la asamblea, ellos se volvieron hacia el desierto y vieron la gloria del Señor, que aparecía en una nube. El Señor le dijo a Moisés: "He oído las murmuraciones de los hijos de Israel. Diles de parte mía: 'Por la tarde comerán carne y por la mañana se hartarán de pan, para que sepan que yo soy el Señor, su Dios'". Aquella misma tarde, una bandada de codornices cubrió el campamento. A la mañana siguiente había en torno a él una capa de rocío que, al evaporarse, dejó el suelo cubierto con una especie de polvo blanco, semejante a la escarcha. Al ver eso, los israelitas se dijeron unos a otros: "¿Qué es esto?", pues no sabían lo que era. Moisés les dijo: "Este es el pan que el Señor les da por alimento".

Salmo Responsorial: Salmo 77, 18-19. 23-24. 25-26. 27-28
R. (24b) El Señor les dio pan del cielo.

Quisieron poner a prueba a Dios pidiéndole comida a su capricho y murmuraban contra él diciendo: ¿Podrá Dios prepararnos un banquete en el desierto"? **R.**
Entonces el Señor mandó a las nubes que abrieran las compuertas de los cielos; hizo llover maná sobre su pueblo, trigo celeste envió como alimento. Así el hombre comió pan de ángeles. Dios le dio de comer en abundancia. **R.**
Hizo soplar desde el cielo el viento Este y dirigió con su fuerza el viento Sur. Hizo llover carne como una polvareda y que llovieran aves como arena del mar. Dios las hizo caer en medio del campamento, en torno a sus tiendas de campaña. **R.**

Aclamación antes del Evangelio
R. Aleluya, aleluya.

La semilla es la palabra de Dios y el sembrador es Cristo; todo aquel que lo encuentra vivirá para siempre. **R.**

Evangelio: Mateo 13, 1-9

Un día salió Jesús de la casa donde se hospedaba y se sentó a la orilla del mar. Se reunió en torno suyo tanta gente, que él se vio obligado a subir a una barca, donde se sentó, mientras la gente permanecía en la orilla. Entonces Jesús les habló de muchas cosas en parábolas y les dijo: "Una vez salió un sembrador a sembrar, y al ir arrojando la semilla, unos granos cayeron a lo largo del camino; vinieron los pájaros y se los comieron. Otros granos cayeron en terreno pedregoso, que tenía poca tierra; ahí germinaron pronto, porque la tierra no era gruesa; pero cuando subió el sol, los brotes se marchitaron, y como no tenían raíces, se secaron. Otros cayeron entre espinos, y cuando los espinos crecieron, sofocaron las plantitas. Otros granos cayeron en tierra buena y dieron fruto: unos, ciento por uno; otros, sesenta; y otros, treinta. El que tenga oídos, que oiga".

Jueves 24 de julio de 2025

Jueves de la XVI semana del Tiempo ordinario
Primera Lectura: Éxodo 19, 1-2. 9-11. 16-20

Aquel día, a los tres meses de haber salido de Egipto, los israelitas, que habían partido de Refidim, llegaron al desierto de Sinaí y acamparon frente al monte. Entonces el Señor le dijo a Moisés: "Voy a acercarme a ti en una nube espesa, para que el pueblo pueda escuchar lo que te digo y tenga siempre fe en ti". Moisés comunicó al Señor lo que el pueblo le había dicho. Y el Señor le dijo: "Vuelve a donde está el pueblo y ordénales que se purifiquen hoy y mañana; que laven su ropa y estén preparados para pasado mañana, pues el Señor bajará al monte Sinaí a la vista del pueblo". Al rayar el alba del tercer día, hubo truenos y relámpagos; una densa nube cubrió el monte y se escuchó un fragoroso resonar de trompetas. Esto hizo temblar al pueblo, que estaba en el campamento. Moisés hizo salir al pueblo para ir al encuentro de Dios; pero la gente se detuvo al pie del monte. Todo el monte Sinaí humeaba, porque el Señor había descendido sobre él en medio del fuego. Salía humo como de un horno y todo el monte retemblaba con violencia. El sonido de las trompetas se hacía cada vez más fuerte. Moisés hablaba y Dios le respondía con truenos. El Señor bajó a la cumbre del monte y le dijo a Moisés que subiera.

Salmo Responsorial: Daniel 3, 52. 53. 54. 55. 56
R. (52b) Bendito seas, Señor, santo y glorioso.

Bendito seas, Señor, Dios de nuestros padres. Bendito sea tu nombre santo y glorioso. **R.**

Bendito seas en el templo santo muy glorioso. Bendito seas en el trono de tu reino. **R.**

Bendito eres tú, Señor, que penetras con tu mirada los abismos y te sientas en un trono rodeado de querubines. Bendito seas, Señor, en la bóveda del cielo **R.**

Aclamación antes del Evangelio: Mateo 11, 25
R. Aleluya, aleluya.

Te doy gracias, Padre, Señor del cielo y de la tierra, porque has revelado los misterios del Reino a la gente sencilla. **R.**

Evangelio: Mateo 13, 10-17

En aquel tiempo, se acercaron a Jesús sus discípulos y le preguntaron: "¿Por qué les hablas en parábolas?" El les respondió: "A ustedes se les ha concedido conocer los misterios del Reino de los cielos; pero a ellos no. Al que tiene se le dará más y nadará en la abundancia; pero al que tiene poco, aun eso poco se le quitará. Por eso les hablo en parábolas, porque viendo no ven y oyendo no oyen ni entienden. En ellos se cumple aquella profecía de Isaías que dice: *Ustedes oirán una y otra vez y no entenderán; mirarán y volverán a mirar, pero no verán; porque este pueblo ha endurecido su corazón, ha cerrado sus ojos y tapado sus oídos, con el fin de no ver con los ojos ni oír con los oídos, ni comprender con el corazón. Porque no quieren convertirse ni que yo los salve.* Pero, dichosos ustedes, porque sus ojos ven y sus oídos oyen. Yo les aseguro que muchos profetas y muchos justos desearon ver lo que ustedes ven y no lo vieron y oír lo que ustedes oyen y no lo oyeron".

Viernes 25 de julio de 2025
Fiesta de Santiago, Apóstol
Primera Lectura: 2 Corintios 4, 7-15

Hermanos: Llevamos un tesoro en vasijas de barro, para que se vea que esta fuerza tan extraordinaria proviene de Dios y no de nosotros mismos. Por eso sufrimos toda clase de pruebas, pero no nos angustiamos. Nos abruman las preocupaciones, pero no nos desesperamos. Nos vemos perseguidos, pero no desamparados; derribados, pero no vencidos. Llevamos siempre y por todas partes la muerte de Jesús en nuestro cuerpo, para que en este mismo cuerpo se manifieste también la vida de Jesús. Nuestra vida es un continuo estar expuestos a la muerte por causa de Jesús, para que también la vida de Jesús se manifieste en nuestra carne mortal. De modo que la muerte actúa en nosotros, y en ustedes, la vida. Y como poseemos el mismo espíritu de fe que se expresa en aquel texto de la Escritura: *Creo, por eso hablo,* también nosotros creemos y por eso hablamos, sabiendo que aquel que resucitó a Jesús nos resucitará también a nosotros con Jesús y nos colocará a su lado con ustedes. Y todo esto es para bien de ustedes, de manera que, al extenderse la gracia a más y más personas, se multiplique la acción de gracias para gloria de Dios.

Salmo Responsorial: Salmo 125, 1-2ab. 2cd-3. 4-5. 6
R. (5) Entre gritos de júbilo cosecharán aquellos que siembran con dolor.

Cuando el Señor nos hizo volver del cautiverio, creíamos soñar; entonces no cesaba de reír nuestra boca, ni se cansaba entonces la lengua de cantar. **R.**
Au los mismos paganos con asombro decían: "¡Grandes cosas ha hecho por ellos el Señor!" Y estábamos alegres, pues ha hecho grandes cosas por su pueblo el Señor. **R.**
Como cambian los ríos la suerte del desierto, cambia también ahora nuestra suerte, Señor, y entre gritos de júbilo cosecharán aquellos que siembran con dolor. **R.**
Al ir, iban llorando, cargando la semilla; al regresar, cantando vendrán con sus gavillas. **R.**

Aclamación antes del Evangelio: Juan 15, 16
R. Aleluya, aleluya.
Yo los he elegido del mundo, dice el Señor, para que vayan y den fruto y su fruto permanezca. **R.**

Evangelio: Mateo 20, 20-28

En aquel tiempo, se acercó a Jesús la madre de los hijos de Zebedeo, junto con ellos, y se postró para hacerle una petición. Él le preguntó: "¿Qué deseas?" Ella respondió: "Concédeme que estos dos hijos míos se sienten, uno a tu derecha y el otro a tu izquierda, en tu Reino". Pero Jesús replicó: "No saben ustedes lo que piden. ¿Podrán beber el cáliz que yo he de beber?" Ellos contestaron: "Sí podemos". Y él les dijo: "Beberán mi cáliz; pero eso de sentarse a mi derecha o a mi izquierda no me toca a mí concederlo; es para quien mi Padre lo tiene reservado". Al oír aquello, los otros diez discípulos se indignaron contra los dos hermanos. Pero Jesús los llamó y les dijo: "Ya saben que los jefes de los pueblos los tiranizan y que los grandes los oprimen. Que no sea así entre ustedes. El que quiera ser grande entre ustedes, que sea el que los sirva, y el que quiera ser primero, que sea su esclavo; así como el Hijo del hombre no ha venido a ser servido, sino a servir y a dar la vida por la redención de todos".

Sábado 26 de julio de 2025

Memoria de San Joaquín y Santa Ana, padres de la Santísima Virgen María

Primera Lectura: Éxodo 24, 3-8

En aquellos días, Moisés bajó del monte Sinaí y refirió al pueblo todo lo que el Señor le había dicho y los mandamientos que le había dado. Y el pueblo contestó a una voz: "Haremos todo lo que dice el Señor". Moisés puso por escrito todas las palabras del Señor. Se levantó temprano, construyó un altar al pie del monte y puso al lado del altar doce piedras conmemorativas, en representación de las doce tribus de Israel. Después mandó a algunos jóvenes israelitas a ofrecer holocaustos e inmolar novillos, como sacrificios pacíficos en honor del Señor; tomó la mitad de la sangre, la puso en vasijas y derramó sobre el altar la otra mitad. Entonces tomó el libro de la alianza y lo leyó al pueblo, y el pueblo respondió: "Obedeceremos; haremos todo lo que manda el Señor". Luego Moisés roció al pueblo con la sangre, diciendo: "Esta es la sangre de la alianza que el Señor ha hecho con ustedes, conforme a las palabras que han oído".

Salmo Responsorial: Salmo 49,1-2. 5-6. 14-15

R. (14a) Ofrécele al Señor tu gratitud.

Habla el Dios de los dioses, el Señor, y convoca a cuantos viven en la tierra. En Jerusalén, dechado de hermosura, el Señor se ha manifestado. **R.**

Congreguen ante mí a los que sellaron Sobre el altar mi alianza. Es Dios quien va a juzgar y el cielo mismo lo declara. **R.**

Mejor ofrece a Dios tu gratitud y cumple tus promesas al Altísimo pues yo te libraré cuando me invoques y tú me darás gloria, agradecido. **R.**

Aclamación antes del Evangelio: Santiago 1, 21

R. Aleluya, aleluya.

Acepten dócilmente la palabra que ha sido sembrada en ustedes y es capaz de salvarlos. **R.**

Evangelio: Mateo 13, 24-30

En aquel tiempo, Jesús propuso esta otra parábola a la muchedumbre: "El Reino de los cielos se parece a un hombre que sembró buena semilla en su campo; pero mientras los trabajadores dormían, llegó un enemigo del dueño, sembró cizaña entre el trigo y se marchó. Cuando crecieron las plantas y se empezaba a formar la espiga, apareció también la cizaña. Entonces los trabajadores fueron a decirle al amo: 'Señor, ¿qué no sembraste buena semilla en tu campo? ¿De dónde, pues, salió esta cizaña?' El amo les respondió: 'De seguro lo hizo un enemigo mío'. Ellos le dijeron: '¿Quieres que vayamos a arrancarla?' Pero él les contestó: 'No. No sea que al arrancar la cizaña, arranquen también el trigo. Dejen que crezcan juntos hasta el tiempo de la cosecha y, cuando llegue la cosecha, diré a los segadores: Arranquen primero la cizaña y átenla en gavillas para quemarla; y luego almacenen el trigo en mi granero' ".

Domingo 27 de julio de 2025
XVII Domingo Ordinario

Primera Lectura: Génesis 18, 20-32

En aquellos días, el Señor dijo a Abraham: "El clamor contra Sodoma y Gomorra es grande y su pecado es demasiado grave. Bajaré, pues, a ver si sus hechos corresponden a ese clamor; y si no, lo sabré". Los hombres que estaban con Abraham se despidieron de él y se encaminaron hacia Sodoma. Abraham se quedó ante el Señor y le preguntó: "¿Será posible que tú destruyas al inocente junto con el culpable? Supongamos que hay cincuenta justos en la ciudad, ¿acabarás con todos ellos y no perdonarás al lugar en atención a esos cincuenta justos? Lejos de ti tal cosa: matar al inocente junto con el culpable, de manera que la suerte del justo sea como la del malvado; eso no puede ser. El juez de todo el mundo ¿no hará justicia?" El Señor le contestó: "Si encuentro en Sodoma cincuenta justos, perdonaré a toda la ciudad en atención a ellos". Abraham insistió: "Me he atrevido a hablar a mi Señor, yo que soy polvo y ceniza. Supongamos que faltan cinco para los cincuenta justos, ¿por esos cinco que faltan, destruirás toda la ciudad?" Y le respondió el Señor: "No la destruiré, si encuentro allí cuarenta y cinco justos". Abraham volvió a insistir: "Quizá no se encuentren allí más que cuarenta". El Señor le respondió: "En atención a los cuarenta, no lo haré". Abraham siguió insistiendo: "Que no se enoje mi Señor, si sigo hablando, ¿y si hubiera treinta?" El Señor le dijo: "No lo haré, si hay treinta". Abraham insistió otra vez: "Ya que me he atrevido a hablar a mi Señor, ¿y si se encuentran sólo veinte?" El Señor respondió: "En atención a los veinte, no la destruiré". Abraham continuó: "No se enoje mi Señor, hablaré sólo una vez más, ¿y si se encuentran sólo diez?" Contestó el Señor: "Por esos diez, no destruiré la ciudad".

Salmo Responsorial: Salmo 137, 1-2a. 2bc-3. 6-7ab. 7c-8
R. (3a) Te damos gracias de todo corazón.

De todo corazón te damos gracias, Señor, porque escuchaste nuestros ruegos. Te cantaremos delante de tus ángeles, te adoraremos en tu templo. **R.**

Señor, te damos gracias por tu lealtad y por tu amor: Siempre que te invocamos, nos oíste y nos llenaste de valor. **R.**

Ese complace el Señor en los humildes y rechaza al engreído. En las penas, Señor, me infundes ánimo, me salvas del furor del enemigo. **R.**

Tu mano, Señor, nos pondrá a salvo y así concluirás en nosotros tu obra. Señor, tu amor perdura eternamente; obra tuya soy, no me abandones. **R.**

Segunda Lectura: Colosenses 2, 12-14

Hermanos: Por el bautismo fueron ustedes sepultados con Cristo y también resucitaron con él, mediante la fe en el poder de Dios, que lo resucitó de entre los muertos. Ustedes estaban muertos por sus pecados y no pertenecían al pueblo de la alianza. Pero él les dio una vida nueva con Cristo, perdonándoles todos los pecados. Él anuló el documento que nos era contrario, cuyas cláusulas nos condenaban, y lo eliminó clavándolo en la cruz de Cristo.

Aclamación antes del Evangelio: Romanos 8, 15bc
R. Aleluya, aleluya.

Hemos recibido un espíritu de hijos, que nos hace exclamar: "¡Padre!" **R.**

Evangelio: Lucas 11, 1-13

Un día, Jesús estaba orando y cuando terminó, uno de sus discípulos le dijo: "Señor, enséñanos a orar, como Juan enseñó a sus discípulos". Entonces Jesús les dijo: "Cuando oren, digan: 'Padre, santificado sea tu nombre, venga tu Reino, danos hoy nuestro pan de cada día y perdona nuestras ofensas, puesto que también nosotros perdonamos a todo aquel que nos ofende, y no nos dejes caer en tentación' ". También les dijo: "Supongan que alguno de ustedes tiene un amigo que viene a medianoche a decirle: 'Préstame, por favor, tres panes, pues un amigo mío ha venido de viaje y no tengo nada que ofrecerle'. Pero él le responde desde dentro: 'No me molestes. No puedo levantarme a dártelos, porque la puerta ya está cerrada y mis hijos y yo estamos acostados'. Si el otro sigue tocando, yo les aseguro que, aunque no se levante a dárselos por ser su amigo, sin embargo, por su molesta insistencia, sí se levantará y le dará cuanto necesite. Así también les digo a ustedes: Pidan y se les dará, busquen y encontrarán, toquen y se les abrirá. Porque quien pide, recibe; quien busca, encuentra, y al que toca, se le abre. ¿Habrá entre ustedes algún padre que, cuando su hijo le pida pan, le dé una piedra? ¿O cuando le pida pescado, le dé una víbora? ¿O cuando le pida huevo, le dé un alacrán? Pues, si ustedes, que son malos, saben dar cosas buenas a sus hijos, ¿cuánto más el Padre celestial dará el Espíritu Santo a quienes se lo pidan?'

Lunes 28 de julio de 2025

Lunes de la XVII semana del Tiempo ordinario
Primera Lectura: Éxodo 32,15-24. 30-34

En aquellos días, Moisés bajó del monte y regresó trayendo en sus manos las dos tablas de la alianza, que estaban escritas por ambos lados. Las tablas eran obra de Dios y la escritura grabada sobre ellas era también obra de Dios. Cuando Josué oyó los gritos del pueblo, le dijo a Moisés: "Se oyen gritos de guerra en el campamento". Moisés le respondió: "No son gritos de victoria ni alaridos de derrota. Lo que oigo son cantos". Cuando Moisés se acercó al campamento y vio el becerro y las danzas, se enfureció, arrojó las tablas y las hizo añicos al pie del monte. Luego tomó el becerro que habían hecho, lo echó al fuego y lo molió hasta reducirlo a polvo, que esparció en el agua y se la hizo beber a los israelitas. Después le dijo Moisés a Aarón: "¿Qué te ha hecho este pueblo para que lo hayas arrastrado a cometer un pecado tan grave?" Aarón le respondió: "No te enfurezcas, señor mío, pues tú ya sabes lo perverso que es este pueblo. Me dijeron: 'Haznos un dios que nos guíe, pues no sabemos lo que le ha pasado a Moisés, ese hombre que nos sacó de Egipto'. Yo les contesté: 'Los que tengan oro, que se desprendan de él'. Ellos se quitaron el oro y me lo dieron; yo lo eché al fuego y salió ese becerro". Al día siguiente, Moisés le dijo al pueblo: "Han cometido ustedes un pecado gravísimo. Voy a subir ahora a donde está el Señor, para ver si puedo obtener el perdón de ese pecado". Así pues, fue Moisés a donde estaba el Señor y le dijo: "Ciertamente este pueblo ha cometido un pecado gravísimo al hacerse un dios de oro. Pero ahora, Señor, te ruego que les perdones su pecado o que me borres a mí de tu libro que has escrito". El Señor le respondió: "Al que haya pecado contra mí, lo borraré de mi libro. Ahora ve y conduce al pueblo al lugar que te he dicho y mi ángel irá delante de ti. Pero cuando llegue el día de mi venganza, les pediré cuentas de su pecado".

Salmo Responsorial: Salmo 105, 19-20. 21-22. 23

R. (1a) Perdona, Señor, las culpas de tu pueblo.

En el Horeb se hicieron un becerro, un ídolo de oro, y lo adoraron. Cambiaron al Dios, que era su gloria, por la imagen de un buey que come pasto. **R.**

Se olvidaron del Dios que los salvó, que hizo portentos s en Egipto, en la tierra de Cam, mil maravillas y en las aguas del mar Rojo, sus prodigios. **R.**

Por eso hablaba Dios de aniquilarlos; pero Moisés, que era su elegido, se interpuso, a fin de que, en su cólera, no fuera el Señor a destruirlos. **R.**

Aclamación antes del Evangelio: Santiago 1, 18
R. Aleluya, aleluya.

Por su propia voluntad el Padre nos engendró por medio del Evangelio, para que fuéramos, en cierto modo, primicias de sus creaturas. **R.**

Evangelio: Mateo 13, 31-35

En aquel tiempo, Jesús propuso esta otra parábola a la muchedumbre: "El Reino de los cielos es semejante a la semilla de mostaza que un hombre siembra en su huerto. Ciertamente es la más pequeña de todas las semillas, pero cuando crece, llega a ser más grande que las hortalizas y se convierte en un arbusto, de manera que los pájaros vienen y hacen su nido en las ramas". Les dijo también otra parábola: "El Reino de los cielos se parece a un poco de levadura que tomó una mujer y la mezcló con tres medidas de harina, y toda la masa acabó por fermentar". Jesús decía a la muchedumbre todas estas cosas con parábolas, y sin parábolas nada les decía, para que se cumpliera lo que dijo el profeta: *Abriré mi boca y les hablaré con parábolas; anunciaré lo que estaba oculto desde la creación del mundo.*

Memoria de Santas Marta, María y Lázaro
Primera Lectura: Éxodo 33, 7-11; 34, 5-9. 28

En aquellos días, Moisés tomó la tienda que había llamado "de la reunión" y la colocó a cierta distancia, fuera del campamento, de modo que todo el que deseaba consultar al Señor, tenía que salir fuera del campamento. Cuando Moisés iba hacia la tienda, todo el pueblo se levantaba, se quedaba de pie a la entrada de sus tiendas y seguía con la vista a Moisés, hasta que entraba en la tienda de la reunión. Una vez que Moisés entraba en ella, la columna de nube bajaba y se detenía a la puerta, mientras el Señor hablaba con Moisés. Todo el pueblo, al ver la columna de nube detenida en la puerta de la tienda de la reunión, se levantaba y cada uno se postraba junto a la entrada de su tienda. El Señor hablaba con Moisés cara a cara, como habla un hombre con su amigo. Luego volvía Moisés al campamento, pero su ayudante, el joven Josué, hijo de Nun, no se alejaba de la tienda de la reunión. Moisés invocó el nombre del Señor, y entonces el Señor pasó delante de él y exclamó: "¡El Señor todopoderoso es un Dios misericordioso y clemente, lento para enojarse y rico en amor y fidelidad; él mantiene su amor por mil generaciones y perdona la maldad, la rebeldía y el pecado, pero no los deja impunes, pues castiga la maldad de los padres en los hijos, nietos y bisnietos!" Al instante Moisés cayó de rodillas y se postró ante él, diciendo: "Si de veras gozo de tu favor, te suplico, Señor, que vengas con nosotros, aunque seamos un pueblo de cabeza dura. Perdona nuestras maldades y pecados, y recíbenos como herencia tuya". Moisés estuvo con el Señor cuarenta días y cuarenta noches, sin comer pan ni beber agua. Y escribió en las tablas las palabras de la alianza, los diez mandamientos.

Salmo Responsorial: Salmo 102, 6-7. 8-9. 10-11. 12-13
R. (8a) El Señor es compasivo y misericordioso.

El Señor hace justicia y da la razón al oprimido. A Moisés le mostró su bondad y sus prodigios al pueblo de Israel. **R.**

El Señor es compasivo y misericordioso, lento para enojarse y generoso para perdonar. El Señor no estará siempre enojado, ni durará para siempre rencor. **R.**

No nos trata como merecen nuestras culpas, ni nos paga según nuestros pecados. Como un padre es compasivo con sus hijos así es de grande su misericordia. **R.**

Así como un padre es compasivo con sus hijos, así es compasivo el Señor con quien lo ama, pues bien sabe él de lo que estamos hechos y de que somos barro, no se olvida. **R.**

Aclamación antes del Evangelio: Juan 8, 12

R. Aleluya, aleluya.

Yo soy la luz del mundo, dice el Señor; el que me sigue tendrá la luz de la vida. **R.**

Evangelio: Juan 11, 19-27 o Lucas 10, 38-42

En aquel tiempo, muchos judíos habían ido a ver a Marta y a Ma¬ría para consolarlas por la muerte de su hermano Lázaro. Apenas oyó Marta que Jesús llegaba, salió a su encuentro; pero María se quedó en casa. Le dijo Marta a Jesús: "Señor, si hubieras estado aquí, no habría muerto mi hermano. Pero aún ahora estoy segura de que Dios te concederá cuanto le pidas". Jesús le dijo: "Tu hermano resucitará". Marta respondió: "Ya sé que resucitará en la resurrección del último día". Jesús le dijo: "Yo soy la resurrección y la vida. El que cree en mí, aunque haya muerto, vivirá; y todo aquel que está vivo y cree en mí, no morirá para siempre. ¿Crees tú esto?" Ella le contestó: "Sí, Señor. Creo firmemente que tú eres el Mesías, el Hijo de Dios, el que tenía que venir al mundo".

O bien:

Lucas 10, 38-42

En aquel tiempo, Jesús entró en un poblado, y una mujer, llamada Marta, lo recibió en su casa. Ella tenía una hermana, llamada María, la cual se sentó a los pies de Jesús y se puso a escuchar su palabra. Marta, entre tanto, se afanaba en diversos quehaceres, hasta que, acercándose a Jesús, le dijo: "Señor, ¿no te has dado cuenta de que mi hermana me ha dejado sola con todo el quehacer? Dile que me ayude". El Señor le respondió: "Marta, Marta, muchas cosas te preocupan y te inquietan, siendo así que una sola es necesaria. María escogió la mejor parte y nadie se la quitará".

Miércoles 30 de julio de 2025
Miércoles de la XVII semana del Tiempo ordinario
Primera Lectura: Éxodo 34, 29-35

Cuando Moisés bajó del monte Sinaí con las dos tablas de la alianza en las manos, no sabía que tenía el rostro resplandeciente por haber hablado con el Señor.

Aarón y todos los hijos de Israel miraron a Moisés, y al ver que su rostro resplandecía, tuvieron miedo de acercársele. Pero Moisés los llamó, y entonces Aarón y todos los jefes del pueblo se acercaron y Moisés habló con ellos. A continuación se le acercaron también todos los israelitas y él les comunicó todo lo que el Señor le había ordenado en el monte Sinaí. Cuando Moisés acabó de hablar con ellos, se cubrió el rostro con un velo. Siempre que Moisés se presentaba ante el Señor para hablar con él, se quitaba el velo de su rostro, y al salir, comunicaba a los israelitas lo que el Señor le había ordenado. Ellos veían entonces que el rostro de Moisés resplandecía, y Moisés cubría de nuevo su rostro, hasta que entraba a hablar otra vez con el Señor.

Salmo Responsorial: Salmo 98, 5. 6. 7. 9
R. (9c) Santo es el Señor, nuestro Dios.

Alaben al Señor, nuestro Dios, y póstrense a sus pies, pues el Señor es santo. **R.**
Moisés y a Aarón, entre sus sacerdotes, y Samuel, entre aquellos que lo honraban, clamaron al Señor y él los oyó. **R.**
Desde la columna des nubes les hablaba Y ellos oyeron sus preceptos y la ley que les dio. **R.**
Alaben al Señor, nuestro Dios, póstrense ante su monte santo: pues santo es nuestro Dios. **R.**

Aclamación antes del Evangelio: Juan 15, 15
R. Aleluya, aleluya.

A ustedes los llamo amigos, dice el Señor, porque les he dado a conocer todo lo que le he oído a mi Padre. **R.**

Evangelio: Mateo 13, 44-46
En aquel tiempo, Jesús dijo a la multitud: "El Reino de los cielos se parece a un tesoro escondido en un campo. El que lo encuentra lo vuelve a esconder, y lleno de alegría, va y vende cuanto tiene y compra aquel campo. El Reino de los cielos se parece también a un comerciante en perlas finas que, al encontrar una perla muy valiosa, va y vende cuanto tiene y la compra".

Memoria de San Ignacio, presbítero

Primera Lectura: Éxodo 40, 16-21. 34-38

En aquellos días, Moisés hizo todo lo que el Señor le había ordenado. El día primero del primer mes del año segundo, se construyó el santuario. Moisés lo construyó: colocó los pedestales y los tableros, puso los travesaños y levantó las columnas. Después desplegó la tienda por encima del santuario y sobre ella puso, además, un toldo, como el Señor se lo había ordenado. Colocó las tablas de la alianza en el arca; puso debajo de ella los travesaños y por encima la cubrió con el propiciatorio. Llevó entonces el arca al santuario y colgó delante de ella un velo para ocultarla, como el Señor se lo había ordenado. Entonces la nube cubrió la tienda de la reunión y la gloria del Señor llenó el santuario. Moisés no podía entrar en la tienda de la reunión, pues la nube se había posado sobre ella y la gloria del Señor llenaba el santuario. Y en todas las etapas, cuando la nube se quitaba de encima del santuario, los hijos de Israel levantaban el campamento, y cuando la nube no se quitaba, se quedaban en el mismo sitio. Durante el día la nube del Señor se posaba sobre el santuario y durante la noche había un fuego que podían ver todos los israelitas desde sus tiendas.

Salmo Responsorial: Salmo 83, 3. 4. 5-6a y 8a. 11
R. (2) Qué agradable, Señor, es tu morada.

Anhelando los atrios del Señor se consume mi alma. Todo mi ser de gozo se estremece y el Dios vivo es la causa. **R.**

Hasta el gorrión encuentra casa y la golondrina un lugar para su nido, cerca de tus altares, Señor de los ejércitos, Dios mío. **R.**

Dichosos los que viven en tu casa, te alabarán para siempre; dichosos los que encuentran en ti su fuerza, pues caminarán cada vez con más vigor. **R.**

Pues un día en tus atrios vale más que mil fuera de ellos, y yo prefiero el umbral de la casa de mi Dios, al lujoso palacio del perverso. **R.**

Aclamación antes del Evangelio: Hechos 16, 14

R. Aleluya, aleluya.

Abre, Señor, nuestros corazones para que comprendamos las palabras de tu Hijo.

R.

Evangelio: Mateo 13, 47-53

En aquel tiempo, Jesús dijo a la multitud: "El Reino de los cielos se parece también a la red que los pescadores echan en el mar y recoge toda clase de peces. Cuando se llena la red, los pescadores la sacan a la playa y se sientan a escoger los pescados; ponen los buenos en canastos y tiran los malos. Lo mismo sucederá al final de los tiempos: vendrán los ángeles, separarán a los malos de los buenos y los arrojarán al horno encendido. Allí será el llanto y la desesperación. ¿Han entendido todo esto?" Ellos le contestaron: "Sí". Entonces él les dijo: "Por eso, todo escriba instruido en las cosas del Reino de los cielos es semejante al padre de familia, que va sacando de su tesoro cosas nuevas y cosas antiguas". Y cuando acabó de decir estas parábolas, Jesús se marchó de allí.

Viernes 1 de agosto de 2025

Memoria de San Alfonso María de Ligorio, obispo y doctor de la Iglesia

Primera Lectura: Levítico 23, 1. 4-11. 15-16. 27. 34-37

El Señor habló a Moisés y le dijo: "Estas son las festividades del Señor, en las que convocarán a asambleas litúrgicas. El día catorce del primer mes, al atardecer, es la fiesta de la Pascua del Señor. El día quince del mismo mes es la fiesta de los panes Ázimos, dedicada al Señor. Comerán panes sin levadura durante siete días. El primer día de éstos se reunirán en asamblea litúrgica y no harán trabajos serviles. Los siete días harán ofrendas al Señor. El séptimo día se volverán a reunir en asamblea litúrgica y no harán trabajos serviles". El Señor volvió a hablar a Moisés y le dijo: "Di a los hijos de Israel: 'Cuando entren en la tierra que yo les voy a dar y recojan la cosecha, le llevarán la primera gavilla al sacerdote, quien la agitará ritualmente en presencia del Señor el día siguiente al sábado, para que sea aceptada. Pasadas siete semanas completas, contando desde el día siguiente al sábado en que lleven la gavilla para la agitación ritual, hasta el día siguiente al séptimo sábado, es decir, a los cincuenta días, harán una nueva ofrenda al Señor. El día diez del séptimo mes es el día de la Expiación. Se reunirán en asamblea litúrgica, harán penitencia y presentarán una ofrenda al Señor. El día quince de este séptimo mes comienza la fiesta de los Campamentos, dedicada al Señor, y dura siete días. El primer día se reunirán en asamblea litúrgica. No harán trabajos serviles. Los siete días harán ofrendas al Señor. El octavo día volverán a reunirse en asamblea litúrgica y a hacer una ofrenda al Señor. Es día de reunión religiosa solemne. No harán trabajos serviles. Estas son las festividades del Señor, en las que se reunirán en asamblea litúrgica y ofrecerán al Señor oblaciones, holocaustos y ofrendas, sacrificios de comunión y libaciones, según corresponde a cada día'".

Salmo Responsorial: Salmo 80, 3-4. 5-6. 10-11ab
R. (2a) Aclamemos al Señor, nuestro Dios.

Entonemos un canto al son de las guitarras y del arpa. Que so la trompeta en esta fiesta que conmemora nuestra alianza. **R.**

Porque está es una ley en Israel, es un precepto que el Dios de Jacob estableció para su pueblo, cuando lo rescató de Egipto. **R.**

"No tendrás otro Dios fuera de mí ni adorarás a dioses extranjeros. Pues yo, el Señor, soy el Dios tuyo, el que to sacó de Egipto, tu destierro". **R.**

Aclamación antes del Evangelio: 1 Pedro 1, 25
R. Aleluya, aleluya.

La palabra de Dios permanece para siempre. Y ésa es la palabra que se les ha anunciado. **R.**

Evangelio: Mateo 13, 54-58

En aquel tiempo, Jesús llegó a su tierra y se puso a enseñar a la gente en la sinagoga, de tal forma, que todos estaban asombrados y se preguntaban: "¿De dónde ha sacado éste esa sabiduría y esos poderes milagrosos? ¿Acaso no es éste el hijo del carpintero? ¿No se llama María su madre y no son sus hermanos Santiago, José, Simón y Judas? ¿Qué no viven entre nosotros todas sus hermanas? ¿De dónde, pues, ha sacado todas estas cosas?" Y se negaban a creer en él. Entonces, Jesús les dijo: "Un profeta no es despreciado más que en su patria y en su casa". Y no hizo muchos milagros allí por la incredulidad de ellos.

Sábado 2 de agosto de 2025
Sábado de la XVII semana del Tiempo ordinario
Primera Lectura: Levítico 25, 1. 8-17

El Señor habló a Moisés en el monte Sinaí y le dijo: "Contarás siete semanas de años, siete por siete, o sea, cuarenta y nueve años. El día diez del séptimo mes, es decir, el día de la Expiación, harán sonar las trompetas y las harán sonar por todo el país. Declararán santo el año cincuenta y proclamarán la liberación para todos los habitantes del país. Será para ustedes un año de jubileo; cada uno de ustedes recobrará sus propiedades y volverá a su familia. El año cincuenta será para ustedes un año de jubileo; no sembrarán ni cosecharán lo que los campos produzcan por sí mismos; no harán la vendimia de las viñas sin cultivar. Puesto que es el año del jubileo, será sagrado para ustedes. Comerán de los productos de la cosecha anterior. En este año jubilar todos recobrarán sus propiedades. Cuando le vendas o le compres alguna cosa a tu prójimo, no lo engañes. Ponle precio a lo que le compres a tu prójimo, atendiendo al número de años transcurridos desde el último jubileo; él te venderá a ti atendiendo a las cosechas anuales. Mientras más años falten para el jubileo, más aumentará el precio; mientras menos tiempo falte, más rebajarás el precio; porque lo que tu prójimo te vende son las cosechas que faltan. Ninguno de ustedes haga daño a su hermano; antes bien, teman a su Dios, porque yo soy el Señor, Dios de ustedes".

Salmo Responsorial: Salmo 66, 2-3. 5. 7-8
R. (4) Que te alaben, Señor, todo los pueblos.

Ten piedad de nosotros y bendícenos; vuelve, Señor, tus ojos a nosotros. Que conozca la tierra tu bondad y los pueblos tu obra salvadora. **R.**

Las naciones con júbilo te canten, porque juzgas al mundo con justicia; con equidad tú juzgas a los pueblos y riges en la tierra a las naciones. **R.**

La tierra ha producido ya sus frutos, Dios nos has bendecido. Que nos bendiga Dios y que le rinda honor el mundo entero. **R.**

Aclamación antes del Evangelio: Mateo 5, 10
R. Aleluya, aleluya.

Dichosos los perseguidos por causa de la justicia, porque de ellos es el Reino de los cielos, dice el Señor. **R.**

Evangelio: Mateo 14, 1-12

En aquel tiempo, el rey Herodes oyó lo que contaban de Jesús y les dijo a sus cortesanos: "Es Juan el Bautista, que ha resucitado de entre los muertos y por eso actúan en él fuerzas milagrosas". Herodes había apresado a Juan y lo había encadenado en la cárcel por causa de Herodías, la mujer de su hermano Filipo, pues Juan le decía a Herodes que no le estaba permitido tenerla por mujer. Y aunque quería quitarle la vida, le tenía miedo a la gente, porque creían que Juan era un profeta. Pero llegó el cumpleaños de Herodes, y la hija de Herodías bailó delante de todos y le gustó tanto a Herodes, que juró darle lo que le pidiera. Ella, aconsejada por su madre, le dijo: "Dame, sobre esta bandeja, la cabeza de Juan el Bautista". El rey se entristeció, pero a causa de su juramento y por no quedar mal con los invitados, ordenó que se la dieran; y entonces mandó degollar a Juan en la cárcel. Trajeron, pues, la cabeza en una bandeja, se la entregaron a la joven y ella se la llevó a su madre. Después vinieron los discípulos de Juan, recogieron el cuerpo, lo sepultaron, y luego fueron a avisarle a Jesús.

Domingo 3 de agosto de 2025
XVIII Domingo ordinario
Primera Lectura: Eclesiastés (Cohélet) 1, 2; 2, 21-23

Todas las cosas, absolutamente todas, son vana ilusión. Hay quien se agota trabajando y pone en ello todo su talento, su ciencia y su habilidad, y tiene que dejárselo todo a otro que no lo trabajó. Esto es vana ilusión y gran desventura. En efecto, ¿qué provecho saca el hombre de todos sus trabajos y afanes bajo el sol? De día dolores, penas y fatigas; de noche no descansa. ¿No es también eso vana ilusión?

Salmo Responsorial: Salmo 89, 3-4. 5-6. 12-13. 14 y 17
R. (1) Señor, ten compasión de nosotros.

Tú haces volver al polvo a los humanos, diciendo a los mortales que retornen. Mil años son para ti como un día, Que ya pasó; como una breve noche. **R.**

Nuestra vida es tan breve como un sueño; semejante a la hierba, que despunta y florece en la mañana, y por la tarde se marchita y se seca. **R.**

Enséñanos a ver lo que es la vida y seremos sensatos. ¿Hasta cuando, Señor, vas a tener compasión de tus siervos? ¿Hasta cuando? **R.**

Llénanos de tu amor por la mañana y júbilo será la vida toda. Que el Señor bondadoso nos ayude y dé prosperidad a nuestras obras. **R.**

Segunda Lectura: Colosenses 3, 1-5. 9-11

Hermanos: Puesto que ustedes han resucitado con Cristo, busquen los bienes de arriba, donde está Cristo, sentado a la derecha de Dios. Pongan todo el corazón en los bienes del cielo, no en los de la tierra, porque han muerto y su vida está escondida con Cristo en Dios. Cuando se manifieste Cristo, vida de ustedes, entonces también ustedes se manifestarán gloriosos juntamente con él. Den muerte, pues, a todo lo malo que hay en ustedes: la fornicación, la impureza, las pasiones desordenadas, los malos deseos y la avaricia, que es una forma de idolatría. No sigan engañándose unos a otros; despójense del modo de actuar del viejo yo y revístanse del nuevo yo, el que se va renovando conforme va adquiriendo el conocimiento de Dios, que lo creó a su propia imagen. En este orden nuevo ya no hay distinción entre judíos y no judíos, israelitas y paganos, bárbaros y extranjeros, esclavos y libres, sino que Cristo es todo en todos.

Aclamación antes del Evangelio: Mateo 5, 3
R. Aleluya, aleluya.

Dichosos los pobres de espíritu, porque de ellos es el reino de los cielos. **R.**

Evangelio: Lucas 12, 13-21

En aquel tiempo, hallándose Jesús en medio de una multitud, un hombre le dijo: "Maestro, dile a mi hermano que comparta conmigo la herencia". Pero Jesús le contestó: "Amigo, ¿quién me ha puesto como juez en la distribución de herencias?" Y dirigiéndose a la multitud, dijo: "Eviten toda clase de avaricia, porque la vida del hombre no depende de la abundancia de los bienes que posea". Después les propuso esta parábola: "Un hombre rico obtuvo una gran cosecha y se puso a pensar: '¿Qué haré, porque no tengo ya en dónde almacenar la cosecha? Ya sé lo que voy a hacer: derribaré mis graneros y construiré otros más grandes para guardar ahí mi cosecha y todo lo que tengo. Entonces podré decirme: Ya tienes bienes acumulados para muchos años; descansa, come, bebe y date a la buena vida'. Pero Dios le dijo: '¡Insensato! Esta misma noche vas a morir. ¿Para quién serán todos tus bienes?' Lo mismo le pasa al que amontona riquezas para sí mismo y no se hace rico de lo que vale ante Dios".

Lunes 4 de agosto de 2025
Memoria de San Juan Vianney, presbítero

Primera Lectura: Números 11, 4-15

En aquellos días, los israelitas se quejaban diciendo: "¡Quién nos diera carne para comer! ¡Cómo nos acordamos del pescado, que comíamos gratis en Egipto, y de los pepinos y melones, de los puerros, cebollas y ajos! Pero de tanto ver el maná, ya ni ganas tenemos de comer". El maná era como la semilla del cilantro y su aspecto como el de la resina aromática. El pueblo se dispersaba para recogerlo. Lo molían en el molino o lo machacaban en el mortero; luego lo cocían en una olla y hacían con él una especie de pan, que sabía como el pan de aceite. Por la noche, cuando caía el rocío sobre el campamento, caía también el maná. Moisés oyó cómo se quejaba el pueblo, cada una de las familias, a la entrada de su tienda. Eso provocó la ira del Señor, y Moisés, también muy disgustado, le dijo al Señor: "¿Por qué tratas tan mal a tu siervo? ¿En qué te he desagradado para que tenga que cargar con todo este pueblo? ¿Acaso yo lo he concebido o lo he dado a luz, para que me digas: 'Toma en brazos a este pueblo, como una nodriza a la creatura, y llévalo a la tierra que juré darles a sus padres?' ¿De dónde voy a sacar yo carne para repartírsela a toda la gente, que me dice llorando: 'Queremos comer carne'? Yo solo no puedo cargar con todo este pueblo, pues es demasiado pesado para mí. Si me vas a tratar así, por favor, quítame la vida y no tendré que pasar tantas penas".

Salmo Responsorial: Salmo 80, 12-13. 14-15. 16-17

R. (2a) Aclamemos a Dios, nuestra fortaleza.

Israel no oyó mi voz, dice el Señor, y mi pueblo no quiso obedecerme. Los entregué, por eso, a sus caprichos y los dejé vivir como quisiesen. **R.**

¡Ojalá que mi pueblo me escuchara y cumpliera Israel con mis mandataos! Yo, al punto, humillaría a sus enemigos y sentirían mi mano sus contrarios. **R.**

Los que aborrecen al Señor tratarían de adularme, pero su suerte quedaría fijada. En cambio, Israel comería de lo mejor del trigo y yo lo saciaría con miel silvestre. **R.**

Aclamación antes del Evangelio: Mateo 4, 4

R. Aleluya, aleluya.

No sólo de pan vive el hombre, sino también de toda palabra que sale de la boca de Dios. **R.**

Evangelio: Mateo 14, 13-21

En aquel tiempo, al enterarse Jesús de la muerte de Juan el Bautista, subió a una barca y se dirigió a un lugar apartado y solitario. Al saberlo la gente, lo siguió por tierra desde los pueblos. Cuando Jesús desembarcó, vio aquella muchedumbre, se compadeció de ella y curó a los enfermos. Como ya se hacía tarde, se acercaron sus discípulos a decirle: "Estamos en despoblado y empieza a oscurecer. Despide a la gente para que vayan a los caseríos y compren algo de comer". Pero Jesús les replicó: "No hace falta que vayan. Denles ustedes de comer". Ellos le contestaron: "No tenemos aquí más que cinco panes y dos pescados". Él les dijo: "Tráiganmelos". Luego mandó que la gente se sentara sobre el pasto. Tomó los cinco panes y los dos pescados, y mirando al cielo, pronunció una bendición, partió los panes y se los dio a los discípulos para que los distribuyeran a la gente. Todos comieron hasta saciarse y con los pedazos que habían sobrado, se llenaron doce canastos. Los que comieron eran unos cinco mil hombres, sin contar a las mujeres y a los niños.

Martes 6 de agosto de 2025
Martes de la XVIII Semana del Tiempo Ordinario
Primera Lectura: Números 12, 1-13

En aquellos días, María y Aarón criticaron a Moisés porque había tomado por esposa a una mujer extranjera. Decían: "¿Acaso el Señor le ha hablado solamente a Moisés? ¿Acaso no nos ha hablado también a nosotros?" Y el Señor los oyó. Moisés era el hombre más humilde de la tierra. De repente, el Señor les dijo a Moisés, a Aarón y a María: "Vayan los tres a la tienda de la reunión". Y fueron los tres. Bajó el Señor en la columna de nube y se quedó en la puerta de la tienda. Llamó a Aarón y a María, y los dos se acercaron. El Señor les dijo: "Escuchen mis palabras. Cuando hay un profeta entre ustedes, yo me comunico con él por medio de visiones y de sueños. Pero con Moisés, mi siervo, es muy distinto: él es el siervo más fiel de mi casa; yo hablo con él cara a cara, abiertamente y sin secretos, y él contempla cara a cara al Señor. ¿Por qué, pues, se han atrevido ustedes a criticar a mi siervo, Moisés?" Y la ira del Señor se encendió contra ellos. Cuando él se fue y la nube se retiró de encima de la tienda, María estaba leprosa, blanca como la nieve. Aarón se volvió hacia María y vio que estaba leprosa. Entonces Aarón le dijo a Moisés: "Perdónanos, Señor nuestro, el pecado que neciamente hemos cometido. Que no sea María como quien nace muerta del seno de su madre; mira su carne ya medio consumida por la lepra". Entonces Moisés clamó al Señor, diciendo: "Señor, ¡cúrala por favor!"

Salmo Responsorial: Salmo 50, 3-4. 5-6a. 6bc-7. 12-13
R. (3a) Misericordia, Señor, hemos pecado.
Por tu inmensa compasión y misericordia, Señor, apiádate de mí y olvida mis ofensas. Lávame bien de todos mis delitos y purifícame de mis pecados. **R.**
Puesto que reconozco mis culpas, tengo siempre presentes mis pecados. Contra ti sólo pequé, Señor, haciendo lo que a tus ojos era malo. **R.**
Esta justa tu sentencia y eres justo, Señor, al castigarme. Nací en la iniquidad, y pecador me concibió mi madre. **R.**
Crea en mí, Señor, un corazón puro, un espíritu nuevo para cumplir tus mandamientos. No me arrojes, Señor, lejos de ti, ni retires de mí santo espíritu. **R.**

Aclamación antes del Evangelio: Juan 1, 49
R. Aleluya, aleluya.
Maestro, tú eres el Hijo de Dios, tú eres el rey de Israel. **R.**

Evangelio: Mateo 14, 22-36
En aquel tiempo, inmediatamente después de la multiplicación de los panes, Jesús hizo que sus discípulos subieran a la barca y se dirigieran a la otra orilla, mientras él despedía a la gente. Después de despedirla, subió al monte a solas para orar. Llegada la noche, estaba él solo allí. Entre tanto, la barca iba ya muy lejos de la costa y las olas la sacudían, porque el viento era contrario. A la

madrugada, Jesús fue hacia ellos, caminando sobre el agua. Los discípulos, al verlo andar sobre el agua, se espantaron y decían: "¡Es un fantasma!" Y daban gritos de terror. Pero Jesús les dijo enseguida: "Tranquilícense y no teman. Soy yo". Entonces le dijo Pedro: "Señor, si eres tú, mándame ir a ti caminando sobre el agua". Jesús le contestó: "Ven". Pedro bajó de la barca y comenzó a caminar sobre el agua hacia Jesús; pero al sentir la fuerza del viento, le entró miedo, comenzó a hundirse y gritó: "¡Sálvame, Señor!" Inmediatamente Jesús le tendió la mano, lo sostuvo y le dijo: "Hombre de poca fe, ¿por qué dudaste?" En cuanto subieron a la barca, el viento se calmó. Los que estaban en la barca se postraron ante Jesús, diciendo: "Verdaderamente tú eres el Hijo de Dios". Terminada la travesía, llegaron a Genesaret. Apenas lo reconocieron los habitantes de aquel lugar, pregonaron la noticia por toda la región y le trajeron a todos los enfermos. Le pedían que los dejara tocar siquiera el borde de su manto; y cuantos lo tocaron, quedaron curados.

O bien:

Mateo 15:21-28

En aquel tiempo, se acercaron a Jesús unos escribas y unos fariseos venidos de Jerusalén y le preguntaron: "¿Por qué tus discípulos quebrantan la tradición de nuestros mayores y no se lavan las manos antes de comer?" Jesús llamó entonces a la gente y le dijo: "Escuchen y traten de comprender. No es lo que entra por la boca lo que mancha al hombre; lo que sale de la boca, eso es lo que mancha al hombre". Se le acercaron entonces los discípulos y le dijeron: "¿Sabes que los fariseos se han escandalizado de tus palabras?" Jesús les respondió: "Las plantas que no haya plantado mi Padre celestial, serán arrancadas de raíz. Déjenlos; son ciegos que guían a otros ciegos. Y si un ciego guía a otro ciego, los dos caerán en un hoyo".

Miércoles 6 de agosto de 2025

Fiesta de la Transfiguración del Señor

Primera Lectura: Daniel 7, 9-10. 13-14

Yo, Daniel, tuve una visión nocturna: Vi que colocaban unos tronos y un anciano se sentó. Su vestido era blanco como la nieve, y sus cabellos, blancos como lana. Su trono, llamas de fuego, con ruedas encendidas. Un río de fuego brotaba delante de él. Miles y miles lo servían, millones y millones estaban a sus órdenes. Comenzó el juicio y se abrieron los libros. Yo seguí contemplando en mi visión nocturna y vi a alguien semejante a un hijo de hombre, que venía entre las nubes del cielo. Avanzó hacia el anciano de muchos siglos y fue introducido a su presencia. Entonces recibió la soberanía, la gloria y el reino. Y todos los pueblos y naciones de todas las lenguas lo servían. Su poder nunca se acabará, porque es un poder eterno, y su reino jamás será destruido.

Salmo Responsorial: Salmo 96, 1-2. 5-6. 9

R. (1a y 9a) Reina el Señor, alégrese la tierra.

Reina el Señor, alégrese la tierra; cante de regocijo el mundo entero. Tinieblas y nubes rodean el trono del Señor que se asienta en la justicia y el derecho. **R.**

Los montes se derriten como cera ante el Señor de toda la tierra. Los cielos pregonan su justicia, su inmensa gloria ven todos los pueblos. **R.**

Tú, Señor, altísimo, estás muy por encima de la tierra y mucho más en alto que los dioses. **R.**

Segunda Lectura: 2 Pedro 1, 16-19

Hermanos: Cuando les anunciamos la venida gloriosa y llena de poder de nuestro Señor Jesucristo, no lo hicimos fundados en fábulas hechas con astucia, sino por haberlo visto con nuestros propios ojos en toda su grandeza. En efecto, Dios lo llenó de gloria y honor, cuando la sublime voz del Padre resonó sobre él, diciendo: "Éste es mi Hijo amado, en quien yo me complazco". Y nosotros escuchamos esta voz, venida del cielo, mientras estábamos con el Señor en el monte santo. Tenemos también la firmísima palabra de los profetas, a la que con toda razón ustedes consideran como una lámpara que ilumina en la oscuridad, hasta que despunte el día y el lucero de la mañana amanezca en los corazones de ustedes.

Aclamación antes del Evangelio: Mateo 17, 5

R. Aleluya, aleluya.

Éste es mi Hijo muy amado, dice el Señor, en quien tengo puestas todas mis complacencias; escúchenlo. **R.**

Evangelio: Lucas 9, 28-36

En aquel tiempo, Jesús se hizo acompañar de Pedro, Santiago y Juan, y subió a un monte para hacer oración. Mientras oraba, su rostro cambió de aspecto y sus vestiduras se hicieron blancas y relampagueantes. De pronto aparecieron conversando con él dos personajes, rodeados de esplendor: eran Moisés y Elías. Y hablaban de la muerte que le esperaba en Jerusalén. Pedro y sus compañeros estaban rendidos de sueño; pero, despertándose, vieron la gloria de Jesús y de los que estaban con él. Cuando éstos se retiraban, Pedro le dijo a Jesús: "Maestro, sería bueno que nos quedáramos aquí y que hiciéramos tres chozas: una para ti, una para Moisés y otra para Elías", sin saber lo que decía. No había terminado de hablar, cuando se formó una nube que los cubrió; y ellos, al verse envueltos por la nube, se llenaron de miedo. De la nube salió una voz que decía: "Éste es mi Hijo, mi escogido; escúchenlo". Cuando cesó la voz, se quedó Jesús solo. Los discípulos guardaron silencio y por entonces no dijeron a nadie nada de lo que habían visto.

Jueves 7 de agosto de 2025
Jueves de la XVIII Semana del Tiempo Ordinario

Primera Lectura: Números 20, 1-13

El mes primero, la comunidad entera de los hijos de Israel llegó al desierto de Sin, y el pueblo se instaló en Cades. Allí murió María y allí la enterraron. Entonces le faltó agua al pueblo, y amotinándose contra Moisés y Aarón, les dijeron: "¡Ojalá hubiéramos muerto en la paz del Señor, como nuestros hermanos! ¿Por qué han traído a la comunidad del Señor a este desierto, para que muramos en él nosotros y nuestro ganado? ¿Por qué nos han sacado de Egipto, para traernos a este horrible sitio, que no se puede cultivar, que no tiene higueras ni viñas ni granados, ni siquiera agua para beber?" Moisés y Aarón se apartaron de la comunidad, se dirigieron a la tienda de la reunión y ahí se postraron rostro en tierra. La gloria del Señor se les apareció y el Señor le dijo a Moisés: "Toma la vara; reúne, con tu hermano Aarón, a la asamblea, y en presencia de ellos ordena a la roca que dé agua, y sacarás agua de la roca, para darles de beber a ellos y a sus ganados". Moisés tomó la vara, que estaba colocada en la presencia del Señor, como él se lo había ordenado, y con la ayuda de Aarón, convocó a la comunidad delante de la roca y les dijo: "Escúchenme, rebeldes. ¿Creen que podemos hacer brotar agua de esta roca para ustedes?" Moisés alzó el brazo y golpeó dos veces la roca con la vara y brotó agua tan abundante, que bebió toda la multitud y su ganado. El Señor les dijo luego a Moisés y Aarón: "Por no haber confiado en mí, por no haber reconocido mi santidad en presencia de los hijos de Israel, no harán entrar a esta comunidad en la tierra que les he prometido". Ésta es la fuente de Meribá (es decir, de la Discusión), donde los hijos de Israel protestaron contra el Señor y donde él les dio una prueba de su santidad.

Salmo Responsorial: Del Salmo 94
R. Señor, que no seamos sordos a tu voz.

Vengan, lancemos vivas al Señor, aclamemos al Dios que nos salva.
Acerquémonos a él, llenos de júbilo, y démosle gracias. **R.**

Vengan y puestos de rodillas, adoremos y bendigamos al Señor, que nos hizo,
pues él es nuestro Dios y nosotros, su pueblo; él nuestro pastor y nosotros, sus
ovejas. **R.**

Hagámosle caso al Señor, que nos dice: "No endurezcan su corazón, como el día
de la rebelión en el desierto, cuando sus padres dudaron de mí, aunque habían
visto mis obras". **R.**

Aclamación antes del Evangelio: Mateo 16, 18
R. Aleluya, aleluya.

Tú eres Pedro y sobre esta piedra edificaré mi Iglesia, y los poderes del infierno
no prevalecerán sobre ella, dice el Señor. **R.**

Evangelio: Mateo 16, 13-23

En aquel tiempo, cuando llegó Jesús a la región de Cesarea de Filipo, hizo esta pregunta a sus discípulos: "¿Quién dice la gente que es el Hijo del hombre?" Ellos le respondieron: "Unos dicen que eres Juan el Bautista; otros, que Elías; otros, que Jeremías o alguno de los profetas". Luego les preguntó: "Y ustedes, ¿quién dicen que soy yo?" Simón Pedro tomó la palabra y le dijo: "Tú eres el Mesías, el Hijo de Dios vivo". Jesús le dijo entonces: "¡Dichoso tú, Simón, hijo de Juan, porque esto no te lo ha revelado ningún hombre, sino mi Padre, que está en los cielos! Y yo te digo a ti que tú eres Pedro y sobre esta piedra edificaré mi Iglesia. Los poderes del infierno no prevalecerán sobre ella. Yo te daré las llaves del Reino de los cielos; todo lo que ates en la tierra quedará atado en el cielo, y todo lo que desates en la tierra quedará desatado en el cielo". Y les ordenó a sus discípulos que no dijeran a nadie que él era el Mesías. A partir de entonces, comenzó Jesús a anunciar a sus discípulos que tenía que ir a Jerusalén para padecer allí mucho de parte de los ancianos, de los sumos sacerdotes y de los escribas; que tenía que ser condenado a muerte y resucitar al tercer día. Pedro se lo llevó aparte y trató de disuadirlo, diciéndole: "No lo permita Dios, Señor. Eso no te puede suceder a ti". Pero Jesús se volvió a Pedro y le dijo: "¡Apártate de mí, Satanás, y no intentes hacerme tropezar en mi camino, porque tu modo de pensar no es el de Dios, sino el de los hombres!"

Viernes 8 de agosto de 2025
Memoria de Santo Domingo, presbítero
Primera Lectura: Deuteronomio 4, 32-40

En aquellos días, habló Moisés al pueblo y le dijo: "Pregunta a los tiempos pasados, investiga desde el día en que Dios creó al hombre sobre la tierra. ¿Hubo jamás, desde un extremo al otro del cielo, una cosa tan grande como ésta? ¿Se oyó algo semejante? ¿Qué pueblo ha oído, sin perecer, que Dios le hable desde el fuego, como tú lo has oído? ¿Hubo algún dios que haya ido a buscarse un pueblo en medio de otro pueblo, a fuerza de pruebas, de milagros y de guerras, con mano fuerte y brazo poderoso? ¿Hubo acaso hechos tan grandes como los que, ante sus propios ojos, hizo por ustedes en Egipto el Señor su Dios? A ti se te ha concedido ver todo esto, para que reconozcas que el Señor es Dios y que no hay otro fuera de él. Desde el cielo hizo resonar su voz para enseñarte; en la tierra te mostró aquel gran fuego y oíste sus palabras que salían del fuego. El amó a tus padres y después eligió a sus descendientes. Con su gran poder, en persona, te sacó de Egipto. Desposeyó ante ti a pueblos más grandes y fuertes que tú. Te hizo entrar en su tierra y te la dio en herencia, como puedes comprobarlo. Reconoce, pues, y graba hoy en tu corazón que el Señor es el Dios del cielo y de la tierra y que no hay otro. Cumple sus leyes y mandamientos, que yo te prescribo hoy, para que seas feliz tú y tu descendencia, y para que vivas muchos años en la tierra que el Señor, tu Dios, te da para siempre".

Salmo Responsorial: Salmo 76, 12-13. 14-15. 16 y 21

R. (12a) Recordaré los prodigios del Señor.

Recuerdo los prodigios del Señor, recuerdo tus antiguos portentos, medito todas tus obras y considero tus maravillas. **R.**

Dios mío, tus designios son santos. ¿Qué dios es tan grande como nuestro Dios? Tú, Dios nuestro, hiciste maravillas y les mostraste tu poder a los pueblos. **R.**

Con tu brazo rescataste a tu pueblo, a los hijos de Jacob y de José. Condujiste a tu pueblo como a un rebaño, por medio de Moisés y de Aarón. **R.**

Aclamación antes del Evangelio: Mateo 5, 10

R. Aleluya, aleluya.

Dichosos los perseguidos por causa de la justicia, porque de ellos es el Reino de los cielos, dice el Señor. **R.**

Evangelio: Mateo 16, 24-28

En aquel tiempo, Jesús dijo a sus discípulos: "El que quiera venir conmigo, que renuncie a sí mismo, que tome su cruz y me siga. Pues el que quiera salvar su vida, la perderá; pero el que pierda su vida por mí, la encontrará. ¿De qué le sirve a uno ganar el mundo entero, si pierde su vida? ¿Y qué podrá dar uno a cambio para recobrarla? Porque el Hijo del hombre ha de venir rodeado de la gloria de su Padre, en compañía de sus ángeles, y entonces dará a cada uno lo que merecen sus obras. Yo les aseguro que algunos de los aquí presentes no morirán, sin haber visto primero llegar al Hijo del hombre como rey".

Sábado de la XVII semana del Tiempo ordinario

Primera Lectura: Deuteronomio 6, 4-13

En aquellos días, habló Moisés al pueblo y le dijo: "Escucha, Israel: El Señor, nuestro Dios, es el único Señor; amarás al Señor, tu Dios, con todo tu corazón, con toda tu alma, con todas tus fuerzas. Graba en tu corazón los mandamientos que hoy te he transmitido. Repíteselos a tus hijos y háblales de ellos cuando estés en tu casa o cuando vayas de camino; cuando te acuestes y cuando te levantes; átalos a tu mano como una señal y póntelos en la frente para recordarlos; escríbelos en los dinteles y en las puertas de tu casa. Cuando el Señor, tu Dios, te introduzca en la tierra que juró dar a tus padres, Abraham, Isaac y Jacob, una tierra con ciudades grandes y ricas, que tú no has construido; con casas rebosantes de riquezas, que tú no has almacenado; con pozos, que tú no has excavado; con viñedos y olivares, que tú no has plantado; y cuando puedas comer hasta saciarte, no te olvides del Señor que te sacó de la esclavitud de Egipto. Al Señor, tu Dios, temerás y a él solo servirás; sólo en su nombre jurarás".

Salmo Responsorial: Salmo 17, 2-3a. 3bc-4. 47 y 51ab
R. (2) Yo te amo, Señor, tú eres mi fuerza.

Yo te amo, Señor, tú eres mi fuerza, el Dios que me protege y me libera. **R.**

Tú eres mi refugio, mi salvación, mi escudo, mi castillo. Cuando invoqué al Señor de mi esperanza, al punto me libró de mi enemigo. **R.**

Bendito seas, Señor, que me proteges; que tú, mi salvador, seas bendecido. Te alabaré, Señor, ante los pueblos y elevaré mi voz agradecido. Tú concediste al rey grandes victorias Y mostraste tu amor a tu elegido. **R.**

Aclamación antes del Evangelio: 2 Timoteo 1, 10
R. Aleluya, aleluya.

Jesucristo, nuestro salvador, ha vencido la muerte y ha hecho resplandecer la vida por medio del Evangelio. **R.**

Evangelio: Mateo 17, 14-20

En aquel tiempo, al llegar Jesús a donde estaba la multitud, se le acercó un hombre, que se puso de rodillas y le dijo: "Señor, ten compasión de mi hijo. Le dan ataques terribles. Unas veces se cae en la lumbre y otras muchas, en el agua. Se lo traje a tus discípulos, pero no han podido curarlo". Entonces Jesús exclamó: "¿Hasta cuándo estaré con esta gente incrédula y perversa? ¿Hasta cuándo tendré que aguantarla? Tráiganme aquí al muchacho". Jesús ordenó al demonio que saliera del muchacho, y desde ese momento éste quedó sano. Después, al quedarse solos con Jesús, los discípulos le preguntaron: "¿Por qué nosotros no pudimos echar fuera a ese demonio?" Les respondió Jesús: "Porque les falta fe. Pues yo les aseguro que si ustedes tuvieran fe al menos del tamaño de una semilla de mostaza, podrían decirle a ese monte: 'Trasládate de aquí para allá', y el monte se trasladaría. Entonces nada sería imposible para ustedes".

Domingo 10 de agosto de 2025
XIX Domingo Ordinario

Primera Lectura: Sabiduría 18, 6-9

La noche de la liberación pascual fue anunciada con anterioridad a nuestros padres, para que se confortaran al reconocer la firmeza de las promesas en que habían creído. Tu pueblo esperaba a la vez la salvación de los justos y el exterminio de sus enemigos. En efecto, con aquello mismo con que castigaste a nuestros adversarios nos cubriste de gloria a tus elegidos. Por eso, los piadosos hijos de un pueblo justo celebraron la Pascua en sus casas, y de común acuerdo se impusieron esta ley sagrada, de que todos los santos participaran por igual de los bienes y de los peligros. Y ya desde entonces cantaron los himnos de nuestros padres.

Salmo Responsorial: Salmo 32, 1 y 12. 18-19. 20 y 22
R. (12b) Dichoso el pueblo escogido por Dios.

Que los justos aclamen al Señor, es propio de los justos alabarlo. Feliz la nación cuyo Dios es el Señor, dichoso el pueblo que eligió por suyo. **R.**

Cuida el Señor de aquellos que lo temen y en su bondad confían; los salva de la muerte y en épocas de hambre les da vida. **R.**

En el Señor está nuestra esperanza: Pues él nuestra ayuda y nuestro amparo. Muéstrate bondadoso con nosotros, puesto que ti, Señor, hemos confiado. **R.**

Segunda Lectura: Hebreos 11, 1-2. 8-19

Hermanos: La fe es la forma de poseer, ya desde ahora, lo que se espera y de conocer las realidades que no se ven. Por ella fueron alabados nuestros mayores. Por su fe, Abraham, obediente al llamado de Dios, y sin saber a dónde iba, partió hacia la tierra que habría de recibir como herencia. Por la fe, vivió como extranjero en la tierra prometida, en tiendas de campaña, como Isaac y Jacob, coherederos de la misma promesa después de él. Porque ellos esperaban la ciudad de sólidos cimientos, cuyo arquitecto y constructor es Dios. Por su fe, Sara, aun siendo estéril y a pesar de su avanzada edad, pudo concebir un hijo, porque creyó que Dios habría de ser fiel a la promesa; y así, de un solo hombre, ya anciano, nació una descendencia numerosa como las estrellas del cielo e incontable como las arenas del mar. Todos ellos murieron firmes en la fe. No alcanzaron los bienes prometidos, pero los vieron y los saludaron con gozo desde lejos. Ellos reconocieron que eran extraños y peregrinos en la tierra. Quienes hablan así, dan a entender claramente que van en busca de una patria; pues si hubieran añorado la patria de donde habían salido, habrían estado a tiempo de volver a ella todavía. Pero ellos ansiaban una patria mejor: la del cielo. Por eso Dios no se avergüenza de ser llamado su Dios, pues les tenía preparada una ciudad. Por su fe, Abraham, cuando Dios le puso una prueba, se dispuso a sacrificar a Isaac, su hijo único, garantía de la promesa, porque Dios le había dicho: *De Isaac nacerá la descendencia que ha de llevar tu nombre.* Abraham pensaba, en efecto, que Dios tiene poder hasta para resucitar a los muertos; por eso le fue devuelto Isaac, que se convirtió así en un símbolo profético.

O bien:
Hebreos 11, 1-2. 8-12

Hermanos: La fe es la forma de poseer, ya desde ahora, lo que se espera y de conocer las realidades que no se ven. Por ella fueron alabados nuestros mayores. Por su fe, Abraham, obediente al llamado de Dios, y sin saber a dónde iba, partió hacia la tierra que habría de recibir como herencia. Por la fe, vivió como extranjero en la tierra prometida, en tiendas de campaña, como Isaac y Jacob, coherederos de la misma promesa después de él. Porque ellos esperaban la ciudad de sólidos cimientos, cuyo arquitecto y constructor es Dios. Por su fe, Sara, aun siendo estéril y a pesar de su avanzada edad, pudo concebir un hijo, porque creyó que Dios habría de ser fiel a la promesa; y así, de un solo hombre, ya anciano, nació una descendencia numerosa como las estrellas del cielo e incontable como las arenas del mar.

Aclamación antes del Evangelio: Mateo 24, 42. 44
R. Aleluya, aleluya.
Estén preparados, porque no saben a qué hora va a venir el Hijo del hombre. **R.**

Evangelio: Lucas 12, 32-48
En aquel tiempo, Jesús dijo a sus discípulos: "No temas, rebañito mío, porque tu Padre ha tenido a bien darte el Reino. Vendan sus bienes y den limosnas. Consíganse unas bolsas que no se destruyan y acumulen en el cielo un tesoro que no se acaba, allá donde no llega el ladrón, ni carcome la polilla. Porque donde está su tesoro, ahí estará su corazón. Estén listos, con la túnica puesta y las lámparas encendidas. Sean semejantes a los criados que están esperando a que su señor regrese de la boda, para abrirle en cuanto llegue y toque. Dichosos aquellos a quienes su señor, al llegar, encuentre en vela. Yo les aseguro que se recogerá la túnica, los hará sentar a la mesa y él mismo les servirá. Y si llega a medianoche o a la madrugada y los encuentra en vela, dichosos ellos. Fíjense en esto: Si un padre de familia supiera a qué hora va a venir el ladrón, estaría vigilando y no dejaría que se le metiera por un boquete en su casa. Pues también ustedes estén preparados, porque a la hora en que menos lo piensen vendrá el Hijo del hombre". Entonces Pedro le preguntó a Jesús: "¿Dices esta parábola sólo por nosotros o por todos?" El Señor le respondió: "Supongan que un administrador,

puesto por su amo al frente de la servidumbre, con el encargo de repartirles a su tiempo los alimentos, se porta con fidelidad y prudencia. Dichoso este siervo, si el amo, a su llegada, lo encuentra cumpliendo con su deber. Yo les aseguro que lo pondrá al frente de todo lo que tiene. Pero si este siervo piensa: 'Mi amo tardará en llegar' y empieza a maltratar a los criados y a las criadas, a comer, a beber y a embriagarse, el día menos pensado y a la hora más inesperada, llegará su amo y lo castigará severamente y le hará correr la misma suerte que a los hombres desleales. El servidor que, conociendo la voluntad de su amo, no haya preparado ni hecho lo que debía, recibirá muchos azotes; pero el que, sin conocerla, haya hecho algo digno de castigo, recibirá pocos. Al que mucho se le da, se le exigirá mucho, y al que mucho se le confía, se le exigirá mucho más".

O bien:

Lucas 12, 35-40

En aquel tiempo, Jesús dijo a sus discípulos: "Estén listos, con la túnica puesta y las lámparas encendidas. Sean semejantes a los criados que están esperando a que su señor regrese de la boda, para abrirle en cuanto llegue y toque. Dichosos aquellos a quienes su señor, al llegar, encuentre en vela. Yo les aseguro que se recogerá la túnica, los hará sentar a la mesa y él mismo les servirá. Y si llega a medianoche o a la madrugada y los encuentra en vela, dichosos ellos. Fíjense en esto: Si un padre de familia supiera a qué hora va a venir el ladrón, estaría vigilando y no dejaría que se le metiera por un boquete en su casa. Pues también ustedes estén preparados, porque a la hora en que menos lo piensen vendrá el Hijo del hombre".

Lunes 11 de agosto de 2025

Memoria de la Santa Clara, virgen

Primera Lectura: Deuteronomio 10, 12-22

En aquellos días, Moisés le dijo al pueblo estas palabras: "Ahora, Israel, advierte bien lo que el Señor te pide: Que temas al Señor, tu Dios; que cumplas su voluntad y lo ames; que sirvas al Señor, tu Dios, con todo el corazón y toda el alma; que cumplas los preceptos del Señor, y los mandamientos que hoy te impongo para tu bien. Es cierto que el cielo y toda su inmensidad, la tierra y cuanto hay en ella son del Señor, tu Dios; sin embargo, sólo con tus padres se unió el Señor con alianza de amor, y sólo a ustedes, sus descendientes, los eligió de entre todos los pueblos, como pueden comprobarlo todavía. No cierren, pues, su corazón ni endurezcan su cabeza, porque el Señor, su Dios, es el Dios de los dioses y el Señor de los señores, Dios grande, fuerte y terrible; no es parcial ni acepta sobornos, hace justicia al huérfano y a la viuda, ama al forastero y le da pan y vestido. Amen, pues, al forastero, porque también ustedes lo fueron en Egipto. Teme al Señor, tu Dios; sírvelo; vive unido a él y jura en su nombre. El será tu gloria, él será tu Dios, pues él hizo por ti las terribles hazañas que tus ojos han visto. Setenta eran tus padres cuando fueron a Egipto, y ahora, Israel, el Señor, tu Dios, te ha hecho un pueblo numeroso como las estrellas del cielo".

Salmo Responsorial: Salmo 147, 12-13. 14-15. 19-20
R. (12a) Glorifica al Señor, Jerusalén.
Glorifica al Señor, Jerusalén; a Dios ríndele honores, Israel. El refuerza el cerrojo de tus puertas y bendice a tus hijos en tu casa. **R.**

El mantiene la paz en tus fronteras, con su trigo mejor sacia tu hambre. Él envía a la tierra su mensaje, y su palabra corre velozmente. **R.**

La muestra a Jacob su pensamiento, sus normas y designios a Israel. No ha hecho nada igual con ningún pueblo ni le ha confiado a otro sus proyectos. **R.**

Aclamación antes del Evangelio: 2 Tesalonicenses 2, 14
R. Aleluya, aleluya.
Dios nos ha llamado, por medio del Evangelio, a participar de la gloria de nuestro Señor Jesucristo. **R.**

Evangelio: Mateo 17, 22-27
En aquel tiempo, se hallaba Jesús con sus discípulos en Galilea y les dijo: "El Hijo del hombre va a ser entregado en manos de los hombres; lo van a matar, pero al tercer día va a resucitar". Al oír esto, los discípulos se llenaron de tristeza. Cuando llegaron a Cafarnaúm, se acercaron a Pedro los recaudadores del

impuesto para el templo y le dijeron: "¿Acaso tu maestro no paga el impuesto?" Él les respondió: "Sí lo paga". Al entrar Pedro en la casa, Jesús se adelantó a preguntarle: "¿Qué te parece, Simón? ¿A quiénes les cobran impuestos los reyes de la tierra, a los hijos o a los extraños?" Pedro le respondió: "A los extraños". Entonces Jesús le dijo: "Por lo tanto, los hijos están exentos. Pero para no darles motivo de escándalo, ve al lago y echa el anzuelo, saca el primer pez que pique, ábrele la boca y encontrarás una moneda. Tómala y paga por mí y por ti".

Martes de la XIX semana del Tiempo ordinario
Primera Lectura: Deuteronomio 31, 1-8

En aquellos días, Moisés dirigió estas palabras a todo el pueblo de Israel: "He cumplido ya ciento veinte años y me encuentro achacoso. Además, el Señor me ha dicho que no cruzaré el Jordán. El Señor, nuestro Dios, lo cruzará delante de ustedes; él destruirá a todos esos pueblos ante sus ojos para que ustedes se apoderen de ellos, y Josué pasará al frente de ustedes, como lo ha dicho el Señor. El Señor tratará a los enemigos de ustedes como a los reyes amorreos Sijón y Og, y los arrasará como a sus tierras. Cuando el Señor se los entregue, harán con ellos lo que yo les he ordenado. Sean fuertes y valientes, no teman, no se acobarden ante ellos, porque el Señor, su Dios, avanza con ustedes. El no los dejará ni abandonará". Después Moisés llamó a Josué y le dijo en presencia de todo el pueblo de Israel: "Sé fuerte y valiente, porque tú has de introducir a este pueblo en la tierra que el Señor, tu Dios, prometió dar a nuestros padres; y tú les repartirás esa tierra. El Señor, que te conduce, estará contigo; él no te dejará ni te abandonará. No temas ni te acobardes".

Salmo Responsorial: Deuteronomio 32, 3-4ab. 7. 8. 9 y 12
R. (9a) Bendice, Señor, a tu pueblo.

Voy a proclamar el nombre del Señor; den gloria a nuestro Dios, porque sus obras son perfectas. **R.**

Acuérdate de los días remotos, considera los edades pasadas, pregúntale a tu padre y te lo contará, a los ancianos y te lo dirán. **R.**

Cuando el Altísimo daba a cada pueblo su heredad y la distribuía a los hijos de Adán, trazó las fronteras de las naciones según el número de los hijos de Israel. **R.**

La porción del Señor fue su pueblo, Jacob fue su heredad. Sólo el Señor los condujo, no hubo dioses extraños con él. **R.**

Aclamación antes del Evangelio: Mateo 11, 29

R. Aleluya, aleluya.

Tomen mi yugo sobre ustedes, dice el Señor, y aprendan de mí, que soy manso y humilde de corazón. **R.**

Evangelio: Mateo 18, 1-5. 10. 12-14

En cierta ocasión, los discípulos se acercaron a Jesús y le preguntaron: "¿Quién es el más grande en el Reino de los cielos?" Jesús llamó a un niño, lo puso en medio de ellos y les dijo: "Yo les aseguro a ustedes que si no cambian y no se hacen como los niños, no entrarán en el Reino de los cielos. Así pues, quien se haga pequeño como este niño, ése es el más grande en el Reino de los cielos. Y el que reciba a un niño como éste en mi nombre, me recibe a mí. Cuidado con despreciar a uno de estos pequeños, pues yo les digo que sus ángeles, en el cielo, ven continuamente el rostro de mi Padre, que está en el cielo. ¿Qué les parece? Si un hombre tiene cien ovejas y se le pierde una, ¿acaso no deja las noventa y nueve en los montes, y se va a buscar a la que se le perdió? Y si llega a encontrarla, les aseguro que se alegrará más por ella, que por las noventa y nueve que no se le perdieron. De igual modo, el Padre celestial no quiere que se pierda ni uno solo de estos pequeños".

Miércoles 13 de agosto de 2025
Miércoles de la XIX semana del Tiempo ordinario
Primera Lectura: Deuteronomio 34, 1-12

En aquellos días, Moisés subió del valle de Moab al monte Nebo, a la cima del Pisgá, que mira hacia Jericó. Desde ahí le mostró el Señor todo el país: la región de Galaad hasta Dan; el territorio de Neftalí, de Efraín y de Manasés; todo el territorio de Judá hasta el mar Mediterráneo; las tierras del sur; el amplio valle que circunda a Jericó, la ciudad de las palmeras, hasta Soar, y le dijo: "Esta es la tierra que les prometí a Abraham, a Isaac y a Jacob, diciéndoles que se la daría a sus descendientes. A ti te la he dejado ver con tus propios ojos, pero tú no entrarás en ella". Y Moisés, siervo del Señor, murió ahí, en Moab, como había dicho el Señor. Lo enterraron en el valle de Moab, frente a Bet Fegor, pero hasta el día de hoy nadie ha conocido el lugar de su tumba. Moisés murió a la edad de ciento veinte años y no había perdido la vista ni las fuerzas. Los israelitas estuvieron llorando a Moisés en el valle de Moab treinta días, tiempo señalado para el duelo de Moisés. Josué, hijo de Nun, estaba lleno del espíritu de sabiduría, porque Moisés le había impuesto las manos. Los israelitas lo obedecieron, como el Señor se lo había ordenado a Moisés. No ha vuelto a surgir en Israel ningún profeta como Moisés, con quien el Señor trataba cara a cara; ni semejante a él en las señales y prodigios que el Señor le mandó realizar en Egipto, contra el faraón, su corte y su país; ni por su poder y los grandes portentos que hizo en presencia de todo el pueblo de Israel.

Salmo Responsorial: Salmo 65, 1-3a. 5 y 16-17
R. (20a y 9a) Bendito sea el Señor.
Que aclame al Señor toda la tierra. Celebremos su gloria y su poder, cantemos un himno de alabanza, digamos al Señor: "¡Tu obra es admirable!" **R.**
Admiremos las obras del Señor, los prodigios que ha hecho por los hombres. Naciones, bendigan a nuestro Dios, hagan resonar sus alabanzas. **R.**
Cuantos temen a Dios, vengan y escuchen, y les diré lo que ha hecho por mí. A él dirigí mis oraciones y mi lengua le cantó alabanzas. **R.**

Aclamación antes del Evangelio: 2 Corintios 5, 19
R. Aleluya, aleluya.
Dios ha reconciliado consigo al mundo, por medio de Cristo, y nos ha encomendado a nosotros el mensaje de la reconciliación. **R.**

Evangelio: Mateo 18, 15-20

En aquel tiempo, Jesús dijo a sus discípulos: "Si tu hermano comete un pecado, ve y amonéstalo a solas. Si te escucha, habrás salvado a tu hermano. Si no te hace caso, hazte acompañar de una o dos personas, para que todo lo que se diga conste por boca de dos o tres testigos. Pero si ni así te hace caso, díselo a la comunidad; y si ni a la comunidad le hace caso, apártate de él como de un pagano o de un publicano. Yo les aseguro que todo lo que aten en la tierra, quedará atado en el cielo, y todo lo que desaten en la tierra, quedará desatado en el cielo. Yo les aseguro también que si dos de ustedes se ponen de acuerdo para pedir algo, sea lo que fuere, mi Padre celestial se lo concederá; pues donde dos o tres se reúnen en mi nombre, ahí estoy yo en medio de ellos".

Memoria de San Maximiliano María Kolbe, presbítero y mártir
Primera Lectura: Josué 3, 7-10. 11. 13-17

En aquellos días, el Señor le dijo a Josué: "Hoy mismo voy a empezar a engrandecerte a los ojos de todo Israel, para que sepan que estoy contigo, lo mismo que estuve con Moisés. Ordena a los sacerdotes que llevan el arca de la alianza que se detengan en cuanto lleguen a la orilla del agua del Jordán". Josué les dijo a los israelitas: "Acérquense a escuchar las palabras del Señor, su Dios". Y prosiguió: "En esto conocerán que el Dios vivo está en medio de ustedes y que destruirá ante sus ojos a los cananeos: El arca de la alianza del Señor de toda la tierra va a pasar el Jordán delante de ustedes y, en cuanto los pies de los sacerdotes que llevan el arca de la alianza del Señor de toda la tierra toquen el Jordán, las aguas que van hacia abajo seguirán corriendo y las que vienen de arriba se detendrán, formando un muro". Así pues, el pueblo salió de su campamento para cruzar el Jordán, encabezado por los sacerdotes que llevaban el arca de la alianza. En cuanto éstos tocaron con sus pies las aguas del Jordan (que baja crecido hasta los bordes todo el tiempo de la siega), las aguas que venían de arriba se detuvieron y formaron un solo bloque en una gran extensión desde el pueblo de Adam, hasta la fortaleza de Sartán; entre tanto, las aguas que bajaban hacia el mar Muerto, desaparecieron por completo y el pueblo cruzó el Jordán, frente a Jericó. Los sacerdotes que llevaban el arca de la alianza del Señor se detuvieron en medio del Jordán, que había quedado seco, mientras todo el pueblo de Israel cruzaba por el cauce vacío.

Salmo Responsorial: Salmo 113, 1-2. 3-4. 5-6
R. Bendigamos al Señor.

Al salir Israel de Egipto, al salir Jacob de un pueblo bárbaro, Judá fue santuario de Dios, Israel, su dominio. **R.**

Al verlos, el mar huyó, el Jordán se echó para atrás; los montes saltaron como carneros; y las colinas como corderos. **R.**

¿Qué te pasa, mar, que huyes? ¿Y a ti, Jordán, que te echas para atrás? ¿Y a ustedes, montes, que saltan como carneros? ¿Y a ustedes, colinas, que saltan como corderos? **R.**

Aclamación antes del Evangelio: Salmo 118, 135
R. Aleluya, aleluya.

Señor, mira benignamente a tus siervos y enséñanos a cumplir tus mandamientos. **R.**

Evangelio: Mateo 18, 21-19, 1

En aquel tiempo, Pedro se acercó a Jesús y le preguntó: "Si mi hermano me ofende, ¿cuántas veces tengo que perdonarlo? ¿Hasta siete veces?" Jesús le contestó: "No sólo hasta siete, sino hasta setenta veces siete". Entonces Jesús les dijo: "El Reino de los cielos es semejante a un rey que quiso ajustar cuentas con sus servidores. El primero que le presentaron, le debía muchos millones. Como no tenía con qué pagar, el señor mandó que lo vendieran a él, a su mujer, a sus hijos y todas sus posesiones, para saldar la deuda. El servidor, arrojándose a sus pies, le suplicaba, diciendo: 'Ten paciencia conmigo y te lo pagaré todo'. El rey tuvo lástima de aquel servidor, lo soltó y hasta le perdonó la deuda. Pero, apenas había salido aquel servidor, se encontró con uno de sus compañeros, que le debía poco dinero. Entonces lo agarró por el cuello y casi lo estrangulaba, mientras le decía: 'Págame lo que me debes'. El compañero se le arrodilló y le rogaba: 'Ten paciencia conmigo y te lo pagaré todo'. Pero el otro no quiso escucharlo, sino que fue y lo metió en la cárcel hasta que le pagara la deuda. Al ver lo ocurrido, sus compañeros se llenaron de indignación y fueron a contarle al rey lo sucedido. Entonces el señor lo llamó y le dijo: 'Siervo malvado. Te perdoné toda aquella deuda porque me lo suplicaste. ¿No debías tú también haber tenido compasión de tu compañero, como yo tuve compasión de ti?' Y el señor, encolerizado, lo entregó a los verdugos para que no lo soltaran hasta que pagara lo que debía. Pues lo mismo hará mi Padre celestial con ustedes si cada cual no perdona de corazón a su hermano". Cuando Jesús terminó de hablar, salió de Galilea y fue a la región de Judea que queda al otro lado del Jordán.

Solemnidad de Asunción de la Santísima Virgen María
Misa vespertina de la vigilia
Primera Lectura: 1 Crónicas 15, 3-4. 15-16; 16, 1-2

En aquellos días, David congregó en Jerusalén a todos los israelitas, para trasladar el arca de la alianza al lugar que le había preparado. Reunió también a los hijos de Aarón y a los levitas. Luego los levitas se echaron los varales a los hombros y levantaron en peso el arca de la alianza, tal como lo había mandado Moisés, por orden del Señor. David ordenó a los jefes de los levitas que entre los de su tribu nombraran cantores para que entonaran cantos festivos, acompañados de arpas, cítaras y platillos. Introdujeron, pues, el arca de la alianza y la instalaron en el centro de la tienda que David le había preparado. Ofrecieron a Dios holocaustos y sacrificios de comunión, y cuando David terminó de ofrecerlos, bendijo al pueblo en nombre del Señor.

Salmo Responsorial: Salmo 132, 6-7. 9-10. 13-14
R. (8) Ven, Señor, a tu morada.

Que se hallaba en Efrata nos dijeron; de Jaar en los campos la encontramos. Entremos en la tienda del Señor y a sus pies, adorémoslo, postrados. **R.**

Tus sacerdotes vístanse de gala; tus fieles, jubilosos, lancen gritos. Por amor a David, tu servidor, no apartes la mirada de tu ungido. **R.**

Esto es así, porque el Señor ha elegido a Sión como morada: "Aquí está mi reposo para siempre; porque así me agradó, será mi casa". **R.**

Segunda Lectura: 1 Corintios 15, 54b-57

Hermanos: Cuando nuestro ser corruptible y mortal se revista de incorruptibilidad e inmortalidad, entonces se cumplirá la palabra de la Escritura: *La muerte ha sido aniquilada por la victoria. ¿Dónde está, muerte, tu victoria? ¿Dónde está, muerte, tu aguijón?* El aguijón de la muerte es el pecado y la fuerza del pecado es la ley. Gracias a Dios, que nos ha dado la victoria por nuestro Señor Jesucristo.

Aclamación antes del Evangelio: Lucas 11, 28
R. Aleluya, aleluya.

Dichosos los que escuchan la palabra de Dios y la ponen en práctica, dice el Señor. **R.**

Evangelio: Lucas 11, 27-28

En aquel tiempo, mientras Jesús hablaba a la multitud, una mujer del pueblo, gritando, le dijo: "¡Dichosa la mujer que te llevó en su seno y cuyos pechos te amamantaron!" Pero Jesús le respondió: "Dichosos todavía más los que escuchan la palabra de Dios y la ponen en práctica".

Misa del día

Primera Lectura: Apocalipsis 11, 19; 12, 1-6. 10

Se abrió el templo de Dios en el cielo y dentro de él se vio el arca de la alianza. Apareció entonces en el cielo una figura prodigiosa: una mujer envuelta por el sol, con la luna bajo sus pies y con una corona de doce estrellas en la cabeza. Estaba encinta y a punto de dar a luz y gemía con los dolores del parto. Pero apareció también en el cielo otra figura: un enorme dragón, color de fuego, con siete cabezas y diez cuernos, y una corona en cada una de sus siete cabezas. Con su cola barrió la tercera parte de las estrellas del cielo y las arrojó sobre la tierra. Después se detuvo delante de la mujer que iba a dar a luz, para devorar a su hijo, en cuanto éste naciera. La mujer dio a luz un hijo varón, destinado a gobernar todas las naciones con cetro de hierro; y su hijo fue llevado hasta Dios y hasta su trono. Y la mujer huyó al desierto, a un lugar preparado por Dios. Entonces oí en el cielo una voz poderosa, que decía: "Ha sonado la hora de la victoria de nuestro Dios, de su dominio y de su reinado, y del poder de su Mesías".

Salmo Responsorial: Salmo 44, 10bc. 11. 12ab. 16
R. (10b) De pie, a tu derecha, está la reina.

Hijas de reyes salen a tu encuentro. De pie, a tu derecha, está la reina, enjoyada con oro de Ofir. **R.**

Escucha, hija, mira y pon atención: olvida a tu pueblo y la casa paterna; el rey está prendado de tu belleza; ríndele homenaje, porque él es tu señor. **R.**

Entre alegría y regocijo van entrando en el palacio real. A cambio de tus padres, tendrás hijos, que nombrarás príncipes por toda la tierra. **R.**

Segunda Lectura: 1 Corintios 15, 20-27

Hermanos: Cristo resucitó, y resucitó como la primicia de todos los muertos. Porque si por un hombre vino la muerte, también por un hombre vendrá la resurrección de los muertos. En efecto, así como en Adán todos mueren, así en Cristo todos volverán a la vida, pero cada uno en su orden: primero Cristo, como primicia; después, a la hora de su advenimiento, los que son de Cristo. Enseguida será la consumación, cuando Cristo entregue el Reino a su Padre, después de haber aniquilado todos los poderes del mal. Porque él tiene que reinar hasta que el Padre ponga bajo sus pies a todos sus enemigos. El último de los enemigos en ser aniquilado, será la muerte, porque todo lo ha sometido Dios bajo los pies de Cristo.

Aclamación antes del Evangelio
R. Aleluya, aleluya.

María fue llevada al cielo y todos los ángeles se alegran. **R.**

Evangelio: Lucas 1, 39-56

En aquellos días, María se encaminó presurosa a un pueblo de las montañas de Judea, y entrando en la casa de Zacarías, saludó a Isabel. En cuanto ésta oyó el saludo de María, la creatura saltó en su seno. Entonces Isabel quedó llena del Espíritu Santo, y levantando la voz, exclamó: "¡Bendita tú entre las mujeres y bendito el fruto de tu vientre! ¿Quién soy yo para que la madre de mi Señor venga a verme? Apenas llegó tu saludo a mis oídos, el niño saltó de gozo en mi seno. Dichosa tú, que has creído, porque se cumplirá cuanto te fue anunciado de parte del Señor". Entonces dijo María: "Mi alma glorifica al Señor *y mi espíritu se llena de júbilo en Dios, mi salvador,* porque *puso sus ojos en la humildad de su esclava.* Desde ahora me llamarán dichosa todas las generaciones, porque ha hecho en mí grandes cosas el que todo lo puede. *Santo es su nombre y su misericordia llega de generación en generación a los que lo temen.* Ha hecho sentir el poder de su brazo: dispersó a los de corazón altanero, *destronó a los potentados y exaltó a los humildes. A los hambrientos los colmó de bienes* y a los ricos los despidió sin nada. *Acordándose de su misericordia, vino en ayuda de Israel, su siervo,* como lo había prometido a nuestros padres, a Abraham y a su descendencia para siempre". María permaneció con Isabel unos tres meses, y luego regresó a su casa.

Sábado de la XIX semana del Tiempo ordinario
Primera Lectura: Josué 24, 14-29

En aquellos días, habló Josué al pueblo y le dijo: "Teman al Señor y sírvanlo con toda la sinceridad de su corazón. Apártense de los dioses a los que sirvieron sus padres al otro lado del río Eufrates y en Egipto, y sirvan al Señor. Pero si no les agrada servir al Señor, digan aquí y ahora a quien quieren servir: ¿a los dioses a los que sirvieron sus antepasados al otro lado del río Eufrates, o a los dioses de los amorreos, en cuyo país habitan? En cuanto a mí toca, mi familia y yo serviremos al Señor". El pueblo respondió: "Lejos de nosotros abandonar al Señor para servir a otros dioses, porque el Señor es nuestro Dios; él fue quien nos sacó de la esclavitud de Egipto, el que hizo ante nosotros grandes prodigios, nos protegió por todo el camino que recorrimos, y en los pueblos por donde pasamos expulsó a todos los que habitaban el país al que llegamos. Así pues, también nosotros serviremos al Señor, porque él es nuestro Dios". Entonces Josué le dijo al pueblo: "No creo que ustedes puedan servir al Señor, porque es un Dios santo y celoso, que no perdonará sus rebeldías y pecados. Si después de todo el bien que el Señor les ha hecho, lo abandonan para servir a dioses extranjeros, él los castigará y acabará con ustedes". El pueblo le respondió a Josué: "No nos sucederá lo que tú dices, porque ciertamente serviremos al Señor". Josué le dijo al pueblo: "Ustedes son testigos de que han elegido servir al Señor". Respondieron ellos: "Somos testigos". Josué les dijo entonces: "Apártense, pues, de los dioses extranjeros que tienen y vuelvan su corazón al Señor, Dios de Israel". El pueblo respondió a Josué: "Serviremos al Señor, nuestro Dios, y obedeceremos sus mandamientos". Aquel día Josué renovó la alianza del Señor con el pueblo y le impuso a éste mandamientos y normas en Siquem. Josué escribió estas cláusulas en el libro de la ley de Dios. Tomó luego una gran piedra y la colocó al pie de la encina que había en el santuario del Señor. Josué le dijo a todo el pueblo: "Esta piedra será testigo, pues ha oído todo lo que el Señor les ha dicho; ella será testigo contra ustedes, cuando quieran renegar del Señor, su Dios". Por fin, Josué despidió al pueblo y cada uno se volvió a su casa. Algún tiempo después, murió Josué, hijo de Nun y siervo del Señor, a la edad de ciento diez años.

Salmo Responsorial: Salmo 15, 1-2a y 5. 7-8. 11

R. (5a) El Señor es nuestro Dios.

Protégeme, Dios mío, pues eres mi refugio. Yo siempre he dicho que tú eres mi Señor. El Señor es la parte que me ha tocado en herencia: mi vida está en sus manos. **R.**

Bendeciré al Señor, que me aconseja, hasta de noche me instruye internamente. Tengo siempre presente al Señor, y con él a mi lado, jamás tropezaré. **R.**

Enséñame el camino de la vida, sáciame de gozo en tu presencia, y de alegría perpetua junto a ti. **R.**

Aclamación antes del Evangelio: Mateo 11, 25

R. Aleluya, aleluya.

Te doy gracias, Padre, Señor del cielo y de la tierra, porque has revelado los misterios del Reino a la gente sencilla. **R.**

Evangelio: Mateo 19, 13-15

En aquel tiempo, le presentaron unos niños a Jesús para que les impusiera las manos y orase por ellos. Los discípulos regañaron a la gente; pero Jesús les dijo: "Dejen a los niños y no les impidan que se acerquen a mí, porque de los que son como ellos es el Reino de los cielos". Después les impuso las manos y continuó su camino.

XX Domingo Ordinario

Primera Lectura: Jeremías 38, 4-6. 8-10

Durante el sitio de Jerusalén, los jefes que tenían prisionero a Jeremías dijeron al rey: "Hay que matar a este hombre, porque las cosas que dice desmoralizan a los guerreros que quedan en esta ciudad y a todo el pueblo. Es evidente que no busca el bienestar del pueblo, sino su perdición". Respondió el rey Sedecías: "Lo tienen ya en sus manos y el rey no puede nada contra ustedes". Entonces ellos tomaron a Jeremías y, descolgándolo con cuerdas, lo echaron en el pozo del príncipe Melquías, situado en el patio de la prisión. En el pozo no había agua, sino lodo, y Jeremías quedó hundido en el lodo. Ebed-Mélek, el etíope, oficial de palacio, fue a ver al rey y le dijo: "Señor, está mal hecho lo que estos hombres hicieron con Jeremías, arrojándolo al pozo, donde va a morir de hambre". Entonces el rey ordenó a Ebed-Mélek: "Toma treinta hombres contigo y saca del pozo a Jeremías, antes de que muera".

Salmo Responsorial: Salmo 39, 2. 3. 4. 18
R. (14b) Señor, date prisa en ayudarme.

Esperé en el Seño con gran confianza; él se inclinó hacia mí y escuchó mis plegarias. **R.**

Del charco cenagoso y la fosa mortal me puso a salvo; puso formes mis pies sobre lo roca y aseguró mis pasos. **R.**

El me puso en la boca un canto nuevo, un himno a nuestro Dios. Muchos se conmovieron al ver esto y confiaron también en el Señor. **R.**

A mí, tu siervo, pobre y desdichado, no me dejes, Señor, en el olvido. Tú eres quien me ayuda y quien me salva; no te tardes, Dios mío. **R.**

Segunda Lectura: Hebreos 12, 1-4

Hermanos: Rodeados, como estamos, por la multitud de antepasados nuestros, que dieron prueba de su fe, dejemos todo lo que nos estorba; librémonos del pecado que nos ata, para correr con perseverancia la carrera que tenemos por delante, fija la mirada en Jesús, autor y consumador de nuestra fe. Él, en vista del gozo que se le proponía, aceptó la cruz, sin temer su ignominia, y por eso está sentado a la derecha del trono de Dios. Mediten, pues, en el ejemplo de aquel que quiso sufrir tanta oposición de parte de los pecadores, y no se cansen ni pierdan el ánimo, porque todavía no han llegado a derramar su sangre en la lucha contra el pecado.

Aclamación antes del Evangelio: Juan 10, 27
R. Aleluya, aleluya.

Mis ovejas escuchan mi voz, dice el Señor; yo las conozco y ellas me siguen. **R.**

Evangelio: Lucas 12, 49-53

En aquel tiempo, Jesús dijo a sus discípulos: "He venido a traer fuego a la tierra, ¡y cuánto desearía que ya estuviera ardiendo! Tengo que recibir un bautismo, ¡y cómo me angustio mientras llega! ¿Piensan acaso que he venido a traer paz a la tierra? De ningún modo. No he venido a traer la paz, sino la división. De aquí en adelante, de cinco que haya en una familia, estarán divididos tres contra dos y dos contra tres. Estará dividido el padre contra el hijo, el hijo contra el padre, la madre contra la hija y la hija contra la madre, la suegra contra la nuera y la nuera contra la suegra".

Lunes de la XX semana del Tiempo ordinario

Primera Lectura: Jueces 2, 11-19

En aquellos días, los israelitas hicieron lo que desagrada al Señor, dando culto a los ídolos. Abandonaron al Señor, Dios de sus padres, que los había sacado de Egipto, y siguieron a otros dioses de los pueblos de alrededor, los adoraron y provocaron la ira del Señor; abandonaron al Señor y dieron culto a Baal y Astarté. Entonces el Señor se encolerizó contra Israel. Los puso en manos de salteadores, que los despojaron, y los entregó a unos enemigos, que los rodeaban y a quienes no pudieron ya hacerles frente. En todas sus campañas la mano del Señor intervenía contra ellos para castigarlos, como el Señor se lo había dicho y jurado, y los puso en una situación desesperada. Entonces el Señor instituyó jueces, que salvaron a los israelitas de quienes los saqueaban, pero ellos tampoco escucharon a los jueces: se prostituyeron, dando culto y adorando a otros dioses; se desviaron muy pronto de la conducta de sus padres, que habían cumplido los mandamientos del Señor, y no los imitaron. Cuando el Señor les instituyó jueces, él estaba con el juez y los salvaba de sus enemigos, pues se conmovía ante los gemidos que proferían bajo el yugo de sus opresores. Pero, cuando moría el juez, volvían a caer y se portaban todavía peor que sus padres: seguían a otros dioses, les daban culto, los adoraban y volvían a sus prácticas y a su conducta obstinada.

Salmo Responsorial: Salmo 106,34-35. 36-37. 39-40. 43ab y 44

R. (4a) Perdona, Señor, las culpas de tu pueblo.

No exterminaron nuestros padres a los pueblos que el Señor les había mandado. Se unieron con paganos y aprendieron sus prácticas. **R.**

Dieron culto a los ídolos y éstos fueron para ellos como una trampa. Entonces entregaron a sus hijos e hijas en sacrificio a los demonios. **R.**

Se contaminaron con sus obras y se prostituyeron con sus acciones. Por eso el Señor renegó de su pueblo y estalló su enojo. **R.**

¡Cuántas veces los libró; pero ellos se obstinaron en su actitud! Entonces el Señor miró su angustia y escuchó sus gritos. **R.**

Aclamación antes del Evangelio: Mateo 5, 3

R. Aleluya, aleluya.

Dichosos los pobres de espíritu, porque de ellos es el Reino de los cielos. **R.**

Evangelio: Mateo 19, 16-22

En aquel tiempo, se acercó a Jesús un joven y le preguntó: "Maestro, ¿qué cosas buenas tengo que hacer para conseguir la vida eterna?" Le respondió Jesús: "¿Por qué me preguntas a mí acerca de lo bueno? Uno solo es el bueno: Dios. Pero, si quieres entrar en la vida, cumple los mandamientos". El replicó: "¿Cuáles?" Jesús le dijo: *No matarás, no cometerás adulterio, no robarás, no levantarás falso testimonio, honra a tu padre y a tu madre, ama a tu prójimo como a ti mismo.* Le dijo entonces el joven: "Todo eso lo he cumplido desde mi niñez, ¿qué más me falta?" Jesús le dijo: "Si quieres ser perfecto, ve a vender todo lo que tienes, dales el dinero a los pobres, y tendrás un tesoro en el cielo; luego ven y sígueme". Al oír estas palabras, el joven se fue entristecido, porque era muy rico.

Martes 19 de agosto de 2025
Martes de la XX Semana del Tiempo Ordinario
Primera Lectura: Jueces 6, 11-24a

En aquellos días, vino el ángel del Señor y se sentó bajo la encina de Ofrá, que pertenecía a Joás, de la familia de Abiezer. Su hijo Gedeón estaba limpiando trigo en el lagar, para esconderlo de los madianitas, cuando el ángel del Señor se le apareció y le dijo: "El Señor está contigo, valiente guerrero". Le contestó Gedeón: "Perdón, señor mío. Si el Señor está con nosotros, ¿por qué han caído sobre nosotros tantas desgracias? ¿Dónde están todos aquellos prodigios de los que nos hablaban nuestros padres cuando nos decían: 'El Señor nos sacó de Egipto'? Ahora, en cambio, el Señor nos ha abandonado y nos ha entregado a los madianitas". Entonces el Señor se volvió hacia Gedeón y le dijo: "Usa la fuerza que tienes, para ir a salvar a Israel del poder de los madianitas. Yo soy el que te envía". Le respondió Gedeón: "Perdón, Señor mío; pero, ¿cómo voy a salvar yo a Israel? Mi familia es la más pobre de la tribu de Manasés y yo, el más pequeño de la casa de mi padre". El Señor le respondió: "Yo estaré contigo y tú derrotarás a todos los madianitas como si fueran un solo hombre". Gedeón le dijo: "Si he alcanzado tu favor, dame una señal de que eres tú el que me habla. No te vayas de aquí, por favor, hasta que vuelva con una ofrenda y te la presente". El respondió: "Aquí me quedaré hasta que vuelvas". Gedeón entró en su casa, preparó un cabrito, y con una medida de harina, hizo unos panes sin levadura; puso la carne en una canastilla y el caldo en una olla, lo llevó bajo la encina y se lo ofreció al ángel. Pero éste le dijo: "Toma la carne y los panes sin levadura, ponlos sobre esa roca y derrama encima el caldo". Gedeón lo hizo así. Luego el ángel del Señor acercó la punta del bastón que tenía en la mano y tocó la carne y los panes sin levadura. Salió fuego de la roca, consumió la carne y los panes, y el ángel del Señor desapareció. Entonces se dio cuenta Gedeón de que era el ángel del Señor y exclamó: "¡Ay, Dios mío, he visto al ángel del Señor cara a cara!" Pero el Señor le dijo: "Que la paz sea contigo. No temas; no morirás". Gedeón levantó un altar al Señor en aquel lugar y lo llamó "La paz del Señor".

Salmo Responsorial: Salmo 84, 9. 11-12. 13-14
R. (9b) Escucharé las palabras del Señor.

Escucharé las palabras del Señor, palabras de paz para su pueblo santo y para los que se convierten de corazón. Está ya cerca nuestra salvación y la gloria del Señor habitará en la tierra. **R.**

La misericordia y la verdad d se encontraron, la justicia y la paz se besaron, la fidelidad brotó en la tierra y la justicia vino del cielo. **R.**

Cuando el Señor nos muestre su bondad, nuestra tierra producirá su fruto. La justicia le abrirá camino al Señor e irá siguiendo sus pisadas. **R.**

Aclamación antes del Evangelio: 2 Corintios 8, 9
R. Aleluya, aleluya.

Jesucristo, siendo rico, se hizo pobre, para enriquecernos con su pobreza. **R.**

Evangelio: Mateo 19, 23-30

En aquel tiempo, Jesús dijo a sus discípulos: "Yo les aseguro que un rico difícilmente entrará en el Reino de los cielos. Se lo repito: es más fácil que un camello pase por el ojo de una aguja, que un rico entre en el Reino de los cielos". Al oír esto, los discípulos se quedaron asombrados y exclamaron: "Entonces ¿quién podrá salvarse?" Pero Jesús, mirándolos fijamente, les respondió: "Para los hombres eso es imposible, mas para Dios todo es posible". Entonces Pedro, tomando la palabra, le dijo a Jesús: "Señor, nosotros lo hemos dejado todo y te hemos seguido, ¿qué nos va a tocar?" Jesús les dijo: "Yo les aseguro que en la vida nueva, cuando el Hijo del hombre se siente en su trono de gloria, ustedes, los que me han seguido, se sentarán también en doce tronos, para juzgar a las doce tribus de Israel. Y todo aquel que por mí haya dejado casa, o hermanos o hermanas, o padre o madre, o esposa o hijos, o propiedades, recibirá cien veces más y heredará la vida eterna. Y muchos primeros serán últimos y muchos últimos, primeros".

Miércoles 20 de agosto de 2025
Memoria de San Bernardo, abad y doctor de la Iglesia
Primera Lectura: Jueces 9, 6-15

En aquellos días, se reunieron todos los hombres de Siquem y todas las familias de Bet-Mil-Lo y proclamaron rey a Abimélek, junto a la encina de la piedra memorial que hay en Siquem. Se lo anunciaron a su hermano Jotam, quien subió a la cumbre del monte Garizim, y desde ahí levantó la voz y clamó: "Escúchenme hombres de Siquem, y que Dios los escuche a ustedes. Una vez los árboles fueron a buscarse un rey. Le dijeron al olivo: 'Sé nuestro rey'. Pero el olivo les respondió: '¿Voy a renunciar al aceite que utilizan los dioses y los hombres, para ir a presumir por encima de los árboles?' Entonces, los árboles le dijeron a la higuera: 'Ven a ser nuestro rey'. La higuera les respondió: '¿Voy a renunciar a mis dulces y sabrosos frutos, para ir a presumir por encima de los árboles?' Le dijeron luego los árboles a la vid: 'Ven a ser nuestro rey'. La vid les respondió: '¿Voy a renunciar a mi vino, que alegra a los dioses y a los hombres, para ir a presumir por encima de los árboles?' Finalmente, todos los árboles le dijeron a la zarza: 'Ven a ser nuestro rey'. La zarza les respondió: 'Si de veras quieren hacerme su rey, vengan a descansar bajo mi sombra. Pero si no es así, que brote fuego de la zarza y devore a los cedros del Líbano'".

Salmo Responsorial: Salmo 20, 2-3. 4-5. 6-7

R. (2a) De tu poder, Señor, se alegra el rey.

De tu poder, Señor, se alegra el rey, se alegra con el triunfo que le has dado. Le otorgaste lo que él tanto anhelaba, no rechazaste el ruego de sus labios. **R.**

Lo colmaste, Señor, de bendiciones, con oro has coronado su cabeza. La vida te pidió, tú se le diste, una vida por siglos duradera. **R.**

Tu victoria, Señor, le ha dado fama, lo has cubierto de gloria y de grandeza. Sin cesar le concedes tus favores y lo colmas de gozo en tu presencia. **R.**

Aclamación antes del Evangelio: Hebreos 4, 12

R. Aleluya, aleluya.

La palabra de Dios es viva y eficaz y descubre los pensamientos e intenciones del corazón. **R.**

Evangelio: Mateo 20, 1-16

En aquel tiempo, Jesús dijo a sus discípulos esta parábola: "El Reino de los cielos es semejante a un propietario que, al amanecer, salió a contratar trabajadores para su viña. Después de quedar con ellos en pagarles un denario por día, los mandó a su viña. Salió otra vez a media mañana, vio a unos que estaban ociosos en la plaza y les dijo: 'Vayan también ustedes a mi viña y les pagaré lo que sea justo'. Salió de nuevo a medio día y a media tarde e hizo lo mismo. Por último, salió también al caer la tarde y encontró todavía a otros que estaban en la plaza y les dijo: '¿Por qué han estado aquí todo el día sin trabajar?' Ellos le respondieron: 'Porque nadie nos ha contratado'. El les dijo: 'Vayan también ustedes a mi viña'. Al atardecer, el dueño de la viña le dijo a su administrador: 'Llama a los trabajadores y págales su jornal, comenzando por los últimos hasta que llegues a los primeros'. Se acercaron, pues, los que habían llegado al caer la tarde y recibieron un denario cada uno. Cuando les llegó su turno a los primeros, creyeron que recibirían más; pero también ellos recibieron un denario cada uno. Al recibirlo, comenzaron a reclamarle al propietario, diciéndole: 'Esos que llegaron al último sólo trabajaron una hora, y sin embargo, les pagas lo mismo que a nosotros, que soportamos el peso del día y del calor'. Pero él respondió a uno de ellos: 'Amigo, yo no te hago ninguna injusticia. ¿Acaso no quedamos en que te pagaría un denario? Toma, pues, lo tuyo y vete. Yo quiero darle al que llegó al último lo mismo que a ti. ¿Qué no puedo hacer con lo mío lo que yo quiero? ¿O vas a tenerme rencor porque yo soy bueno?' De igual manera, los últimos serán los primeros, y los primeros, los últimos".

Memoria de San Pio X, papa

Primera Lectura: Jueces 11, 29-39

En aquellos días, el espíritu del Señor vino sobre Jefté, que recorrió la región de Galaad y de Manasés, pasó por Mispá de Galaad y de allí marchó contra los amonitas. Jefté le hizo una promesa al Señor, diciendo: "Si me entregas a los amonitas, al primero que salga a la puerta de mi casa para recibirme, cuando vuelva victorioso de la guerra contra los amonitas, te lo ofreceré en holocausto".Jefté marchó contra los amonitas y el Señor se los entregó. Los derrotó desde Aroer hasta la entrada de Minit, donde hay veinte ciudades, hasta Abel-Keramín, y les tomó sus veinte ciudades. La derrota de los amonitas fue grandísima y fueron humillados por los israelitas. Cuando Jefté volvió a su casa en Mispá, lo salió a recibir su hija, bailando al son de las panderetas. Jefté no tenía más hijos que ella. Al verla, Jefté se rasgó las vestiduras y gritó: "¡Ay, hija mía! ¡Qué desdichado soy! ¿Por qué tenías que ser tú la causa de mi desgracia? Le hice una promesa al Señor y no puedo retractarme". Ella le dijo: "Padre mío, si le has hecho una promesa al Señor, haz conmigo lo que le prometiste, ya que el Señor te ha concedido la victoria sobre tus enemigos". Después le dijo a su padre: "Concédeme tan sólo este favor: Déjame andar por los montes durante dos meses para llorar con mis amigas la desgracia de morir sin tener hijos". El le respondió: "¡Vete!" Y le concedió lo que le había pedido. Ella se fue con sus amigas y estuvo llorando su desgracia por los montes. Al cabo de los dos meses, volvió a la casa de su padre y él cumplió con ella la promesa que había hecho.

Salmo Responsorial: Del Salmo 39

R. (8a y 9a) Aquí estoy, Señor, para hacer tu voluntad.

Dichoso el hombre que ha puesto su confianza en el Señor, y no acude a los idólatras, que se extravían con engaños. **R.**

Sacrificios y ofrendas no quisiste, abriste, en cambio, mis oídos a tu voz. No exigiste holocaustos por la culpa, así que dije: "Aquí estoy". **R.**

En tus libros se me ordena hacer tu voluntad; esto es, Señor, lo que deseo: tu ley en medio de mi corazón. **R.**

He anunciado tu justicia en la gran asamblea; no he cerrado los labios: tú lo sabes, Señor. **R.**

Aclamación antes del Evangelio: Salmo 94, 8
R. Aleluya, aleluya.

Hagámosle caso al Señor que nos dice: No endurezcan su corazón. **R.**

Evangelio: Mateo 22, 1-14

En aquel tiempo, volvió Jesús a hablar en parábolas a los sumos sacerdotes y a los ancianos del pueblo, diciendo: "El Reino de los cielos es semejante a un rey que preparó un banquete de bodas para su hijo. Mandó a sus criados que llamaran a los invitados, pero éstos no quisieron ir. Envió de nuevo a otros criados que les dijeran: 'Tengo preparado el banquete; he hecho matar mis terneras y los otros animales gordos; todo está listo. Vengan a la boda'. Pero los invitados no hicieron caso. Uno se fue a su campo, otro a su negocio y los demás se les echaron encima a los criados, los insultaron y los mataron. Entonces el rey se llenó de cólera y mandó sus tropas, que dieron muerte a aquellos asesinos y prendieron fuego a la ciudad. Luego les dijo a sus criados: 'La boda está preparada; pero los que habían sido invitados no fueron dignos. Salgan, pues, a los cruces de los caminos y conviden al banquete de bodas a todos los que encuentren'. Los criados salieron a los caminos y reunieron a todos los que encontraron, malos y buenos, y la sala del banquete se llenó de convidados. Cuando el rey entró a saludar a los convidados, vio entre ellos a un hombre que no iba vestido con traje de fiesta y le preguntó: 'Amigo, ¿cómo has entrado aquí sin traje de fiesta?' Aquel hombre se quedó callado. Entonces el rey dijo a los criados: 'Átenlo de pies y manos y arrójenlo fuera, a las tinieblas. Allí será el llanto y la desesperación'. Porque muchos son los llamados y pocos los escogidos".

Memoria de Nuestra Señora María Reina

Primera Lectura: Rut 1, 1. 3-8. 14-16. 22

En tiempo de los jueces, hubo hambre en el país de Judá y un hombre de Belén, llamado Elimélek, se fue a residir con Noemí, su esposa, y sus dos hijos a la región de Moab. Murió Elimélek, y Noemí se quedó sola con sus dos hijos. Estos se casaron con dos mujeres moabitas: una se llamaba Orpá y la otra, Rut. Vivieron ahí unos diez años y murieron también los hijos de Noemí, Malón y Kilión, y ella se quedó sin hijos y sin esposo. Entonces decidió abandonar los campos de Moab y regresar al país de Judá con sus dos nueras, porque oyó decir que el Señor había favorecido al pueblo y le daba buenas cosechas. Se pusieron, pues, en camino, para volver a la tierra de Judá. Entonces Noemí dijo a sus dos nueras: "Vuélvase cada una a casa de su madre. Que el Señor tenga piedad de ustedes, como ustedes la han tenido con mis hijos y conmigo". Ellas rompieron a llorar y Orpá besó a su suegra, Noemí, y se volvió a su pueblo; pero Rut se quedó con su suegra. Entonces Noemí le dijo a Rut: "Tu concuña se ha vuelto a su pueblo y a sus dioses; vuélvete tú también con ella". Pero Rut respondió: "No insistas en que te abandone y me vaya, porque a donde tú vayas, iré yo; donde tú vivas, viviré yo; tu pueblo será mi pueblo y tu Dios será mi Dios". Así fue como Noemí, con su nuera Rut, la moabita, regresó de los campos de Moab y llegó con ella a Belén, al comienzo de la cosecha de la cebada.

Salmo Responsorial: Salmo 145, 5-6ab. 6c-7. 8-9a. 9bc-10

R. (2a) Alabaré al Señor toda mi vida.

Dichoso aquel que auxiliado por el Dios de Jacob, y pone su esperanza en el Señor, su Dios, que hizo el cielo y la tierra, el mar y cuanto el mar encierra. **R.**

El Señor siempre es fiel a su palabra, y es quien hace justicia al oprimido; él proporciona pan a los hambrientos y libera al cautivo. **R.**

Abre el Señor los ojos de los ciegos y alivia al agobiado. Ama el Señor al hombre justo y toma al forastero a su cuidado. **R.**

A la viuda y al huérfano sustenta y trastorna los planes del inicuo. Reina el Señor eternamente, reina tu Dios, oh Sión, reina por siglos. **R.**

Aclamación antes del Evangelio: Salmo 24, 4. 5
R. Aleluya, aleluya.

Descúbrenos, Señor, tus caminos y guíanos con la verdad de tu doctrina. **R.**

Evangelio: Mateo 22, 34-40

En aquel tiempo, habiéndose enterado los fariseos de que Jesús había dejado callados a los saduceos, se acercaron a él. Uno de ellos, que era doctor de la ley, le preguntó para ponerlo a prueba: "Maestro, ¿cuál es el mandamiento más grande de la ley?" Jesús le respondió: *"Amarás al Señor, tu Dios, con todo tu corazón, con toda tu alma y con toda tu mente.* Este es el más grande y el primero de los mandamientos. Y el segundo es semejante a éste: *Amarás a tu prójimo como a ti mismo.* En estos dos mandamientos se fundan toda la ley y los profetas

Sábado del XX semana del Tiempo ordinario
Primera Lectura: Rut 2, 1-3. 8-11; 4, 13-17

Tenía Noemí, por parte de su marido, Elimélek, un pariente de muy buena posición, llamado Booz. Rut, la moabita, le dijo a Noemí: "Déjame ir a un campo en donde el dueño me permita recoger las espigas que se les caigan a los segadores". Ella le respondió: "Ve, Hija mía". Fue Rut y se puso a recoger espigas detrás de los segadores en un campo, que para suerte de ella, pertenecía a Booz, el de la familia de Elimélek. Booz le dijo a Rut: "Escucha, hija mía. No vayas a recoger espigas en otros campos ni te alejes de aquí; quédate junto a mis espigadoras y síguelas por donde ellas vayan recolectando. Ya les dije a mis segadores que no te molesten. Si tienes sed, ve a donde están las vasijas y bebe del agua dispuesta para los trabajadores". Ella se postró ante él y le dijo: "¿Por qué me tratas con tanta benevolencia y te fijas en mí, que no soy más que una extranjera?" Booz le respondió: "Me han contado todo lo que, después de la muerte de tu marido, has hecho por tu suegra: cómo has renunciado a tu padre y a tu madre y a la tierra en que naciste, y has venido a vivir entre gente que no conocías". Después de algún tiempo, Booz se casó con Rut, se unió a ella y el Señor hizo que Rut concibiera y diera a luz un niño. Las mujeres le dijeron a Noemí: "Bendito sea el Señor, que no ha permitido que le faltara a tu difunto esposo un heredero para perpetuar su nombre en Israel. Este niño será tu consuelo y el apoyo en tu vejez, porque te lo ha dado a luz tu nuera, que tanto te quiere y que es para ti mejor que siete hijos". Noemí tomó al niño, lo puso en su regazo y se encargó de criarlo. Las vecinas felicitaban a Noemí, diciendo: "Le ha nacido un hijo a Noemí", y le pusieron por nombre Obed. Este es el padre de Jesé, padre de David.

Salmo Responsorial: Salmo 127, 1-2. 3. 4. 5
R. (4) Dichoso el hombre que teme al Señor.

Dichoso el hombre que teme al Seño y sigue sus caminos: comerá del fruto de su trabajo, será dichoso, le irá bien. **R.**

Su mujer, como vid fecunda, en medio de su casa; sus hijos, como renuevos de olivo, alrededor de su mesa. **R.**

Esta es la bendición del hombre que teme al Señor. "Que el Señor te bendiga desde Sión, que veas la prosperidad de Jerusalén todos los días de tu vida. **R.**

Aclamación antes del Evangelio: Mateo 23, 9. 10
R. Aleluya, aleluya.

Su Maestro es uno solo, Cristo, y su Padre es uno solo, el del cielo, dice el Señor.
R.

Evangelio: Mateo 23, 1-12
En aquel tiempo, Jesús dijo a las multitudes y a sus discípulos: "En la cátedra de Moisés se han sentado los escribas y fariseos. Hagan, pues, todo lo que les digan, pero no imiten sus obras, porque dicen una cosa y hacen otra. Hacen fardos muy pesados y difíciles de llevar y los echan sobre las espaldas de los hombres, pero

ellos ni con el dedo los quieren mover. Todo lo hacen para que los vea la gente. Ensanchan las filacterias y las franjas del manto; les agrada ocupar los primeros lugares en los banquetes y los asientos de honor en las sinagogas; les gusta que los saluden en las plazas y que la gente los llame 'maestros'. Ustedes, en cambio, no dejen que los llamen 'maestros', porque no tienen más que un Maestro y todos ustedes son hermanos. A ningún hombre sobre la tierra lo llamen 'padre', porque el Padre de ustedes es sólo el Padre celestial. No se dejen llamar 'guías', porque el guía de ustedes es solamente Cristo. Que el mayor de entre ustedes sea su servidor, porque el que se enaltece será humillado y el que se humilla será enaltecido".

Domingo 24 de agosto de 2025

XXI Domingo Ordinario

Primera Lectura: Isaías 66, 18-21

Esto dice el Señor: "Yo vendré para reunir a las naciones de toda lengua. Vendrán y verán mi gloria. Pondré en medio de ellos un signo, y enviaré como mensajeros a algunos de los supervivientes hasta los países más lejanos y las islas más remotas, que no han oído hablar de mí ni han visto mi gloria, y ellos darán a conocer mi nombre a las naciones. Así como los hijos de Israel traen ofrendas al templo del Señor en vasijas limpias, así también mis mensajeros traerán, de todos los países, como ofrenda al Señor, a los hermanos de ustedes a caballo, en carro, en literas, en mulos y camellos, hasta mi monte santo de Jerusalén. De entre ellos escogeré sacerdotes y levitas".

Salmo Responsorial: Salmo 116, 1. 2

R. (Mc 16, 15) Vayan por todo el mundo y prediquen el Evangelio.

Que alaben al Señor todas las naciones, que lo aclamen todos los pueblos. **R.**

Porque grande es su amor hacia nosotros y su fidelidad dura por siempre. **R.**

Segunda Lectura: Hebreos 12, 5-7. 11-13

Hermanos: Ya se han olvidado ustedes de la exhortación que Dios les dirigió, como a hijos, diciendo: *Hijo mío, no desprecies la corrección del Señor, ni te* desanimes cuando te reprenda. *Porque el Señor corrige a los que ama, y da azotes a sus hijos predilectos.* Soporten, pues, la corrección, porque Dios los trata como a hijos; ¿y qué padre hay que no corrija a sus hijos? Es cierto que de momento ninguna corrección nos causa alegría, sino más bien tristeza. Pero después produce, en los que la recibieron, frutos de paz y de santidad. Por eso, robustezcan sus manos cansadas y sus rodillas vacilantes; caminen por un camino plano, para que el cojo ya no se tropiece, sino más bien se alivie.

Aclamación antes del Evangelio: Juan 14, 6
R. Aleluya, aleluya.
Yo soy el camino, la verdad y la vida; nadie va al Padre, si no es por mí, dice el Señor. **R.**

Evangelio: Lucas 13, 22-30
En aquel tiempo, Jesús iba enseñando por ciudades y pueblos, mientras se encaminaba a Jerusalén. Alguien le preguntó: "Señor, ¿es verdad que son pocos los que se salvan?" Jesús le respondió: "Esfuércense en entrar por la puerta, que es angosta, pues yo les aseguro que muchos tratarán de entrar y no podrán. Cuando el dueño de la casa se levante de la mesa y cierre la puerta, ustedes se quedarán afuera y se pondrán a tocar la puerta, diciendo: '¡Señor, ábrenos!' Pero él les responderá: 'No sé quiénes son ustedes'. Entonces le dirán con insistencia: 'Hemos comido y bebido contigo y tú has enseñado en nuestras plazas'. Pero él replicará: 'Yo les aseguro que no sé quiénes son ustedes. Apártense de mí todos ustedes los que hacen el mal'. Entonces llorarán ustedes y se desesperarán, cuando vean a Abraham, a Isaac, a Jacob y a todos los profetas en el Reino de Dios, y ustedes se vean echados fuera. Vendrán muchos del oriente y del poniente, del norte y del sur, y participarán en el banquete del Reino de Dios. Pues los que ahora son los últimos, serán los primeros; y los que ahora son los primeros, serán los últimos".

Lunes 25 de agosto de 2025
Lunes de la XXI semana del tiempo ordinario

Primera Lectura: 1 Tesalonicenses 1, 1-5. 8b-10

Pablo, Silvano y Timoteo deseamos la gracia y la paz a la comunidad cristiana de los tesalonicenses, congregada por Dios Padre y por Jesucristo, el Señor. En todo momento damos gracias a Dios por ustedes y los tenemos presentes en nuestras oraciones. Ante Dios, nuestro Padre, recordamos sin cesar las obras que manifiestan la fe de ustedes, los trabajos fatigosos que ha emprendido su amor y la perseverancia que les da su esperanza en Jesucristo, nuestro Señor. Nunca perdemos de vista, hermanos muy amados de Dios, que él es quien los ha elegido. En efecto, nuestra predicación del Evangelio entre ustedes no se llevó a cabo sólo con palabras, sino también con la fuerza del Espíritu Santo, que produjo en ustedes abundantes frutos. Bien saben cómo hemos actuado entre ustedes para su propio bien. Su fe en Dios ha llegado a ser conocida, no sólo en Macedonia y Acaya, sino en todas partes; de tal manera, que nosotros ya no teníamos que decir nada. Porque ellos mismos cuentan de qué manera tan favorable nos acogieron ustedes y cómo, abandonando los ídolos, se convirtieron al Dios vivo y verdadero para servirlo, esperando que venga desde el cielo su Hijo, Jesús, a quien él resucitó de entre los muertos, y es quien nos libra del castigo venidero.

Salmo Responsorial: Salmo 149, 1b-2. 3-4. 5-6a y 9b
R. (4a) El Señor es amigo de su pueblo.
Entonen al Señor un canto nuevo, en la asamblea litúrgica alábenlo. En su creador y rey, en el Señor, alégrese Israel, su pueblo santo. **R.**
En honor de su nombre, que haya danzas, alábenlo con arpa y tamboriles. El Señor es amigo de su pueblo y otorga la victoria a los humildes. **R.**
Que se alegren los fieles en el triunfo, que inunde el regocijo sus hogares, Que alaben al Señor con sus palabras, porque en esto su pueblo se complace. **R.**

Aclamación antes del Evangelio: Juan 10, 27
R. Aleluya, aleluya.
Mis ovejas escuchan mi voz, dice el Señor, yo las conozco y ellas me siguen. **R.**

Evangelio: Mateo 23, 13-22

En aquel tiempo, Jesús dijo a los escribas y fariseos: "¡Ay de ustedes, escribas y fariseos hipócritas, porque les cierran a los hombres el Reino de los cielos! Ni entran ustedes ni dejan pasar a los que quieren entrar. ¡Ay de ustedes, escribas y fariseos hipócritas, que recorren mar y tierra para ganar un adepto, y cuando lo consiguen, lo hacen todavía más digno de condenación que ustedes mismos! ¡Ay de ustedes, guías ciegos, que enseñan que jurar por el templo no obliga, pero que jurar por el oro del templo, sí obliga! ¡Insensatos y ciegos! ¿Qué es más importante, el oro o el templo, que santifica al oro? También enseñan ustedes que jurar por el altar no obliga. ¡Ciegos! ¿Qué es más importante, la ofrenda o el altar, que santifica a la ofrenda? Quien jura, pues, por el altar, jura por él y por todo lo que está sobre él. Quien jura por el templo, jura por él y por aquel que lo habita. Y quien jura por el cielo, jura por el trono de Dios y por aquel que está sentado en él".

Martes de la XXI semana del Tiempo ordinario
Primera Lectura: 2 Tesalonicenses 2, 1-8

Hermanos: Bien saben que nuestra estancia entre ustedes no fue inútil, pues a pesar de los sufrimientos e injurias que padecimos en Filipos y que ya conocen, tuvimos el valor, apoyados en nuestro Dios, de predicarles su Evangelio en medio de una fuerte oposición. Es que nuestra predicación no nace del error ni de intereses mezquinos ni del deseo de engañarlos, sino que predicamos el Evangelio de acuerdo con el encargo que Dios, considerándonos aptos, nos ha hecho, y no para agradar a los hombres, sino a Dios, que es el que conoce nuestros corazones. Nunca nos hemos presentado, bien lo saben ustedes y Dios es testigo de ello, con palabras aduladoras ni con disimulada codicia, ni hemos buscado las alabanzas de ustedes ni las de nadie. Aunque hubiéramos podido imponerles nuestra autoridad, como apóstoles de Cristo, sin embargo los tratamos con la misma ternura con la que una madre estrecha en su regazo a sus pequeños. Tan grande es nuestro afecto por ustedes, que hubiéramos querido entregarles no solamente el Evangelio de Dios, sino también nuestra propia vida, porque han llegado ustedes a sernos sumamente queridos.

Salmo Responsorial: Salmo 138, 1-3. 4-6

R. (1) Condúceme, Señor, por tu camino.

Tú me conoces, Señor, profundamente; tú conoces cuándo me siento y me levanto, desde lejos sabes mis pensamientos, tú observas mi camino y mi descanso, todas mis sendas te son familiares. **R.**

Apenas la palabra está en mi boca, y ya, Señor, te la sabes completa. Me envuelves por todas partes y tienes puesta sobre mí tu mano. Esta es una ciencia misteriosa para mí, tan sublime, que no la alcanzo. **R.**

Aclamación antes del Evangelio: Hebreos 4, 12

R. Aleluya, aleluya.

La palabra de Dios es viva y eficaz y descubre los pensamientos e intenciones del corazón. **R.**

Evangelio: Mateo 23, 23-26

En aquel tiempo, Jesús dijo a los escribas y fariseos: "¡Ay de ustedes, escribas y fariseos hipócritas, porque pagan el diezmo de la menta, del anís y del comino, pero descuidan lo más importante de la ley, que son la justicia, la misericordia y la fidelidad! Esto es lo que tenían que practicar, sin descuidar aquello. ¡Guías ciegos, que cuelan el mosquito, pero se tragan el camello! ¡Ay de ustedes, escribas y fariseos hipócritas, que limpian por fuera los vasos y los platos, mientras que por dentro siguen sucios con su rapacidad y codicia! ¡Fariseo ciego!, limpia primero por dentro el vaso y así quedará también limpio por fuera".

Miércoles 27 de agosto de 2025

Memoria de Santa Monica

Primera Lectura: 1 Tesalonicenses 2, 9-13

Hermanos: Sin duda se acuerdan de nuestros esfuerzos y fatigas, pues, trabajando de día y de noche, a fin de no ser una carga para nadie, les hemos predicado el Evangelio de Dios. Ustedes son testigos y Dios también lo es, de la forma tan santa, justa e irreprochable como nos hemos portado con ustedes, los creyentes. Como bien lo saben, a cada uno de ustedes lo hemos exhortado con palabras suaves y enérgicas, como lo hace un padre con sus hijos, a vivir de una manera digna de Dios, que los ha llamado a su Reino y a su gloria. Ahora damos gracias a Dios continuamente, porque al recibir ustedes la palabra que les hemos predicado, la aceptaron, no como palabra humana, sino como lo que realmente es: palabra de Dios, que sigue actuando en ustedes, los creyentes.

Salmo Responsorial: Salmo 138, 7-8. 9-10. 11-12ab
R. (1a) Condúcenos, Señor, por tu camino.
¿A dónde iré yo lejos de ti, Señor? ¿Dónde escaparé de tu mirada? Si subo hasta el cielo, allí estás tú; si bajo el abismo, allí te encuentras. **R.**
Si voy en alas de la aurora o me alejo hasta el extremo del mar, también allí tu mano me conduce y tu diestra me sostiene. **R.**
Si digo: "Que me cubran las tinieblas, que la luz se convierta en noche para mí", las tinieblas no son oscuras para ti y la noche es tan clara como el día. **R.**

Aclamación antes del Evangelio: 1 Juan 2, 5
R. Aleluya, aleluya.
En aquel que cumple la palabra de Cristo el amor de Dios ha llegado a su plenitud. **R.**

Evangelio: Mateo 23, 27-32
En aquel tiempo, Jesús dijo a los escribas y fariseos: "¡Ay de ustedes, escribas y fariseos hipócritas, porque son semejantes a sepulcros blanqueados, que por fuera parecen hermosos, pero por dentro están llenos de huesos y podredumbre! Así también ustedes: por fuera parecen justos, pero por dentro están llenos de hipocresía y de maldad. ¡Ay de ustedes, escribas y fariseos hipócritas, porque les construyen sepulcros a los profetas y adornan las tumbas de los justos, y dicen: 'Si hubiéramos vivido en tiempo de nuestros padres, nosotros no habríamos sido cómplices de ellos en el asesinato de los profetas'! Con esto ustedes están reconociendo que son hijos de los asesinos de los profetas. ¡Terminen, pues, de hacer lo que sus padres comenzaron!"

Memoria de San Agustín, obispo y doctor de la Iglesia

Primera Lectura: 1 Tesalonicenses 3, 7-13

Hermanos: En medio de todas nuestras dificultades y tribulaciones, la fe de ustedes nos ha dado un gran consuelo. El saber que permanecen fieles al Señor, nos llena ahora de vida. ¿Cómo podremos agradecerle debidamente a Dios el gozo tan grande con que, a causa de ustedes, nos alegramos en el Señor, a quien noche y día le rogamos con toda el alma que nos conceda verlos personalmente para completar lo que todavía falta a su fe? Que el mismo Dios, nuestro Padre, y Jesucristo, nuestro Señor, nos conduzcan hacia ustedes. Que el Señor los llene y los haga rebosar de un amor mutuo y hacia todos los demás, como el que yo les tengo a ustedes, para que él conserve sus corazones irreprochables en la santidad ante Dios, nuestro Padre, hasta el día en que venga nuestro Señor Jesús, en compañía de todos sus santos.

Salmo Responsorial: Salmo 89, 3-4. 12-13. 14 y 17

R. (14) Señor, llénanos de tu amor.

Tú, Señor, haces volver al polvo a los humanos, diciendo a los mortales que retornen. Mil años so para ti como un día, que ya pasó; como una breve noche. **R.**

Enséñanos a ver lo que es la vida y seremos sensatos. ¿Hasta cuándo, Señor, vas a tener compasión de tus siervos ¿Hasta cuándo? **R.**

Llénanos de tu amor por la mañana y júbilo será la vida toda. Que el Señor bondadoso nos ayude y dé prosperidad a nuestra obras. **R.**

Aclamación antes del Evangelio: Mateo 24, 42. 44

R. Aleluya, aleluya.

Estén preparados, porque no saben a qué hora va a venir el Hijo del hombre. **R.**

Evangelio: Mateo 24, 42-51

En aquel tiempo, Jesús dijo a sus discípulos: "Velen y estén preparados, porque no saben qué día va a venir su Señor. Tengan por cierto que si un padre de familia supiera a qué hora va a venir el ladrón, estaría vigilando y no dejaría que se le metiera por un boquete en su casa. También ustedes estén preparados, porque a la hora en que menos lo piensen, vendrá el Hijo del hombre. Fíjense en un servidor fiel y prudente, a quien su amo nombró encargado de toda la servidumbre para que le proporcionara oportunamente el alimento. Dichoso ese servidor, si al regresar su amo, lo encuentra cumpliendo con su deber. Yo les aseguro que le encargará la administración de todos sus bienes. Pero si el servidor es un malvado, y pensando que su amo tardará, se pone a golpear a sus compañeros, a comer y emborracharse, vendrá su amo el día menos pensado, a una hora imprevista, lo castigará severamente y lo hará correr la misma suerte de los hipócritas. Entonces todo será llanto y desesperación".

Memoria del Martirio de San Juan Bautista

Primera Lectura: 1 Tesalonicenses 4, 1-8

Hermanos: Les rogamos y los exhortamos en el nombre del Señor Jesús a que vivan como conviene, para agradar a Dios, según aprendieron de nosotros, a fin de que sigan ustedes progresando. Ya conocen, en efecto, las instrucciones que les hemos dado de parte del Señor Jesús. Lo que Dios quiere de ustedes es que se santifiquen; que se abstengan de todo acto impuro; que cada uno de ustedes sepa tratar a su esposa con santidad y respeto y no dominado por la pasión, como los paganos, que no conocen a Dios. Que en esta materia, nadie ofenda a su hermano ni abuse de él, porque el Señor castigará todo esto, como se lo dijimos y aseguramos a ustedes, pues no nos ha llamado Dios a la impureza, sino a la santidad. Así pues, el que desprecia estas instrucciones no desprecia a un hombre, sino al mismo Dios, que les ha dado a ustedes su Espíritu Santo.

Salmo Responsorial: Salmo 96, 1 y 2b. 5-6. 10. 11-12

R. (12a) Alegrémonos con el Señor.

Reina el Señor, alégrese la tierra; canto de regocijo el mundo entero. El trono del Señor se asienta en la justicia y el derecho. **R.**

Los montes se derriten como cera ante el Señor, ante el Señor de toda la tierra.

Los cielos pregonan su justicia, su inmensa gloria ven todos los pueblos. **R.**

El Señor ama al que aborrece el mal, protege la vida de sus fieles y los libra de los malvados. **R.**

Amanece la luz para el justo, y la alegría para los rectos de corazón. Alégrense, justos, con el Señor, y bendigan su santo nombre. **R.**

Aclamación antes del Evangelio: Mateo 5, 10
R. Aleluya, aleluya.

Dichosos los perseguidos por causa de la justicia, porque de ellos es el Reino de los cielos, dice el Señor. **R.**

Evangelio: Marcos 6, 17-29

En aquel tiempo, Herodes había mandado apresar a Juan el Bautista y lo había metido y encadenado en la cárcel. Herodes se había casado con Herodías, esposa de su hermano Filipo, y Juan le decía: "No te está permitido tener por mujer a la esposa de tu hermano". Por eso Herodes lo mandó encarcelar. Herodías sentía por ello gran rencor contra Juan y quería quitarle la vida, pero no sabía cómo, porque Herodes miraba con respeto a Juan, pues sabía que era un hombre recto y santo, y lo tenía custodiado. Cuando lo oía hablar, quedaba desconcertado, pero le gustaba escucharlo. La ocasión llegó cuando Herodes dio un banquete a su corte, a sus oficiales y a la gente principal de Galilea, con motivo de su cumpleaños. La hija de Herodías bailó durante la fiesta y su baile les gustó mucho a Herodes y a sus invitados. El rey le dijo entonces a la joven: "Pídeme lo que quieras y yo te lo daré". Y le juró varias veces: "Te daré lo que me pidas, aunque sea la mitad de mi reino". Ella fue a preguntarle a su madre: "¿Qué le pido?" Su madre le contestó: "La cabeza de Juan el Bautista". Volvió ella inmediatamente junto al rey y le dijo: "Quiero que me des ahora mismo, en una charola, la cabeza de Juan el Bautista". El rey se puso muy triste, pero debido a su juramento y a los convidados, no quiso desairar a la joven, y enseguida mandó a un verdugo que trajera la cabeza de Juan. El verdugo fue, lo decapitó en la cárcel, trajo la cabeza en una charola, se la entregó a la joven y ella se la entregó a su madre. Al enterarse de esto, los discípulos de Juan fueron a recoger el cadáver y lo sepultaron.

Sábado de la XXI semana del Tiempo ordinario

Primera Lectura: 1 Tesalonicenses 4, 9-11

Hermanos: En cuanto al amor fraterno, no necesitan que les escribamos, puesto que ustedes mismos han sido instruidos por Dios para amarse los unos a los otros. Y ya lo practican bien con los hermanos de toda Macedonia. Pero los exhortamos a que lo practiquen cada día más y a que procuren vivir en paz unos con otros, ocupándose cada cual de sus asuntos y trabajando cada quien con sus propias manos, como se lo hemos ordenado a ustedes.

Salmo Responsorial: Salmo 97, 1. 7-8. 9

R. (9) Cantemos al Señor con alegría.

Cantemos al Señor un canto nuevo, pues ha hecho maravillas. Su diestra y su santo brazo le han dado la victoria. **R.**

Alégrense el mar y el mundo submarino, el orbe y todos los que en él habitan. Que los ríos estallen en aplausos y las montañas salten de alegría. **R.**

Regocíjese todo ante el Señor, porque ya viene a gobernar el orbe. Justicia y rectitud serán las normas con las que rija a todas las naciones. **R.**

Aclamación antes del Evangelio: Juan 13, 34

R. Aleluya, aleluya.

Les doy un mandamiento nuevo, dice el Señor, que se amen los unos a los otros, como yo los he amado. **R.**

Evangelio: Mateo 25, 14-30

En aquel tiempo, Jesús dijo a sus discípulos esta parábola: "El Reino de los cielos se parece también a un hombre que iba a salir de viaje a tierras lejanas; llamó a sus servidores de confianza y les encargó sus bienes. A uno le dio cinco talentos; a otro, dos; y a un tercero, uno, según la capacidad de cada uno, y luego se fue. El que recibió cinco talentos fue enseguida a negociar con ellos y ganó otros cinco. El que recibió dos hizo lo mismo y ganó otros dos. En cambio, el que recibió un talento hizo un hoyo en la tierra y allí escondió el dinero de su señor. Después de mucho tiempo regresó aquel hombre y llamó a cuentas a sus servidores. Se acercó el que había recibido cinco talentos y le presentó otros cinco, diciendo: 'Señor, cinco talentos me dejaste; aquí tienes otros cinco, que con ellos he ganado'. Su señor le dijo: 'Te felicito, siervo bueno y fiel. Puesto que has sido fiel en cosas de poco valor, te confiaré cosas de mucho valor. Entra a tomar parte en la alegría de tu señor'. Se acercó luego el que había recibido dos talentos y le dijo: 'Señor, dos talentos me dejaste; aquí tienes otros dos, que con ellos he ganado'. Su señor le dijo: 'Te felicito, siervo bueno y fiel. Puesto que has sido fiel en cosas de poco valor, te confiaré cosas de mucho valor. Entra a tomar parte en la alegría de tu señor'. Finalmente, se acercó el que había recibido un talento y le dijo: 'Señor, yo sabía que eres un hombre duro, que quieres cosechar lo que no has plantado y recoger lo que no has sembrado. Por eso tuve miedo y fui a esconder tu talento bajo tierra. Aquí tienes lo tuyo'. El señor le respondió: 'Siervo malo y perezoso. Sabías que cosecho lo que no he plantado y recojo lo que no he sembrado. ¿Por qué, entonces, no pusiste mi dinero en el banco, para que a mi regreso lo recibiera yo con intereses? Quítenle el talento y dénselo al que tiene diez. Pues al que tiene se le dará y le sobrará; pero al que tiene poco, se le quitará aun eso poco que tiene. Y a este hombre inútil, échenlo fuera, a las tinieblas. Allí será el llanto y la desesperación' ".

Domingo 31 de agosto de 2025

XXII Domingo Ordinario

Primera Lectura: Eclesiástico (Sirácide) 3, 17-18. 20. 28-29

Hijo mío, en tus asuntos procede con humildad y te amarán más que al hombre dadivoso. Hazte tanto más pequeño cuanto más grande seas y hallarás gracia ante el Señor, porque sólo él es poderoso y sólo los humildes le dan gloria. No hay remedio para el hombre orgulloso, porque ya está arraigado en la maldad. El hombre prudente medita en su corazón las sentencias de los otros, y su gran anhelo es saber escuchar.

Salmo Responsorial: Salmo 67, 4-5ac. 6-7ab. 10-11

R. (11b) Dios da libertad y riqueza a los cautivos.

Ante el Señor, su Dios, gocen los justos, salten de alegría. Entonen alabanzas a su nombre. En honor del Señor toquen la cítara. **R.**

Porque el Señor, desde su templo santo, a huérfanos y viudas da su auxilio: él fue quien dio a los desvalidos casa, libertad y riqueza a los cautivos. **R.**

A tu pueblo extenuado diste fuerzas, nos colmaste, Señor, de tus favores y habitó tu rebaño en esta tierra, que tu amor preparó para los pobres. **R.**

Segunda Lectura: Hebreos 12, 18-19. 22-24a

Hermanos: Cuando ustedes se acercaron a Dios, no encontraron nada material, como en el Sinaí: ni fuego ardiente, ni obscuridad, ni tinieblas, ni huracán, ni estruendo de trompetas, ni palabras pronunciadas por aquella voz que los israelitas no querían volver a oír nunca. Ustedes, en cambio, se han acercado a Sión, el monte y la ciudad del Dios viviente, a la Jerusalén celestial, a la reunión festiva de miles y miles de ángeles, a la asamblea de los primogénitos, cuyos nombres están escritos en el cielo. Se han acercado a Dios, que es el juez de todos los hombres, y a los espíritus de los justos que alcanzaron la perfección. Se han acercado a Jesús, el mediador de la nueva alianza.

Aclamación antes del Evangelio: Mateo 11, 29ab

R. Aleluya, aleluya.

Tomen mi yugo sobre ustedes, dice el Señor, y aprendan de mí, que soy manso y humilde de corazón. **R.**

Evangelio: Lucas 14, 1. 7-14

Un sábado, Jesús fue a comer en casa de uno de los jefes de los fariseos, y éstos estaban espiándolo. Mirando cómo los convidados escogían los primeros lugares, les dijo esta parábola: "Cuando te inviten a un banquete de bodas, no te sientes en el lugar principal, no sea que haya algún otro invitado más importante que tú, y el que los invitó a los dos venga a decirte: 'Déjale el lugar a éste', y tengas que ir a ocupar, lleno de vergüenza, el último asiento. Por el contrario, cuando te inviten, ocupa el último lugar, para que, cuando venga el que te invitó, te diga: 'Amigo, acércate a la cabecera'. Entonces te verás honrado en presencia de todos los convidados. Porque el que se engrandece a sí mismo, será humillado; y el que se humilla, será engrandecido". Luego dijo al que lo había invitado: "Cuando des una comida o una cena, no invites a tus amigos, ni a tus hermanos, ni a tus parientes, ni a los vecinos ricos; porque puede ser que ellos te inviten a su vez, y con eso quedarías recompensado. Al contrario, cuando des un banquete, invita a los pobres, a los lisiados, a los cojos y a los ciegos; y así serás dichoso, porque ellos no tienen con qué pagarte; pero ya se te pagará, cuando resuciten los justos".

Lunes de la XXII semana del Tiempo ordinario

Primera Lectura: 1 Tesalonicenses 4, 13-18

Hermanos: No queremos que ignoren lo que pasa con los difuntos, para que no vivan tristes, como los que no tienen esperanza. Pues, si creemos que Jesús murió y resucitó, de igual manera debemos creer que, a los que murieron en Jesús, Dios los llevará con él. Lo que les decimos, como palabra del Señor, es esto: que nosotros, los que quedemos vivos para cuando venga el Señor, no tendremos ninguna ventaja sobre los que ya murieron. Cuando Dios mande que suenen las trompetas, se oirá la voz de un arcángel y el Señor mismo bajará del cielo. Entonces, los que murieron en Cristo resucitarán primero; después nosotros, los que quedemos vivos, seremos arrebatados, juntamente con ellos entre nubes, por el aire, para ir al encuentro del Señor, y así estaremos siempre con él. Consuélense, pues, unos a otros con estas palabras.

Salmo Responsorial: Salmo 95, 1 y 3. 4-5. 11-12. 13

R. (13b) Cantemos al Señor con alegría.

Cantemos al Señor un nuevo canto, que le cante al Señor toda la tierra. Su grandeza anunciemos a los pueblos; de nación en nación sus maravillas. **R.**

Cantemos al Señor, porque él es grande, Más digno de alabanza y más tremendo que todos los dioses paganos, que ni existen. Porque los falsos dioses son apariencia; ha sido el Señor quien hizo el cielo; **R.**

Alégrese los cielos y la tierra, retumbe el mar y el mundo submarino. Salten de gozo el campo y cuanto encierra, manifiesten los bosques regocijo. **R.**

Regocíjese todo ante el Señor, porque ya viene a gobernar el orbe. Justicia y rectitud serán las normas con las que rija a todas las naciones. **R.**

Aclamación antes del Evangelio: Lucas 4, 18

R. Aleluya, aleluya.

El Espíritu del Señor está sobre mí; él me ha enviado para anunciar a los pobres la buena nueva. **R.**

Evangelio: Lucas 4, 16-30

En aquel tiempo, Jesús fue a Nazaret, donde se había criado. Entró en la sinagoga, como era su costumbre hacerlo los sábados, y se levantó para hacer la lectura. Se le dio el volumen del profeta Isaías, lo desenrolló y encontró el pasaje en que estaba escrito: *El Espíritu del Señor está sobre mí, porque me ha ungido para llevar a los pobres la buena nueva, para anunciar la liberación a los cautivos y la curación a los ciegos, para dar libertad a los oprimidos y proclamar el año de gracia del Señor.* Enrolló el volumen, lo devolvió al encargado y se sentó. Los ojos de todos los asistentes a la sinagoga estaban fijos en él. Entonces comenzó a hablar, diciendo: "Hoy mismo se ha cumplido este pasaje de la Escritura, que ustedes acaban de oír". Todos le daban su aprobación y admiraban la sabiduría de las palabras que salían de sus labios, y se preguntaban: "¿No es éste el hijo de José?" Jesús les dijo: "Seguramente me dirán aquel refrán: 'Médico, cúrate a ti mismo, y haz aquí, en tu propia tierra, todos esos prodigios que hemos oído que has hecho en Cafarnaúm'". Y añadió: "Yo les aseguro que nadie es profeta en su tierra. Había ciertamente en Israel muchas viudas en los tiempos de Elías, cuando faltó la lluvia durante tres años y medio, y hubo un hambre terrible en todo el país; sin embargo, a ninguna de ellas fue enviado Elías, sino a una viuda que vivía en Sarepta, ciudad de Sidón. Había muchos leprosos en Israel, en tiempos del profeta Eliseo; sin embargo, ninguno de ellos fue curado sino Naamán, que era de Siria". Al oír esto, todos los que estaban en la sinagoga se llenaron de ira, y levantándose, lo sacaron de la ciudad y lo llevaron hasta una barranca del monte, sobre el que estaba construida la ciudad, para despeñarlo. Pero él, pasando por en medio de ellos, se alejó de allí.

Martes 2 de septiembre de 2025
Martes de la XXII semana del Tiempo ordinario
Primera Lectura: 1 Tesalonicenses 5, 1-6. 9-11

Hermanos: Por lo que se refiere al tiempo y a las circunstancias de la venida del Señor, no necesitan que les escribamos nada, puesto que ustedes saben perfectamente que el día del Señor llegará como un ladrón en la noche. Cuando la gente esté diciendo: "¡Qué paz y qué seguridad tenemos!", de repente vendrá sobre ellos la catástrofe, como de repente le vienen a la mujer encinta los dolores del parto, y no podrán escapar. Pero a ustedes, hermanos, ese día no los tomará por sorpresa, como un ladrón, porque ustedes no viven en tinieblas, sino que son hijos de la luz y del día, no de la noche y las tinieblas. Por lo tanto, no vivamos dormidos, como los malos; antes bien, mantengámonos despiertos y vivamos sobriamente. Porque Dios no nos ha destinado al castigo eterno, sino a obtener la salvación por medio de nuestro Señor Jesucristo. Porque él murió por nosotros para que, cuando él vuelva, ya sea que estemos vivos o hayamos muerto, vivamos siempre con él. Por eso anímense mutuamente y ayúdense unos a otros a seguir progresando, como de hecho ya lo hacen.

Salmo Responsorial: Salmo 26, 1. 4. 13-14
R. (13) El Señor es mi luz y mi salvación.

El Señor es mi luz y mi salvación, ¿a quién voy a temerle miedo? El Señor es la defensa de mi vida, ¿quién podrá hacerme temblar? **R.**

Lo único que pido, lo único que busco es vivir en la casa del Señor toda mi vida, para disfrutar las bondades del Señor y estar continuamente en su presencia. **R.**

La bondad del Señor espero ver en esta misma vida. Armate de valor y fortaleza y en el Señor confía. **R.**

Aclamación antes del Evangelio: Lucas 7, 16
R. Aleluya, aleluya.

Un gran profeta ha surgido entre nosotros. Dios ha visitado a su pueblo. **R.**

Evangelio: Lucas 4, 31-37
En aquel tiempo, Jesús fue a Cafarnaúm, ciudad de Galilea, y los sábados enseñaba a la gente. Todos estaban asombrados de sus enseñanzas, porque hablaba con autoridad. Había en la sinagoga un hombre que tenía un demonio inmundo y se puso a gritar muy fuerte: "¡Déjanos! ¿Por qué te metes con nosotros, Jesús nazareno? ¿Has venido a destruirnos? Sé que tú eres el Santo de

Dios". Pero Jesús le ordenó: "Cállate y sal de ese hombre". Entonces el demonio tiró al hombre por tierra, en medio de la gente, y salió de él sin hacerle daño. Todos se espantaron y se decían unos a otros: "¿Qué tendrá su palabra? Porque da órdenes con autoridad y fuerza a los espíritus inmundos y éstos se salen". Y su fama se extendió por todos los lugares de la región.

Miércoles 3 de septiembre de 2025
Memoria de San Gregorio Magno, papa y doctor de la Iglesia
Primera Lectura: Colosenses 1, 1-8

Yo, Pablo, apóstol de Jesucristo por voluntad de Dios, y Timoteo, nuestro hermano, les deseamos la gracia y la paz de parte de Dios, nuestro Padre, a ustedes, los hermanos santos y fieles en Cristo, que viven en Colosas. En todo momento damos gracias a Dios, Padre de nuestro Señor Jesucristo, y oramos por ustedes, pues hemos tenido noticia de su fe en Jesucristo y del amor que tienen a todos los hermanos. A esto los anima la esperanza de lo que Dios les tiene reservado en el cielo. De esta esperanza oyeron hablar cuando se les predicó el Evangelio de la verdad, que está dando fruto creciente en todo el mundo, igual que entre ustedes, desde el día en que lo escucharon y tuvieron conocimiento verdadero del don gratuito de Dios. Así lo aprendieron de Epafras, que ha trabajado con ustedes y que es un fiel servidor de Jesucristo; él fue quien nos informó acerca del amor que el Espíritu Santo ha encendido en ustedes.

Salmo Responsorial: Salmo 51, 10. 11
R. (10b) Confío para siempre en el amor de Dios.

Como verde olivo en la casa de Señor, confío para siempre en el amor de Dios. **R.** Siempre te daré siempre gracias, Señor, por lo que has hecho conmigo. Delante de tus fieles proclamaré todo lo bueno que eres. **R.**

Aclamación antes del Evangelio: Lucas 4, 18
R. Aleluya, aleluya.

El Señor me ha enviado para anunciar a los pobres la buena nueva y proclamar la liberación a los cautivos. **R.**

Evangelio: Lucas 4, 38-44

En aquel tiempo, Jesús salió de la sinagoga y entró en la casa de Simón. La suegra de Simón estaba con fiebre muy alta y le pidieron a Jesús que hiciera algo por ella. Jesús, de pie junto a ella, mandó con energía a la fiebre, y la fiebre desapareció. Ella se levantó enseguida y se puso a servirles. Al meterse el sol, todos los que tenían enfermos se los llevaron a Jesús y él, imponiendo las manos sobre cada uno, los fue curando de sus enfermedades. De muchos de ellos salían también demonios que gritaban: "¡Tú eres el Hijo de Dios!" Pero él les ordenaba enérgicamente que se callaran, porque sabían que él era el Mesías. Al día siguiente se fue a un lugar solitario y la gente lo andaba buscando. Cuando lo encontraron, quisieron retenerlo, para que no se alejara de ellos; pero él les dijo: "También tengo que anunciarles el Reino de Dios a las otras ciudades, pues para eso he sido enviado". Y se fue a predicar en las sinagogas de Judea.

Jueves 4 de septiembre de 2025
Jueves de la XXII semana del tiempo ordinario
Primera Lectura: Colosenses 1, 9-14

Hermanos: Desde que recibimos noticias de ustedes, no hemos dejado de pedir incesantemente a Dios que los haga llegar a conocer con plenitud su voluntad, por medio de la perfecta sabiduría y del conocimiento espiritual. Así ustedes vivirán según el Señor se merece, le agradarán en todo, darán fruto con toda clase de buenas obras y crecerán en el conocimiento de Dios. Fortalecidos en todo aspecto por el poder que irradia de él, podrán resistir y perseverar en todo con alegría y constancia, y dar gracias a Dios Padre, el cual nos ha hecho capaces de participar en la herencia de su pueblo santo, en el reino de la luz. El nos ha liberado del poder de las tinieblas y nos ha trasladado al Reino de su Hijo amado, por cuya sangre recibimos la redención, esto es, el perdón de los pecados.

Salmo Responsorial: Salmo 97, 2-3ab. 3cd-4. 5-6

R. (2a) El Señor nos ha mostrado su amor y su lealtad.

El Señor ha dado a conocer su victoria y ha revelado a las naciones su justicia. Una vez más ha demostrado Dios su amor y su lealtad hacia Israel. **R.**

La tierra entera ha contemplado la victoria de nuestro Dios. Que todos los pueblos y naciones aclamen con júbilo al Señor. **R.**

Cantemos al Señor al son del arpa, suenen los instrumentos. Aclamemos al son de los clarines, al Señor, nuestro rey. **R.**

Aclamación antes del Evangelio: Mateo 4, 19
R. Aleluya, aleluya.

Síganme, dice el Señor, y yo los haré pescadores de hombres. **R.**

Evangelio: Lucas 5, 1-11

En aquel tiempo, Jesús estaba a orillas del lago de Genesaret y la gente se agolpaba en torno suyo para oír la palabra de Dios. Jesús vio dos barcas que estaban junto a la orilla. Los pescadores habían desembarcado y estaban lavando las redes. Subió Jesús a una de las barcas, la de Simón, le pidió que la alejara un poco de tierra, y sentado en la barca, enseñaba a la multitud. Cuando acabó de hablar, dijo a Simón: "Lleva la barca mar adentro y echen sus redes para pescar". Simón replicó: "Maestro, hemos trabajado toda la noche y no hemos pescado nada; pero, confiado en tu palabra echaré las redes". Así lo hizo y cogieron tal cantidad de pescados, que las redes se rompían. Entonces hicieron señas a sus compañeros, que estaban en la otra barca, para que vinieran a ayudarlos. Vinieron ellos y llenaron tanto las dos barcas, que casi se hundían. Al ver esto, Simón Pedro se arrojó a los pies de Jesús y le dijo: "¡Apártate de mí, Señor, porque soy un pecador!" Porque tanto él como sus compañeros estaban llenos de asombro, al ver la pesca que habían conseguido. Lo mismo les pasaba a Santiago y a Juan, hijos de Zebedeo, que eran compañeros de Simón. Entonces Jesús le dijo a Simón: "No temas; desde ahora serás pescador de hombres". Luego llevaron las barcas a tierra, y dejándolo todo, lo siguieron.

Viernes de la XXII semana del Tiempo ordinario

Primera Lectura: Colosenses 1, 15-20

Cristo es la imagen de Dios invisible, el primogénito de toda la creación, porque en él tienen su fundamento todas las cosas creadas, del cielo y de la tierra, las visibles y las invisibles, sin excluir a los tronos y dominaciones, a los principados y potestades. Todo fue creado por medio de él y para él. El existe antes que todas las cosas, y todas tienen su consistencia en él. El es también la cabeza del cuerpo, que es la Iglesia. El es el principio, el primogénito de entre los muertos, para que sea el primero en todo. Porque Dios quiso que en Cristo habitara toda plenitud y por él quiso reconciliar consigo todas las cosas, del cielo y de la tierra, y darles la paz por medio de su sangre, derramada en la cruz.

Salmo Responsorial: Salmo 99, 2. 3. 4. 5

R. (2c) Bendigamos al Señor, porque él es bueno.

Alabemos a Dios todos los hombres, sirvamos al Señor con alegría, y con júbilo entremos en su templo. **R.**

Reconozcamos que el Señor es Dios, que él fue quien nos hizo y somos suyos, que somos su pueblo y su rebaño. **R.**

Entremos por sus puertas dando gracias, crucemos por sus atrios entre himnos, alabando al Señor y bendiciéndolo. **R.**

Porque el Señor es bueno, bendigámoslo, porque es eterna su misericordia y su fidelidad nunca se acaba. **R.**

Aclamación antes del Evangelio: Juan 8, 12

R. Aleluya, aleluya.

Yo soy la luz del mundo, dice el Señor; el que me sigue tendrá la luz de la vida. **R.**

Evangelio: Lucas 5, 33-39

En aquel tiempo, los fariseos y los escribas le preguntaron a Jesús: "¿Por qué los discípulos de Juan ayunan con frecuencia y hacen oración, igual que los discípulos de los fariseos, y los tuyos, en cambio, comen y beben?" Jesús les contestó: "¿Acaso pueden ustedes obligar a los invitados a una boda a que ayunen, mientras el esposo está con ellos? Vendrá un día en que les quiten al esposo, y entonces sí ayunarán". Les dijo también una parábola: "Nadie rompe un vestido nuevo para remendar uno viejo, porque echa a perder el nuevo, y al vestido viejo no le queda el remiendo del nuevo. Nadie echa vino nuevo en odres viejos, porque el vino nuevo revienta los odres y entonces el vino se tira y los odres se echan a perder. El vino nuevo hay que echarlo en odres nuevos y así se conservan el vino y los odres. Y nadie, acabando de beber un vino añejo, acepta uno nuevo, pues dice: 'El añejo es mejor' "

Sábado 6 de septiembre de 2025

Sábado de la XXII semana del Tiempo ordinario

Primera Lectura: Colosenses 1, 21-23

Hermanos: En otro tiempo ustedes estaban alejados de Dios y en su corazón eran enemigos de él a causa de las malas acciones de ustedes; pero él los ha reconciliado ahora consigo por medio de la muerte que Cristo sufrió en su cuerpo mortal, para hacerlos santos, puros e irreprochables a sus ojos. Sin embargo, es necesario que permanezcan firmemente cimentados en la fe y no se dejen apartar de la esperanza que les dio el Evangelio que escucharon, el cual ha sido predicado en todas partes y a cuyo servicio yo, Pablo, he sido destinado.

Salmo Responsorial: Salmo 53, 3-4. 6 y 8
R. (6a) Por tu inmensa bondad, ayúdanos, Señor.

Sálvame, Dios mío, por tu nombre; con tu poder defiéndeme. Escucha, Señor, mi oración y a mis palabras atiende. **R.**

El Señor Dios es mi ayuda. él, quien me mantiene vivo. Yo te agradeceré, Señor, tu inmensa bondad conmigo. **R.**

Aclamación antes del Evangelio: Juan 14, 6
R. Aleluya, aleluya.

Yo soy el camino, la verdad y la vida; nadie va al Padre, si no es por mí, dice el

Señor. **R.**

Evangelio: Lucas 6, 1-5

Un sábado, Jesús iba atravesando unos sembrados y sus discípulos arrancaban espigas al pasar, las restregaban entre las manos y se comían los granos. Entonces unos fariseos les dijeron: "¿Por qué hacen lo que está prohibido hacer en sábado?" Jesús les respondió: "¿Acaso no han leído lo que hizo David una vez que tenían hambre él y sus hombres? Entró en el templo y tomando los panes sagrados, que sólo los sacerdotes podían comer, comió de ellos y les dio también a sus hombres". Y añadió: "El Hijo del hombre también es dueño del sábado".

Domingo 7 de septiembre de 2025

XXIII Domingo Ordinario

Primera Lectura: Sabiduría 9, 13-19

¿Quién es el hombre que puede conocer los designios de Dios? ¿Quién es el que puede saber lo que el Señor tiene dispuesto? Los pensamientos de los mortales son inseguros y sus razonamientos pueden equivocarse, porque un cuerpo corruptible hace pesada el alma y el barro de que estamos hechos entorpece el entendimiento. Con dificultad conocemos lo que hay sobre la tierra y a duras penas encontramos lo que está a nuestro alcance. ¿Quién podrá descubrir lo que hay en el cielo? ¿Quién conocerá tus designios, si tú no le das la sabiduría, enviando tu santo espíritu desde lo alto? Sólo con esa sabiduría lograron los hombres enderezar sus caminos y conocer lo que te agrada. Sólo con esa sabiduría se salvaron, Señor, los que te agradaron desde el principio.

Salmo Responsorial: Salmo 89, 3-4. 5-6. 12-13. 14 y 17

R. (1) Tú, Señor, nuestro refugio.

Tú haces volver al polvo a los humanos, Diciendo a los mortales que retornen. Mil años para ti son como un día que ya pasó; como una breve noche. **R.**

Nuestra vida es tan breve como un sueño; Semejante a la hierba, que despunta y florece en la mañana y por la tarde se marchita y se seca. **R.**

Enséñanos a ver lo que es la vida y seremos sensatos. ¿Hasta cuándo, Señor, vas a tener compasión de tus siervos? ¿Hasta cuándo? **R.**

Llénanos de tu amor por la mañana y júbilo será la vida toda. Haz, Señor, que tus siervos y sus hijos, puedan mirar tus obras y tu gloria. **R.**

Segunda Lectura: Filemón 9-10. 12-17

Querido hermano: Yo, Pablo, ya anciano y ahora, además, prisionero por la causa de Cristo Jesús, quiero pedirte algo en favor de Onésimo, mi hijo, a quien he engendrado para Cristo aquí, en la cárcel. Te lo envío. Recíbelo como a mí mismo. Yo hubiera querido retenerlo conmigo, para que en tu lugar me atendiera, mientras estoy preso por la causa del Evangelio. Pero no he querido hacer nada sin tu consentimiento, para que el favor que me haces no sea como por obligación, sino por tu propia voluntad. Tal vez él fue apartado de ti por un breve tiempo, a fin de que lo recuperaras para siempre, pero ya no como esclavo, sino como algo mejor que un esclavo, como hermano amadísimo. Él ya lo es para mí. ¡Cuánto más habrá de serlo para ti, no sólo por su calidad de hombre, sino de hermano en Cristo! Por tanto, si me consideras como compañero tuyo, recíbelo como a mí mismo.

Aclamación antes del Evangelio: Salmo 118, 135
R. Aleluya, aleluya.

Señor, mira benignamente a tus siervos y enséñanos a cumplir tus mandamientos. **R.**

Evangelio: Lucas 14, 25-33

En aquel tiempo, caminaba con Jesús una gran muchedumbre y él, volviéndose a sus discípulos, les dijo: "Si alguno quiere seguirme y no me prefiere a su padre y a su madre, a su esposa y a sus hijos, a sus hermanos y a sus hermanas, más aún, a sí mismo, no puede ser mi discípulo. Y el que no carga su cruz y me sigue, no puede ser mi discípulo. Porque, ¿quién de ustedes, si quiere construir una torre, no se pone primero a calcular el costo, para ver si tiene con qué terminarla? No sea que, después de haber echado los cimientos, no pueda acabarla y todos los que se enteren comiencen a burlarse de él, diciendo: 'Este hombre comenzó a construir y no pudo terminar'. ¿O qué rey que va a combatir a otro rey, no se pone primero a considerar si será capaz de salir con diez mil soldados al encuentro del que viene contra él con veinte mil? Porque si no, cuando el otro esté aún lejos, le enviará una embajada para proponerle las condiciones de paz. Así pues, cualquiera de ustedes que no renuncie a todos sus bienes, no puede ser mi discípulo".

Fiesta de Natividad de la Santísima Virgen María
Primera Lectura: Miqueas 5, 1-4

Esto dice el Señor: "De ti, Belén de Efrata, pequeña entre las aldeas de Judá, de ti saldrá el jefe de Israel, cuyos orígenes se remontan a tiempos pasados, a los días más antiguos. Por eso, el Señor abandonará a Israel, mientras no dé a luz la que ha de dar a luz. Entonces el resto de sus hermanos se unirá a los hijos de Israel. Él se levantará para pastorear a su pueblo con la fuerza y la majestad del Señor, su Dios. Ellos habitarán tranquilos, porque la grandeza del que ha de nacer llenará la tierra y él mismo será la paz".

O bien:

Romanos 8, 28-30

Hermanos: Ya sabemos que todo contribuye para bien de los que aman a Dios, de aquellos que han sido llamados por él, según su designio salvador. En efecto, a quienes conoce de antemano, los predestina para que reproduzcan en sí mismos la imagen de su propio Hijo, a fin de que él sea el primogénito entre muchos hermanos. A quienes predestina, los llama; a quienes llama, los justifica; y a quienes justifica, los glorifica.

Salmo Responsorial: Salmo 12, 6ab. 6cd

R. (Is 61, 10) Me llenaré de alegría en el Señor.

Confío, Señor, en tu lealtad, mi corazón se alegra con tu salvación. **R.**

Cantaré al Señor por el bien que me ha hecho, tocaré mi música en honor del

Dios altísimo. **R.**

Aclamación antes del Evangelio
R. Aleluya, aleluya.

Dichosa tú, Santísima Virgen María, y digna de toda alabanza, porque de ti nació el sol de justicia, Jesucristo, nuestro Dios. **R.**

Evangelio: Mateo 1, 1-16. 18-23

Genealogía de Jesucristo, hijo de David, hijo de Abraham: Abra¬¬ham engendró a Isaac, Isaac a Jacob, Jacob a Judá y a sus hermanos; Judá engendró de Tamar a Fares y a Zará; Fares a Esrom, Esrom a Aram, Aram a Aminadab, Aminadab a Naasón, Naasón a Salmón, Salmón engendró de Rajab a Booz, Booz engendró de Rut a Obed, Obed a Jesé, y Jesé al rey David. David engendró de la mujer de Urías a Salomón, Salomón a Roboam, Roboam a Abiá, Abiá a Asaf, Asaf a Josafat, Josafat a Joram, Joram a Ozías, Ozías a Joatam, Joatam a Acaz, Acaz a Ezequías, Ezequías a Manasés, Manasés a Amón, Amón a Josías, Josías engendró a Jeconías y a sus hermanos durante el destierro en Babilonia. Después del destierro en Babilonia, Jeconías engendró a Salatiel, Salatiel a Zorobabel, Zorobabel a Abiud, Abiud a Eliaquim, Eliaquim a Azor, Azor a Sadoc, Sadoc a Aquim, Aquim a Eliud, Eliud a Eleazar, Eleazar a Matán, Matán a Jacob, y Jacob engendró a José, el esposo de María, de la cual nació Jesús, llamado Cristo. Cristo vino al mundo de la siguiente manera: Estando María, su madre, desposada con José, y antes de que vivieran juntos, sucedió que ella, por obra del Espíritu Santo, estaba esperando un hijo. José, su esposo, que era hombre justo, no queriendo ponerla en evidencia, pensó dejarla en secreto. Mientras pensaba en estas cosas, un ángel del Señor le dijo en sueños: "José, hijo de David, no dudes en recibir en tu casa a María, tu esposa, porque ella ha concebido por obra del Espíritu Santo. Dará a luz un hijo y tú le pondrás el nombre de Jesús, porque él salvará a su pueblo de sus pecados". Todo esto sucedió para que se cumpliera lo que había dicho el Señor por boca del profeta Isaías: *He aquí que la virgen concebirá y dará a luz un hijo, a quien pondrán el nombre de Emmanuel, que quiere decir Dios-con-nosotros.*

O bien:

Mateo 1, 18-23

Cristo vino al mundo de la siguiente manera: Estando María, su madre, desposada con José, y antes de que vivieran juntos, sucedió que ella, por obra del Espíritu Santo, estaba esperando un hijo. José, su esposo, que era hombre justo, no queriendo ponerla en evidencia, pensó dejarla en secreto. Mientras pensaba en estas cosas, un ángel del Señor le dijo en sueños: "José, hijo de David, no dudes en recibir en tu casa a María, tu esposa, porque ella ha concebido por obra del Espíritu Santo. Dará a luz un hijo y tú le pondrás el nombre de Jesús, porque él salvará a su pueblo de sus pecados". Todo esto sucedió para que se cumpliera lo que había dicho el Señor por boca del profeta Isaías: *He aquí que la virgen concebirá y dará a luz un hijo, a quien pondrán el nombre de Emmanuel, que quiere decir Dios-con-nosotros.*

Memoria de san Pedro Claver, presbítero

Primera Lectura: Colosenses 2, 6-15

Hermanos: Puesto que ustedes han aceptado a Cristo Jesús, el Señor, vivan como verdaderos cristianos: permanezcan arraigados y cimentados en él, con fe firme, como se lo enseñaron a ustedes, y en continua acción de gracias. Que nadie los vaya a engañar con teorías y razonamientos falsos, que se fundan en tradiciones meramente humanas y en valores de este mundo, pero no en Cristo. Porque en el cuerpo de Cristo habita toda la plenitud de la divinidad; e incorporados a él, que es la cabeza de todos los ángeles, también ustedes participan de su plenitud. Por su unión con Cristo, ustedes han sido circuncidados, no con una circuncisión hecha por mano de hombres, que consiste en el despojo de la carne, sino con la circuncisión que procede de él. Por el bautismo fueron sepultados con Cristo y también resucitaron con él, mediante la fe en el poder de Dios, que lo resucitó de entre los muertos. Ustedes estaban muertos por sus pecados y no pertenecían al pueblo de la alianza. Pero él les dio una vida nueva con Cristo, perdonándoles todos los pecados. El anuló el documento que nos era contrario, cuyas cláusulas nos condenaban, y lo eliminó clavándolo en la cruz de Cristo. Con esto, Dios les quitó su poder a los principados y potestades y los humilló a la vista de todos, llevándolos cautivos en el cortejo triunfal de Cristo.

Salmo Responsorial: Salmo 144, 1-2. 8-9. 10-11
R. (9a) El Señor es bueno con todos.

Dios y rey mío, yo te alabaré; bendeciré tu nombre siempre y para siempre. Un día tras otro bendeciré tu nombre y no cesará mu boca de alabarte **R.**

El Señor es compasivo y misericordioso, lento para enojarse y generoso para perdonar. Bueno es el Señor para con todos y su amor se extiende a todas sus creaturas. **R.**

Que te alaben, Señor, todas tus obras y que todos tus fieles te bendigan. Que proclamen la gloria de tu reino y narren tus proezas a los hombres. **R.**

Aclamación antes del Evangelio: Juan 15, 16
R. Aleluya, aleluya.

Yo los he elegido del mundo, dice el Señor, para que vayan y den fruto y su fruto permanezca. **R.**

Evangelio: Lucas 6, 12-19

Por aquellos días, Jesús se retiró al monte a orar y se pasó la noche en oración con Dios. Cuando se hizo de día, llamó a sus discípulos, eligió a doce de entre ellos y les dio el nombre de apóstoles. Eran Simón, a quien llamó Pedro, y su hermano Andrés; Santiago y Juan; Felipe y Bartolomé; Mateo y Tomás; Santiago, el hijo de Alfeo, y Simón, llamado el Fanático; Judas, el hijo de Santiago, y Judas Iscariote, que fue el traidor. Al bajar del monte con sus discípulos y sus apóstoles, se detuvo en un llano. Allí se encontraba mucha gente, que había venido tanto de Judea y Jerusalén, como de la costa, de Tiro y de Sidón. Habían venido a oírlo y a que los curara de sus enfermedades; y los que eran atormentados por espíritus inmundos quedaban curados. Toda la gente procuraba tocarlo, porque salía de él una fuerza que sanaba a todos.

Miércoles de la XXIII semana del Tiempo ordinario

Primera Lectura: Colosenses 3, 1-11

Hermanos: Puesto que ustedes han resucitado con Cristo, busquen los bienes de arriba, donde está Cristo, sentado a la derecha de Dios. Pongan todo el corazón en los bienes del cielo, no en los de la tierra, porque han muerto y su vida está escondida con Cristo en Dios. Cuando se manifieste Cristo, vida de ustedes, entonces también ustedes se manifestarán gloriosos juntamente con él. Den muerte, pues, a todo lo malo que hay en ustedes: la fornicación, la impureza, las pasiones desordenadas, los malos deseos y la avaricia, que es una forma de idolatría. Esto es lo que atrae el castigo de Dios sobre aquellos que no lo obedecen. Todo esto lo hacían también ustedes en su vida anterior. Pero ahora dejen a un lado todas estas cosas: la ira, el rencor, la maldad, las blasfemias y las palabras obscenas. No sigan engañándose unos a otros; despójense del modo de actuar del viejo yo y revístanse del nuevo yo, el que se va renovando conforme va adquiriendo el conocimiento de Dios, que lo creó a su propia imagen. En este orden nuevo ya no hay distinción entre judíos y no judíos, israelitas y paganos, bárbaros y extranjeros, esclavos y libres; sino que Cristo es todo en todos.

Salmo Responsorial: Salmo 144, 2-3. 10-11. 12-13ab

R. (9a) El Señor es bueno con todos.

Un día tras otro bendeciré tu nombre y no cesará mi boca de alabarlo. Muy digno de alabanza es el Señor, por su grandeza incalculable. **R.**

Que te alaben, Señor, todas tus obras y que todos tus fieles te bendigan. Que proclamen la gloria de tu reino y narren tus proezas a los hombres. **R.**

Que muestren a los hombres tus proezas, el esplendor y la gloria de tu reino. Tu reino, Señor, es para siempre y tu imperio, por todas las generaciones. **R.**

Aclamación antes del Evangelio: Lucas 6, 23

R. Aleluya, aleluya.

Alégrense ese día y salten de gozo, porque su recompensa será grande en el cielo.

R.

Evangelio: Lucas 6, 20-26

En aquel tiempo, mirando Jesús a sus discípulos, les dijo: "Dichosos ustedes los pobres, porque de ustedes es el Reino de Dios. Dichosos ustedes los que ahora tienen hambre, porque serán saciados. Dichosos ustedes los que lloran ahora, porque al fin reirán. Dichosos serán ustedes cuando los hombres los aborrezcan y los expulsen de entre ellos, y cuando los insulten y maldigan por causa del Hijo del hombre. Alégrense ese día y salten de gozo, porque su recompensa será grande en el cielo. Pues así trataron sus padres a los profetas. Pero, ¡ay de ustedes, los ricos, porque ya tienen ahora su consuelo! ¡Ay de ustedes, los que se hartan ahora, porque después tendrán hambre! ¡Ay de ustedes, los que ríen ahora, porque llorarán de pena! ¡Ay de ustedes, cuando todo el mundo los alabe, porque de ese modo trataron sus padres a los falsos profetas!"

Jueves 11 de septiembre de 2025
Jueves de la XXIII semana del Tiempo ordinario
Primera Lectura: Colosenses 3, 12-17

Hermanos: Puesto que Dios los ha elegido a ustedes, los ha consagrado a él y les ha dado su amor, sean compasivos, magnánimos, humildes, afables y pacientes. Sopórtense mutuamente y perdónense cuando tengan quejas contra otro, como el Señor los ha perdonado a ustedes. Y sobre todas estas virtudes, tengan amor, que es el vínculo de la perfecta unión. Que en sus corazones reine la paz de Cristo, esa paz a la que han sido llamados como miembros de un solo cuerpo. Finalmente, sean agradecidos. Que la palabra de Cristo habite en ustedes con toda su riqueza. Enséñense y aconséjense unos a otros lo mejor que sepan. Con el corazón lleno de gratitud, alaben a Dios con salmos, himnos y cánticos espirituales, y todo lo que digan y todo lo que hagan, háganlo en el nombre del Señor Jesús, dándole gracias a Dios Padre, por medio de Cristo.

Salmo Responsorial: Salmo 150, 1-2. 3-4. 5-6

R. (6) Alabemos al Señor con alegría.

Alabemos al Señor en su templo, alabémoslo en su augusto firmamento.

Alabémoslo por sus obras magníficas, alabémoslo por su inmensa grandeza. **R.**

Alabémoslo tocando trompetas, alabémoslo con arpas y cítaras, alabémoslo con tambores y danzas, alabémoslo con trompas y flautas. **R.**

Alabémoslo con platillos sonoros, alabémoslo con platillos vibrantes. Que todo ser viviente alabe al Señor. **R.**

Aclamación antes del Evangelio: 1 Juan 4, 12

R. Aleluya, aleluya.

Si nos amamos los unos a los otros, Dios permanece en nosotros y su amor ha llegado en nosotros a su plenitud. **R.**

Evangelio: Lucas 6, 27-38

En aquel tiempo, Jesús dijo a sus discípulos: "Amen a sus enemigos, hagan el bien a los que los aborrecen, bendigan a quienes los maldicen y oren por quienes los difaman. Al que te golpee en una mejilla, preséntale la otra; al que te quite el manto, déjalo llevarse también la túnica. Al que te pida, dale; y al que se lleve lo tuyo, no se lo reclames. Traten a los demás como quieran que los traten a ustedes; porque si aman sólo a los que los aman, ¿qué hacen de extraordinario? También los pecadores aman a quienes los aman. Si hacen el bien sólo a los que les hacen el bien, ¿qué tiene de extraordinario? Lo mismo hacen los pecadores. Si prestan solamente cuando esperan cobrar, ¿qué hacen de extraordinario? También los pecadores prestan a otros pecadores, con la intención de cobrárselo después. Ustedes, en cambio, amen a sus enemigos, hagan el bien y presten sin esperar recompensa. Así tendrán un gran premio y serán hijos del Altísimo, porque él es bueno hasta con los malos y los ingratos. Sean misericordiosos, como su Padre es misericordioso. No juzguen y no serán juzgados; no condenen y no serán condenados; perdonen y serán perdonados. Den y se les dará: recibirán una medida buena, bien sacudida, apretada y rebosante en los pliegues de su túnica. Porque con la misma medida conque midan, serán medidos".

Viernes de la XXIII Semana del Tiempo Ordinario

Primera Lectura: 1 Timoteo 1, 1-2. 12-14

Yo, Pablo, apóstol de Jesucristo por disposición de Dios, nuestro salvador, y de Cristo Jesús, nuestra esperanza, te deseo a ti, Timoteo, mi verdadero hijo en la fe, la gracia, la misericordia y la paz, de parte de Dios Padre y de Cristo Jesús, Señor nuestro. Doy gracias a aquel que me ha fortalecido, a nuestro Señor Jesucristo, por haberme considerado digno de confianza al ponerme a su servicio, a mí, que antes fui blasfemo y perseguí a la Iglesia con violencia; pero Dios tuvo misericordia de mí, porque en mi incredulidad obré por ignorancia, y la gracia de nuestro Señor se desbordó sobre mí, al darme la fe y el amor que provienen de Cristo Jesús.

Salmo Responsorial: Salmo 15, 1-2a y 5. 7-8. 11

R. (5a) Nuestra vida está en manos del Señor.

Protégeme, Dios mío, pues eres mi refugio. Yo siempre he dicho que tú eres mi Señor. El Señor es la parte que me ha tocado en herencia: mi vida está en sus manos. **R.**

Bendeciré al Señor, que me aconseja, hasta de noche me instruye internamente. Tengo siempre presente al Señor, con él a mi lado jamás tropezaré. **R.**

Enséñame el camino de la vida, sáciame de gozo en tu presencia y de alegría perpetua junto a ti. **R.**

Aclamación antes del Evangelio: Juan 17, 17

R. Aleluya, aleluya.

Tu palabra, Señor, es la verdad; santifícanos en la verdad. **R.**

Evangelio: Lucas 6, 39-42

En aquel tiempo, Jesús propuso a sus discípulos este ejemplo: "¿Puede acaso un ciego guiar a otro ciego? ¿No caerán los dos en un hoyo? El discípulo no es superior a su maestro; pero cuando termine su aprendizaje, será como su maestro. ¿Por qué ves la paja en el ojo de tu hermano y no la viga que llevas en el tuyo? ¿Cómo te atreves a decirle a tu hermano: 'Déjame quitarte la paja que llevas en el ojo', si no adviertes la viga que llevas en el tuyo? ¡Hipócrita! Saca primero la viga que llevas en tu ojo y entonces podrás ver, para sacar la paja del ojo de tu hermano".

Sábado 13 de septiembre de 2025

Memoria de San Juan Crisóstomo, obispo y doctor de la Iglesia
Primera Lectura: 1 Timoteo 1, 15-17

Hermano: Puedes fiarte de lo que voy a decirte y aceptarlo sin reservas: que Cristo Jesús vino a este mundo a salvar a los pecadores, de los cuales yo soy el primero. Pero Cristo Jesús me perdonó, para que fuera yo el primero en quien él manifestara toda su generosidad y sirviera yo de ejemplo a los que habrían de creer en él, para obtener la vida eterna. Al rey eterno, inmortal, invisible, único Dios, honor y gloria por los siglos de los siglos. Amén.

Salmo Responsorial: Salmo 112, 1-2. 3-4. 5 y 6-7
R. (2) Bendito sea el Señor ahora y para siempre.

Bendita sea el Señor, alábenlo sus siervos. Bendito sea el Señor, desde ahora y para siempre. **R.**

Desde que sale el sol hasta su ocaso, alabado sea el nombre del Señor. Dios está sobre todas las naciones, su gloria, por encima de los cielos. **R.**

¿Quién hay como el Señor? ¿Quién iguala al Dios nuestro, que tiene en las alturas su morada, y sin embargo de esto, bajar se digna su mirada para ver tierra y cielo? **R.**

El levanta del polvo al desvalido y saca al indigente del estiércol, para hacerlo sentar entre los grandes, los jefes de su pueblo. **R.**

Aclamación antes del Evangelio: Juan 14, 23
R. Aleluya, aleluya.

El que me ama cumplirá mi palabra y mi Padre lo amará y haremos en él nuestra morada, dice el Señor. **R.**

Evangelio: Lucas 6, 43-49

En aquel tiempo, Jesús dijo a sus discípulos: "No hay árbol bueno que produzca frutos malos, ni árbol malo que produzca frutos buenos. Cada árbol se conoce por sus frutos. No se recogen higos de las zarzas, ni se cortan uvas de los espinos. El hombre bueno dice cosas buenas, porque el bien está en su corazón; y el hombre malo dice cosas malas, porque el mal está en su corazón, pues la boca habla de lo que está lleno el corazón. ¿Por qué me dicen 'Señor, Señor', y no hacen lo que yo les digo? Les voy a decir a quién se parece el que viene a mí y escucha mis palabras y las pone en práctica. Se parece a un hombre, que al construir su casa, hizo una excavación profunda, para echar los cimientos sobre la roca. Vino la creciente y chocó el río contra aquella casa, pero no la pudo derribar, porque estaba sólidamente construida. Pero el que no pone en práctica lo que escucha, se parece a un hombre que construyó su casa a flor de tierra, sin cimientos. Chocó el río contra ella e inmediatamente la derribó y quedó completamente destruida".

Domingo 14 de septiembre de 2025

Fiesta de la Exaltación de la santa Cruz

Primera Lectura: Números 21, 4-9

En aquellos días, el pueblo se impacientó y murmuró contra Dios y contra Moisés, diciendo: "¿Para qué nos sacaste de Egipto? ¿Para que muriéramos en el desierto? No tenemos pan ni agua y ya estamos hastiados de esta miserable comida". Entonces envió Dios contra el pueblo serpientes venenosas, que los mordían, y murieron muchos israelitas. El pueblo acudió a Moisés y le dijo: "Hemos pecado al murmurar contra el Señor y contra ti. Ruega al Señor que aparte de nosotros las serpientes". Moisés rogó al Señor por el pueblo y el Señor le respondió: "Haz una serpiente como ésas y levántala en un palo. El que haya sido mordido por las serpientes y mire la que tú hagas, vivirá". Moisés hizo una serpiente de bronce y la levantó en un palo; y si alguno era mordido y miraba la serpiente de bronce, quedaba curado.

Salmo Responsorial: Salmo 77, 1-2. 34-35. 36-37. 38

R. (7c) No olvidemos las hazañas del Señor.

Escucha, pueblo mío, mi enseñanza; presten oído a las palabras de mi boca.

Abriré mi boca y les hablaré en parábolas; anunciaré lo que estaba oculto desde la creación del mundo. **R.**

Cuando Dios los hacía morir, lo buscaban, y madrugaban para volverse hacia él.

Se acordaban de que Dios era su auxilio; el Dios altísimo su redentor. **R.**

Lo adulaban con sus bocas, le mentían con su lengua; su corazón no era sincero con él, ni eran fieles a su alianza. **R.**

Pero él sentía lástima de ellos, les perdonaba su culpa y no los destruía. Muchas veces dominó su ira y apagó el furor de su cólera. **R.**

Segunda Lectura: Filipenses 2, 6-11

Cristo, siendo Dios, no consideró que debía aferrarse a las prerrogativas de su condición divina, sino que, por el contrario, se anonadó a sí mismo tomando la condición de siervo, y se hizo semejante a los hombres. Así, hecho uno de ellos, se humilló a sí mismo y por obediencia aceptó incluso la muerte, y una muerte de cruz. Por eso Dios lo exaltó sobre todas las cosas y le otorgó el nombre que está sobre todo nombre, para que al nombre de Jesús todos doblen la rodilla en el cielo, en la tierra y en los abismos, y todos reconozcan públicamente que Jesucristo es el Señor, para gloria de Dios Padre.

Aclamación antes del Evangelio
R. Aleluya, aleluya.

Te adoramos, oh Cristo, y te bendecimos, porque con tu santa cruz redimiste al mundo. **R.**

Evangelio: Juan 3, 13-17

En aquel tiempo, Jesús dijo a Nicodemo: "Nadie ha subido al cielo sino el Hijo del hombre, que bajó del cielo y está en el cielo. Así como Moisés levantó la serpiente en el desierto, así tiene que ser levantado el Hijo del hombre, para que todo el que crea en él tenga vida eterna. Porque tanto amó Dios al mundo, que le entregó a su Hijo único, para que todo el que crea en él no perezca, sino que tenga vida eterna.

Porque Dios no envió a su Hijo para condenar al mundo, sino para que el mundo se salvara por él".

Lunes 15 de septiembre de 2025
Memoria de Nuestra Señora de los Dolores
Primera Lectura: 1 Timoteo 2, 1-8

Te ruego, hermano, que ante todo se hagan oraciones, plegarias, súplicas y acciones de gracias por todos los hombres, y en particular, por los jefes de Estado y las demás autoridades, para que podamos llevar una vida tranquila y en paz, entregada a Dios y respetable en todo sentido. Esto es bueno y agradable a Dios, nuestro salvador, pues él quiere que todos los hombres se salven y todos lleguen al conocimiento de la verdad, porque no hay sino un solo Dios y un solo mediador entre Dios y los hombres, Cristo Jesús, hombre él también, que se entregó como rescate por todos. El dio testimonio de esto a su debido tiempo y de esto yo he sido constituido, digo la verdad y no miento, pregonero y apóstol para enseñar la fe y la verdad. Quiero, pues, que los hombres, libres de odios y divisiones, hagan oración donde quiera que se encuentren, levantando al cielo sus manos puras.

Salmo Responsorial: Salmo 27, 2. 7. 8-9
R. (6) Salva, Señor, a tu pueblo.

Escucha, Señor, mi súplica, cuando te pido ayuda y levanto la manos hacia tu santuario. **R.**

El Señor es mi fuerza y mi escudo: en él confía mi corazón; él me socorrió y mi corazón se alegra y le canta agradecido. **R.**

El Señor es la fuerza de su pueblo, el apoyo y la salvación de su Mesías. Salva, Señor, a tu pueblo y bendícelo, porque es tuyo, apaciéntalo y condúcelo para siempre. **R.**

Aclamación antes del Evangelio
R. Aleluya, aleluya.

Dichosa la Virgen María, que sin morir, mereció la palma del martirio junto a la cruz del Señor. **R.**

Evangelio: Juan 19, 25-27

En aquel tiempo, junto a la cruz de Jesús estaban su madre, la hermana de su madre, María la de Cleofás, y María Magdalena. Al ver a su madre y junto a ella al discípulo que tanto quería, Jesús dijo a su madre: "Mujer, ahí está tu hijo". Luego dijo al discípulo: "Ahí está tu madre". Y desde entonces el discípulo se la llevó a vivir con él.

O bien:

Lucas 2, 33-35

En aquel tiempo, el padre y la madre del niño estaban admirados de las palabras que les decía Simeón. Él los bendijo, y a María, la madre de Jesús, le anunció: "Este niño ha sido puesto para ruina y resurgimiento de muchos en Israel, como signo que provocará contradicción, para que queden al descubierto los pensamientos de todos los corazones. Y a ti, una espada te atravesará el alma".

Martes 16 de septiembre de 2025

Memoria de San Cornelio, Papa y san Cipriano, obispo, mártires

Primera Lectura: 1 Timoteo 3, 1-13

Hermano: Es cierto que aspirar al cargo de obispo es aspirar a una excelente función. Por lo mismo, es preciso que el obispo sea irreprochable, que no se haya casado más que una vez, que sea sensato, prudente, bien educado, digno, hospitalario, hábil para enseñar, no dado al vino ni a la violencia, sino comprensivo, enemigo de pleitos y no ávido de dinero; que sepa gobernar bien su propia casa y educar dignamente a sus hijos. Porque, ¿cómo podrá cuidar de la Iglesia de Dios quien no sabe gobernar su propia casa? No debe ser recién convertido, no sea que se llene de soberbia y sea por eso condenado como el demonio. Es necesario que los no creyentes tengan buena opinión de él, para que no caiga en el descrédito ni en las redes del demonio. Los diáconos deben, asimismo, ser respetables y sin doblez, no dados al vino ni a negocios sucios; deben conservar la fe revelada, con una conciencia limpia. Que se les ponga a prueba primero y luego, si no hay nada que reprocharles, que ejerzan su oficio de diáconos. Las mujeres deben ser igualmente respetables, no chismosas, juiciosas y fieles en todo. Los diáconos, que sean casados una sola vez y sepan gobernar bien a sus hijos y su propia casa. Los que ejercen bien el diaconado alcanzarán un puesto honroso y gran autoridad para hablar de la fe que tenemos en Cristo Jesús.

Salmo Responsorial: Salmo 100, 1-2ab. 2cd-3ab. 5. 6

R. (2b) Danos, Señor, tu bondad y tu justicia.

Voy a cantar la bondad y la justicia; para ti, Señor, tocaré mi música. Voy a explicar el camino perfecto. ¿Cuándo vendrás a mí? **R.**

Quiero proceder en mi casa con recta conciencia. No quiero ocuparme de asuntos indignos, aborrezco las acciones criminales. **R.**

Al que en secreto difama a su prójimo lo haré callar; al altanero y al ambicioso no los soportaré. **R.**

Escojo a gente de fiar para que vivan conmigo; el que sigue un camino perfecto será mi servidor. **R.**

Aclamación antes del Evangelio: Lucas 7, 16

R. Aleluya, aleluya.

Un gran profeta ha surgido entre nosotros. Dios ha visitado a su pueblo. **R.**

Evangelio: Lucas 7, 11-17

En aquel tiempo, se dirigía Jesús a una población llamada Naím, acompañado de sus discípulos y de mucha gente. Al llegar a la entrada de la población, se encontró con que sacaban a enterrar a un muerto, hijo único de una viuda, a la que acompañaba una gran muchedumbre. Cuando el Señor la vio, se compadeció de ella y le dijo: "No llores". Acercándose al ataúd, lo tocó, y los que lo llevaban se detuvieron. Entonces Jesús dijo: "Joven, yo te lo mando: Levántate". Inmediatamente el que había muerto se levantó y comenzó a hablar. Jesús se lo entregó a su madre. Al ver esto, todos se llenaron de temor y comenzaron a glorificar a Dios, diciendo: "Un gran profeta ha surgido entre nosotros. Dios ha visitado a su pueblo". La noticia de este hecho se divulgó por toda Judea y por las regiones circunvecinas.

Miércoles de la XXIV semana del Tiempo ordinario

Primera Lectura: 1 Timoteo 3, 14-16

Querido hermano: Te escribo estas cosas con la esperanza de ir a verte pronto. Pero si tardo en llegar, quiero que sepas desde ahora cómo debes de actuar en la casa del Dios vivo, que es la Iglesia, columna y fundamento de la verdad. Realmente es grande el misterio del amor de Dios, que se nos ha manifestado en Cristo, hecho hombre, santificado por el Espíritu, contemplado por los ángeles, anunciado a todas las naciones, aceptado en el mundo mediante la fe y elevado a la gloria.

Salmo Responsorial: Salmo 110:1-2, 3-4, 5-6

R. (2a) Alabemos a Dios de todo corazón.

Quiero alabar a Dios, de corazón, en las reuniones de los justos. Grandiosas son las obras del Señor y para todo fiel, dignas de estudio. **R.**

De majestad y gloria hablan sus obras y su justicia dura para siempre. Ha hecho inolvidables sus prodigios. El Señor es piadoso y es clemente. **R.**

Acordándose siempre de su alianza, él le da comer al que lo teme. Al darle por herencia a las naciones, hizo ver a su pueblo sus poderes. **R.**

Aclamación antes del Evangelio: Juan 6, 63. 68

R. Aleluya, aleluya.

Tus palabras, Señor, son espíritu y vida. Tú tienes palabras de vida eterna. **R.**

Evangelio: Lucas 7, 31-35

En aquel tiempo, Jesús dijo: "¿Con quién compararé a los hombres de esta generación? ¿A quién se parecen? Se parecen a esos niños que se sientan a jugar en la plaza y se gritan los unos a los otros: 'Tocamos la flauta y no han bailado, cantamos canciones tristes y no han llorado'. Porque vino Juan el Bautista, que ni comía pan ni bebía vino, y ustedes dijeron: 'Ese está endemoniado'. Y viene el Hijo del hombre, que come y bebe, y dicen: 'Este hombre es un glotón y un bebedor, amigo de publicanos y pecadores'. Pero sólo aquellos que tienen la sabiduría de Dios, son quienes lo reconocen".

Jueves de la XXIV semana del Tiempo ordinario
Primera Lectura: 1 Timoteo 4, 12-16

Querido hermano: Que nadie te desprecie por tu juventud. Procura ser un modelo para los fieles en tu modo de hablar y en tu conducta, en el amor, en la fe y en la castidad. Mientras llego, preocúpate de leer públicamente la palabra de Dios, de exhortar a los hermanos y de enseñarlos. No descuides el don que posees. Recuerda que se te confirió cuando, a instancias del Espíritu, los presbíteros te impusieron las manos. Pon interés en todas estas cosas y dedícate a ellas, de modo que todos vean tu progreso. Cuida de tu conducta y de tu enseñanza y sé perseverante, pues obrando así, te salvarás a ti mismo y a los que te escuchen.

Salmo Responsorial: Salmo 110, 7-8. 9. 10

R. (2a) Los mandamientos del Señor son dignos de confianza.

Justas y verdaderas son las obras del Señor; son dignos de confianza sus mandatos, pues nunca pierden su valor y exigen ser fielmente ejecutados. **R.**

El redimió a su pueblo y estableció su alianza para siempre. Dios es santo y terrible. **R.**

El temor del Señor es el principio de la sabiduría y los que viven de acuerdo con él son sensatos. La gloria del Señor perdura eternamente. **R.**

Aclamación antes del Evangelio: Mateo 11, 28

R. Aleluya, aleluya.

Vengan a mí, todos los que están fatigados y agobiados por la carga, y yo les daré alivio, dice el Señor. **R.**

Evangelio: Lucas 7, 36-50

En aquel tiempo, un fariseo invitó a Jesús a comer con él. Jesús fue a la casa del fariseo y se sentó a la mesa. Una mujer de mala vida en aquella ciudad, cuando supo que Jesús iba a comer ese día en casa del fariseo, tomó consigo un frasco de alabastro con perfume, fue y se puso detrás de Jesús, y comenzó a llorar, y con sus lágrimas bañaba sus pies; los enjugó con su cabellera, los besó y los ungió con el perfume. Viendo esto, el fariseo que lo había invitado comenzó a pensar: "Si este hombre fuera profeta, sabría qué clase de mujer es la que lo está tocando; sabría que es una pecadora". Entonces Jesús le dijo: "Simón, tengo algo que decirte". El fariseo contestó: "Dímelo, Maestro". El le dijo: "Dos hombres le debían dinero a un prestamista. Uno le debía quinientos denarios, y el otro, cincuenta. Como no tenían con qué pagarle, les perdonó la deuda a los dos. ¿Cuál de ellos lo amará más?" Simón le respondió: "Supongo que aquel a quien le perdonó más". Entonces Jesús le dijo: "Has juzgado bien". Luego, señalando a la mujer, dijo a Simón: "¿Ves a esta mujer? Entré en tu casa y tú no me ofreciste agua para los pies, mientras que ella me los ha bañado con sus lágrimas y me los ha enjugado con sus cabellos. Tú no me diste el beso de saludo; ella, en cambio, desde que entró, no ha dejado de besar mis pies. Tú no ungiste con aceite mi cabeza; ella, en cambio, me ha ungido los pies con perfume. Por lo cual, yo te digo: sus pecados, que son muchos, le han quedado perdonados, porque ha amado mucho. En cambio, al que poco se le perdona, poco ama". Luego le dijo a la mujer: "Tus pecados te han quedado perdonados". Los invitados empezaron a preguntarse a sí mismos: "¿Quién es éste que hasta los pecados perdona?" Jesús le dijo a la mujer: "Tu fe te ha salvado; vete en paz".

Viernes 19 de septiembre de 2025

Viernes de la XXIV semana del Tiempo ordinario
Primera Lectura: 1 Timoteo 6, 2-12

Querido hermano: Lo que te he dicho anteriormente, es lo que debes enseñar e inculcar. Porque, quien enseña doctrinas diferentes y no se atiene a las palabras de salvación de Jesucristo, nuestro Señor, y a lo que enseña la religión verdadera, es un orgulloso e ignorante, obsesionado por las discusiones y los juegos de palabras. Y lo único que nace de todo ello, son envidias, pleitos e insultos, sospechas perjudiciales y continuos altercados, propios de hombres de mente depravada, privados de la verdad y que consideran que la religión es un negocio. Ciertamente la religión es el gran negocio, pero sólo para aquel que se conforma con lo que tiene, pues nada hemos traído a este mundo y nada podremos llevarnos de él. Por eso, teniendo con qué alimentarnos y con qué vestirnos nos damos por satisfechos. Los que a toda costa quieren hacerse ricos, sucumben a la tentación, caen en las redes del demonio y en muchos afanes inútiles y funestos, que hunden a los hombres en la ruina y en la perdición. Porque la raíz de todos los males es el afán de dinero, y algunos, por dejarse llevar de él, se han desviado de la fe y se han visto agobiados por muchas tribulaciones. Tú, en cambio, como hombre de Dios, evita todo eso y lleva una vida de rectitud, piedad, fe, amor, paciencia y mansedumbre. Lucha en el noble combate de la fe, conquista la vida eterna, a la que has sido llamado y de la que hiciste tan admirable profesión ante numerosos testigos.

Salmo Responsorial: Salmo 48, 6-7. 8-10. 17-18. 19-20
R. (Mateo 5, 3) Dichosos los pobres de espíritu.
¿Por qué temer en días de desgracia, cuando nos cerca la malicia de aquellos que presumen de sus bienes y en sus riquezas confían? **R.**
Nadie puede comprar su propia vida, ni por ella pagarle a Dios rescate. No hay dinero capaz de hacer que alguno de la muerte se escape. **R.**
No te inquietes, cuando alguien se enriquece y aumentan las riquezas su poder. Nada podrá llevarse, cuando muera, ni podrá su poder bajar por él. **R.**
Aunque feliz se sienta mientras viva y por pasarla bien todos lo alaben, ahí donde jamás verá la luz descenderá a reunirse con sus padres. **R.**

Aclamación antes del Evangelio: Mateo 11, 25
R. Aleluya, aleluya.
Yo te alabo, Padre, Señor del cielo y de la tierra, porque has revelado los misterios del Reino a la gente sencilla. **R.**

Evangelio: Lucas 8, 1-3

En aquel tiempo, Jesús comenzó a recorrer ciudades y poblados predicando la buena nueva del Reino de Dios. Lo acompañaban los Doce y algunas mujeres que habían sido libradas de espíritus malignos y curadas de varias enfermedades. Entre ellas iban María, llamada Magdalena, de la que habían salido siete demonios; Juana, mujer de Cusa, el administrador de Herodes; Susana y otras muchas, que los ayudaban con sus propios bienes.

Memoria de San Andrés Kim Taegon, presbítero y San Pablo Chong Hasang y compañeros, mártires

Primera Lectura: 1 Timoteo 6, 13-16

Querido hermano: En presencia de Dios, que da vida a todas las cosas, y de Cristo Jesús, que dio tan admirable testimonio ante Poncio Pilato, te ordeno que cumplas fiel e irreprochablemente todo lo mandado, hasta la venida de nuestro Señor Jesucristo, la cual dará a conocer a su debido tiempo Dios, el bienaventurado y único soberano, Rey de los reyes y Señor de los señores, el único que posee la inmortalidad, el que habita en una luz inaccesible y a quien ningún hombre ha visto ni puede ver. A él todo honor y poder para siempre.

Salmo Responsorial: Salmo 99, 2. 3. 4. 5

R. (2c) Sirvamos al Señor con alegría.

Reconozcamos que el Señor es Dios, que él fue quien nos hizo y somos suyos, que somos su pueblo a su rebaño. **R.**

Entremos por sus puertas dando gracias, crucemos por sus atrios entre himnos, alabando al Señor y bendiciéndolo. **R.**

Porque el Señor es bueno, bendigámoslo, porque es eterna su misericordia, y su fidelidad nunca se acaba. **R.**

Aclamación antes del Evangelio: Lucas 8, 15

R. Aleluya, aleluya.

Dichosos los que cumplen la palabra del Señor con un corazón bueno y sincero y perseveran hasta dar fruto. **R.**

Evangelio: Lucas 8, 4-15

En aquel tiempo, mucha gente se había reunido alrededor de Jesús, y al ir pasando por los pueblos, otros más se le unían. Entonces les dijo esta parábola: "Salió un sembrador a sembrar su semilla. Al ir sembrando, unos granos cayeron en el camino, la gente los pisó y los pájaros se los comieron. Otros cayeron en terreno pedregoso, y al brotar, se secaron por falta de humedad. Otros cayeron entre espinos, y al crecer éstos, los ahogaron. Los demás cayeron en tierra buena, crecieron y produjeron el ciento por uno". Dicho esto, exclamó: "¡El que tenga oídos para oír, que oiga!" Entonces le preguntaron los discípulos: "¿Qué significa esta parábola?" Y él les respondió: "A ustedes se les ha concedido conocer claramente los secretos del Reino de Dios; en cambio, a los demás, sólo en parábolas *para que viendo no vean y oyendo no entiendan*. La parábola significa esto: la semilla es la palabra de Dios. Lo que cayó en el camino representa a los que escuchan la palabra, pero luego viene el diablo y se la lleva de sus corazones, para que no crean ni se salven. Lo que cayó en terreno pedregoso representa a los que, al escuchar la palabra, la reciben con alegría, pero no tienen raíz; son los que por algún tiempo creen, pero en el momento de la prueba, fallan. Lo que cayó entre espinos representa a los que escuchan la palabra, pero con los afanes, riquezas y placeres de la vida, se van ahogando y no dan fruto. Lo que cayó en tierra buena representa a los que escuchan la palabra, la conservan en un corazón bueno y bien dispuesto, y dan fruto por su constancia".

Domingo 21 de septiembre de 2025
XXV Domingo Ordinario

Primera Lectura: Amos 8, 4-7

Escuchen esto los que buscan al pobre sólo para arruinarlo y andan diciendo: "¿Cuándo pasará el descanso del primer día del mes para vender nuestro trigo, y el descanso del sábado para reabrir nuestros graneros?" Disminuyen las medidas, aumentan los precios, alteran las balanzas, obligan a los pobres a venderse; por un par de sandalias los compran y hasta venden el salvado como trigo. El Señor, gloria de Israel, lo ha jurado: "No olvidaré jamás ninguna de estas acciones".

Salmo Responsorial: Salmo 112, 1-2. 4-6. 7-8
R. (1a y 7b) Que alaben al Señor todos sus siervos.

Bendita sea el Señor, alábenlo sus siervos. Bendito sea el Señor, desde ahora y para siempre. **R.**

Dios está sobre todos las naciones, su gloria por encima de los cielos. ¿Quién hay como el Señor? ¿Quién iguala al Dios nuestro? **R.**

El tiene en las alturas su morada y sin embargo de esto, bajar se digna su mirada para ver tierra y cielo. **R.**

El levanta del polvo al desvalido y saca al indigente del estiércol para hacerlo sentar entre los grandes, los jefes de su pueblo. **R.**

Segunda Lectura: 1 Timoteo 2, 1-8
Te ruego, hermano, que ante todo se hagan oraciones, plegarias, súplicas y acciones de gracias por todos los hombres, y en particular, por los jefes de Estado y las demás autoridades, para que podamos llevar una vida tranquila y en paz, entregada a Dios y respetable en todo sentido. Esto es bueno y agradable a Dios, nuestro salvador, pues él quiere que todos los hombres se salven y todos lleguen al conocimiento de la verdad, porque no hay sino un solo Dios y un solo mediador entre Dios y los hombres, Cristo Jesús, hombre él también, que se entregó como rescate por todos. Él dio testimonio de esto a su debido tiempo y de esto yo he sido constituido, digo la verdad y no miento, pregonero y apóstol para enseñar la fe y la verdad. Quiero, pues, que los hombres, libres de odios y divisiones, hagan oración dondequiera que se encuentren, levantando al cielo sus manos puras.

Aclamación antes del Evangelio: 2 Corintios 8, 9
R. Aleluya, aleluya.

Jesucristo, siendo rico, se hizo pobre, para enriquecernos con su pobreza. **R.**

Evangelio: Lucas 16, 1-13

En aquel tiempo, Jesús dijo a sus discípulos: "Había una vez un hombre rico que tenía un administrador, el cual fue acusado ante él de haberle malgastado sus bienes. Lo llamó y le dijo: '¿Es cierto lo que me han dicho de ti? Dame cuenta de tu trabajo, porque en adelante ya no serás administrador'. Entonces el administrador se puso a pensar: '¿Que voy a hacer ahora que me quitan el trabajo? No tengo fuerzas para trabajar la tierra y me da vergüenza pedir limosna. Ya sé lo que voy a hacer, para tener a alguien que me reciba en su casa, cuando me despidan'. Entonces fue llamando uno por uno a los deudores de su amo. Al primero le preguntó: '¿Cuánto le debes a mi amo?' El hombre respondió: 'Cien barriles de aceite'. El administrador le dijo: 'Toma tu recibo, date prisa y haz otro por cincuenta'. Luego preguntó al siguiente: 'Y tú, ¿cuánto debes?' Éste respondió: 'Cien sacos de trigo'. El administrador le dijo: 'Toma tu recibo y haz otro por ochenta'. El amo tuvo que reconocer que su mal administrador había procedido con habilidad. Pues los que pertenecen a este mundo son más hábiles en sus negocios, que los que pertenecen a la luz. Y yo les digo: Con el dinero, tan lleno de injusticias, gánense amigos que, cuando ustedes mueran, los reciban en el cielo. El que es fiel en las cosas pequeñas, también es fiel en las grandes; y el que es infiel en las cosas pequeñas, también es infiel en las grandes. Si ustedes no son fieles administradores del dinero, tan lleno de injusticias, ¿quién les confiará los bienes verdaderos? Y si no han sido fieles en lo que no es de ustedes, ¿quién les confiará lo que sí es de ustedes? No hay criado que pueda servir a dos amos, pues odiará a uno y amará al otro, o se apegará al primero y despreciará al segundo. En resumen, no pueden ustedes servir a Dios y al dinero".

O bien:

Lucas 16, 10-13

En aquel tiempo, Jesús dijo a sus discípulos: El que es fiel en las cosas pequeñas, también es fiel en las grandes; y el que es infiel en las cosas pequeñas, también es infiel en las grandes. Si ustedes no son fieles administradores del dinero, tan lleno de injusticias, ¿quién les confiará los bienes verdaderos? Y si no han sido fieles en lo que no es de ustedes, ¿quién les confiará lo que sí es de ustedes? No hay criado que pueda servir a dos amos, pues odiará a uno y amará al otro, o se apegará al primero y despreciará al segundo. En resumen, no pueden ustedes servir a Dios y al dinero".

Lunes de la XXV semana del Tiempo ordinario

Primera Lectura: Esdras 1, 1-6

El año primero del reinado de Ciro, rey de Persia, el Señor, para cumplir lo que había anunciado por boca del profeta Jeremías, movió a Ciro a proclamar de palabra y por escrito en todo su reino este decreto: "Esto dice Ciro, rey de Persia: 'El Señor, Dios del cielo, me ha entregado todos los reinos de la tierra y me ha encargado edificarle un templo en Jerusalén de Judá. Los que pertenezcan al pueblo del Señor, que vayan a Jerusalén de Judá, para reconstruir el templo del Señor, Dios de Israel, que habita en Jerusalén. Y que Dios los acompañe. La gente del lugar proporcionará a todos los judíos sobrevivientes, dondequiera que residan, oro, plata, utensilios y ganado, además de las ofrendas que quieran hacer voluntariamente para el templo de Dios, que está en Jerusalén'". Entonces se pusieron en marcha los jefes de familia de las tribus de Judá y Benjamín, los sacerdotes y los levitas, y todos los que se sintieron movidos por Dios para ir a reconstruir el templo del Señor en Jerusalén. Sus vecinos les proporcionaron toda clase de ayuda: oro, plata, utensilios, ganado y objetos preciosos, además de las ofrendas voluntarias.

Salmo Responsorial: Salmo 125, 1-2ab. 2cd-3. 4-5. 6
R. (3a) Grandes cosas has hecho por nosotros, Señor.

Cuando el Señor nos hizo volver de cautiverio, creíamos soñar; entonces no cesaba de reír nuestra boca, ni se cansaba entonces la lengua de cantar. **R.**

Aun los mismos paganos con asombro decían: "¡Grandes cosas ha hecho por ellos el Señor!" Y estábamos alegres, pues ha hecho grandes cosas por su pueblo el Señor. **R.**

Como cambian los ríos la suerte del desierto, cambia también ahora nuestra suerte, Señor. y entre gritos de júbilo cosecharán aquellos que siembran con dolor. **R.**

Al ir, iba llorando, cargando la semilla; al regresar, cantando, vendrán con sus gavillas. **R.**

Aclamación antes del Evangelio: Mateo 5, 16
R. Aleluya, aleluya.

Que brille la luz de ustedes ante los hombres, dice el Señor, para que viendo las obras buenas que ustedes hacen, den gloria a su Padre, que está en los cielos. **R.**

Evangelio: Lucas 8, 16-18

En aquel tiempo, Jesús dijo a la multitud: "Nadie enciende una vela y la tapa con alguna vasija o la esconde debajo de la cama, sino que la pone en un candelero, para que los que entren puedan ver la luz. Porque nada hay oculto que no llegue a descubrirse, nada secreto que no llegue a saberse o a hacerse público. Fíjense, pues, si están entendiendo bien, porque al que tiene se le dará más; pero al que no tiene se le quitará aun aquello que cree tener".

Martes 23 de septiembre de 2025
Memoria de San Pío de Pietrelcina, presbítero
Primera Lectura: Esdras 6, 7-8. 12. 14-20

En aquellos días, el rey Darío escribió a los jefes de la región del otro lado del río Eufrates: "Dejen que el gobernador y los dirigentes de los judíos reconstruyan el templo de Dios en su antiguo sitio. Estas son mis órdenes acerca del proceder de ustedes con los dirigentes de los judíos, en lo que se refiere a la reconstrucción del templo de Dios: Con los impuestos de la región del otro lado del río, destinados al rey, se les pagarán puntualmente los gastos a esos hombres, para que no se interrumpa el trabajo. Yo, Darío, he promulgado este decreto para que se cumpla a la letra". Así los dirigentes de los judíos avanzaron con rapidez en la reconstrucción del templo, alentados por las palabras de Ageo y de Zacarías, hijo de Idó, y llevaron a cabo la reconstrucción, conforme a lo mandado por el Dios de Israel y por Ciro, Darío y Artajerjes, reyes de Persia. El templo se terminó el día tres del mes de marzo del año sexto del reinado del rey Darío. Los israelitas –sacerdotes, levitas y todos los demás que habían vuelto de la cautividad–

celebraron con júbilo la dedicación del templo de Dios. Para la dedicación del templo ofrecieron cien toros, doscientos carneros, cuatrocientos corderos, y como sacrificio por el pecado de todo Israel, doce machos cabríos, conforme al número de las tribus de Israel. El servicio del templo de Jerusalén se encomendó a los sacerdotes, y a los levitas, según el orden que les correspondía, conforme a la ley de Moisés. Los israelitas que habían vuelto de la cautividad celebraron la Pascua el día catorce de abril. Todos los sacerdotes y los levitas se habían preparado para celebrarla y estaban puros; inmolaron, pues, la víctima pascual para todos los que habían vuelto de la cautividad, para sus hermanos los sacerdotes, y para sí mismos.

Salmo Responsorial: Salmo 121, 1-2. 3-4a. 4b-5
R. (1) Vayamos con alegría al encuentro del Señor.
¡Qué alegría sentí cuando me dijeron: "Vayamos a la casa del Señor"! Y hoy estamos aquí, Jerusalén, jubilosos, delante de tus puertas. **R.**
A ti, Jerusalén suben las tribus, las tribus del Señor, según lo que a Israel se le ha ordenado, para alabar el nombre del Señor. **R.**

Aclamación antes del Evangelio: Lucas 11, 28
R. Aleluya, aleluya.
Dichosos los que escuchan la palabra de Dios y la ponen en práctica, dice el Señor. **R.**

Evangelio: Lucas 8, 19-21
En aquel tiempo, fueron a ver a Jesús su madre y sus parientes, pero no podían llegar hasta donde él estaba porque había mucha gente. Entonces alguien le fue a decir: "Tu madre y tus hermanos están allá afuera y quieren verte". Pero él respondió: "Mi madre y mis hermanos son aquellos que escuchan la palabra de Dios y la ponen en práctica".

Miércoles de la XXV semana del Tiempo ordinario

Primera Lectura: Esdras 9, 5-9

Yo, Esdras, al llegar la hora de la ofrenda de la tarde, salí de mi abatimiento y con la túnica y el manto rasgados, me postré de rodillas, levanté las manos al Señor, mi Dios, y le dije: "Dios mío, de pura vergüenza no me atrevo a levantar el rostro hacia ti, porque nuestros pecados se han multiplicado hasta cubrirnos por completo y nuestros delitos son tan grandes, que llegan hasta el cielo. Desde el tiempo de nuestros padres hasta el día de hoy, hemos pecado gravemente y por nuestros pecados nos has entregado a nosotros, a nuestros reyes y a nuestros sacerdotes en manos de reyes extranjeros, para que nos maten, nos destierren, nos saqueen y nos insulten, como sucede al presente. Pero ahora, Señor, Dios nuestro, te has compadecido de nosotros un momento y nos has dejado algunos sobrevivientes, que se han refugiado en tu lugar santo; tú, Dios nuestro, has iluminado nuestros ojos y nos has reanimado un poco en medio de nuestra esclavitud. Porque éramos esclavos, pero tú no nos abandonaste en nuestra esclavitud, sino que nos granjeaste el favor de los reyes de Persia, para que nos perdonaran la vida y pudiéramos levantar tu templo y restaurar sus ruinas y tuviéramos, así, un refugio en Judá y en Jerusalén".

Salmo Responsorial: Tobías 13, 2. 3-4a. 4bcd. 5. 8
R. (2a) Bendito sea el Señor para siempre.

El castiga y tiene compasión, hunde hasta el abismo y saca de él y no hay quien escape de su mano. **R.**

El los dispersó a ustedes entre los paganos, que no lo conocen, para que les dieran a conocer sus maravillas y para que los hicieran comprender que él es el único Dios todopoderoso. **R.**

Miren lo que ha hecho por nosotros, denle gracias de todo corazón y con sus obras bendigan el rey eterno. Yo le doy gracias en el país de mi destierro, pues anunció su grandeza a un pueblo pecador. Conviértanse, pecadores, obren rectamente en su presencia y esperen que tenga compasión de ustedes. **R.**

Aclamación antes del Evangelio: Marcos 1, 15

R. Aleluya, aleluya.

El Reino de Dios está cerca, dice el Señor; arrepiéntanse y crean en el Evangelio.

R.

Evangelio: Lucas 9, 1-6

En aquel tiempo, Jesús reunió a los Doce y les dio poder y autoridad para expulsar toda clase de demonios y para curar enfermedades. Luego los envió a predicar el Reino de Dios y a curar a los enfermos. Y les dijo: "No lleven nada para el camino: ni bastón, ni morral, ni comida, ni dinero, ni dos túnicas. Quédense en la casa donde se alojen, hasta que se vayan de aquel sitio. Y si en algún pueblo no los reciben, salgan de ahí y sacúdanse el polvo de los pies en señal de acusación". Ellos se pusieron en camino y fueron de pueblo en pueblo, predicando el Evangelio y curando en todas partes.

Jueves de la XXV semana del Tiempo ordinario

Primera Lectura: Ageo 1, 1-8

El día primero del mes sexto del año segundo del rey Darío, la palabra del Señor se dirigió, por medio del profeta Ageo, a Zorobabel, hijo de Sealtiel, gobernador de Judea, y a Josué, hijo de Yosadac, sumo sacerdote, y les dijo: "Esto dice el Señor de los ejércitos: 'Este pueblo mío anda diciendo que todavía no ha llegado el momento de reconstruir el templo' ". La palabra del Señor llegó por medio del profeta Ageo y dijo: "¿De modo que es tiempo de vivir en casas con paredes revestidas de cedro, mientras que mi casa está en ruinas? Pues ahora, dice el Señor de los ejércitos, reflexionen sobre su situación: han sembrado mucho, pero cosechado poco; han comido, pero siguen con hambre; han bebido, pero siguen con sed; se han vestido, pero siguen con frío, y los que trabajaron a sueldo echaron su salario en una bolsa rota". Esto dice el Señor de los ejércitos: "Reflexionen, pues, sobre su situación. Suban al monte, traigan madera y construyan el templo, para que pueda yo estar satisfecho y mostrar en él mi gloria, dice el Señor".

Salmo Responsorial: Salmo 149, 1b-2. 3-4. 5-6a y 9b

R. (4a) El Señor es amigo de su pueblo.

Entonen al Señor un canto nuevo, en la reunión litúrgica proclámenlo. En su creador y rey, en el Señor, alégrese Israel, su pueblo santo. **R.**

En honor de su nombre, que haya danzas, alábenlo con arpa y tamboriles. El Señor es amigo de su pueblo y otorga la victoria a los humildes. **R.**

Que se alegren los fieles en un triunfo, que inunde el regocijo sus hogares, que alaben al Señor con sus palabras, pues en esto su pueblo se complace. **R.**

Aclamación antes del Evangelio: Juan 14, 6

R. Aleluya, aleluya.

Yo soy el camino, la verdad y la vida; nadie va al Padre si no es por mí, dice el Señor. **R.**

Evangelio: Lucas 9, 7-9

En aquel tiempo, el rey Herodes se enteró de todos los prodigios que Jesús hacía y no sabía a qué atenerse, porque unos decían que Juan había resucitado; otros, que había regresado Elías, y otros, que había vuelto a la vida uno de los antiguos profetas. Pero Herodes decía: "A Juan yo lo mandé decapitar. ¿Quién será, pues, éste del que oigo semejantes cosas?" Y tenía curiosidad de ver a Jesús.

Viernes 26 de septiembre de 2025

Viernes de la XXV Semana del Tiempo Ordinario

Primera Lectura: Ageo 2, 1-9

El día veintiuno del séptimo mes del año segundo del reinado de Darío, la palabra del Señor vino, por medio del profeta Ageo, y dijo: "Diles a Zorobabel, hijo de Sealtiel, gobernador de Judea, y a Josué, hijo de Yosadac sumo sacerdote, y al resto del pueblo: '¿Queda alguien entre ustedes que haya visto este templo en el esplendor que antes tenía? ¿Y qué es lo que ven ahora? ¿Acaso no es muy poca cosa a sus ojos? Pues bien, ¡ánimo!, Zorobabel; ¡ánimo!, Josué, hijo de Yosadac, sumo sacerdote; ¡ánimo!, pueblo entero. ¡Manos a la obra!, porque yo estoy con ustedes, dice el Señor de los ejércitos. Conforme a la alianza que hice con ustedes, cuando salieron de Egipto, mi espíritu estará con ustedes. No teman'. Esto dice el Señor de los ejércitos: 'Dentro de poco tiempo conmoveré el cielo y la tierra, el mar y los continentes. Conmoveré a todos los pueblos para que vengan a traerme las riquezas de todas las naciones y llenaré de gloria este templo. Mía es la plata y mío es el oro. La gloria de este segundo templo será mayor que la del primero, y en este sitio daré yo la paz', dice el Señor de los ejércitos".

Salmo Responsorial: Del Salmo 42
R. (5bc) Envíame, Señor, tu luz y tu verdad.
Defiéndeme, Señor, hazme justicia contra un pueblo malvado; de hombre tramposo y traicionero ponme a salvo. **R.**
Si tú eres de verdad mi Dios-refugio, ¿por qué me has rechazado?, ¿Por qué tengo que andar tan afligido, viendo cómo me oprime el adversario? **R.**
Envíame, Señor, tu luz y tu verdad; que ellas se conviertan en mi guía y hasta tu monte santo me conduzcan, allí donde tú habitas. **R.**
Al altar del Señor me acercaré, al Dios que es mi alegría; y a mi Dios, el Señor, le daré gracias al compás de la cítara. **R.**

Aclamación antes del Evangelio: Marcos 10, 45
R. Aleluya, aleluya.
Jesucristo vino a servir y a dar su vida por la salvación de todos. **R.**

Evangelio: Lucas 9, 18-22
Un día en que Jesús, acompañado de sus discípulos, había ido a un lugar solitario para orar, les preguntó: "¿Quién dice la gente que soy yo?" Ellos contestaron: "Unos dicen que eres Juan el Bautista; otros, que Elías; y otros, que alguno de los antiguos profetas, que ha resucitado". Él les dijo: "Y ustedes, ¿quién dicen que soy yo?" Respondió Pedro: "El Mesías de Dios". Entonces Jesús les ordenó severamente que no lo dijeran a nadie. Después les dijo: "Es necesario que el Hijo del hombre sufra mucho, que sea rechazado por los ancianos, los sumos sacerdotes y los escribas, que sea entregado a la muerte y que resucite al tercer día".

Memoria de San Vicente de Paúl, presbítero

Primera Lectura: Zacarías 2, 5-9. 14-15

En aquellos días, levanté los ojos y vi a un hombre con una cuerda de medir en la mano. Le pregunté: "¿A dónde vas?" El me respondió: "Voy a medir la ciudad de Jerusalén, para ver cuánto tiene de ancho y de largo". Entonces el ángel que hablaba conmigo se alejó de mí y otro ángel le salió al encuentro y le dijo: "Corre, háblale a ese joven y dile: 'Jerusalén ya no tendrá murallas, debido a la multitud de hombres y ganados que habrá en ella. Yo mismo la rodearé, dice el Señor, como un muro de fuego y mi gloria estará en medio de ella' ". Canta de gozo y regocíjate, Jerusalén, pues vengo a vivir en medio de ti, dice el Señor. Muchas naciones se unirán al Señor en aquel día; ellas también serán mi pueblo y yo habitaré en medio de ti.

Salmo Responsorial: Jeremías 31, 10. 11-12ab. 13

R. (10d) El Señor será nuestro pastor.

Escuchen, pueblos, la palabra del Señor, anúncienla aun es las islas más remotas: "El que dispersó a Israel lo reunirá y lo cuidará como el pastor a su rebaño". **R.**

Porque el Señor redimió a Jacob y lo rescató de las manos del poderoso. Ellos vendrán para aclamarlo al monte de Sión y vendrán a gozar de los bienes del Señor. **R.**

Entonces se alegrarán las jóvenes, danzando; Se sentirán felices jóvenes y viejos; porque yo convertiré su tristeza en alegría, los llenaré de gozo y aliviaré sus penas. **R.**

Aclamación antes del Evangelio: 2 Timoteo 1, 10

R. Aleluya, aleluya.

Jesucristo, nuestro salvador, ha vencido la muerte y ha hecho resplandecer la vida por medio del Evangelio. **R.**

Evangelio: Lucas 9, 43-45

En aquel tiempo, como todos comentaban, admirados, los prodigios que Jesús hacía, éste dijo a sus discípulos: "Presten mucha atención a lo que les voy a decir: El Hijo del hombre va a ser entregado en manos de los hombres". Pero ellos no entendieron estas palabras, pues un velo les ocultaba su sentido y se las volvía incomprensibles. Y tenían miedo de preguntarle acerca de este asunto.

Domingo 28 de septiembre de 2025

XXVI Domingo ordinario

Primera Lectura: Amos 6, 1. 4-7

Esto dice el Señor todopoderoso: "¡Ay de ustedes, los que se sienten seguros en Sión y los que ponen su confianza en el monte sagrado de Samaria! Se reclinan sobre divanes adornados con marfil, se recuestan sobre almohadones para comer los corderos del rebaño y las terneras en engorda. Canturrean al son del arpa, creyendo cantar como David. Se atiborran de vino, se ponen los perfumes más costosos, pero no se preocupan por las desgracias de sus hermanos. Por eso irán al destierro a la cabeza de los cautivos y se acabará la orgía de los disolutos".

Salmo Responsorial: Salmo 145, 7. 8-9a. 9bc-10

R. (1b) Alabemos al Señor, que viene a salvarnos.

El Señor siempre es fiel a su palabra, y es quien hace justicia al oprimido; él proporciona pan a los hambrientos y libera al cautivo. **R.**

Abre el Señor los ojos de los ciegos y alivia al agobiado. Ama el Señor al hombre justo y toma al forastero a su cuidado. **R.**

A la viuda y al huérfano sustenta y trastorna los planes del inicuo. Reina el Señor eternamente, reina tu Dios, oh Sión, reina por siglos. **R.**

Segunda Lectura: 1 Timoteo 6, 11-16

Hermano: Tú, como hombre de Dios, lleva una vida de rectitud, piedad, fe, amor, paciencia y mansedumbre. Lucha en el noble combate de la fe, conquista la vida eterna a la que has sido llamado y de la que hiciste tan admirable profesión ante numerosos testigos. Ahora, en presencia de Dios, que da vida a todas las cosas, y de Cristo Jesús, que dio tan admirable testimonio ante Poncio Pilato, te ordeno que cumplas fiel e irreprochablemente, todo lo mandado, hasta la venida de nuestro Señor Jesucristo, la cual dará a conocer a su debido tiempo Dios, el bienaventurado y único soberano, rey de los reyes y Señor de los señores, el único que posee la inmortalidad, el que habita en una luz inaccesible y a quien ningún hombre ha visto ni puede ver. A él todo honor y poder para siempre.

Aclamación antes del Evangelio: 2 Corintios 8, 9
R. Aleluya, aleluya.

Jesucristo, siendo rico, se hizo pobre, para enriquecernos con su pobreza. **R.**

Evangelio: Lucas 16, 19-31

En aquel tiempo, Jesús dijo a los fariseos: "Había un hombre rico, que se vestía de púrpura y telas finas y banqueteaba espléndidamente cada día. Y un mendigo, llamado Lázaro, yacía a la entrada de su casa, cubierto de llagas y ansiando llenarse con las sobras que caían de la mesa del rico. Y hasta los perros se acercaban a lamerle las llagas. Sucedió, pues, que murió el mendigo y los ángeles lo llevaron al seno de Abraham. Murió también el rico y lo enterraron. Estaba éste en el lugar de castigo, en medio de tormentos, cuando levantó los ojos y vio a lo lejos a Abraham y a Lázaro junto a él. Entonces gritó: 'Padre Abraham, ten piedad de mí. Manda a Lázaro que moje en agua la punta de su dedo y me refresque la lengua, porque me torturan estas llamas'. Pero Abraham le contestó: 'Hijo, recuerda que en tu vida recibiste bienes y Lázaro, en cambio, males. Por eso él goza ahora de consuelo, mientras que tú sufres tormentos. Además, entre ustedes y nosotros se abre un abismo inmenso, que nadie puede cruzar, ni hacia allá ni hacia acá'. El rico insistió: 'Te ruego, entonces, padre Abraham, que mandes a Lázaro a mi casa, pues me quedan allá cinco hermanos, para que les advierta y no acaben también ellos en este lugar de tormentos'. Abraham le dijo: 'Tienen a Moisés y a los profetas; que los escuchen'. Pero el rico replicó: 'No, padre Abraham. Si un muerto va a decírselo, entonces sí se arrepentirán'. Abraham repuso: 'Si no escuchan a Moisés y a los profetas, no harán caso, ni aunque resucite un muerto'".

Fiesta de los santos Arcángeles Miguel, Gabriel y Rafael

Primera Lectura: Daniel 7, 9-10. 13-14

Yo, Daniel, tuve una visión nocturna: Vi que colocaban unos tronos y un anciano se sentó. Su vestido era blanco como la nieve, y sus cabellos, blancos como lana. Su trono, llamas de fuego, con ruedas encendidas. Un río de fuego brotaba delante de él. Miles y miles lo servían, millones y millones estaban a sus órdenes. Comenzó el juicio y se abrieron los libros. Yo seguí contemplando en mi visión nocturna y vi a alguien semejante a un hijo de hombre, que venía entre las nubes del cielo. Avanzó hacia el anciano de muchos siglos y fue introducido a su presencia. Entonces recibió la soberanía, la gloria y el reino. Y todos los pueblos y naciones de todas las lenguas lo servían. Su poder nunca se acabará, porque es un poder eterno, y su reino jamás será destruido.

O bien:

Apocalipsis 12, 7-12

En el cielo se trabó una gran batalla: Miguel y sus ángeles pelearon contra el dragón. El dragón y sus ángeles lucharon ferozmente, pero fueron vencidos y arrojados del cielo para siempre. Así, el dragón, que es la antigua serpiente, la que se llama Diablo y Satanás, la que engaña al mundo entero, fue precipitado a la tierra, junto con sus ángeles. Entonces yo, Juan, oí en el cielo una voz poderosa, que decía: "Ha sonado la hora de la victoria de nuestro Dios, de su dominio y de su reinado, y del poder de su Mesías, porque ha sido reducido a la impotencia el que de día y de noche acusaba a nuestros hermanos, delante de Dios. Pero ellos lo han vencido por medio de la sangre del Cordero y por el testimonio que dieron, pues su amor a la vida no les impidió aceptar la muerte. Por eso, alégrense los cielos y todos los que en ellos habitan".

Salmo Responsorial: Salmo 137, 1-2a. 2bc-3. 4-5

R. (1c) Te cantaremos, Señor, delante de tus ángeles.

De todo corazón te damos gracias, Señor, porque escuchaste nuestros ruegos. Te cantaremos delante de tus ángeles, te adoraremos en tu templo. **R.**

Señor, te damos gracias por tu lealtad y por tu amor: Siempre que te invocamos nos oíste y nos llenaste de valor. **R.**

Que todos los reyes de la tierra te reconozcan, al escuchar tus prodigios. Que alaben tus caminos, porque tu gloria es inmensa. **R.**

Aclamación antes del Evangelio: Salmo 102, 21
R. Aleluya, aleluya.

Que bendigan al Señor todos sus ejércitos, servidores fieles que cumplen su voluntad. **R.**

Evangelio: Juan 1, 47-51

En aquel tiempo, cuando Jesús vio que Natanael se acercaba, dijo: "Éste es un verdadero israelita en el que no hay doblez". Natanael le preguntó: "¿De dónde me conoces?" Jesús le respondió: "Antes de que Felipe te llamara, te vi cuando estabas debajo de la higuera". Respondió Natanael: "Maestro, tú eres el Hijo de Dios, tú eres el rey de Israel". Jesús le contestó: "Tú crees, porque te he dicho que te vi debajo de la higuera. Mayores cosas has de ver". Después añadió: "Yo les aseguro que verán el cielo abierto y a los ángeles de Dios subir y bajar sobre el Hijo del hombre".

Martes 30 de septiembre de 2025
Memoria de San Jerónimo, presbítero y doctor de la Iglesia
Primera Lectura: Zacarías 8, 20-23

Esto dice el Señor de los ejércitos: "Vendrán pueblos y habitantes de muchas ciudades. Y los habitantes de una ciudad irán a ver a los de la otra y les dirán: 'Vayamos a orar ante el Señor y a implorar la ayuda del Señor de los ejércitos'. 'Yo también voy'. Y vendrán numerosos pueblos y naciones poderosas a orar ante el Señor Dios en Jerusalén y a implorar su protección". Esto dice el Señor de los ejércitos: "En aquellos días, diez hombres de cada lengua extranjera tomarán por el borde del manto a un judío y le dirán: 'Queremos ir contigo, pues hemos oído decir que Dios está con ustedes'".

Salmo Responsorial: Salmo 86,1-3. 4-5. 6-7

R. (Zacarías 8, 32) Dios está con nosotros.

Jerusalén gloriosa, el Señor ha puesto en ti su templo. Tú eres más querida para Dios Que todos los santuarios de Israel. **R.**

De ti. Jerusalén, ciudad del Señor, se dirán maravillas. Egipto y Babilonia adorarán al Señor; los filisteos, con Tiro y Etiopía, serán como tus hijos. **R.**

Y de ti, Jerusalén, afirmarán: "Todos los pueblos han nacido en ti y el Altísimo es tu fortaleza". **R.**

El Señor registrará en el libro de la vida a cada pueblo, convertido en ciudadano tuyo; y todos los pueblos te cantarán, bailando: "Tú eres la fuente de nuestra salvación". **R.**

Aclamación antes del Evangelio: Marcos 10, 45

R. Aleluya, aleluya.

Jesucristo vino a servir y a dar su vida por la salvación de todos. **R.**

Evangelio: Lucas 9, 51-56

Cuando ya se acercaba el tiempo en que tenía que salir de este mundo, Jesús tomó la firme determinación de emprender el viaje a Jerusalén. Envió mensajeros por delante y ellos fueron a una aldea de Samaria para conseguirle alojamiento; pero los samaritanos no quisieron recibirlo, porque supieron que iba a Jerusalén. Ante esta negativa, sus discípulos Santiago y Juan le dijeron: "Señor, ¿quieres que hagamos bajar fuego del cielo para que acabe con ellos?" Pero Jesús se volvió hacia ellos y los reprendió. Después se fueron a otra aldea.

OCTUBRE

Memoria de Santa Teresa del Niño Jesús, virgen y doctora de la Iglesia

Primera Lectura: Nehemías 2, 1-8

En el primer mes del año veinte del reinado de Artajerjes, siendo yo, Nehemías, el copero mayor, serví una copa de vino y se la ofrecí al rey. Nunca me había presentado ante él con cara triste. Entonces el rey me preguntó: "¿Por qué estás tan triste, si no estás enfermo? ¿Qué es lo que te preocupa?" Sentí entonces un gran temor y le respondí: "Que viva el rey para siempre. ¿Cómo no he de estar triste, cuando la ciudad donde se hallan enterrados mis padres está en ruinas y sus puertas consumidas por el fuego?" El rey me dijo: "¿Qué es, pues, lo que quieres?" Me encomendé al Dios del cielo y le contesté al rey: "Si le parece bien a mi señor, el rey, y si está satisfecho de mí, déjeme ir a Judá para reconstruir la ciudad donde están enterrados mis padres". El rey y la reina, que estaba sentada a su lado, me preguntaron: "¿Cuánto durará tu viaje y cuándo volverás?" Al rey le pareció bien el plazo que le indiqué y me permitió ir. Entonces yo añadí: "Ruego a mi señor, el rey, que me dé cartas para los gobernadores de la región del otro lado del río, para que me faciliten el viaje hasta Judá; y una carta dirigida a Asaf, encargado de los bosques reales, para que me suministren madera para las puertas de la ciudadela del templo, para el muro de la ciudad y para la casa donde me voy a instalar". Gracias a Dios, el rey me concedió todo lo que le pedí.

Salmo Responsorial: Salmo 136, 1-12. 3. 4-5. 6

R. (6a) Tu recuerdo, Señor, es mi alegría.

Junto a los ríos de Babilonia nos sentábamos a llorar de nostalgia; de los sauces que esteban en la orilla colgamos nuestras arpas. **R.**

Aquellos que cautivos nos tenían pidieron que cantáramos. Decían los opresores: "Algún cantar de Sión, alegres, cántennos". **R.**

Pero, ¿cómo podríamos cantar un himno al Señor en tierra extraña? ¡Que la mano derecha se me seque si de ti, Jerusalén, yo me olvidara! **R.**

¡Que se me pegue al paladar la lengua, Jerusalén, si no te recordara, o si, fuera de ti, alguna otra alegría yo buscara! **R.**

Aclamación antes del Evangelio: Filipenses 3, 8-9
R. Aleluya, aleluya.

Todo lo considero una pérdida y lo tengo por basura, para ganar a Cristo y vivir unido a él. **R.**

Evangelio: Lucas 9, 57-62

En aquel tiempo, mientras iban de camino Jesús y sus discípulos, alguien le dijo: "Te seguiré a donde quiera que vayas". Jesús le respondió: "Las zorras tienen madrigueras y los pájaros, nidos; pero el Hijo del hombre no tiene en dónde reclinar la cabeza". A otro, Jesús le dijo: "Sígueme". Pero él le respondió: "Señor, déjame ir primero a enterrar a mi padre". Jesús le replicó: "Deja que los muertos entierren a sus muertos. Tú ve y anuncia el Reino de Dios". Otro le dijo: "Te seguiré, Señor; pero déjame primero despedirme de mi familia". Jesús le contestó: "El que empuña el arado y mira hacia atrás, no sirve para el Reino de Dios".

Jueves 2 de octubre de 2025
Memoria de los Santos Ángeles Custodios
Primera Lectura: Nehemías 8, 1-4. 5-6. 8-12

En aquellos días, todo el pueblo, como si fuera un solo hombre, se reunió en la plaza que está ante la puerta del Agua y pidió a Esdras, el sacerdote y escriba, que trajera el libro de la ley de Moisés, que el Señor había prescrito a Israel. Esdras, el sacerdote, trajo el libro de la ley ante la asamblea, formada por los hombres, las mujeres y todos los que tenían uso de razón. Era el día primero del mes séptimo y Esdras leyó desde el amanecer hasta el mediodía en la plaza que está frente a la puerta del Agua, en presencia de los hombres, mujeres y todos los que tenían uso de razón. Todo el pueblo estaba atento a la lectura del libro de la ley. Esdras estaba de pie sobre un estrado de madera, levantado para esta ocasión. Esdras abrió el libro a la vista del pueblo, pues estaba en un sitio más alto que todos, y cuando lo abrió, el pueblo entero se puso de pie. Esdras bendijo entonces al

Señor, el gran Dios, y todo el pueblo, levantando las manos, respondió: "¡Amén!", e inclinándose, se postraron rostro en tierra. Los levitas leían el libro de la ley de Dios con claridad y explicaban el sentido, de suerte que el pueblo comprendía la lectura. Entonces Nehemías, el gobernador, Esdras, el sacerdote y escriba, y los levitas que instruían a la gente, dijeron a todo el pueblo: "Este es un día consagrado al Señor, nuestro Dios. No estén ustedes tristes ni lloren (porque todos lloraban al escuchar las palabras de la ley). Vayan a comer espléndidamente, tomen bebidas dulces y manden algo a los que nada tienen, pues hoy es un día consagrado al Señor, nuestro Dios. No estén tristes, porque celebrar al Señor es nuestra fuerza". Y los levitas consolaban al pueblo, diciéndole: "No lloren, porque este día es santo. No estén tristes". Y el pueblo entero se fue a comer y a beber, mandó comida a los que no tenían nada e hizo grandes festejos, porque habían comprendido las cosas que les habían enseñado.

Salmo Responsorial: Salmo 18, 8. 9. 10. 11
R. (9a) Tú tienes, Señor, palabras de vida eterna.

La ley del Señor es perfecta del todo y reconforta el alma; inmutables son las palabras del Señor y hacen sabio al sencillo. **R.**

En los mandamientos del Señor hay rectitud y alegría para el corazón; son luz los preceptos del Señor para alumbrar el camino. **R.**

La voluntad de Dios es santa y para siempre estable; los mandamientos del Señor son verdaderos y enteramente justos. **R.**

Más deseables que el oro y las piedras preciosas las normas del Señor, y más dulces que la miel de un panal que gotea. **R.**

Aclamación antes del Evangelio: Salmo 102, 21
R. Aleluya, aleluya.

Que bendigan al Señor todos sus ejércitos, servidores fieles que cumplen su voluntad. **R.**

Evangelio: Mateo 18, 1-5. 10

En cierta ocasión, los discípulos se acercaron a Jesús y le preguntaron: "¿Quién es más grande en el Reino de los cielos?" Jesús llamó a un niño, lo puso en medio de ellos y les dijo: "Yo les aseguro a ustedes que si no cambian y no se hacen como los niños, no entrarán en el Reino de los cielos. Así pues, quien se haga pequeño como este niño, ése es el más grande en el Reino de los cielos. Y el que reciba a un niño como éste en mi nombre, me recibe a mí. Cuidado con despreciar a uno de estos pequeños, pues yo les digo que sus ángeles, en el cielo, ven continuamente el rostro de mi Padre, que está en el cielo".

Viernes 3 de octubre de 2025
Viernes de la XXVI semana del Tiempo ordinario
Primera Lectura: Baruc 1, 15-22

"Reconocemos que el Señor, Dios nuestro, es justo, y todos nosotros, los habitantes de Judea y de Jerusalén, nuestros reyes y príncipes, nuestros sacerdotes, profetas y padres, nos sentimos hoy llenos de vergüenza, porque hemos pecado contra el Señor y no le hemos hecho caso; lo hemos desobedecido y no hemos escuchado su voz ni hemos cumplido los mandamientos que él nos dio. Desde el día en que el Señor sacó de Egipto a nuestros padres hasta el día de hoy, no hemos obedecido al Señor, nuestro Dios, y nos hemos obstinado en no escuchar su voz. Por eso han caído ahora sobre nosotros las desgracias y la maldición que el Señor anunció por medio de Moisés, su siervo, el día en que sacó de Egipto a nuestros padres, para darnos una tierra que mana leche y miel. No hemos escuchado la voz del Señor, nuestro Dios, conforme a las palabras de los profetas que nos ha enviado y todos nosotros, siguiendo las inclinaciones de nuestro perverso corazón, hemos adorado a dioses extraños y hemos hecho lo que el Señor, nuestro Dios, reprueba".

Salmo Responsorial: Salmo 78, 1-2. 3-5. 8. 9
R. (9b) Sálvanos, Señor, y perdona nuestras pecados.

Dios mío, los paganos han invadido tu propiedad, han profanado tu santo templo, y han convertido a Jerusalén en ruinas. **R.**

Han echado los cadáveres de tus siervos a las aves de rapiña,, y la carne de tus fieles a los animales feroces. **R.**

Hemos sido el escarnio de nuestros vecinos la irrisión y la burla de los que nos rodean. ¿Hasta cuándo, Señor, vas a estar enojado y arderá como fuego tu ira. **R.**

No recuerdes, Señor, contra nosotros las culpas de nuestros padres. Que tu amor venga pronto a socorrernos, porque estamos totalmente abatidos. **R.**

Para que sepan quién eres, socórrenos, Dios y salvador nuestro. Para que sepan quién eres, sálvanos y perdona nuestros pecados. **R.**

Aclamación antes del Evangelio: Salmo 94, 8
R. Aleluya, aleluya.

Hagámosle caso al Señor, que nos dice: "No endurezcan su corazón". **R.**

Evangelio: Lucas 10, 13-16

En aquel tiempo, Jesús dijo: "¡Ay de ti, ciudad de Corozaín! ¡Ay de ti, ciudad de Betsaida! Porque si en las ciudades de Tiro y de Sidón se hubieran realizado los prodigios que se han hecho en ustedes, hace mucho tiempo que hubieran hecho penitencia, cubiertas de sayal y de ceniza. Por eso el día del juicio será menos severo para Tiro y Sidón que para ustedes. Y tú, Cafarnaúm, *¿crees que serás encumbrada hasta el cielo? No. Serás precipitada en el abismo"*. Luego, Jesús dijo a sus discípulos: "El que los escucha a ustedes, a mí me escucha; el que los rechaza a ustedes, a mí me rechaza y el que me rechaza a mí, rechaza al que me ha enviado".

Sábado 4 de octubre de 2025
Memoria de San Francisco de Asís

Primera Lectura: Baruc 4, 5-12. 27-29

"¡Ánimo!, pueblo mío, tú que llevas el nombre de Israel. Ustedes fueron vendidos a los paganos, pero no para ser destruidos; por haber provocado la ira de Dios fueron entregados a sus enemigos. Provocaron la indignación de su Creador, ofreciendo sacrificios a los ídolos y no a Dios; han olvidado al Dios eterno, que los alimentó y han entristecido a Jerusalén, que los crió. Cuando Jerusalén vio venir sobre ustedes la ira de Dios, dijo: 'Escuchen, ciudades vecinas de Sión: Dios ha mandado sobre mí una gran desgracia: he visto que desterraban a mi pueblo, a mis hijos e hijas, por orden del Eterno. Yo los había criado con júbilo y los he dejado partir con llanto. Que nadie vuelva a alegrarse conmigo, porque soy viuda y estoy abandonada. Por los pecados de mis hijos me encuentro sola, pues se apartaron de la ley de Dios'. Pero tengan ánimo, hijos míos, e invoquen al Señor, porque el que les envió estas desgracias se acordará de ustedes. Así como un día se empeñaron en alejarse de Dios, así vuélvanse ahora a él y búsquenlo con mucho mayor empeño, pues el que les mandó todas estas desgracias les dará también con su salvación la eterna alegría".

Salmo Responsorial: Salmo 68, 33-35. 36-37
R. (34a) El Señor jamás desoye al pobre.
Se alegarán al ver al Señor los que sufren; quienes buscan a Dios tendrán más ánimo, porque el Señor jamás desoye al pobre ni olvida al que se encuentra encadenado. **R.**
Ciertamente el Señor salvará a Sión, reconstruirá a Judá; la heredarán los hijos de sus siervos, quienes aman a Dios la habitarán. **R.**

Aclamación antes del Evangelio: Mateo 11, 25
R. Aleluya, aleluya.
Te doy gracias, Padre, Señor del cielo y de la tierra, porque has revelado los misterios del Reino a la gente sencilla. **R.**

Evangelio: Lucas 10, 17-24
En aquel tiempo, los setenta y dos discípulos regresaron llenos de alegría y le dijeron a Jesús: "Señor, hasta los demonios se nos someten en tu nombre". Él les contestó: "Vi a Satanás caer del cielo como el rayo. A ustedes les he dado poder para aplastar serpientes y escorpiones y para vencer toda la fuerza del enemigo, y nada les podrá hacer daño. Pero no se alegren de que los demonios se les sometan. Alégrense más bien de que sus nombres están escritos en el cielo". En aquella misma hora, Jesús se llenó de júbilo en el Espíritu Santo y exclamó: "¡Te doy gracias, Padre, Señor del cielo y de la tierra, porque has escondido estas cosas

a los sabios y a los entendidos, y las has revelado a la gente sencilla! ¡Gracias, Padre, porque así te ha parecido bien! Todo me lo ha entregado mi Padre y nadie conoce quién es el Hijo, sino el Padre; ni quién es el Padre, sino el Hijo y aquel a quien el Hijo se lo quiera revelar". Volviéndose a sus discípulos, les dijo aparte: "Dichosos los ojos que ven lo que ustedes ven. Porque yo les digo que muchos profetas y reyes quisieron ver lo que ustedes ven y no lo vieron, y oír lo que ustedes oyen y no lo oyeron".

XXVII Domingo ordinario

Primera Lectura: Habacuc 1, 2-3; 2, 2-4

¿Hasta cuándo, Señor, pediré auxilio, sin que me escuches, y denunciaré a gritos la violencia que reina, sin que vengas a salvarme? ¿Por qué me dejas ver la injusticia y te quedas mirando la opresión? Ante mí no hay más que asaltos y violencias, y surgen rebeliones y desórdenes. El Señor me respondió y me dijo: "Escribe la visión que te he manifestado, ponla clara en tablillas para que se pueda leer de corrido. Es todavía una visión de algo lejano, pero que viene corriendo y no fallará; si se tarda, espéralo, pues llegará sin falta. El malvado sucumbirá sin remedio; el justo, en cambio, vivirá por su fe".

Salmo Responsorial: Salmo 94, 1-2. 6-7. 8-9

R. (8) Señor, que no seamos sordos a tu voz.

Vengan, lancemos vivas al Señor, aclamemos al Dios que nos salva.
Acerquémonos a él, llenos de júbilo, y démosle gracias. **R.**

Vengan, y puestos de rodillas, adoremos y bendigamos al Señor, que nos hizo,
pues él es nuestro Dios y nosotros, su pueblo; él es nuestro pastor y nosotros, sus ovejas. **R.**

Hagámosle caso al Señor, que nos dice: "No endurezcan su corazón, como el día de la rebelión en el desierto, cuando sus padres dudaron de mí, aunque habían visto mis obras". **R.**

Segunda Lectura: 2 Timoteo 1, 6-8. 13-14

Querido hermano: Te recomiendo que reavives el don de Dios que recibiste cuando te impuse las manos. Porque el Señor no nos ha dado un espíritu de temor, sino de fortaleza, de amor y de moderación. No te avergüences, pues, de dar testimonio de nuestro Señor, ni te avergüences de mí, que estoy preso por su causa. Al contrario, comparte conmigo los sufrimientos por la predicación del Evangelio, sostenido por la fuerza de Dios. Conforma tu predicación a la sólida doctrina que recibiste de mí acerca de la fe y el amor que tienen su fundamento en Cristo Jesús. Guarda este tesoro con la ayuda del Espíritu Santo, que habita en nosotros.

Aclamación antes del Evangelio: 1 Pedro 1, 25
R. Aleluya, aleluya.

La palabra de Dios permanece para siempre. Y ésa es la palabra que se les ha anunciado. **R.**

Evangelio: Lucas 17, 5-10

En aquel tiempo, los apóstoles dijeron al Señor: "Auméntanos la fe". El Señor les contestó: "Si tuvieran fe, aunque fuera tan pequeña como una semilla de mostaza, podrían decir a ese árbol frondoso: 'Arráncate de raíz y plántate en el mar', y los obedecería. ¿Quién de ustedes, si tiene un siervo que labra la tierra o pastorea los rebaños, le dice cuando éste regresa del campo: 'Entra en seguida y ponte a comer'? ¿No le dirá más bien: 'Prepárame de comer y disponte a servirme, para que yo coma y beba; después comerás y beberás tú'? ¿Tendrá acaso que mostrarse agradecido con el siervo, porque éste cumplió con su obligación? Así también ustedes, cuando hayan cumplido todo lo que se les mandó, digan: 'No somos más que siervos, sólo hemos hecho lo que teníamos que hacer' ".

Lunes 6 de octubre de 2025
Lunes de la XXVII semana del Tiempo ordinario
Primera Lectura: Jonás 1, 1-2, 1. 11

El Señor le dirigió la palabra a Jonás, hijo de Amitay, y le dijo: "Levántate y vete a Nínive, la gran ciudad, y predica en ella que su maldad ha llegado hasta mí". Se levantó Jonás para huir a Tarsis, lejos del Señor, y llegó a Jafa, donde encontró un barco que salía para Tarsis; pagó su pasaje y se embarcó para dirigirse a Tarsis, lejos del Señor. Pero el Señor desencadenó un gran viento sobre el mar y provocó una tormenta tan fuerte, que el barco estaba a punto de naufragar. Los marineros tuvieron miedo y se pusieron a invocar cada uno a su dios. Luego echaron al mar la carga para aligerar la nave. Mientras tanto, Jonás había bajado al fondo del barco, se había acostado y dormía profundamente. El capitán se le acercó y le dijo: "¿Qué haces aquí dormido? Levántate e invoca a tu Dios, a ver si él se compadece de nosotros y no perecemos". Luego se dijeron unos a otros: "Echemos suertes para ver quién tiene la culpa de esta desgracia". Echaron suertes y le tocó a Jonás. Entonces le dijeron: "Dinos por qué nos ha sobrevenido esta desgracia, cuál es tu oficio, de dónde vienes, cuál es tu país y de qué pueblo eres". Él les respondió: "Soy hebreo y adoro al Señor, Dios del cielo, que hizo el mar y la tierra". Entonces aquellos hombres tuvieron mucho miedo y le dijeron: "¿Por qué has hecho esto?" Pues él acababa de decirles que iba huyendo del Señor. Y como el mar seguía encrespándose, le preguntaron: "¿Qué hemos de hacer contigo para que el mar se calme?" Él les respondió: "Levántenme y arrójenme al mar, y el mar se calmará, pues sé que por mi culpa les ha sobrevenido esta tormenta tan fuerte". Los hombres se pusieron a remar para alcanzar la costa, pero no pudieron, porque el mar seguía encrespándose en torno a ellos. Entonces invocaron al Señor, diciendo: "Señor, no nos hagas morir por culpa de este hombre ni nos hagas responsables de la muerte de un inocente, ya que es clara tu voluntad". Entonces levantaron a Jonás y lo arrojaron al mar y el mar calmó su furia. Y aquellos hombres temieron mucho al Señor; le ofrecieron un sacrificio y le hicieron promesas. Dispuso el Señor que una ballena se tragara a Jonás, el cual estuvo en el vientre de la ballena tres días y tres noches. Entonces el Señor le ordenó a la ballena que vomitara a Jonás en tierra firme.

Salmo Responsorial: Jonás 2, 3. 4. 5. 8
R. (7c) En el peligro grité al Señor y me atendió.

En el peligro grítela Señor y me atendió. Desde el vientre del abismo te pedí auxilio y me escuchaste. **R.**

Me habías arrojado al fondo, en alta mar, me rodeaba la corriente, tus torrentes y tus olas me arrollaban. **R.**

Entonces pensé: "Me has arrojado de tu presencia; ¿quién pudiera ver otra vez tu santo templo?" **R.**

Cuando se me acababan las fuerzas, invoqué al Señor y llegó hasta ti mi oración, hasta su santo templo. **R.**

Aclamación antes del Evangelio: Juan 13, 34
R. Aleluya, aleluya.

Les doy un mandamiento nuevo, dice el Señor, que se amen los unos a los otros, como yo los he amado. **R.**

Evangelio: Lucas 10, 25-37

En aquel tiempo, se presentó ante Jesús un doctor de la ley para ponerlo a prueba y le preguntó: "Maestro, ¿qué debo hacer para conseguir la vida eterna?" Jesús le dijo: "¿Qué es lo que está escrito en la ley? ¿Qué lees en ella?" El doctor de la ley contestó: *"Amarás al Señor tu Dios, con todo tu corazón, con toda tu alma, con todas tus fuerzas y con todo tu ser, y a tu prójimo como a ti mismo".* Jesús le dijo: "Has contestado bien; si haces eso, vivirás". El doctor de la ley, para justificarse, le preguntó a Jesús: "¿Y quién es mi prójimo?" Jesús le dijo: "Un hombre que bajaba por el camino de Jerusalén a Jericó, cayó en manos de unos ladrones, los cuales lo robaron, lo hirieron y lo dejaron medio muerto. Sucedió que por el mismo camino bajaba un sacerdote, el cual lo vio y pasó de largo. De igual modo, un levita que pasó por ahí, lo vio y siguió adelante. Pero un samaritano que iba de viaje, al verlo, se compadeció de él, se le acercó, ungió sus heridas con aceite y vino y se las vendó; luego lo puso sobre su cabalgadura, lo llevó a un mesón y cuidó de él. Al día siguiente sacó dos denarios, se los dio al dueño del mesón y le dijo: 'Cuida de él y lo que gastes de más, te lo pagaré a mi regreso'. ¿Cuál de estos tres te parece que se portó como prójimo del hombre que fue asaltado por los ladrones?" El doctor de la ley le respondió: "El que tuvo compasión de él". Entonces Jesús le dijo: "Anda y haz tú lo mismo".

Memoria de la Bienaventurada Virgen María del Rosario

Primera Lectura: Jonás 3, 1-10

En aquellos días, el Señor volvió a hablar a Jonás y le dijo: "Levántate y vete a Nínive, la gran capital, para anunciar ahí el mensaje que te voy a indicar". Se levantó Jonás y se fue a Nínive, como le había mandado el Señor. Nínive era una ciudad enorme: hacían falta tres días para recorrerla. Jonás caminó por la ciudad durante un día, pregonando: "Dentro de cuarenta días Nínive será destruida". Los ninivitas creyeron en Dios, ordenaron un ayuno y se vistieron de sayal, grandes y pequeños. Llegó la noticia al rey de Nínive, que se levantó del trono, se quitó el manto, se vistió de sayal, se sentó sobre ceniza y en nombre suyo y de sus ministros, mandó proclamar en Nínive el siguiente decreto: "Que hombres y animales, vacas y ovejas, no prueben bocado, que no pasten ni beban; que todos se vistan de sayal e invoquen con fervor a Dios y que cada uno se arrepienta de su mala vida y deje de cometer injusticias. Quizá Dios se arrepienta y nos perdone, aplaque el incendio de su ira y así no moriremos". Cuando Dios vio sus obras y cómo se convertían de su mala vida, cambió de parecer y no les mandó el castigo que había determinado imponerles.

Salmo Responsorial: Salmo 129, 1-2. 3-4ab. 7-8

R. (3) Perdónanos, Señor, y viviremos.

Desde el abismo de mis pecados clamo a ti; Señor, escucha mi clamor; que estén atentos tus oídos a mi voz suplicante. **R.**

Si conservaras el recuerdo de las culpas ¿quién habría, Señor, que se salvara? Pero de ti procede el perdón, por eso con amor te veneramos. **R.**

Como aguarda a la aurora el centinela, aguarda Israel al Señor, porque del Señor viene la misericordia, y abundancia de la redención, y él redimirá a su pueblo de todas sus iniquidades. **R.**

Aclamación antes del Evangelio: Lucas 11, 28

R. Aleluya, aleluya.

Dichosos los que escuchan la palabra de Dios y la ponen en práctica, dice el

Señor. **R.**

Evangelio: Lucas 10, 38-42

En aquel tiempo, entró Jesús en un poblado, y una mujer, llamada Marta, lo recibió en su casa. Ella tenía una hermana, llamada María, la cual se sentó a los pies de Jesús y se puso a escuchar su palabra. Marta, entre tanto, se afanaba en diversos quehaceres, hasta que, acercándose a Jesús, le dijo: "Señor, ¿no te has dado cuenta de que mi hermana me ha dejado sola con todo el quehacer? Dile que me ayude". El Señor le respondió: "Marta, Marta, muchas cosas te preocupan y te inquietan, siendo así que una sola es necesaria. María escogió la mejor parte y nadie se la quitará".

Miércoles 8 de octubre de 2025
Miércoles de la XXVI semana del Tiempo ordinario
Primera Lectura: Jonás 4, 1-11

Jonás se disgustó mucho de que Dios no hubiera castigado a los habitantes de Nínive, e irritado, oró al Señor en estos términos: "Señor, esto es lo que yo me temía cuando estaba en mi tierra, y por eso me di prisa en huir a Tarsis. Bien sabía yo que tú eres un Dios clemente y compasivo, lleno de paciencia y de misericordia, siempre dispuesto a perdonar. Ahora, Señor, quítame la vida, pues prefiero morir a vivir". Pero el Señor le respondió: "¿Crees que hay motivo para que te enojes?" Jonás salió de Nínive y acampó al oriente de la ciudad. Allí construyó una enramada y se sentó a su sombra, para ver qué pasaba con Nínive. Entonces, el Señor Dios hizo nacer una hiedra, que creció tan tupida, que le daba sombra y lo resguardaba del ardor del sol. Jonás se puso muy contento por la hiedra. Pero al día siguiente, al amanecer, el Señor envió un gusano, el cual dañó la hiedra, que se secó. Y cuando el sol ya quemaba, el Señor envió un viento caliente y abrasador; el sol le daba a Jonás en la cabeza y lo hacía desfallecer. Entonces Jonás deseó morir y dijo: "Prefiero morir a vivir". Entonces el Señor le dijo a Jonás: "¿Crees que hay motivo para que te enojes así por la hiedra?" Contestó él: "Sí, y tanto, que quisiera morirme". Le respondió el Señor: "Tú estás triste por una hiedra que no cultivaste con tu trabajo, que nace una noche y perece la otra. Y yo, ¿no voy a tener lástima de Nínive, la gran ciudad, en donde viven más de ciento veinte mil seres humanos que no son responsables y gran cantidad de ganado?".

Salmo Responsorial: Salmo 85, 3-4. 5-6. 9-10
R. (15b) Tú, Señor, eres bueno y clemente.

Ten compasión de mí, pues clamo a ti, Dios mío, todo el día, y ya que a ti, Señor, levanto el alma, llena a este siervo tuyo de alegría. **R.**

Puesto que eres, Señor, bueno y clemente, y todo amor con quien tu nombre invoca, escucha mi oración y a mi súplica da respuesta pronta. **R.**

Dios entrañablemente compasivo, todo amor y lealtad, lento a la cólera, ten compasión de mí, pues clamo a ti, Señor, a toda hora. **R.**

Aclamación antes del Evangelio: Romanos 8, 15
R. Aleluya, aleluya.

Hemos recibido un espíritu de hijos, que nos hace exclamar: ¡Padre! **R.**

Evangelio: Lucas 11, 1-4

Un día, Jesús estaba orando y cuando terminó, uno de sus discípulos le dijo: "Señor, enséñanos a orar, como Juan enseñó a sus discípulos". Entonces Jesús les dijo: "Cuando oren, digan: Padre, santificado sea tu nombre, venga tu Reino, danos hoy nuestro pan de cada día y perdona nuestras ofensas, puesto que también nosotros perdonamos a todo aquel que nos ofende, y no nos dejes caer en tentación".

Jueves 9 de octubre de 2025
Jueves de la XXVII semana del Tiempo ordinario
Primera Lectura: Malaquías 3, 13-20

"Ustedes me han ofendido con sus palabras, dice el Señor, y todavía preguntan: '¿Qué hemos dicho contra ti?' Han dicho esto: 'No vale la pena servir a Dios. ¿Qué hemos ganado con guardar sus mandamientos o con hacer penitencia ante el Señor de los ejércitos? Más bien tenemos que felicitar a los soberbios, pues hacen el mal y prosperan, provocan a Dios y escapan sin castigo' ". Entonces, los que temen al Señor hablaron unos con otros. Y el Señor puso atención y escuchó lo que decían y se escribió ante él un libro en el que están registradas las obras y los nombres de los que temen al Señor y lo honran. "El día que yo actúe, dice el Señor de los ejércitos, ellos serán mi propiedad personal y yo seré indulgente con ellos, como un padre es indulgente con el hijo que lo obedece. Entonces verán la diferencia entre los buenos y los malos, entre los que obedecen a Dios y los que no lo obedecen. Ya viene el día, ardiente como un horno, y todos los soberbios y malvados serán como la paja. El día que viene los consumirá, dice el Señor de los ejércitos, hasta no dejarles ni raíz ni rama. Pero para ustedes, los que temen al Señor, brillará el sol de justicia, que les traerá la salvación en sus rayos".

Salmo Responsorial: Salmo 1, 1-2. 3. 4 y 6
R. (Salmo 39, 5a) Dichoso el hombre que confía en el Señor.
Dichoso aquel que no se guía Por mundanos criterios, que no anda en malos pasos ni se burla del bueno, que ama la ley de Dios y se goza en cumplir sus mandamientos. **R.**
Es como un árbol plantado junto al río, que da fruto a su tiempo y nunca se marchita. En todo tendrá éxito. **R.**
En cambio los malvados serán como la paja barrida por el viento. Porque el Señor protege el camino del justo y al malo sus caminos acaban por perderlo. **R.**

Aclamación antes del Evangelio: Hechos 16, 14
R. Aleluya, aleluya.
Abre, Señor, nuestros corazones, para que comprendamos las palabras de tu Hijo. **R.**

Evangelio: Lucas 11, 5-13
En aquel tiempo, Jesús dijo a sus discípulos: "Supongan que alguno de ustedes tiene un amigo que viene a medianoche a decirle: 'Préstame, por favor, tres panes, pues un amigo mío ha venido de viaje y no tengo nada que ofrecerle'. Pero él le responde desde dentro: 'No me molestes. No puedo levantarme a dártelos,

porque la puerta ya está cerrada y mis hijos y yo estamos acostados'. Si el otro sigue tocando, yo les aseguro que, aunque no se levante a dárselos por ser su amigo, sin embargo, por su molesta insistencia, sí se levantará y le dará cuanto necesite. Así también les digo a ustedes: Pidan y se les dará, busquen y encontrarán, toquen y se les abrirá. Porque quien pide, recibe; quien busca, encuentra y al que toca, se le abre. ¿Habrá entre ustedes algún padre que, cuando su hijo le pida pan, le dé una piedra? ¿O cuando le pida pescado, le dé una víbora? ¿O cuando le pida huevo, le dé un alacrán? Pues, si ustedes, que son malos, saben dar cosas buenas a sus hijos, ¿cuánto más el Padre celestial les dará el Espíritu Santo a quienes se lo pidan?"

Viernes 10 de octubre de 2025
Viernes de la XXVII semana del Tiempo ordinario
Primera Lectura: Joel 1, 13-15; 2, 1-2

Hagan penitencia y lloren, sacerdotes; giman, ministros del altar; vengan, acuéstense en el suelo vestidos de sayal, ministros de mi Dios, porque el templo del Señor se ha quedado sin ofrendas y sacrificios. Promulguen un ayuno, convoquen la asamblea, reúnan a los ancianos y a todos los habitantes del país en el templo del Señor, nuestro Dios, y clamen al Señor: "¡Ay de nosotros en aquel día!" Porque ya está cerca el día del Señor, y llegará como el azote del Dios todopoderoso. Toquen la trompeta en Sión, den la alarma en mi monte santo; que tiemblen los habitantes del país, porque ya viene, ya está cerca el día del Señor. Es un día de oscuridad y de tinieblas, día de nubes y de tormenta; como la aurora se va extendiendo sobre todos los montes, así se extenderá el poderoso ejército que viene: nunca hubo uno como él ni habrá otro igual a él por muchas generaciones.

Salmo Responsorial: Salmo 9, 2-3. 6 y 16. 8-9
R. (9a) El Señor juzga al mundo con justicia.

Te doy gracias, Señor, de todo corazón y proclamaré todas tus maravillas; me alegro y me regocijo contigo y toco en tu honor, Altísimo. **R.**

Reprendiste a los pueblos, destruiste al malvado y borraste para siempre su recuerdo. Los pueblos se han hundido en la tumba que hicieron, su pie quedó atrapado en la red que escondieron. **R.**

El Señor reina eternamente, tiene establecido un tribunal para juzgar; juzga al orbe con justicia y rige a las naciones con rectitud. **R.**

Aclamación antes del Evangelio: Juan 12, 31-32
R. Aleluya, aleluya.

Ya va a ser arrojado el príncipe de este mundo. Cuando yo sea levantado de la tierra, atraeré a todos hacia mí, dice el Señor. **R.**

Evangelio: Lucas 11, 15-26

En aquel tiempo, cuando Jesús expulsó a un demonio, algunos dijeron: "Éste expulsa a los demonios con el poder de Satanás, el príncipe de los demonios". Otros, para ponerlo a prueba, le pedían una señal milagrosa. Pero Jesús, que conocía sus malas intenciones, les dijo: "Todo reino dividido por luchas internas va a la ruina y se derrumba casa por casa. Si Satanás también está dividido contra sí mismo, ¿cómo mantendrá su reino? Ustedes dicen que yo arrojo a los demonios con el poder de Satanás. Entonces, ¿con el poder de quién los arrojan los hijos de ustedes? Por eso, ellos mismos serán sus jueces. Pero si yo arrojo a los demonios por el poder de Dios, eso significa que ha llegado a ustedes el Reino de Dios. Cuando un hombre fuerte y bien armado guarda su palacio, sus bienes están seguros; pero si otro más fuerte lo asalta y lo vence, entonces le quita las armas en que confiaba y después dispone de sus bienes. El que no está conmigo, está contra mí; y el que no recoge conmigo, desparrama. Cuando el espíritu inmundo sale de un hombre, anda vagando por lugares áridos, en busca de reposo, y al no hallarlo, dice: 'Volveré a mi casa, de donde salí'. Y al llegar, la encuentra barrida y arreglada. Entonces va por otros siete espíritus peores que él y vienen a instalarse allí, y así la situación final de aquel hombre resulta peor que la de antes".

Sábado 11 de octubre de 2025
Sábado de la XXVII semana del Tiempo ordinario

Primera Lectura: Joel 4, 12-21

"Que se levanten las naciones y acudan al valle de Josafat: allí me sentaré a juzgar a las naciones vecinas. Empuñen las hoces, porque ya la mies está madura; vengan a pisar las uvas, porque ya está lleno el lagar, ya las cubas están rebosantes de sus maldades. Multitudes y multitudes se reúnen en el valle del juicio, porque está cerca el día del Señor. El sol y la luna se oscurecen, las estrellas retiran su resplandor. El Señor ruge desde Sión, desde Jerusalén levanta su voz; tiemblan los cielos y la tierra. Pero el Señor protege a su pueblo, auxilia a los hijos de Israel. Entonces sabrán que yo soy el Señor, su Dios, que habito en Sión, mi monte santo. Jerusalén será santa y ya no pasarán por ella los extranjeros. Aquel día los montes destilarán vino y de las colinas manará leche. Los ríos de Judá irán llenos de agua y brotará un manantial del templo del Señor, que regará el valle de las Acacias. Egipto se volverá un desierto y Edom una árida estepa, porque oprimieron a los hijos de Judá y derramaron sangre inocente en su país. En cambio, Judá estará habitada para siempre, y Jerusalén, por todos los siglos. Vengaré su sangre, no quedarán impunes los que la derramaron, y yo, el Señor, habitaré en Sión".

Salmo Responsorial: Salmo 96, 1-2. 5-6. 11-12
R. (12a) Alegrémonos todos con el Señor.

Reina el Señor, alégrese la tierra, cante de regocijo el mundo entero. Tinieblas y nubes rodean el trono del Señor, que se asienta en la justicia y el derecho. **R.**

Los montes se derriten como cera ante el Señor de toda la tierra. Los cielos pregonan su justicia, su inmensa gloria ven todos los pueblos. **R.**

Amanece la luz para el justo, y la alegría para los rectos de corazón. Alégrense, justos, con el Señor, y bendigan su santo nombre. **R.**

Aclamación antes del Evangelio: Lucas 11, 28
R. Aleluya, aleluya.

Dichosos los que escuchan la palabra de Dios y la ponen en práctica, dice el Señor. **R.**

Evangelio: Lucas 11, 27-28

En aquel tiempo, mientras Jesús hablaba a la multitud, una mujer del pueblo, gritando, le dijo: "¡Dichosa la mujer que te llevó en su seno y cuyos pechos te amamantaron!" Pero Jesús le respondió: "Dichosos todavía más los que escuchan la palabra de Dios y la ponen en práctica".

Domingo 12 de octubre de 2025
XXVIII Domingo ordinario

Primera Lectura: 2 Reyes 5, 14-17

En aquellos días, Naamán, el general del ejército de Siria, que estaba leproso, se bañó siete veces en el Jordán, como le había dicho Eliseo, el hombre de Dios, y su carne quedó limpia como la de un niño. Volvió con su comitiva a donde estaba el hombre de Dios y se le presentó diciendo: "Ahora sé que no hay más Dios que el de Israel. Te pido que aceptes estos regalos de parte de tu siervo". Pero Eliseo contestó: "Juro por el Señor, en cuya presencia estoy, que no aceptaré nada". Y por más que Naamán insistía, Eliseo no aceptó nada. Entonces Naamán le dijo: "Ya que te niegas, concédeme al menos que me den unos sacos con tierra de este lugar, los que puedan llevar un par de mulas. La usaré para construir un altar al Señor, tu Dios, pues a ningún otro dios volveré a ofrecer más sacrificios".

Salmo Responsorial: Salmo 97, 1. 2-3ab. 3cd-4
R. (2b) El Señor nos ha mostrado su amor y su lealtad.

Cantemos al Señor un canto nuevo, pues ha hecho maravillas. Su diestra y su santo brazo le han dado la victoria. **R.**

El Señor ha dado a conocer su victoria, y ha revelado a las naciones su justicia. Una vez más ha demostrado Dios su amor y su lealtad hacia Israel. **R.**

La tierra entera ha contemplado la victoria de nuestro Dios. Que todos los pueblos y naciones aclamen con júbilo al Señor. **R.**

Segunda Lectura: 2 Timoteo 2, 8-13

Querido hermano: Recuerda siempre que Jesucristo, descendiente de David, resucitó de entre los muertos, conforme al Evangelio que yo predico. Por este

Evangelio sufro hasta llevar cadenas, como un malhechor; pero la palabra de Dios no está encadenada. Por eso lo sobrellevo todo por amor a los elegidos, para que ellos también alcancen en Cristo Jesús la salvación, y con ella, la gloria eterna. Es verdad lo que decimos: "Si morimos con él, viviremos con él; si nos mantenemos firmes, reinaremos con él; si lo negamos, él también nos negará; si le somos infieles, él permanece fiel, porque no puede contradecirse a sí mismo".

Aclamación antes del Evangelio: 1 Tesalonicenses 5, 18
R. Aleluya, aleluya.

Den gracias siempre, unidos a Cristo Jesús, pues esto es lo que Dios quiere que ustedes hagan. **R.**

Evangelio: Lucas 17, 11-19

En aquel tiempo, cuando Jesús iba de camino a Jerusalén, pasó entre Samaria y Galilea. Estaba cerca de un pueblo, cuando le salieron al encuentro diez leprosos, los cuales se detuvieron a lo lejos y a gritos le decían: "Jesús, maestro, ten compasión de nosotros". Al verlos, Jesús les dijo: "Vayan a presentarse a los sacerdotes". Mientras iban de camino, quedaron limpios de la lepra. Uno de ellos, al ver que estaba curado, regresó, alabando a Dios en voz alta, se postró a los pies de Jesús y le dio las gracias. Ese era un samaritano. Entonces dijo Jesús: "¿No eran diez los que quedaron limpios? ¿Dónde están los otros nueve? ¿No ha habido nadie, fuera de este extranjero, que volviera para dar gloria a Dios?" Después le dijo al samaritano: "Levántate y vete. Tu fe te ha salvado".

Lunes 13 de octubre de 2025
Lunes de la XXVIII semana del Tiempo ordinario
Primera Lectura: Romanos 1, 1-7

Yo, Pablo, siervo de Cristo Jesús, he sido llamado por Dios para ser apóstol y elegido por él para proclamar su Evangelio. Ese Evangelio, que, anunciado de antemano por los profetas en las Sagradas Escrituras, se refiere a su Hijo, Jesucristo, nuestro Señor, que nació, en cuanto a su condición de hombre, del linaje de David, y en cuanto a su condición de espíritu santificador, se manifestó con todo su poder como Hijo de Dios, a partir de su resurrección de entre los muertos. Por medio de Jesucristo, Dios me concedió la gracia del apostolado, a fin de llevar a los pueblos paganos a la aceptación de la fe para gloria de su nombre. Entre ellos, se cuentan también ustedes, llamados a pertenecer a Cristo Jesús. A todos ustedes, los que viven en Roma, a quienes Dios ama y ha llamado a formar parte de su pueblo santo, les deseo la gracia y la paz de Dios, nuestro Padre, y de Jesucristo, el Señor.

Salmo Responsorial: Salmo 96, 1-2. 5-6. 11-12
R. (2a) Cantemos al Señor un canto nuevo.

Cantemos al Señor un canto nuevo, pues ha hecho maravillas. Su diestra y su santo brazo le han dado la victoria. **R.**

El Señor ha dado a conocer su victoria y ha revelado a las naciones su justicia. Una vez más ha demostrado Dios su amor y su lealtad hacia Israel. **R.**

La tierra entera ha contemplado la victoria de nuestro Dios. Que todos los pueblos y naciones aclamen con júbilo al Señor. **R.**

Aclamación antes del Evangelio: Salmo 94, 8
R. Aleluya, aleluya.

Hagámosle caso al Señor, que nos dice: "No endurezcan su corazón". **R.**

Evangelio: Lucas 11, 29-32

En aquel tiempo, la multitud se apiñaba alrededor de Jesús y éste comenzó a decirles: "La gente de este tiempo es una gente perversa. Pide una señal, pero no se le dará más señal que la de Jonás. Pues así como Jonás fue una señal para los habitantes de Nínive, lo mismo será el Hijo del hombre para la gente de este tiempo. Cuando sean juzgados los hombres de este tiempo, la reina del sur se levantará el día del juicio para condenarlos, porque ella vino desde los últimos rincones de la tierra para escuchar la sabiduría de Salomón, y aquí hay uno que es más que Salomón. Cuando sea juzgada la gente de este tiempo, los hombres de Nínive se levantarán el día del juicio para condenarla, porque ellos se convirtieron con la predicación de Jonás, y aquí hay uno que es más que Jonás".

Martes de la XXVIII semana del Tiempo ordinario

Primera Lectura: Romanos 1, 16-25

Hermanos: No me avergüenzo de predicar el Evangelio, que es una fuerza de Dios para salvar a todos los que creen, a los judíos primeramente y también a los no judíos. Pues en el Evangelio se nos revela que Dios trabaja con su actividad salvadora en nosotros por medio de la fe, de principio a fin, como dice la Escritura: *El justo vivirá por medio de la fe.* En efecto, Dios manifiesta desde el cielo su reprobación contra los hombres impíos e injustos, que por la injusticia mantienen cautiva a la verdad. Porque las cosas de Dios que se pueden conocer, las tienen a la vista; Dios mismo se las ha manifestado. Pues las perfecciones invisibles de Dios, como su poder eterno y su divinidad, resultan visibles desde la creación del mundo para quien reflexiona sobre sus obras, de modo que no tienen disculpa. Han conocido a Dios, pero no lo han glorificado como a Dios ni le han dado gracias, antes bien, se han ofuscado con razonamientos inútiles, y su insensata inteligencia se ha llenado de oscuridad. Pretendían ser sabios, pero se volvieron insensatos, pues cambiaron la gloria de Dios inmortal por imágenes de hombres mortales, de aves, cuadrúpedos y reptiles. Por eso Dios los entregó a los deseos impuros de su corazón, y llegaron a tal inmoralidad, que deshonraron sus cuerpos unos con otros, porque cambiaron al Dios verdadero por dioses falsos y dieron culto y adoraron a la creatura en vez de al creador, el cual merece alabanza por siempre. Amén.

Salmo Responsorial: Salmo 18, 2-3. 4-5

R. (2a) Los cielos proclaman la gloria de Dios.

Los cielos proclaman la gloria de Dios y el firmamento anuncia la obra de sus manos. Un día comunica su mensaje al otro día y una noche se lo transmite a la otra noche. **R.**

Sin que pronuncien una palabra, sin que resuene su voz, a toda la tierra llega su sonido y su mensaje hasta el fin del mundo. **R.**

Aclamación antes del Evangelio: Hebreos 4, 12

R. Aleluya, aleluya.

La palabra de Dios es viva y eficaz y descubre los pensamientos e intenciones del corazón. **R.**

Evangelio: Lucas 11, 37-41

En aquel tiempo, un fariseo invitó a Jesús a comer. Jesús fue a la casa del fariseo y se sentó a la mesa. El fariseo se extrañó de que Jesús no hubiera cumplido con la ceremonia de lavarse las manos antes de comer. Pero el Señor le dijo: "Ustedes, los fariseos, limpian el exterior del vaso y del plato; en cambio, el interior de ustedes está lleno de robos y maldad. ¡Insensatos! ¿Acaso el que hizo lo exterior no hizo también lo interior? Den más bien limosna de lo que tienen y todo lo de ustedes quedará limpio".

Miércoles 15 de octubre de 2025

Memoria de Santa Teresa de Jesús, virgen y doctora de la Iglesia

Primera Lectura: Romanos 2, 1-11

No tienes disculpa tú, quienquiera que seas, que te constituyes en juez de los demás, pues al condenarlos, te condenas a ti mismo, ya que tú haces las mismas cosas que condenas; y ya sabemos que Dios condena justamente a los que hacen tales cosas. Tú, que condenas a los que hacen las mismas cosas que haces tú, ¿piensas que vas a escapar del juicio de Dios? ¿Por qué desprecias la bondad inagotable de Dios, su paciencia y su comprensión, y no te das cuenta de que esa misma bondad es la que te impulsa al arrepentimiento? Pues por la dureza de tu corazón empedernido, vas acumulando castigos para el día del castigo, en el que Dios se manifestará como justo juez y pagará a cada uno según sus obras. A los que buscaron la gloria y el honor que no se acaban, y perseveraron en hacer el bien, les dará la vida eterna; en cambio, a los que por egoísmo se rebelaron contra la verdad y cometieron injusticias, les dará un castigo terrible. Todo aquel que haga el mal, el judío primeramente, pero también el no judío, tendrá tribulación y angustia; en cambio, todo aquel que haga el bien, el judío primeramente, pero también el no judío, tendrá gloria, honor y paz, porque en Dios no hay favoritismos.

Salmo Responsorial: Salmo 61, 2-3. 6-7. 9
R. (13b) Sólo en Dios he puesto mi confianza.

Sólo en Dios he puesto mi confianza, porque de él vendrá el bien que espero. El es mi refugio y mi defensa, ya nada me inquietará. **R.**

Sólo Dios es mi esperanza, mi confianza es el Señor; es mi baluarte y firmeza, es mi Dios y salvador. **R.**

De Dios viene mi salvación y mi gloria; él es mi roca firme y mi refugio. Confía siempre en él, pueblo mío, y desahoga tu corazón en su presencia, porque sólo en Dios está nuestro refugio. **R.**

Aclamación antes del Evangelio: Juan 10, 27
R. Aleluya, aleluya.

Mis ovejas escuchan mi voz, dice el Señor; yo las conozco y ellas me siguen. **R.**

Evangelio: Lucas 11, 42-46

En aquel tiempo, Jesús dijo: "¡Ay de ustedes, fariseos, porque pagan diezmos hasta de la hierbabuena, de la ruda y de todas las verduras, pero se olvidan de la justicia y del amor de Dios! Esto debían practicar sin descuidar aquello. ¡Ay de ustedes, fariseos, porque les gusta ocupar los lugares de honor en las sinagogas y que les hagan reverencias en las plazas! ¡Ay de ustedes, porque son como esos sepulcros que no se ven, sobre los cuales pasa la gente sin darse cuenta!"
Entonces tomó la palabra un doctor de la ley y le dijo: "Maestro, al hablar así, nos insultas también a nosotros". Entonces Jesús le respondió: "¡Ay de ustedes también, doctores de la ley, porque abruman a la gente con cargas insoportables, pero ustedes no las tocan ni con la punta del dedo!"

Jueves de la XXVIII semana del Tiempo ordinario
Primera Lectura: Romanos 3, 21-30

Hermanos: La actividad salvadora de Dios, atestiguada por la ley y los profetas, se ha manifestado ahora independientemente de la ley. Por medio de la fe en Jesucristo, la actividad salvadora de Dios llega, sin distinción alguna, a todos los que creen en él. n efecto, como todos pecaron, todos están privados de la presencia salvadora de Dios; pero todos son justificados gratuitamente por su gracia, en virtud de la redención llevada a cabo por medio de Cristo Jesús, al cual Dios expuso públicamente como la víctima que nos consigue el perdón por la ofrenda de su sangre, por medio de la fe. Así nos enseña Dios lo que es su actividad salvadora: perdona los pecados cometidos anteriormente, que soportó con tanta paciencia, y nos da a conocer, en el tiempo actual, que él es el justo que salva a todos los que creen en Cristo Jesús. ¿En dónde quedó, pues, tu derecho a gloriarte? Ha sido eliminado. ¿Por cumplir la ley? De ninguna manera, sino por aceptar la fe. Porque sostenemos que el hombre es justificado por la fe y no por hacer lo que prescribe la ley de Moisés. ¿Acaso Dios es Dios sólo de los judíos? ¿No lo es también de los no judíos? Evidentemente que sí, puesto que no hay más que un solo Dios, que justifica por medio de la fe tanto a los judíos como a los no judíos.

Salmo Responsorial: Salmo 129, 1-2. 3-4b. 4c-6
R. Perdónanos, Señor, y viviremos.

Desde el abismo de mis pecados clamo a ti; Señor, escucha mi clamor; que estén atentos tus oídos a mi voz suplicante. **R.**

Si conservaras el recuerdo de las culpas ¿quién habría, Señor, que se salvara? Pero de ti procede el perdón, por eso con amor te veneramos. **R.**

Confío en el Señor, mi alma espera y confía en su palabra; mi alma aguarda al Señor, mucho más que a la aurora el centinela. **R.**

Aclamación antes del Evangelio: Juan 14, 6
R. Aleluya, aleluya.

Yo soy el camino, la verdad y la vida. Nadie va al Padre, si no es por mí, dice el Señor. **R.**

Evangelio: Lucas 11, 47-54

En aquel tiempo, Jesús dijo a los fariseos y doctores de la ley: "¡Ay de ustedes, que les construyen sepulcros a los profetas que los padres de ustedes asesinaron! Con eso dan a entender que están de acuerdo con lo que sus padres hicieron, pues ellos los mataron y ustedes les construyen el sepulcro. Por eso dijo la sabiduría de Dios: *Yo les mandaré profetas y apóstoles, y los matarán y los perseguirán,* para que así se le pida cuentas a esta generación de la sangre de todos los profetas que ha sido derramada desde la creación del mundo, desde la sangre de Abel hasta la de Zacarías, que fue asesinado entre el atrio y el altar. Sí, se lo repito: a esta generación se le pedirán cuentas. ¡Ay de ustedes, doctores de la ley, porque han guardado la llave de la puerta del saber! Ustedes no han entrado, y a los que iban a entrar les han cerrado el paso". Luego que Jesús salió de allí, los escribas y fariseos comenzaron a acosarlo terriblemente con muchas preguntas y a ponerle trampas para ver si podían acusarlo con alguna de sus propias palabras.

Viernes 17 de octubre de 2025
Memoria de San Ignacio de Antioquía, obispo y mártir
Primera Lectura: Romanos 4, 1-8

Hermanos: ¿Qué diremos de Abraham, padre de nuestra raza? Si Abraham hubiera obtenido la justificación por sus obras, tendría de qué estar orgulloso, pero no delante de Dios. En efecto, ¿qué dice la Escritura? *Abraham le creyó a Dios y eso le valió la justificación.* Al que, gracias a su trabajo, tiene obras, no se le da su paga como un regalo, sino como algo que se le debe. En cambio al que no tiene obras, pero cree en aquel que justifica al pecador, su fe le vale la justificación. En este sentido, también David proclama dichoso al hombre a quien Dios tiene por justo, independientemente de las obras: *Dichosos aquellos cuyas maldades han sido perdonadas y cuyos pecados han sido sepultados. Dichoso el hombre a quien el Señor no le toma en cuenta su pecado.*

Salmo Responsorial: Salmo 31, 1-2. 5. 11
R. Perdona, Señor, nuestros pecados.

Dichoso aquel que ha sido absuelto de su culpa y su pecado. Dichoso aquel en el que Dios no encuentra ni delito ni engaño. **R.**

Ante el Señor reconocí mi culpa, no oculto mi pecado. Te confesé, Señor, mi gran delito y tú me has perdonado. **R.**

Alégrense con el Señor y regocíjense los justos todos, y todos los hombres de corazón sincero canten de gozo. **R.**

Aclamación antes del Evangelio: Salmo 32, 22
R. Aleluya, aleluya.

Muéstrate bondadoso con nosotros, Señor, puesto que en ti hemos confiado. **R.**

Evangelio: Lucas 12, 1-7

En aquel tiempo, la multitud rodeaba a Jesús en tan gran número que se atropellaban unos a otros. Entonces Jesús les dijo a sus discípulos: "Cuídense de la levadura de los fariseos, es decir de la hipocresía. Porque no hay nada oculto que no llegue a descubrirse, ni nada secreto que no llegue a conocerse. Por eso, todo lo que ustedes hayan dicho en la oscuridad, se dirá a plena luz, y lo que hayan dicho en voz baja y en privado, se proclamará desde las azoteas. Yo les digo a ustedes, amigos míos: No teman a aquellos que matan el cuerpo y después ya no pueden hacer nada más. Les voy a decir a quién han de temer: Teman a aquel que, después de darles muerte, los puede arrojar al lugar de castigo. Se lo repito: A él sí tienen que temerlo. ¿No se venden cinco pajarillos por dos monedas? Sin embargo, ni de uno solo de ellos se olvida Dios; y por lo que a ustedes toca, todos los cabellos de su cabeza están contados. No teman, pues, porque ustedes valen mucho más que todos los pajarillos".

Sábado 18 de octubre de 2025
Fiesta de San Lucas, evangelista
Primera Lectura: 2 Timoteo 4, 9-17

Querido hermano: Haz lo posible por venir a verme cuanto antes, pues Dimas, prefiriendo las cosas de este mundo, me ha abandonado y ha partido a Tesalónica. Crescencio se fue a Galacia, y Tito, a Dalmacia. El único que me acompaña es Lucas. Trae a Marcos contigo, porque me será muy útil en mis tareas. A Tíquico lo envié a Éfeso. Cuando vengas, tráeme el abrigo que dejé en Tróade, en la casa de Carpo. Tráeme también los libros y especialmente los pergaminos. Alejandro, el herrero, me ha hecho mucho daño. *El Señor le dará su merecido.* Cuídate de él, pues se ha opuesto tenazmente a nuestra predicación. La primera vez que me defendí ante el tribunal, nadie me ayudó. Todos me abandonaron. Que no se les tome en cuenta. Pero el Señor estuvo a mi lado y me dio fuerzas para que, por mi medio, se proclamara claramente el mensaje de salvación y lo oyeran todos los paganos.

Salmo Responsorial: Salmo 144, 10-11. 12-13. 17-18
R. (12a) Señor, que todos tus fieles te bendigan.

Que te alaben, Señor, todas tus obras y que todos tus fieles te bendigan. Que proclamen la gloria de tu reino y den a conocer tus maravillas. **R.**

Que muestren a los hombres tus proezas, el esplendor y la gloria de tu reino. Tu reino, Señor, es para siempre y tu imperio, por todas las generaciones. **R.**

Siempre es justo el Señor en sus designios y están llenas de amor todas sus obras. No está lejos de aquellos que lo buscan; muy cerca está el Señor, de quien lo invoca. **R.**

Aclamación antes del Evangelio: Juan 15, 16
R. Aleluya, aleluya.

Yo los he elegido del mundo, dice el Señor, para que vayan y den fruto y su fruto permanezca. **R.**

Evangelio: Lucas 10, 1-9

En aquel tiempo, Jesús designó a otros setenta y dos discípulos y los mandó por delante, de dos en dos, a todos los pueblos y lugares a donde pensaba ir, y les dijo: "La cosecha es mucha y los trabajadores pocos. Rueguen, por lo tanto, al dueño de la mies que envíe trabajadores a sus campos. Pónganse en camino; yo los envío como corderos en medio de lobos. No lleven ni dinero ni morral ni sandalias y no se detengan a saludar a nadie por el camino. Cuando entren en una casa digan: 'Que la paz reine en esta casa'. Y si allí hay gente amante de la paz, el deseo de paz de ustedes se cumplirá; si no, no se cumplirá. Quédense en esa casa. Coman y beban de lo que tengan, porque el trabajador tiene derecho a su salario. No anden de casa en casa. En cualquier ciudad donde entren y los reciban, coman lo que les den. Curen a los enfermos que haya y díganles: 'Ya se acerca a ustedes el Reino de Dios'".

XXIX Domingo ordinario

Primera Lectura: Éxodo 17, 8-13

Cuando el pueblo de Israel caminaba a través del desierto, llegaron los amalecitas y lo atacaron en Refidim. Moisés dijo entonces a Josué: "Elige algunos hombres y sal a combatir a los amalecitas. Mañana, yo me colocaré en lo alto del monte con la vara de Dios en mi mano". Josué cumplió las órdenes de Moisés y salió a pelear contra los amalecitas. Moisés, Aarón y Jur subieron a la cumbre del monte, y sucedió que, cuando Moisés tenía las manos en alto, dominaba Israel, pero cuando las bajaba, Amalec dominaba. Como Moisés se cansó, Aarón y Jur lo hicieron sentar sobre una piedra, y colocándose a su lado, le sostenían los brazos. Así, Moisés pudo mantener en alto las manos hasta la puesta del sol. Josué derrotó a los amalecitas y acabó con ellos.

Salmo Responsorial: Salmo 120, 1-2. 3-4. 5-6. 7-8

R. (2) El auxilio me viene del Señor.

La mirada dirijo hacia la altura de donde ha de venirme todo auxilio. El auxilio me viene del Señor, que hizo el cielo y la tierra. **R.**

No dejará que des un paso en falso, pues es tu guardián y nunca duerme. No, jamás se dormirá o descuidará el guardián de Israel. **R.**

El Señor te protege y te da sombra, está siempre a tu lado. No te hará dado el sol durante el día ni la luna, de noche. **R.**

Te guardará el Señor en los peligros y cuidará tu vida; protegerá tus ires y venires, ahora y para siempre. **R.**

Segunda Lectura: 2 Timoteo 3, 14-4, 2

Querido hermano: Permanece firme en lo que has aprendido y se te ha confiado, pues bien sabes de quiénes lo aprendiste y desde tu infancia estás familiarizado con la Sagrada Escritura, la cual puede darte la sabiduría que, por la fe en Cristo Jesús, conduce a la salvación. Toda la Sagrada Escritura está inspirada por Dios y es útil para enseñar, para reprender, para corregir y para educar en la virtud, a fin de que el hombre de Dios sea perfecto y esté enteramente preparado para toda obra buena. En presencia de Dios y de Cristo Jesús, que ha de venir a juzgar a los vivos y a los muertos, te pido encarecidamente, por su advenimiento y por su Reino, que anuncies la palabra; insiste a tiempo y a destiempo; convence, reprende y exhorta con toda paciencia y sabiduría.

Aclamación antes del Evangelio: Hebreos 4, 12
R. Aleluya, aleluya.

La palabra de Dios es viva y eficaz y descubre los pensamientos e intenciones del corazón. **R.**

Evangelio: Lucas 18, 1-8

En aquel tiempo, para enseñar a sus discípulos la necesidad de orar siempre y sin desfallecer, Jesús les propuso esta parábola: "En cierta ciudad había un juez que no temía a Dios ni respetaba a los hombres. Vivía en aquella misma ciudad una viuda que acudía a él con frecuencia para decirle: 'Hazme justicia contra mi adversario'. Por mucho tiempo, el juez no le hizo caso, pero después se dijo: 'Aunque no temo a Dios ni respeto a los hombres, sin embargo, por la insistencia de esta viuda, voy a hacerle justicia para que no me siga molestando' ". Dicho esto, Jesús comentó: "Si así pensaba el juez injusto, ¿creen acaso que Dios no hará justicia a sus elegidos, que claman a él día y noche, y que los hará esperar? Yo les digo que les hará justicia sin tardar. Pero, cuando venga el Hijo del hombre, ¿creen ustedes que encontrará fe sobre la tierra?"

Lunes 20 de octubre de 2025
Lunes de la XXIX semana del Tiempo ordinario
Primera Lectura: Romanos 4, 19-25

Hermanos: La fe de Abraham no se debilitó a pesar de que, a la edad de casi cien años, su cuerpo ya no tenía vigor, y además, Sara, su esposa, no podía tener hijos. Ante la firme promesa de Dios no dudó ni tuvo desconfianza, antes bien su fe se fortaleció y dio con ello gloria a Dios, convencido de que él es poderoso para cumplir lo que promete. Por eso, Dios le acreditó esta fe como justicia. Ahora bien, no sólo por él está escrito que "se le acreditó", sino también por nosotros, a quienes se nos acreditará, si creemos en aquel que resucitó de entre los muertos, en nuestro Señor Jesucristo, que fue entregado a la muerte por nuestros pecados y resucitó para nuestra justificación.

Salmo Responsorial: Lucas 1, 69-70. 71-71. 73-75
R. Bendito sea el Señor, Dios de Israel.

El Señor ha hecho surgir a favor nuestro un poderoso salvador en la casa de David, su siervo. Así lo había anunciado desde antiguo, por boca de sus santos profetas. **R.**

Anunció que nos salvaría de nuestros enemigos y de las manos de todos los que nos aborrecen, para mostrar su misericordia a nuestros padres y acordarse de su santa alianza. **R.**

El Señor juró a nuestro padre Abraham que nos libraría del poder de nuestros enemigos, para que pudiéramos servirlo sin temor, con santidad y justicia, todos los días de nuestra vida. **R.**

Aclamación antes del Evangelio: Mateo 5, 3
R. Aleluya, aleluya.

Dichosos los pobres de espíritu, porque de ellos es el Reino de los cielos. **R.**

Evangelio: Lucas 12, 13-21

En aquel tiempo, hallándose Jesús en medio de una multitud, un hombre le dijo: "Maestro, dile a mi hermano que comparta conmigo la herencia". Pero Jesús le contestó: "Amigo, ¿quién me ha puesto como juez en la distribución de herencias?" Y dirigiéndose a la multitud, dijo: "Eviten toda clase de avaricia, porque la vida del hombre no depende de la abundancia de los bienes que posea".

Después les propuso esta parábola: "Un hombre rico tuvo una gran cosecha y se puso a pensar: '¿Qué haré, porque no tengo ya en dónde almacenar la cosecha? Ya sé lo que voy a hacer: derribaré mis graneros y construiré otros más grandes para guardar ahí mi cosecha y todo lo que tengo. Entonces podré decirme: Ya tienes bienes acumulados para muchos años; descansa, come, bebe y date a la buena vida'. Pero Dios le dijo: '¡Insensato! Esta misma noche vas a morir. ¿Para quién serán todos tus bienes?' Lo mismo le pasa al que amontona riquezas para sí mismo y no se hace rico de lo que vale ante Dios".

Martes de la XXIX semana del Tiempo ordinario
Primera Lectura: Romanos 5, 12. 15. 17-19. 20-21

Hermanos: Por un solo hombre entró el pecado en el mundo y por el pecado entró la muerte, así la muerte llegó a todos los hombres, por cuanto todos pecaron. Ahora bien, con el don de Dios supera con mucho al delito. Pues si por el delito de un solo hombre todos fueron castigados con la muerte, por el don de un solo hombre, Jesucristo, se han desbordado sobre todos la abundancia de la vida y la gracia de Dios! En efecto, si por el pecado de un solo hombre estableció la muerte su reinado, con mucha mayor razón reinarán en la vida por un solo hombre, Jesucristo, aquellos que reciben la gracia sobreabundante que los hace justos. En resumen así como por el pecado de un solo hombre, Adán, vino la condenación para todos, así por la justicia de un solo hombre, Jesucristo, ha venido para todos la justificación que da la vida. Y así como por la desobediencia de uno, todos fueron hechos pecadores, así por la obediencia de uno solo, todos serán hechos justos. De modo que, donde abundó el pecado, sobreabundó la gracia, para que así como el pecado tuvo poder para causar la muerte, así también la gracia de Dios, al justificarnos, tenga poder para conducirnos a la vida eterna por medio de Jesús, nuestro Señor.

Salmo Responsorial: Salmo 39, 7-8a. 8b-9. 10. 17
R. Concédenos, Señor, para hacer tu voluntad.

Sacrificios y ofrendas, Señor, tú no quisiste; abriste, en cambio, mis oídos a tu voz. No exigiste holocaustos por la culpa, así que dije: "Aquí estoy". **R.**

En tus libros se me ordena hacer tu voluntad; esto es, Señor, lo que deseo: tu ley en medio de mi corazón. **R.**

He anunciado tu justicia en la gran asamblea; no he cerrado mis labios: tú lo sabes, Señor. **R.**

Que se gocen en ti y que se alegren todos los que te buscan. Cuantos quieren de ti la salvación, repiten sin cesar: "¡Que grande es Dios!" **R.**

Aclamación antes del Evangelio: Lucas 21, 36
R. Aleluya, aleluya.

Velen y oren, para que puedan presentarse sin temor ante el Hijo del hombre. **R.**

Evangelio: Lucas 12, 35-38

En aquel tiempo, Jesús dijo a sus discípulos: "Estén listos, con la túnica puesta y las lámparas encendidas. Sean semejantes a los criados que están esperando a que su señor regrese de la boda, para abrirle en cuanto llegue y toque. Dichosos aquellos a quienes su señor, al llegar, encuentre en vela. Yo les aseguro que se recogerá la túnica, los hará sentar a la mesa y él mismo les servirá. Y si llega a medianoche o a la madrugada y los encuentra en vela, dichosos ellos".

Miércoles de la XXIX semana del Tiempo ordinario
Primera Lectura: Romanos 6, 12-18

Hermanos: No dejen que el pecado domine su cuerpo mortal y los obligue a seguir sus malas inclinaciones; no pongan sus miembros al servicio del pecado, como instrumentos de maldad. Por el contrario, pónganse al servicio de Dios, puesto que habiendo estado muertos, él les ha dado la vida; pongan también sus miembros a su servicio, como instrumentos de santidad. El pecado ya no volverá a dominarlos, pues no viven ustedes bajo el régimen de la ley, sino bajo el régimen de la gracia. ¿Podemos entonces pecar, puesto que ya no vivimos bajo el régimen de la ley, sino bajo el régimen de la gracia? De ningún modo. ¿Acaso no saben ustedes que al someterse a alguien para obedecerlo como esclavos, se hacen sus esclavos? Si ustedes son esclavos del pecado, es para su propia muerte; si son esclavos de la obediencia a Dios, es para su santificación. Pero gracias a Dios, ustedes, aunque fueron esclavos del pecado, han obedecido de corazón las normas de la doctrina evangélica que se les han transmitido, y así, una vez libres del pecado, se han hecho esclavos de la santidad.

Salmo Responsorial: Salmo 123, 2-3. 4-6. 7-8

R. El Señor es nuestra ayuda.

Si el Señor no hubiera estado de nuestra parte, que lo diga Israel, si el Señor no hubiera estado de nuestra parte, cuando los hombres nos asaltaban, nos habría devorado vivos el fuego de su cólera. **R.**

Las aguas nos hubieran sepultado, un torrente nos hubiera llegado al cuello, un torrente de aguas encrespadas. Bendito sea el Señor, porque no permitió que nos despedazaran con sus dientes. **R.**

Nuestra vida se escapó como un pájaro de la trampa de los cazadores. La trampa se rompió y nosotros escapamos. La ayuda nos viene del Señor, que hizo el cielo y la tierra. **R.**

Aclamación antes del Evangelio: Mateo 24, 42. 44

R. Aleluya, aleluya.

Estén preparados, porque no saben a qué hora va a venir el Hijo del hombre. **R.**

Evangelio: Lucas 12, 39-48

En aquel tiempo, Jesús dijo a sus discípulos: "Fíjense en esto: Si un padre de familia supiera a qué hora va a venir el ladrón, estaría vigilando y no dejaría que se le metiera por un boquete en su casa. Pues también ustedes estén preparados, porque a la hora en que menos lo piensen, vendrá el Hijo del hombre". Entonces Pedro le preguntó a Jesús: "¿Dices esta parábola sólo por nosotros o por todos?" El Señor le respondió: "Supongan que un administrador, puesto por su amo al frente de la servidumbre con el encargo de repartirles a su tiempo los alimentos, se porta con fidelidad y prudencia. Dichoso ese siervo, si el amo, a su llegada, lo encuentra cumpliendo con su deber. Yo les aseguro que lo pondrá al frente de todo lo que tiene. Pero si ese siervo piensa: 'Mi amo tardará en llegar' y empieza a maltratar a los otros siervos y siervas, a comer, a beber y a embriagarse, el día menos pensado y a la hora más inesperada llegará su amo y lo castigará severamente y le hará correr la misma suerte de los desleales. El siervo que conociendo la voluntad de su amo, no haya preparado ni hecho lo que debía, recibirá muchos azotes; pero el que, sin conocerla, haya hecho algo digno de castigo, recibirá pocos. Al que mucho se le da, se le exigirá mucho; y al que mucho se le confía, se le exigirá mucho más.

Jueves de la XXIX semana del Tiempo ordinario

Primera Lectura: Romanos 6, 19-23

Hermanos: Por la dificultad natural que tienen ustedes para entender estas cosas, voy a seguir utilizando una comparación de la vida ordinaria. Así como en otros tiempos pusieron sus miembros al servicio de la impureza y de la maldad, hasta llegar a la degradación, así ahora pónganlos al servicio del bien, a fin de que alcancen su santificación. Cuando ustedes eran esclavos del pecado, no estaban al servicio del bien. ¿Y qué frutos recogieron entonces de aquello que ahora los llena de vergüenza? Ninguno, pues son cosas que conducen a la muerte. Pero ahora, libres ya del pecado y entregados al servicio de Dios, dan frutos de santidad, que conducen a la vida eterna. En una palabra, el pecado nos paga con la muerte; en cambio, Dios nos da gratuitamente la vida eterna, por medio de Cristo Jesús, Señor nuestro.

Salmo Responsorial: Salmo 1, 1-2. 3. 4 y 6

R. Dichoso el hombre que confía en el Señor.

Dichoso aquel que no se guía Por mundanos criterios, que no anda en malos pasos ni se burla del bueno, que ama la ley de Dios y se goza en cumplir sus mandamientos. **R.**

Escomo un árbol plantado junto al río, que da fruto a su tiempo y nunca se marchita. En todo tendrá éxito. **R.**

En cambio los malvados serán como la paja barrida por el viento. Porque el Señor protege el camino del justo y al malo sus caminos acaban por perderlo. **R.**

Aclamación antes del Evangelio: Filipenses 3, 8-9
R. Aleluya, aleluya.
Todo lo considero una pérdida y lo tengo por basura, para ganar a Cristo y vivir unido a él. **R.**

Evangelio: Lucas 12, 49-53
En aquel tiempo, Jesús dijo a sus discípulos: "He venido a traer fuego a la tierra, ¡y cuánto desearía que ya estuviera ardiendo! Tengo que recibir un bautismo, ¡y cómo me angustio mientras llega! ¿Piensan acaso que he venido a traer paz a la tierra? De ningún modo. No he venido a traer la paz, sino la división. De aquí en adelante, de cinco que haya en una familia, estarán divididos tres contra dos y dos contra tres. Estará dividido el padre contra el hijo, el hijo contra el padre, la madre contra la hija y la hija contra la madre, la suegra contra la nuera y la nuera contra la suegra".

Viernes de la XXIX semana del Tiempo ordinario
Primera Lectura: Romanos 7, 18-25
Hermanos: Bien sé yo que nada bueno hay en mí, es decir, en mi naturaleza humana deteriorada por el pecado. En efecto, yo puedo querer hacer el bien, pero no puedo realizarlo, puesto que no hago el bien que quiero, sino el mal que no quiero; y si hago lo que no quiero, ya no soy yo quien lo hace, sino el pecado, que habita en mí. Descubro, pues, en mí esta realidad: cuando quiero hacer el bien, me encuentro con el mal. Y aunque en lo más íntimo de mi ser me agrada la ley de Dios, percibo en mi cuerpo una tendencia contraria a mi razón, que me esclaviza a la ley del pecado, que está en mi cuerpo. ¡Pobre de mí! ¿Quién me librará de este cuerpo, esclavo de la muerte? ¡La gracia de Dios, por medio de Jesucristo, nuestro Señor!

Salmo Responsorial: Salmo 118, 66. 68. 76. 77. 93. 94

R. Enséñame, Señor, a gustar tus mandamientos.

Enséñame a gustar y a comprender, tus preceptos, pues yo me fío de ellos. Tú, que eres bueno y haces beneficios, instrúyeme en tus leyes. **R.**

Señor, que tu amor me consuele, conforme a las promeses que me has hecho. Muéstrame tu ternura y viviré, porque en tu ley ha puesto mi contento. **R.**

Jamás olvidaré tus mandamientos, pues con ellos me diste vida. Soy tuyo, sálvame, Pues voy buscando tus leyes. **R.**

Aclamación antes del Evangelio: Mateo 11, 25
R. Aleluya, aleluya.

Te doy gracias, Padre, Señor del cielo y de la tierra, porque has revelado los misterios del Reino a la gente sencilla. **R.**

Evangelio: Lucas 12, 54-59

En aquel tiempo, Jesús dijo a la multitud: "Cuando ustedes ven que una nube se va levantando por el poniente, enseguida dicen que va a llover, y en efecto, llueve. Cuando el viento sopla del sur, dicen que hará calor, y así sucede. ¡Hipócritas! Si saben interpretar el aspecto que tienen el cielo y la tierra, ¿por qué no interpretan entonces los signos del tiempo presente? ¿Por qué, pues, no juzgan por ustedes mismos lo que les conviene hacer ahora? Cuando vayas con tu adversario a presentarte ante la autoridad, haz todo lo posible por llegar a un acuerdo con él en el camino, para que no te lleve ante el juez, el juez te entregue a la policía, y la policía te meta en la cárcel. Yo te aseguro que no saldrás de ahí hasta que pagues el último centavo".

Sábado 25 de octubre de 2025
Sábado de la XXIX semana del Tiempo ordinario
Primera Lectura: Romanos 8, 1-11

Hermanos: Ya no hay condenación que valga contra los que están unidos a Cristo Jesús, porque ellos ya no viven conforme al desorden egoísta del hombre. Pues, si estamos unidos a Cristo Jesús, la ley del Espíritu vivificador nos ha librado del pecado y de la muerte. En efecto, lo que bajo el régimen de la ley de Moisés era imposible por el desorden y egoísmo del hombre, Dios lo ha hecho posible, cuando envió a su propio Hijo, que se hizo hombre y tomó una condición humana semejante a la nuestra, que es pecadora, y para purificarnos de todo pecado, condenó a muerte al pecado en la humanidad de su Hijo. De este modo, la salvación prometida por la ley se realiza cumplidamente en nosotros, puesto que ya no vivimos conforme al desorden y egoísmo humanos, sino conforme al Espíritu. Ciertamente, los hombres que llevan una vida desordenada y egoísta piensan y actúan conforme a ella; pero los que viven de acuerdo con el Espíritu, piensan y actúan conforme a éste. Las aspiraciones desordenadas y egoístas conducen a la muerte; las aspiraciones conformes al Espíritu conducen a la vida y a la paz. El desorden egoísta del hombre es enemigo de Dios: no se somete, ni puede someterse a la voluntad de Dios. Por eso, los que viven en forma desordenada y egoísta no pueden agradar a Dios. Pero ustedes no llevan esa clase de vida, sino una vida conforme al Espíritu, puesto que el Espíritu de Dios habita verdaderamente en ustedes. Quien no tiene el Espíritu de Cristo, no es de Cristo. En cambio, si Cristo vive en ustedes, aunque su cuerpo siga sujeto a la muerte, a causa del pecado, su espíritu vive a causa de la actividad salvadora de Dios. Si el Espíritu del Padre, que resucitó a Jesús de entre los muertos, habita en ustedes, entonces el Padre, que resucitó a Jesús de entre los muertos, también les dará vida a sus cuerpos mortales, por obra de su Espíritu, que habita en ustedes.

Salmo Responsorial: Salmo 23, 1-2. 3-4ab. 5-6
R. Haz, Señor, que te busquemos.

Del Señor es la tierra y lo que ella tiene, el orbe todo y los que en él habitan, pues él lo edificó sobre los mares, él fue quien lo asentó sobre los ríos. **R.**

¿Quién subirá hasta el monte del Señor? ¿Quién podrá entrar en su recinto santo? El de corazón limpio y manos puras y que no jura en falso. **R.**

Ese obtendrá la bendición de Dios, y Dios, su salvador, le hará justicia. Esta es la clase de hombres que te buscan y vienen ante ti, Dios de Jacob. **R.**

Aclamación antes del Evangelio: Ezequiel 33, 11

R. Aleluya, aleluya.

No quiero la muerte del pecador, sino que se arrepienta y viva, dice el Señor. **R.**

Evangelio: Lucas 13, 1-9

En aquel tiempo, algunos hombres fueron a ver a Jesús y le contaron que Pilato había mandado matar a unos galileos, mientras estaban ofreciendo sus sacrificios. Jesús les hizo este comentario: "¿Piensan ustedes que aquellos galileos, porque les sucedió esto, eran más pecadores que todos los demás galileos? Ciertamente que no; y si ustedes no se arrepienten, perecerán de manera semejante. Y aquellos dieciocho que murieron aplastados por la torre de Siloé, ¿piensan acaso que eran más culpables que todos los demás habitantes de Jerusalén? Ciertamente que no; y si ustedes no se arrepienten, perecerán de manera semejante". Entonces les dijo esta parábola: "Un hombre tenía una higuera plantada en su viñedo; fue a buscar higos y no los encontró. Dijo entonces al viñador: 'Mira, durante tres años seguidos he venido a buscar higos en esta higuera y no los he encontrado. Córtala. ¿Para qué ocupa la tierra inútilmente?' El viñador le contestó: 'Señor, déjala todavía este año; voy a aflojar la tierra alrededor y a echarle abono, para ver si da fruto. Si no, el año que viene la cortaré' ".

Domingo 26 de octubre de 2025
XXX Domingo ordinario
Primera Lectura: Eclesiástico (Sirácide) 35, 12-17. 20-22

El Señor es un juez que no se deja impresionar por apariencias. No menosprecia a nadie por ser pobre y escucha las súplicas del oprimido. No desoye los gritos angustiosos del huérfano ni las quejas insistentes de la viuda. Quien sirve a Dios con todo su corazón es oído y su plegaria llega hasta el cielo. La oración del humilde atraviesa las nubes, y mientras él no obtiene lo que pide, permanece sin descanso y no desiste, hasta que el Altísimo lo atiende y el justo juez le hace justicia.

Salmo Responsorial: Salmo 33, 2-3. 17-18. 19 y 23

R. (7a) El Señor no está lejos de sus fieles.

Bendeciré al Señor a todas horas, no cesará mi boca de alabarlo. Yo me siento orgulloso del Señor, que se alegre su pueblo al escucharlo. **R.**

En contra del malvado está el Señor, para borrar de la tierra su recuerdo. Escucha, en cambio, al hombre justo y lo libra de todas sus congojas. **R.**

El Señor no está lejos de sus fieles y levanta a las almas abatidas. Salve el Señor la vida de sus siervos. No morirán quienes en él esperan. **R.**

Segunda Lectura: 2 Timoteo 4, 6-8. 16-18

Querido hermano: Para mí ha llegado la hora del sacrificio y se acerca el momento de mi partida. He luchado bien en el combate, he corrido hasta la meta, he perseverado en la fe. Ahora sólo espero la corona merecida, con la que el Señor, justo juez, me premiará en aquel día, y no solamente a mí, sino a todos aquellos que esperan con amor su glorioso advenimiento. La primera vez que me defendí ante el tribunal, nadie me ayudó. Todos me abandonaron. Que no se les tome en cuenta. Pero el Señor estuvo a mi lado y me dio fuerzas para que, por mi medio, se proclamara claramente el mensaje de salvación y lo oyeran todos los paganos. Y fui librado de las fauces del león. El Señor me seguirá librando de todos los peligros y me llevará salvo a su Reino celestial. A él la gloria por los siglos de los siglos. Amén.

Aclamación antes del Evangelio: 2 Corintios 5, 19
R. Aleluya, aleluya.

Dios ha reconciliado consigo al mundo, por medio de Cristo, y nos ha encomendado a nosotros el mensaje de la reconciliación. **R.**

Evangelio: Lucas 18, 9-14

En aquel tiempo, Jesús dijo esta parábola sobre algunos que s tenían por justos y despreciaban a los demás: "Dos hombres subieron al templo para orar: uno era fariseo y el otro, publicano. El fariseo, erguido, oraba así en su interior: 'Dios mío, te doy gracias porque no soy como los demás hombres: ladrones, injustos y adúlteros; tampoco soy como ese publicano. Ayuno dos veces por semana y pago el diezmo de todas mis ganancias'. El publicano, en cambio, se quedó lejos y no se atrevía a levantar los ojos al cielo. Lo único que hacía era golpearse el pecho, diciendo: 'Dios mío, apiádate de mí, que soy un pecador'. Pues bien, yo les aseguro que éste bajó a su casa justificado y aquél no; porque todo el que se enaltece será humillado y el que se humilla será enaltecido".

Lunes 27 de octubre de 2025

Lunes de la XXX semana del Tiempo ordinario

Primera Lectura: Romanos 8, 12-17

Hermanos: Nosotros no estamos sujetos al desorden egoísta del hombre, para hacer de ese desorden nuestra regla de conducta. Pues si ustedes viven de ese modo, ciertamente serán destruidos. Por el contrario, si con la ayuda del Espíritu destruyen sus malas acciones, entonces vivirán. Los que se dejan guiar por el Espíritu de Dios, ésos son hijos de Dios. No han recibido ustedes un espíritu de esclavos, que los haga temer de nuevo, sino un espíritu de hijos, en virtud del cual podemos llamar Padre a Dios. El mismo Espíritu Santo, a una con nuestro propio espíritu, da testimonio de que somos hijos de Dios. Y si somos hijos, somos también herederos de Dios y coherederos con Cristo, puesto que sufrimos con él para ser glorificados junto con él.

Salmo Responsorial: Salmo 67, 2 y 4. 6-7ab. 20-21
R. Bendito sea el Señor, que nos salve.

Cuando el Señor actúa, sus enemigos se dispersan y huyen ante su faz los que lo odian. Ante el Señor, su Dios, gocen los justos y salten de alegría. **R.**

Porque el Señor, desde su templo santo. a huérfanos y viudas da su auxilio; él fue quien dio a los desvalidos casa, libertad y riqueza a los cautivos. **R.**

Bendito sea el Señor, día tras día, que nos lleve en sus alas y nos salve. Nuestro Dios es un Dios de salvación, porque puede librarnos de la muerte. **R.**

Aclamación antes del Evangelio: Juan 17, 17

R. Aleluya, aleluya.

Tu palabra, Señor, es la verdad; santifícanos en la verdad. **R.**

Evangelio: Lucas 13, 10-17

Un sábado, estaba Jesús enseñando en una sinagoga. Había ahí una mujer que llevaba dieciocho años enferma por causa de un espíritu malo. Estaba encorvada y no podía enderezarse. Al verla, Jesús la llamó y le dijo: "Mujer, quedas libre de tu enfermedad". Le impuso las manos y, al instante, la mujer se enderezó y empezó a alabar a Dios. Pero el jefe de la sinagoga, indignado de que Jesús hubiera hecho una curación en sábado, le dijo a la gente: "Hay seis días de la semana en que se puede trabajar; vengan, pues, durante esos días a que los curen y no el sábado". Entonces el Señor dijo: "¡Hipócritas! ¿Acaso no desata cada uno de ustedes su buey o su burro del pesebre para llevarlo a abrevar, aunque sea sábado? Y a esta hija de Abraham, a la que Satanás tuvo atada durante dieciocho años, ¿no era bueno desatarla de esa atadura, aun en día de sábado?" Cuando Jesús dijo esto, sus enemigos quedaron en vergüenza; en cambio, la gente se alegraba de todas las maravillas que él hacía.

Martes 28 de octubre de 2025
Fiesta de los Santos Simón y Judas, Apóstoles
Primera Lectura: Efesios 2, 19-22

Hermanos: Ya no son ustedes extranjeros ni advenedizos; son conciudadanos de los santos y pertenecen a la familia de Dios, porque han sido edificados sobre el cimiento de los apóstoles y de los profetas, siendo Cristo Jesús la piedra angular. Sobre Cristo, todo el edificio se va levantando bien estructurado, para formar el templo santo del Señor, y unidos a él también ustedes se van incorporando al edificio, por medio del Espíritu Santo, para ser morada de Dios.

Salmo Responsorial: Salmo 18, 2-3. 4-5
R. El mensaje del Señor resuena en toda la tierra.

Los cielos proclaman la gloria de Dios y el firmamento anuncia la obra de sus manos. Un día comunica su mensaje al otro día y una noche se lo transmite a la otra noche. **R.**

Sin que pronuncien una palabra, sin que resuene su voz, a toda la tierra llega su sonido y su mensaje hasta el fin del mundo. **R.**

Aclamación antes del Evangelio

R. Aleluya, aleluya.

Señor, Dios eterno, alegres te cantamos, a ti nuestra alabanza. A ti, Señor, te alaba el coro celestial de los apóstoles. **R.**

Evangelio: Lucas 6, 12-19

Por aquellos días, Jesús se retiró al monte a orar y se pasó la noche en oración con Dios. Cuando se hizo de día, llamó a sus discípulos, eligió a doce de entre ellos y les dio el nombre de apóstoles. Eran Simón, a quien llamó Pedro, y su hermano Andrés; Santiago y Juan; Felipe y Bartolomé; Mateo y Tomás; Santiago, el hijo de Alfeo, y Simón, llamado el Fanático; Judas, el hijo de Santiago, y Judas Iscariote, que fue el traidor. Al bajar del monte con sus discípulos y sus apóstoles, se detuvo en un llano. Allí se encontraba mucha gente, que había venido tanto de Judea y Jerusalén, como de la costa de Tiro y de Sidón. Habían venido a oírlo y a que los curara de sus enfermedades; y los que eran atormentados por espíritus inmundos quedaban curados. Toda la gente procuraba tocarlo, porque salía de él una fuerza que sanaba a todos.

Miércoles 29 de octubre de 2025

Miércoles de la XXX semana del Tiempo ordinario

Primera Lectura: Romanos 8, 26-30

Hermanos: El Espíritu nos ayuda en nuestra debilidad, porque nosotros no sabemos pedir lo que nos conviene; pero el Espíritu mismo intercede por nosotros con gemidos que no pueden expresarse con palabras. Y Dios, que conoce profundamente los corazones, sabe lo que el Espíritu quiere decir, porque el Espíritu ruega conforme a la voluntad de Dios, por los que le pertenecen. Ya sabemos que todo contribuye para bien de los que aman a Dios, de aquellos que han sido llamados por él según su designio salvador. En efecto, a quienes conoce de antemano, los predestina para que reproduzcan en sí mismos la imagen de su propio Hijo, a fin de que él sea el primogénito entre muchos hermanos. A quienes predestina, los llama; a quienes llama, los justifica; y a quienes justifica, los glorifica.

Salmo Responsorial: Salmo 12, 4-5. 6
R. (6a) Confío, Señor, en tu bondad.

Atiende y respóndeme, Señor, Dios mío; Sigue dando luz a mis ojos y líbrame del sueño de la muerte, para que no digan mis adversarios que me han vencido ni se alegren de mi derrota. **R.**

Pues yo confío en tu lealtad, mi corazón se alegra con tu salvación y cantaré al Señor por el bien que me ha hecho. **R.**

Aclamación antes del Evangelio: 2 Tesalonicenses 2, 14
R. Aleluya, aleluya.

Dios nos ha llamado, por medio del Evangelio, a participar de la gloria de nuestro Señor Jesucristo. **R.**

Evangelio: Lucas 13, 22-30

En aquel tiempo, Jesús iba enseñando por ciudades y pueblos, mientras se encaminaba a Jerusalén. Alguien le preguntó: "Señor, ¿es verdad que son pocos los que se salvan?" Jesús le respondió: "Esfuércense en entrar por la puerta, que es angosta, pues yo les aseguro que muchos tratarán de entrar y no podrán. Cuando el dueño de la casa se levante de la mesa y cierre la puerta, ustedes se quedarán afuera y se pondrán a tocar la puerta, diciendo: 'Señor, ábrenos'. Pero él les responderá: 'No sé quiénes son ustedes'. Entonces le dirán con insistencia: 'Hemos comido y bebido contigo y tú has enseñado en nuestras plazas'. Pero él replicará: 'Yo les aseguro que no sé quiénes son ustedes. Apártense de mí, todos ustedes los que hacen el mal'. Entonces llorarán ustedes y se desesperarán, cuando vean a Abraham, a Isaac, a Jacob y a todos los profetas en el Reino de Dios, y ustedes se vean echados fuera. Vendrán muchos del oriente y del poniente, del norte y del sur, y participarán en el banquete del Reino de Dios.

Pues los que ahora son los últimos, serán los primeros; y los que ahora son los primeros, serán los últimos".

Jueves de la XXX semana del Tiempo ordinario

Primera Lectura: Romanos 8, 31-35. 37-39

Hermanos: Si Dios está a nuestro favor, ¿quién estará en contra nuestra? El que no nos escatimó a su propio Hijo, sino que lo entregó por todos nosotros, ¿cómo no va a estar dispuesto a dárnoslo todo, junto con su Hijo? ¿Quién acusará a los elegidos de Dios? Si Dios mismo es quien los perdona, ¿quién será el que los condene? ¿Acaso Jesucristo, que murió, resucitó y está a la derecha de Dios para interceder por nosotros? ¿Qué cosa podrá apartarnos del amor con que nos ama Cristo? ¿Las tribulaciones? ¿Las angustias? ¿La persecución? ¿El hambre? ¿La desnudez? ¿El peligro? ¿La espada? Ciertamente de todo esto salimos más que victoriosos, gracias a aquel que nos ha amado; pues estoy convencido de que ni la muerte ni la vida, ni los ángeles ni los demonios, ni el presente ni el futuro, ni los poderes de este mundo, ni lo alto ni lo bajo, ni creatura alguna podrá apartarnos del amor que nos ha manifestado Dios en Cristo Jesús.

Salmo Responsorial: Salmo 108, 21-22. 26-27. 30-31

R. Sálvame, Señor, por tu bondad.

Trátame bien, Señor, por ser quien eres Y por ser grande tu misericordia, porque yo soy un pobre miserable, que lleva el corazón atribulado. **R.**

Ayúdame, Señor, Dios mío sálvame por tu bondad. Que reconozcan aquí tu mano y que tú, Señor, lo has hecho. **R.**

Mi boca le dará muchas gracias al Señor, lo alabará en medio de la multitud. porque se puso en favor del pobre, para salvarle la vida de sus jueces. **R.**

Aclamación antes del Evangelio: Lucas 19, 38; 2, 14

R. Aleluya, aleluya.

¡Bendito el rey que viene en el nombre del Señor! Paz en el cielo y gloria en las alturas! **R.**

Evangelio: Lucas 13, 31-35

En aquel tiempo, se acercaron a Jesús unos fariseos y le dijeron: "Vete de aquí, porque Herodes quiere matarte". Él les contestó: "Vayan a decirle a ese zorro que seguiré expulsando demonios y haciendo curaciones hoy y mañana, y que al tercer día terminaré mi obra. Sin embargo, hoy, mañana y pasado mañana tengo que seguir mi camino, porque no conviene que un profeta muera fuera de Jerusalén. ¡Jerusalén, Jerusalén, que matas y apedreas a los profetas que Dios te envía! ¡Cuántas veces he querido reunir a tus hijos, como la gallina reúne a sus pollitos bajo las alas, pero tú no has querido! Así pues, la casa de ustedes quedará abandonada. Yo les digo que no me volverán a ver hasta el día en que digan: *'¡Bendito el que viene en el nombre del Señor!'* "

Viernes 31 de octubre de 2025

Viernes de la XXX semana del Tiempo ordinario

Primera Lectura: Romanos 9, 1-5

Hermanos: Les hablo con toda verdad en Cristo; no miento. Mi conciencia me atestigua, con la luz del Espíritu Santo, que tengo una infinita tristeza y un dolor incesante tortura mi corazón. Hasta aceptaría verme separado de Cristo, si esto fuera para bien de mis hermanos, los de mi raza y de mi sangre, los israelitas, a quienes pertenecen la adopción filial, la gloria, la alianza, la ley, el culto, las promesas. Ellos son descendientes de los patriarcas; y de su raza, según la carne, nació Cristo, el cual está por encima de todo y es Dios bendito por los siglos de los siglos. Amén.

Salmo Responsorial: Salmo 147, 12-13. 14-15. 19-20

R. Bendigamos al Señor, nuestro Dios.

Glorifica al Señor, Jerusalén; a Dios ríndele honores, Israel. El refuerza el cerrojo de tus puertas y bendice a tus hijos en tu casa. **R.**

El mantiene la paz en tus fronteras, con su trigo mejor sacia tu hambre. El envía a la tierra su mensaje y su palabra corre velozmente. **R.**

Le muestra a Jacob su pensamiento, sus normas y designios a Israel. No ha hecho nada igual con ningún pueblo, ni le ha confiado a otro sus proyectos. **R.**

Aclamación antes del Evangelio: Juan 10, 27
R. Aleluya, aleluya.

Mis ovejas escuchan mi voz, dice el Señor; yo las conozco y ellas me siguen. **R.**

Evangelio: Lucas 14, 1-6

Un sábado, Jesús fue a comer en casa de uno de los jefes de los fariseos, y éstos estaban espiándolo. Había allí, frente a él, un enfermo de hidropesía, y Jesús, dirigiéndose a los escribas y fariseos, les preguntó: "¿Está permitido curar en sábado o no?" Ellos se quedaron callados. Entonces Jesús tocó con la mano al enfermo, lo curó y le dijo que se fuera. Y dirigiéndose a ellos les preguntó: "Si a alguno de ustedes se le cae en un pozo su burro o su buey, ¿no lo saca enseguida, aunque sea sábado?" Y ellos no supieron qué contestarle.

Sábado 1 de noviembre de 2025

Solemnidad de Todos los santos

Primera Lectura: Apocalipsis 7, 2-4. 9-14

Yo, Juan, vi a un ángel que venía del oriente. Traía consigo el sello del Dios vivo y gritaba con voz poderosa a los cuatro ángeles encargados de hacer daño a la tierra y al mar. Les dijo: "¡No hagan daño a la tierra, ni al mar, ni a los árboles, hasta que terminemos de marcar con el sello la frente de los servidores de nuestro Dios!" Y pude oír el número de los que habían sido marcados: eran ciento cuarenta y cuatro mil, procedentes de todas las tribus de Israel. Vi luego una muchedumbre tan grande, que nadie podía contarla. Eran individuos de todas las naciones y razas, de todos los pueblos y lenguas. Todos estaban de pie, delante del trono y del Cordero; iban vestidos con una túnica blanca; llevaban palmas en las manos y exclamaban con voz poderosa: "La salvación viene de nuestro Dios, que está sentado en el trono, y del Cordero". Y todos los ángeles que estaban alrededor del trono, de los ancianos y de los cuatro seres vivientes, cayeron rostro en tierra delante del trono y adoraron a Dios, diciendo: "Amén. La alabanza, la gloria, la sabiduría, la acción de gracias, el honor, el poder y la fuerza, se le deben para siempre a nuestro Dios". Entonces uno de los ancianos me preguntó: "¿Quiénes son y de dónde han venido los que llevan la túnica blanca?" Yo le respondí: "Señor mío, tú eres quien lo sabe". Entonces él me dijo: "Son los que han pasado por la gran persecución y han lavado y blanqueado su túnica con la sangre del Cordero".

Salmo Responsorial: Salmo 23, 1-2. 3-4ab. 5-6

R. (6) Esta es la clase de hombres que te buscan, Señor.

Del Señor es la tierra y lo que ella tiene, el orbe todo y los que en él habitan, pues él lo edificó sobre los mares el fue quien lo asentó sobre los ríos. **R.**

¿Quién subirá hasta el monte del Señor? ¿Quién podrá estar en su recinto santo? El de corazón limpio y manos puras y que no jura en falso. **R.**

Ese obtendrá la bendición de Dios, y Dios, su salvador, le hará justicia. Esta es la clase de hombres que te buscan y vienen ante ti, Dios de Jacob. **R.**

Segunda Lectura: 1 Juan 3, 1-3

Queridos hijos: Miren cuánto amor nos ha tenido el Padre, pues no sólo nos llamamos hijos de Dios, sino que lo somos. Si el mundo no nos reconoce, es porque tampoco lo ha reconocido a él. Hermanos míos, ahora somos hijos de Dios, pero aún no se ha manifestado cómo seremos al fin. Y ya sabemos que, cuando él se manifieste, vamos a ser semejantes a él, porque lo veremos tal cual es. Todo el que tenga puesta en Dios esta esperanza, se purifica a sí mismo para ser tan puro como él.

Aclamación antes del Evangelio: Mateo 11, 28

R. Aleluya, aleluya.

Vengan a mí todos los que están fatigados y agobiados por la carga, y yo los aliviaré, dice el Señor. **R.**

Evangelio: Mateo 5, 1-12

En aquel tiempo, cuando Jesús vio a la muchedumbre, subió al monte y se sentó. Entonces se le acercaron sus discípulos. Enseguida comenzó a enseñarles, hablándoles así:

"Dichosos los pobres de espíritu, porque de ellos es el Reino de los cielos.

Dichosos los que lloran, porque serán consolados.

Dichosos los sufridos, porque heredarán la tierra.

Dichosos los que tienen hambre y sed de justicia, porque serán saciados.

Dichosos los misericordiosos, porque obtendrán misericordia.

Dichosos los limpios de corazón, porque verán a Dios.

Dichosos los que trabajan por la paz, porque se les llamará hijos de Dios.

Dichosos los perseguidos por causa de la justicia, porque de ellos es el Reino de los cielos.

Dichosos serán ustedes, cuando los injurien, los persigan y digan cosas falsas de ustedes por causa mía. Alégrense y salten de contento, porque su premio será grande en los cielos".

Conmemoración de Todos los Fieles Difuntos

Primera Lectura: Sabiduría 3, 1-9

Las almas de los justos están en las manos de Dios y no los alcanzará ningún tormento. Los insensatos pensaban que los justos habían muerto, que su salida de este mundo era una desgracia y su salida de entre nosotros, una completa destrucción. Pero los justos están en paz. La gente pensaba que sus sufrimientos eran un castigo, pero ellos esperaban confiadamente la inmortalidad. Después de breves sufrimientos recibirán una abundante recompensa, pues Dios los puso a prueba y los halló dignos de sí. Los probó como oro en el crisol y los aceptó como un holocausto agradable. En el día del juicio brillarán los justos como chispas que se propagan en un cañaveral. Juzgarán a las naciones y dominarán a los pueblos, y el Señor reinará eternamente sobre ellos. Los que confían en el Señor comprenderán la verdad y los que son fieles a su amor permanecerán a su lado, porque Dios ama a sus elegidos y cuida de ellos.

Salmo Responsorial: Salmo 22, 1-3. 4. 5. 6

R. (1) El Señor es mi pastor, nada me faltará.

El Señor es mi pastor, nada me falta; en verdes praderas me hace reposar y hacia fuentes tranquilas me conduce para reparar mis fuerzas. Por ser un Dios fiel a sus promesas, Me guía por el sendero recto **R.**

Así, aunque camine por cañadas oscuras, nada temo, porque tú estás conmigo. Tu vara y tu cayado me dan seguridad. **R.**

Tú mismo preparas la mesa, a despecho de mis adversarios; me unges la cabeza con perfume y llenas mi copa hasta los bordes. **R.**

Tu bondad y tu misericordia me acompañarán todos los días de mi vida; y viviré en la casa del Señor por años sin término. **R.**

Segunda Lectura: Romanos 5, 5-11

Hermanos: La esperanza no defrauda porque Dios ha infundido su amor en nuestros corazones por medio del Espíritu Santo, que él mismo nos ha dado. En efecto, cuando todavía no teníamos fuerzas para salir del pecado, Cristo murió por los pecadores en el tiempo señalado. Difícilmente habrá alguien que quiera morir por un justo, aunque puede haber alguno que esté dispuesto a morir por una persona sumamente buena. Y la prueba de que Dios nos ama está en que Cristo murió por nosotros, cuando aún éramos pecadores. Con mayor razón, ahora que ya hemos sido justificados por su sangre, seremos salvados por él del castigo final. Porque, si cuando éramos enemigos de Dios, fuimos reconciliados con él por la muerte de su Hijo, con mucho más razón, estando ya reconciliados, recibiremos la salvación participando de la vida de su Hijo. Y no sólo esto, sino que también nos gloriamos en Dios, por medio de nuestro Señor Jesucristo, por quien hemos obtenido ahora la reconciliación.

O bien:

Romanos 6, 3-9

Hermanos: Todos los que hemos sido incorporados a Cristo Jesús por medio del bautismo, hemos sido incorporados a él en su muerte. En efecto, por el bautismo fuimos sepultados con él en su muerte, para que, así como Cristo resucitó de entre los muertos por la gloria del Padre, así también nosotros llevemos una vida nueva. Porque, si hemos estado íntimamente unidos a él por una muerte semejante a la suya, también lo estaremos en su resurrección. Sabemos que nuestro hombre viejo fue crucificado con Cristo, para que el cuerpo del pecado quedara destruido, a fin de que ya no sirvamos al pecado, pues el que ha muerto queda libre del pecado. Por lo tanto, si hemos muerto con Cristo, estamos seguros de que también viviremos con él; pues sabemos que Cristo, una vez resucitado de entre los muertos, ya no morirá nunca. La muerte ya no tiene dominio sobre él.

Aclamación antes del Evangelio: Mateo 25, 34
R. Aleluya, aleluya.
Vengan, benditos de mi Padre, dice el Señor; tomen posesión del Reino preparado para ustedes desde la creación del mundo. **R.**

Evangelio: Juan 6, 37-40

En aquel tiempo, Jesús dijo a la multitud: "Todo aquel que me da el Padre viene hacia mí; y al que viene a mí yo no lo echaré fuera, porque he bajado del cielo, no para hacer mi voluntad, sino la voluntad del que me envió. Y la voluntad del que me envió es que yo no pierda nada de lo que él me ha dado, sino que lo resucite en el último día. La voluntad de mi Padre consiste en que todo el que vea al Hijo y crea en él, tenga vida eterna y yo lo resucite en el último día".

Lunes de la XXXI semana del Tiempo ordinario
Primera Lectura: Romanos 11, 30-36

Hermanos: Así como ustedes antes eran rebeldes contra Dios y ahora han alcanzado su misericordia con ocasión de la rebeldía de los judíos, en la misma forma, los judíos, que ahora son los rebeldes y que fueron la ocasión de que ustedes alcanzaran la misericordia de Dios, también ellos la alcanzarán. En efecto, Dios ha permitido que todos cayéramos en la rebeldía, para manifestarnos a todos su misericordia. ¡Qué inmensa y rica es la sabiduría y la ciencia de Dios! ¡Qué impenetrables son sus designios e incomprensibles sus caminos! *¿Quién ha conocido jamás el pensamiento del Señor o ha llegado a ser su consejero? ¿Quién ha podido darle algo primero, para que Dios se lo tenga que pagar?* En efecto, todo proviene de Dios, todo ha sido hecho por él y todo está orientado hacia él. A él la gloria por los siglos de los siglos. Amén.

Salmo Responsorial: Salmo 68, 30-31. 33-34. 36-37
R. (14c) A ti, Señor, elevo mi plegaria.

Mírame, Señor, enfermo y afligido; defiéndeme y ayúdame, Dios mío. En mi cantar exaltaré tu nombre, proclamaré tu gloria, agradecido. **R.**

Se alegrarán al verlo los que sufren; quienes buscan a Dios tendrán más ánimo, porque el Señor jamás desoye al pobre, ni olvida al que se encuentra encadenado. **R.**

Ciertamente el Señor salvará a Sión, reconstruirá a Judá; la heredarán los hijos de sus siervos, quienes aman a Dios habitarán. **R.**

Aclamación antes del Evangelio: Juan 8, 31. 32

R. Aleluya, aleluya.

Si se mantienen fieles a mi palabra, dice el Señor, serán verdaderamente discípulos míos y conocerán la verdad. **R.**

Evangelio: Lucas 14, 12-14

En aquel tiempo, Jesús dijo al jefe de los fariseos que lo había invitado a comer: "Cuando des una comida o una cena, no invites a tus amigos, ni a tus hermanos, ni a tus parientes, ni a los vecinos ricos; porque puede ser que ellos te inviten a su vez, y con eso quedarías recompensado. Al contrario, cuando des un banquete, invita a los pobres, a los lisiados, a los cojos y a los ciegos; y así serás dichoso, porque ellos no tienen con qué pagarte; pero ya se te pagará, cuando resuciten los justos".

Martes 4 de noviembre de 2025
Memoria de San Carlos Borromeo, obispo

Primera Lectura: Romanos 12, 5-16

Hermanos: Todos nosotros, aun siendo muchos, formamos un solo cuerpo unidos a Cristo, y todos y cada uno somos miembros los unos de los otros. Pero tenemos dones diferentes, según la gracia concedida a cada uno. El que tenga el don de profecía, que lo ejerza de acuerdo con la fe; el que tenga el don de servicio, que se dedique a servir; el que enseña, que se consagre a enseñar; el que exhorta, que se entregue a exhortar. El que da, hágalo con sencillez; el que preside, presida con solicitud; el que atiende a los necesitados, hágalo con alegría. Que el amor de ustedes sea sincero. Aborrezcan el mal y practiquen el bien; ámense cordialmente los unos a los otros, como buenos hermanos; que cada uno estime a los otros más que a sí mismo. En el cumplimiento de su deber, no sean negligentes y mantengan un espíritu fervoroso al servicio del Señor. Que la esperanza los mantenga alegres; sean constantes en la tribulación y perseverantes en la oración. Ayuden a los hermanos en sus necesidades y esmérense en la hospitalidad. Bendigan a los que los persiguen; bendíganlos, no los maldigan.

Alégrense con los que se alegran; lloren con los que lloran. Que reine la concordia entre ustedes. No sean, pues, altivos; más bien pónganse al nivel de los humildes.

Salmo Responsorial: Salmo 130, 1. 2. 3
R. Dame, Señor, la paz junto a ti.

Señor, mi corazón no es ambicioso, ni mis ojos soberbios; grandezas que superen mis alcances no pretendo. **R.**

Estoy, Señor, por lo contrario, tranquilo y en silencio, como niño recién amamantado en los brazos maternos. **R.**

Que igual en el Señor esperen los hijos de Israel, ahora y por siempre. **R.**

Aclamación antes del Evangelio: Mateo 11, 28
R. Aleluya, aleluya.

Vengan a mí, todos los que están fatigados y agobiados por la carga, y yo les daré alivio, dice el Señor. **R.**

Evangelio: Lucas 14, 15-24

En aquel tiempo, uno de los que estaban sentados a la mesa con Jesús le dijo: "Dichoso aquel que participe en el banquete del Reino de Dios". Entonces Jesús le dijo: "Un hombre preparó un gran banquete y convidó a muchas personas. Cuando llegó la hora del banquete, mandó un criado suyo a avisarles a los invitados que vinieran, porque ya todo estaba listo. Pero todos, sin excepción, comenzaron a disculparse. Uno le dijo: 'Compré un terreno y necesito ir a verlo; te ruego que me disculpes'. Otro le dijo: 'Compré cinco yuntas de bueyes y voy a probarlas; te ruego que me disculpes'. Y otro más le dijo: 'Acabo de casarme y por eso no puedo ir'. Volvió el criado y le contó todo al amo. Entonces el señor se enojó y le dijo al criado: 'Sal corriendo a las plazas y a las calles de la ciudad y trae a mi casa a los pobres, a los lisiados, a los ciegos y a los cojos'. Cuando regresó el criado, le dijo: 'Señor, hice lo que me ordenaste, y todavía hay lugar'. Entonces el amo respondió: 'Sal a los caminos y a las veredas; insísteles a todos para que vengan y se llene mi casa. Yo les aseguro que ninguno de los primeros invitados participará de mi banquete'".

Miércoles de la XXXI semana del Tiempo ordinario

Primera Lectura: Romanos 13, 8-10

Hermanos: No tengan con nadie otra deuda que la del amor mutuo, porque el que ama al prójimo, ha cumplido ya toda la ley. En efecto, los mandamientos que ordenan: "No cometerás adulterio, no robarás, no matarás, no darás falso testimonio, no codiciarás" y todos los otros, se resumen en éste: "Amarás a tu prójimo como a ti mismo", pues quien ama a su prójimo no le causa daño a nadie. Así pues, el cumplimiento pleno de la ley consiste en amar.

Salmo Responsorial: Salmo 111, 1-2. 4-5. 9

R. (5a) Dichosos los que temen al Señor.

Dichosos los que temen al Señor y aman de corazón sus mandamientos; poderosos serán sus descendientes: **R.**

Dios bendice a los hijos de los buenos. Quien es justo, clemente y compasivo, como una luz en las tinieblas brilla. Quienes compadecidos prestan y llevan su negocio honradamente jamás se desviarán. **R.**

Al pobre dan limosna, obran siempre conforme a la justicia; su frente se alzará llena de gloria. **R.**

Aclamación antes del Evangelio: 1 Pedro 4, 14

R. Aleluya, aleluya.

Dichosos ustedes, si los injurian por ser cristianos, porque el Espíritu de Dios descansa en ustedes. **R.**

Evangelio: Lucas 14, 25-33

En aquel tiempo, caminaba con Jesús una gran muchedumbre y él, volviéndose a sus discípulos, les dijo: "Si alguno quiere seguirme y no me prefiere a su padre y a su madre, a su esposa y a sus hijos, a sus hermanos y a sus hermanas, más aún, a sí mismo, no puede ser mi discípulo. Y el que no carga su cruz y me sigue, no puede ser mi discípulo. Porque, ¿quién de ustedes, si quiere construir una torre, no se pone primero a calcular el costo, para ver si tiene con qué terminarla? No sea que, después de haber echado los cimientos, no pueda acabarla y todos los que se enteren comiencen a burlarse de él, diciendo: 'Este hombre comenzó a construir y no pudo terminar'. ¿O qué rey que va a combatir a otro rey, no se pone primero a considerar si será capaz de salir con diez mil soldados al encuentro del que viene contra él con veinte mil? Porque si no, cuando el otro esté aún lejos, le enviará una embajada para proponerle las condiciones de paz. Así pues, cualquiera de ustedes que no renuncie a todos sus bienes, no puede ser mi discípulo".

Jueves de la XXXI semana del Tiempo ordinario
Primera Lectura: Romanos 14, 7-12

Hermanos: Ninguno de nosotros vive para sí mismo, ni muere para sí mismo. Si vivimos, para el Señor vivimos; y si morimos, para el Señor morimos. Por lo tanto, ya sea que estemos vivos o que hayamos muerto, somos del Señor. Porque Cristo murió y resucitó para ser Señor de vivos y muertos. Pero tú, ¿por qué juzgas mal a tu hermano? ¿Por qué lo desprecias? Todos vamos a comparecer ante el tribunal de Dios. Como dice la Escritura: *Juro por mí mismo, dice el Señor, que todos doblarán la rodilla ante mí y todos reconocerán públicamente que yo soy Dios.* En resumen: cada uno de nosotros tendrá que dar cuenta de sí mismo a Dios.

Salmo Responsorial: Salmo 26, 1. 4. 13-14
R. (13) El Señor es mi luz y mi salvación.

El Señor es mi luz y mi salvación, ¿a quién voy a tenerle miedo? El Señor es la defensa de mi vida, ¿quién podrá hacerme temblar? **R.**

Lo único que pido, lo único que busco es vivir en la casa del Señor toda mi vida, para disfrutar las bondades del Señor y estar continuamente en su presencia. **R.**

La bondad del Señor espero ver en esta misma vida. Armate de valor y fortaleza y en el Señor confía. **R.**

Aclamación antes del Evangelio: Mateo 11, 28

R. Aleluya, aleluya.

Vengan a mí, todos los que están fatigados y agobiados por la carga, y yo les daré alivio, dice el Señor. **R.**

Evangelio: Lucas 15, 1-10

En aquel tiempo, se acercaban a Jesús los publicanos y los pecadores a escucharlo; por lo cual los fariseos y los escribas murmuraban entre sí: "Este recibe a los pecadores y come con ellos". Jesús les dijo entonces esta parábola: "¿Quién de ustedes, si tiene cien ovejas y se le pierde una, no deja las noventa y nueve en el campo y va en busca de la que se le perdió hasta encontrarla? Y una vez que la encuentra, la carga sobre sus hombros, lleno de alegría y al llegar a su casa, reúne a los amigos y vecinos y les dice: 'Alégrense conmigo, porque ya encontré la oveja que se me había perdido'. Yo les aseguro que también en el cielo habrá más alegría por un pecador que se arrepiente, que por noventa y nueve justos, que no necesitan arrepentirse. ¿Y qué mujer hay, que si tiene diez monedas de plata y pierde una, no enciende luego una lámpara y barre la casa y la busca con cuidado hasta encontrarla? Y cuando la encuentra, reúne a sus amigas y vecinas y les dice: 'Alégrense conmigo, porque ya encontré la moneda que se me había perdido'. Yo les aseguro que así también se alegran los ángeles de Dios por un solo pecador que se arrepiente".

Viernes 7 de noviembre de 2025
Viernes de la XXXI Semana del Tiempo ordinario
Primera Lectura: Romanos 15, 14-21

Hermanos: En lo personal estoy convencido de que ustedes están llenos de bondad y conocimientos para poder aconsejarse los unos a los otros. Sin embargo, les he escrito con cierto atrevimiento algunos pasajes para recordarles ciertas cosas que ya sabían. Lo he hecho autorizado por el don que he recibido de Dios de ser ministro sagrado de Cristo Jesús entre los paganos. Mi actividad sacerdotal consiste en predicar el Evangelio de Dios, a fin de que los paganos lleguen a ser una ofrenda agradable al Señor, santificada por el Espíritu Santo.

Por lo tanto, en lo que se refiere al servicio de Dios, tengo de qué gloriarme en Cristo Jesús, pues no me atrevería a hablar de nada sino de lo que Cristo ha hecho por mi medio para la conversión de los paganos, valiéndose de mis palabras y acciones, con la fuerza de señales y prodigios y con el poder del Espíritu Santo. De esta manera he dado a conocer plenamente el Evangelio de Cristo por todas partes, desde Jerusalén hasta la región de Iliria. Pero he tenido mucho cuidado de no predicar en los lugares donde ya se conocía a Cristo, para no construir sobre cimientos ya puestos por otros, de acuerdo con lo que dice la Escritura: *Los que no habían tenido noticias de él, lo verán; y los que no habían oído de él, lo conocerán.*

Salmo Responsorial: Salmo 97, 1. 2-3ab. 3bc-4
R. (2b) Que todos los pueblos aclamen al Señor.
Cantemos al Señor un canto nuevo, pues ha hecho maravillas. Su diestra y su santo brazo le han dado la victoria. **R.**
El Señor ha dado a conocer su victoria y ha revelado a las naciones su justicia. Una vez más ha demostrado Dios su amor y su lealtad hacia Israel. **R.**
La tierra entera ha contemplado la victoria de nuestro Dios. Que todos los pueblos y naciones aclamen con júbilo al Señor. **R.**

Aclamación antes del Evangelio: 1 Juan 2, 5
R. Aleluya, aleluya.
En aquel que cumple la palabra de Cristo, el amor de Dios ha llegado a su plenitud. **R.**

Evangelio: Lucas 16, 1-8
En aquel tiempo, Jesús dijo a sus discípulos: "Había una vez un hombre rico que tenía un administrador, el cual fue acusado ante él de haberle malgastado sus bienes. Lo llamó y le dijo: '¿Es cierto lo que me han dicho de ti? Dame cuenta de tu trabajo, porque en adelante ya no serás administrador'. Entonces el administrador se puso a pensar: '¿Qué voy a hacer ahora que me quitan el trabajo? No tengo fuerzas para trabajar la tierra y me da vergüenza pedir

limosna. Ya sé lo que voy a hacer, para tener a alguien que me reciba en su casa, cuando me despidan'. Entonces fue llamando uno por uno a los deudores de su amo. Al primero le preguntó: '¿Cuánto le debes a mi amo?' El hombre respondió: 'Cien barriles de aceite'. El administrador le dijo: 'Toma tu recibo, date prisa y haz otro por cincuenta'. Luego preguntó al siguiente: 'Y tú, ¿cuánto debes?' Este respondió: 'Cien sacos de trigo'. El administrador le dijo: 'Toma tu recibo y haz otro por ochenta'. El amo tuvo que reconocer que su mal administrador había procedido con habilidad. Pues los que pertenecen a este mundo son más hábiles en sus negocios que los que pertenecen a la luz".

Sábado 8 de noviembre de 2025

Sábado de la XXXI Semana del Tiempo Ordinario

Primera Lectura: Romanos 16, 3-9. 16. 22-27

Hermanos: Saluden a Prisca y a Aquila, colaboradores míos en el servicio de Cristo Jesús, que por salvar mi vida arriesgaron la suya. A ellos no sólo yo, sino también todas las comunidades cristianas del mundo pagano les debemos gratitud. Saluden también a la comunidad que se reúne en casa de ellos. Saluden a mi querido Epéneto, el primero que en la provincia de Asia se hizo cristiano. Saluden a María, que ha trabajado tanto por ustedes. Saluden a Andrónico y a Junías, mis paisanos y compañeros de prisión, que se han distinguido en predicar el Evangelio y en el apostolado, y que se hicieron cristianos antes que yo. Saluden a Ampliato, a quien tanto quiero en el Señor. Saluden a Urbano, colaborador nuestro en el servicio de Cristo, y a mi querido Estaquio. Salúdense los unos a los otros con el saludo de paz. Todas las comunidades cristianas los saludan. Yo, Tercio, el escribano de esta carta, también les mando un saludo en el Señor. Los saluda Gayo, que me hospeda a mí y a esta comunidad. Los saludan Erasto, administrador de la ciudad, y Cuarto, nuestro hermano. Que la gracia de nuestro Señor Jesucristo esté con todos ustedes. Amén.

A aquel que puede darles fuerzas para cumplir el Evangelio que yo he proclamado, predicando a Cristo, conforme a la revelación del misterio mantenido en secreto durante siglos, y que ahora, en cumplimiento del designio eterno de Dios, ha quedado manifestado por las Sagradas Escrituras, para atraer a todas las naciones a la obediencia de la fe, al Dios único, infinitamente sabio, démosle gloria, por Jesucristo, para siempre. Amén.

Salmo Responsorial: Salmo 144, 2-3. 4-5. 10-11
R. (1b) Dichosos los que aman al Señor.

Un día tras otro bendeciré tu nombre y no cesará mi boca de alabarte. Muy digno de alabanza es el Señor, por ser su grandeza incalculable. **R.**

Cada generación, a la que sigue anunciará tus obras y proezas. Se hablará de tus hechos portentosos, del glorioso esplendor de ti grandeza. **R.**

Que te alaben, Señor, todas tus obras y que todos tus fieles te bendigan. Que proclamen la gloria de tu reino y den a conocer tus maravillas. **R.**

Aclamación antes del Evangelio: 2 Corintios 8, 9
R. Aleluya, aleluya.

Jesucristo, siendo rico, se hizo pobre, para enriquecernos con su pobreza. **R.**

Evangelio: Lucas 16, 9-15

En aquel tiempo, Jesús dijo a sus discípulos: "Con el dinero, tan lleno de injusticias, gánense amigos que, cuando ustedes mueran, los reciban en el cielo. El que es fiel en las cosas pequeñas, también es fiel en las grandes; y el que es infiel en las cosas pequeñas, también es infiel en las grandes. Si ustedes no son fieles administradores del dinero, tan lleno de injusticias, ¿quién les confiará los bienes verdaderos? Y si no han sido fieles en lo que no es de ustedes, ¿quién les confiará lo que sí es de ustedes? No hay criado que pueda servir a dos amos, pues odiará a uno y amará al otro, o se apegará al primero y despreciará al segundo. En resumen, no pueden ustedes servir a Dios y al dinero". Al oír todas estas cosas, los fariseos, que son amantes del dinero, se burlaban de Jesús. Pero él les dijo: "Ustedes pretenden pasar por justos delante de los hombres; pero Dios conoce sus corazones, y lo que es muy estimable para los hombres es detestable para Dios".

Fiesta de la Dedicación de la Basílica de Letrán

Primera Lectura: Ezequiel 47, 1-2. 8-9. 12

En aquellos tiempos, un hombre me llevó a la entrada del templo. Por debajo del umbral manaba agua hacia el oriente, pues el templo miraba hacia el oriente, y el agua bajaba por el lado derecho del templo, al sur del altar. Luego me hizo salir por el pórtico del norte y dar la vuelta hasta el pórtico que mira hacia el oriente, y el agua corría por el lado derecho. Aquel hombre me dijo: "Estas aguas van hacia la región oriental; bajarán hasta el Arabá, entrarán en el mar de aguas saladas y lo sanearán. Todo ser viviente que se mueva por donde pasa el torrente, vivirá; habrá peces en abundancia, porque los lugares a donde lleguen estas aguas quedarán saneados y por dondequiera que el torrente pase, prosperará la vida. En ambas márgenes del torrente crecerán árboles frutales de toda especie, de follaje perenne e inagotables frutos. Darán frutos nuevos cada mes, porque los riegan las aguas que manan del santuario. Sus frutos servirán de alimento y sus hojas, de medicina".

Salmo Responsorial: Salmo 45, 2-3. 5-6. 8-9

R. (5) Un río alegra a la ciudad de Dios.

Dios es nuestro refugio y nuestra fuerza, quien en todo peligro nos socorre. Por eso no tememos, aunque tiemble, y aunque al fondo del mar caigan los montes. **R.**

Un río alegra a la ciudad de Dios, Su morada el Altísimo hace santa. Teniendo a Dios, Jerusalén no teme, porque Dios la protege desde el alba. **R.**

Con nosotros está Dios, el Señor; es el Dios de Israel nuestra defensa. Vengan a ver las cosas sorprendentes que ha hecho el Señor sobre la tierra: **R.**

Segunda Lectura: 1 Corintios 3, 9-11. 16-17

Hermanos: Ustedes son la casa que Dios edifica. Yo, por mi parte, correspondiendo al don que Dios me ha concedido, como un buen arquitecto, he puesto los cimientos; pero es otro quien construye sobre ellos. Que cada uno se fije cómo va construyendo. Desde luego, el único cimiento válido es Jesucristo y nadie puede poner otro distinto. ¿No saben acaso ustedes que son el templo de Dios y que el Espíritu de Dios habita en ustedes? Quien destruye el templo de Dios, será destruido por Dios, porque el templo de Dios es santo y ustedes son ese templo.

Aclamación antes del Evangelio: 2 Crónicas 7, 16
R. Aleluya, aleluya.

He elegido y santificado este lugar, dice el Señor, para que siempre habite ahí mi nombre. **R.**

Evangelio: Juan 2, 13-22

Cuando se acercaba la Pascua de los judíos, Jesús llegó a Jerusalén y encontró en el templo a los vendedores de bueyes, ovejas y palomas, y a los cambistas con sus mesas. Entonces hizo un látigo de cordeles y los echó del templo, con todo y sus ovejas y bueyes; a los cambistas les volcó las mesas y les tiró al suelo las monedas; y a los que vendían palomas les dijo: "Quiten todo de aquí y no conviertan en un mercado la casa de mi Padre". En ese momento, sus discípulos se acordaron de lo que estaba escrito: *El celo de tu casa me devora.* Después intervinieron los judíos para preguntarle: "¿Qué señal nos das de que tienes autoridad para actuar así?" Jesús les respondió: "Destruyan este templo y en tres días lo reconstruiré". Replicaron los judíos: "Cuarenta y seis años se ha llevado la construcción del templo, ¿y tú lo vas a levantar en tres días?" Pero él hablaba del templo de su cuerpo. Por eso, cuando resucitó Jesús de entre los muertos, se acordaron sus discípulos de que había dicho aquello y creyeron en la Escritura y en las palabras que Jesús había dicho.

Lunes 10 de noviembre de 2025

Memoria de San Leon Magno, Papa y doctor de la Iglesia
Primera Lectura: Sabiduría 1, 1-7

Amen la justicia, ustedes, los que gobiernan la tierra, piensen bien del Señor y con sencillez de corazón búsquenlo. El se deja hallar por los que no dudan de él y se manifiesta a los que en él confían. Los pensamientos perversos apartan de

Dios, y los insensatos, que quieren poner a prueba el poder divino, quedan en ridículo. La sabiduría no entra en un alma malvada, ni habita en un cuerpo sometido al pecado. El santo espíritu, que nos educa, y huye de la hipocresía, se aleja de la insensatez y es rechazado por la injusticia. La sabiduría es un espíritu amigo de los hombres, pero no dejará sin castigo al que blasfema, porque Dios conoce lo más íntimo del alma, observa atentamente el corazón y escucha cuanto dice la lengua. El espíritu del Señor llena toda la tierra, le da consistencia al universo y sabe todo lo que el hombre dice.

Salmo Responsorial: Salmo 138, 1-3. 4-6. 7-8. 9-10
R. (24b) Condúceme, Señor, por tu camino.

Tú me conoces, Señor, profundamente: tú conoces cuándo me siento o me levanto, desde lejos sabes mis pensamientos, tú observas mi camino y mi descanso, todas mis sendas te son familiares. **R.**

Apenas la palabra está en mi boca y ya, Señor, te la sabes completa. Me envuelves por todas partes y tienes puesta sobre mí tu mano. Esta es una ciencia misteriosa para mí, tan sublime, que no la alcanzo. **R.**

¿A dónde iré yo lejos de ti? ¿Dónde escaparé de tu mirada? Si subo hasta el cielo, allí estás tú; si bajo al abismo, allí te encuentras. **R.**

Si voy en alas de la aurora o me alejo hasta el extremo del mar, también allí tu mano me conduce y tu diestra me sostiene. **R.**

Aclamación antes del Evangelio: Filipenses 2, 15. 16
R. Aleluya, aleluya.

Iluminen al mundo con la luz del Evangelio reflejada en su vida. **R.**

Evangelio: Lucas 17, 1-6

En aquel tiempo, Jesús dijo a sus discípulos: "No es posible evitar que existan ocasiones de pecado, pero ¡ay de aquel que las provoca! Más le valdría ser arrojado al mar con una piedra de molino sujeta al cuello, que ser ocasión de pecado para la gente sencilla. Tengan, pues, cuidado. Si tu hermano te ofende, trata de corregirlo; y si se arrepiente, perdónalo. Y si te ofende siete veces al día, y siete veces viene a ti para decirte que se arrepiente, perdónalo". Los apóstoles dijeron entonces al Señor: "Auméntanos la fe". El Señor les contestó: "Si tuvieran fe, aunque fuera tan pequeña como una semilla de mostaza, podrían decirle a ese árbol frondoso: 'Arráncate de raíz y plántate en el mar', y los obedecería".

Martes 11 de noviembre de 2025

Memoria de San Martin de Tours, obispo

Primera Lectura: Sabiduría 2, 23-3, 9

Dios creó al hombre para que fuera inmortal, lo hizo a imagen y semejanza de sí mismo; mas, por envidia del diablo, entró la muerte en el mundo, y la experimentan quienes le pertenecen. En cambio, las almas de los justos están en las manos de Dios y no los alcanzará ningún tormento. Los insensatos pensaban que los justos habían muerto, que su salida de este mundo era una desgracia y su salida de entre nosotros, una completa destrucción. Pero los justos están en paz. La gente pensaba que sus sufrimientos eran un castigo, pero ellos esperaban confiadamente la inmortalidad. Después de breves sufrimientos recibirán una abundante recompensa, pues Dios los puso a prueba y los halló dignos de sí. Los probó como oro en el crisol y los aceptó como un holocausto agradable. En el día del juicio brillarán los justos como chispas que se propagan en un cañaveral. Juzgarán a las naciones y dominarán a los pueblos, y el Señor reinará eternamente sobre ellos. Los que confían en el Señor comprenderán la verdad y los que son fieles a su amor permanecerán a su lado, porque Dios ama a sus elegidos y cuida de ellos.

Salmo Responsorial: Salmo 33, 2-3. 16-17. 18-19

R. (2a) Bendigamos al Señor a todas horas.

Bendeciré al Señor a todas horas, no cesará mi boca de alabarlo. Yo me siento orgulloso del Señor, que se alegre su pueblo al escucharlo. **R.**

Los ojos del Señor cuidan al justo y a su clamor están atentos sus oídos. Contra el malvado, en cambio, está el Señor, para borrar de la tierra su recuerdo. **R.**

Escucha el Señor al hombre justo y lo libra de todas sus congojas. El Señor no está lejos de sus fieles y levanta a las almas abatidas. **R.**

Aclamación antes del Evangelio: Juan 14, 23
R. Aleluya, aleluya.
El que me ama cumplirá mi palabra y mi Padre lo amará y haremos en él nuestra morada, dice el Señor. **R.**

Evangelio: Lucas 17, 7-10
En aquel tiempo, Jesús dijo a sus apóstoles: "¿Quién de ustedes, si tiene un siervo que labra la tierra o pastorea los rebaños, le dice cuando éste regresa del campo: 'Entra enseguida y ponte a comer'? ¿No le dirá más bien: 'Prepárame de comer y disponte a servirme, para que yo coma y beba; después comerás y beberás tú?' ¿Tendrá acaso que mostrarse agradecido con el siervo, porque éste cumplió con su obligación? Así también ustedes, cuando hayan cumplido todo lo que se les mandó, digan: 'No somos más que siervos; sólo hemos hecho lo que teníamos que hacer'".

Miércoles 12 de noviembre de 2025
Memoria de San Josafat, obispo y mártir
Primera Lectura: Sabiduría 6, 1-11
Escuchen, reyes, y entiendan; aprendan, soberanos de todas las naciones de la tierra; estén atentos, los que gobiernan a los pueblos y están orgullosos del gran número de sus súbditos: El Señor les ha dado a ustedes el poder; el Altísimo, la soberanía; él va a examinar las obras de ustedes y a escudriñar sus intenciones. Ustedes son ministros de su reino y no han gobernado rectamente, ni han cumplido la ley, ni han vivido de acuerdo con la voluntad de Dios. El caerá sobre ustedes en forma terrible y repentina, porque un juicio implacable espera a los que mandan. Al pequeño, por compasión se le perdona, pero a los poderosos se les castigará severamente. El Señor de todos ante nadie retrocede y no hay grandeza que lo asuste; él hizo al grande y al pequeño y cuida de todos con igual solicitud; pero un examen muy severo les espera a los poderosos. A ustedes, pues, soberanos, se dirigen mis palabras, para que aprendan a ser sabios y no pequen;

porque los que cumplen fielmente la voluntad del Señor serán reconocidos como justos, y los que aprenden a cumplir su voluntad encontrarán defensa. Pongan, pues, atención a mis palabras, búsquenlas con interés y ellas los instruirán.

Salmo Responsorial: Salmo 81, 3-4. 6-7
R. (8a) Ven, Señor, y haz justicia.
Protejan al pobre y al huérfano, hagan justicia al humilde y al necesitado, defiendan al desvalido y al pobre y líbrenlos de las manos del malvado. **R.**
Yo declaro: "Aunque todos ustedes sean dioses e hijos del Altísimo, morirán como cualquier hombre, caerán como cualquier príncipe". **R.**

Aclamación antes del Evangelio: 1 Tesalonicenses 5, 18
R. Aleluya, aleluya.
Den gracias siempre, unidos a Cristo Jesús, pues esto es lo que Dios quiere que ustedes hagan. **R.**

Evangelio: Lucas 17, 11-19
En aquel tiempo, cuando Jesús iba de camino a Jerusalén, pasó entre Samaria y Galilea. Estaba cerca de un pueblo, cuando le salieron al encuentro diez leprosos, los cuales se detuvieron a lo lejos y a gritos le decían: "¡Jesús, maestro, ten compasión de nosotros!" Al verlos, Jesús les dijo: "Vayan a presentarse a los sacerdotes". Mientras iban de camino, quedaron limpios de la lepra. Uno de ellos, al ver que estaba curado, regresó, alabando a Dios en voz alta, se postró a los pies de Jesús y le dio las gracias. Ese era un samaritano. Entonces dijo Jesús: "¿No eran diez los que quedaron limpios? ¿Dónde están los otros nueve? ¿No ha habido nadie, fuera de este extranjero, que volviera para dar gloria a Dios?" Después le dijo al samaritano: "Levántate y vete. Tu fe te ha salvado".

Jueves 13 de noviembre de 2025
Memoria de Santa Francisca Javier Cabrini, virgen
[para los diócesis de los Estados Unidos de América]
Primera Lectura: Sabiduría 7, 22-8, 1

La sabiduría es un espíritu inteligente, santo, único y múltiple, sutil, ágil y penetrante, inmaculado, lúcido e invulnerable, amante del bien, agudo y libre, bienhechor, amigo del hombre y amable, firme, seguro y sereno, que todo lo puede y todo lo ve, que penetra en todos los espíritus: los inteligentes, los puros y los más sutiles. La sabiduría es más ágil que cualquier movimiento y, por ser inmaterial, lo atraviesa y lo penetra todo. La sabiduría es un resplandor del poder de Dios, una emanación purísima de la gloria del omnipotente, por eso nada sucio la puede contaminar. Es un reflejo de la luz eterna, un espejo inmaculado de la actividad de Dios y una imagen de su bondad. Ella sola lo puede todo; sin cambiar en nada, todo lo renueva; entra en las almas de los buenos de cada generación, hace de ellos amigos de Dios y profetas, porque Dios ama sólo a quienes conviven con la sabiduría. La sabiduría es más brillante que el sol y que todas las constelaciones; si se la compara con la luz del día, la sabiduría sale ganando, porque al día lo vence la noche, pero contra la sabiduría, la maldad no puede nada. Ella se extiende poderosa de un extremo al otro del mundo y con suavidad gobierna todo el universo.

Salmo Responsorial: Salmo 118, 89.90. 91. 130. 135. 175
R. (88) Enséñanos, Señor, tus leyes.
Tu palabra, Señor, es eterna, más estable que el cielo. Tú fidelidad permanece de generación en generación, como la tierra, que tú cimentaste. **R.**
Todo subsiste hasta hoy por orden tuya y todo está a tu servicio. La explicación de tu palabra da luz y entendimiento a los humildes. **R.**
Mira benignamente a tu siervo y enséñame a cumplir tus mandamientos; que sólo viva yo, Señor, para alabarte y que ti ley me ayude. **R.**

Aclamación antes del Evangelio: Juan 15, 5
R. Aleluya, aleluya.
Yo soy la vid y ustedes los sarmientos; el que permanece en mí y yo en él, ése da fruto abundante. **R.**

Evangelio: Lucas 17, 20-25

En aquel tiempo, los fariseos le preguntaron a Jesús: "¿Cuándo llegará el Reino de Dios?" Jesús les respondió: "El Reino de Dios no llega aparatosamente. No se podrá decir: 'Está aquí' o 'Está allá', porque el Reino de Dios ya está entre ustedes". Les dijo entonces a sus discípulos: "Llegará un tiempo en que ustedes desearán disfrutar siquiera un solo día de la presencia del Hijo del hombre y no podrán. Entonces les dirán: 'Está aquí' o 'Está allá', pero no vayan corriendo a ver, pues así como el fulgor del relámpago brilla de un extremo a otro del cielo, así será la venida del Hijo del hombre en su día. Pero antes tiene que padecer mucho y ser rechazado por los hombres de esta generación".

Viernes 14 de noviembre de 2025
Viernes de la XXXII Semana del Tiempo ordinario
Primera Lectura: Sabiduría 13, 1-9

Insensatos han sido todos los hombres que no han conocido a Dios y no han sido capaces de descubrir, a través de las cosas buenas que se ven a "Aquel-que-es" y que no han reconocido al artífice, fijándose en sus obras, sino que han considerado como dioses al fuego, al viento, al aire sutil, al cielo estrellado, al agua impetuosa o al sol y a la luna, que rigen el mundo. Si fascinados por la belleza de las cosas, pensaron que éstos eran dioses, sepan cuánto las aventaja el Señor de todas ellas, pues fue el autor mismo de la belleza quien las creó. Y si fue su poder y actividad lo que los impresionó, deduzcan de ahí cuánto más poderoso es aquel que las hizo; pues reflexionando sobre la grandeza y hermosura de las creaturas se puede llegar a contemplar a su creador. Sin embargo, no son éstos tan dignos de represión, pues tal vez andan desorientados, buscando y queriendo encontrar a Dios. Como viven entre sus obras, se esfuerzan por conocerlas y se dejan fascinar por la belleza de las cosas que ven. Pero no por eso tienen excusa, pues si llegaron a ser tan sabios para investigar el universo, ¿cómo no llegaron a descubrir fácilmente a su creador?

Salmo Responsorial: Salmo 18, 2-3. 4-5
R. (2a) Los cielos proclaman la gloria de Dios.

Los cielos proclaman la gloria de Dios y el firmamento anuncia la obra de sus manos. Un día comunica su mensaje al otro día y una noche se lo transmita a la otra noche. **R.**

Sin que pronuncien una palabra, sin que resuene su voz, a toda la tierra llega su sonido y su mensaje, hasta el fin del mundo. **R.**

Aclamación antes del Evangelio: Lucas 21, 28
R. Aleluya, aleluya.

Estén atentos y levanten la cabeza, porque se acerca la hora de su liberación, dice el Señor. **R.**

Evangelio: Lucas 17, 26-37

En aquellos días, Jesús dijo a sus discípulos: "Lo que sucedió en el tiempo de Noé también sucederá en el tiempo del Hijo del hombre: comían y bebían, se casaban hombres y mujeres, hasta el día en que Noé entró en el arca; entonces vino el diluvio y los hizo perecer a todos. Lo mismo sucedió en el tiempo de Lot: comían y bebían, compraban y vendían, sembraban y construían, pero el día en que Lot salió de Sodoma, llovió fuego y azufre del cielo y los hizo perecer a todos. Pues lo mismo sucederá el día en que el Hijo del hombre se manifieste. Aquél día, el que esté en la azotea y tenga sus cosas en la casa, que no baje a recogerlas; y el que esté en el campo, que no mire hacia atrás. Acuérdense de la mujer de Lot. Quien intente conservar su vida, la perderá; y quien la pierda, la conservará. Yo les digo: aquella noche habrá dos en un mismo lecho: uno será tomado y el otro abandonado; habrá dos mujeres moliendo juntas: una será tomada y la otra abandonada". Entonces, los discípulos le dijeron: "¿Dónde sucederá eso, Señor?" Y él les respondió: "Donde hay un cadáver, se juntan los buitres".

Sábado 15 de noviembre de 2025
Sábado de la XXXII semana del Tiempo ordinario
Primera Lectura: Sabiduría 18, 14-16; 19, 6-9

Cuando un profundo silencio envolvía todas las cosas y la noche estaba a la mitad de su camino, tu palabra todopoderosa, Señor, como implacable guerrero, se lanzó desde tu trono real del cielo hacia la región condenada al exterminio.

Blandiendo como espada tu decreto irrevocable, sembró la muerte por dondequiera; tocaba el cielo con la mano y al mismo tiempo pisaba la tierra. La creación entera, obediente a tus órdenes, actuó de manera diversa a su modo de proceder para librar a tus hijos de todo daño. Una nube protegió con su oscuridad el campamento israelita y donde antes había agua, surgió la tierra firme; en el mar Rojo apareció un camino despejado y en las olas impetuosas, una verde llanura. Por ahí, protegido por tu mano, pasó todo el pueblo, mientras contemplaba tus prodigios admirables. Corrían como potros y brincaban como corderos, dándote gracias, Señor, por haberlos liberado.

Salmo Responsorial: Salmo 104, 2-3. 36-37. 42-43
R. (5a) Recordemos los prodigios del Señor.

Aclamen al Señor y denle gracias, relaten sus prodigios a los pueblos. Entonen en su honor himnos y cantos, celebren sus portentos. **R.**

El Señor hirió de muerte a los primogénitos de los egipcios, primicias de su virilidad. Sacó a su pueblo cargado de oro y plata, y entre sus tribus nadie tropezó. **R.**

Se acordó de la palabra sagrada que había dado a su siervo Abraham, y sacó a su pueblo con alegría, a sus escogidos con gritos de triunfo. **R.**

Aclamación antes del Evangelio: 2 Tesalonicenses 2, 14
R. Aleluya, aleluya.

Dios nos ha llamado, por medio del Evangelio, a participar de la gloria de nuestro Señor Jesucristo. **R.**

Evangelio: Lucas 18, 1-8

En aquel tiempo, para enseñar a sus discípulos la necesidad de orar siempre y sin desfallecer, Jesús les propuso esta parábola: "En cierta ciudad había un juez que no temía a Dios ni respetaba a los hombres. Vivía en aquella misma ciudad una viuda que acudía a él con frecuencia para decirle: 'Hazme justicia contra mi adversario'. Por mucho tiempo, el juez no le hizo caso, pero después se dijo: 'Aunque no temo a Dios ni respeto a los hombres, sin embargo, por la insistencia de esta viuda, voy a hacerle justicia para que no me siga molestando' ". Dicho esto, Jesús comentó: "Si así pensaba el juez injusto, ¿creen acaso que Dios no hará justicia a sus elegidos, que claman a él día y noche, y que los hará esperar? Yo les digo que les hará justicia sin tardar. Pero, cuando venga el Hijo del hombre, ¿creen que encontrará fe sobre la tierra?"

Domingo 16 de noviembre de 2025
XXXIII Domingo ordinario
Primera Lectura: Malaquías 3, 19-20

"Ya viene el día del Señor, ardiente como un horno, y todos los soberbios y malvados serán como la paja. El día que viene los consumirá, dice el Señor de los ejércitos, hasta no dejarles ni raíz ni rama. Pero para ustedes, los que temen al Señor, brillará el sol de justicia, que les traerá la salvación en sus rayos".

Salmo Responsorial: Salmo 97, 5-6. 7-9a. 9bc
R. (9) Toda la tierra ha visto al Salvador.

Cantemos al Señor al son del arpa, aclamemos al son de los clarines al Señor, nuestro Rey. **R.**

Alégrese el mar y el mundo submarino, el orbe y todos los que en él habitan, Que los ríos estallen en aplausos y las montañas salten alegría. **R.**

Regocíjese todo ante el Señor, porque ya viene a gobernar el orbe. Justicia y rectitud serán las normas con las que rija a todas las naciones. **R.**

Segunda Lectura: 2 Tesalonicenses 3, 7-12

Hermanos: Ya saben cómo deben vivir para imitar mi ejemplo, puesto que, cuando estuve entre ustedes, supe ganarme la vida y no dependí de nadie para comer; antes bien, de día y de noche trabajé hasta agotarme, para no serles gravoso. Y no porque no tuviera yo derecho a pedirles el sustento, sino para darles un ejemplo que imitar. Así, cuando estaba entre ustedes, les decía una y otra vez: "El que no quiera trabajar, que no coma". Y ahora vengo a saber que algunos de ustedes viven como holgazanes, sin hacer nada, y además, entrometiéndose en todo. Les suplicamos a esos tales y les ordenamos, de parte del Señor Jesús, que se pongan a trabajar en paz para ganarse con sus propias manos la comida.

Aclamación antes del Evangelio: Lucas 21, 28
R. Aleluya, aleluya.

Estén atentos y levanten la cabeza, porque se acerca la hora de su liberación, dice el Señor. **R.**

Evangelio: Lucas 21, 5-19

En aquel tiempo, como algunos ponderaban la solidez de la construcción del templo y la belleza de las ofrendas votivas que lo adornaban, Jesús dijo: "Días vendrán en que no quedará piedra sobre piedra de todo esto que están admirando; todo será destruido". Entonces le preguntaron: "Maestro, ¿cuándo va a ocurrir esto y cuál será la señal de que ya está a punto de suceder?" Él les respondió: "Cuídense de que nadie los engañe, porque muchos vendrán usurpando mi nombre y dirán: 'Yo soy el Mesías. El tiempo ha llegado'. Pero no les hagan caso. Cuando oigan hablar de guerras y revoluciones, que no los domine el pánico, porque eso tiene que acontecer, pero todavía no es el fin". Luego les dijo: "Se levantará una nación contra otra y un reino contra otro. En diferentes lugares habrá grandes terremotos, epidemias y hambre, y aparecerán en el cielo señales prodigiosas y terribles. Pero antes de todo esto los perseguirán a ustedes y los apresarán; los llevarán a los tribunales y a la cárcel, y los harán comparecer ante reyes y gobernadores, por causa mía. Con esto darán testimonio de mí. Grábense bien que no tienen que preparar de antemano su defensa, porque yo les daré palabras sabias, a las que no podrá resistir ni contradecir ningún adversario de ustedes. Los traicionarán hasta sus propios padres, hermanos, parientes y amigos. Matarán a algunos de ustedes y todos los odiarán por causa mía. Sin embargo, no caerá ningún cabello de la cabeza de ustedes. Si se mantienen firmes, conseguirán la vida".

Lunes 17 de noviembre de 2025
Memoria de Santa Isabel de Hungría, religiosa

Primera Lectura: 1 Macabeos 1, 10-15. 41-43. 54-57. 62-64

En aquellos días, surgió un hombre perverso, Antíoco Epífanes, hijo del rey Antíoco, que había estado como rehén en Roma. Subió al trono el año ciento treinta y siete del imperio de los griegos. Hubo por entonces unos israelitas apóstatas, que convencieron a muchos diciéndoles: "Vamos a hacer un pacto con los pueblos vecinos, pues desde que hemos vivido aislados, nos han sobrevenido muchas desgracias". Esta proposición fue bien recibida y algunos del pueblo decidieron acudir al rey y obtuvieron de él autorización para seguir las costumbres de los paganos. Entonces, conforme al uso de los paganos, construyeron en Jerusalén un gimnasio, simularon que no estaban circuncidados, renegaron de la alianza santa, se casaron con gente pagana y se vendieron para hacer el mal. Por su parte, el rey publicó un edicto en todo su reino y ordenó que todos sus súbditos formaran un solo pueblo y abandonaran su legislación particular. Todos los paganos acataron el edicto real y muchos israelitas aceptaron la religión oficial, ofrecieron sacrificios a los ídolos y profanaron el sábado. El día quince de diciembre del año ciento cuarenta y cinco, el rey Antíoco mandó poner sobre el altar de Dios un altar pagano, y se fueron construyendo altares en todas las ciudades de Judá. Quemaban incienso ante las puertas de las casas y en las plazas; rompían y echaban al fuego los libros de la ley que encontraban; a quienes se les descubría en su casa un ejemplar de la alianza y a los que sorprendían observando los preceptos de la ley, los condenaban a muerte en virtud del decreto real. A pesar de todo esto, muchos israelitas permanecieron firmes y resueltos a no comer alimentos impuros. Prefirieron la muerte antes que contaminarse con aquellos alimentos que violaban la santa alianza. Muy grande fue la prueba que soportó Israel.

Salmo Responsorial: Salmo 118, 53. 61. 134. 150. 155. 158
R. (88) Ayúdame, Señor, a cumplir tus mandamientos.
Me indigno, Señor, porque los pecadores no cumplen tu ley. Las redes de los pecadores me aprisionan, pero yo no olvido tu voluntad. **R.**
Líbrame de la opresión de los hombres, y cumpliré tus mandamientos. Se acercan a mí los malvados que me persiguen y están lejos de tu ley. **R.**

Los malvados están lejos de la salvación, porque no han cumplido tus mandamientos. Cuando veo a los pecadores, siento disgusto, porque no cumplen tus palabras. **R.**

Aclamación antes del Evangelio: Juan 8, 12
R. Aleluya, aleluya.

Yo soy la luz del mundo, dice el Señor; el que me sigue tendrá la luz de la vida. **R.**

Evangelio: Lucas 18, 35-43

En aquel tiempo, cuando Jesús se acercaba a Jericó, un ciego estaba sentado a un lado del camino, pidiendo limosna. Al oír que pasaba gente, preguntó qué era aquello, y le explicaron que era Jesús el nazareno, que iba de camino. Entonces él comenzó a gritar: "¡Jesús, hijo de David, ten compasión de mí!" Los que iban adelante lo regañaban para que se callara, pero él se puso a gritar más fuerte: "¡Hijo de David, ten compasión de mí!" Entonces Jesús se detuvo y mandó que se lo trajeran. Cuando estuvo cerca, le preguntó: "¿Qué quieres que haga por ti?" Él le contestó: "Señor, que vea". Jesús le dijo: "Recobra la vista; tu fe te ha curado". Enseguida el ciego recobró la vista y lo siguió, bendiciendo a Dios. Y todo el pueblo, al ver esto, alababa a Dios.

Martes 18 de noviembre de 2025
Martes de la XXXIII semana del Tiempo ordinario
Primera Lectura: 2 Macabeos 6, 18-31

Había un hombre llamado Eleazar, de edad avanzada y aspecto muy digno. Era uno de los principales maestros de la ley. Querían obligarlo a comer carne de puerco y para ello le abrían a la fuerza la boca. Pero él, prefiriendo una muerte honrosa a una vida de infamia, escupió la carne y avanzó voluntariamente hacia el suplicio, como deben hacer los que son constantes en rechazar manjares prohibidos, aun a costa de la vida. Los que presidían aquel sacrificio pagano, en atención a la antigua amistad que los unía con Eleazar, lo llevaron aparte y le propusieron que mandara traer carne permitida y que la comiera, simulando que comía la carne del sacrificio ordenada por el rey. Así se podría librar de la muerte y encontrar benevolencia, por la antigua amistad que los unía. Pero Eleazar, adoptando una actitud cortés, digna de sus años y de su noble ancianidad, de sus canas honradas e ilustres, de su conducta intachable desde niño y, sobre todo, digna de la ley santa, dada por Dios, respondió enseguida: "Envíenme al sepulcro, pues no es digno de mi edad ese engaño. Van a creer los jóvenes que Eleazar, a los noventa años, se ha pasado al paganismo. Y si por miedo a perder el poco tiempo de vida que me queda, finjo apartarme de la ley, se van a extraviar con mi mal ejemplo. Eso sería manchar y deshonrar mi vejez. Y aunque por el momento me librara del castigo de los hombres, ni vivo ni muerto me libraría de la mano del Omnipotente. En cambio, si muero ahora como un valiente, me mostraré digno de mis años y dejaré a los jóvenes un gran ejemplo, para que aprendan a arrostrar voluntariamente una muerte noble por amor a nuestra santa y venerable ley". Dicho esto, se fue enseguida hacia el suplicio. Los que lo conducían, considerando arrogantes las palabras que acababa de pronunciar, cambiaron en dureza su actitud benévola. Cuando Eleazar estaba a punto de morir a causa de los golpes, dijo entre suspiros: "Tú, Señor, que todo lo conoces, bien sabes que pude librarme de la muerte; pero, por respeto a ti, sufro con paciencia y con gusto, crueles dolores en mi cuerpo y en mi alma". De esta manera, Eleazar terminó su vida y dejó no sólo a los jóvenes, sino a toda la nación, un ejemplo memorable de virtud y heroísmo.

Salmo Responsorial: Salmo 3, 2-3. 4-5. 6-7
R. (6b) El Señor es mi defensa.
Mira, Señor, cuántos contrarios tengo, y cuántos contra mí se han levantado; cuántos dicen de mí: "Ni Dios podrá salvarlo". **R.**
Mas tú, Señor, eres mi escudo, mi gloria y mi victoria; desde tu monte santo me respondes cuando mi voz te invoca. **R.**
En paz me acuesto, duermo y me despierto, porque el Señor es mi defensa. No temeré a la enorme muchedumbre que se acerca y me acecha. **R.**

Aclamación antes del Evangelio: 1 Juan 4, 10

R. Aleluya, aleluya.

Dios nos amó y nos envió a su Hijo, como víctima de expiación por nuestros pecados. **R.**

Evangelio: Lucas 19, 1-10

En aquel tiempo, Jesús entró en Jericó, y al ir atravesando la ciudad, sucedió que un hombre llamado Zaqueo, jefe de publicanos y rico, trataba de conocer a Jesús, pero la gente se lo impedía, porque Zaqueo era de baja estatura. Entonces corrió y se subió a un árbol para verlo cuando pasara por ahí. Al llegar a ese lugar, Jesús levantó los ojos y le dijo: "Zaqueo, bájate pronto, porque hoy tengo que hospedarme en tu casa" Él bajó enseguida y lo recibió muy contento. Al ver esto, comenzaron todos a murmurar diciendo: "Ha entrado a hospedarse en casa de un pecador". Zaqueo, poniéndose de pie, dijo a Jesús: "Mira, Señor, voy a dar a los pobres la mitad de mis bienes, y si he defraudado a alguien, le restituiré cuatro veces más". Jesús le dijo: "Hoy ha llegado la salvación a esta casa, porque también él es hijo de Abraham, y el Hijo del hombre ha venido a buscar y a salvar lo que se había perdido".

Miércoles de la XXXIII semana del Tiempo ordinario
Primera Lectura: 2 Macabeos 7, 1. 20-31

En aquellos días, arrestaron a siete hermanos junto con su madre. El rey Antíoco Epífanes los hizo azotar para obligarlos a comer carne de puerco, prohibida por la ley. Muy digna de admiración y de glorioso recuerdo fue aquella madre que, viendo morir a sus siete hijos en el espacio de un solo día, lo soportó con entereza, porque tenían puesta su esperanza en el Señor. Llena de generosos sentimientos y uniendo un temple viril a la ternura femenina, animaba a cada uno de ellos en su lengua materna, diciéndoles: "Yo no sé cómo han aparecido ustedes en mi seno; no he sido yo quien les ha dado el aliento y la vida, ni he unido yo los miembros que componen su cuerpo. Ha sido Dios, creador del mundo, el mismo que formó el género humano y creó cuanto existe. Por su misericordia, él les dará de nuevo el aliento y la vida, ya que por obedecer sus santas leyes, ustedes la sacrifican ahora". Antíoco pensó que la mujer lo estaba despreciando e insultando. Aún quedaba con vida el más pequeño de los hermanos y Antíoco trataba de ganárselo, no sólo con palabras, sino hasta con juramentos le prometía hacerlo rico y feliz, con tal de que renegara de las tradiciones de sus padres; lo haría su amigo y le daría un cargo. Pero como el muchacho no le hacía el menor caso, el rey mandó llamar a la madre y le pidió que convenciera a su hijo de que aceptara, por su propio bien. El rey se lo pidió varias veces, y la madre aceptó. Se acercó entonces a su hijo, y burlándose del cruel tirano, le dijo en su lengua materna: "Hijo mío, ten compasión de mí, que te llevé en mi seno nueve meses, te amamanté tres años y te he criado y educado hasta la edad que tienes. Te ruego, hijo mío, que mires el cielo y la tierra, y te fijes en todo lo que hay en ellos; así sabrás que Dios lo ha hecho todo de la nada y que en la misma forma ha hecho a los hombres. Así, pues, no le tengas miedo al verdugo, sigue el buen ejemplo de tus hermanos y acepta la muerte, para que, por la misericordia de Dios, te vuelva yo a encontrar con ellos". Cuando la madre terminó de hablar, el muchacho dijo a los verdugos: "¿Qué esperan? No voy a obedecer la orden del rey; yo obedezco los mandamientos de la ley dada a nuestros padres por medio de Moisés. Y tú, rey, que eres el causante de tantas desgracias para los hebreos, no escaparás de las manos de Dios".

Salmo Responsorial: Salmo 16, 1. 5-6. 8b y 15
R. (15b) Escóndeme, Señor, bajo la sombra de tus alas.
Señor, hazme justicia y a mi clamor atiende; presta oído a mi súplica, pues mis labios no mienten. **R.**
Mis pies en tus caminos se mantuvieron firmes, no tembló mi pisada. A ti mi voz elevo, pues sé que me respondes. Atiéndeme, Dios mío, y escucha mis palabras. **R.**
Protégeme, Señor, como a las niñas de tus ojos, bajo la sombra de tus alas escóndeme, Pues yo, por serte fiel, contemplaré tu rostro y al despertarme, espero saciarme de tu vista. **R.**

Aclamación antes del Evangelio: Juan 15, 16

R. Aleluya, aleluya.

Yo los he elegido del mundo, dice el Señor, para que vayan y den fruto y su fruto permanezca. **R.**

Evangelio: Lucas 19, 11-28

En aquel tiempo, como ya se acercaba Jesús a Jerusalén y la gente pensaba que el Reino de Dios iba a manifestarse de un momento a otro, él les dijo esta parábola: "Había un hombre de la nobleza que se fue a un país lejano para ser nombrado rey y volver como tal. Antes de irse, mandó llamar a diez empleados suyos, les entregó una moneda de mucho valor a cada uno y les dijo: 'Inviertan este dinero mientras regreso'. Pero sus compatriotas lo aborrecían y enviaron detrás de él a unos delegados que dijeran: 'No queremos que éste sea nuestro rey'. Pero fue nombrado rey, y cuando regresó a su país, mandó llamar a los empleados a quienes había entregado el dinero, para saber cuánto había ganado cada uno. Se presentó el primero y le dijo: 'Señor, tu moneda ha producido otras diez monedas'. Él le contestó: 'Muy bien. Eres un buen empleado. Puesto que has sido fiel en una cosa pequeña, serás gobernador de diez ciudades'. Se presentó el segundo y le dijo: 'Señor, tu moneda ha producido otras cinco monedas'. Y el señor le respondió: 'Tú serás gobernador de cinco ciudades'. Se presentó el tercero y le dijo: 'Señor, aquí está tu moneda. La he tenido guardada en un pañuelo, pues te tuve miedo, porque eres un hombre exigente, que reclama lo que no ha invertido y cosecha lo que no ha sembrado'. El señor le contestó: 'Eres un mal empleado. Por tu propia boca te condeno. Tú sabías que yo soy un hombre exigente, que reclamo lo que no he invertido y que cosecho lo que no he sembrado, ¿por qué, pues, no pusiste mi dinero en el banco para que yo, al volver, lo hubiera recobrado con intereses?' Después les dijo a los presentes: 'Quítenle a éste la moneda y dénsela al que tiene diez'. Le respondieron: 'Señor, ya tiene diez monedas'. Él les dijo: 'Les aseguro que a todo el que tenga se le dará con abundancia, y al que no tenga, aun lo que tiene se le quitará. En cuanto a mis enemigos, que no querían tenerme como rey, tráiganlos aquí y mátenlos en mi presencia'". Dicho esto, Jesús prosiguió su camino hacia Jerusalén al frente de sus discípulos.

Jueves de la XXXIII Semana del Tiempo Ordinario

Primera Lectura: 1 Macabeos 2:15-29

En aquellos días, los enviados del rey Antíoco, encargados de hacer apostatar a los israelitas, llegaron a la ciudad de Modín para obligarlos a sacrificar a los ídolos. Muchos israelitas se les sometieron; en cambio, Matatías y sus hijos se les opusieron tenazmente. Los enviados del rey se dirigieron entonces a Matatías y le dijeron: "Tú eres un hombre ilustre y poderoso en esta ciudad y cuentas con el apoyo de tus hijos y de tus hermanos. Acércate, pues, tú primero y cumple la orden del rey, como la han cumplido todas las naciones, los hombres de Judea y los que han quedado en Jerusalén. Así, tú y tus hijos serán contados entre los amigos del rey y serán recompensados con oro, plata y muchos regalos". Matatías les contestó con voz firme: "Aunque todas las naciones que forman los dominios del rey obedezcan sus órdenes y apostaten de la religión de sus padres, mis hijos, mis hermanos y yo nos mantendremos fieles a la alianza de nuestros padres. ¡Dios nos libre de abandonar nuestra ley y nuestras costumbres! No obedeceremos las órdenes del rey ni ofreceremos sacrificios a los ídolos, porque así quebrantaríamos los mandamientos de nuestra ley y seguiríamos un camino equivocado". Apenas había acabado de hablar Matatías, un judío se adelantó, a la vista de todos, para ofrecer sacrificios a los ídolos en el altar, conforme al decreto del rey. Al verlo, Matatías se indignó, tembló de cólera y en un arrebato de ira santa, corrió hasta el judío y lo degolló sobre el altar. Mató, además, al enviado del rey, que obligaba a hacer sacrificios, y destruyó el altar. En su celo por la ley, imitó lo que hizo Pinjás contra Zimrí, el hijo de Salú. Luego empezó a gritar por la ciudad: "Todo aquel que sienta celo por la ley y quiera mantener la alianza, que me siga". Y, dejando en la ciudad cuanto poseían, huyeron él y sus hijos a las montañas. Por entonces, muchos judíos que buscaban la justicia y querían ser fieles a la ley, se fueron a vivir al desierto.

Salmo Responsorial: Salmo 49, 1-2. 5-6. 14-15

R. (23b) Dios salva al que cumple su voluntad.

Habla el Dios de los dioses, el Señor, y convoca a cuantos viven en la tierra. En Jerusalén, dechado de hermosura, el Señor se ha manifestado. **R.**

Congreguen ante mí a los que sellaron sobre el altar mi alianza. Es Dios quien va a juzgar y el cielo mismo lo declara. **R.**

Mejor ofrece a Dios tu gratitud y cumple tus promesas al Altísimo, pues yo te libraré cuando me invoques y tú me darás gloria, agradecido. **R.**

Aclamación antes del Evangelio: Salmo 94, 8
R. Aleluya, aleluya.

No endurezcan su corazón, como el día de la rebelión en el desierto, dice el Señor. **R.**

Evangelio: Lucas 19, 41-44

En aquel tiempo, cuando Jesús estuvo cerca de Jerusalén y contempló la ciudad, lloró por ella y exclamó: "¡Si en este día comprendieras tú lo que puede conducirte a la paz! Pero eso está oculto a tus ojos. Ya vendrán días en que tus enemigos te rodearán de trincheras, te sitiarán y te atacarán por todas partes y te arrasarán. Matarán a todos tus habitantes y no dejarán en ti piedra sobre piedra, porque no aprovechaste la oportunidad que Dios te daba".

Viernes 21 de noviembre de 2025
Memoria de la Presentación de la Bienaventurada Virgen María
Primera Lectura: 1 Macabeos 4, 36-37. 52-59

En aquellos días, Judas y sus hermanos se dijeron: "Nuestros enemigos están vencidos; vamos, pues, a purificar el templo para consagrarlo de nuevo". Entonces se reunió todo el ejército y subieron al monte Sión. El día veinticinco de diciembre del año ciento cuarenta y ocho, se levantaron al romper el día y ofrecieron sobre el nuevo altar de los holocaustos que habían construido, un sacrificio conforme a la ley. El altar fue inaugurado con cánticos, cítaras, arpas y platillos, precisamente en el aniversario del día en que los paganos lo habían profanado. El pueblo entero se postró en tierra y adoró y bendijo al Señor, que los había conducido al triunfo. Durante ocho días celebraron la consagración del altar y ofrecieron con alegría holocaustos y sacrificios de comunión y de alabanza. Adornaron la fachada del templo con coronas de oro y pequeños escudos, restauraron los pórticos y las salas, y les pusieron puertas. La alegría del pueblo fue grandísima y el ultraje inferido por los paganos quedó borrado. Judas, de acuerdo con sus hermanos y con toda la asamblea de Israel, determinó que cada año, a partir del veinticinco de diciembre, se celebrara durante ocho días, con solemnes festejos, el aniversario de la consagración del altar.

Salmo Responsorial: 1 Crónicas 29, 10. 11abc. 11d-12a. 12bcd
R. (13b) Benditos seas, Señor, Dios nuestro.
Bendito seas, Señor, Dios de nuestro padre Jacob, Desde siempre y para siempre.
R.
Tuyos es la grandeza y el poder, El honor, la majestad y la gloria, pues tuyo es cuanto hay en el cielo y en la tierra. **R.**
Tuyo, Señor, es el reino, tú estás por encima de todos los reyes. De ti provienen las riquezas y la gloria. **R.**
Tú lo gobiernas todo, en tu mano están la fuerza y el poder y de tu mano proceden la gloria y tu fortaleza. **R.**

Aclamación antes del Evangelio: Juan 10, 27
R. Aleluya, aleluya.
Mis ovejas escuchan mi voz, dice el Señor; yo las conozco y ellas me siguen. **R.**

Evangelio: Lucas 19, 45-48
Aquel día, Jesús entró en el templo y comenzó a echar fuera a los que vendían y compraban allí, diciéndoles: "Está escrito: *Mi casa es casa de oración*; pero ustedes la han convertido en *cueva de ladrones*". Jesús enseñaba todos los días en el templo. Por su parte, los sumos sacerdotes, los escribas y los jefes del pueblo, intentaban matarlo, pero no encontraban cómo hacerlo, porque todo el pueblo estaba pendiente de sus palabras.

Memoria de Santa Cecilia, virgen y mártir

Primera Lectura: 1 Macabeos 6, 1-13

Cuando recorría las regiones altas de Persia, el rey Antíoco se enteró de que había una ciudad llamada Elimaida, famosa por sus riquezas de oro y plata. En su riquísimo templo se guardaban los yelmos de oro, las corazas y las armas dejadas ahí por Alejandro, hijo de Filipo y rey de Macedonia, que fue el primero que reinó sobre los griegos. Antíoco se dirigió a Elimaida, con intención de apoderarse de la ciudad y de saquearla. Pero no lo consiguió, porque al conocer sus propósitos, los habitantes le opusieron resistencia y tuvo que salir huyendo y marcharse de ahí con gran tristeza, para volverse a Babilonia. Todavía se hallaba en Persia, cuando llegó un mensajero que le anunció la derrota de las tropas enviadas a la tierra de Judá. Lisias, que había ido al frente de un poderoso ejército, había sido derrotado por los judíos. Estos se habían fortalecido con las armas, las tropas y el botín capturado al enemigo. Además, habían destruido el altar pagano levantado por él sobre el altar de Jerusalén. Habían vuelto a construir una muralla alta en torno al santuario y a la ciudad de Bet-Sur. Ante tales noticias, el rey se impresionó y se quedó consternado, a tal grado, que cayó en cama, enfermo de tristeza, por no haberle salido las cosas como él había querido. Permaneció ahí muchos días, cada vez más triste y pensando que se iba a morir. Entonces mandó llamar a todos sus amigos y les dijo: "El sueño ha huido de mis ojos y me siento abrumado de preocupación. Y me pregunto: '¿Por qué estoy tan afligido ahora y tan agobiado por la tristeza, si me sentía tan feliz y amado, cuando era poderoso? Pero ahora me doy cuenta del daño que hice en Jerusalén, cuando me llevé los objetos de oro y plata que en ella había, y mandé exterminar sin motivo a los habitantes de Judea. Reconozco que por esta causa me han sobrevenido estas desgracias y que muero en tierra extraña, lleno de tristeza' ".

Salmo Responsorial: Salmo 9, 2-3. 4 y 6. 16b y 19

R. (16a) Cantemos al Señor, nuestro salvador.

Te doy gracias, Señor, de todo corazón, y proclamaré todas tus maravillas; me alegro y me regocijo contigo y toco en tu honor, Altísimo. **R.**

Porque mis enemigos retrocedieron, cayeron y perecieron ante ti. Reprendiste a los pueblos, destruiste al malvado y borraste para siempre su recuerdo. **R.**

Los pueblos se han hundido en la tumba que hicieron, su pie quedó atrapado en la red que escondieron. Tú, Señor, jamás olvidas al pobre y la esperanza del humilde jamás perecerá. **R.**

Aclamación antes del Evangelio: 2 Timoteo 1, 10
R. Aleluya, aleluya.

Jesucristo, nuestro salvador, ha vencido la muerte y ha hecho resplandecer la vida por medio del Evangelio. **R.**

Evangelio: Lucas 20, 27-40

En aquel tiempo, se acercaron a Jesús algunos saduceos. Como los saduceos niegan la resurrección de los muertos, le preguntaron: "Maestro, Moisés nos dejó escrito que si alguno tiene un hermano casado que muere sin haber tenido hijos, se case con la viuda para dar descendencia a su hermano. Hubo una vez siete hermanos, el mayor de los cuales se casó y murió sin dejar hijos. El segundo, el tercero y los demás, hasta el séptimo, tomaron por esposa a la viuda y todos murieron sin dejar sucesión. Por fin murió también la viuda. Ahora bien, cuando llegue la resurrección, ¿de cuál de ellos será esposa la mujer, pues los siete estuvieron casados con ella?" Jesús les dijo: "En esta vida, hombres y mujeres se casan, pero en la vida futura, los que sean juzgados dignos de ella y de la resurrección de los muertos, no se casarán ni podrán ya morir, porque serán como los ángeles e hijos de Dios, pues él los habrá resucitado. Y que los muertos resucitan, el mismo Moisés lo indica en el episodio de la zarza, cuando llama al Señor, *Dios de Abraham, Dios de Isaac, Dios de Jacob*. Porque Dios no es Dios de muertos, sino de vivos, pues para él todos viven". Entonces, unos escribas le dijeron: "Maestro, has hablado bien". Y a partir de ese momento ya no se atrevieron a preguntarle nada.

Domingo 23 de noviembre de 2025

Solemnidad de Nuestro Señor Jesucristo, Rey del Universo

Primera Lectura: 2 Samuel 5, 1-3

En aquellos días, todas las tribus de Israel fueron a Hebrón a ver a David, de la tribu de Judá, y le dijeron: "Somos de tu misma sangre. Ya desde antes, aunque Saúl reinaba sobre nosotros, tú eras el que conducía a Israel, pues ya el Señor te había dicho: 'Tú serás el pastor de Israel, mi pueblo; tú serás su guía' ". Así pues, los ancianos de Israel fueron a Hebrón a ver a David, rey de Judá. David hizo con ellos un pacto en presencia del Señor y ellos lo ungieron como rey de todas las tribus de Israel.

Salmo Responsorial: Salmo 121, 1-2. 4-5

R. (1) Vayamos con alegría al encuentro del Señor.

¡Qué alegría sentí, cuando me dijeron: "Vayamos a la casa del Señor"! Y hoy estamos aquí, Jerusalén, jubilosos, delante de tus puertas. **R.**

A ti, Jerusalén, suben las tribus, las tribus del Señor, según lo que a Israel se le ha ordenado, para alabar el nombre del Señor. **R.**

Por el amor que tengo a mis hermanos, voy a decir: "La paz esté contigo". Y por la casa del Señor, mi Dios, pediré para ti todos los bienes. **R.**

Segunda Lectura: Colosenses 1, 12-20

Hermanos: Demos gracias a Dios Padre, el cual nos ha hecho capaces de participar en la herencia de su pueblo santo, en el reino de la luz. El nos ha liberado del poder de las tinieblas y nos ha trasladado al Reino de su Hijo amado, por cuya sangre recibimos la redención, esto es, el perdón de los pecados. Cristo es la imagen de Dios invisible, el primogénito de toda la creación, porque en él tienen su fundamento todas las cosas creadas, del cielo y de la tierra, las visibles y las invisibles, sin excluir a los tronos y dominaciones, a los principados y potestades. Todo fue creado por medio de él y para él. El existe antes que todas las cosas, y todas tienen su consistencia en él. El es también la cabeza del cuerpo, que es la Iglesia. El es el principio, el primogénito de entre los muertos, para que sea el primero en todo. Porque Dios quiso que en Cristo habitara toda plenitud y por él quiso reconciliar consigo todas las cosas, del cielo y de la tierra, y darles la paz por medio de su sangre, derramada en la cruz.

Aclamación antes del Evangelio: Marcos 11, 9. 10

R. Aleluya, aleluya.

¡Bendito el que viene en el nombre del Señor! ¡Bendito el reino que llega, el reino de nuestro padre David! **R.**

Evangelio: Lucas 23, 35-43

Cuando Jesús estaba ya crucificado, las autoridades le hacían muecas, diciendo: "A otros ha salvado; que se salve a sí mismo, si él es el Mesías de Dios, el elegido". También los soldados se burlaban de Jesús, y acercándose a él, le ofrecían vinagre y le decían: "Si tú eres el rey de los judíos, sálvate a ti mismo". Había, en efecto, sobre la cruz, un letrero en griego, latín y hebreo, que decía: "Éste es el rey de los judíos". Uno de los malhechores crucificados insultaba a Jesús, diciéndole: "Si tú eres el Mesías, sálvate a ti mismo y a nosotros". Pero el otro le reclamaba, indignado: "¿Ni siquiera temes tú a Dios, estando en el mismo suplicio? Nosotros justamente recibimos el pago de lo que hicimos. Pero éste ningún mal ha hecho". Y le decía a Jesús: "Señor, cuando llegues a tu Reino, acuérdate de mí". Jesús le respondió: "Yo te aseguro que hoy estarás conmigo en el paraíso".

Lunes, 24 de noviembre de 2025

Memoria de San Andrés Dung-Lac, presbítero, y compañeros, mártires

Primera Lectura: Daniel 1, 1-6. 8-20

El año tercero del reinado de Joaquín, rey de Judá, vino a Jerusalén Nabucodonosor, rey de Babilonia, y la sitió. El Señor entregó en sus manos a Joaquín, rey de Judá, así como parte de los objetos del templo, que él se llevó al país de Senaar y los guardó en el tesoro de sus dioses. El rey mandó a Aspenaz, jefe de sus oficiales, que seleccionara de entre los israelitas de sangre real y de la nobleza, algunos jóvenes, sin defectos físicos, de buena apariencia, sobrios, cultos e inteligentes y aptos para servir en la corte del rey, con el fin de enseñarles la lengua y la literatura de los caldeos. El rey les asignó una ración diaria de alimentos y de vino de su propia mesa. Deberían ser educados durante tres años y después entrarían al servicio del rey. Entre ellos se encontraban Daniel, Ananías, Misael y Azarías, que eran de la tribu de Judá. Daniel hizo el propósito de no contaminarse compartiendo los alimentos y el vino de la mesa del rey, y le suplicó al jefe de los oficiales que no lo obligara a contaminarse. Dios le concedió a Daniel hallar favor y gracia ante el jefe de los oficiales. Sin embargo, éste le dijo a Daniel: "Le tengo miedo al rey, mi señor, porque él les ha asignado a ustedes su comida y su bebida, y si llega a verlos más delgados que a los demás, estará en peligro mi vida". Daniel le dijo entonces a Malasar, a quien el jefe de los oficiales había confiado el cuidado de Daniel, Ananías, Misael y Azarías: "Por favor, haz la prueba con tus siervos durante diez días; que nos den de comer legumbres, y de beber, agua; entonces podrás comparar nuestro aspecto con el de los jóvenes que comen de la mesa del rey y podrás tratarnos según el resultado". Aceptó él la propuesta e hizo la prueba durante diez días. Al cabo de ellos, los jóvenes judíos tenían mejor aspecto y estaban más robustos que todos los que comían de la mesa del rey. Desde entonces Malasar les suprimió la ración de comida y de vino, y les dio sólo legumbres. A estos cuatro jóvenes les concedió Dios sabiduría e inteligencia en toda clase de ciencia. A Daniel, además, el don de interpretar visiones y sueños. Al cabo del tiempo establecido, el jefe de los oficiales llevó a todos los jóvenes ante Nabucodonosor y se los presentó. El rey conversó con ellos y entre todos no encontró a nadie como Daniel, Ananías, Misael y Azarías. Quedaron entonces al servicio del rey. Y en todas las cosas de sabiduría, inteligencia y experiencia que el rey les propuso, los encontró diez veces superiores a todos los magos y adivinos de su reino.

Salmo Responsorial: Daniel 3, 52. 53. 54. 55. 56
R. (52b) Bendito seas, Señor, para siempre.

Bendito seas, Señor, Dios de nuestros padres. Que tu nombre santo y glorioso sea bendito. **R.**

Bendito seas en el templo santo y glorioso. Que en el trono de tu reino sea bendito. **R.**

Bendito eres tú, Señor, Que penetras con tu morada los abismos y te sientas en tu trono rodeado de querubines. Bendito seas, Señor, en la bóveda del cielo. **R.**

Aclamación antes del Evangelio: Mateo 24, 42. 44
R. Aleluya, aleluya.

Estén preparados, porque no saben a qué hora va a venir el Hijo del hombre. **R.**

Evangelio: Lucas 21, 1-4

En aquel tiempo, levantando los ojos, Jesús vio a unos ricos que echaban sus donativos en las alcancías del templo. Vio también a una viuda pobre, que echaba allí dos moneditas, y dijo: "Yo les aseguro que esa pobre viuda ha dado más que todos. Porque éstos dan a Dios de lo que les sobra; pero ella, en su pobreza, ha dado todo lo que tenía para vivir".

Martes de la XXXIV semana del Tiempo ordinario
Primera Lectura: Daniel 2, 31-45

En aquellos días, Daniel le dijo al rey Nabucodonosor: "Tú, rey, has tenido esta visión: viste delante de ti una estatua, una estatua gigantesca, de un brillo extraordinario y de aspecto imponente. La cabeza de la estatua era de oro puro; el pecho y los brazos, de plata; el vientre y los muslos, de bronce; las piernas, de hierro; y los pies, de hierro mezclado con barro. Tú la estabas mirando, cuando de pronto una piedra que se desprendió del monte, sin intervención de mano alguna, vino a chocar con los pies de hierro y barro de la estatua y los hizo pedazos. Entonces todo se hizo añicos: el hierro, el barro, el bronce, la plata y el oro; todo quedó como el polvo que se desprende cuando se trilla el grano en el verano y el viento se lo lleva sin dejar rastro. Y la piedra que había golpeado la estatua se convirtió en un gran monte, que llenó toda la tierra. Este fue tu sueño y ahora te lo voy a interpretar. Tú, rey de reyes, a quien el Dios del cielo ha dado el reino y el poder, el dominio y la gloria, pues te ha dado poder sobre todos los hombres, sobre las bestias del campo y las aves del cielo, para que reines sobre ellos, tú eres la cabeza de oro. Después de ti surgirá un reino de plata, menos poderoso que el tuyo. Después vendrá un tercer reino, de bronce, que dominará toda la tierra. Y habrá un cuarto reino, fuerte como el hierro; así como el hierro destroza y machaca todo, así él destrozará y aplastará a todos. Los pies y los dedos de hierro mezclado con barro que viste, representan un reino dividido; tendrá algo de la solidez del hierro, porque viste el hierro mezclado con el barro. Los dedos de los pies, de hierro y de barro, significan un reino al mismo tiempo poderoso y débil. Y el hierro mezclado con el barro quiere decir que los linajes se mezclarán, pero no llegarán a fundirse, de la misma manera que el hierro no se mezcla con el barro. En tiempo de estos reyes, el Dios del cielo hará surgir un reino que jamás será destruido, ni dominado por ninguna otra nación. Destruirá y aniquilará a todos estos reinos y él durará para siempre. Eso significa la piedra que has visto desprenderse del monte, sin intervención de mano humana, y que redujo a polvo el barro, el hierro, el bronce, la plata y el oro. El Dios grande ha manifestado al rey lo que va a suceder. El sueño es verdadero, y su interpretación, digna de crédito".

Salmo Responsorial: Daniel 3, 57. 58. 59. 60. 61
R. (59b) Bendito seas para siempre, Señor.

Todas sus obras, bendigan al Señor. Todas sus ángeles, bendigan al Señor. **R.**

Cielos, bendigan al Señor. Todas las aguas del cielo, bendigan al Señor. **R.**

Todos sus ejércitos, bendigan al Señor. **R.**

Aclamación antes del Evangelio: Apocalipsis 2, 10
R. Aleluya, aleluya.

Sé fiel hasta la muerte y te daré como premio la vida, dice el Señor. **R.**

Evangelio: Lucas 21, 5-11

En aquel tiempo, como algunos ponderaban la solidez de la construcción del templo y la belleza de las ofrendas votivas que lo adornaban, Jesús dijo: "Días vendrán en que no quedará piedra sobre piedra de todo esto que están admirando; todo será destruido". Entonces le preguntaron: "Maestro, ¿cuándo va a ocurrir esto y cuál será la señal de que ya está a punto de suceder?" Él les respondió: "Cuídense de que nadie los engañe, porque muchos vendrán usurpando mi nombre y dirán: 'Yo soy el Mesías. El tiempo ha llegado'. Pero no les hagan caso. Cuando oigan hablar de guerras y revoluciones, que no los domine el pánico, porque eso tiene que acontecer, pero todavía no es el fin". Luego les dijo: "Se levantará una nación contra otra y un reino contra otro. En diferentes lugares habrá grandes terremotos, epidemias y hambre, y aparecerán en el cielo señales prodigiosas y terribles".

Miércoles de la XXXIV semana del Tiempo ordinario
Primera Lectura: Daniel 5, 1-6. 13-14. 16-17. 23-28

En aquellos días, el rey Baltasar dio un gran banquete en honor de mil funcionarios suyos y se puso a beber con ellos. Animado por el vino, Baltasar mandó traer los vasos de oro y de plata que su padre, Nabucodonosor, había robado del templo de Jerusalén, para que bebieran en ellos el rey y sus funcionarios, sus mujeres y sus concubinas. Trajeron, pues, los vasos de oro y de plata robados del templo de Jerusalén, y en ellos bebieron el rey y sus funcionarios, sus mujeres y sus concubinas. Bebieron y comenzaron a alabar a sus dioses de oro y plata, de bronce y de hierro, de madera y de piedra. De repente aparecieron los dedos de una mano, que se pusieron a escribir en la pared del palacio, detrás del candelabro, y el rey veía cómo iban escribiendo los dedos. Entonces el rey se demudó, la mente se le turbó, le faltaron las fuerzas y las rodillas le empezaron a temblar. Trajeron a Daniel y el rey le dijo: "¿Eres tú Daniel, uno de los judíos desterrados, que mi padre Nabucodonosor trajo de Judea? Me han dicho que posees el espíritu de Dios, inteligencia, prudencia y sabiduría extraordinarias. Me han dicho que puedes interpretar los sueños y resolver los problemas. Si logras leer estas palabras y me las interpretas, te pondrán un vestido de púrpura y un collar de oro y serás el tercero en mi reino". Daniel le respondió al rey: "Puedes quedarte con tus regalos y darle a otro tus obsequios. Yo te voy a leer esas palabras y te las voy a interpretar. Tú te has rebelado contra el Señor del cielo: has mandado traer los vasos de su casa, y tú y tus funcionarios, tus mujeres y tus concubinas han bebido en ellos; has alabado a dioses de plata y de oro, de bronce y de hierro, de madera y de piedra, que no ven ni oyen ni entienden, pero no has glorificado al Dios que tiene en sus manos tu vida y tu actividad. Por eso Dios ha enviado esa mano para que escribiera. Las palabras escritas son: 'Contado, Pesado, Dividido' y ésta es su interpretación. 'Contado': Dios ha contado los días de tu reinado y les ha puesto límite. 'Pesado': Dios te ha pesado en la balanza y te falta peso. 'Dividido': Tu reino se ha dividido y se lo entregarán a los medos y a los persas".

Salmo Responsorial: Daniel 3, 62. 63. 64. 65. 66. 67
R. (59b) Bendito seas para siempre, Señor.

Sol y luna, bendigan al Señor. Estrellas del cielo, bendigan al Señor. **R.**

Lluvia y rocío, bendigan al Señor. Todos los vientos, bendigan al Señor. **R.**

Fuego y calor, bendigan al Señor. Fríos y heladas, bendigan al Señor. **R.**

Aclamación antes del Evangelio: Apocalipsis 2, 10
R. Aleluya, aleluya.

Sé fiel hasta la muerte y te daré como premio la vida, dice el Señor. **R.**

Evangelio: Lucas 21, 12-19

En aquel tiempo, Jesús dijo a sus discípulos: "Los perseguirán y los apresarán, los llevarán a los tribunales y a la cárcel, y los harán comparecer ante reyes y gobernantes por causa mía. Con esto ustedes darán testimonio de mí. Grábense bien que no tienen que preparar de antemano su defensa, porque yo les daré palabras sabias, a las que no podrá resistir ni contradecir ningún adversario de ustedes. Los traicionarán hasta sus padres y hermanos, sus parientes y amigos. Matarán a algunos de ustedes, y todos los odiarán por causa mía. Sin embargo, ni un cabello de su cabeza perecerá. Si se mantienen firmes, conseguirán la vida".

Jueves 27 de noviembre de 2025
Jueves de la XXXIV semana del Tiempo ordinario/Día de Acción de Gracias
Jueves de la XXXIV semana del Tiempo ordinario
Primera Lectura: Daniel 6, 12-28

En aquellos días, unos hombres fueron a espiar a Daniel y lo sorprendieron haciendo oración a su Dios. Entonces fueron a decirle al rey Darío: "Señor, ¿no has firmado tú un decreto, que prohibe, durante treinta días, hacer oración a cualquier dios u hombre que no seas tú, bajo pena de ser arrojado al foso de los leones?" El rey contestó: "El decreto está en vigor, como ley irrevocable para medos y persas". Ellos le replicaron: "Pues Daniel, uno de los desterrados de Judea, no ha obedecido el decreto que firmaste, porque tres veces al día hace oración a su Dios". Al oír estas palabras, el rey se afligió mucho, se propuso salvar a Daniel y hasta la puesta del sol estuvo buscando el modo de librarlo. Pero aquellos hombres, comprendiendo que el rey quería salvar a Daniel, le urgían diciéndole: "Señor, tú sabes que, según la ley de medos y persas, un decreto real es irrevocable". Entonces el rey ordenó que trajeran a Daniel y lo arrojaran al foso de los leones. Pero le dijo a Daniel: "Tu Dios, a quien sirves con perseverancia, te va a librar". Trajeron una piedra, taparon con ella la entrada del foso y el rey la sello con su sello y con el de sus funcionarios, para que nadie pudiera modificar la sentencia dada en contra de Daniel. Después el rey se volvió a su palacio y se pasó la noche sin probar bocado y sin poder dormir. Al amanecer, se levantó y se dirigió a toda prisa al foso de los leones. Ya cerca del foso le gritó angustiado a Daniel: "Daniel, siervo del Dios vivo, ¿ha podido salvarte de los leones tu Dios, a quien veneras fielmente?" Daniel le contestó: "Viva siempre el rey. Mi Dios envió a sus ángeles para cerrar las fauces de los leones y no me han hecho nada, porque ante él soy inocente, como lo soy también ante ti". El rey se alegró mucho y mandó que sacaran a Daniel del foso; al sacarlo, vieron que no tenía ni un rasguño, porque había confiado en su Dios. Luego ordenó que trajeran a los que habían acusado a Daniel y los arrojaran al foso de los leones con sus hijos y sus esposas. No habían llegado al suelo y ya los leones los habían atrapado y despedazado. Entonces el rey Darío escribió a todos los pueblos, naciones y lenguas de la tierra: "Paz y bienestar. Ordeno y mando que en mi imperio, todos respeten y teman al Dios de Daniel. Él es el Dios vivo, que permanece para siempre. Su reino no será destruido, su imperio durará hasta el fin. Él salva y libra, obra prodigios y señales en el cielo y en la tierra. Él salvó a Daniel de los leones".

Salmo Responsorial: Daniel 3, 68. 69. 70. 71. 72. 73. 74

R. (59b) Bendito seas para siempre, Señor.

Rocíos y nevadas, bendigan al Señor. Hielo y frío, bendigan al Señor. Heladas y nieves, bendigan al Señor. **R.**

Noches y días, bendigan al Señor. Luz y tinieblas, bendigan al Señor. **R.**

Rayos y nubes, bendigan al Señor. Tierra, bendice al Señor. **R.**

Aclamación antes del Evangelio: Lucas 21, 28

R. Aleluya, aleluya.

Estén atentos y levanten la cabeza, porque se acerca la hora de su liberación, dice el Señor. **R.**

Evangelio: Lucas 21, 20-28

En aquel tiempo, Jesús dijo a sus discípulos: "Cuando vean a Jerusalén sitiada por un ejército, sepan que se aproxima su destrucción. Entonces, los que estén en Judea, que huyan a los montes; los que estén en la ciudad, que se alejen de ella; los que estén en el campo, que no vuelvan a la ciudad; porque esos días serán de castigo para que se cumpla todo lo que está escrito. ¡Pobres de las que estén embarazadas y de las que estén criando en aquellos días! Porque vendrá una gran calamidad sobre el país y el castigo de Dios se descargará contra este pueblo. Caerán al filo de la espada, serán llevados cautivos a todas las naciones y Jerusalén será pisoteada por los paganos, hasta que se cumpla el plazo que Dios les ha señalado. Habrá señales prodigiosas en el sol, en la luna y en las estrellas. En la tierra las naciones se llenarán de angustia y de miedo por el estruendo de las olas del mar; la gente se morirá de terror y de angustiosa espera por las cosas que vendrán sobre el mundo, pues hasta las estrellas se bambolearán. Entonces verán venir al Hijo del hombre en una nube, con gran poder y majestad. Cuando estas cosas comiencen a suceder, pongan atención y levanten la cabeza, porque se acerca la hora de su liberación".

Primera Lectura: Sirácida 50, 24-26

Bendigan al Señor, Dios de Israel, porque ha hecho maravillas en toda la tierra. Él nos dio la vida desde el seno materno y nos ha tratado con misericordia. Que el Señor nos conceda un corazón alegre, que él haga reinar la paz en Israel ahora y para siempre. Que el Señor nos haga confiar en su misericordia, pues él nos salvará en nuestros días.

Salmo Responsorial: Salmo 144, 2-3. 4-5. 6-7. 8-9. 10-11

R. (1b) Bendeciré al Señor eternamente.

Yo te bendeciré día tras día y alabaré tu nombre hasta que muera. Muy digno de alabanza es el Señor, pues es incalculable su grandeza. **R.**

Que una generación pondere a la otra, tus obras y proezas; que hable de tu esplendor y de tu gloria y anuncie tu grandeza. **R.**

El Señor es clemente y bondadoso, Lento al enojo y lleno de ternura; bueno es el Señor para con todos, cariñoso con todas sus creaturas. **R.**

Que te alaben, Señor, todas tus obras, y que todos tus fieles te bendigan; que proclamen la gloria de tu reino y den a conocer tus maravillas. **R.**

Todos vuelven sus ojos hacia ti y les das, a su tiempo, la comida. Abres tu mano generosa y colmas de favores toda vida. **R.**

Que mis labios alaben al Señor y que todo viviente bendiga el santo nombre del Señor por siempre y para siempre. **R.**

Segunda Lectura: 1 Corintios 1, 3-9

Hermanos: Gracia y paz a ustedes de parte de Dios, nuestro Padre, y de Cristo Jesús, el Señor. Continuamente agradezco a mi Dios los dones divinos que les ha concedido a ustedes por medio de Cristo Jesús, ya que por él los ha enriquecido con abundancia en todo lo que se refiere a la palabra y al conocimiento; porque el testimonio que damos de Cristo ha sido confirmado en ustedes a tal grado, que no carecen de ningún don, ustedes, los que esperan la manifestación de nuestro Señor Jesucristo. Él los hará permanecer irreprochables hasta el fin, hasta el día de su advenimiento. Dios es quien los ha llamado a la unión con su Hijo Jesucristo, y Dios es fiel.

Aclamación antes del Evangelio: 1 Tesalonicenses 5, 18

Den gracias siempre, unidos a Cristo Jesús, pues esto es lo que Dios quiere que ustedes hagan.

Evangelio: Lucas 17, 11-19

En aquel tiempo, cuando Jesús iba de camino a Jerusalén, pasó entre Samaria y Galilea. Estaba cerca de un pueblo, cuando le salieron al encuentro diez leprosos, los cuales se detuvieron a lo lejos y a gritos le decían: "Jesús, maestro, ten compasión de nosotros". Al verlos, Jesús les dijo: "Vayan a presentarse a los sacerdotes". Mientras iban de camino, quedaron limpios de la lepra. Uno de ellos, al ver que estaba curado, regresó, alabando a Dios en voz alta, se postró a los pies de Jesús y le dio las gracias. Ése era un samaritano. Entonces dijo Jesús: "¿No eran diez los que quedaron limpios? ¿Dónde están los otros nueve? ¿No ha habido nadie, fuera de este extranjero, que volviera para dar gloria a Dios?" Después le dijo al samaritano: "Levántate y vete. Tu fe te ha salvado".

Viernes 28 de noviembre de 2025
Viernes de la XXXIV semana del Tiempo ordinario
Primera Lectura: Daniel 7, 2-14

Yo, Daniel, tuve una visión nocturna: los cuatro vientos del cielo agitaron el océano y de él salieron cuatro bestias enormes, todas diferentes entre sí. La primera bestia era como un león con alas de águila. Mientras yo lo miraba, le arrancaron las alas, lo levantaron del suelo, lo incorporaron sobre sus patas, como un hombre y le dieron inteligencia humana. La segunda bestia parecía un oso en actitud de incorporarse, con tres costillas entre los dientes de sus fauces. Y le decían: "Levántate; come carne en abundancia". Seguí mirando y vi otra bestia semejante a un leopardo, con cuatro alas de ave en el lomo y con cuatro cabezas. Y le dieron poder. Después volví a ver en mis visiones nocturnas una cuarta bestia, terrible, espantosa y extraordinariamente fuerte; tenía enormes dientes de hierro; comía y trituraba, y pisoteaba lo sobrante con sus patas. Era diferente a las bestias anteriores y tenía diez cuernos. Mientras estaba observando los cuernos, despuntó de entre ellos otro cuerno pequeño, que arrancó tres de los primeros cuernos. Este cuerno tenía ojos humanos y una boca que profería blasfemias. Vi que colocaban unos tronos y un anciano se sentó. Su vestido era blanco como la nieve y sus cabellos blancos como lana. Su trono, llamas de fuego, con ruedas encendidas. Un río de fuego brotaba delante de él. Miles y miles lo servían, millones y millones estaban a sus órdenes. Comenzó el juicio y se abrieron los libros. Admirado por las blasfemias que profería aquel cuerno, seguí mirando hasta que mataron a la bestia, la descuartizaron y la echaron al fuego. A las otras bestias les quitaron el poder y las dejaron vivir durante un tiempo determinado. Yo seguí contemplando en mi visión nocturna y vi a alguien semejante a un hijo de hombre, que venía entre las nubes del cielo. Avanzó hacia el anciano de muchos siglos y fue introducido a su presencia. Entonces recibió la soberanía, la gloria y el reino. Y todos los pueblos y naciones de todas las lenguas lo servían. Su poder nunca se acabará, porque es un poder eterno, y su reino jamás será destruido.

Salmo Responsorial: Daniel 3, 75. 76. 77.78. 79. 80. 81
R. (59b) Bendito seas para siempre, Señor.
Montañas y colinas, bendigan al Señor. Todas las plantas de la tierra, bendiga al Señor. **R.**
Fuentes, bendigan al Señor. Mares y ríos, bendigan al Señor. **R.**
Ballenas y peces, bendigan al Señor. Aves del cielo, bendigan al Señor. Fieras y ganados, bendigan al Señor. **R.**

Aclamación antes del Evangelio: Lucas 21, 28
R. Aleluya, aleluya.
Estén atentos y levanten la cabeza, porque se acerca la hora de su liberación, dice el Señor. **R.**

Evangelio: Lucas 21, 29-33

En aquel tiempo, Jesús propuso a sus discípulos esta comparación: "Fíjense en la higuera y en los demás árboles. Cuando ven que empiezan a dar fruto, saben que ya está cerca el verano. Así también, cuando vean que suceden las cosas que les he dicho, sepan que el Reino de Dios está cerca. Yo les aseguro que antes de que esta generación muera, todo esto se cumplirá. Podrán dejar de existir el cielo y la tierra, pero mis palabras no dejarán de cumplirse".

Sábado 29 de noviembre de 2025
Sábado de la XXXIV semana del Tiempo ordinario
Primera Lectura: Daniel 7, 15-27

Yo, Daniel, me sentía angustiado y perturbado por las visiones que había tenido. Me acerqué a uno de los presentes y le pedí que me explicara todo aquello, y él me explicó el sentido de las visiones: "Esas cuatro bestias gigantescas significan cuatro reyes que surgirán en el mundo. Pero los elegidos del Altísimo recibirán el reino y lo poseerán por los siglos de los siglos". Quise saber lo que significaba la cuarta bestia, diferente de las demás, la bestia terrible, con dientes de hierro y garras de bronce, que devoraba y trituraba, y pisoteaba lo sobrante con las patas; lo que significaban los diez cuernos de su cabeza y el otro cuerno que, al salir, eliminaba a otros tres, que tenía ojos y una boca que profería blasfemias y era más grande que las otras. Mientras yo seguía mirando, aquel cuerno luchó contra los elegidos y los derrotó, hasta que llegó el anciano para hacer justicia a los elegidos del Altísimo, para que éstos poseyeran el reino. Después me dijo: "La cuarta bestia es un cuarto rey que habrá en la tierra, mayor que todos los reyes, que devorará, trillará y triturará toda la tierra. Sus diez cuernos son diez reyes que habrá en aquel reino, y después vendrá otro, más poderoso que ellos, el cual destronará a tres reyes; blasfemará contra el Altísimo e intentará aniquilar a los elegidos y cambiar las fiestas y la ley. Los elegidos estarán bajo su poder durante tres años y medio. Pero al celebrarse el juicio, se le quitará el poder y será destruido y aniquilado totalmente. El poder real y el dominio sobre todos los reinos bajo el cielo serán entregados al pueblo de los elegidos del Altísimo. Será un reino eterno, al que temerán y se someterán todos los soberanos".

Salmo Responsorial: Daniel 3, 82. 83. 84. 85. 86. 87

R. (59b) Bendito seas para siempre, Señor.

Hombres todos, bendigan al Señor. Pueblo de Israel, bendice al Señor. **R.**

Sacerdotes del Señor, bendigan al Señor. Siervos del Señor, bendigan al Señor. **R.**

Almas y espíritus justos, bendigan al Señor. Santos y humildes de corazón,

bendigan al Señor. **R.**

Aclamación antes del Evangelio: Lucas 21, 36

R. Aleluya, aleluya.

Velen y oren, para que puedan presentarse sin temor ante el Hijo del hombre. **R.**

Evangelio: Lucas 21, 34-36

En aquel tiempo, Jesús dijo a sus discípulos: "Estén alerta, para que los vicios, la embriaguez y las preocupaciones de esta vida no entorpezcan su mente y aquel día los sorprenda desprevenidos; porque caerá de repente como una trampa sobre todos los habitantes de la tierra. Velen, pues, y hagan oración continuamente, para que puedan escapar de todo lo que ha de suceder y comparecer seguros ante el Hijo del hombre".

Domingo 30 de noviembre de 2025
I Domingo de Adviento

Primera Lectura: Isaías 2, 1-5

Visión de Isaías, hijo de Amós, acerca de Judá y Jerusalén: En días futuros, el monte de la casa del Señor será elevado en la cima de los montes, encumbrado sobre las montañas, y hacia él confluirán todas las naciones. Acudirán pueblos numerosos, que dirán: "Vengan, subamos al monte del Señor, a la casa del Dios de Jacob, para que él nos instruya en sus caminos y podamos marchar por sus sendas. Porque de Sión saldrá la ley, de Jerusalén, la palabra del Señor". Él será el árbitro de las naciones y el juez de pueblos numerosos. De las espadas forjarán arados y de las lanzas, podaderas; ya no alzará la espada pueblo contra pueblo, ya no se adiestrarán para la guerra. ¡Casa de Jacob, en marcha! Caminemos a la luz del Señor.

Salmo Responsorial: Salmo 121, 1-2. 4-5. 6-7. 8-9

R. (1) Vayamos con alegría al encuentro del Señor.

¡Qué alegría sentí, cuando me dijeron: "Vayamos a la casa del Señor"! Y hoy estamos aquí, Jerusalén, jubilosos, delante de tus puertas. **R.**

A ti, Jerusalén, suben las tribus, las tribus del Señor, según lo que a Israel se le ha ordenado, para alabar el nombre del Señor. **R.**

Digan de todo corazón: "Jerusalén, que haya paz entre aquellos que te aman, que haya paz dentro de tus murallas y que reine la paz en cada casa." **R.**

Por el amor que tengo a mis hermanos, voy a decir: "La paz esté contigo". Y por la casa del Señor, mi Dios, pediré para ti todos los bienes. **R.**

Segunda Lectura: Romanos 13, 11-14a

Hermanos: Tomen en cuenta el momento en que vivimos. Ya es hora de que se despierten del sueño, porque ahora nuestra salvación está más cerca que cuando empezamos a creer. La noche está avanzada y se acerca el día. Desechemos, pues, las obras de las tinieblas y revistámonos con las armas de la luz. Comportémonos honestamente, como se hace en pleno día. Nada de comilonas ni borracheras, nada de lujurias ni desenfrenos, nada de pleitos ni envidias. Revístanse más bien, de nuestro Señor Jesucristo y que el cuidado de su cuerpo no dé ocasión a los malos deseos.

Aclamación antes del Evangelio: Salmo 84, 8

R. Aleluya, aleluya.

Muéstranos, Señor, tu misericordia y danos tu salvación. **R.**

Evangelio: Mateo 24, 37-44

En aquel tiempo, Jesús dijo a sus discípulos: "Así como sucedió en tiempos de Noé, así también sucederá cuando venga el Hijo del hombre. Antes del diluvio, la gente comía, bebía y se casaba, hasta el día en que Noé entró en el arca. Y cuando menos lo esperaban, sobrevino el diluvio y se llevó a todos. Lo mismo sucederá cuando venga el Hijo del hombre. Entonces, de dos hombres que estén en el campo, uno será llevado y el otro será dejado; de dos mujeres que estén juntas moliendo trigo, una será tomada y la otra dejada. Velen, pues, y estén preparados, porque no saben qué día va a venir su Señor. Tengan por cierto que si un padre de familia supiera a qué hora va a venir el ladrón, estaría vigilando y no dejaría que se le metiera por un boquete en su casa. También ustedes estén preparados, porque a la hora que menos lo piensen, vendrá el Hijo del hombre".

Lunes de la primera semana de Adviento

Primera Lectura: Isaías 4, 2-6

Aquel día, el vástago del Señor será magnífico y glorioso; el fruto del país será orgullo y esplendor de los sobrevivientes de Israel. A los restantes en Jerusalén, a todos los inscritos en ella para la vida, los llamaré santos. Cuando el Señor haya lavado la inmundicia de las hijas de Sión y haya limpiado de sangre a Jerusalén con viento justiciero y abrasador, creará el Señor, sobre todo lugar del monte Sión y sobre la asamblea, nube y humo de día, y fuego llameante de noche. Y por encima, la gloria del Señor será toldo y tienda contra el calor del día, abrigo y resguardo contra el temporal y la lluvia.

Salmo Responsorial: Salmo 121, 1-2. 3-4a (4b-5. 6-7) 8-9

R. (1) Vayamos con alegría al encuentro del Señor.

¡Qué alegría sentí, cuando me dijeron: "Vayamos a la casa del Señor"! Y hoy estamos aquí, Jerusalén, jubilosos, delante de tus puertas. **R.**

A ti, Jerusalén, suben las tribus, las tribus del Señor, según lo que a Israel se le ha ordenado, para alabar el nombre del Señor. **R.**

Digan de todo corazón: "Jerusalén, que haya paz entre aquellos que te aman, que haya paz dentro de tus murallas y que reine la paz en cada casa". **R.**

Por el amor que tengo a mis hermanos, voy a decir: "La paz esté contigo". Y por la casa del Señor, mi Dios, pediré para ti todos los bienes. **R.**

Aclamación antes del Evangelio: Salmo 79, 4

R. Aleluya, aleluya.

Señor y Dios nuestro, ven a salvarnos; míranos con bondad y estaremos a salvo. **R.**

Evangelio: Mateo 8, 5-11

En aquel tiempo, al entrar Jesús en Cafarnaúm, se le acercó un oficial romano y le dijo: "Señor, tengo en mi casa un criado que está en cama, paralítico, y sufre mucho". Él le contestó: "Voy a curarlo". Pero el oficial le replicó: "Señor, yo no soy digno de que entres en mi casa; con que digas una sola palabra, mi criado quedará sano. Porque yo también vivo bajo disciplina y tengo soldados a mis órdenes; cuando le digo a uno: '¡Ve!', él va; al otro: '¡Ven!', y viene; a mi criado: '¡Haz esto!', y lo hace". Al oír aquellas palabras, se admiró Jesús y dijo a los que lo seguían: "Yo les aseguro que en ningún israelita he hallado una fe tan grande. Les aseguro que muchos vendrán de oriente y de occidente y se sentarán con Abraham, Isaac y Jacob en el Reino de los cielos".

Martes 2 de diciembre de 2025

Martes de la primera semana de Adviento

Primera Lectura: Isaías 11, 1-10

En aquel día, brotará un renuevo del tronco de Jesé, un vástago florecerá de su raíz. Sobre él se posará el espíritu del Señor, espíritu de sabiduría e inteligencia, espíritu de consejo y fortaleza, espíritu de piedad y temor de Dios. No juzgará por apariencias, ni sentenciará de oídas; defenderá con justicia al desamparado y con equidad dará sentencia al pobre; herirá al violento con el látigo de su boca, con el soplo de sus labios matará al impío. Será la justicia su ceñidor, la fidelidad apretará su cintura. Habitará el lobo con el cordero, la pantera se echará con el cabrito, el novillo y el león pacerán juntos y un muchachito los apacentará. La vaca pastará con la osa y sus crías vivirán juntas. El león comerá paja con el buey. El niño jugará sobre el agujero de la víbora; la creatura meterá la mano en el escondrijo de la serpiente. No harán daño ni estrago por todo mi monte santo, porque así como las aguas colman el mar, así está lleno el país de la ciencia del Señor. Aquel día la raíz de Jesé se alzará como bandera de los pueblos, la buscarán todas las naciones y será gloriosa su morada.

Salmo Responsorial: Salmo 71, 2. 7-8. 12-13. 17

R. (7) Ven, Señor, rey de paz y de justicia.

Comunica, Señor, al rey tu juicio y tu justicia, al que es hijo de reyes; así tu siervo saldrá en defensa de tus pobres y regirá a tu pueblo justamente. **R.**

Florecerá en sus días la justicia y reinará la paz, era tras era. De mar a mar se extederá su reino y de un extremo al otro de la tierra. **R.**

Al débil librará del poderoso y ayudará al que se encuentra sin amparo; se apiadará del desvalido y pobre y salvará la vida al desdichado. **R.**

Que bendigan al Señor eternamente y tanto como el sol, viva su nombre. Que sea la bendición del mundo entero y lo aclamen dichoso las naciones. **R.**

Aclamación antes del Evangelio
R. Aleluya, aleluya.

Ya viene el Señor, nuestro Dios, con todo su poder para iluminar los ojos de sus hijos. **R.**

Evangelio: Lucas 10, 21-24

En aquella misma hora, Jesús se llenó de júbilo en el Espíritu Santo y exclamó: "¡Te doy gracias, Padre, Señor del cielo y de la tierra, porque has escondido estas cosas a los sabios y a los entendidos, y las has revelado a la gente sencilla! ¡Gracias, Padre, porque así te ha parecido bien! Todo me lo ha entregado mi Padre y nadie conoce quién es el Hijo, sino el Padre; ni quién es el Padre, sino el Hijo y aquel a quien el Hijo se lo quiera revelar". Volviéndose a sus discípulos, les dijo aparte: "Dichosos los ojos que ven lo que ustedes ven. Porque yo les digo que muchos profetas y reyes quisieron ver lo que ustedes ven y no lo vieron, y oír lo que ustedes oyen y no lo oyeron".

Miércoles 3 de diciembre de 2025
Memoria de San Francisco Javier, presbítero
Primera Lectura: Isaías 25, 6-10

En aquel día, el Señor del universo preparará sobre este monte un festín con platillos suculentos para todos los pueblos; un banquete con vinos exquisitos y manjares sustanciosos. Él arrancará en este monte el velo que cubre el rostro de todos los pueblos, el paño que oscurece a todas las naciones. Destruirá la muerte para siempre; el Señor Dios enjugará las lágrimas de todos los rostros y borrará de toda la tierra la afrenta de su pueblo. Así lo ha dicho el Señor. En aquel día se dirá: "Aquí está nuestro Dios, de quien esperábamos que nos salvara.

Alegrémonos y gocemos con la salvación que nos trae, porque la mano del Señor reposará en este monte".

Salmo Responsorial: Salmo 22, 1-3a. 3b. 4.5.6.
R. (6cd) Habitaré en la casa del Señor toda la vida.

El Señor es mi pastor, nada me falta; en verdes praderas me hace reposar y hacia fuentes tranquilas me conduce para reparar mis fuerzas. **R.**

Por ser un Dios fiel a sus promesas, me guía por el sendero recto; así, aunque camine por cañadas oscuras, nada temo, porque tú estás conmigo. Tu vara y tu cayado me dan seguridad. **R.**

Tú mismo me preparas la mesa, a despecho de mis adversarios; me unges la cabeza con perfume y llenas mi copa hasta los bordes. **R.**

Tu bondad y tu misericordia me acompañarán todos los días de mi vida; y viviré en la casa del Señor por años sin término. **R.**

Aclamación antes del Evangelio
R. Aleluya, aleluya.

Ya viene el Señor para salvar a su pueblo. Dichosos los que estén preparados para salir a su encuentro. **R.**

Evangelio: Mateo 15, 29-37

En aquel tiempo, llegó Jesús a la orilla del mar de Galilea, subió al monte y se sentó. Acudió a él mucha gente, que llevaba consigo tullidos, ciegos, lisiados, sordomudos y muchos otros enfermos. Los tendieron a sus pies y él los curó. La gente se llenó de admiración, al ver que los lisiados estaban curados, que los ciegos veían, que los mudos hablaban y los tullidos caminaban; por lo que glorificaron al Dios de Israel. Jesús llamó a sus discípulos y les dijo: "Me da lástima esta gente, porque llevan ya tres días conmigo y no tienen qué comer. No quiero despedirlos en ayunas, porque pueden desmayarse en el camino". Los discípulos le preguntaron: "¿Dónde vamos a conseguir, en este lugar despoblado, panes suficientes para saciar a tal muchedumbre?" Jesús les preguntó: "¿Cuántos panes tienen?" Ellos contestaron: "Siete, y unos cuantos pescados". Después de ordenar a la gente que se sentara en el suelo, Jesús tomó los siete panes y los pescados, y habiendo dado gracias a Dios, los partió y los fue entregando a los discípulos, y los discípulos a la gente. Todos comieron hasta saciarse, y llenaron siete canastos con los pedazos que habían sobrado.

Jueves de la primera semana de Adviento

Primera Lectura: Isaías 26, 1-6

Aquel día se cantará este canto en el país de Judá: "Tenemos una ciudad fuerte; ha puesto el Señor, para salvarla, murallas y baluartes. Abran las puertas para que entre el pueblo justo, el que se mantiene fiel, el de ánimo firme para conservar la paz, porque en ti confió. Confíen siempre en el Señor, porque el Señor es nuestra fortaleza para siempre; porque él doblegó a los que habitaban en la altura; a la ciudad excelsa la humilló, la humilló hasta el suelo, la arrojó hasta el polvo donde la pisan los pies, los pies de los humildes, los pasos de los pobres".

Salmo Responsorial: Salmo 117, 1. 8-9. 19-21. 25-27a

R. (26a) Bendito el que viene en nombre del Señor.

Te damos gracias, Señor, porque eres bueno, porque tu misericordia es eterna. Más vale refugiarse en el Señor que poner en los hombres la confianza; más vale refugiarse en el Señor, que buscar con los fuertes una alianza. **R.**

Ábranme las puertas del templo, que quiero entrar a dar gracias a Dios. Ésta es la puerta del Señor y por ella entrarán los que le viven fieles. Te doy gracias, Señor, pues me escuchaste y fuiste para mí la salvación. **R.**

Libéranos, Señor, y danos tu victoria. Bendito el que viene en nombre del Señor. Que Dios desde su templo nos bendiga. Que el Señor, nuestro Dios, nos ilumine. **R.**

Aclamación antes del Evangelio

R. Aleluya, aleluya.

Busquen al Señor mientras lo pueden encontrar, invóquenlo mientras está cerca.

R.

Evangelio: Mateo 7, 21. 24-27

En aquel tiempo, Jesús dijo a sus discípulos: "No todo el que me diga: '¡Señor, Señor!', entrará en el Reino de los cielos, sino el que cumpla la voluntad de mi Padre, que está en los cielos. El que escucha estas palabras mías y las pone en práctica, se parece a un hombre prudente, que edificó su casa sobre roca. Vino la lluvia, bajaron las crecientes, se desataron los vientos y dieron contra aquella casa; pero no se cayó, porque estaba construida sobre roca. El que escucha estas palabras mías y no las pone en práctica, se parece a un hombre imprudente, que edificó su casa sobre arena. Vino la lluvia, bajaron las crecientes, se desataron los vientos, dieron contra aquella casa y la arrasaron completamente".

Viernes 5 de diciembre de 2025
Viernes de la primera semana de Adviento
Primera Lectura: Isaías 29, 17-24

Esto dice el Señor: "¿Acaso no está el Líbano a punto de convertirse en un vergel y el vergel en un bosque? Aquel día los sordos oirán las palabras de un libro; los ojos de los ciegos verán sin tinieblas ni oscuridad; los oprimidos volverán a alegrarse en el Señor y los pobres se gozarán en el Santo de Israel; porque ya no habrá opresores y los altaneros habrán sido exterminados. Serán aniquilados los que traman iniquidades, los que con sus palabras echan la culpa a los demás, los que tratan de enredar a los jueces y sin razón alguna hunden al justo". Esto dice a la casa de Jacob el Señor que rescató a Abraham: "Ya no se avergonzará Jacob, ya no se demudará su rostro, porque al ver mis acciones en medio de los suyos, - santificará mi nombre, santificará al Santo de Jacob y temerá al Dios de Israel. Los extraviados de espíritu entrarán en razón y los inconformes aceptarán la enseñanza".

Salmo Responsorial: Salmo 26, 1. 4. 13-14
R. (1a) El Señor es mi luz y mi salvación.

El Señor es mi luz y mi salvación, ¿a quién voy a tenerle miedo? El Señor es la defensa de mi vida, ¿quién pordrá hacerme temblar? **R.**

Lo único que pido, lo único que busco es vivir en la casa del Señor toda mi vida, para disfrutar las bondades del Señor y estar continuamente en su presencia. **R.**

La bondad del Señor espero ver en esta misma vida. Armate de valor y fortaleza y en el Señor confía. **R.**

Aclamación antes del Evangelio
R. Aleluya, aleluya.

Ya viene el Señor, nuestro Dios, con todo su poder para iluminar los ojos de sus hijos. **R.**

Evangelio: Mateo 9, 27-31

Cuando Jesús salía de Cafarnaúm, lo siguieron dos ciegos, que gritaban: "¡Hijo de David, compadécete de nosotros!" Al entrar Jesús en la casa, se le acercaron los ciegos y Jesús les preguntó: "¿Creen que puedo hacerlo?" Ellos le contestaron: "Sí, Señor". Entonces les tocó los ojos, diciendo: "Que se haga en ustedes conforme a su fe". Y se les abrieron los ojos. Jesús les advirtió severamente: "Que nadie lo sepa". Pero ellos, al salir, divulgaron su fama por toda la región.

Sábado 6 de diciembre de 2025
Memoria de San Ambrosio, obispo y doctor de la Iglesia
Primera Lectura: Isaías 30, 19-21. 23-26

Esto dice el Señor Dios de Israel: "Pueblo de Sión, que habitas en Jerusalén, ya no volverás a llorar. El Señor misericordioso, al oír tus gemidos, se apiadará de ti y te responderá, apenas te oiga. Aunque te dé el pan de las adversidades y el agua de la congoja, ya no se esconderá el que te instruye; tus ojos lo verán. Con tus oídos oirás detrás de ti una voz que te dirá: 'Éste es el camino. Síguelo sin desviarte, ni a la derecha, ni a la izquierda'. El Señor mandará su lluvia para la semilla que siembres y el pan que producirá la tierra será abundante y sustancioso. Aquel día, tus ganados pastarán en dilatadas praderas. Los bueyes y los burros que trabajan el campo, comerán forraje sabroso, aventado con pala y bieldo. En todo monte elevado y toda colina alta, habrá arroyos y corrientes de agua el día de la gran matanza, cuando se derrumben las torres. El día en que el Señor vende las heridas de su pueblo y le sane las llagas de sus golpes, la luz de la luna será como la luz del sol; será siete veces mayor, como si fueran siete días en uno".

Salmo Responsorial: Salmo 146, 1-2. 3-4. 5-6
R. (Isaías 30, 18) Alabemos al Señor, nuestro Dios.

Alabemos al Señor, nuestro Dios, porque es hermoso y justo el alabarlo. El Señor ha reconstruido Jerusalén y a los dispersos de Israel los ha reunido. **R.**

El Señor sana los corazones quebrantados y venda las heridas, tiende su mano a los humildes y humilla hasta el polvo a los malvados. **R.**

El puede contar el número de estrellas y llama a cada una por su nombre. Grande es nuestro Dios, todo lo puede; su sabiduría no tiene límites. **R.**

Aclamación antes del Evangelio: Isaías 33, 22
R. Aleluya, aleluya.

El Señor es nuestro juez, nuestro legislador y nuestro rey; él vendrá a salvarnos. **R.**

Evangelio: Mateo 9, 35-10, 1. 6-8
En aquel tiempo, Jesús recorría todas las ciudades y los pueblos, enseñando en las sinagogas, predicando el Evangelio del Reino y curando toda enfermedad y dolencia. Al ver a las multitudes, se compadecía de ellas, porque estaban extenuadas y desamparadas, como ovejas sin pastor. Entonces dijo a sus discípulos: "La cosecha es mucha y los trabajadores, pocos. Rueguen, por lo tanto, al dueño de la mies que envíe trabajadores a sus campos". Después, llamando a sus doce discípulos, les dio poder para expulsar a los espíritus impuros y curar toda clase de enfermedades y dolencias. Les dijo: "Vayan en busca de las ovejas perdidas de la casa de Israel. Vayan y proclamen por el camino que ya se acerca el Reino de los cielos. Curen a los leprosos y demás enfermos; resuciten a los muertos y echen fuera a los demonios. Gratuitamente han recibido este poder; ejérzanlo, pues, gratuitamente".

II Domingo de Adviento

Primera Lectura: Isaías 11, 1-10

En aquel día, brotará un renuevo del tronco de Jesé, un vástago florecerá de su raíz. Sobre él se posará el espíritu del Señor, espíritu de sabiduría e inteligencia, espíritu de consejo y fortaleza, espíritu de piedad y temor de Dios. No juzgará por apariencias, ni sentenciará de oídas; defenderá con justicia al desamparado y con equidad dará sentencia al pobre; herirá al violento con el látigo de su boca, con el soplo de sus labios matará al impío. Será la justicia su ceñidor, la fidelidad apretará su cintura. Habitará el lobo con el cordero, la pantera se echará con el cabrito, el novillo y el león pacerán juntos y un muchachito los apacentará. La vaca pastará con la osa y sus crías vivirán juntas. El león comerá paja con el buey. El niño jugará sobre el agujero de la víbora; la creatura meterá la mano en el escondrijo de la serpiente. No harán daño ni estrago por todo mi monte santo, porque así como las aguas colman el mar, así está lleno el país de la ciencia del Señor. Aquel día la raíz de Jesé se alzará como bandera de los pueblos, la buscarán todas las naciones y será gloriosa su morada.

Salmo Responsorial: Salmo 71, 1-2. 7-8. 12-13. 17

R. (7) Ven, Señor, rey de justicia y de paz.

Comunica, Señor, al rey tu juicio y tu justicia, al que es hijo de reyes; así tu siervo saldrá en defensa de tus pobres y regirá a tu pueblo justamente. **R.**

Florecerá en sus días la justicia y reinará la paz, era tras era. De mar a mar se extenderá su reino y de un extremo al otro de la tierra. **R.**

Al débil librará del poderoso y ayudará al que se encuentra sin amparo; se apiadará del desvalido y pobre y salvará la vida al desdichado. **R.**

Que bendigan al Señor eternamente y tanto como el sol, viva su nombre. Que sea la bendición del mundo entero y lo aclamen dichoso las naciones. **R.**

Segunda Lectura: Romanos 15, 4-9

Hermanos: Todo lo que en el pasado ha sido escrito en los libros santos, se escribió para instrucción nuestra, a fin de que, por la paciencia y el consuelo que dan las Escrituras, mantengamos la esperanza. Que Dios, fuente de toda paciencia y consuelo, les conceda a ustedes vivir en perfecta armonía unos con otros, conforme al espíritu de Cristo Jesús, para que, con un solo corazón y una sola voz alaben a Dios, Padre de nuestro Señor Jesucristo. Por lo tanto, acójanse los unos a los otros como Cristo los acogió a ustedes, para gloria de Dios. Quiero decir con esto, que Cristo se puso al servicio del pueblo judío, para demostrar la fidelidad de Dios, cumpliendo las promesas hechas a los patriarcas y que por su misericordia los paganos alaban a Dios, según aquello que dice la Escritura: *Por eso te alabaré y cantaré himnos a tu nombre.*

Aclamación antes del Evangelio: Lucas 3, 4. 6
R. Aleluya, aleluya.
Preparen el camino del Señor, hagan rectos sus senderos, y todos los hombres verán al Salvador. **R.**

Evangelio: Mateo 3, 1-12
En aquel tiempo, comenzó Juan el Bautista a predicar en el desierto de Judea, diciendo: "Arrepiéntanse, porque ya está cerca el Reino de los cielos". Juan es aquel de quien el profeta Isaías hablaba, cuando dijo: *Una voz clama en el desierto: Preparen el camino del Señor, enderecen sus senderos.* Juan usaba una túnica de pelo de camello, ceñida con un cinturón de cuero, y se alimentaba de saltamontes y de miel silvestre. Acudían a oírlo los habitantes de Jerusalén, de toda Judea y de toda la región cercana al Jordán; confesaban sus pecados y él los bautizaba en el río. Al ver que muchos fariseos y saduceos iban a que los bautizara, les dijo: "Raza de víboras, ¿quién les ha dicho que podrán escapar al castigo que les aguarda? Hagan ver con obras su conversión y no se hagan ilusiones pensando que tienen por padre a Abraham, porque yo les aseguro que hasta de estas piedras puede Dios sacar hijos de Abraham. Ya el hacha está puesta a la raíz de los árboles, y todo árbol que no dé fruto, será cortado y arrojado al fuego. Yo los bautizo con agua, en señal de que ustedes se han convertido; pero el que viene después de mí, es más fuerte que yo, y yo ni siquiera soy digno de quitarle las sandalias. Él los bautizará en el Espíritu Santo y su

fuego. Él tiene el bieldo en su mano para separar el trigo de la paja. Guardará el trigo en su granero y quemará la paja en un fuego que no se extingue".

Solemnidad de la Inmaculada Concepción de la Santísima Virgen María

Primera Lectura: Génesis 3, 9-15. 20

Después de que el hombre y la mujer comieron del fruto del árbol prohibido, el Señor Dios llamó al hombre y le preguntó: "¿Dónde estás?" Éste le respondió: "Oí tus pasos en el jardín; tuve miedo, porque estoy desnudo, y me escondí". Entonces le dijo Dios: "¿Y quién te ha dicho que estabas desnudo? ¿Has comido acaso del árbol del que te prohibí comer?" Respondió Adán: "La mujer que me diste por compañera me ofreció del fruto del árbol y comí". El Señor Dios dijo a la mujer: "¿Por qué has hecho esto?" Repuso la mujer: "La serpiente me engañó y comí". Entonces dijo el Señor Dios a la serpiente: "Porque has hecho esto, serás maldita entre todos los animales y entre todas las bestias salvajes. Te arrastrarás sobre tu vientre y comerás polvo todos los días de tu vida. Pondré enemistad entre ti y la mujer, entre tu descendencia y la suya; y su descendencia te aplastará la cabeza, mientras tú tratarás de morder su talón". El hombre le puso a su mujer el nombre de "Eva", porque ella fue la madre de todos los vivientes.

Salmo Responsorial: Salmo 97, 1. 2-3ab. 3bc-4

R. (1a) Cantemos al Señor un canto nuevo, pues ha hecho maravillas.

Cantemos al Señor un canto nuevo, pues ha hecho maravillas: Su diestra y su santo brazo le han dado la victoria. **R.**

El Señor ha dado a conocer su victoria y ha revelado a las naciones su justicia. Una vez más ha demostrado Dios su amor y su lealtad hacia Israel. **R.**

La tierra entera ha contemplado la victoria de nuestro Dios. Que todos los pueblos y naciones aclamen con júbilo al Señor. **R.**

Segunda Lectura: Efesios 1, 3-6. 11-12

Bendito sea Dios, Padre de nuestro Señor Jesucristo, que nos ha bendecido en él con toda clase de bienes espirituales y celestiales. Él nos eligió en Cristo, antes de crear el mundo, para que fuéramos santos e irreprochables a sus ojos, por el amor, y determinó, porque así lo quiso, que, por medio de Jesucristo, fuéramos sus hijos, para que alabemos y glorifiquemos la gracia con que nos ha favorecido por medio de su Hijo amado. Con Cristo somos herederos también nosotros. Para esto estábamos destinados, por decisión del que lo hace todo según su voluntad: para que fuéramos una alabanza continua de su gloria, nosotros, los que ya antes esperábamos en Cristo.

Aclamación antes del Evangelio: Lucas 1, 28
R. Aleluya, aleluya.
Dios te salve, María, Llena eres de gracia, el Señor es contigo. Bendita tú eres entre todas las mujeres. **R.**

Aclamación antes del Evangelio: Lucas 1, 26-38
En aquel tiempo, el ángel Gabriel fue enviado por Dios a una ciudad de Galilea, llamada Nazaret, a una virgen desposada con un varón de la estirpe de David, llamado José. La virgen se llamaba María. Entró el ángel a donde ella estaba y le dijo: "Alégrate, llena de gracia, el Señor está contigo". Al oír estas palabras, ella se preocupó mucho y se preguntaba qué querría decir semejante saludo. El ángel le dijo: "No temas, María, porque has hallado gracia ante Dios. Vas a concebir y a dar a luz un hijo y le pondrás por nombre Jesús. Él será grande y será llamado Hijo del Altísimo; el Señor Dios le dará el trono de David, su padre, y él reinará sobre la casa de Jacob por los siglos y su reinado no tendrá fin". María le dijo entonces al ángel: "¿Cómo podrá ser esto, puesto que yo permanezco virgen?" El ángel le contestó: "El Espíritu Santo descenderá sobre ti y el poder del Altísimo te cubrirá con su sombra. Por eso, el Santo, que va a nacer de ti, será llamado Hijo de Dios. Ahí tienes a tu parienta Isabel, que a pesar de su vejez, ha concebido un hijo y ya va en el sexto mes la que llamaban estéril, porque no hay nada imposible para Dios". María contestó: "Yo soy la esclava del Señor; cúmplase en mí lo que me has dicho". Y el ángel se retiró de su presencia.

Martes de la segunda semana de Adviento

Primera Lectura: Isaías 40, 1-11

"Consuelen, consuelen a mi pueblo, dice nuestro Dios. Hablen al corazón de Jerusalén y díganle a gritos que ya terminó el tiempo de su servidumbre y que ya ha satisfecho por sus iniquidades, porque ya ha recibido de manos del Señor castigo doble por todos sus pecados". Una voz clama: "Preparen el camino del Señor en el desierto, construyan en el páramo una calzada para nuestro Dios. Que todo valle se eleve, que todo monte y colina se rebajen; que lo torcido se enderece y lo escabroso se allane. Entonces se revelará la gloria del Señor y todos los hombres la verán". Así ha hablado la boca del Señor. Una voz dice: "¡Griten!", y yo le respondo: "¿Qué debo gritar?" "Todo hombre es como la hierba y su grandeza es como flor del campo. Se seca la hierba y la flor se marchita, pero la palabra de nuestro Dios permanece para siempre". Sube a lo alto del monte, mensajero de buenas nuevas para Sión; alza con fuerza la voz, tú que anuncias noticias alegres a Jerusalén. Alza la voz y no temas; anuncia a los ciudadanos de Judá: "Aquí está su Dios. Aquí llega el Señor, lleno de poder, el que con su brazo lo domina todo. El premio de su victoria lo acompaña y sus trofeos lo anteceden. Como pastor apacentará a su rebaño; llevará en sus brazos a los corderitos recién nacidos y atenderá solícito a sus madres".

Salmo Responsorial: Salmo 95, 1-2. 3 y 10ac. 11-12. 13

R. (Isaías 40, 10ab) Ya viene el Señor a renovar el mundo.

Cantemos al Señor un nuevo canto; que el cante al Señor toda la tierra; cantemos al Señor y bendigámoslo, proclamemos su amor día tras día. **R.**

Su grandeza anunciemos a los pueblos; de nación en nación, sus maravillas. "Reina el Señor", digamos a los pueblos, gobierna a las naciones con justicia. **R.**

Alégrese los cielos y la tierra, retumbe el mar y el mundo submarino. Salten de gozo el campo y cuanto encierra, manifiesten los bosques regocijo. **R.**

Regocíjese todo ante el Señor, porque ya viene a gobernar el orbe. Justicia y rectitud serán las normas con las que rija a todas las naciones. **R.**

Aclamación antes del Evangelio
R. Aleluya, aleluya.

Ya está cerca el día del Señor. Ya viene el Señor a salvarnos. **R.**

Evangelio: Mateo 18, 12-14

En aquel tiempo, Jesús dijo a sus discípulos: "¿Qué les parece? Si un hombre tiene cien ovejas y se le pierde una, ¿acaso no deja las noventa y nueve en los montes, y se va a buscar a la que se le perdió? Y si llega a encontrarla, les aseguro que se alegrará más por ella que por las noventa y nueve que no se le perdieron. De igual modo, el Padre celestial no quiere que se pierda uno solo de estos pequeños".

Miércoles de la segunda semana de Adviento
Primera Lectura: Isaías 40, 25-31

"¿Con quién me van a comparar, que pueda igualarse a mí?", dice el Dios de Israel. Alcen los ojos a lo alto y díganme quién ha creado todos aquellos astros. Él es quien cuenta y despliega su ejército de estrellas y a cada una la llama por su nombre; tanta es su omnipotencia y tan grande su vigor, que ninguna de ellas desoye su llamado. ¿Por qué dices tú, Jacob, y lo repites tú, Israel: "Mi suerte se le oculta al Señor y mi causa no le preocupa a mi Dios"? ¿Es que no lo has oído? Desde siempre el Señor es Dios, creador aun de los últimos rincones de la tierra. Él no se cansa ni se fatiga y su inteligencia es insondable. Él da vigor al fatigado y al que no tiene fuerzas, energía. Hasta los jóvenes se cansan y se rinden, los más valientes tropiezan y caen; pero aquellos que ponen su esperanza en el Señor, renuevan sus fuerzas; les nacen alas como de águila, corren y no se cansan, caminan y no se fatigan.

Salmo Responsorial: Salmo 102, 1-2. 3-4. 8 y 10

R. (1a) Bendice al Señor, alma mía.

Bendice al Señor, alma mía, que todo mi ser bendiga su santo nombre. Bendice al Señor, alma mía, y no olvides de sus beneficios. **R.**

El perdona todas tus culpas y cura todas tus enfermedades; él rescata tu vida del sepulcro, y te colma de amor y de ternura. **R.**

El Señor es compasivo y misericordioso, lento para enojarse y generoso para perdonar. No nos trata como merecen nuestras culpas, ni nos paga según nuestros pecados. **R.**

Aclamación antes del Evangelio

R. Aleluya, aleluya.

Ya viene el Señor para salvar a su pueblo. Dichosos los que estén preparados para salir a su encuentro. **R.**

Evangelio: Mateo 11, 28-30

En aquel tiempo, Jesús dijo: "Vengan a mí, todos los que están fatigados y agobiados por la carga, y yo los aliviaré. Tomen mi yugo sobre ustedes y aprendan de mí, que soy manso y humilde de corazón, y encontrarán descanso, porque mi yugo es suave y mi carga, ligera".

Jueves 11 de diciembre de 2025
Jueves de la segunda semana de Adviento
Primera Lectura: Isaías 41, 13-20

"Yo, el Señor, te tengo asido por la diestra y yo mismo soy el que te ayuda. No temas, gusanito de Jacob, descendiente de Israel, que soy yo, dice el Señor, el que te ayuda; tu redentor es el Dios de Israel. Mira: te he convertido en rastrillo nuevo de dientes dobles; triturarás y pulverizarás los montes, convertirás en paja menuda las colinas. Las aventarás y se irán con el viento y el torbellino las dispersará. Tú, en cambio, te regocijarás en el Señor, te gloriarás en el Dios de Israel. Los miserables y los pobres buscan agua, pero es en vano; tienen la lengua reseca por la sed. Pero yo, el Señor, les daré una respuesta; yo, el Dios de Israel, no los abandonaré. Haré que broten ríos en las cumbres áridas y fuentes en medio de los valles; transformaré el desierto en estanque y el yermo, en manantiales. Pondré en el desierto cedros, acacias, mirtos y olivos; plantaré juncos en la estepa, cipreses, oyameles y olmos; para que todos vean y conozcan, adviertan y entiendan de una vez por todas, que es la mano del Señor la que hace esto, que es el Señor de Israel quien lo crea"

Salmo Responsorial: Salmo 144, 1 y 9. 10-11. 12-13ab
R. (8) Bueno es el Señor para con todos.
Dios y rey mío, yo te alabaré, bendeciré tu nombre siempre y para siempre.
Bueno es el Señor para con todos y su amor se extiende a todas sus creaturas. **R.**
Que te alaben, Señor, todas tus obras y que todos tus fieles te bendigan. Que proclamen la gloria de tu reino y den a conocer tus maravillas. **R.**
Que muestren a los hombres tus proezas, el esplendor y la gloria de tu reino. Tu reino, Señor, es para siempre y tu imperio, por todas las generaciones. **R.**

Aclamación antes del Evangelio: Isaías 45, 8
R. Aleluya, aleluya.
Dejen, cielos, caer su rocío y que las nubes lluevan al Justo; que la tierra se abra y haga germinar al Salvador. **R.**

Evangelio: Mateo 11, 11-15
En aquel tiempo, Jesús dijo a la gente: "Yo les aseguro que no ha surgido entre los hijos de una mujer ninguno más grande que Juan el Bautista. Sin embargo, el más pequeño en el Reino de los cielos, es todavía más grande que él. Desde los días de Juan el Bautista hasta ahora, el Reino de los cielos exige esfuerzo, y los esforzados lo conquistarán. Porque todos los profetas y la ley profetizaron, hasta Juan; y si quieren creerlo, él es Elías, el que habría de venir. El que tenga oídos que oiga".

Viernes 12 de diciembre de 2025
Fiesta de Nuestra Señora de Guadalupe
Primera Lectura: Zacarías 2, 14-17

"Canta de gozo y regocíjate, Jerusalén, pues vengo a vivir en medio de ti, dice el Señor. Muchas naciones se unirán al Señor en aquel día; ellas también serán mi pueblo y yo habitaré en medio de ti y sabrás que el Señor de los ejércitos me ha enviado a ti. El Señor tomará nuevamente a Judá como su propiedad personal en la tierra santa y Jerusalén volverá a ser la ciudad elegida". ¡Que todos guarden silencio ante el Señor, pues él se levanta ya de su santa morada!

O bien:

Apocalipsis 11, 19; 12, 1-6. 10

Se abrió el templo de Dios en el cielo y dentro de él se vio el arca de la alianza. Apareció entonces en el cielo una figura prodigiosa: una mujer envuelta por el sol, con la luna bajo sus pies y con una corona de doce estrellas en la cabeza. Estaba encinta y a punto de dar a luz y gemía con los dolores del parto. Pero apareció también en el cielo otra figura: un enorme dragón, color de fuego, con siete cabezas y diez cuernos, y una corona en cada una de sus siete cabezas. Con su cola barrió la tercera parte de las estrellas del cielo y las arrojó sobre la tierra. Después se detuvo delante de la mujer que iba a dar a luz, para devorar a su hijo, en cuanto éste naciera. La mujer dio a luz un hijo varón, destinado a gobernar todas las naciones con cetro de hierro; y su hijo fue llevado hasta Dios y hasta su trono. Y la mujer huyó al desierto, a un lugar preparado por Dios. Entonces oí en el cielo una voz poderosa, que decía: "Ha sonado la hora de la victoria de nuestro Dios, de su dominio y de su reinado, y del poder de su Mesías".

Salmo Responsorial: Judit 13, 18bcde. 19

R. (15, 9d) Tú eres la honra de nuestro pueblo.

Que el Altísimo te bendiga, más que a todas las mujeres de la tierra. Bendito sea el Señor, creador de cielo y la tierra. **R.**

Hoy el Señor te ha engrandecido tanto, que no dejarán de alabarte aquellos hombres que se acuerdan en la tierra del poder de Dios. **R.**

Aclamación antes del Evangelio

R. Aleluya, aleluya.

Dichosa tú, santísima Virgen María, y digna de toda alabanza, porque de ti nació el sol de justicia, Jesucristo, nuestro Dios. **R.**

Evangelio: Lucas 1, 26-38

En aquel tiempo, el ángel Gabriel fue enviado por Dios a una ciudad de Galilea, llamada Nazaret, a una virgen desposada con un varón de la estirpe de David, llamado José. La virgen se llamaba María. Entró el ángel a donde ella estaba y le dijo: "Alégrate, llena de gracia, el Señor está contigo". Al oír estas palabras, ella se preocupó mucho y se preguntaba qué querría decir semejante saludo. El ángel le dijo: "No temas, María, porque has hallado gracia ante Dios. Vas a concebir y a dar a luz un hijo y le pondrás por nombre Jesús. Él será grande y será llamado Hijo del Altísimo; el Señor Dios le dará el trono de David, su padre, y él reinará sobre la casa de Jacob por los siglos y su reinado no tendrá fin". María le dijo entonces al ángel: "¿Cómo podrá ser esto, puesto que yo permanezco virgen?" El ángel le contestó: "El Espíritu Santo descenderá sobre ti y el poder del Altísimo te cubrirá con su sombra. Por eso, el Santo, que va a nacer de ti, será llamado IIijo de Dios. Ahí tienes a tu parienta Isabel, que a pesar de su vejez, ha concebido un hijo y ya va en el sexto mes la que llamaban estéril, porque no hay nada imposible para Dios". María contestó: "Yo soy la esclava del Señor; cúmplase en mí lo que me has dicho". Y el ángel se retiró de su presencia.

O bien:

Lucas 1, 39-47

En aquellos días, María se encaminó presurosa a un pueblo de las montañas de Judea, y entrando en la casa de Zacarías, saludó a Isabel. En cuanto ésta oyó el saludo de María, la creatura saltó en su seno. Entonces Isabel quedó llena del Espíritu Santo, y levantando la voz, exclamó: "¡Bendita tú entre las mujeres y bendito el fruto de tu vientre! ¿Quién soy yo, para que la Madre de mi Señor venga a verme? Apenas llegó tu saludo a mis oídos, el niño saltó de gozo en mi seno. Dichosa tú, que has creído, porque se cumplirá cuanto te fue anunciado de parte del Señor". Entonces dijo María: "Mi alma glorifica al Señor y *mi espíritu se llena de júbilo en Dios, mi salvador*".

Memoria de Santa Lucia, virgen y mártir

Primera Lectura: Eclesiástico (Sirácide) 48, 1-4. 9-11

En aquel tiempo, surgió Elías, un profeta de fuego; su palabra quemaba como una llama. Él hizo caer sobre los israelitas el hambre y con celo los diezmó. En el nombre del Señor cerró las compuertas del cielo e hizo que descendiera tres veces fuego de lo alto. ¡Qué glorioso eres, Elías, por tus prodigios! ¿Quién puede jactarse de ser igual a ti? En un torbellino de llamas fuiste arrebatado al cielo, sobre un carro tirado por caballos de fuego. Escrito está de ti que volverás, cargado de amenazas, en el tiempo señalado, para aplacar la cólera antes de que estalle, para hacer que el corazón de los padres se vuelva hacia los hijos y congregar a las tribus de Israel. Dichosos los que te vieron y murieron gozando de tu amistad; pero más dichosos los que estén vivos cuando vuelvas.

Salmo Responsorial: Salmo 79, 2ac. 3b. 15-16. 18-19

R. (4) Ven, Señor, a salvarnos.

Escúchanos, pastor de Israel; tú que estás rodeado de querubines, manifiéstate, despierta tu poder y ven a salvarnos. **R.**

Señor, Dios de los ejércitos, vuelve tus ojos, mira tu viña y visítala: protege la cepa plantada por tu mano, el renuevo que tú mismo cultivaste. **R.**

Que tu diestra defienda a; que elegiste, al hombre que has fortalecido. Ya no nos alejaremos de ti: consérvanos la vida y alabaremos tu poder. **R.**

Aclamación antes del Evangelio: Lucas 3, 4. 6

R. Aleluya, aleluya.

Preparen el camino del Señor, hagan rectos sus senderos, y todos los hombres verán al Salvador. **R.**

Evangelio: Mateo 17, 10-13

En aquel tiempo, los discípulos le preguntaron a Jesús: "¿Por qué dicen los escribas que primero tiene que venir Elías?" Él les respondió: "Ciertamente Elías ha de venir y lo pondrá todo en orden. Es más, yo les aseguro a ustedes que Elías ha venido ya, pero no lo reconocieron e hicieron con él cuanto les vino en gana. Del mismo modo, el Hijo del hombre va a padecer a manos de ellos". Entonces entendieron los discípulos que les hablaba de Juan el Bautista.

Domingo 14 de diciembre de 2025

III Domingo de Adviento

Primera Lectura: Isaías 35, 1-6a. 10

Esto dice el Señor: "Regocíjate, yermo sediento. Que se alegre el desierto y se cubra de flores, que florezca como un campo de lirios, que se alegre y dé gritos de júbilo, porque le será dada la gloria del Líbano, el esplendor del Carmelo y del Sarón. Ellos verán la gloria del Señor, el esplendor de nuestro Dios. Fortalezcan las manos cansadas, afiancen las rodillas vacilantes. Digan a los de corazón apocado: 'iÁnimo! No teman. He aquí que su Dios, vengador y justiciero, viene ya para salvarlos'. Se iluminarán entonces los ojos de los ciegos y los oídos de los sordos se abrirán. Saltará como un venado el cojo y la lengua del mudo cantará. Volverán a casa los rescatados por el Señor, vendrán a Sión con cánticos de júbilo, coronados de perpetua alegría; serán su escolta el gozo y la dicha, porque la pena y la aflicción habrán terminado".

Salmo Responsorial: Salmo 145, 7. 8-9a. 9bc-10

R. (Isaías 35, 4) Ven, Señor, a salvarnos.

El Señor siempre es fiel a su palabra, y es quien hace justicia al oprimido; él proporciona pan a los hambrientos y libera al cautivo. **R.**

Abre el Señor los ojos de los ciegos y alivia al agobiado. Ama el Señor al hombre justo y toma al forastero a su cuidado. **R.**

A la viuda y al huérfano sustenta y trastorna los planes del inicuo. Reina el Señor eternamente. Reina tu Dios, oh Sión, reina por siglos. **R.**

Segunda Lectura: Santiago 5, 7-10

Hermanos: Sean pacientes hasta la venida del Señor. Vean cómo el labrador, con la esperanza de los frutos preciosos de la tierra, aguarda pacientemente las lluvias tempraneras y las tardías. Aguarden también ustedes con paciencia y mantengan firme el ánimo, porque la venida del Señor está cerca. No murmuren, hermanos, los unos de los otros, para que el día del juicio no sean condenados. Miren que el juez ya está a la puerta. Tomen como ejemplo de paciencia en el sufrimiento a los profetas, los cuales hablaron en nombre del Señor.

Aclamación antes del Evangelio: Isaías 61, 1
R. Aleluya, aleluya.

El Espíritu del Señor está sobre mí. Me ha enviado para anunciar la buena nueva a los pobres. **R.**

Evangelio: Mateo 11, 2-11

En aquel tiempo, Juan se encontraba en la cárcel, y habiendo oído hablar de las obras de Cristo, le mandó preguntar por medio de dos discípulos: "¿Eres tú el que ha de venir o tenemos que esperar a otro?" Jesús les respondió: "Vayan a contar a Juan lo que están viendo y oyendo: los ciegos ven, los cojos andan, los leprosos quedan limpios de la lepra, los sordos oyen, los muertos resucitan y a los pobres se les anuncia el Evangelio. Dichoso aquel que no se sienta defraudado por mí". Cuando se fueron los discípulos, Jesús se puso a hablar a la gente acerca de Juan: "¿Qué fueron ustedes a ver en el desierto? ¿Una caña sacudida por el viento? No. Pues entonces, ¿qué fueron a ver? ¿A un hombre lujosamente vestido? No, ya que los que visten con lujo habitan en los palacios. ¿A qué fueron, pues? ¿A ver a un profeta? Sí, yo se lo aseguro; y a uno que es todavía más que profeta. Porque de él está escrito: *He aquí que yo envío a mi mensajero para que vaya delante de ti y te prepare el camino.* Yo les aseguro que no ha surgido entre los hijos de una mujer ninguno más grande que Juan el Bautista. Sin embargo, el más pequeño en el Reino de los cielos, es todavía más grande que él".

Lunes 15 de diciembre de 2025

Lunes de la tercera semana de Adviento

Primera Lectura: Números 24, 2-7. 15-17

En aquellos días, Balaam levantó los ojos y divisó a Israel acampado por tribus. Entonces el espíritu del Señor vino sobre él y pronunció este oráculo: "Oráculo de Balaam, hijo de Beor, palabra del varón de ojos penetrantes; oráculo del que escucha la palabra de Dios y contempla en éxtasis, con los ojos abiertos, la visión del todopoderoso. Qué bellas son tus tiendas, Jacob, y tus moradas, Israel. Son como extensos valles, como jardines junto al río, como áloes que plantó el Señor, como cedros junto a la corriente. De su descendencia nace un héroe que domina sobre pueblos numerosos". Y de nuevo dijo: "Oráculo de Balaam, hijo de Beor, palabra del varón de ojos penetrantes, oráculo del que escucha la palabra de Dios y conoce la ciencia del Altísimo y contempla en éxtasis, con los ojos abiertos la visión del todopoderoso. Yo lo veo, pero no en el presente; yo lo contemplo, pero no cercano: de Jacob se levanta una estrella y un cetro surge de Israel".

Salmo Responsorial: Salmo 24, 4bc-5ab. 6-7bc. 8-9
R. (4b) Descúbrenos, Señor, tus caminos.

Descúbrenos, Señor, tus caminos, guíanos con la verdad de tu doctrina. Tú eres nuestro Dios y salvado y tenemos en ti nuestra esperanza. **R.**

Acuérdate, Señor, que son eternos tu amor y tu ternura. Según ese amor y esa ternura, acuérdate de nosotros. **R.**

Porque el Señor es recto y bondadoso, indica a los pecadores el sendero, guía por la senda recta a los humildes y descubre a los pobres sus caminos. **R.**

Aclamación antes del Evangelio: Salmo 84, 5
R. Aleluya, aleluya.

Muéstranos, Señor, tu misericordia y danos tu salvación. **R.**

Evangelio: Mateo 21, 23-27

En aquellos días, mientras Jesús enseñaba en el templo, se le acercaron los sumos sacerdotes y los ancianos del pueblo y le preguntaron: "¿Con qué derecho haces todas estas cosas? ¿Quién te ha dado semejante autoridad?" Jesús les respondió: "Yo también les voy a hacer una pregunta, y si me la responden, les diré con qué autoridad hago lo que hago: ¿De dónde venía el bautismo de Juan, del cielo o de la tierra?" Ellos pensaron para sus adentros: "Si decimos que del cielo, él nos va a decir: 'Entonces, ¿por qué no le creyeron?' Si decimos que de los hombres, se nos va a echar encima el pueblo, porque todos tienen a Juan por un profeta". Entonces respondieron: "No lo sabemos". Jesús les replicó: "Pues tampoco yo les digo con qué autoridad hago lo que hago".

Martes de la tercera semana de Adviento
Primera Lectura: Sofonías 3, 1-2. 9-13
"¡Ay de la ciudad rebelde y contaminada, de la ciudad potente y opresora! No ha escuchado la voz, ni ha aceptado la corrección. No ha confiado en el Señor, ni se ha vuelto hacia su Dios. Pero hacia el fin daré otra vez a los pueblos labios puros, para que todos invoquen el nombre del Señor y lo sirvan todos bajo el mismo yugo. Desde más allá de los ríos de Etiopía, hasta las últimas regiones del norte, los que me sirven me traerán ofrendas. Aquel día no sentirás ya vergüenza de haberme sido infiel, porque entonces yo quitaré de en medio de ti a los orgullosos y engreídos, y tú no volverás a ensoberbecerte en mi monte santo. Aquel día, dice el Señor, yo dejaré en medio de ti, pueblo mío, un puñado de gente pobre y humilde. Este resto de Israel confiará en el nombre del Señor. No cometerá maldades ni dirá mentiras; no se hallará en su boca una lengua embustera. Permanecerán tranquilos y descansarán sin que nadie los moleste".

Salmo Responsorial: Salmo 33, 2-3. 6-7. 17-18. 19 y 23
R. (7a) El Señor escucha el clamor de los pobres.
Bendiciré al Señor a todas horas, no cesará mi boca de alabarlo. Yo me siento orgulloso del Señor, que se alegre su pueblo al escucharlo. **R.**
Confía en el Señor y saltarás de gusto, jamás te sentirás decepcionado, porque el Señor escucha el clamor de los pobres y los libra de todas sus angustias. **R.**
En contra del malvado está el Señor, para borrar de la tierra su recuerdo. Escucha, en cambio, al hombre justo y lo libra de todas sus congojas. **R.**
El Señor no está lejos de sus fieles, y levanta a las almas abatidas. Salva el Señor

la vida de sus siervos; no morirán quienes en él esperan. **R.**

Aclamación antes del Evangelio

R. Aleluya, aleluya.

Ven, Señor, no te tardes; ven a perdonar los delitos de tu pueblo. **R.**

Evangelio: Mateo 21, 28-32

En aquel tiempo, Jesús dijo a los sumos sacerdotes y a los ancianos del pueblo: "¿Qué opinan de esto? Un hombre que tenía dos hijos fue a ver al primero y le ordenó: 'Hijo, ve a trabajar hoy en la viña'. Él le contestó: 'Ya voy, señor', pero no fue. El padre se dirigió al segundo y le dijo lo mismo. Éste le respondió: 'No quiero ir', pero se arrepintió y fue. ¿Cuál de los dos hizo la voluntad del padre?" Ellos le respondieron: "El segundo". Entonces Jesús les dijo: "Yo les aseguro que los publicanos y las prostitutas se les han adelantado en el camino del Reino de Dios. Porque vino a ustedes Juan, predicó el camino de la justicia y no le creyeron; en cambio, los publicanos y las prostitutas sí le creyeron; ustedes, ni siquiera después de haber visto, se han arrepentido ni han creído en él".

Miércoles 17 de diciembre de 2025

Miércoles de la tercera semana de Adviento

Primera Lectura: Génesis 49, 2. 8-10

En aquellos días, Jacob llamó a sus hijos y les habló así: "Acérquense y escúchenme, hijos de Jacob; escuchen a su padre, Israel. A ti, Judá, te alabarán tus hermanos; pondrás la mano sobre la cabeza de tus enemigos; se postrarán ante ti los hijos de tu padre. Cachorro de león eres, Judá: has vuelto de matar la presa, hijo mío, y te has echado a reposar, como un león. ¿Quién se atreverá a provocarte? No se apartará de Judá el cetro, ni de sus descendientes, el bastón de mando, hasta que venga aquel a quien pertenece y a quien los pueblos le deben obediencia".

Salmo Responsorial: Salmo 71, 2. 3-4ab. 7-8. 17

R. (7) Ven, Señor, rey de justicia y de paz.

Comunica, Señor, al rey tu juicio y tu justicia, al que es hijo de reyes; así tu siervo saldrá en defensa de tus pobres y regirá a tu pueblo justamente. **R.**

Justicia y paz ofrecerán al pueblo las colinas y los montes. El rey hará justicia al oprimido y salvará a los hijos de los pobres. **R.**

Florecerá en sus días la justicia y reinará la paz, era tras era. De mar a mar se extenderá su reino y de un extremo al otro de la tierra. **R.**

Que bendigan al Señor eternamente y tanto como el sol, viva su nombre. Que sea la bendición del mundo entero y lo aclamen dichoso las naciones. **R.**

Aclamación antes del Evangelio

R. Aleluya, aleluya.

Sabiduría del Altísimo, que dispones todas las cosas con fortaleza y con suavidad, ven a enseñarnos el camino de la vida. **R.**

Evangelio: Mateo 1, 1-17

Genealogía de Jesucristo, hijo de David, hijo de Abraham: Abraham engendró a Isaac, Isaac a Jacob, Jacob a Judá y a sus hermanos; Judá engendró de Tamar a Fares y a Zará; Fares a Esrom, Esrom a Aram, Aram a Aminadab, Aminadab a Naasón, Naasón a Salmón, Salmón engendró de Rajab a Booz; Booz engendró de Rut a Obed, Obed a Jesé, y Jesé al rey David. David engendró de la mujer de Urías a Salomón, Salomón a Roboam, Roboam a Abiá, Abiá a Asaf, Asaf a Josafat, Josafat a Joram, Joram a Ozías, Ozías a Joatam, Joatam a Acaz, Acaz a Ezequías, Ezequías a Manasés, Manasés a Amón, Amón a Josías, Josías engendró a Jeconías y a sus hermanos durante el destierro en Babilonia. Después del destierro en Babilonia, Jeconías engendró a Salatiel, Salatiel a Zorobabel, Zorobabel a Abiud, Abiud a Eliaquim, Eliaquim a Azor, Azor a Sadoc, Sadoc a Aquim, Aquim a Eliud, Eliud a Eleazar, Eleazar a Matán, Matán a Jacob, y Jacob engendró a José, el esposo de María, de la cual nació Jesús, llamado Cristo. De modo que el total de generaciones, desde Abraham hasta David, es de catorce; desde David hasta la deportación a Babilonia, es de catorce, y desde la deportación a Babilonia hasta Cristo, es de catorce.

Jueves de la tercera semana de Adviento

Primera Lectura: Jeremías 23, 5-8

"Miren: Viene un tiempo, dice el Señor, en que haré surgir un renuevo en el tronco de David: será un rey justo y prudente y hará que en la tierra se observen la ley y la justicia. En sus días será puesto a salvo Judá, Israel habitará confiadamente y a él lo llamarán con este nombre: 'El Señor es nuestra justicia'. Por eso, miren que vienen tiempos, oráculo del Señor, en los que no se dirá: 'Bendito sea el Señor, que sacó a los israelitas de Egipto', sino que se dirá: 'Bendito sea el Señor, que sacó a los hijos de Israel del país del norte y de los demás países donde los había dispersado, y los trajo para que habitaran de nuevo su propia tierra' ".

Salmo Responsorial: Salmo 71, 2. 7-8. 12-13. 17

R. (7) Ven, Señor, rey de justicia y de paz.

Comunica, Señor, al rey tu juicio y tu justicia, al que es hijo de reyes; así tu siervo saldrá en defensa de tus pobres y regirá a tu pueblo justamente. **R.**

Al débil librará del poderoso y ayudará al que se encuentra sin amparo; se apiadará del desvalido y pobre y salvará la vida al desdichado. **R.**

Bendito sea el Señor, Dios de Israel, el único que hace grandes cosas. Que su nombre glorioso sea bendito y la tierra se llene de su gloria. **R.**

Aclamación antes del Evangelio

R. Aleluya, aleluya.

Señor nuestro, que guiaste a tu pueblo por el desierto y le diste la ley a Moisés en el Sinaí, ven a redimirnos con tu poder. **R.**

Evangelio: Mateo 1, 18-24

Cristo vino al mundo de la siguiente manera: Estando María, su madre, desposada con José, y antes de que vivieran juntos, sucedió que ella, por obra del Espíritu Santo, estaba esperando un hijo. José, su esposo, que era hombre justo, no queriendo ponerla en evidencia, pensó dejarla en secreto. Mientras pensaba en estas cosas, un ángel del Señor le dijo en sueños: "José, hijo de David, no dudes en recibir en tu casa a María, tu esposa, porque ella ha concebido por obra del Espíritu Santo. Dará a luz un hijo y tú le pondrás el nombre de Jesús, porque él salvará a su pueblo de sus pecados". Todo esto sucedió para que se cumpliera lo que había dicho el Señor por boca del profeta Isaías: *He aquí que la virgen concebirá y dará a luz un hijo, a quien pondrán el nombre de Emmanuel, que quiere decir Dios-con-nosotros.* Cuando José despertó de aquel sueño, hizo lo que le había mandado el ángel del Señor y recibió a su esposa.

Viernes 19 de diciembre de 2025

Viernes de la tercera semana de Adviento

Primera Lectura: Jueces 13, 2-7. 24-25

En aquellos días, había en Sorá un hombre de la tribu de Dan, llamado Manoa. Su mujer era estéril y no había tenido hijos. A esa mujer se le apareció un ángel del Señor y le dijo: "Eres estéril y no has tenido hijos; pero de hoy en adelante, no bebas vino, ni bebida fermentada, ni comas nada impuro, porque vas a concebir y a dar a luz un hijo. No dejes que la navaja toque su cabello, porque el niño estará consagrado a Dios desde el seno de su madre y él comenzará a salvar a Israel de manos de los filisteos". La mujer fue a contarle a su marido: "Un hombre de Dios ha venido a visitarme. Su aspecto era como el del ángel de Dios, terrible en extremo. Yo no le pregunté de dónde venía y él no me manifestó su nombre, pero me dijo: 'Vas a concebir y a dar a luz un hijo. De ahora en adelante, no bebas vino ni bebida fermentada, no comas nada impuro, porque el niño estará consagrado a Dios desde el seno de su madre hasta su muerte' ". La mujer dio a luz un hijo y lo llamó Sansón. El niño creció y el Señor lo bendijo y el espíritu del Señor empezó a manifestarse en él.

Salmo Responsorial: Salmo 70, 3-4a. 5-6ab. 16-17

R. (8a) Que mi boca, Señor, no deje de alabarte.

Señor, sé para mí un refugio, ciudad fortificada en que me salves. Y pues eres mi auxilio y mi defensa, líbrame, Señor, de los malvados. **R.**

635

Señor, tú eres mi esperanza; desde mi juventud en ti confío. Desde que estaba en el seno de mi madre, yo me apoyaba en ti y tú me sostenías. **R.**

Tus hazañas, Señor, alabaré, diré a todos que sólo tú eres justo. Me enseñaste a alabarte desde niño y seguir alabándote es mi orgullo. **R.**

Aclamación antes del Evangelio
R. Aleluya, aleluya.

Retoño de Jesé, que brotaste como señal para los pueblos, ven a librarnos y no te tardes. **R.**

Evangelio: Lucas 1, 5-25

Hubo en tiempo de Herodes, rey de Judea, un sacerdote llamado Zacarías, del grupo de Abías, casado con una descendiente de Aarón, llamada Isabel. Ambos eran justos a los ojos de Dios, pues vivían irreprochablemente, cumpliendo los mandamientos y disposiciones del Señor. Pero no tenían hijos, porque Isabel era estéril y los dos, de avanzada edad. Un día en que le correspondía a su grupo desempeñar ante Dios los oficios sacerdotales, le tocó a Zacarías, según la costumbre de los sacerdotes, entrar al santuario del Señor para ofrecer el incienso, mientras todo el pueblo estaba afuera, en oración, a la hora de la incensación. Se le apareció entonces un ángel del Señor, de pie, a la derecha del altar del incienso. Al verlo, Zacarías se sobresaltó y un gran temor se apoderó de él. Pero el ángel le dijo: "No temas, Zacarías, porque tu súplica ha sido escuchada. Isabel, tu mujer, te dará un hijo, a quien le pondrás el nombre de Juan. Tú te llenarás de alegría y regocijo, y otros muchos se alegrarán también de su nacimiento, pues él será grande a los ojos del Señor; no beberá vino ni licor y estará lleno del Espíritu Santo, ya desde el seno de su madre. Convertirá a muchos israelitas al Señor; irá delante del Señor con el espíritu y el poder de Elías, para convertir los corazones de los padres hacia sus hijos, dar a los rebeldes la cordura de los justos y prepararle así al Señor un pueblo dispuesto a recibirlo". Pero Zacarías replicó: "¿Cómo podré estar seguro de esto? Porque yo ya soy viejo y mi mujer también es de edad avanzada". El ángel le contestó: "Yo soy Gabriel, el que asiste delante de Dios. He sido enviado para hablar contigo y darte esta buena noticia. Ahora tú quedarás mudo y no podrás hablar hasta el día en que todo esto suceda, por no haber creído en mis palabras, que se cumplirán a su debido tiempo". Mientras tanto, el pueblo estaba aguardando a Zacarías y se extrañaba de que tardara tanto en el santuario. Al salir no pudo hablar y en esto conocieron que había tenido una visión en el santuario. Entonces trató de hacerse entender por señas y permaneció mudo. Al terminar los días de su ministerio, volvió a su casa. Poco después concibió Isabel, su mujer, y durante cinco meses no se dejó ver, pues decía: "Esto es obra del Señor. Por fin se dignó quitar el oprobio que pesaba sobre mí".

Sábado 20 de diciembre de 2025
Sábado de la tercera semana de Adviento
Primera Lectura: Isaías 7, 10-14

En aquellos tiempos, el Señor le habló a Ajaz diciendo: "Pide al Señor, tu Dios, una señal de abajo, en lo profundo o de arriba, en lo alto". Contestó Ajaz: "No la pediré. No tentaré al Señor". Entonces dijo Isaías: "Oye, pues, casa de David: ¿No satisfechos con cansar a los hombres, quieren cansar también a mi Dios? Pues bien, el Señor mismo les dará por eso una señal: He aquí que la virgen concebirá y dará a luz un hijo y le pondrán el nombre de Emmanuel, que quiere decir Dios-con-nosotros".

Salmo Responsorial: Salmo 23, 1-2. 3-4ab. 5-6
R. (7c y 10b) Ya llega el Señor, el rey de la gloria.

Del Señor es la tierra y lo que ella tiene, el orbe todo y los que en él habitan, pues él lo edificó sobre los mares, él fue quien lo asentó sobre los ríos. **R.**
¿Quién subirá hasta el monte del Señor? ¿Quién podrá entrar en su recinto santo? El de corazón limpio y manos puras y que no jura en falso. **R.**
Ese obtendrá la bendición de Dios. Y Dios, su salvador, le hará justicia. Ésta es la clase de hombres que te buscan y vienen ante ti, Dios de Jacob. **R.**

Aclamación antes del Evangelio

R. Aleluya, aleluya.

Llave de David, que abres las puertas del Reino eterno, ven a librar a los que yacen oprimidos por las tinieblas del mal. **R.**

Evangelio: Lucas 1, 26-38

En aquel tiempo, el ángel Gabriel fue enviado por Dios a una ciudad de Galilea, llamada Nazaret, a una virgen desposada con un varón de la estirpe de David, llamado José. La virgen se llamaba María. Entró el ángel a donde ella estaba y le dijo: "Alégrate, llena de gracia, el Señor está contigo". Al oír estas palabras, ella se preocupó mucho y se preguntaba qué querría decir semejante saludo. El ángel le dijo: "No temas, María, porque has hallado gracia ante Dios. Vas a concebir y a dar a luz un hijo y le pondrás por nombre Jesús. Él será grande y será llamado Hijo del Altísimo; el Señor Dios le dará el trono de David, su padre, y él reinará sobre la casa de Jacob por los siglos y su reinado no tendrá fin". María le dijo entonces al ángel: "¿Cómo podrá ser esto, puesto que yo permanezco virgen?" El ángel le contestó: "El Espíritu Santo descenderá sobre ti y el poder del Altísimo te cubrirá con su sombra. Por eso, el Santo, que va a nacer de ti, será llamado Hijo de Dios. Ahí tienes a tu parienta Isabel, que a pesar de su vejez, ha concebido un hijo y ya va en el sexto mes la que llamaban estéril, porque no hay nada imposible para Dios". María contestó: "Yo soy la esclava del Señor; cúmplase en mí lo que me has dicho". Y el ángel se retiró de su presencia.

Domingo 21 de diciembre de 2025
IV Domingo de Adviento

Primera Lectura: Isaías 7, 10-14

En aquellos tiempos, el Señor le habló a Ajaz diciendo: "Pide al Señor, tu Dios, una señal de abajo, en lo profundo o de arriba, en lo alto". Contestó Ajaz: "No la pediré. No tentaré al Señor". Entonces dijo Isaías: "Oye, pues, casa de David: ¿No satisfechos con cansar a los hombres, quieren cansar también a mi Dios? Pues bien, el Señor mismo les dará por eso una señal: He aquí que la virgen concebirá y dará a luz un hijo y le pondrán el nombre de Emmanuel, que quiere decir Dios-con-nosotros".

Salmo Responsorial: Salmo 23, 1-2. 3-4ab. 5-6

R. (7c y 10b) Ya llega el Señor, el rey de la gloria.

Del Señor es la tierra y lo que ella tiene, el orbe todo y los que en él habitan, pues él lo edificó sobre los mares, él fue quien lo asentó sobre los ríos. **R.**

¿Quién subirá hasta el monte del Señor? ¿Quién podrá entrar en su recinto santo? El de corazón limpio y manos puras y que no jura en falso. **R.**

Ese obtendrá la bendición de Dios. y Dios, su salvador, le hará justicia. Ésta es la clase de hombres que te buscan y vienen ante ti, Dios de Jacob. **R.**

Segunda Lectura: Romanos 1, 1-7

Yo, Pablo, siervo de Cristo Jesús, he sido llamado por Dios para ser apóstol y elegido por él para proclamar su Evangelio. Ese Evangelio, que, anunciado de antemano por los profetas en las Sagradas Escrituras, se refiere a su Hijo, Jesucristo, nuestro Señor, que nació, en cuanto a su condición de hombre, del linaje de David, y en cuanto a su condición de espíritu santificador, se manifestó con todo su poder como Hijo de Dios, a partir de su resurrección de entre los muertos. Por medio de Jesucristo, Dios me concedió la gracia del apostolado, a fin de llevar a los pueblos paganos a la aceptación de la fe, para gloria de su nombre. Entre ellos, también se cuentan ustedes, llamados a pertenecer a Cristo Jesús. A todos ustedes, los que viven en Roma, a quienes Dios ama y ha llamado a formar parte de su pueblo santo, les deseo la gracia y la paz de Dios, nuestro Padre, y de Jesucristo, el Señor.

Aclamación antes del Evangelio: Mateo 1, 23

R. Aleluya, aleluya.

He aquí que la virgen concebirá y dará a luz un hijo, y le pondrán el nombre de Emmanuel, que quiere decir Dios-con-nosotros. **R.**

Evangelio: Mateo 1, 18-24

Cristo vino al mundo de la siguiente manera: Estando María, su madre, desposada con José, y antes de que vivieran juntos, sucedió que ella, por obra del

Espíritu Santo, estaba esperando un hijo. José, su esposo, que era hombre justo, no queriendo ponerla en evidencia, pensó dejarla en secreto. Mientras pensaba en estas cosas, un ángel del Señor le dijo en sueños: "José, hijo de David, no dudes en recibir en tu casa a María, tu esposa, porque ella ha concebido por obra del Espíritu Santo. Dará a luz un hijo y tú le pondrás el nombre de Jesús, porque él salvará a su pueblo de sus pecados". Todo esto sucedió para que se cumpliera lo que había dicho el Señor por boca del profeta Isaías: *He aquí que la virgen concebirá y dará a luz un hijo, a quien pondrán el nombre de Emmanuel, que quiere decir Dios-con-nosotros.* Cuando José despertó de aquel sueño, hizo lo que le había mandado el ángel del Señor y recibió a su esposa.

Lunes 22 de diciembre de 2025

Lunes de la cuarta semana de Adviento

Primera Lectura: 1 Samuel 1, 24-28

En aquellos días, Ana llevó a Samuel, que todavía era muy pequeño, a la casa del Señor, en Siló, y llevó también un novillo de tres años, un costal de harina y un odre de vino. Una vez sacrificado el novillo, Ana presentó el niño a Elí y le dijo: "Escúchame, señor: te juro por mi vida que yo soy aquella mujer que estuvo junto a ti, en este lugar, orando al Señor. Éste es el niño que yo le pedía al Señor y que él me ha concedido. Por eso, ahora yo se lo ofrezco al Señor, para que le quede consagrado de por vida". Y adoraron al Señor.

Salmo Responsorial: 1 Samuel 2, 1. 4-5. 6-7. 8

R. (2a) Mi corazón se alegra en Dios, mi salvador.

Mi corazón se alegra en el Señor, en Dios me siento yo fuerte y seguro. Ya puedo responder a mis contrarios, pues eres tú, Señor, el que me ayuda. **R.**

El arco de los fuertes se ha quebrado, los débiles se ven de fuerzas llenos. Se ponen a servir por un mendrugo los antes satisfechos; y sin tener que trabajar, pueden saciar su hambre los hambrientos. Siete veces da a luz la que era estéril y la fecunda ya dejó de serlo. **R.**

Da el Señor muerte y vida, deja morir y salva de la tumba; él es quien empobrece y enriquece, quien abate y encumbra. **R.**

El levantara del polvo al humillado, al oprimido saca de su oprobio, para hacerlo sentar entre los príncipes en un trono glorioso. **R.**

Aclamación antes del Evangelio
R. Aleluya, aleluya.

Rey de las naciones y piedra angular de la Iglesia, ven a salvar al hombre, que modelaste del barro. **R.**

Evangelio: Lucas 1, 46-56

En aquel tiempo, dijo María: "Mi alma glorifica al Señor y mi espíritu se llena de júbilo en Dios, mi salvador, porque puso sus ojos en la humildad de su esclava. Desde ahora me llamarán dichosa todas las generaciones, porque ha hecho en mí grandes cosas el que todo lo puede. Santo es su nombre, y su misericordia llega de generación en generación a los que lo temen. Ha hecho sentir el poder de su brazo: dispersó a los de corazón altanero, destronó a los potentados y exaltó a los humildes. A los hambrientos los colmó de bienes y a los ricos los despidió sin nada. Acordándose de su misericordia, vino en ayuda de Israel, su siervo, como lo había prometido a nuestros padres, a Abraham y a su descendencia, para siempre". María permaneció con Isabel unos tres meses y luego regresó a su casa.

Martes 23 de diciembre de 2025
Martes de la cuarta semana de Adviento
Primera Lectura: Malaquías 3, 1-4. 23-24

Esto dice el Señor: "He aquí que yo envío a mi mensajero. Él preparará el camino delante de mí. De improviso entrará en el santuario el Señor, a quien ustedes buscan, el mensajero de la alianza a quien ustedes desean. Miren: Ya va entrando, dice el Señor de los ejércitos. ¿Quién podrá soportar el día de su venida? ¿Quién quedará en pie cuando aparezca? Será como fuego de fundición, como la lejía de los lavanderos. Se sentará como un fundidor que refina la plata; como a la plata y al oro, refinará a los hijos de Leví y así podrán ellos ofrecer, como es debido, las ofrendas al Señor. Entonces agradará al Señor la ofrenda de Judá y de Jerusalén, como en los días pasados, como en los años antiguos. He aquí que yo les enviaré al profeta Elías, antes de que llegue el día del Señor, día grande y terrible. Él reconciliará a los padres con los hijos y a los hijos con los padres, para que no tenga yo que venir a destruir la tierra".

Salmo Responsorial: Salmo 24, 4bc-5ab. 8-9. 10 y 14
R. (Lucas 21, 28) Descúbrenos, Señor, al Salvador.

Descúbrenos, Señor, tus caminos, guíanos con la verdad de tu doctrina. Tú eres nuestro Dios y salvador y tenemos en ti nuestra esperanza. **R.**

Porque el Señor es recto y bondadoso, indica a los pecadores el sendero, guía por la senda recta a los humildes y descubre a los pobres sus caminos. **R.**

Con quien guarda su alianza y sus mandatos el Señor es leal y bondadoso. El Señor se descubre a quien lo teme y le enseña el sentido de su alianza. **R.**

Aclamación antes del Evangelio
R. Aleluya, aleluya.

Rey de las naciones y piedra angular de la Iglesia, ven a salvar al hombre, que modelaste del barro. **R.**

Evangelio: Lucas 1, 57-66

Por aquellos días, le llegó a Isabel la hora de dar a luz y tuvo un hijo. Cuando sus vecinos y parientes se enteraron de que el Señor le había manifestado tan grande misericordia, se regocijaron con ella. A los ocho días fueron a circuncidar al niño y le querían poner Zacarías, como su padre; pero la madre se opuso, diciéndoles: "No. Su nombre será Juan". Ellos le decían: "Pero si ninguno de tus parientes se llama así". Entonces le preguntaron por señas al padre cómo quería que se llamara el niño. Él pidió una tablilla y escribió: "Juan es su nombre". Todos se quedaron extrañados. En ese momento a Zacarías se le soltó la lengua, recobró el habla y empezó a bendecir a Dios. Un sentimiento de temor se apoderó de los vecinos, y en toda la región montañosa de Judea se comentaba este suceso. Cuantos se enteraban de ello se preguntaban impresionados: "¿Qué va a ser de este niño?" Esto lo decían, porque realmente la mano de Dios estaba con él.

Miércoles de la quarto semana de Adviento

En la Misa matutina

Primera Lectura: 2 Samuel 7, 1-5. 8-12. 14. 16

Tan pronto como el rey David se instaló en su palacio y el Señor le concedió descansar de todos los enemigos que lo rodeaban, el rey dijo al profeta Natán: "¿Te has dado cuenta de que yo vivo en una mansión de cedro, mientras el arca de Dios sigue alojada en una tienda de campaña?" Natán le respondió: "Anda y haz todo lo que te dicte el corazón, porque el Señor está contigo". Aquella misma noche habló el Señor a Natán y le dijo: "Ve y dile a mi siervo David que el Señor le manda decir esto: '¿Piensas que vas a ser tú el que me construya una casa, para que yo habite en ella? Yo te saqué de los apriscos y de andar tras las ovejas, para que fueras el jefe de mi pueblo, Israel. Yo estaré contigo en todo lo que emprendas, acabaré con tus enemigos y te haré tan famoso como los hombres más famosos de la tierra. Le asignaré un lugar a mi pueblo, Israel; lo plantaré allí para que habite en su propia tierra. Vivirá tranquilo y sus enemigos ya no lo oprimirán más, como lo han venido haciendo desde los tiempos en que establecí jueces para gobernar a mi pueblo, Israel. Y a ti, David, te haré descansar de todos tus enemigos. Además, yo, el Señor, te hago saber que te daré una dinastía; y cuando tus días se hayan cumplido y descanses para siempre con tus padres, engrandeceré a tu hijo, sangre de tu sangre, y consolidaré su reino. Yo seré para él un padre y él será para mí un hijo. Tu casa y tu reino permanecerán para siempre ante mí, y tu trono será estable eternamente'".

Salmo Responsorial: Salmo 88, 2-3. 4-5. 27 y 29

R. (2a) Proclamaré sin cesar la misericordia del Señor.

Proclamaré sin cesar la misericordia del Señor y daré a conocer que su fidelidad es eterna, pues el Señor ha dicho: "Mi amor es para siempre y mi lealtad, más firme que los cielos. **R.**

Un juramento hice a David, mi servidor, una alianza pacté con mi elegido: 'Consolidaré tu dinastía para siempre y afianzaré tu trono eternamente.' **R.**

El me podrá decir: 'Tú eres mi padre, el Dios que me protege y que me salva'. Yo jamás le retiraré mi amor, ni violaré el juramento que le hice". **R.**

Aclamación antes del Evangelio

R. Aleluya, aleluya.

Sol refulgente de justicia y esplendor de la luz eterna, ven a iluminar a los que yacen en las tinieblas y en las sombras de la muerte. **R.**

Evangelio: Lucas 1, 67-79

En aquel tiempo, Zacarías, padre de Juan, lleno del Espíritu Santo, profetizó diciendo: *"Bendito sea el Señor, Dios de Israel*, porque ha visitado y redimido a su pueblo, y ha hecho surgir en favor nuestro un poderoso salvador en la casa de David, su siervo. Así lo había anunciado desde antiguo, por boca de sus santos profetas: que nos salvaría de nuestros enemigos y de las manos de todos los que nos odian, para mostrar su misericordia a nuestros padres, acordándose de su santa alianza. El Señor juró a nuestro padre Abraham concedernos que, libres ya de nuestros enemigos, lo sirvamos sin temor, en santidad y justicia delante de él, todos los días de nuestra vida. Y a ti, niño, te llamarán profeta del Altísimo, porque irás *delante del Señor a preparar sus caminos* y a anunciar a su pueblo la salvación, mediante el perdón de los pecados. Por la entrañable misericordia de nuestro Dios, nos visitará el sol que nace de lo alto *para iluminar a los que viven en tinieblas y en sombras de muerte,* para guiar nuestros pasos por el camino de la paz".

Jueves 25 de diciembre de 2025

La Natividad del Señor (Navidad)

Misa vespertina de la vigilia

Primera Lectura: Isaías 62, 1-5

Por amor a Sión no me callaré y por amor a Jerusalén no me daré reposo, hasta que surja en ella esplendoroso el justo y brille su salvación como una antorcha. Entonces las naciones verán tu justicia, y tu gloria todos los reyes. Te llamarán con un nombre nuevo, pronunciado por la boca del Señor. Serás corona de gloria en la mano del Señor y diadema real en la palma de su mano. Ya no te llamarán

"Abandonada", ni a tu tierra, "Desolada"; a ti te llamarán "Mi complacencia" y a tu tierra, "Desposada", porque el Señor se ha complacido en ti y se ha desposado con tu tierra. Como un joven se desposa con una doncella, se desposará contigo tu hacedor; como el esposo se alegra con la esposa, así se alegrará tu Dios contigo.

Salmo Responsorial: Salmo 88, 4-5. 16-17. 27 y 29
R. (2a) Proclamaré sin cesar la misericordia del Señor.
"Un juramento hice a David mi servidor, una alianza pacté con mi elegido: 'Consolidaré tu dinastía para siempre y afianzaré tu trono eternamente'. **R.**
El me podrá decir: 'Tú eres mi padre, el Dios que me protege y que me salva'. Yo jamás le retiraré mi amor ni violaré el juramento que le hice". **R.**
Señor, feliz el pueblo que te alaba y que a tu luz camina, que en tu nombre se alegra a todas horas y al que llena de orgullo tu justicia. **R.**

Segunda Lectura: Hechos 13, 16-17. 22-25
Al llegar Pablo a Antioquía de Pisidia, se puso de pie en la sinagoga y haciendo una señal para que se callaran, dijo: "Israelitas y cuantos temen a Dios, escuchen: El Dios del pueblo de Israel eligió a nuestros padres, engrandeció al pueblo cuando éste vivía como forastero en Egipto y lo sacó de allí con todo su poder. Les dio por rey a David, de quien hizo esta alabanza: *He hallado a David, hijo de Jesé, hombre según mi corazón, quien realizará todos mis designios*. Del linaje de David, conforme a la promesa, Dios hizo nacer para Israel un Salvador: Jesús. Juan preparó su venida, predicando a todo el pueblo de Israel un bautismo de penitencia, y hacia el final de su vida, Juan decía: 'Yo no soy el que ustedes piensan. Después de mí viene uno a quien no merezco desatarle las sandalias'".

Aclamación antes del Evangelio
R. Aleluya, aleluya.
Mañana será destruida la maldad en la tierra y reinará sobre nosotros el Salvador del mundo. **R.**

Evangelio: Mateo 1, 1-25

Genealogía de Jesucristo, Hijo de David, hijo de Abraham: Abraham engendró a Isaac, Isaac a Jacob, Jacob a Judá y a sus hermanos; Judá engendró de Tamar a Fares y a Zará; Fares a Esrom, Esrom a Aram, Aram a Aminadab, Aminadab a Naasón, Naasón a Salmón, Salmón engendró de Rajab a Booz; Booz engendró de Rut a Obed, Obed a Jesé, y Jesé al rey David. David engendró de la mujer de Urías a Salomón, Salomón a Roboam, Roboam a Abiá, Abiá a Asaf, Asaf a Josafat, Josafat a Joram, Joram a Ozías, Ozías a Joatam, Joatam a Acaz, Acaz a Ezequías, Ezequías a Manasés, Manasés a Amón, Amón a Josías, Josías engendró a Jeconías y a sus hermanos durante el destierro en Babilonia. Después del destierro en Babilonia, Jeconías engendró a Salatiel, Salatiel a Zorobabel, Zorobabel a Abiud, Abiud a Eliaquim, Eliaquim a Azor, Azor a Sadoc, Sadoc a Aquim, Aquim a Eliud, Eliud a Eleazar, Eleazar a Matán, Matán a Jacob, y Jacob engendró a José, el esposo de María, de la cual nació Jesús, llamado Cristo. De modo que el total de generaciones, desde Abraham hasta David, es de catorce; desde David hasta la deportación a Babilonia, es de catorce, y desde la deportación a Babilonia hasta Cristo, es de catorce. Cristo vino al mundo de la siguiente manera: Estando María, su madre, desposada con José, y antes de que vivieran juntos, sucedió que ella, por obra del Espíritu Santo, estaba esperando un hijo. José, su esposo, que era hombre justo, no queriendo ponerla en evidencia, pensó dejarla en secreto. Mientras pensaba en estas cosas, un ángel del Señor le dijo en sueños: "José, hijo de David, no dudes en recibir en tu casa a María, tu esposa, porque ella ha concebido por obra del Espíritu Santo. Dará a luz un hijo y tú le pondrás el nombre de Jesús, porque él salvará a su pueblo de sus pecados". Todo esto sucedió para que se cumpliera lo que había dicho el Señor por boca del profeta Isaías: *He aquí que la virgen concebirá y dará a luz un hijo, a quien pondrán el nombre de Emmanuel, que quiere decir Dios-con-nosotros.* Cuando José despertó de aquel sueño, hizo lo que le había mandado el ángel del Señor y recibió a su esposa. Y sin que él hubiera tenido relaciones con ella, María dio a luz un hijo y él le puso por nombre Jesús.

O bien:

Mateo 1, 18-25

Cristo vino al mundo de la siguiente manera: Estando María, su madre, desposada con José, y antes de que vivieran juntos, sucedió que ella, por obra del Espíritu Santo, estaba esperando un hijo. José, su esposo, que era hombre justo, no queriendo ponerla en evidencia, pensó dejarla en secreto. Mientras pensaba en estas cosas, un ángel del Señor le dijo en sueños: "José, hijo de David, no dudes en recibir en tu casa a María, tu esposa, porque ella ha concebido por obra del Espíritu Santo. Dará a luz un hijo y tú le pondrás el nombre de Jesús, porque él salvará a su pueblo de sus pecados". Todo esto sucedió para que se cumpliera lo que había dicho el Señor por boca del profeta Isaías: *He aquí que la virgen concebirá y dará a luz un hijo, a quien pondrán el nombre de Emmanuel, que quiere decir Dios-con-nosotros.* Cuando José despertó de aquel sueño, hizo lo que le había mandado el ángel del Señor y recibió a su esposa. Y sin que él hubiera tenido relaciones con ella, María dio a luz un hijo y él le puso por nombre Jesús.

Misa de medianoche

Primera Lectura: Isaías 9, 1-3. 5-6

El pueblo que caminaba en tinieblas vio una gran luz; sobre los que vivían en tierra de sombras, una luz resplandeció. Engrandeciste a tu pueblo e hiciste grande su alegría. Se gozan en tu presencia como gozan al cosechar, como se alegran al repartirse el botín. Porque tú quebrantaste su pesado yugo, la barra que oprimía sus hombros y el cetro de su tirano, como en el día de Madián. Porque un niño nos ha nacido, un hijo se nos ha dado; lleva sobre sus hombros el signo del imperio y su nombre será: "Consejero admirable", "Dios poderoso", "Padre sempiterno", "Príncipe de la paz"; para extender el principado con una paz sin límites sobre el trono de David y sobre su reino; para establecerlo y consolidarlo con la justicia y el derecho, desde ahora y para siempre. El celo del Señor lo realizará.

Salmo Responsorial: Salmo 95, 1-2a. 2b-3. 11-12. 13

R. (Lucas 2, 11) Hoy nos ha nacido el Salvador.

Cantemos al Señor un canto nuevo, que le cante al Señor toda la tierra; cantemos al Señor y bendigámoslo. **R.**

Proclamemos su amor día tras día, su grandeza anunciemos a los pueblos; de nación, sus maravillas. **R.**

Alégrense los cielos y la tierra, retumbe el mar y el mundo submarino. Salten de gozo el campo y cuanto encierra, manifiesten los bosques regocijo. **R.**

Regocíjese todo ante el Señor, porque ya viene a gobernar el orbe. Justicia y rectitud serán las normas con las que rija a todas las naciones. **R.**

Segunda Lectura: Tito 2, 11-14

Querido hermano: La gracia de Dios se ha manifestado para salvar a todos los hombres y nos ha enseñado a renunciar a la irreligiosidad y a los deseos mundanos, para que vivamos, ya desde ahora, de una manera sobria, justa y fiel a Dios, en espera de la gloriosa venida del gran Dios y Salvador, Cristo Jesús, nuestra esperanza. Él se entregó por nosotros para redimirnos de todo pecado y purificarnos, a fin de convertirnos en pueblo suyo, fervorosamente entregado a practicar el bien.

Aclamación antes del Evangelio: Lucas 2, 10-11
R. Aleluya, aleluya.

Les anuncio una gran alegría: Hoy nos ha nacido el Salvador, que es Cristo, el Señor. **R.**

Evangelio: Lucas 2, 1-14

Por aquellos días, se promulgó un edicto de César Augusto, que ordenaba un censo de todo el imperio. Este primer censo se hizo cuando Quirino era gobernador de Siria. Todos iban a empadronarse, cada uno en su propia ciudad; así es que también José, perteneciente a la casa y familia de David, se dirigió desde la ciudad de Nazaret, en Galilea, a la ciudad de David, llamada Belén, para empadronarse, juntamente con María, su esposa, que estaba encinta. Mientras estaban ahí, le llegó a María el tiempo de dar a luz y tuvo a su hijo primogénito; lo envolvió en pañales y lo recostó en un pesebre, porque no hubo lugar para ellos en la posada. En aquella región había unos pastores que pasaban la noche en el campo, vigilando por turno sus rebaños. Un ángel del Señor se les apareció y la gloria de Dios los envolvió con su luz y se llenaron de temor. El ángel les dijo: "No teman. Les traigo una buena noticia, que causará gran alegría a todo el pueblo: hoy les ha nacido, en la ciudad de David, un Salvador, que es el Mesías, el Señor. Esto les servirá de señal: encontrarán al niño envuelto en pañales y recostado en un pesebre". De pronto se le unió al ángel una multitud del ejército celestial, que alababa a Dios, diciendo: "¡Gloria a Dios en el cielo, y en la tierra paz a los hombres de buena voluntad!"

Misa de la aurora

Primera Lectura: Isaías 62, 11-12

Escuchen lo que el Señor hace oír hasta el último rincón de la tierra: "Digan a la hija de Sión: Mira que ya llega tu salvación. El premio de su victoria le acompaña y su recompensa le precede. Tus hijos serán llamados 'Pueblo santo', 'Redimidos del Señor', y a ti te llamarán 'Ciudad deseada, Ciudad no abandonada'".

Salmo Responsorial: Salmo 96, 1 y 6. 11-12
R. Reina el Señor, alégrese la tierra.

Reina el Señor, alégrese la tierra; cante de regocijo el mundo entero. Los cielos pregonan su justicia, su inmensa gloria ven todos los pueblos. **R.**

Amanece la luz para el justo, y la alegría para los rectos de corazón. Alégrense, justos, con el Señor, y bendigan su santo nombre. **R.**

Segunda Lectura: Tito 3, 4-7

Hermano: Al manifestarse la bondad de Dios, nuestro salvador, y su amor a los hombres, él nos salvó, no porque nosotros hubiéramos hecho algo digno de merecerlo, sino por su misericordia. Lo hizo mediante el bautismo, que nos regenera y nos renueva, por la acción del Espíritu Santo, a quien Dios derramó abundantemente sobre nosotros, por Cristo, nuestro salvador. Así, justificados por su gracia, nos convertiremos en herederos, cuando se realice la esperanza de la vida eterna.

Aclamación antes del Evangelio: Lucas 2, 14
R. Aleluya, aleluya.
Gloria a Dios en las alturas y en la tierra paz a los hombres de buena voluntad. **R.**

Evangelio: Lucas 2, 15-20
Cuando los ángeles los dejaron para volver al cielo, los pastores se dijeron unos a otros: "Vayamos hasta Belén, para ver eso que el Señor nos ha anunciado". Se fueron, pues, a toda prisa y encontraron a María, a José y al niño, recostado en el pesebre. Después de verlo, contaron lo que se les había dicho de aquel niño, y cuantos los oían quedaban maravillados. María, por su parte, guardaba todas estas cosas y las meditaba en su corazón. Los pastores se volvieron a sus campos, alabando y glorificando a Dios por todo cuanto habían visto y oído, según lo que se les había anunciado.

Misa del día
Primera Lectura: Isaías 52, 7-10
¡Qué hermoso es ver correr sobre los montes al mensajero que anuncia la paz, al mensajero que trae la buena nueva, que pregona la salvación, que dice a Sión: "Tu Dios es rey"! Escucha: Tus centinelas alzan la voz y todos a una gritan alborozados, porque ven con sus propios ojos al Señor, que retorna a Sión. Prorrumpan en gritos de alegría, ruinas de Jerusalén, porque el Señor rescata a su pueblo, consuela a Jerusalén. Descubre el Señor su santo brazo a la vista de todas las naciones. Verá la tierra entera la salvación que viene de nuestro Dios.

Salmo Responsorial: Salmo 97, 1. 2-3ab. 3cd-4. 5-6.
R. (3cd) Toda la tierra ha visto al Salvador.
Cantemos al Señor un canto nuevo, pues ha hecho maravillas. Su diestra y su santo brazo le han dado la victoria. **R.**
El Señor ha dado a conocer su victoria, y ha revelado a las naciones su justicia.

Una vez más ha demostrado Dios su amor y su lealtad hacia Israel. **R.**

La tierra entera ha contemplado la victoria de nuestro Dios. Que todos los pueblos y naciones aclamen con júbilo al Señor. **R.**

Cantemos al Señor al son del arpa, suenen los instrumentos. Aclamemos al son de los clarines al Señor, nuestro rey. **R.**

Segunda Lectura: Hebreos 1, 1-6

En distintas ocasiones y de muchas maneras habló Dios en el pasado a nuestros padres, por boca de los profetas. Ahora, en estos tiempos, nos ha hablado por medio de su Hijo, a quien constituyó heredero de todas las cosas y por medio del cual hizo el universo. El Hijo es el resplandor de la gloria de Dios, la imagen fiel de su ser y el sostén de todas las cosas con su palabra poderosa. Él mismo, después de efectuar la purificación de los pecados, se sentó a la diestra de la majestad de Dios, en las alturas, tanto más encumbrado sobre los ángeles, cuanto más excelso es el nombre que, como herencia, le corresponde. Porque ¿a cuál de los ángeles le dijo Dios: *Tú eres mi Hijo; yo te he engendrado hoy?* ¿O de qué ángel dijo Dios: *Yo seré para él un padre y él será para mí un hijo?* Además, en otro pasaje, cuando introduce en el mundo a su primogénito, dice: *Adórenlo todos los ángeles de Dios.*

Aclamación antes del Evangelio
R. Aleluya, aleluya.

Un día sagrado ha brillado para nosotros. Vengan naciones, y adoren al Señor, porque hoy ha descendido una gran luz sobre la tierra. **R.**

Evangelio: Juan 1, 1-18

En el principio ya existía aquel que es la Palabra, y aquel que es la Palabra estaba con Dios y era Dios. Ya en el principio él estaba con Dios. Todas las cosas vinieron a la existencia por él y sin él nada empezó de cuanto existe. Él era la vida, y la vida era la luz de los hombres. La luz brilla en las tinieblas y las tinieblas no la recibieron. Hubo un hombre enviado por Dios, que se llamaba Juan. Éste vino como testigo, para dar testimonio de la luz, para que todos creyeran por medio de él. Él no era la luz, sino testigo de la luz. Aquel que es la Palabra era la luz verdadera, que ilumina a todo hombre que viene a este mundo. En el mundo estaba; el mundo había sido hecho por él y, sin embargo, el mundo no lo conoció. Vino a los suyos y los suyos no lo recibieron; pero a todos los que lo recibieron les concedió poder llegar a ser hijos de Dios, a los que creen en su nombre, los cuales no nacieron de la sangre, ni del deseo de la carne, ni por voluntad del hombre, sino que nacieron de Dios. Y aquel que es la Palabra se hizo hombre y habitó entre nosotros. Hemos visto su gloria, gloria que le corresponde como a unigénito del Padre, lleno de gracia y de verdad. Juan el Bautista dio testimonio de él, clamando: "A éste me refería cuando dije: 'El que viene después de mí, tiene precedencia sobre mí, porque ya existía antes que yo' ". De su plenitud hemos recibido todos gracia sobre gracia. Porque la ley fue dada por medio de Moisés, mientras que la gracia y la verdad vinieron por Jesucristo. A Dios nadie lo ha visto jamás. El Hijo unigénito, que está en el seno del Padre, es quien lo ha revelado.

O bien:
Juan 1, 1-5. 9-14

En el principio ya existía aquel que es la Palabra, y aquel que es la Palabra estaba con Dios y era Dios. Ya en el principio él estaba con Dios. Todas las cosas vinieron a la existencia por él y sin él nada empezó de cuanto existe. Él era la vida, y la vida era la luz de los hombres. La luz brilla en las tinieblas y las tinieblas no la recibieron. Aquel que es la Palabra era la luz verdadera, que ilumina a todo hombre que viene a este mundo. En el mundo estaba; el mundo había sido hecho por él y, sin embargo, el mundo no lo conoció. Vino a los suyos y los suyos no lo recibieron; pero a todos los que lo recibieron les concedió poder llegar a ser hijos de Dios, a los que creen en su nombre, los cuales no nacieron de la sangre, ni del deseo de la carne, ni por voluntad del hombre, sino que nacieron de Dios. Y aquel que es la Palabra se hizo hombre y habitó entre nosotros. Hemos visto su gloria, gloria que le corresponde como a unigénito del Padre, lleno de gracia y de verdad.

Fiesta de san Esteban, protomártir

Primera Lectura: Hechos 6, 8-10; 7, 54-60

En aquellos días, Esteban, lleno de gracia y de poder, realizaba grandes prodigios y señales entre la gente. Algunos judíos de la sinagoga llamada "de los Libertos", procedentes de Cirene, Alejandría, Cilicia y Asia, se pusieron a discutir con Esteban; pero no podían refutar la sabiduría inspirada con que hablaba. Al oír estas cosas, los miembros del sanedrín se enfurecieron y rechinaban los dientes de rabia contra él. Pero Esteban, lleno del Espíritu Santo, miró al cielo, vio la gloria de Dios y a Jesús, que estaba de pie a la derecha de Dios, y dijo: "Estoy viendo los cielos abiertos y al Hijo del hombre de pie a la derecha de Dios". Entonces los miembros del sanedrín gritaron con fuerza, se taparon los oídos y todos a una se precipitaron sobre él. Lo sacaron fuera de la ciudad y empezaron a apedrearlo. Los falsos testigos depositaron sus mantos a los pies de un joven, llamado Saulo. Mientras lo apedreaban, Esteban repetía esta oración: "Señor Jesús, recibe mi espíritu". Después se puso de rodillas y dijo con fuerte voz: "Señor, no les tomes en cuenta este pecado". Diciendo esto, se durmió en el Señor.

Salmo Responsorial: Salmo 30, 3cd-4. 6 y 8ab. 16bc y 17

R. (6a) En tus manos, Señor, encomiendo mi espíritu.

Sé tú, Señor, mi fortaleza y mi refugio, la muralla que me salve. Tú, que eres mi fortaleza y mi defensa, por tu nombre, dirígeme y guíame. **R.**

En tus manos encomiendo mi espíritu y tú, mi Dios leal, me librarás. Tu misericordia me llenará de alegría, porque has visto las angustias de mi alma. **R.**

Líbrame de la mano de mis enemigos y de aquellos que me persiguen. Vuelve, Señor, tus ojos a tu siervo y sálvame por tu misericordia. **R.**

Aclamación antes del Evangelio: Salmo 117, 26. 27

R. Aleluya, aleluya.

¡Bendito el que viene en nombre del Señor! Que el Señor, nuestro Dios, nos ilumine. **R.**

Evangelio: Mateo 10, 17-22

En aquel tiempo, Jesús dijo a sus apóstoles: "Cuídense de la gente, porque los llevarán a los tribunales, los azotarán en las sinagogas, los llevarán ante gobernadores y reyes por mi causa; así darán testimonio de mí ante ellos y ante los paganos. Pero, cuando los enjuicien, no se preocupen por lo que van a decir o por la forma de decirlo, porque, en ese momento se les inspirará lo que han de decir. Pues no serán ustedes los que hablen, sino el Espíritu de su Padre el que hablará por ustedes. El hermano entregará a su hermano a la muerte, y el padre a su hijo; los hijos se levantarán contra sus padres y los matarán; todos los odiarán a ustedes por mi causa, pero el que persevere hasta el fin, se salvará".

Sábado 27 de diciembre de 2025

Fiesta de San Juan, Apóstol y evangelista

Primera Lectura: 1 Juan 1, 1-4

Queridos hermanos: Les anunciamos lo que ya existía desde el principio, lo que hemos oído y hemos visto con nuestros propios ojos, lo que hemos contemplado y hemos tocado con nuestras propias manos. Nos referimos a aquel que es la Palabra de la vida. Esta vida se ha hecho visible y nosotros la hemos visto y somos testigos de ella. Les anunciamos esta vida, que es eterna, y estaba con el Padre y se nos ha manifestado a nosotros. Les anunciamos, pues, lo que hemos visto y oído, para que ustedes estén unidos con nosotros, y juntos estemos unidos con el Padre y su Hijo, Jesucristo. Les escribimos esto para que se alegren y su alegría sea completa.

Salmo Responsorial: Salmo 96, 1-2. 5-6. 11-12

R. (12a) Alégrense, justos, con el Señor.

Reina el Señor, alégrense la tierra; cante de regocijo el mundo entero. Tinieblas y nubes rodean el trono del Señor, que se asienta en la justicia y el derecho. **R.**

Los montes se derriten como cera ante el Señor de toda la tierra. Los cielos pregonan su justicia, su inmensa gloria ven todos los pueblos. **R.**

Amanece la luz para el justo y la alegría para los rectos de corazón. Alégrense, justos, con el Señor, y bendigan su santo nombre. **R.**

Aclamación antes del Evangelio
R. Aleluya, aleluya.
Señor, Dios eterno, alegres te cantamos, a ti nuestra alabanza. A ti, Señor, te alaba el coro celestial de los apóstoles. **R.**

Evangelio: Juan 20, 2-9
El primer día después del sábado, María Magdalena vino corriendo a la casa donde estaban Simón Pedro y el otro discípulo, a quien Jesús amaba, y les dijo: "Se han llevado del sepulcro al Señor y no sabemos dónde lo habrán puesto". Salieron Pedro y el otro discípulo camino del sepulcro. Los dos iban corriendo juntos, pero el otro discípulo corrió más aprisa que Pedro y llegó primero al sepulcro, e inclinándose, miró los lienzos puestos en el suelo, pero no entró. En eso, llegó también Simón Pedro, que lo venía siguiendo, y entró en el sepulcro. Contempló los lienzos puestos en el suelo y el sudario, que había estado sobre la cabeza de Jesús, puesto no con los lienzos en el suelo, sino doblado en sitio aparte. Entonces entró también el otro discípulo, el que había llegado primero al sepulcro, y vio y creyó, porque hasta entonces no habían entendido las Escrituras, según las cuales Jesús debía resucitar de entre los muertos.

Domingo 28 de diciembre de 2025
Fiesta de la Sagrada Familia
Primera Lectura: Sirácida 3, 3-7. 14-17a
El Señor honra al padre en los hijos y respalda la autoridad de la madre sobre la prole. El que honra a su padre queda limpio de pecado; y acumula tesoros, el que respeta a su madre. Quien honra a su padre, encontrará alegría en sus hijos y su oración será escuchada; el que enaltece a su padre, tendrá larga vida y el que obedece al Señor, es consuelo de su madre. Hijo, cuida de tu padre en la vejez y en su vida no le causes tristeza; aunque se debilite su razón, ten paciencia con él y

no lo menosprecies por estar tú en pleno vigor. El bien hecho al padre no quedará en el olvido y se tomará a cuenta de tus pecados.

Salmo Responsorial: Salmo 127, 1-2. 3. 4-5
R. (1) Dichoso el que teme al Señor.

Dichoso el que teme al Señor y sigue sus caminos: comerá del fruto de su trabajo, será dichoso, le irá bien. **R.**

Su mujer, como vid fecunda, en medio de tu casa; sus hijos, como renuevos de olivo, alrededor de su mesa. **R.**

Esta es la bendición del hombre que teme al Señor: "Que el Señor te bendiga desde Sión, que veas la prosperidad de Jerusalén todos los días de tu vida". **R.**

Segunda lectura: Colosenses 3, 12-21

Hermanos: Puesto que Dios los ha elegido a ustedes, los ha consagrado a él y les ha dado su amor, sean compasivos, magnánimos, humildes, afables y pacientes. Sopórtense mutuamente y perdónense cuando tengan quejas contra otro, como el Señor los ha perdonado a ustedes. Y sobre todas estas virtudes, tengan amor, que es el vínculo de la perfecta unión. Que en sus corazones reine la paz de Cristo, esa paz a la que han sido llamados, como miembros de un solo cuerpo. Finalmente, sean agradecidos. Que la palabra de Cristo habite en ustedes con toda su riqueza. Enséñense y aconséjense unos a otros lo mejor que sepan. Con el corazón lleno de gratitud, alaben a Dios con salmos, himnos y cánticos espirituales; y todo lo que digan y todo lo que hagan, háganlo en el nombre del Señor Jesús, dándole gracias a Dios Padre, por medio de Cristo. Mujeres, respeten la autoridad de sus maridos, como lo quiere el Señor. Maridos, amen a sus esposas y no sean rudos con ellas. Hijos, obedezcan en todo a sus padres, porque eso es agradable al Señor. Padres, no exijan demasiado a sus hijos, para que no se depriman.

O bien:
Colosenses 3, 12-17

Hermanos: Puesto que Dios los ha elegido a ustedes, los ha consagrado a él y les ha dado su amor, sean compasivos, magnánimos, humildes, afables y pacientes.

Sopórtense mutuamente y perdónense cuando tengan quejas contra otro, como el Señor los ha perdonado a ustedes. Y sobre todas estas virtudes, tengan amor, que es el vínculo de la perfecta unión. Que en sus corazones reine la paz de Cristo, esa paz a la que han sido llamados, como miembros de un solo cuerpo. Finalmente, sean agradecidos. Que la palabra de Cristo habite en ustedes con toda su riqueza. Enséñense y aconséjense unos a otros lo mejor que sepan. Con el corazón lleno de gratitud, alaben a Dios con salmos, himnos y cánticos espirituales; y todo lo que digan y todo lo que hagan, háganlo en el nombre del Señor Jesús, dándole gracias a Dios Padre, por medio de Cristo.

Aclamación antes del Evangelio: Colosenses 3, 15a. 16a
R. Aleluya, aleluya.

Que en sus corazones reine la paz de Cristo; que la palabra de Cristo habite en ustedes con toda su riqueza. **R.**

Evangelio: Mateo 2, 13-15. 19-23

Después de que los Magos partieron de Belén, el ángel del Señor se le apareció en sueños a José y le dijo: "Levántate, toma al niño y a su madre, y huye a Egipto. Quédate allá hasta que yo te avise, porque Herodes va a buscar al niño para matarlo". José se levantó y esa misma noche tomó al niño y a su madre y partió para Egipto, donde permaneció hasta la muerte de Herodes. Así se cumplió lo que dijo el Señor por medio del profeta: *De Egipto llamé a mi hijo.* Después de muerto Herodes, el ángel del Señor se le apareció en sueños a José y le dijo: "Levántate, toma al niño y a su madre y regresa a la tierra de Israel, porque ya murieron los que intentaban quitarle la vida al niño". Se levantó José, tomó al niño y a su madre y regresó a tierra de Israel. Pero, habiendo oído decir que Arquelao reinaba en Judea en lugar de su padre, Herodes, tuvo miedo de ir allá, y advertido en sueños, se retiró a Galilea y se fue a vivir en una población llamada Nazaret. Así se cumplió lo que habían dicho los profetas: *Se le llamará nazareno.*

Lunes 29 de diciembre de 2025
Quinto día dentro de la octava de Navidad

Primera Lectura: 1 Juan 2, 3-11

Queridos hermanos: En esto tenemos una prueba de que conocemos a Dios, en que cumplimos sus mandamientos. El que dice: "Yo lo conozco", pero no cumple sus mandamientos, es un mentiroso y la verdad no está en él. Pero en aquel que cumple su palabra, el amor de Dios ha llegado a su plenitud, y precisamente en esto conocemos que estamos unidos a él. El que afirma que permanece en Cristo debe de vivir como él vivió. Hermanos míos, no les escribo un mandamiento nuevo, sino un mandamiento antiguo, que ustedes tenían desde el principio. Este mandamiento antiguo, es la palabra que han escuchado, y sin embargo, es un mandamiento nuevo éste que les escribo; nuevo en él y en ustedes, porque las tinieblas pasan y la luz verdadera alumbra ya. Quien afirma que está en la luz y odia a su hermano, está todavía en las tinieblas. Quien ama a su hermano permanece en la luz y no tropieza. Pero quien odia a su hermano está en las tinieblas, camina en las tinieblas y no sabe a dónde va, porque las tinieblas han cegado sus ojos.

Salmo Responsorial: Salmo 95, 1-2a. 2b-3. 5b-6
R. (11a) Cantemos la grandeza del Señor.

Cantemos al Señor un nuevo canto, que le cante al Señor toda la tierra; cantemos al Señor y bendigámoslo. **R.**

Proclamemos su amor día tras día, su grandeza anunciemos a los pueblos; de nación en nación, sus maravillas. **R.**

Ha sido el Señor quien hizo el cielo; hay gran esplendo en su presencia y lleno de poder está su templo. **R.**

Aclamación antes del Evangelio: Lucas 2, 32
R. Aleluya, aleluya.

Tú eres, Señor, la luz que alumbra a las naciones y la gloria de tu pueblo, Israel.
R.

Evangelio: Lucas 2, 22-35

Transcurrido el tiempo de la purificación de María, según la ley de Moisés, ella y José llevaron al niño a Jerusalén para presentarlo al Señor, de acuerdo con lo escrito en la ley: *Todo primogénito varón será consagrado al Señor, y también para ofrecer, como dice la ley, un par de tórtolas o dos pichones.* Vivía en Jerusalén un hombre llamado Simeón, varón justo y temeroso de Dios, que aguardaba el consuelo de Israel; en él moraba el Espíritu Santo, el cual le había revelado que no moriría sin haber visto antes al Mesías del Señor. Movido por el Espíritu, fue al templo, y cuando José y María entraban con el niño Jesús para cumplir con lo prescrito por la ley, Simeón lo tomó en brazos y bendijo a Dios, diciendo: "Señor, ya puedes dejar morir en paz a tu siervo, según lo que me habías prometido, porque mis ojos han visto a tu Salvador, al que has preparado para bien de todos los pueblos; luz que alumbra a las naciones y gloria de tu pueblo, Israel". El padre y la madre del niño estaban admirados de semejantes palabras. Simeón los bendijo, y a María, la madre de Jesús, le anunció: "Este niño ha sido puesto para ruina y resurgimiento de muchos en Israel, como signo que provocará contradicción, para que queden al descubierto los pensamientos de todos los corazones. Y a ti, una espada te atravesará el alma".

Martes 30 de diciembre de 2025
Sexto día dentro de la octava de Navidad
Primera Lectura: 1 Juan 2, 12-17

Les escribo a ustedes, hijitos, porque han sido perdonados sus pecados en el nombre de Jesús. Les escribo a ustedes, padres, porque conocen al que existe desde el principio. Les escribo a ustedes, jóvenes, porque han vencido al demonio. Les he escrito a ustedes, hijitos, porque conocen al Padre. Les he escrito a ustedes, padres, porque conocen al que existe desde el principio. Les he escrito a ustedes, jóvenes, porque son fuertes y la palabra de Dios permanece en ustedes y han vencido al demonio. No amen al mundo ni lo que hay en él. Si alguno ama al mundo, el amor del Padre no está en él. Porque todo lo que hay en el mundo: las pasiones desordenadas del hombre, las curiosidades malsanas y la arrogancia del dinero, no vienen del Padre, sino del mundo. El mundo pasa y sus pasiones desordenadas también. Pero el que hace la voluntad de Dios tiene vida eterna.

Salmo Responsorial: Salmo 95, 7-8a. 8b-9. 10

R. (11a) Alaben al Señor, todos los pueblos.

Alaben al Señor, pueblos del orbe, reconozcan su gloria y su poder y tribútenle honores a su nombre. **R.**

Ofrézcanle en sus atrios sacrificios. Caigamos en su templo de rodillas. Tiemblen ante el Señor los atrevidos. **R.**

"Reina el Señor", digamos a los pueblos. El afianzó con su poder el orbe, gobierna a las naciones con justicia. **R.**

Aclamación antes del Evangelio

R. Aleluya, aleluya.

Un día sagrado ha brillado para nosotros. Vengan, naciones, y adoren al Señor, porque hoy ha descendido una gran luz sobre la tierra. **R.**

Evangelio: Lucas 2, 36-40

En aquel tiempo, había una profetisa, Ana, hija de Fanuel, de la tribu de Aser. Era una mujer muy anciana. De joven, había vivido siete años casada y tenía ya ochenta y cuatro años de edad. No se apartaba del templo ni de día ni de noche, sirviendo a Dios con ayunos y oraciones. (Cuando José y María entraban en el templo para la presentación del niño,) se acercó Ana, dando gracias a Dios y hablando del niño a todos los que aguardaban la liberación de Israel. Una vez que José y María cumplieron todo lo que prescribía la ley del Señor, se volvieron a Galilea, a su ciudad de Nazaret. El niño iba creciendo y fortaleciéndose, se llenaba de sabiduría y la gracia de Dios estaba con él.

Miércoles 31 de diciembre de 2025
Séptimo día dentro de la octava de Navidad

Primera Lectura: 1 Juan 2, 18-21

Hijos míos: Ésta es la última hora. Han oído ustedes que iba a venir el anticristo; pues bien, muchos anticristos han aparecido ya, por lo cual nos damos cuenta de que es la última hora. De entre ustedes salieron, pero no eran de los nuestros;

pues si hubieran sido de los nuestros, habrían permanecido con nosotros. Pero sucedió así para que se pusiera de manifiesto que ninguno de ellos es de los nuestros. Por lo que a ustedes toca, han recibido la unción del Espíritu Santo y tienen así el verdadero conocimiento. Les he escrito, no porque ignoren la verdad, sino porque la conocen y porque ninguna mentira viene de la verdad.

Salmo Responsorial: Salmo 95, 1-2. 11-12. 13
R. (11a) Alégrense los cielos y la tierra.

Cantemos al Señor un nuevo canto, que le cante al Señor toda la tierra; cantemos al Señor y bendigámoslo, proclamemos su amor día tras día. **R.**

Alégrense los cielos y la tierra, retumbe el mar y el mundo submarino. Salten de gozo el campo y cuanto encierra, manifiesten los bosques regocijo. **R.**

Regocíjese todo ante el Señor, porque ya viene a gobernar el orbe. Justicia y rectitud serán las normas con las que rija a todas las naciones. **R.**

Aclamación antes del Evangelio: Juan 1, 14a. 12a
R. Aleluya, aleluya.

Aquel que es la Palabra se hizo hombre y habitó entre nosotros. A todos los que lo recibieron les concedió poder llegar a ser hijos de Dios. **R.**

Evangelio: Juan 1, 1-18

En el principio ya existía aquel que es la Palabra, y aquel que es la Palabra estaba con Dios y era Dios. Ya en el principio él estaba con Dios. Todas las cosas vinieron a la existencia por él y sin él nada empezó de cuanto existe. Él era la vida, y la vida era la luz de los hombres. La luz brilla en las tinieblas y las tinieblas no la recibieron. Hubo un hombre enviado por Dios, que se llamaba Juan. Éste vino como testigo, para dar testimonio de la luz, para que todos creyeran por medio de él. Él no era la luz, sino testigo de la luz. Aquel que es la Palabra era la luz verdadera, que ilumina a todo hombre que viene a este mundo. En el mundo estaba; el mundo había sido hecho por él y, sin embargo, el mundo no lo conoció. Vino a los suyos y los suyos no lo recibieron; pero a todos los que lo recibieron les concedió poder llegar a ser hijos de Dios, a los que creen en su nombre, los cuales no nacieron de la sangre, ni del deseo de la carne, ni por voluntad del hombre, sino que nacieron de Dios. Y aquel que es la Palabra se hizo hombre y habitó entre nosotros. Hemos visto su gloria, gloria que le corresponde como a Unigénito del Padre, lleno de gracia y de verdad. Juan el Bautista dio testimonio de él, clamando: "A éste me refería cuando dije: 'El que viene después de mí, tiene precedencia sobre mí, porque ya existía antes que yo' ". De su plenitud hemos recibido todos gracia sobre gracia. Porque la ley fue dada por medio de Moisés, mientras que la gracia y la verdad vinieron por Jesucristo. A Dios nadie lo ha visto jamás. El Hijo unigénito, que está en el seno del Padre, es quien lo ha revelado.